《史记研究集成》
  总主编 袁仲一 张新科 徐 晔 徐卫民

《史记研究集成·十二本纪》
  主 编 赵光勇 袁仲一 吕培成 徐卫民

## 《史记研究集成·十二本纪》编辑出版委员会

总顾问　张岂之

主　任　安平秋　徐　晔

副主任　张新科　马　来　徐卫民

编　委　（以姓氏笔画为序）

　　　　王子今　尹盛平　田大宪　吕培成　吕新峰

　　　　李　雪　李颖科　杨建辉　杨海峥　吴秉辉

　　　　何惠昂　陈俊光　张　萍　张　雄　张文立

　　　　赵生群　赵建黎　骆守中　高彦平　郭文镐

　　　　徐兴海　商国君　梁亚莉　彭　卫　程世和

主　编　赵光勇　袁仲一　吕培成　徐卫民

"十三五"国家重点图书出版规划项目

史记研究集成·十二本纪

# 项羽本纪

袁仲一 赵光勇 编

西北大学出版社

·西安·

图书在版编目（CIP）数据

项羽本纪／袁仲一，赵光勇编．—西安：西北大学出版社，2019.3

（史记研究集成／赵光勇，袁仲一，吕培成，徐卫民主编．十二本纪）

ISBN 978-7-5604-4039-2

Ⅰ.①项… Ⅱ.①袁…②赵… Ⅲ.①中国历史—古代史—纪传体②《史记》—研究 Ⅳ.①K204.2

中国版本图书馆 CIP 数据核字（2017）第 132391 号

"十三五"国家重点图书出版规划项目

## 史记研究集成·十二本纪·项羽本纪
SHIJIYANJIUJICHENG SHIERBENJI XIANGYUBENJI

袁仲一 赵光勇 编

| | |
|---|---|
| 出版发行 | 西北大学出版社 |
| 地　　址 | 西安市太白北路 229 号　　邮　编　710069 |
| 网　　址 | http://nwupress.nwu.edu.cn　　邮　箱　xdpress@nwu.edu.cn |
| 电　　话 | 029-88303593　88302590 |
| 经　　销 | 全国新华书店 |
| 印　　装 | 西安华新彩印有限责任公司 |
| 开　　本 | 787 毫米×1092 毫米　1/16 |
| 印　　张 | 25.25 |
| 字　　数 | 485 千字 |
| 版　　次 | 2019 年 3 月第 1 版　2023 年 6 月第 2 次印刷 |
| 书　　号 | ISBN 978-7-5604-4039-2 |
| 定　　价 | 145.00 元 |

如有印装质量问题，请与西北大学出版社有限责任公司联系调换。电话：029-88302966

版权所有　　侵权必究

# 总　序

司马迁是我国西汉时期左冯翊夏阳（今陕西韩城市）人，伟大的史学家、思想家、文学家，1956年被列为世界文化名人。他的巨著《史记》，是我国第一部纪传体通史，记载了从黄帝到汉武帝时期中华民族三千多年的历史，体现了中华民族的智慧和力量，展现了中华民族维护统一、积极进取、坚韧不拔、革故鼎新、忧国爱国等民族精神。司马迁以"究天人之际，通古今之变，成一家之言"为宗旨，突破传统，大胆创新，开辟了中国史学的新纪元，在中国文化史上树立了一座巍峨的丰碑，正如清人李景星《史记评议·序》所说："由《史记》以上，为经为传诸子百家，流传虽多，要皆于《史记》括之；由《史记》以下，无论官私记载，其体例之常变，文法之正奇，千变万化，难以悉述，要皆于《史记》启之。"在世界文化史上，《史记》作为巨幅画卷，也是当之无愧的。苏联学者图曼说："司马迁真正应当在大家公认的世界科学和文学泰斗中占有重要的地位。"《史记》和古希腊史学名著比较，其特点在于它的全面性，尤其是对于生产生活活动、学术思想和普通人在历史上的地位的重视。"希腊历史学家的著作，往往集中到一个战争，重视政治、军事。普鲁塔克的传记汇编所收的人物也限于政治家和军事家，即使是最著名的希腊思想家、科学家如亚里士多德，在他的著作中也没有一字提到，更没有一个关于从事生产活动者的传记了。"[①]《史记》在唐以前传至海外，18世纪开始传入欧美，一直以来都是世界汉学界研究和关注的对象。毋庸置疑，《史记》是世界文化宝库中一颗璀璨的明珠。

一

据《汉书》记载，西汉宣帝时司马迁的外孙杨恽将《史记》公之于众。但当时史学还没有应有的独立地位，加之在正统思想家眼里，《史记》是离经叛道之作，是"谤书"，因而并没有受到重视。直到东汉中期，《史记》才逐渐流传。魏晋以后，史学摆脱了经学附庸，在学术领域内形成一门独立的学科，《史记》的地位得到相应的提高，抄写、学习《史记》的风气逐渐形成。谯周《古史考》等书对《史记》史实的考证，

---

[①] 齐思和：《〈史记〉产生的历史条件和它在世界史学上的地位》，载《光明日报》1956年1月19日。

揭开了古史考辨的序章。裴骃的《史记集解》是这个时期最有代表性的《史记》注本。此一时期，扬雄、班氏父子、王充、张辅、葛洪、刘勰等人对《史记》发表过许多评论，他们肯定了司马迁的史才，肯定了《史记》"不虚美，不隐恶"的实录精神。由于史论的角度不同，班彪、班固在《汉书·司马迁传》中提出"史公三失"问题。随之，以王充和张辅为开端，开始了"班马异同"的学术讨论，也即开《史记》《汉书》比较研究之先河。

唐代由于史学地位的提高，尤其是"正史"地位之尊，使《史记》在史学史上备受尊崇，司马迁开创的纪传体成为修史之宗。唐代编纂的《晋书》《梁书》《陈书》等八部史书全部采用纪传体的写法。史学理论家刘知幾对纪传体的优点也予以肯定："《史记》者，纪以包举大端，传以委曲细事，表以谱列年爵，志以总括遗漏，逮于天文、地理、国典、朝章，显隐必该，洪纤靡失，此其所以为长也。"① 史学家杜佑发展了《史记·八书》的传统，著《通典》一书，成为政书体的典范。唐代注释《史记》，成就最大的是司马贞的《史记索隐》与张守节的《史记正义》。这两部书和南朝刘宋年间裴骃所作的《史记集解》，被后人合称为《史记》"三家注"。"三家注"涉及文字考证、注音释义、人物事件、天文历法、山川草木、鸟兽虫鱼、典章制度等，是《史记》研究总结性、系统性的成果，因而也被认为是《史记》研究史上的一座里程碑。司马贞、张守节、刘知幾、皇甫湜等人，对司马迁易编年为纪传的创新精神做出了许多肯定性的评论。如皇甫湜《皇甫持正集》认为，司马迁"革旧典，开新程，为纪为传为表为志，首尾具叙述，表里相发明，庶为得中，将以垂不朽"。特别是唐代韩愈、柳宗元掀起的古文运动，举起了向《史记》文章学习的旗帜，使《史记》所蕴藏的丰富的文学宝藏得到空前的认识和开发，奠定了《史记》的文学地位。

宋代的《史记》研究步入一个新阶段。由于统治者对修史的重视，加之印刷技术的发展，《史记》得以大量刊行，广为研读。宋人特别注重《史记》的作文之法。如文学家苏洵首先发明司马迁写人叙事的"互见法"，即"本传晦之，而他传发之"②，开拓了《史记》研究的领域。郑樵在《通志·总序》中称《史记》为"六经之后，惟有此作"，肯定司马迁前后相因、会通历史的作史之法，这也是第一次在理论上从"通"的角度评论《史记》。本时期的评论，还把"班马优劣论"发展到一个新的阶段，苏洵、郑樵、朱熹、叶适、黄履翁、洪迈等人都发表过评论，涉及思想、体例、文学等方面的比较，乃至出现了倪思、刘辰翁的《班马异同》及娄机的《班马字类》这样的专门著作，把《史记》比较研究向前推进了一步。

元代除了在刊刻、评论《史记》方面继承前代并有所发展外，主要贡献在于把

---

① [唐]刘知幾撰，浦起龙释：《史通通释·二体》，上海古籍出版社1978年版，第28页。
② [宋]苏洵著，曾枣庄等笺注：《嘉祐集笺注》，上海古籍出版社1993年版，第232页。

《史记》中的历史人物、历史事件搬上舞台。元代许多杂剧的剧目取材于《史记》，仅据傅惜华《元代杂剧全目》所载就有180多种，如《渑池会》《追韩信》《霸王别姬》等，这些剧目的流传，又扩大了《史记》的影响。

明代是《史记》评论的兴盛期。印刷技术进一步提高，给刻印《史记》提供了有利条件，尤其是套版印刷的兴起，给评点《史记》提供了方便。明代从文学角度评论《史记》取得的成就最大，对于《史记》的创作目的、审美价值、刻画人物形象的方法、多样化的艺术风格等都进行了有益的探索①。唐顺之、归有光、茅坤、王慎中、钟惺、陈仁锡、金圣叹等人都是评点《史记》的大家。同时，由于《史记》评点著作大量出现，辑评式研究应运而生。凌稚隆《史记评林》搜集整理万历四年（1576）之前历代百余家的评论，包括"三家注"及各家评点和注释，并载作者本人考辨，给研究者提供了便利，后来李光缙对该书进行了增补，使之更加完备。明代晚期，《史记评林》传入日本，深刻影响了日本对《史记》的研究。另外，朱之蕃《百大家评注史记》，葛鼎、金蟠《史记汇评》，陈子龙、徐孚远《史记测义》等也进行了辑评工作。明代由于小说的繁荣，人们对《史记》的认识也开辟了新的角度，探讨《史记》与小说的关系，这是前所未有的新成就。在《史记》历史事实的考辨方面，杨慎《史记题评》、柯维骐《史记考要》、郝敬《史记愚按》等，以及一些笔记著作，均颇有新意。

清代迎来了《史记》研究的高峰期。专门著作大量涌现，如吴见思《史记论文》、汪越《读史记十表》、杭世骏《史记考证》、牛运震《史记评注》、王元启《史记三书正讹》、王鸣盛《史记商榷》、邵泰衢《史记疑问》、赵翼《史记札记》、钱大昕《史记考异》、梁玉绳《史记志疑》、张文虎《校勘史记集解索隐正义札记》、郭嵩焘《史记札记》、李慈铭《史记札记》、吴汝纶《桐城吴先生点勘史记》、程馀庆《历代名家评注史记集说》等，都是颇有特色的著作。这些著作最大的成就在于考据方面。清人考据重事实、重证据，大至重要历史事件，小至一字一句、一地一名，对《史记》史事和文字的考证极为精审。钱大昕为梁玉绳《史记志疑》作序，称其"足为龙门之功臣，袭《集解》《索隐》《正义》而四之矣"。许多学者是考中有评，如赵翼说："司马迁参酌古今，发凡起例，创为全史，本纪以序帝王，世家以记侯国，十表以系时事，八书以详制度，列传以志人物"，"自此例一定，历来作史者，遂不能出其范围，信史家之极则也。"② 其他非专门研究《史记》的著作如顾炎武《日知录》、刘大櫆《论文偶记》、章学诚《文史通义》以及一些古文选本等，也对《史记》发表了许多值得重视的评论。

---

① 详参张新科、俞樟华：《史记研究史略》第四章"明人评点《史记》的杰出成就"，三秦出版社1990年版。

② ［清］赵翼著，王树民校证：《廿二史札记校证》卷一，中华书局1984年版，第3页。

近现代以来，中国内地及港澳台地区《史记》研究呈现出继承传统研究方法的同时，研究领域不断拓宽、研究问题不断深入的特点。从政治到经济、从思想到文化、从史学到地理、从文学到美学、从伦理到哲学、从天文到医学、从军事到人才，都进行了广泛深入的探索。诸如李笠的《史记订补》、王叔岷的《史记斠证》、钱穆的《史记地名考》、瞿方梅的《史记三家注补正》、陈直的《史记新证》、王恢的《史记本纪地理图考》等，从《史记》文本文字、地理名物及《史记》研究的再研究等方面进行考证或订补。另外，杨燕起等编纂的《历代名家评史记》，精选1949年前的《史记》评论资料；近年来，由张大可、丁德科主编的《史记论著集成》汇辑当代学者的专题研究成果；赵生群主持修订的中华书局《史记》点校本使《史记》校勘更上层楼。同时，各种不同类型的《史记》选注本、全注本、选译本、全译本相继问世。

《史记》在日本影响很大，近现代以来颇具影响的《史记》研究专家有泷川资言、水泽利忠、宫崎市定等。20世纪30年代出版了泷川资言的《史记会注考证》，之后水泽利忠对该书进行校补，使之成为《史记》研究总结集成式的成果，该书在辑佚、校勘、对《史记》史实的考证、对司马迁所采旧典的考证、对"三家注"的再考证、对词句的训释等方面，均取得了显著的成果。但缺点也是显而易见的，施之勉的《史记会注考证订补》、严一萍的《史记会注考证斠订》等均针对其缺憾专门做了订正。欧美学者对《史记》的研究，诸如法国的沙畹、康德谟，美国的华兹生、倪豪士，以及汉学家高本汉、崔瑞德、鲁惟一、陆威仪等，在关注《史记》传统研究方法的同时，以西方思维、理论及方法，将《史记》与西方传统的史学著作进行比较研究，亦颇具特色。

从以上简单勾勒《史记》研究的历史可以看出，近两千年《史记》研究呈现出"历代不辍、高潮迭起"的状态。不仅如此，海外汉学界特别是日本的《史记》研究亦有突出的表现。

二

《史记》研究积累了大量丰富的资料，这些资料是不同时期承前启后、不断深化的学术成果，这其中有就个别问题的深入探究，有零散的评论，亦有专题式的系统研究。除此之外，系统整理前代研究成果、提出新见的集成式整理方式，更有划时代的意义。在这个层面上，南朝刘宋至唐代形成的《史记》"三家注"和20世纪30年代日本学者泷川资言完成的《史记会注考证》，被视为《史记》研究系统、全面、最有代表性的著作，甚至被称为《史记》研究的两座里程碑。

今天，《史记会注考证》出版已经八十余年，《史记》研究又经过了一个不凡的历程，海内外《史记》研究新见迭出，特别是在研究方法上出现了新的变化，突出特征是由"史料学"向"史记学"发展，即从史料的整理和挖掘中分析司马迁的思想，通过具体史料探讨《史记》丰富的思想内涵及其价值。这也在客观上对《史记》研究成果再次进行集成式整理提出了新的学术要求，《史记研究集成》的编纂正是顺应这一学术发展的重要尝试。

《史记研究集成》系"十三五"国家重点图书出版规划项目，在陕西省人民政府参事室（陕西省文史研究馆）的关心、指导和支持下，由陕西省司马迁研究会和西北大学出版社具体组织实施。集成规模浩大，搜罗宏富；分类选目，采撷众家；纵横有序，类别集成。在总体架构上，分别形成"十二本纪""十表八书""三十世家""七十列传"各部分研究集成。集成以汇校、汇注、汇评为编纂体例，总体编纂表现出资料搜集的全面性、类别整理的学术性，以及体例设置的科学性和出版所具有的实用性特点，具体如下：

首先，资料翔实完备，涉及古今中外所有研究成果，是近两千年来《史记》研究的集大成之作。本集成所收资料，上自汉魏六朝下至21世纪初，不仅包括中国历代《史记》研究形成的资料，亦广泛涉及海外研究成果，特别注重对新材料、新观点的采撷吸收。近现代以来，《史记》研究呈现出以史学、文学为主干，包括政治、经济、文化、军事、哲学、地理、天文等多学科的特点，相关的研究成果自然也就成为本集成的组成部分。同时，遴选搜集所能见到的《史记》研究的相关资料，又针对性地搜集补充海外研究资料，充分显示了《史记研究集成》资料搜集的全面性。

其次，观点采撷众家，厘定甄选，兼及考古资料补正，充分体现了《史记研究集成》的学术性。《史记》研究者之众，多不胜数；成果之丰，可谓汗牛充栋。经过了汉魏六朝开启至唐代的注释繁盛期，两宋传播和品评期，明代评论兴盛期，清代考据高峰期，以及近现代的拓展深入期这些不同阶段，积累了大量的学术资料，这些资料就观点看，前后相继，但会通整理难度之大超乎想象。编纂者一要质其要义，二要考其先后，三要会通甄选以厘定条目，除此之外，还要参酌考古新发现做深入补正或提出新见解，这也体现出集成的学术性特点。

再次，体例设置科学，出版具有实用性。《史记研究集成》以汇校、汇注、汇评分类，以观点先后列目，类编得当，条贯秩然。一方面网罗《史记》研究多学科、多层次、全方位之学术观点，另一方面完整呈现《史记》研究的学术脉络，每篇前有"题解"，后有"研究综述"，在收集历代研究成果的同时，对一些有争议的或者重大的学术问题加以编者按语。本集成系统全面，方便使用，具有工具书的性质。

《史记研究集成》的编辑出版，无疑具有重要的学术价值。第一，它为《史记》研究者提供了非常丰富的有价值的资料，古今中外的重要成果尽收眼底，为理论研究铺路搭桥，为立体化的研究提供依据。第二，它既是历代资料的精选荟萃，又是近两千年《史记》研究史的全面呈现，具有学术史的认知价值。第三，它与前代的《史记》"三家注"、《史记会注考证》等里程碑式的著作相比，体现了编纂者的创新精神和力争超越前代的学术追求，有助于推动《史记》研究向纵深发展，有助于推动"史记学"的建立。第四，《史记》具有百科全书的特点，在中国和世界文化史上占有重要地位。集成的编辑出版，一方面可以为史学、文学、哲学等人文社会科学乃至有关的自然科学研究提供有益的资料，有助于促进这些学科的发展，繁荣当代学术；另一方面，有助于深入挖掘《史记》中蕴含的至今仍具有现代意义的价值理念、道德规范与治国智慧，以传承弘扬中华优秀传统文化，推动传统文化创造性转化与创新性发展。

## 三

《史记研究集成》的编纂是一项基础性文化工程，资料的搜集与会通整理不仅需要认真严谨的学术态度，也需要多学科的知识储备，更需要学术界的通力合作。书稿在编纂和审定过程中，得到了著名史学家、西北大学张岂之先生，中国《史记》研究会原会长、北京大学安平秋先生，中国秦汉史研究会原会长、中国人民大学王子今教授，中国社会科学院学部委员彭卫研究员，中国历史文献研究会会长、南京师范大学赵生群教授等学者的大力支持和帮助，在此谨表谢忱。

限于体例和篇幅，以及资料的限制，前贤时彦的成果难以全部吸收，颇有遗珠之憾，不足之处，敬请读者批评指正。

《史记研究集成》编辑出版委员会

（张新科执笔）

2019年3月18日

# 《史记研究集成·十二本纪》编辑出版说明

作为《史记研究集成》的一部分，《史记研究集成·十二本纪》（以下简称"集成"）编纂工作实际始于1994年。它是在赵光勇教授审择资料、构设体例的基础上，由陕西省司马迁研究会组织启动编纂的。对于这项重大文化工程的实施，时任陕西省省长白清才、陕西省政协副主席董继昌、陕西师范大学原党委书记李绵等人高度重视，并给予重要支持。在几近十年的编纂中，十余位专家勤勉有为，爬梳浩如烟海的资料，会通比较，厘定条目，汇校、汇注、汇评出近两千年《史记》研究发展的学术脉络，至2003年形成初稿。

2013年，书稿经过十年"周转沉淀"，在陕西省人民政府参事室（陕西省文史研究馆）的支持下，西北大学出版社接手编辑出版，并邀纳资深编审郭文镐等组建《史记研究集成》编辑部，组织项目的编辑加工。从2013年至今，在六年的精心组织与实施中，编辑部的同志进行了大量细致的资料核查工作，其中不乏深入的校雠勘误；在内容处理上，听取专家意见，同样进行了庞杂的"考量删繁以求简练"的编辑加工。在此基础上，各位编纂者又进行了系统的补遗与增订。《史记研究集成·十二本纪》至此完成编辑审定。这期间，2015年，《史记研究集成》被列入"十三五"国家重点图书出版规划；2016年、2018年，出版社和陕西省司马迁研究会先后组织了两轮专家审定，形成了系统的修改意见，从增删与补遗等方面有力地保证了"集成"的全面性与学术性，从而提高了"集成"出版的代表性与权威性。

《史记研究集成·十二本纪》项目实施前后25年，十余位专家，淡泊名利，潜心以为，他们以司马迁"忍辱负重，发愤而为，成一家之言"的精神为榜样，砥砺前行，在此我们感念良多。殚精竭虑、因病辞世的吕培成教授，年愈九旬、依旧念兹的赵光勇教授，耄老鲐背、勉力而为的袁仲一先生等，他们都是司马迁精神不衰的实践与体现。已故陕西省司马迁研究会原副会长张登第先生在"集成"编纂的组织过程中发挥了重要作用。书稿的编、审、校前后持续六年，这期间，出版社的编辑同志承担着大量繁重的工作，他们珍视与编纂者的合作，在工作上与编纂者并肩前行，在专业上不断历练提高，受益良多。可以说，"集成"的编辑出版，是编纂者与出版者密切合作的结果，也充分体现着双方致力于文化传承创新的责任与使命意识。

值此《史记研究集成·十二本纪》付梓之际，特别感谢北京大学安平秋教授、杨海崝教授，中国人民大学王子今教授，中国社会科学院彭卫研究员，南京师范大学赵生群教授等专家学者所提供的重要的学术支持。同时，感谢社会各界给予的关心和指导。

西北大学出版社

2019 年 3 月 19 日

# 凡　例

1. 本书《史记》正文以中华书局 1959 年版点校本为底本，参考《史记》新校本（修订本），汇集历代兼及国际汉学界《史记》研究资料，简体横排。凡古今字、通假字、俗字等，以及人名、地名中的异体字，均一仍其旧。各卷编排：卷前为题解，卷末为研究综述，正文分段，每段为单元，标示注码，段后依次排列汇校、汇注、汇评资料。

2. 本集成遴选的资料，录自古代文献和近现代学术专著，有参考价值的今人研究成果也予以酌录。汇校部分，以他校为主（点校本已作版本校）。汇注部分，不限于字词义诠释，句义、段义以及天文地理等考释也包括在内。所有部分，皆不惮其繁，一一罗列各家之言。

3. 本集成引录的资料中使用的书名简称依旧，个别生僻者，首次出现时，随文加"编者按"予以说明。如：《锥指》（编者按：《禹贡锥指》）；《经典》（编者按：《经典释文》）。

4. 本集成引录的资料中的原有夹注，改为括注，字体字号同正文。为方便读者解读研究资料中的个别问题，本书编者间或加有"编者按"，按语相应随文或置于该条资料文末。

5. 每条研究资料于文末括注出处，录自古代文献和近现当代学术专著者括注书名、卷名或章名，连续两条或三条出处相同者，后条简注"同上"；录自现当代期刊者括注篇目及期刊年次期次。书末附《引用文献及资料》，详注版本信息。

# 目　录

总　序 …………………………………………………（1）

《史记研究集成·十二本纪》编辑出版说明 ……………（1）

凡　例 …………………………………………………（1）

正文及校注评 …………………………………………（1）

研究综述 ………………………………………………（372）

附录 ……………………………………………………（377）

引用文献及资料 ………………………………………（380）

# 项羽本纪第七

## 【题解】

**司马迁**：秦失其道，豪桀并扰；项梁业之，子羽接之；杀庆救赵，诸侯立之；诛婴背怀，天下非之。作《项羽本纪》第七。（《史记·太史公自序》）

**刘　歆**：司马迁发愤作《史记》百三十篇，先达称为良史之才。……为《项羽本纪》，以踞高位者非关有德也。（《西京杂记》第四《司马良史》）

**刘　劭**：必聪能谋始，明能见机，胆能决之，然后可以为英……气力过人，勇能行之，智足断事，乃可以为雄……若一人之身，兼有英、雄，则能长世，高祖、项羽是也。（《人物志·英雄篇》）

**刘知幾**：夫纪、传之兴，肇于《史》《汉》。……寻兹例草创，始自子长，而朴略犹存，区分未尽。如项王立传，而以本纪为名，非惟羽之僭盗，不可同于天子；且推其序事，皆作传言，求谓之纪，不可得也。或曰：迁纪五帝、夏、殷，亦皆事而已。子曾不之怪，何独尤于《项纪》哉？对曰：不然。夫五帝之与夏、殷也，正朔相承，子孙递及，虽无年可著，纪亦何伤！如项羽者，事起秦余，身终汉始，殊夏氏之后羿，似黄帝之蚩尤，譬诸闰位，容可列纪；方之骈拇，难以成编。且夏、殷之纪，不引他事。夷齐谏周，实当纣日，而析为列传，不入殷篇。《项纪》则上下同载，君臣交杂，纪名传体，所以成嗤。（《史通》卷二《列传第六》）

**又**：项羽僭盗而死，未得成君，求之于古，则齐无知，卫州吁之类也。……假使羽窃帝名，正可抑同群盗，况其名曰西楚，号止佰王者乎？霸王者，即当时诸侯。诸侯而称本纪，求名责实，再三乖谬。（《史通》卷二《本纪第四》）

**司马贞**：项羽崛起，争雄一朝，假号西楚，竟未践天子之位，而身首别离，斯亦不可称本纪，宜降为世家。（《史记索隐》卷三十）

**编者按**：点校本《史记》修订组：此条《索隐》原无，据耿本、黄本、彭本、《索隐》本、柯本、凌本、殿本、《会注》本补。

**洪迈**：太史公作《史记》，当为之立本纪，继于秦后。迨其亡，则次以汉高祖可也。而乃立《项羽本纪》，义帝之事，特附见焉。是直以羽代秦也，其失多矣。（《容

斋随笔》卷九《楚怀王》）

**又**：秦楚之际，楚怀王以牧羊小儿为项氏所立，首尾才三年，以事考之，东坡所谓天下之贤主也。项梁之死，王并吕臣、项羽军自将之，羽不敢争；见宋义论兵事，即以为上将军，而羽乃为次将；择诸将入关，羽怨秦，奋势愿与沛公西，王以羽慓悍祸贼，不许，独遣沛公，羽不敢违；及秦既亡，羽使人还报王，王曰"如约"，令沛公王关中。此数者，皆能自制命，非碌碌屑主受令于强臣者，故终不能全于项氏；然遣将救赵灭秦，至于有天下，皆出其手。太史公作《史记》，当为之立本纪继于秦后，待其亡，则次以汉高祖可也；而乃立《项羽本纪》，义帝之事特附见焉，是直以羽为代秦也，其失多矣。高祖尝下诏，以秦皇帝、楚隐王亡后，为置守冢，并及魏、齐、赵三王；而义帝乃高祖故君，独缺不问，岂简策脱佚乎？（同上）

**叶 适**：古书之于圣贤，皆因事以着其人，未尝以人载事。项籍虽盗夺，然文字以来，以人著事，最信而详，始于此。如"初起时，二十四"，"少学书，不成，去学剑，又不成"，"书足记姓名"，"剑一人敌，不足学，学万人敌"，"乃教籍兵法，不肯竟学"。楚、汉间颇用此例推观，不知古人之材与后世之材何以教？何以成就？上世教法尽废，而亡命草野之人出为雄强。迁欲以此接周、孔之统纪，恐未可也。（《习学记言》卷十九《项羽本纪》）

**罗 泌**：或曰：项籍与高帝同时而王，胡为而著之"纪"？曰：是又所以为编年也。方秦之亡也，籍既自立，割汉中以王高祖，而又挟义帝以令诸侯。汉中之地非惟偏也，而高祖之王又出于籍，籍方分王诸侯，而高祖固出其下，是天下之势在于籍也。乌乎而不纪之？故必待天下之一而后纪还于汉，是编年之法也。虽然，项籍实起群盗，其自为称曰西楚霸王而已，列之本纪，则诚过矣。（《路史》后纪二《女皇氏题》）

**方 回**：项羽不当为本纪，羽割天下分王，违怀王之约，众心不服，又弑义帝，卒以此亡，《汉书》同陈胜为传，是何以纪为？（《续古今考》卷二十六《附考史记不为无失》）

**孙 奕**：司马迁跻项羽于纪，与帝王并，则失史体。（《示儿编》卷七《史体因革》）

**黄 震**：迁以羽尝宰制天下，而纪之秦、汉之间，已过矣。然既君之，而又字之，抑扬之义，岂有在欤？（《黄氏日钞》）

**王 恽**：皇甫湜《编年纪传》论云：古史编年至汉司马迁始更其制，而为纪传相承。且编年之作，岂非以事系日，以日系月，以月系时，以时系年者哉？司马氏作纪以项羽氏承秦，以吕氏接之，亦以历年不可中废也。（《秋涧先生大全文集》卷九十七《玉堂嘉话》卷五）

**又**：余读宋儒论项羽《纪》《传》不同说，以谓迁之意，秦有天下五载而后楚，楚五载而后汉。方秦已亡，汉未立，天下莫有攸属，不可一日无君；况封建王侯，政由羽出，舍羽属主哉！作《纪》所以系天下五载之权也。立之《传》，班固意不过羽不可以抗汉。因断之曰：皆非也。正以二史之体，不得不然尔，在迁不得不《纪》，在固不得不《传》。设使固取迁而《纪》，是天有二日，民有二王也，其书将载汉代之首乎？次于《高纪》之下乎？其为称号曰楚史乎？曰汉史乎？若以封建由项氏出，五年而后汉，天下不可无君，乃属之羽，曾不察首入函谷者，高祖之义师也。受降轵道者，秦民之真主也。天命人心之属汉，明已兆于秦十月五星聚东井之时也。……若籍者，正炎汉之一驱除耳，矧才封已叛，旋取复失，安得为一日继统之主哉？若又曰：固之意羽不可以抗汉，故《传》；而迁汉太史也，独可《纪》羽而肩汉乎？余故曰：子长之所以《纪》，笔削历代之史也；其意盖以历年相承，不可中阙，犹存夫以月系时之法也。孟坚之所以《传》，先汉一代之史也。余故曰：二体有不得不然者矣；若宋儒之论，恐求之太过耳。（《秋涧先生大全文集》卷四十五《迁固纪传不同说》）

**丘 濬**：项羽虽不能混一天下，然自匹夫而有天下大半，亦一世之雄也，故太史公纪之。（引自《百大家评注史记·项羽本纪》）

**茅 坤**：列项羽于《本纪》，何也？怀王既泯，而项羽主命，从其实而纪之也。然项羽纪以高祖纪年，亦明天命之有所归意。（引自《历代名家评注史记集说·项羽本纪》）

**张志淳**：《史记》于项羽为本纪，最见其据实立名。观鸿门之宴，羽东向，范增南向，汉高北向坐，张良西向立，一时分封王侯，其以人君自处，而众亦尊以为君也可见。汉世人才风俗之正犹近古也，至班固始改为列传，然则羽当时行事果与张耳、彭越辈埒乎？否也。况羽有诛秦之功，其视朱温篡唐不啻鹏鹞之不侔，欧阳《五代史》犹以温为本纪，谓《纪》实善恶自见，曾不以《羽纪》为是，何哉？班固好谀，遂启后世之曲笔，殊不足取也。若谓推尊本朝，则如司马贞氏列为世家亦可已，然迁《史》纪之矣，不曰楚，不曰霸王，而曰项籍；至汉则曰高祖，是其轻重之间亦精矣。世知尚迁《史》，而不知其识正见精，远出好谀之班固，动称曰史汉班马，故少别于此，俾有真识定见者裁之。（《南园漫录》卷七《纪传》）

**胡应麟**：史迁列《羽纪》也，班氏列《羽传》也，各有当焉。迁通史前代，虽秦楚弗容贬也；班独史当代，虽唐虞不得详也。（《少室山房笔丛》卷五《史书占毕》）

**仇俊卿**：本纪者何？正统之谓也。必神灵之胄，或草昧而兴者，然后可语也。是故握符登极，以临御天下者，不可屡数，上焉揖让，次焉桓拨，下焉推戴；外此而干纪者，不与也。自战国而降，秦二世之日，群臣并奋于草泽，子婴出降轵道旁，此时之纪，当属谁乎？秦二世二年六月，陈涉倡义起于蕲；八月，沛公、项梁相继为天下除暴秦；九月，项梁、沛公如薛。此时诸侯在薛，共立楚怀王孙心为楚王，都盱眙，以陈婴为上柱国，辅之。以项羽为淮安侯，沛公为砀郡长，武安侯吕臣为司徒。夫立为楚王，乃怀王孙心，见人心之追戴于怀王者，有在也。秦灭六国，楚尤为无罪。诱怀王入武关而不返，楚人思之，越世不忘，故立其孙心。楚之有君，系天下之望，俾十九王皆有所禀也。怀王初立于盱眙，项梁一战而胜章邯，遂谓秦兵不足虏，不为设备，九月，章邯袭杀项梁，楚众皆懦，恐不知死所矣。怀王乃并吕臣、项羽军自将之，进取彭城，楚军声遂张。章邯犹轻楚围赵，怀王拔用宋义为上将，项羽为次将，范增为末将；且遣沛公西入关。其知人善任用，可与有为者。十月，沛公至霸上，子婴出降，约法三章，大得民心。为汉元年十一月，项羽入咸阳，烧秦宫阙，坑降卒，虏子女玉帛，人心怨愲矣。羽乃还报怀王，自以据势拥兵，必将唯唯而王之也。怀王能不畏强悍，执守前言，应之曰"如约"。先是楚王命将之时，约，先入关者王之，沛公独先入关。项羽憾怀王初不从羽之关之请，而遣之救赵，今又执以"如约"之应，而拂其擅势之要，遂自称为西楚霸王；且言怀王吾家所立，安得主天下约云云，遂徙怀王于长沙之郴阳，尊为义帝，实置之僻远，易以行其谋也。二年，羽命九江王黥布及临江、衡山三人，同受羽谋。四年，布遣人弑之江中。观怀王分布诸将，救赵灭秦，是亦英主，可与有为者；但天将废楚，不能违世运耳。待其自毙以终天年可也，以臣弑君，天神殛所速也。楚相昭子亦曰：弑义帝非所以为名也。迁史顾不以霸统臣之，而以羽为本纪，是奖借弑逆之贼，主持乱世，但知有强弱，论成败，不计上下名分，天道王法，何如而可也？班史降与陈胜同传，颇为得正。（《通史它石》卷上）

**王 圻**：《南园漫录》云：《史》纪于项羽为本纪，最见据实立名。余观鸿门之宴，羽东向坐，范增南向坐，汉高北向坐，张良西向侍。一时之分封王侯，其以人君自处，而众亦尊以为君，可见矣。故《史记》据实而为本纪。至班固始改为列传。盖太史为项羽作本纪，非尊之也。夫所谓纪者，即通历之纪年。如不立《项羽本纪》，则秦既灭之后，汉末得天下之先，数年之历，当庆之何人耶？盖本纪之立，为通历立，非为项羽也。共和为政，纪亦不废。项既亡秦而立楚怀王，杀义帝，杀卿子冠军，分王诸侯，皆项羽之制，安得不为羽立本纪耶？若班固作《汉书》，所纪之历皆属汉矣，而项羽之事，但载纪耳，则自当作传，安得谓班固为好谀曲笔耶！（《稗史汇编·文史门·史评·项羽本纪》）

**钱谦益**：楚本纪不系年月，而详具于《月表》，观者可以参考而得。不然，则如刘知幾之所谓载诸史传成为烦费，而表可以不作矣。此《史》之又一法也。（《牧斋初学集》卷八十三《书史记项羽高祖本纪后》）

**李九功**：王之功业在史册，英名在万世，风概材气在里之人心，其何宜言？然王之不幸无成，天下后世遂摘其事而非议之，而于其功则略而不与，亦卒无能为之暴白者，此诚不容于无言！夫秦以无道袭虏二周，覆圣贤之族，墟三代之庙、社，妻侯王之妃、后，坑学士，焚典籍，严刑峻法，煽烁其民。而二世继体，而四海怨叛。然秦以积强之威，恐喝天下，而戍役崛起之众，猝未能撄其锋。当是时，陈涉虽为天下首事，然不旋踵而亡，所遣诸将亦渐沦没。齐乱赵围，求援之使，结辙于道。虽有必亡之势，而不能使之遽亡者此也。王以流寓，奋起会稽，率八千人渡江而西，非自托于六国之后也，首以亡秦为名，立楚之后，遂破秦军于东阿，非有假于鱼书狐鸣之诡也，赵被围久，危在旦夕，赴援之师，环壁不敢进战；虽以宋义知兵犹托乘弊之说以饰其懦，存亡之机，间不容发。王为天下大计，于是即帐中诛宋义，率兵渡河，持三日粮，以示必死，与秦军九遇，皆胜。遂杀苏角，虏王离，破秦存赵强楚，坚诸侯之心。秦虽未亡，而天下已无秦矣。由是章邯破胆，束甲降服；二世就戮，莫敢谁何？沛公得以拱手入关，前无坚城，后无却顾之敌者，王之功也。当是时，王不出，秦不亡，汉氏之业且无所托始，况可成乎？夫王以布衣奋臂于角逐之余，不数载遂能灭强秦，以销民怨；匹夫而为天下先，一怒而为天下快，此非旷世之豪杰，能若是哉！至于鸿门之会，使用范增计，毙沛公于一击之间，又未知鹿死谁手？然卒鄙其策不用，此犹足以征王之量。故王之不成，天也，非人也。谋臣猛将倍而佐敌，而左右帷幄之臣率出汉氏下，皆天也；非人之所能为也。要之，王存取天下之才而不足于学问，故其所为，不免为血气所使。立论者必欲訾其短而没其功，是非之公果安在哉！此愚素所见也。欲为王暴白久矣，敢因是为之记。（引自《徐州府志》卷十四《西楚霸王庙·西楚霸王庙碑记》）

**黄淳耀**：秦自始皇以前固西戎附庸之国尔，籍虽专天下之约未尝一天下而称帝也。为有天下之始皇立纪则可，为西戎附庸之国与未一天下之项籍之纪则不可。故秦与始皇宜合为一，籍宜降而为传。（《陶庵全集》卷四《史记评论·秦本纪》）

**李光地**：班史其司马氏之流哉！然班史传王莽，而司马氏纪项羽，何其谬也。君子曰：羽不足道也，彼嬴秦何以纪焉。……秦既无道，享国又浅，覆之者虽非宗周之裔，要亦共工、羿、莽伦尔。故董仲舒、刘向皆以为大汉继周，班固言秦、莽同归殊途，俱用灭亡，别诸五德之外，以为闰位余分，岂不卓哉！岂不卓哉！（《榕村集》卷二十二《书项羽本纪后》）

**冯　景**：作史之大纲在明统。周有天下，秦灭之，而统在秦。秦有天下，楚项羽灭之，而统在楚。楚灭，而天下之统乃归汉耳。……或谓项羽虽将五诸侯灭秦，而《羽本纪》仍书汉之元年，是天下大统，史迁不与楚而与汉也，是固然。然《春秋》之法，有"名与而实不与"者。羽既灭秦而暴兴也，则登之本纪而不没其为君之文。羽惟放弑义帝而自立也，则以汉纪元，名与而实不与，所以彰其弑君之罪。是固《春秋》之遗法，而史迁用之，义并行而不悖也。（《解春集》卷七《书项羽本纪后》）

**又**：司马贞谓项羽不宜登本纪，宜列世家。或又以为列《项羽本纪》于汉高之前，此司马迁不以成败论英雄。彼其说皆非也。作史之大纲，在明统。周有天下，秦灭之，而统在秦。秦有天下，楚项羽灭之，而统在楚。楚灭，而天下之统乃归汉耳。羽入咸阳，杀子婴，燔秦宫室，于是分裂天下而封王侯，政由己出，号为霸王，位虽不终，然代秦而号令天下，则既五年矣。此五年之统，非羽谁属哉？天下不可一日而无君，君天下不可一日而无统。当是时，羽灭秦，立沛公为汉王，是汉为楚所立也。汉之为汉，君天下而一统者且四百年，然卒遵羽是封之名，以为有天下之号而不敢易，犹谓汉不承统于楚，得乎？则项羽宜登本纪，宜列于汉高之前。统在则然，亦作史之例则然，而猥云史迁不以成败论英雄乎哉？（同上）

又：或谓项羽虽将五诸侯灭秦，而《羽本纪》仍书汉之元年，是天下大统，史迁不与楚而与汉也。是固然。然《春秋》之法，有"名与而实不与"者，是故其人躬行弑逆而为君，则直书其弑君而仍不没其为君之号，于是史迁作《项羽本纪》之权衡起矣。羽既灭秦而暴兴也，则登之本纪而不没其为君之文。羽惟放弑义帝而自立也，则以汉纪元，名与而实不与，所以彰其弑君之罪。是固《春秋》之遗法，而史迁用之，义并行而不悖也。不然，秦汉以还，篡弑而君天下者多矣，史概绝其统乎？吾知虽董狐复生，亦必直书其弑而不没其为君。曾谓五年为政之项羽，业已宰天下，封王侯，顾欲削其本纪降为世家，可乎哉？即如司马贞之说，羽既身屠国灭，子孙无噍类矣，尚何世家之有？（同上）

**何　焯**：自秦亡后，天下之权在项羽，故作本纪。班孟坚《汉书》，项羽与陈胜同传，与太史公不同。按当时羽实主约，汉封巴、蜀，羽为之也。故太史公用共工之例，列于本纪。（《义门读书记·史记》上）

**孙　琮**：《本纪》焉，王之也。前诸帝，表灭秦也。字焉，别之也。王之者何？羽自立为西楚霸王，真霸王也。别之者何？高祖未起时称季，自沛公、汉王以至为帝，异称焉。羽终始称羽，别于真王也，微之也。此是史公书法。（引自《历代名家评注史记集说·项羽本纪》）

**钱大昕**：太史公作十二本纪，以秦、项列于周、汉之间，后人于秦始皇无异言，而于《项羽本纪》则怪之。刘知幾谓"羽僭盗不当称王"，此未达乎史公之旨者也。秦以暴并天下，虽自称帝，非人心所归向。史公初不欲以秦承周，以汉承秦，特以六国既灭，秦王命者十有余年。秦既灭，项氏王命又四、五年。沛公之为汉王，亦项羽所立也，秦、项虽非共主而业为天下主命，不得不纪其兴废之迹。秦之称帝为项之称霸王，均不得与五德之数，黜秦所以尊汉也。于何见之？于表见之。三代之后继以十二诸侯，继以六国，始皇虽并天下，仍附之《六国表》，及陈涉起事即称秦楚之际。秦、楚皆周旧国，是秦未尝有天下也。班氏《汉书》始降陈胜、项籍为传，孟坚汉臣，故有意抑项，然较之史公之直笔，则去远矣。隋亦以不仁得天下，虽兼并江南，而李延寿犹列之《北史》，不少分别其义例，正大有太史公之风焉。后儒尊紫阳《纲目》，然于秦、隋犹以正统予之，若太史公、李延寿之例，较之《纲目》，实胜一筹。（《十驾斋养新余录》卷中《太史公李延寿》）

**赵青黎：**思深哉！史公之跻项羽于本纪也。而后人反用为讥议，岂史公之意为伸项以绌刘哉？吾谓史公实援楚以例秦耳。盖秦之以诈力并天下也，天下人之所不欲予也。天下人之所不欲予，即史公之所不得而予也。然秦既以诈力并天下也，又天下人之所不能没也。天下人之所不能没，即史公之所不得而没也。于是乎作《秦本纪》，以存其有天下之实。复作《羽本纪》，以著秦所以有天下之非。若曰秦始之有天下也，亦西楚之自号为霸王而已矣。夫羽之不得与于正统也易知，而秦之不得与于正统也难知，跻羽所以闰秦也。不然，而果伸项以绌刘也，则《羽本纪》纪羽足矣，冠以汉之年月何为者也？冠汉之年月于《羽本纪》，其非伸羽明矣。且史公诚何爱于羽而必欲进之？亦岂不知刘氏之当尊，而独难于羽而一退之哉？第以羽可退，而秦必不可退。秦必不可退，而徒退羽，以为尊刘氏也，吾恐溯帝系者，固且数自唐虞，而三代，而秦，而汉，则是以恣睢无忌之秦，上同于积功累仁之业，而顺天应人以诛无道者。且夷而与无道者，相为揖让周旋其际，可乎哉？夫是以断然跻项羽于本纪而无疑也。然则本纪之名其可假乎？当章邯围赵时，诸侯环救，畏秦强，莫敢先发，非羽则赵之亡可立待，赵亡则诸侯必瓦解，诸侯瓦解则秦之将吏将复为秦守，高祖其能安驱无阻，从河北以入武关乎？夫斩苏角，虏王离，降章邯，诸侯慑伏，入关，高祖恐谢，天下全势固已在羽矣。比且宰割天下，分王诸侯，羽之烈，岂在秦下哉！且《羽本纪》首书秦二世元年，为陈涉始事也，中去汉之元年凡三载。余无年月，史公作月表，世以为补其阙耳。呜呼，月表而曰《秦楚之际》，《高祖纪赞》而论三代之治谓若循环，意盖深远矣哉！（《星阁史论·项羽本纪书法论》）

**张　照：**《项羽本纪·索隐》"项羽不可称本纪，宜降为世家"，臣照按：史法，天子则称本纪者，盖祖述马迁之文，马迁之前固无所为本纪也。但马迁之意，并非以本纪为天子之服物采章，若黄屋左纛然非天子不可用也。特以天下之权之所在，则其人系天下之本，即谓之本纪。若《秦本纪》言秦未得天下之先，天下之势已在秦也。《吕后本纪》吕后固未若武氏之篡也，而天下之势固在吕后，则亦曰本纪也。后世史官以君为本纪，臣为列传，固亦无可议者。但是宗马迁之史法而小变之，固不得转据后以议前也。《索隐》之说谬矣。（《史记考证》）

**邹方锷：**羽之立本纪也，迁盖以继秦而有天下者羽也。古者功德足以有天下，天下归之；功德不足以有天下，而力足以有天下，天下亦归之。当日诸侯并起而亡秦，而非羽秦犹未遽亡也。章邯已破项梁军，渡河击赵，诸侯军救赵者十余壁，莫敢纵兵。当是时，秦与诸侯存亡胜败之机皆系乎是。羽奋一战之威，破王离，降章邯，沛公因得以其间入关。向使王离举赵，诸侯瓦解，沛公以孤军深入，胜负之数未可知也。然则力足以灭秦定天下者，非羽而谁哉！《始皇纪》云，项羽为西楚霸王，主命分天下，王诸侯，秦竟灭矣，后五年，天下定于汉。秦既亡而汉未振，当日之天下未有属也。羽最强，得主命分天下，王诸侯，则其力足以有天下，而天下归之。故曰，五年之间，号令三嬗。三嬗者，秦嬗楚，楚嬗汉也。此迁所以纪羽者也。（《大雅堂初稿》卷六《书项羽吕后本纪后》）

**汪　基**：史公以羽尝宰制天下，故纪之秦汉之间，《索隐》以羽未践天子位，故降为世家，后班固作《汉书》并陈涉为列传。（《古文喈凤新编》卷五《项羽本纪赞》）

**潘永季**：灭秦者楚，所以陈涉列于世家；立汉者亦楚，所以项羽列于本纪。（《读史记札记》）

**姚苎田**：本纪无称字之列。此独称字者，所以别于真帝也，史迁深惜项羽之无成，故特创此格。（《史记菁华录·项羽本纪》）

**王应奎**：何元朗尝云："太史公为项羽作《本纪》，非尊之也。夫所谓纪者，即通历之纪年也，如不立《项羽本纪》，则秦灭之后，汉未得天下之先，数年之历，当属之何人耶？盖《本纪》之立，为通历，非为项羽也。"此论实深得子长作史之旨。（《柳南续笔》卷三《三国志》）

**尚　镕**：迁史才横绝千古，即《项羽本纪》可见。其为羽所纪，每为班固、刘知幾所诃。然虽称字称王，而前后纪秦汉之年，书之曰死，与后世载记无异，则仍是传体也。纪中不书田儋、魏咎之兴亡，突出田荣，使端绪不分明，是迁之疏失。且汉王分羹之答，亦当隐恶。赞中言羽"将五诸侯灭秦，分裂天下而封王侯，政由羽出，号为霸王，位虽不终，近古以来未尝有"，此迁所以为作本纪同于帝王也。（《史记辨证》卷一《项羽本纪》）

**文廷式**：《史记》有《秦楚之际月表》，以楚继秦，故列项籍于本纪，此不刊之典，汉武犹能容之，后人不当复有所议者也。班孟坚作《汉书》，断代为史，故前不纪项籍，后不纪王莽，所以尊本朝，与史迁作史之例异。司马温公修《通鉴》，乃不宗《史记》而宗《汉书》，殆失之矣。（《纯常子枝谈》卷十四）

**赵　翼**：古有《禹本纪》《尚书世纪》等书。迁用其体，以叙述帝王，惟项羽作纪颇失当，故《汉书》改为列传。（《廿二史札记》卷一）

**陈汉章**：秦二世元年陈涉首发难，山东五诸侯各以陈王署置，并起亡秦；项羽独分裂天下而封王侯，政由羽出。自汉有天下，后论之陈、项不过群盗耳，适足为汉祖驱除。而上自秦代论之，陈涉——六国后之方伯也，项羽——三王后之霸王也。《礼记》《春秋传》不能不推其共工氏为王天下之君。《史记》之书，上包帝王，原非断代之书可比，安得不以诸侯推陈王，以霸王推项羽？君子观《汉书》列陈、项于列传，

有以知马班之例不同也。(《缀学堂初稿》卷二《读史记项羽本纪》)

**汤　谐**：太史公作本纪，自五帝及秦汉，以世相承，而项羽实为灭秦之主，沛公虽先入咸阳，然其始本属于项，而非羽战秦巨鹿，即欲入咸阳更不可得。至灭秦以后，虽随封随叛，迄于宁暮，然终不可不谓之政由羽出也。明此则秦后汉先，自应有《项羽本纪》一篇，与后贤所论正统诸说，固各为一义矣。班孟坚止作《汉书》，而又不能不载羽事，故改从列传，岂得以彼而废此哉！此史公为羽作纪大指，文章作意往往由此而生，读者不可不知，余故论之如此。至其行文之妙，如千岩竟秀，万壑争流，脉络分明，而观者第觉应接不暇。余所旁注，略见一斑，读者可以引而伸之矣。(《史记半解·项羽本纪》)

**陈遇夫**：史，正名分之书也，而难于正乱世之君臣。史失其正，然后正统之论作。欧阳子之进秦、隋也，以其一统也；其进魏与梁也，以其时无如是之强者也。夫苟视强者而归之统，则正统之论，可不作也。……子长列项羽于本纪，其意亦以当时无强于羽者也。不惟君臣大义，而姑与其一日之强，过矣。说者曰：秦灭，政由羽出，天下不可一日无君，以项继秦，编年法也。吾意不然。据史，秦二世元年七月，陈涉起；八月，武臣起；九月，沛公起沛。项氏亦起江东。二年四月，沛公见项梁于薛；六月，沛公如薛，与羽共立怀王；羽与沛公，比肩事之，羽不得臣沛公也。破秦正月，尊怀王为义帝，分立诸王，则王诸王者义帝也。四月汉王就国，五月还定三秦，至二年十月，义帝弑，汉遂代楚，入彭城。羽未尝专制天下，安得继秦？且项氏世为楚将矣，义帝楚后也。子房以五世相韩，求立韩成，成死而委贽于汉，以报项，视项氏何如哉？诸将之奉义帝，则分也，义也，君臣之分定矣，而弁髦弃之，此在他人且不可，况羽乎？初义帝约，先入关者王关中，沛公先入，羽意不悦，而恶负约，名曰"巴、蜀亦关中地也"，乃以沛公为汉王。羽之刚悍自用，犹以义帝一言，不欲显背之，亦见公义之在人心矣。刚悍如羽，终身不敢称帝；羽不称帝，而作史者列之帝，岂理也哉！(《史见》卷一《项羽本纪论》)

**金锡龄**：《史记》列项羽于本纪，刘知幾《史通》非之。……其言辨矣，而未知史公之意也。史公以羽非有尺寸，乘势起陇亩之中，遂将五诸侯灭秦，号令天下，政由羽出，则亦与天子无异，况亡秦者，实由于楚，其称为本纪固宜。按《史记·陈涉世家》云："陈胜虽已死，其所置遣王侯竟亡秦，由涉首事也。"羽之列为本纪，亦此意也。或又谓班史改为列传，其义较允。不知班固著《汉书》，断代为史，与《史记》体不同，岂得执彼以难此哉！且秦焚典籍，使先王之道几于堕地，羽倡为亡秦之谋，使其二世而亡，亦人心之所快，列之本纪，不亦宜乎！史公又立《秦楚之际月表》者，盖以秦楚相继为天下主，故《始皇本纪》云云，列《项羽本纪》也。(《刧书室遗集》卷十二《读史记项羽本纪》)

**江　表**：楚怀王者，七国之共主也。众既立之，不可谓非帝矣。既称帝，则后乎秦者楚也，先乎汉者楚也。况秦失其鹿，众共逐之，七八年间，何纷然其扰乎！……而于义帝特为本纪，以补司马之阙。（见《楚汉帝月表·跋》）

**虞邦琼**：司马公表秦楚之际，创矣。使不共奉义帝，则楚安得而接秦？别项羽于本纪，过矣。（见《楚汉帝月表·序》）

**浦起龙**：《史记·索隐》释本纪曰："本其事而记之，故曰本纪。"若是，则凡纪人事皆可通称，不已泛乎？《史通》则曰："系日月以成岁时，书君上以显国统。"其于《列传》篇又曰"纪者，编年"；"编年者，历帝王之岁月"。盖言用其纪元，纪其时事也。似此析义，则凡混假是名，如项羽前附秦年，后附汉年，全与本身无与，不待辩而其非灼然矣。裴世期论《史目》云："天子称本纪，诸侯称世家。"系其本系，故曰本。（《史通通释》卷二《本纪》）

**牛运震**：《索隐》曰"项羽崛起争雄，假号西楚，竟未践天子之位"，"不可称本纪，宜降为世家"。刘知幾曰："项羽事起秦余，身终汉始。""譬诸闰位，容可列纪"。或曰：太史公以项羽置本纪，俨然列汉诸帝之前，不以成败论英雄，所以掩其救李陵之失也。说极有见，政不必深论。但既编列入本纪，无称字标题之理，宜改称为"项王本纪"。（《读史纠谬》卷一《项羽本纪》）

**郭嵩焘**：案：秦灭，项羽主盟，分裂天下以封王、侯，皆羽为之，实行天子之权，例当为《本纪》。以后世史例论之，当为《怀王本纪》，而怀王为项氏所立，拥虚名而已，天下大势未一系之；史公创为《项羽本纪》，以纪实也。（《史记札记》卷一《项羽本纪》）

**刘咸炘**：凌稚隆曰：篇首书高祖，追称之也。及叙始事，称刘季；得沛，称沛公；王汉，称汉王；即皇帝位，称上，此史公缜密处。赵翼《陔余丛考》曰：此法本于《舜典》，未即位以前称舜，即位之后称帝。王若虚谓刘季之称在当时则可，迁数呼之，可乎？此说则泥，古人自不以此为忌。（《太史公书知意·高祖本纪》）

**孙德谦**：项羽之为本纪，迁不云乎？"羽非有尺寸，乘势起陇亩之中，三年遂将五诸侯灭秦，分裂天下，而封王侯，政由羽出，号为霸王。位虽不终，近古以来未尝有也"。则其作本纪之意，正以秦既灭后，天下王侯，咸受其封，为一时政权所归。天子曰本纪，是羽亦在王者之列。《秦楚之际月表》："号令三嬗，自生民以来，未始有受命若斯之亟。"则羽亦受命为天子，故得次之本纪耳。史学如刘知幾颇识史家之得失，尚不能达其意，宜乎《史记》一书，传之今日，知其义法者鲜矣。（《古书读法略例》卷一《知意例》）

**又**：《汉书》者，断代之史也。其宗旨则何如？盖意在尊王耳。昔孔子作《春秋》，首书王正，乃尊王之大义也。班固知其然，故上起高祖。尝讥迁《史》曰："六代史臣,追述功德,私作本纪,编于百王之末,厕于秦项之列。"此非以《史记》为私史也。《史记》为通史,汉自宜次之秦项之后。班氏以为如此非尊王之道,于是专叙一代,断自高祖起元。其断自高祖者,尊王之宗旨则然也。(《古书读法略例》卷三《读书宜辨宗旨例》)

**朱东润**:项羽自称西楚霸王,霸者伯之伯字,伯长也,犹言诸王之长也。羽既为诸侯长矣,故《本纪赞》曰:"分裂天下而封王侯,政由羽出,号为霸王。"则史迁又安得而不为立本纪哉?(《史记考索·史记纪表书世家传说例》)

**宋云彬**:司马迁著《史记》,自定体例,记述帝王事迹的称为"本纪"。他写的项羽传是称作"本纪"的。理由是:在楚汉相持的五年当中,"政由羽出,号称霸王",政权是项羽掌握的。司马迁似乎极看重项羽,而惋惜他的失败,所以他用全力来写《项羽本纪》,《项羽本纪》就成为传纪文学中一篇杰作,跟别的所谓"正史"中的"本纪",是不可同年而语的。(《项羽·前言》)

**吴福助**:项羽为千古未有叱咤风云之英雄,其一生充满传奇性、戏剧性,乃《史记》全书中最突出之人物。且其所处秦汉之际,政治情况也最复杂,难以勾画,史公因聚精会神,以独创义法表现之。史公史学与文学才华之表现,于此篇最出色完整。昔贤每称《史记》全书文法,悉汇于此。盖向以此篇为《史记》全书中最彬彬俊逸者,亦读史习文最高之典范也。(《史记解题》(增订本))

**程金造**:《太史公自序》篇中,曾自述作《项羽本纪》说:"秦失其道,豪杰并扰。项梁业之,子羽接之。杀庆救赵,诸侯立之,诛婴背怀,天下非之。作《项羽本纪》第七。"这前六句是说,项羽因借项梁基业,诸侯皆属,述其盛极。后两句,明其杀伐残暴,天下叛离,述其衰亡。"作《项羽本纪》"一语,意在着其由盛而败亡之理。若证以《太史公自序》为说明其著书宗旨的话,就更深切而显明了。《太史公自序》在篇末作结语说:"网罗天下放失旧闻,王迹所兴,原始察终,见盛观衰,论考其行事。"试看,这大题著《史记》的宗旨,和上述作《项羽本纪》小题的用意,完全相符。从此可知,太史公之著《项羽本纪》,不在帝不帝,统不统与权不权。而是所以明其极盛而终于败亡的原因。明原因就是"论考其行事"。其目的在于《太史公自序》结尾所说的"以拾遗补艺"。就是拾为政者之所不及,补救其行事之弊端。太史公以伟大的历史学家,纵观往古来今数千年的史迹,洞察幽微,深知无论开基创业之英主与守成立事之明君,其所以征服一世之豪强,建统一之基业,与能富强其国家,安定其人民,道理要在于:一,能安民;二,能知人。太史公以二者是王政之大本。明君贤主,统治一国,知人则能善任,以行其正确之政令,其所施行就不致败坏。安民,则必须弃私而爱民,使人民得其益,受其拥护,得其团结,以有其群众基础。太史公深识数千年历史迹象是如此,而项羽是由极盛而竟至衰亡,原因在于反其道而行之。太史公之著《项羽本纪》，是用活生生的具体事实，明其倒行逆施致于惨败之故，所以为后世万代之炯戒，这是他自喻效法孔子《春秋》之旨趣。至于有人说《项羽本纪》通篇只写一战事，或更有说著项羽于本纪是惜其无成，为之鸣不平。这都不得太史公著作之真意。《史记管窥·司马迁著项羽入本纪之本意》）

**韩兆琦：**作者以无限饱满的热情歌颂了项羽在灭秦过程中所建立的丰功伟绩，充分地肯定了他的历史作用；而对于项羽在楚汉战争中由于他的政治理想落后，政策方略错误，以及他个人性格上的种种缺点所导致的最终失败，则寄予了极大的惋惜和同情。作者的交代全面，评价准确，有人仅取一端，或扬之为千古英雄，或抑为桀纣再世，亦可谓偏颇至极。在艺术上，这是《史记》中最精彩的篇章之一，尤其对项羽这个形象的描写，非常生动传神，千载之下读之，仍觉虎虎有生气，历历如在目前。（《史记选注汇评·项羽本纪》）

**王锦贵：**批评《项羽本纪》最力者是唐人刘知幾（《史通·本纪》）。依照刘氏之说，为项羽立本纪实为"两不可"：自古"胜王败寇"，项羽以"未得成君"的强盗下场死去，称其字"羽"本已不妥，号其为"王"更属大谬不然，此为一不可；既称"霸王"，位同诸侯，诸侯只能用世家。不用世家而用本纪，有违本纪之义，此为二不可。刘氏之说振振有词，然而不过是一面之词。司马迁为并非帝王的项羽立本纪，并不是没有深层考虑。大约作者也猜测到了，在他"百年"以后会有人就此向他发动攻击，所以在《史记·太史公自序》中，恰恰有一段文字专门解释了这样做的指导思想。由这段自序可以看出，司马迁之所以在《史记》中为项羽设立本纪，是因为在推翻暴秦这场轰轰烈烈的伟大事业中，项羽地位特殊，影响巨大。尤其在项羽杀死宋义奋勇救赵之后，更是威震天下，为诸侯拥戴。他名义上固然是"西楚霸王"，实则等于当时天子。因为那时候秦朝已灭而汉朝未兴，义帝又被废黜，当此之时唯一能够左右局面，号令天下者非羽莫属。至于"天下非之"，纯系当时正统观念所起，本不足为训。"诸侯立之"，则是客观史实。（《中国纪传体文献研究》）

**编者按：**历史的长河，变动不居，司马迁写史的目的之一，就是要"通古今之变"，从中吸取经验教训，"所以自镜也"。项羽虽未称帝，而仍为之立本纪，是审时度势的结果。司马迁在《太史公自序》中已阐明了为项羽立本纪的指导思想，在《项羽本纪》的最后，更进一步明确指出："夫秦失其政，陈涉首难，豪杰蜂起，相与并争，不可胜数。然羽非有尺寸，乘势起陇亩之中，三年，遂将五诸侯灭秦，分裂天下，而封王侯，政由羽出，号为'霸王'，位虽不终，近古以来未尝有也。"既然项羽是灭秦的主导力量，又执天下之牛耳，一切唯项羽之马首是瞻，发号施令，政由己出，直至分裂天下，封王封侯。为项羽立本纪，正好弥补了秦亡汉兴中间的一段空白，是"通古今之变"的直接体现。

项籍者①，下相人也②，字羽③。初起时④，年二十四⑤。其季父项梁⑥，梁父即楚将项燕⑦，为秦将王翦所戮者也⑧。项氏世世为楚将⑨，封于项⑩，故姓项氏⑪。

① 【汇注】

林　駉：楚人以项籍之故，而易"籍"为"席"（《唐·席豫传》：席姓出安定，其先姓籍，避项羽名，改姓席氏）。（《古今源流至论后集》卷七《氏姓》）

凌迪知：籍氏出安定，避项羽讳，改为席氏。（《氏族博考》卷三《避讳》）

梁玉绳：项羽始见《始皇纪》，即项籍（同上）。籍字羽（《史·羽本纪》），一字子羽（《史·高祖功臣表》《太史公自序传》），下相人。重瞳子。封长安侯，号鲁公。破秦，自立为西楚霸王，故曰项公（《易林·豫之复》）。亦曰项王（《羽纪》），亦曰愤王（《梁书·萧琛传》）。亦曰卞山王（《宋书·孔季恭传》）。自刎而死，葬谷城（《羽纪》）。按：《史》言羽初起时年二十四，亡于汉五年，则仅二十八岁也。（《汉书人表考》卷六《项羽》）。

朱孔阳：项籍，下相人，字羽，初起时，年二十四，举吴中兵，使人收下县，得精兵八千人渡江。三年，遂将五诸侯灭秦，号为霸王。汉五年，项王军壁垓下，汉军及诸侯兵围之数重，项王走乌江，自杀。始，义帝初封项籍鲁公，及其死，鲁最后下，以鲁公礼葬项王谷城，汉王亲为发哀，泣之而去。（《历代陵寝备考》卷九《西楚附》）。

② 【汇注】

裴　骃：《地理志》临淮有下相县。（《史记集解·项羽本纪》）

司马贞：县名，属临淮。按：应劭云："相，水名，出沛国。沛国有相县。其水下流，又因置县，故名下相也。"（《史记索隐·项羽本纪》）。

张守节：《括地志》云："今陈州项城县城即古项子国。"（《史记正义·项羽本纪》）

李吉甫：下相故城，在县西北七十里。秦故县也，项羽即下相人也。（《元和郡县图志》卷九《河南道五·临淮县》）

吕祖谦：下相，属汉临淮郡。（《大事记解题》卷八）

王　恢：下相：《汉志》临淮郡下相县，应劭曰："相水出沛国相县（宿县西北），故此加下。"盖秦于相水下流置县，故名。《睢水注》："睢水自睢陵来，东南迳下相县故城南，东南入泗。"《泗水注》：泗水东南迳下相故城东，东南得睢水口。"《括地志》："在宿迁西北七十里。"《清统志·一〇一》："故城今宿迁县西七里下相社。又有相王故城在运河西三里。项羽里在旧县治北一里。"（《史记本纪地理图考·项羽本纪·

项梁避仇吴，起兵渡江》)

**梁玉绳**：郡以统县，县以统乡，乡以统里。论史法但当书郡县，有德位殊绝者则著其乡里。乃史公所书，参错无准，是亦体例之不合也。班彪尝讥迁述并时之人或县而不郡，岂特不郡哉。(《史记志疑·项羽本纪第七》)

**周晓陆**：《汉志》：沛郡有相县。《史记·曹相国世家》："南至蕲，还定竹邑、相、萧、留。"《正义》："故相城在符离县西北九十里。"《史记·项羽本纪》："项籍者，下相人也。"应劭云："相，水名，出沛国。沛国有相县。《正义》引《括地志》云：相故城在泗州豫县西北七十里，秦县。"《水经·睢水》："相县，故宋地也。秦始皇二十三年，以为泗水郡。汉高帝四年，改曰沛郡。"相县秦约属泗水郡，今在安徽省濉溪县西北。汉封泥见《封泥》"相令之印"。(《西安出土秦封泥补读》，《文物与考古》，1998 年第 2 期)

③【汇校】

**司马贞**：按：下《序传》籍字子羽也。(《史记索隐·项羽本纪》)

**何　琇**：《史记·项羽本纪》称字羽，《自序》称"子羽"。《汉书·爰盎传》称字丝，而《叙传》称"子丝"。按古人之字，实皆一字，但或系以伯、仲、叔、季，或连子字为二字。《左传》所载可考。《论语》颜渊、曾晳、颜路、冉有皆称一字，言"游过矣"，"堂堂乎张也"。亦只称一字。疑项籍、爰盎亦偶称一字，遂相沿呼之耳。(《樵香小纪》卷上《子羽子丝》)

**梁玉绳**：按：古人之字，大约一字居多，其加"子"者，男子之美称也。然《高祖功臣表》叙射阳侯之功云"破子羽"，《序传》云"子羽接之""子羽暴虐""破子羽于垓下""齐连子羽城阳"，则此似宜曰"字子羽"。(《史记志疑·项羽本纪第七》)。

**王引之**：项籍字羽者，籍为鹊之假借字，故名籍字羽。(《经义述闻》卷二十三《春秋名字解诂》)

④【汇注】

**杨家骆**：初起时：指项梁、项羽初起兵时。据下文，知项氏叔侄起兵时是秦二世元年，即西元前 209 年。(《史记今释》)

⑤【汇评】

**方　回**：项羽起兵时年二十四也。汉王于羽长二十四岁，年长以倍者也。……羽少而勇，不及高祖老而谋也。(《续古今考》卷二十一《项羽年三十一》)。

**姚苎田**：诸纪传无特著初起之年，此特大书之，所以为三年灭秦、五年亡国作张本，正是痛惜之意。(《史记菁华录·项羽本纪》)。

**牛运震**："初起时，年二十四"：开端提掇，最有手法。(《空山堂史记评注》卷二《项羽本纪》)。

⑥ 【汇注】

司马贞：按：崔浩云"伯、仲、叔、季，兄弟之次，故叔云叔父，季云季父"。（《史记索隐·项羽本纪》）

梁玉绳：项梁始见《始皇纪》。世为楚将，封于项，为项氏。父项燕。梁号武信君，章邯击破之定陶，梁死。按《广韵》注云：项，姬国，为齐桓公所灭，子孙以国为民。《路史·国名纪》五注云：楚考烈灭鲁，封其将于项，为项氏。二说未知孰是。（《汉书人表考》卷六《项梁》）。

解惠全：季父，父之幼弟，即小叔父。"季"，兄弟中排行最小的。（《全译史记·项羽本纪》）

【汇评】

茅　坤：《籍记》中掺入项梁，两人事错综而序。（引自《史记评林·项羽本纪》）

高　嵣：提出项梁，为项羽先驱，作附传观。（《史记钞》卷一《项羽本纪》）。

⑦ 【汇注】

张守节：燕：乌贤反。（《史记正义·项羽本纪》）。

吴汝煜：从项羽的身世来看，可以说是很不平凡的。他的祖父项燕在楚国行将灭亡的日子里担任大将，为保卫楚国社稷，与强大的秦军进行艰苦卓绝的斗争。他曾经击败过秦将李信率领的二十万大军，并以大无畏的精神对抗秦将王翦率领的六十万大军的进攻。由于众寡悬殊，最后不屈而死。关于项燕的结局，《史记》中《秦始皇本纪》与《楚世家》《六国表》等的记载不尽相同，说是秦王政二十三年项燕并未被杀，而是顽强地继续斗争，又立昌平君为荆王，反秦于淮南。至秦王政二十四年（公元前223年），再度被击败，昌平君死，项燕才自杀殉国。（《史记论稿·论项羽》）。

⑧ 【汇校】

裴　骃：《始皇本纪》云："项燕自杀。"（《史记集解·项羽本纪》）。

沈钦韩：按《楚世家》《六国年表》《王翦列传》，并言先杀将军项燕，后虏荆王负刍，独《始皇纪》言二十二年虏荆王，项燕立昌平君为荆王。二十四年王翦、蒙武攻荆，破荆军，昌平君死，项燕遂自杀。推校陈胜言，或以项燕为在者，则《始皇纪》作"自杀"为是，若先一年为秦所杀，楚人岂得不知乎？（《汉书疏证》卷二十七《陈胜项籍传》）

【汇注】

司马迁：始皇二十三年，蒙武为秦裨将军，与王翦攻楚，大破之，杀项燕。（《史记·蒙恬列传》）

司马贞：此云为王翦所杀，与《楚汉春秋》同，而《始皇本纪》云："项燕自杀。"不同者，盖燕为王翦所围逼而自杀，故不同耳。（《史记索隐·项羽本纪》）

**王伯祥**：公元前 224 年（秦始皇二十三年，楚王负刍四年），秦将王翦击破楚，虏楚王。楚将项燕立昌平君为王，在淮南地方反秦。明年，王翦、蒙武攻破楚军，昌平君死，项燕自杀，见《秦始皇本纪》。《楚汉春秋》说是被王翦所杀，与此处"为楚将王翦所戮"同。大概燕为王翦所围，被逼自杀，秦人夸耀战绩，就说杀了他。（《史记选·项羽本纪》）

【汇评】

**牛运震**："其季父项梁"云云，至"王翦所戮者也"，顺出项梁，追述先世，正见秦项世仇，为后文屠秦杀婴之本也。（《空山堂史记评注》卷二《项羽本纪》）

⑨【汇注】

**浦起龙**：篇以羽作主，兼絜项梁，揭清楚将世系，并为秦仇伏根。（《古文眉诠》卷十八《项羽本纪》）

【汇评】

**姚苎田**：提出项燕、王翦，以著秦、项世仇；提出世为楚将，以著霸楚缘起。（《史记菁华录·项羽本纪》）

⑩【汇注】

**司马贞**：《地理志》有项城县，属汝南。（《史记索隐·项羽本纪》）

**张守节**：《括地志》云："今陈州项城县城即古项子国。"（《史记正义·项羽本纪》）

**王先谦**：项：汝南县。今陈州府项城县东北。（《汉书补注·项籍传》）

**王　恢**：项：《颍水注》："颍水迳项县故城北，春秋鲁灭项。"《清统志》（一九一）："故城今项城县东北。故项子国，鲁僖十七年（六四三）夏灭之，所属楚。"（《史记本纪地理考·项羽本纪·项梁避仇吴中，起兵渡江》）

**杨家骆**：项：本古国名，春秋时为鲁所灭。其后楚灭鲁，乃以项封项燕的先人。其故城在今河南省项城县东北。（《史记今释》）

⑪【汇注】

**邵　思**："项"，本姬姓之国，《公羊传》云："齐桓公灭项，子孙以国为氏。"《史记》有项托，楚将项燕……羽号霸王。羽将项庄、项伯。（《姓解》卷一《项》）

**邓名世**："项"，出自古诸侯项国。其地汝阴项县，今项城是也。鲁僖公十七年，灭项，取其地，楚考烈王灭鲁，封其将于项，因以为氏。《西京杂记》有项瑶及其子陆。（《古今姓氏书辨证》卷二十一《项》）

**郑　樵**：项氏，或言姬姓之国。故城在陈州项城县东北一里，为齐所灭。子孙以国为氏。项橐八岁，孔子师之。又汉赐姓刘氏，周赐姓辛氏，望出辽西。（《通志略·氏族略第二·周不得姓之国》）

**梁玉绳**：项梁始见《始皇纪》，世为楚将，封于项为项氏。父项燕，梁号武信君。章邯击破之定陶，梁死（《史·项羽纪》）。按：《广韵·注》云：项，姬国，为齐桓公所灭，子孙以国为氏（《通志·氏族略二》同）。《路史·国名纪五》注云："楚考烈灭鲁，封其将于项，为项氏。"二说未知孰是。（《汉书人表考》卷六《项梁》）

**编者按**：明凌迪知《氏族博考》卷三将"项"列入"周不得姓之国"的范畴，观点同于郑樵。

【汇评】

**王维祯**：即叙世系，无一迂语。（引自《史记评林·项羽本纪》）

**牛运震**：述项氏得姓之由，以见项氏为楚世臣，为后文求楚后立义帝之本也。（《空山堂史记评注》卷二《项羽本纪》）

　　项籍少时①，学书不成②，去；学剑又不成③。项梁怒之④。籍曰："书足以记名姓而已⑤。剑一人敌⑥，不足学，学万人敌⑦。"于是项梁乃教籍兵法⑧，籍大喜⑨，略知其意，又不肯竟学⑩。项梁尝有栎阳逮⑪，乃请蕲狱掾曹咎书抵栎阳狱掾司马欣⑫，以故事得已⑬。项梁杀人，与籍避仇于吴中⑭。吴中贤士大夫皆出项梁下⑮。每吴中有大繇役及丧⑯，项梁常为主办⑰，阴以兵法部勒宾客及子弟⑱，以是知其能⑲。秦始皇帝游会稽⑳，渡浙江㉑，梁与籍俱观㉒。籍曰："彼可取而代也㉓。"梁掩其口㉔，曰："毋妄言㉕，族矣㉖！"梁以此奇籍㉗。籍长八尺余，力能扛鼎㉘，才气过人㉙，虽吴中子弟皆已惮籍矣㉚。

① 【汇注】

**王伯祥**：少时，少年时。（《史记选·项羽本纪》）

② 【汇注】

**王伯祥**：学书，认字和写字。故下云"书足以记名姓而已"。（《史记选·项羽本纪》）

【汇评】

**杨家骆**：学书，《史记今注》："按：学书为学为文吏也；学剑谓学为武吏也。"与下文"书足以记姓名而已；剑一人敌，不足学"不合。旧注又有谓"书"指文字，"学书"犹言学"认字"者，亦似是而非，盖如项籍认不得字，项梁岂能教以兵法？《会注考证》引雨森精翁说："考东方朔传，书即文史，言识古人姓名。"此则近之，因古人著书不离事以言理，记言记事必涉人名，籍鄙薄之，故曰"书足以记名姓而已"，其实书自不止于记名姓也。（《史记今释》）

③【汇注】

　　凌稚隆：按《史训》云："去即罢也。"（《史记评林·项羽本纪》）

　　杨家骆：去：犹言"抛开""舍去"，指半途而废。（《史记今释》）

④【汇注】

　　张家英：《汉书·项籍传》记此事为："籍少时，学书不成，去；学剑又不成，去。梁怒之。"《汉书》两用"去"字，表义明确。《史记》少用其一，易生"去学剑"之歧义。（《〈史记〉十二本纪疑诂·项羽本纪》）

　　又：要之，此"去"字不当与"学剑"连读，而当为"学书不成"之结语。因而，本节首引各句当读为"项籍少时，学书不成，去；学剑又不成。项梁怒之"。必如此，方不至于误解"去"字之义，而亦有助于"项梁怒之"之理解。（同上）

【汇评】

　　姚苎田：特写两"不成"，一"不肯竟学"，羽之结局已大概可见。（《史记菁华录·项羽本纪》）

⑤【汇评】

　　程金造：认为书足记名姓即可，不必多学。而不知书是一切人生思想与经验记录。从中可以广其见闻，增益知识，借鉴他人之事，提高自己的器识，能以推陈出新的去处理繁纷事端，为事业有成的基础。兵法是能精通战略与方术，为战胜攻取已破敌之要端。而项羽对此至要之事，不刻苦学习，则必至鼠目寸光，智术短浅，为其一生所志落空，事业失败之总根源。（《史记管窥·司马迁著项羽入本纪之本意》）

⑥【汇注】

　　夏伯炎：敌：对抗；抵拒。（见王利器主编《史记注译·项羽本纪》）

【汇评】

　　沈钦韩：《尉缭子·武议》吴起曰："一剑之任，非将事也。"（《汉书疏证》卷二十七《陈胜项籍传》）

⑦【汇评】

　　桓　范：昔霸王之战，策贵神胜，故曰：上兵伐谋，而战胜也。吴起临阵，虽剑不持。项羽初学剑，后学兵略，此勇难独用，况无勇乎？（见严可均辑《全三国文》卷三十七《世要论·兵要》）

**杨一奇辑、陈简补辑：**学至于敌万人，则籍之所以成其暴也。语云"仁者无敌"，向使籍而知此，则无垓下之惨矣。（《史谈补》卷二《学万人敌》）

⑧【汇注】

**洪　迈：**汉成帝时，任宏论次兵书为四种，其"权谋"中有《韩信》三篇，"形势"中有《项王》一篇，前后《艺文志》载之。且云"汉兴，张良、韩信序次兵法，凡百八十二家，删取要用，定著三十五家。诸吕用事而盗取之。项、韩虽不得其死，而遗书可传于后者，汉世不废"。今不复可见矣。（《容斋四笔》卷八《项韩兵书》）

**杨家骆：**兵法：《汉书·艺文志·兵书略》有孙吴诸家兵法，当即项梁所教。在兵书略形势家有"项王一篇"，虽不必出于项籍笔下，亦当系其部下记其言其事而成，亦可为项籍曾学兵法之证。（《史记今释》）

【汇评】

**杨　慎：**项羽自少不肯学书与剑，而叔父梁授以兵法。夫兵法之书多矣，孰有加于孙、吴、司马哉？《吴子》云："天下战国，五胜者祸，四胜者弊，三胜者霸，二胜者王，一胜者帝。"是以数胜得天下者稀少，亡者众。《司马法》曰："国虽大，好战必亡。"呜呼！项羽可谓好战矣，可谓数胜矣。是高祖一胜，于法当帝；项羽数胜，于法当亡。此而昧焉，所读何等兵法也？垓下阴陵，游魂假息，犹云"天亡"，岂不谬哉！（《丹铅摘录》卷十一）

**胡应麟：**秦汉间兵家称述名流，大都游侠之笔耳。孙、吴、无忌外，苌弘、范蠡、大夫种、公孙鞅、广武君、韩信，率依托也。……又有《项王》一卷，彼六年间，大小百战，喑呜叱咤，宁暇此乎？（《少室山房笔丛》卷十五《四部正伪》中）

⑨【汇评】

**程馀庆：**英雄本色。（《历代名家评注史记集说·项羽本纪》）

⑩【汇评】

**凌稚隆：**项籍喜兵法，略知其意，而不肯竟学：是真能学兵法者。陶渊明好读书，不求甚解，每有会意，便欣然忘食：是真能解书者。（《史记评林·项羽本纪》）

**何　焯：**《艺文志》"兵法形势"中有《项王》一篇。而黥布置阵如项籍军，高祖望而恶之。盖治兵置阵，是其所长，故能力战摧锋，而不足于权谋，故其后往来奔命，卒为人乘其罢而蹹之，所谓"略知其意而不竟"者也。（《义门读书记》卷三《前汉书》）

**俞思学：**按：略知其意，项羽一生病根。后能战而不能守，能胜而不能败，终是"略知其意"。（《史概》卷一《项羽本纪》）

**牛运震：**"项籍少时学书"云云，至"又不肯竟学"，写出项羽性情、学问，正以预伏后文谋计得失、霸业兴败之本也。（《空山堂史记评注》卷二《项羽本纪》）

⑪【汇注】

**司马贞**：按：逮训及。谓有罪相连及，为栎阳县所逮录也。故汉（史）[世]每制狱皆有逮捕也。（《史记索隐·项羽本纪》）

**编者按**：点校本《史记》修订组："故汉史每制狱皆有逮捕也"，张文虎《札记》卷一疑"史"当作"世"。

**张守节**：栎音药。逮音代。（《史记正义·项羽本纪》）

**王伯祥**：栎阳，秦所置县，故治在今陕西省临潼县东北七十里。逮音代，及也。有罪相连及，也叫逮。有栎阳逮，项梁为人攀连，被栎阳县捕去。蜀大字本和清武英殿本逮下都有"捕"字。百袖宋本、汲古阁本和会注考证本都与此本同，无"捕"字。（《史记选·项羽本纪》）

**编者按**：栎阳县，战国秦置，秦献公二年（前383年）至秦孝公十二年（前350年）曾为秦都邑。古城遗址在今西安市阎良区武屯乡古城村。经考古勘探和试掘，基本上搞清了城的范围、建筑布局。城墙东西长2500米，南北宽1600米；城内有东西向和南北向的主干道各3条；东、西城墙上各有3门，南、北城墙上各有2门。并发现有宫殿区、手工业作坊区等众多建筑基址。

⑫【汇注】

**裴　骃**：苏林曰："蕲音机，县，属沛国。"（《史记集解·项羽本纪》）

**司马贞**：按：服虔云"抵，归也"。韦昭云"抵，至也"。刘伯庄云"抵，相凭托也"。故应劭云"项梁曾坐事系栎阳狱，从蕲狱掾曹咎取书与司马欣。抵，归；已，息也"。（《史记索隐·项羽本纪》）

**王先谦**：咎后为楚海春侯大司马。（《汉书补注·项籍传》）

**杨树达**：应劭曰：项梁曾坐事传系栎阳狱，从蕲狱掾曹咎取书与司马欣。抵，相归抵也。先谦曰：《集解》引韦昭云：抵，至也。《索隐》引刘伯庄云：相凭托也。语较明显。树达按：韦训抵为至，是也。书谓作书，乃动字，非如书札之书为名字也。书抵司马欣，犹今人言作书与司马欣。书抵二字当连读，否则文义不顺。应训书为取书，王于书字下注断，皆失其义。（《汉书窥管·陈胜项籍传》）

**王伯祥**：蕲本楚邑，秦置县，故治在今安徽省宿县南三十六里。掾读如缘去声，古时佐治之吏，统称掾属。狱掾，管狱囚的主吏，犹后世的典狱官。曹咎后仕项氏为大司马海春侯，见后。（《史记选·项羽本纪》）

**王骏图撰、王骏观续**：抵当训致也。《前汉·杜延年传》"或抵其罪法"注云："抵，致也，特致之于罪法也。"此训抵为致之证，谓书致栎阳狱掾司马欣也。韦氏训至，义尚相近，应、服、刘三家之说，则非其义矣。（《史记旧注平义·项羽本纪》）

**王　恢**：蕲：《汉志》蕲县属沛郡。《楚世家》，王翦杀项梁父燕于蕲南。《郡国志》："有大泽乡，陈胜起义于此。"汉高讨黥布，遇布蕲西会甀乡。《清统志》（一二六），故城在今宿县南蕲县乡蕲县集。（《史记本纪地理图考·项羽本纪·项梁避仇吴中，起兵渡江》）

⑬【汇注】

**裴　骃**：应劭曰："项籍曾坐事传系栎阳狱，从蕲狱掾曹咎取书与司马欣。抵，归；已，止也。"韦昭曰："抵，至也。谓梁尝被栎阳县逮捕，梁乃请蕲狱掾曹咎书至栎阳狱掾司马欣，事故得止息也。"（《史记集解·项羽本纪》）

【汇评】

**吕祖谦**：秦法虽峻，然吏之关通请求自若也。（《大事记解题》卷八《本注》）

**王夫之**：孰谓秦之法密，能胜天下也？项梁有栎阳逮，蕲狱掾曹咎书抵司马欣而事得免。其他请托公行、货贿相属，而不见于史者，不知凡几也。项梁，楚大将军之子，秦之所尤忌者，欣一狱掾，驰书而难解。则其他地位尊而权重者，抑孰与御之？法愈密，吏权愈重；死刑愈繁，贿赂愈章；涂饰以免罪罟，而天子之权，倒持于掾史。南阳诸刘屡杀人而王莽不能问，皆法密吏重有以蔽之也。（《读通鉴论》卷一《二世》）

**郭嵩焘**：按：为下汜水之战伏根。楚、汉兴亡，由成皋一失，遂不复能自振。曹咎、司马欣，始终一狱掾之才耳，项氏始业系此二人，故特表出。（《史记札记》卷一《项羽本纪》）

⑭【汇注】

**吴汝煜**：关于项羽少年时随叔父项梁逃往"吴中"的具体地点问题，史失其载。裴骃、司马贞、张守节亦未出注文。今按，"吴中"本泛指春秋吴国所在地，然吴国旧都在今江苏省吴县，秦会稽郡亦治吴，故明代凌稚隆解"吴中子弟"时云："会稽治吴，故云吴中子弟。"目前注家都沿用此说。其实，梁因杀人亡命，……必不敢居郡治所在地。清赵翼《陔余丛考》卷三五引《宋书·孔季恭传》《南齐书·李安民传》《南史·萧思话传》，谓吴兴（今浙江省湖州市）卞山有项王庙，然未言项羽微时曾寓居于此。检《全唐文》卷三三八颜真卿《项王碑阴述》，知项羽随梁徙吴的具体地点确在吴兴。颜文云："西楚霸王当秦之末，与叔梁避仇于吴，盖今之湖州也。虽灭秦而宰制天下，魂魄犹乐兹邦，至今庙食不绝。"唐湖州于六朝时曾为吴兴郡，治所在今浙江省湖州市，其地春秋时属吴国，故可称为"吴中"。（《史记论稿·论项羽·附记》）

**王　恢**：吴中：秦会稽郡治，今吴县，故吴都。亦泛称，如秦中、关中、蜀中。（《史记本纪地理图考·项羽本纪·项梁避仇吴中，起兵渡江》）

**夏伯炎**：吴中：县名，即吴县。治所在今江苏省苏州市，当时为会稽郡郡治。（见王利器主编《史记注译·项羽本纪》）

**编者按**：元章父注《项羽里》云："项里在越溪上。""在山阴县南十五里有庙在焉"。此项里及项羽庙，或皆项羽避仇吴中之踪迹及影响。

⑮【汇评】

**凌稚隆**：吴中子弟惮籍易，吴中贤士大夫皆出梁下难，此梁所以尤贤也。（《史记评林·项羽本纪》）

**程馀庆**：避地所至，而能盖其郡人，非但才气之异，吴故属楚，项氏世为楚将，有名故也。（《历代名家评注史记集说·项羽本纪》）

⑯【汇注】

**王伯祥**：繇役即徭役。古时地方上有大兴作，如筑城、造桥等，便在当地组织人力来应差，叫做徭役。丧是丧仪。古时统治阶级把丧事看得极重，比较规模大些的丧仪，也得大量使用人力。大繇役及丧，即指大规模的徭役和大规模的丧仪。（《史记选·项羽本纪》）

**杨家骆**："每吴中"句："繇"同"徭"，古代民众为政府出人力服劳役，如筑城、造桥等，叫做"徭役"；"丧"读平声，办丧事。（《史记今释》）

【汇评】

**姚苎田**："每吴中"云云数句，正注明"皆出项梁下"一句也；看"以是知其能"五字自明，古文针路皆如此。（《史记菁华录·项羽本纪》）

⑰【汇注】

**王伯祥**：主办，主持办理。（《史记选·项羽本纪》）

⑱【汇注】

**沈钦韩**：《御览》三百八十六《楚汉春秋》曰："项梁阴养士，最高者多力，拔树以击地。"《地泉志》引《楚汉春秋》曰："项梁阴养死士，卒人参木者，所欲计谋也。木佯疾，于室中铸大钱。"（《汉书疏证》卷二十七《陈胜项籍传》）

**杨家骆**："阴以"句；"阴"，暗中；"兵法"，此处指治理军队的法度；"部勒"，组织，指挥，调度；"宾客"，指依附在项梁手下的客籍游士，"子弟"，青年人。按《太平御览》卷三百八十六引《楚汉春秋》："项梁阴养士，最高者多力拔树以击地。"又《太平御览》卷八百三十五引同书："项梁阴养死士九十人。参木者，所与计谋者也。木佯疾于室中，铸大钱，以具甲兵。"可备考。（《史记今释》）

⑲【汇注】

**王伯祥**：以是，因此。知其能，知宾客子弟之能。项梁因部勒宾客子弟而知道他们各人的能力。与后面"以此不任用公"相呼应。（《史记选·项羽本纪》）

【汇评】

**凌稚隆**：不惟部勒兵法，且以习其人而阴择之，其意远矣。（《史记评林·项羽本纪》）

**于慎行**：项梁避仇吴中，有大徒役丧，梁常主办，阴以兵法部勒宾客子弟，以知其能。英布论输骊山之徒数十万人，布皆与其徒长豪杰交通。二人皆一世之雄，其屈约时已有大志如此。世之有志用世者，诚于居卑之时，默察等责，可以得其底里，即一旦用人，胜于延访耳。（《读史漫录》卷二）

⑳【汇注】

**王伯祥**：秦始皇帝名政，秦庄襄王之子。嗣位后二十六年，尽并六国，废除划地封君制，确定郡县制，建成统一的大帝国，自为皇帝。废除自古以来的谥法，欲使后代以数计世，故号"始皇帝"。时时出都巡游，刻石纪功。公元前210年，在途中害病，死于沙丘的平台（在今河北省平乡县东北）。在位三十七年。《史记》有《秦始皇本纪》。游会稽即指末次巡游"上会稽，祭大禹，望于南海，而立石刻颂秦德"事。此会稽是今浙江省绍兴县东南十三里的会稽山，不是当时的会稽郡治吴县。（《史记选·项羽本纪》）

㉑【汇注】

**颜师古**：应劭曰："浙音折。"晋灼曰："江水至会稽山阴为浙江。"（《汉书注·陈胜项籍传》）

**司马贞**：韦昭云"浙江在今钱塘"，浙音"折狱"之"折"。晋灼音逝，非也。盖其流曲折，《庄子》所谓"潮河"，即其水也。潮折声相近也。（《史记索隐·项羽本纪》）

**王　圻**：《说文》释浙江云：江水东至会稽山阴，为浙江。又浙水出丹阳黟中，东入海。皆今钱塘浙江也。秦始皇渡浙江，至会稽。又《庄子》有"潮河"，则浙名旧矣。桑钦载潮水所经所入，正今浙江，而不名为浙。若谓浙、潮字近，久而相变，如郏、邹之类耶？许氏浙水、潮水又复两出，皆不可晓。（《稗史汇编·地理门·江湖·浙江》）

**洪颐煊**：按：浙江即南江，《水经·沔水注》《地理志》曰：江水自石城东出，迳吴国，南为南江；会稽郡治吴，浙江在吴县南，故梁与籍于始皇既渡时，得共观之。（《读书丛录》卷十七《史记·浙江》）

㉒【汇注】

**王伯祥**：秦始皇过吴上会稽，项梁与籍当在徭役中，故渡浙江时得俱观之。（《史记选·项羽本纪》）

㉓【汇评】

**王　楙**：班固作《前汉书》，所以寓劝戒意深矣。仆观其作列传七十卷，而以陈胜为传首，盖次其时之先后故尔。然作《胜传》，未言其他。首回胜少时，尝与人佣耕，辍耕而叹曰："苟富贵，无相忘。"佣者笑应曰："若为佣耕，何富贵也？"胜太息曰：

"嗟乎，燕雀安知鸿鹄之志哉！"固首载此语，有以见天亡秦之兆，其已久矣。次作《项籍传》，又言秦始皇东游会稽，梁与籍观，籍曰："彼可取而代也。"匹夫而敢为此语，益以验天亡秦之兆，果不可遏。然后知高祖之起，所以应天顺人也。(《野客丛书》卷二《天亡秦兆》)

**于慎行**：秦皇东游会稽，千乘万骑，盖海弥天，气焰何如！项王以一介布衣，睥睨纵观，即曰"彼可取而代也"，此言不苟，必自有所见。及汉祖观之，亦曰"大丈夫当如此"！英雄器局，大略相同。悲夫籍也！(《读史漫录》卷二)

**俞思学**：穆文熙曰：匹夫而敢为此语，其志亦雄矣哉！(《史概》卷《项羽本纪》)

**高　塘**：彼可取而代也：粗莽语，已现全体。(《史记钞》卷一《项羽本纪》)

**王鸣盛**：项之言悍而戾。(《十七史商榷》卷二《刘项俱观始皇》)

**姚苎田**：蛮得妙。与高祖语互看，两人大局已定于此。(《史记菁华录·项羽本纪》)

**刘咸炘**："彼可取而代也"，特书此语，著匹夫狂起之初机。此三代与秦、汉以下之一大关键也。《高纪》书"大丈夫当如是矣"，《陈涉世家》书"王侯将相宁有种乎！"皆此意。(《太史公书知意·项羽本纪》)

**程金造**：羽观秦皇帝东游，即羡其富贵威武，就急想"取而代之"。只知自私自利为快，而不知拯黎民于水火，登万姓于衽席，是人生之天职，亦天下之至乐。……太史公虽似闲闲叙此琐事，却是笼照全篇。好似绘画家作画，先在纸上用淡色构勒一个轮廓，而其后一切浓颜杂色，山水楼台，树花人物，都本此轮廓画出。太史公传人，往往如此。首先将其人性格能力见识器量著出，然后以具体活的事实，述其盛衰成败。(《史记管窥·司马迁著项羽入本纪之本意》)

㉔【汇校】

**王伯祥**：掩其口下，《蜀本》《汲古阁本》俱无"曰"字。(《史记选·项羽本纪》)

【汇注】

**沈钦韩**：《舆地纪胜》，掩浦在安吉州乌程县东北一十六里，一名项浦。顾长生《三吴土地志》云："昔项羽观秦皇，项梁闻掩其口处。"(《汉书疏证》卷二十七《陈胜项籍传》)

㉕【汇注】

**解惠全**：妄言：胡乱说。(《全译史记·项羽本纪》)

㉖【汇注】

**颜师古**：凡言族者，谓族诛之。(《汉书注·陈胜项籍传》)

㉗【汇注】

**王伯祥**：奇有重视或赏识之义。以此奇籍，因这"可取而代"一语，项梁遂大大赏识他。与前学书、学剑两俱不成时的"怒之"相应，一变而为另眼相看了。(《史记选·项羽本纪》)

**杨家骆**：梁以此奇籍："奇"作动词用，作"赏识"解，"奇籍"谓"以项籍为不凡之人"。(《史记今释》)

【汇评】

**姚苎田**：当教以兵法时，固已知其可用，此处"奇"字，直有可使南面之想矣，细想自辨。(《史记菁华录·项羽本纪》)

**牛运震**："以故事得已"，"以是知其能"，"梁以此奇籍"，每用虚字作结句，此法自太史公倡之，后人作史，袭用者甚多。(《空山堂史记评注》卷二《项羽本纪》)

**韩兆琦**：作品先是通过学书、学剑、学兵法诸事，表现了项羽的豪迈不群，但也同时见到了他性情的粗疏，为他日后的成功与失败都埋下了伏笔。随后作品描写了他看秦始皇渡浙江的情景，当时项羽与其叔项梁一道观看，项羽说："彼可取而代也！"项梁赶紧手掩其口，说："勿妄言，族矣！"然而他也"以此奇籍"。用早年的一件事，一句话，以预示其日后的不凡，是《史记》中常用的手法。(《史记博议·项羽本纪》)

㉘【汇注】

**裴骃**：韦昭曰："扛，举也。"音江。(《史记集解·项羽本纪》)

**颜师古**："刚、扛"，或问曰：吴楚之俗，谓相对举物为刚，有旧语否？答曰：扛，举也。音江，字或作掆。《史记》云"项羽力能扛鼎"，张平子《西京赋》云"乌获扛鼎"，并是也。彼俗音讹，故谓扛为刚耳，既不知其义，乃有造掆字者，固为穿凿也。(《匡谬正俗》卷六)

**司马贞**：《说文》云："横关对举也。"(《史记索隐·项羽本纪》)

**王伯祥**：扛鼎即举鼎。《说文》："扛，横关对举也。"有两人或多人共抬之意。此处借对举为单举义，用来表现项羽的力气大。(《史记选·项羽本纪》)

[日] **泷川资言**：中井积德曰："扛"本对举之名，然借以状多力。(《史记会注考证附校补·项羽本纪第七》)

㉙【汇注】

**王伯祥**：才气，包括才干、器度、识解而言。过人，超过一般人。(《史记选·项羽本纪》)

㉚【汇注】

**凌稚隆**：按秦时会稽治吴，故云吴中子弟。(《史记评林·项羽本纪》)

**吴国泰**：虽者，"唯"之借字。"唯"，语词也。《左传·文公十七年》："虽敝邑之事君，何以不免。"又"虽我小国，则蔑以过之矣"，皆假"虽"为"唯"，为发语之词，犹言"盖"也。"唯"，古读如"伊"，"盖"如"盍"，"盍""伊"歌泰同部近转，故可假为"盖"。"唯吴中子弟"犹"盖吴中子弟"也。（《史记解诂·项羽本纪》，载《文史》第43辑）

  秦二世元年七月①，陈涉等起大泽中②。其九月，会稽守通谓梁曰③："江西皆反④，此亦天亡秦之时也⑤。吾闻先即制人，后则为人所制⑥。吾欲发兵，使公及桓楚将⑦。"是时桓楚亡在泽中⑧。梁曰："桓楚亡，人莫知其处⑨，独籍知之耳⑩。"梁乃出，诫籍持剑居外待⑪。梁复入⑫，与守坐⑬，曰："请召籍，使受命召桓楚⑭。"守曰："诺⑮。"梁召籍入⑯。须臾，梁眴籍曰⑰："可行矣⑱！"于是籍遂拔剑斩守头⑲。项梁持守头，佩其印绶⑳。门下大惊㉑，扰乱㉒，籍所击杀数十百人㉓。一府中皆慴伏㉔，莫敢起㉕。梁乃召故所知豪吏㉖，谕以所为起大事㉗，遂举吴中兵㉘。使人收下县㉙，得精兵八千人㉚。梁部署吴中豪杰为校尉、候、司马㉛。有一人不得用，自言于梁。梁曰："前时某丧使公主某事㉜，不能办㉝，以此不任用公㉞。"众乃皆伏㉟。于是梁为会稽守㊱，籍为裨将㊲，徇下县㊳。

① 【汇注】

**王伯祥：**秦二世即二世皇帝，名胡亥，始皇少子。始皇在半路上死于沙丘，赵高、李斯阴谋杀害太子扶苏而立胡亥。元年当公元前209年。后三年，二世为赵高所杀。事迹附见《始皇本纪》。（《史记选·项羽本纪》）

【汇评】

**牛运震：**"秦二世元年七月"云云，按本纪未有不编年者，今项羽未尝改年称号，自无年可编。后篇"汉之元年""汉之二年""汉之三年""汉之四年"，此以汉年记楚事也。此处提"秦二世元年"以便书事，似宜连编二世二年、三年，以记楚汉分争事迹，庶几前后皆成编年纪事之体，其于本纪体制为合矣。（《读史纠谬》卷一《项羽本纪》）

**程馀庆**：以秦纪年，提陈涉起时甚明晰。下更不用年月纪事，一滚叙去，极佳。（《历代名家评注史记集说·项羽本纪》）

② 【汇注】

**司马贞**：徐氏以为在沛郡，即蕲县大泽中。（《史记索隐·项羽本纪》）

**王伯祥**：陈涉，详后《陈涉世家》。大泽，乡名，当时属蕲县，在今安徽省宿县西南故蕲县西。起大泽中，起兵于大泽乡中。（《史记选·项羽本纪》）

**王　恢**：大泽：《郡国志》："沛郡蕲县有大泽乡，陈涉起此。"《清统志》（一二六）：在今宿县西南。（《史记本纪地理图考·项羽本纪·项梁避仇吴中，起兵渡江》）

**杨家骆**："陈涉"句："陈涉"即陈胜，字涉，颍川阳城人（阳城在今河南省登封县东南三十五里）。秦二世元年七月，被遣发远戍渔阳，胜与吴广为屯长；行至大泽乡，因雨失期，法当斩首，胜乃与吴广发难。事见《史记·陈涉世家》。"大泽"，乡镇名，当时属蕲县，在今安徽省宿县西南。（《史记今释》）

③ 【汇校】

**梁玉绳**："会稽守通谓梁曰"，按：《汉书·项籍传》作项梁语，非通谓梁也。叙事迥异，未知孰实。（《史记志疑·项羽本纪》）

【汇注】

**裴　骃**：徐广曰："尔时未言太守。"又：《楚汉春秋》曰："会稽假守殷通。"（《史记集解·项羽本纪》）

**张守节**：守音狩。《汉书》云景帝中二年七月，更郡守为太守。（《史记正义·项羽本纪》）

**又**：按：言"假"者，兼摄之也。（同上）

**[日] 泷川资言**：中井积德曰：注"假者"，资望轻而未即真耳，非兼摄。（《史记会注考证·项羽本纪》）

**王伯祥**：守，一郡之长。会稽守，即驻在吴县的会稽郡守。通姓殷。会稽守通，会稽郡守殷通。谓梁，召项梁来跟他议事。那时项梁的声望足以震动一郡的长官了。（《史记选·项羽本纪》）

**编者按**："会稽守通"，陆贾《楚汉春秋》佚文为"会稽假守殷通"，班固《汉书·陈胜项籍传》作"会稽假守通"，皆有一"假"字。陈直在《汉书新证》中解曰："汉代官制，假有两义，一兼摄，本文是也。一暂摄，项羽为假上将军，韩信假齐王是也。《隶释》卷六，《北海相景君铭》云'假阶司农'。卷八，《衡方碑》云'惟时假阶'，皆兼摄之义，假阶似又成为制度之名词。"裴骃《集解》引徐广云"尔时未言太守"，太守之名为景帝时由郡守所改定。总之"守"，为郡守，"通"姓殷，叫做殷通，时为兼摄吴郡之长官。

④【汇注】

何　焯：江西皆反：江西犹今言浙西。(《义门读书记》卷十三《史记》)

王鸣盛：《陈涉世家》二世元年七月，发闾左谪戍渔阳九百人，屯大泽乡。涉为屯长。徐广注：大泽乡在沛郡蕲县。然则所云江西，乃指江北言。……而江西则古人西北通称，非以对东乃得称之。(《十七史商榷》卷二《江西江东》)

王伯祥：大江自今安徽省境斜行而北，直达今江苏省的镇江市，形成一道略偏南北流向的水路。这一带地的两岸，自古有江东、江西之名，与现在的江西省(从唐代的江南西道、宋代的江南西路演化而来)并不相干。《晋书·地理志》把庐江、九江之地自合肥以北至寿春，都称做"江西"，那么现在皖北一带并淮河下流都叫江西了。明末学者顾炎武也说："今所谓江北，昔之所谓江西也。"江西皆反，指陈涉起兵大泽乡时，江北各地到处都起来响应。(《史记选·项羽本纪》)

⑤【汇评】

程馀庆：点睛。与后半"天亡"楚句，如中天双柱。(《历代名家评注史记集说·项羽本纪》)

⑥【汇注】

司马贞：按：谓先举兵能制得人，后则为人所制。故荀卿子曰"制人之与为人制也，其相去远矣"。(《史记索隐·项羽本纪》)

⑦【汇注】

张守节：张晏云："项羽杀宋义时，桓楚为羽使怀王。"(《史记正义·项羽本纪》)

王伯祥：使公及桓楚将，令项梁和桓楚共同指挥所发动的兵马。将，率领。桓楚在当时，必是被秦廷所注意的人物，故下云"亡在泽中"。(《史记选·项羽本纪》)

⑧【汇注】

王伯祥：亡，逃亡；避匿。转徙逃死叫"流亡"。避罪逃匿叫"亡命"。泽中，泛指山林薮泽之中，犹云江湖。亡在泽中，亡命流转在江湖上。(《史记选·项羽本纪》)

⑨【汇校】

王伯祥：亡人：亡命之人。读本旧读，皆于"亡"字断，"人"属下读。未安。下云"莫知其处"，项梁自谓不知桓楚逃亡的地方，故紧接"独籍知之耳"。若云"人莫知其处"则大家都不知道，何以项籍独能知之呢！(《史记选·项羽本纪》)

⑩【汇注】

凌稚隆：籍实不知桓楚处。(《史记评林·项羽本纪》)

董其昌：梁欲出教项籍，使杀太守，故假托籍知桓楚之处，其实籍不知也。(引自《百大家评注史记·项羽本纪》)

⑪【汇注】

　　王伯祥：诫，吩咐。待，待命，犹言"候着"。(《史记选·项羽本纪》)

⑫【汇评】

　　姚苎田：叙项梁如生龙活虎。(《史记菁华录·项羽本纪》)

⑬【汇注】

　　王伯祥：与守坐，还与殷通同坐。(《史记选·项羽本纪》)

⑭【汇评】

　　牛运震："使公及桓楚"云云，至"使受命召桓楚"：按此段将"桓楚""桓楚亡""召桓楚"，极有层次而安顿得所，故不见重复，且能省约字句。(《空山堂史记评注》卷二《项羽本纪》)

⑮【汇注】

　　王伯祥：诺，应承之辞，犹言"是"或"好吧"。(《史记选·项羽本纪》)

⑯【汇评】

　　吴见思：序事曲折详尽。(《史记论文·项羽本纪》)

⑰【汇注】

　　颜师古：眴，动目也，音舜，动目而使之也。(《汉书注》"陈胜项籍传"注)

　　杨树达：《说文四篇上目部》云："旬，目摇也。或作眴。"又云："瞚，开阖目数摇也。"音义并相近。《公羊传·文公七年》云：眣晋大夫使与公盟也。《何注》云：以目通旨曰眣。《释文》云：眣音舜。则眴字又作眣。(《汉书窥管》卷四《陈胜项籍传》)

　　夏伯炎：眴，使眼色。(见王利器主编《史记注译·项羽本纪》)

⑱【汇评】

　　孙　琮：叙仓卒起事如画。(《山晓阁史记选·项羽本纪》)

⑲【汇评】

　　俞思学：许应元曰：会稽守素贤项梁，召与计事。而梁乃阴诫籍于外入而斩守，佩其印绶。其初起与沛公异矣。梁死定陶，籍之夭亡，有以也夫！(《史概》卷一《项羽本纪》)

　　浦起龙：写得机变绝人！(《古文眉诠》卷十八《项羽本纪》)

　　程馀庆：守欲反秦，何不与同起事？盖项梁意气不能为人下也。杀会稽守一事，庸人不能为，帝王不肯为，真群雄局面也。(《历代名家评注史记集说·项羽本纪》)

⑳【汇注】

　　王伯祥：印是印章，绶是穿缚印纽的带子。佩其印绶，把会稽守的官印系在身上。秦、汉时每授一官，必铸一印，故新官、旧官各有一印，不象南北朝以后那样的换官

不换印的。项梁当时举动非常，所以夺取旧印来做号召的工具。(《史记选·项羽本纪》)

㉑【汇注】
　　王伯祥：门下，指郡守的侍从护卫之人。(《史记选·项羽本纪》)

㉒【汇注】
　　解惠全、张德萍：乱，混乱。"扰"也是乱的意思。(《全译史记·项羽本纪》)

㉓【汇注】
　　颜师古：数十百人者，八九十乃至百也。他皆类此。(《汉书注·陈胜项籍传》)
　　司马贞：此不定数也。自百已下或至八十九十，故云数十百。(《史记索隐·项羽本纪》)

㉔【汇注】
　　司马贞：《说文》云："慴，失气也。"音之涉反。(《史记索隐·项羽本纪》)
　　王伯祥：慴音摺，恐惧得丧失勇气。字亦作"讋"。慴伏就是骇倒。故下云"莫敢起"。(《史记选·项羽本纪》)
　　夏伯炎：慴伏：惊吓得趴在地上。(见王利器主编《史记注译·项羽本纪》)
　　解惠全、张德萍：慴伏：因惧怕而屈服。"慴"，恐惧。"伏"，通"服"。(《全译史记·项羽本纪》)

㉕【汇评】
　　孙　琮：四用"莫敢"字，极写人心惶悚。(《山晓阁史记选·项羽本纪》)
　　姚苎田：夹叙二项，各各须眉欲活，写生妙手。(《史记菁华录·项羽本纪》)
　　牛运震："一府中皆慴伏，莫敢起"，按：此"一府中皆慴伏"，文义已足，加"莫敢起"三字，更有神情声势。(《空山堂史记评注》卷二《项羽本纪》)

㉖【汇注】
　　王伯祥：故，旧时；从前。故所知豪吏，早先熟悉的有力量的吏士。(《史记选·项羽本纪》)

㉗【汇注】
　　颜师古：谕，晓告之。(《汉书注·陈胜项籍传》)

㉘【汇注】
　　解惠全、张德萍：举：发动。(《全译史记·项羽本纪》)

㉙【汇注】
　　颜师古：四面诸县也。非郡所都，故谓之下也。(《汉书注·陈胜项籍传》)
　　王伯祥：收下县：收所下之县。(《史记选·项羽本纪》)

㉚【汇注】

　　**凌稚隆**：按此伏八千人案，为后以八千人渡江，及与亭长言江东子弟八千人张本。（《史记评林·项羽本纪》）

　　**姚苎田**：二句夹叙法，合所举所收，共八千人也。（《史记菁华录·项羽本纪》）

【汇评】

　　**高　嵣**：起事吴中，写得机变。得八千人，始事眉目。（《史记钞》卷一《项羽本纪》）

　　**牛运震**：按此处八千人，乃一篇眼目。篇中凡言"六七万人"，"蒲将军将卒二万"，"兵四十万"，"精兵三万人"，以及"八百余人""百余人""二十八骑"，篇末又回应"八千余人"，点逗生情，叠次有姿，可悟史笔之妙。（《空山堂史记评注》卷二《项羽本纪》）

㉛【汇注】

　　**颜师古**：分部而署置之。（《汉书注·陈胜项籍传》）

　　**姚苎田**：校尉：将兵者；候：军候，主侦敌；司马：主军政赏罚。（《史记菁华录·项羽本纪》）

　　**沈钦韩**：《续志》：校尉，比二千石。军司马，比千石。部下有曲，曲军候，比六百石。（《汉书疏证》卷二十七《陈胜项籍传》）

　　**王伯祥**：部署，分别安排。吴中豪杰，指梁平时选上的有能力的人。校尉，将级以下的军官。候，军候，军中经理事务的官。司马，军司马，执行审判的军法官。（《史记选·项羽本纪》）

㉜【汇注】

　　**王伯祥**：主，主管。主某事，管理某一件事。（《史记选·项羽本纪》）

㉝【汇注】

　　**凌稚隆**：梁为主办，而行以兵法；则此不办者，不知兵者也，故不用。（《史记评林·项羽本纪》）

㉞【汇评】

　　**高　嵣**："前时某丧……以此不任用公"：应前为"兵法部勒"生色，为"知其能"点实。（《史记钞》卷一《项羽本纪》）

㉟【汇校】

　　**王伯祥**："伏"古与"服"通。明归有光评点本正作"服"。（《史记选·项羽本纪》）

【汇评】

　　**姚苎田**：不特回顾主办一段也，古文摹写人处，往往大处不写，写一二小事，转

觉神情欲活，此颊上三毫法也。不必谓实有是事。(《史记菁华录·项羽本纪》)

**程馀庆**："皆出梁下""皆以慴籍""皆慴伏""众乃皆服"：四"皆"字照应成文。(《历代名家评注史记集说·项羽本纪》)

**程金造**：太史公在此点示出用人先要知人。(《史记管窥·司马迁著项羽入本纪之本意》)

㊱【汇注】

**王伯祥**：于是，犹言"当此时"。与作"遂""乃"解的"于是乎"有别。梁为会稽守，项梁就自己做了会稽郡守。(《史记选·项羽本纪》)

㊲【汇注】

**颜师古**：裨，助也，相副助也。裨音频移反。他皆类此。(《汉书注·陈胜项籍传》)

**冯梦龙**：裨将，副将也。(《纲鉴统一》卷五《秦二世》)

㊳【汇注】

**裴　骃**：李奇曰："徇，略也。"如淳曰："徇音'抚徇'之'徇'。徇其人民。"(《史记集解·项羽本记》)

**王伯祥**：徇音恂，兼有示威、劫持、抚安等意义。徇下县，镇抚郡下的属县。(《史记选·项羽本纪》)

**张家英**："下县"系对郡治所在而言，指一郡中非郡治所在的属县。(《〈史记〉十二本纪疑诂·项羽本纪》)

广陵人召平于是为陈王徇广陵①，未能下②。闻陈王败走③，秦兵又且至，乃渡江矫陈王命④，拜梁为楚王上柱国⑤。曰："江东已定⑥，急引兵西击秦⑦。"项梁乃以八千人渡江而西⑧。闻陈婴已下东阳⑨，使使欲与连和俱西⑩。陈婴者⑪，故东阳令史⑫，居县中，素信谨⑬，称为长者⑭。东阳少年杀其令⑮，相聚数千人，欲置长⑯，无适用⑰，乃请陈婴⑱。婴谢不能⑲，遂强立婴为长，县中从者得二万人。少年欲立婴便为王⑳，异军苍头特起㉑。陈婴母谓婴曰㉒："自我为汝家妇，未尝闻汝先古之有贵者㉓。今暴得大名㉔，不祥㉕。不如有所属㉖，事成犹得封侯㉗，事败易以亡㉘，非世所指名也㉙。"婴乃不敢为王㉚。谓其军吏曰："项氏世世将家，有名于楚㉛。今欲举大事㉜，将非其人㉝，不可㉞。我倚名族㉟，亡秦必矣㊱。"于是众从其言，以兵属项梁㊲。项梁渡淮㊳，黥布、蒲将军亦以兵属焉㊴。凡六七万人㊵，军下邳㊶。

① 【汇校】
　　**梁玉绳**：按：广陵，楚、汉之间为东阳郡，而斯时陈婴已下东阳，疑召平以淩人为陈王徇淩，非广陵也，观《汉书·陈胜传》淩人秦嘉事自见。淩县属泗水，《陈涉世家》作"陵人秦嘉"，古字通用，下文《集解》引《世家》作"广陵人"，乃误增一"广"字。（《史记志疑·项羽本纪》）
　　【汇注】
　　**颜师古**：召读曰邵。（《汉书注·陈胜项籍传》）
　　**张守节**：广陵，扬州。（《史记正义·项羽本纪》）
　　**俞思学**：杨慎曰：召平上有"广陵人"三字，以别于"东陵召平"也。（《史概》卷一《项羽本纪》）
　　**杭世骏**：臣世骏按：《水经注》：广陵城，楚汉之间为东阳郡，高祖六年为荆国，十一年为吴城；景帝四年，更名江都；武帝元狩三年，更曰广陵。此《纪》言广陵者，盖史家追书之也。（《史记考证·项羽本纪》）
　　【汇评】
　　**倪思撰、刘辰翁评**：此召平不自了事，乃能作此度外事，所以发亡秦之踪在此。（《班马异同评》）
② 【汇注】
　　**张守节**：下，胡嫁反。以兵威服之曰下。（《史记正义·项羽本纪》）
③ 【汇注】
　　**梁玉绳**：陈胜始见《始皇纪》。即陈涉。胜字涉，阳城人。自立为王，号张楚，居陈。故曰陈王，为王凡六月，其御庄贾杀之。谥隐王，葬砀。（《汉书人表考》卷六《项羽》）
④ 【汇注】
　　**张守节**：矫，纪兆反。召平从广陵渡京口江至吴，诈陈王命拜梁。（《史记正义·项羽本纪》）

⑤【汇注】

　　裴　骃：徐广曰："二世之二年正月也。"骃按：应劭曰"上柱国，上卿官，若今相国也"。（《史记集解·项羽本纪》）

　　程馀庆：召平从广陵渡京口江，至吴，诈陈王命，拜梁上柱国，即相国也。（《历代名家评注史记集说·项羽本纪》）

⑥【汇注】

　　王　恢：江西、江东：长江自安徽以北至江宁，略呈北流，故有江东、江西之称。《日知录》（三一）："江西之名，殆不可晓。六朝以前，其称江西省，并在秦郡（原注：今六合）历阳、庐江之境。……今之所谓江北，昔之所谓江西也。故《晋·地理志》以庐江、九江、自合肥以北至寿春，皆谓之江西。今人以江、饶、洪、吉诸州为江西，是因唐贞观十年分天下为十道，其八曰江南道。开元二十一年又分天下为十五道，而江南为东、西二道，江南东道理苏州，江南西道理洪州，后人省文，但称江东江西尔。"魏禧《日录杂说》："江有南北而东西，金陵、豫章俱在江南，对豫章言则金陵居江南之东，对金陵言则豫章居江南之右，故宋人以金陵、太平、宁国、广德为江南东路，以今江西全省为江南西路。"又曰："江东称江左，江西称江右，盖自江北视之，江东在左，江西在右耳。"（《史记本纪地理图考·项羽本纪·项梁避仇吴中，起兵渡江》）

【汇评】

　　姚苎田：夹叙一事，非传中正文也。看其简处则极简，两行中写许多情事，知此作文，方无喧客夺主之患。（《史记菁华录·项羽本纪》）

⑦【汇注】

　　吴见思：自此一路往西击秦。篇中东西二字是眼目。（《史记论文·项羽本纪》）

⑧【汇注】

　　王伯祥：渡江而西，自吴渡江，向西去迎击秦兵。（《史记选·项羽本纪》）

　　解惠全、张德萍：以：率领。西：向西，西进。（《全译史记·项羽本纪》）

【汇评】

　　凌稚隆：按项羽始事，已定江东，而渡江西，故通篇以"东""西"二字为眼目。（《史记评林·项羽本纪》）

　　程金造：叙项梁起兵于吴中。此事是项羽发迹之所由，写项梁也是所以写项羽，所以不能不叙。而叙项梁是以威劫吴中而起兵，用项羽之残暴杀伐为手段。（《史记管窥·司马迁著项羽入本纪之本意》）

⑨【汇注】

　　裴　骃：晋灼曰："东阳县本属临淮郡，汉明帝分属下邳，后复分属广陵。"（《史

记集解·项羽本纪》)

　　**司马贞**：下音如字。按：以兵威伏之曰下，胡嫁反。彼自归伏曰下，如字读。他皆放此。东阳，县名，属广陵也。(《史记索隐·项羽本纪》)

　　**张守节**：《括地志》："东阳故城在楚州盱眙县东七十里，秦东阳县城也，在淮水南。"(《史记正义·项羽本纪》)

　　**编者按**：东阳，县名，秦置，属东海郡，西汉属临淮郡，东汉属下邳国，西晋仍属临海郡，南朝陈废。治所在今江苏盱眙县东南东阳城。

⑩【汇注】

　　**王伯祥**：使使，派遣使者。上"使"动词，下"使"名词。连和俱西，约同联合兵力，共向西进。(《史记选·项羽本纪》)

【汇评】

　　**浦起龙**：初渡得机会。(《古文眉诠》卷十八《项羽本纪》)

　　**牛运震**："项梁乃以八千人渡江而西。闻陈婴已下东阳，使使欲与连和而西"：按此总结起兵，而又钩起陈婴，且收且挈，笔法最妙。按项氏起江东，而西向攻秦，入关中，其后汉王兴西，项王据东，对峙分争，五载乃定。故一篇之中，往往以东西字为眼目。如"将引军而西"，"数使使趣齐兵，欲与俱西"，"西破秦军濮阳东"，"西略地至雍丘"，"乃与吕臣军俱引兵而东"，"项羽闻汉王皆已并关中，且东"，"如约即止，不敢东"，"楚以此故无西意，而北击齐"，"汉王部五诸侯兵，凡五十六万人，东伐楚"，"项王乃西从萧，晨击汉军而东，至彭城"，"楚以故不能过荥阳而西"，"请和，割荥阳以西为汉"，"楚遂拔成皋，欲西"，"汉使兵距之巩，令其不得西"，"项王乃自东击彭城(越)"，"项王东击破之"，"西，与汉俱临广武而军"，"毋令得东而已"，"乃东，行击陈留、外黄"，"割鸿沟以西者为汉，鸿沟而东者为楚"，"项王已约，乃引兵解而东归"，"汉欲西归"，"于是项王乃欲东渡乌江"，此皆篇中关键也。中间"楚以此故无西意，而北击齐"，"以故不能过荥阳而西"，"汉使兵拒之巩，令其不得西"，尤楚、汉成败扼要处。篇末于项羽口中点籍"与江东八千人渡江而西"，回应返顾，更有情致，有章法。(《空山堂史记评注》卷二《项羽本纪》)

⑪【汇注】

　　**班　固**：堂邑安侯陈婴，以自定东阳为将，属楚项梁，为楚柱国。四岁，项羽死，属汉，定豫章、浙江。都浙，定自为王壮息，侯，六百户。复相楚元王十二年。十二月甲申，封，六(十八)年薨。(《汉书》卷十六《功臣表》)

⑫【汇注】

　　**裴　骃**：晋灼曰："《汉仪注》云令吏曰令史，丞吏曰丞史。"(《史记集解·项羽本纪》)

张守节：《楚汉春秋》云东阳狱史陈婴。(《史记正义·项羽本纪》)

程馀庆：东阳令史：东阳县令吏。(《历代名家评注史记集说·项羽本纪》)

张家英："令史皆斗食"，县中令、丞、尉之下皆有史，掌文书事务，为地位低下的佐吏，不入官品，宋元以后成为官府胥吏的通称。(《〈史记〉十二本纪疑诂·项羽本纪》)

【汇评】

刘咸炘："陈婴者"云云，归氏曰：中包陈婴小传。凡大纪传中多有此等法。按：陈婴事仅此，自不应别立传，此处自当叙婴原起，非有意为一小传。读书如是观则可，如谓作者如是造则凿矣。说史最当慎于此际。(《太史公书知意·项羽本记》)

陈　直：《汉旧仪》所云令吏曰令史。指县令之属吏，皆可总称令史，然令史实为县吏之一种，与卒史相等。居延汉简释文六页，有令史众。八页，有令史得。九页，有令史应。一八页，有令史憙各记载。其他见于铜器、漆器铭文者，尤多不胜举。陈婴官东阳令史，当与汉简之令史相类。又按：王献唐氏藏有汉"县中少年唯印"，此当为秦楚之际，群雄起义之初，县中诸少年尚未推出盟主时所用之印。《汉书》记述陈婴事，极与之相合。西安西乡，亦曾出"少年唯印"，四边有界格，亦为秦末少年起义时所刻之印。用少年群众名称，不用个人出名，知当时起义军风气如此。(《汉书新证·陈胜项籍传》)

⑬【汇注】

王伯祥：信谨，老实；谨慎。(《史记选·项羽本纪》)

⑭【汇注】

颜师古：素立恩信，号为长者。(《汉书注·陈胜项籍传》)

⑮【汇注】

王伯祥：令，一县之长。杀其令，杀死东阳县的县令。(《史记选·项羽本纪》)

⑯【汇注】

王伯祥：置长，推举首领。(《史记选·项羽本纪》)

⑰【汇注】

颜师古：适，主也，音与的同。(《汉书注·陈胜项籍传》)

⑱【汇注】

王伯祥：请，拥戴。(《史记选·项羽本纪》)

⑲【汇注】

王伯祥：谢不能，以己无能而谢绝。(《史记选·项羽本纪》)

⑳【汇注】

吴见思："便"字妙！为王如此之易。极写一时草草。(《史记论文·项羽本纪》)

**牛运震**："便为王"，"闻陈王定死"：用俗字最老。(《空山堂史记评注》卷二《项羽本纪》)

**解惠全、张德萍**：便：立即。(《全译史记·项羽本纪》)

**王伯祥**：立婴便为王，使陈婴即时称王。着一"便"字，草率可见。(《史记选·项羽本纪》)

㉑【汇校】

**吴见思**：异军苍头特起：六字疑有脱误，诸解恐未确。(《史记论文·项羽本纪》)

【汇注】

**裴　骃**：应劭曰："苍头特起，言与众异也。苍头，谓士卒皁巾，若赤眉、青领，以相别也。"如淳曰："魏君兵卒之号也。《战国策》魏有苍头二十万。"(《史记集解·项羽本纪》)

**司马贞**：晋灼曰："殊异其军为苍头，谓著青帽。"如淳云："特起犹言新起也。"按：为苍头军特起，欲立陈婴为王，婴母不许婴称王，言天下方乱，未知瞻乌所止。(《史记索隐·项羽本纪》)

【汇评】

**牛运震**：异军苍头特起：添此句有声势。(《空山堂史记评注》卷二《项羽本纪》)

**程馀庆**：谓士卒皆裹皁巾，以别异于众，特起而不属于人也。添此句，有声势。(《历代名家评注史记集说·项羽本纪》)

㉒【汇注】

**裴　骃**：张晏曰："陈婴母，潘旌人，墓在潘旌。"(《史记集解·项羽本纪》)

**司马贞**：按：潘旌是邑聚之名，后为县，属临淮。(《史记索隐·项羽本纪》)

【汇评】

**刘　向**：后项氏败，婴归汉，以功封棠邑侯。君子曰：婴母知天命，又能守先故之业，流祚后世，谋虑深矣。《诗》曰："贻厥孙谋，以燕翼子。"此谓也。(《古列女传》卷八《陈婴母》)

**俞思学**：王维祯曰：叙陈婴母者，见成败之理。虽妇人亦能知之。汉非诸杰所得夺也。(《史概》卷一《项羽本纪》)

**凌稚隆**：按：婴母之止婴，岂独以世未尝贵哉？亦以婴不能有为，他人借之以立名，则异日且必见杀，婴母其虑之深矣。若楚怀王心者，一旦安受义帝之名，卒被弑逆，曾妇人之虑不若耶？(《史记评林·项羽本纪》)

**李　贽**：陵母知兴，是矣。若婴母知废，则未然。彼不过以少贫贱卒富贵不祥，是妇人常见耳，何尝知婴非真天子乎！(《史纲评要》卷五《汉纪》)

**高　嵣**：陈婴母：婴母深识，可作附传观。(《史记钞》卷一《项羽本纪》)

**吴汝纶**：婴母数言，皆与项羽反照。（《桐城吴先生点勘史记读本·项羽本纪》）

㉓【汇注】

**王伯祥**：先古，上世，犹言祖先。贵者，显贵之人，指高官尊爵而言。（《史记选·项羽本纪》）

㉔【汇注】

**夏伯炎**：暴：突然。大名：指称帝称王。（见王利器主编《史记注译·项羽本纪》）

㉕【汇注】

**王伯祥**：不祥，反常，不是好兆头。（《史记选·项羽本纪》）

㉖【汇注】

**王伯祥**：属，托附；从属。有所属，从属于人，得所依托。（《史记选·项羽本纪》）

【汇评】

**唐德宜**：卓识！（《古文翼》卷四《项羽本纪》）

㉗【汇评】

**倪思撰、刘辰翁评**：朴直，有气势。（《班马异同评》）

㉘【汇注】

**王伯祥**：易以亡，便于亡命逃匿。（《史记选·项羽本纪》）

㉙【汇注】

**钱伯城**：指名：注目、注意。（《史记纪传选译》上《项羽本纪》）

【汇评】

**程馀庆**：数语说得有权术，是世上第一占便宜人。沛公之起，萧、曹恐事不就，秦种族其家，尽让刘季。二人安身立命，全是此一段主意。婴后果封堂邑侯，四世乃绝，皆母之力也。（《历代名家评注史记集说·项羽本纪》）

㉚【汇评】

**王夫之**：陈婴之不自立也，周市之不王魏也，其情均也，而周市贤矣。市曰："天下昏乱，忠臣乃见。"义之所不敢出，害不敢自之而远。居尊以为天下不义之魁，"负且乘，致寇至"，灼然易见，而人不能知。非不知也，无志义以持其心，流俗之蛊之者进矣。陈婴非幸而有其母，亦殆矣哉！（《读通鉴论》卷一《二世》）

㉛【汇评】

**浦起龙**：借陈婴口，为项氏世世楚将作提掇。（《古文眉诠》卷十八《项羽本纪》）

㉜【汇评】

**倪思撰、刘辰翁评**："大"字似怯。（《班马异同评》）

㉝【汇注】
　　解惠全、张德萍：其人：项氏的人，指项梁。（《全译史记·项羽本纪》）
㉞【汇注】
　　颜师古：言以不材之人为将，不可求胜也。（《汉书注·陈胜项籍传》）
　　程金造："将非其人不可"，就是非其才而任其事，事必败坏。（《史记管窥·司马迁著项羽入本纪之本意》）
㉟【汇注】
　　颜师古：倚，依也，音于绮反。（《汉书注·陈胜项籍传》）
㊱【汇注】
　　解惠全、张德萍：必：一定，必然。（《全译史记·项羽本纪》）
㊲【汇注】
　　王伯祥：以兵属项梁，陈婴以所属兵卒附于项梁。与前"连和俱西"和"不如有所属"都应合。（《史记选·项羽本纪》）
㊳【汇注】
　　王伯祥：淮即今淮河。渡淮，言自东阳西行，渡淮北进。（《史记选·项羽本纪》）
㊴【汇校】
　　梁玉绳：蒲将军，附按：服虔谓"英布起蒲，因以为号"。师古、《索隐》非之，是也。吴斗南以为棘蒲侯柴武，亦非。此犹《高纪》之刚武侯，《史》失其姓名，不知何人也。（《史记志疑·项羽本纪》）
　　【汇注】
　　裴　骃：服虔曰："英布起于蒲地，因以为号。"如淳曰："言当阳君、蒲将军皆属项羽，此自更有蒲将军。"（《史记集解·项羽本纪》）
　　颜师古：……此二人也，服说失之。若是一人，不当先言姓名，后乃称将军也。（《汉书注·陈胜项籍传》）
　　司马贞：按：布姓英，咎繇之后，后以罪被黥，故改姓黥以应相者之言。韦昭云"蒲，姓也"，是英布与蒲将军二人共以兵属项梁也。故服虔以为"英布起蒲"，非也。按：黥布初起于江湖之间。（《史记索隐·项羽本纪》）
　　凌稚隆：按"以兵属"，"亦以兵属"，本上"不如有所属"来。（《史记评林·项羽本纪》）
　　【汇评】
　　王骏图撰、王骏观续：小司马之说非也。布本姓英，以被黥刑，故人呼为黥布耳，此犹车丞相小冠子夏之例，非改姓也。服虔谓黥布号蒲将军，其说尤非是。盖黥布号当阳君。下文云"当阳君、蒲将军皆属项羽"，其为二人可知。吴仁杰《两汉刊误补

遗》，谓蒲将军是吕臣之号，是证服说之谬矣。(《史记旧注平义·项羽本纪》)

㊵【汇注】

**郭嵩焘**：按：项梁初起八千人，得陈婴兵二万，此云"六七万"，然则黥布、蒲将军各以二万人属，至此作一小结束。(《史记札记》卷一《项羽本纪》)

㊶【汇注】

**张守节**：被悲反。下邳，泗水县也。应劭云："邳在薛，徙此，故曰下邳。"按：有上邳，故曰下邳。(《史记正义·项羽本纪》)

**王　恢**：下邳：《左》昭元年，商有邳邳。应劭曰："邳在薛（滕县），其后奚仲徙此，故曰下邳。"春秋战国属齐以封邹忌（前357年，《田齐世家》）。韩信为楚王都之。建安初，刘备为徐州牧，屯下邳，吕布袭取之；曹操攻布，决泗沂水以灌城。《纪要》（二二）："《志》云：今邳州东三里有土城故址。今城，金人所置，明初修筑。"据《泗水注》，在泗沂之会，当今邳县南百里古邳镇。(《史记本纪地理图考·项羽本纪·项梁避仇吴中，起兵渡江》)

　　当是时①，秦嘉已立景驹为楚王②，军彭城东③，欲距项梁④。项梁谓军吏曰："陈王先首事⑤，战不利，未闻所在⑥。今秦嘉倍陈王而立景驹⑦，逆无道⑧。"乃进兵击秦嘉⑨。秦嘉军败走，追之至胡陵⑩。嘉还战一日⑪，嘉死，军降。景驹走死梁地⑫。项梁已并秦嘉军，军胡陵，将引军而西⑬。章邯军至栗⑭，项梁使别将朱鸡石、馀樊君与战⑮。馀樊君死。朱鸡石军败⑯，亡走胡陵⑰。项梁乃引兵入薛⑱，诛鸡石⑲。项梁前使项羽别攻襄城⑳，襄城坚守不下。已拔㉑，皆坑之㉒。还报项梁。项梁闻陈王定死㉓，召诸别将会薛计事㉔。此时沛公亦起沛往焉㉕。

①【汇评】

**牛运震**：按此用"当是时"，提掇转换，开人眼目，最得絜纲振领之法。篇中凡八用之。此处及"当此时，赵歇为王"，"当是时，诸将皆慴服"，"当是时，楚兵冠诸侯"，"当是时，项羽兵四十万，在新丰鸿门"，"当是时，项王军在鸿门下"，"当此时，彭越数反梁地，绝楚粮食"，"当是时，项王在睢阳，闻海春侯军败，则引兵还"

是也。(《空山堂史记评注》卷二《项羽本纪》)

② 【汇校】

王伯祥：秦嘉，裴骃《集解》引《陈涉世家》作广陵人。今本《陈涉世家》作陵人，《汉书·陈胜传》则作凌人。"陵"当作"凌"。凌为秦所置县。故治在今江苏省宿迁县东南。(《史记选·项羽本纪》)

【汇注】

裴　骃：《陈涉世家》曰："秦嘉，广陵人。"(《史记集解·项羽本纪》)

又：文颖曰："景驹，楚族，景氏，驹名。"(同上)

凌稚隆：按《纪》中凡过处接上文，皆用"已"字提醒。(《史记评林·项羽本纪》)

夏伯炎：景驹：战国末年楚王的同族。陈涉被章邯打败后，下落不明，所以秦嘉另立景驹为王。(见王利器主编《史记注译·项羽本纪》)

③ 【汇注】

张守节：《括地志》云："徐州彭城县，古彭祖国也。"言秦嘉军于此城之东。(《史记正义·项羽本纪》)

王伯祥：彭城，古大彭氏之国，春秋时为宋邑。秦置彭城县。即今江苏省徐州市。军彭城东，驻兵彭城以东，正与下邳相近。(《史记选·项羽本纪》)

④ 【汇注】

王伯祥：距与拒通。欲距项梁，意图抗拒项梁。(《史记选·项羽本纪》)

⑤ 【汇注】

夏伯炎：首事：首先起义。(见王利器主编《史记注译·项羽本纪》)

⑥ 【汇注】

王伯祥：未闻所在，犹言未知下落。时陈涉已为章邯所败，生死不明。(《史记选·项羽本纪》)

⑦ 【汇注】

潘永圜：楚王景驹，陈人，与秦嘉同起兵于郯。二世二年癸巳正月，陈王败死，驹乃据留(今沛县东南)，自立为楚王。凡四月，项梁击杀之。(《读史津逮》卷二《秦末诸国》)

王伯祥：倍与背通。倍陈王，背叛陈涉。此于抗秦阵营大为不顺，故云逆无道。"逆"上《会注本》有"大"字。(《史记选·项羽本纪》)

⑧ 【汇校】

梁玉绳：附按："逆"上脱"大"字，他本及《汉书》有。(《史记志疑·项羽本纪》)

⑨【汇评】
程馀庆：景驹，楚后也，非不当立。项氏兵势已振，亦欲自立王，不肯受事于嘉，故以陈王为名而攻之耳。（《历代名家评注史记集说·项羽本纪》）

⑩【汇注】
裴　骃：邓展曰："今胡陆，属山阳。汉章帝改曰胡陵。"（《史记集解·项羽本纪》）

王　恢：胡陵：《纪要》（三二）："故城今山东鱼台县东南六十里，春秋宋邑，后属楚，秦县。"按：秦嘉本陈涉部将，原驻东海（山东郯城），闻涉兵败，乃立楚王后景驹，军彭城东，欲以拒梁。（《史记本纪地理图考·项羽本纪·项梁避仇吴中，起兵渡江》）

⑪【汇注】
颜师古：复来战。（《汉书注·陈胜项籍传》）

⑫【汇注】
王　恢：梁地：七国时，魏都大梁，即今开封，魏因称梁。彭越屡扰梁地，盖指山东、河北、河南三省之交地区。此云走死梁地，失其所。（《史记本纪地理图考·项羽本纪·项梁避仇吴中，起兵渡江》）

⑬【汇评】
牛运震："项梁已并秦嘉军，军胡陵，将引军而西"：按此又作一收，引起下文。凡纪事，事多而文长，须处处有收勒过渡之法。（《空山堂史记评注》卷二《项羽本纪》）

⑭【汇注】
裴　骃：徐广曰：（栗），县名，在沛。（《史记集解·项羽本纪》）

颜师古：栗，县名，《地理志》属沛郡。（《汉书注·陈胜项籍传》）

王　恢：栗：《睢水注》："睢水自山阳薄来，东迳栗县故城北，下入敬丘。"《清统志》（一九四）："故城今夏邑县治。"（《史记本纪地理图考·项羽本纪·项梁避仇吴中，起兵渡江》）

杨家骆："章邯"，秦之大将，后降项羽；《汉书·地理志》沛郡"栗"下注云"侯国"，非县也。故地在今河南省夏邑县。（《史记今释》）

【汇评】
俞思学：茅坤曰：予按梁号知兵者。及邯入栗，而梁何以不严兵以待之？顾令羽别攻襄城，而轻以朱鸡石、馀樊君辈尝秦军而败也？（《史概》卷一《项羽本纪》）

⑮【汇注】
王伯祥：别将，分统一支军队的将领。朱鸡石，据《陈涉世家》为符离人。馀樊

君,史失其姓名。与战,与章邯军会战。(《史记选·项羽本纪》)

⑯【汇评】

高　嵣:此渡后初用兵也。败秦嘉,拔襄城。鸡石之败,乃偏将小挫,不减盛势也。(《史记钞》卷一《项羽本纪》)

⑰【汇注】

程馀庆:项梁军胡陵也。(《历代名家评注史记集说·项羽本纪》)

⑱【汇注】

张守节:《括地志》云:"故薛城,古薛侯国也,在徐州滕县界,黄帝之所封。《左传》曰,定公元年,薛宰云'薛之祖奚仲,居薛,为夏车正',后为孟尝君田文封邑也。"(《史记正义·项羽本纪》)

王伯祥:薛,西周任姓封国,奚仲之后。战国时,为齐田婴、田文(孟尝君)父子封邑。秦置薛县。故治在今山东省滕县东南四十四里。(《史记选·项羽本纪》)

王　恢:薛:故城滕县东南四十四里。《汉志》:"鲁国薛,夏车正奚仲所国,后迁于邳,汤相仲虺居之。"六国时称徐州。《田齐世家》,宣王九年(前334)与魏襄王会徐州而相王;十年,楚围我徐州;湣王三年(前321),封田文于此,号孟尝君。亦分属鲁,《鲁世家》,顷公十九年(前254),楚伐我,取徐州。《泗水注》:"漷水自蕃来,西迳薛县故城北。"《晋太康地记》云,奚仲迁邳,仲虺居之,为汤左相。……徐广《史记音义》云:楚元王子郢客以吕后二年封上邳侯,有下,故此为上矣。《地道纪》云:仲虺城在薛城西三十里。漷水迳薛之上邳城西而南往,下入山阳胡陵。《清统志》(一六六):"薛城,春秋以后别名舒州,《史记》皆作徐州。刘熙《释名》,徐,舒也,古字相通。固非《禹贡》之徐州,亦非汉、晋以来之彭城也。近志以为即今徐州,因引入彭城,误矣。"(《史记本纪地理图考·项羽本纪·项梁避仇吴中,起兵渡江》)

⑲【汇评】

孙　琮:初起事,军法严明如此。(《山晓阁史记选·项羽本纪》)

⑳【汇校】

梁玉绳:按:前此皆称项籍,此后忽改称字而不名,何也?《高纪》则皆称字。(《史记志疑·项羽本纪》)

【汇注】

张守节:许州襄城县。(《史记正义·项羽本纪》)

沈钦韩:按此襄城,盖陈留之襄邑,在归德府睢州西一里,非许州府之襄城,汉属颍川者也。(《汉书疏证》卷二十七《陈胜项籍传》)

王伯祥:别攻,分路攻打。襄城本战国时魏邑,秦于此置县。即今河南省襄城县。(《史记选·项羽本纪》)

王　恢：襄城：春秋郑氾邑，襄王出居郑氾。战国韩因名襄城，秦置县。《汝水注》："汝水自郏来，东迳襄城故城南。"《清统志》（二一八）："故城今治西墉之外，遗迹连亘达于城隅。"梁前使羽别攻襄城，未知确为何时。远攻襄城，为响应陈涉耶？羽还报陈涉败死确讯，梁因召诸将至薛计议。时汉高起沛，军于丰，因往从之。从范增说，立楚怀王孙心，仍号怀王，以从民望，都盱台。梁则自引兵北救齐，局势为之大变。（《史记本纪地理图考·项羽本纪·项梁避仇吴中，起兵渡江》）

㉑【汇注】
　　杨家骆：拔：攻克。（《史记今释》）

㉒【汇注】
　　颜师古：陷之于坑，尽杀之。（《汉书注·陈胜项籍传》）
【汇评】
　　凌稚隆：按羽初出，即以所拔者坑，太史公首次此见羽不足有为也。（《史记评林·项羽本纪》）
　　程金造：尽坑杀襄城人民，显出其杀伐暴残，全无爱民之心理。（《史记管窥·司马迁著项羽入本纪之本意》）

㉓【汇注】
　　凌稚隆："陈王定死"，"立婴便为王"："定"与"便"，皆俗语。（《史记评林·项羽本纪》）
　　又：按："闻陈王定死"，与上"闻陈王败走"及"未闻所在"相应。（同上）
　　夏伯炎：定死：陈王于前208年在下城父被杀。定，确实。（见王利器主编《史记注译·项羽本纪》）

㉔【汇注】
　　杨家骆：会薛计事：在薛地聚会，讨论大事。（《史记今释》）

㉕【汇注】
　　王　恢：沛：故城今县东，明徙今治。《泗水注》："泗水迳沛县东，县治在故城南垞上。高帝为泗县人，从汉高以功至王侯者，有萧何、曹参、王陵、周勃、樊哙、周绁、周昌、卢绾、任敖，各见本传。高帝封兄喜子濞为侯国。"（《史记本纪地理图考·项羽本纪·项梁避仇吴中，起兵渡江》）
【汇评】
　　孙　琮：杂叙诸起兵者。此语独冷，妙！（《山晓阁史记选·项羽本纪》）
　　高　嵣：叙合并各军以见兵势渐盛也。陈婴以兵属，黥布以兵属，并秦嘉军，得沛公来，初渡后便已大势云集矣。沛公起沛句，是特笔。以后刘项分合盛衰，从此起根。（《史记钞》卷一《项羽本纪》）

**程馀庆**：杂叙诸起兵者，入沛公冷妙独绝。盖沛公为后半敌手，故此处分出，不与他人一样用兵。（《历代名家评注史记集说·项羽本纪》）

居鄛人范增①，年七十②，素居家③，好奇计④，往说项梁曰⑤："陈胜败固当⑥。夫秦灭六国⑦，楚最无罪⑧。自怀王入秦不反⑨，楚人怜之至今⑩，故楚南公曰'楚虽三户⑪，亡秦必楚'也⑫。今陈胜首事⑬，不立楚后而自立，其势不长。今君起江东，楚蜂午之将皆争附君者⑭，以君世世楚将，为能复立楚之后也⑮。"于是项梁然其言⑯，乃求楚怀王孙心民间⑰，为人牧羊⑱，立以为楚怀王⑲，从民所望也⑳。陈婴为楚上柱国㉑，封五县，与怀王都盱台㉒。项梁自号为武信君㉓。

①【汇校】
**梁玉绳**：按：《索隐》引荀悦《汉纪》云阜陵人。阜陵属九江，居鄛乃庐江，未知孰是。然今本《汉纪》作"居巢"，岂传写改之乎？（《史记志疑·项羽本纪》）
【汇注】
**颜师古**：晋灼曰："鄛音剿绝之剿。"师古曰："居鄛，县名也，《地理志》属庐江郡。鄛音巢，字亦作巢。本春秋时巢国。"（《汉书注·陈胜项籍传》）
**司马贞**：晋灼音"剿绝"之"剿"。《地理志》居鄛县在庐江郡，音巢，是故巢国，夏桀所奔。荀悦《汉纪》云："范增，阜陵人也。"（《史记索隐·项羽本纪》）
**胡三省**：班《志》，居巢县属庐江郡。《春秋》"楚人围巢"，巢，国也。《史记正义》曰：即夏桀所奔地。晋灼曰：鄛，音剿绝之剿。师古音巢。（《资治通鉴》卷八"二世皇帝二年"注）
**何绍基**：居巢故城在巢县东北五里。《水经注》：居巢县，古巢国也。汤伐桀，桀奔南巢，即巢泽也。周为巢伯国。周武王时，巢伯来朝。……《史记》，楚平王十年，太子建母在居巢。秦为居巢县。亦曰居鄛。《项羽纪》：范增，居鄛人。（见《重修安徽通志》卷四十九《舆地志·古迹》）
**王　恢**：居鄛：鄛或𪗋，通作巢。《清统志》（一二三）：故城在今巢县西南（《纪要》二六，东北五里），成汤放桀于南巢，有桀王城，在今县治卧牛山北，今为紫微观。周武王时，巢伯来朝，芮伯作《旅巢命》。文十二年（前615）夏，楚人围巢。昭二十四年（前518），吴灭巢，前年（前519）楚太子建母在居巢（《楚世家》）。秦为县。《寰宇记》，古居巢陷为巢湖。《旧志》以为在东北，非。（《史记本纪地理图考·项羽本纪·立君弑君》）

② 【汇评】

姚苎田：起范增三句，字字无浪下。"年七十"与羽"年二十四"自相照应。（《史记菁华录·项羽本纪》）

③ 【汇注】

王伯祥：素居家，一向在家居住，未尝出外任事。（《史记选·项羽本纪》）

④ 【汇注】

王伯祥：好奇计，喜欢策划弄手段。故下紧接"往说项梁"。（《史记选·项羽本纪》）

【汇评】

凌稚隆：欲云范增说梁立楚后，先以"好奇计"标目，此所谓说事之端也。（《史记评林·项羽本纪》）

牛运震："居鄛人范增，年七十，素居家，好奇计"：按此点范增，另提，俨然带一《范增小传》。（《空山堂史记评注》卷二《项羽本纪》）

⑤ 【汇评】

方孝孺：欲云范增说梁立楚后，先以"好奇计"标曰，此所谓说事之端也。（引自《百大家评注史记·项羽本纪》）

⑥ 【汇注】

颜师古：言其计画非是，宜应败也。（《汉书注·陈胜项籍传》）

张守节：顾著作云："固宜当应败也。"当音如字。（《史记正义·项羽本纪》）

⑦ 【汇注】

王伯祥：夫音扶，提示用的语助词，有指点作用。此处即用以提示"秦灭六国，楚最无罪"等语。（《史记选·项羽本纪》）

⑧ 【汇评】

吴汝煜：范增参加项梁军队时，已经到了古稀之年。他经历了楚顷襄王、考烈王、负刍及昌平君等四个时期，亲眼看到了秦灭六国的全部过程。从他对项梁说的"秦灭六国，楚最无罪"等话来看，他对楚国抱有亡国之痛。正是由于这些，他与项梁、项羽有了共同的语言。（《史记论稿·论项羽》）

⑨ 【汇注】

杨家骆："怀王"即楚怀王；"怀王入秦"，事在西元前299年。至西元前296年，怀王死于秦。余详见《史记·屈原贾生列传》。"反"同"返"，指返回楚国。（《史记

今释》)

⑩【汇注】

　　许　慎：怜，哀也。(《说文解字》)

⑪【汇注】

　　裴　骃：徐广曰："楚人也，善言阴阳。"骃按：文颖曰"南方老人也"。(《史记集解·项羽本纪》)

　　颜师古：服虔曰："南公，南方之老人也。"(《汉书注·陈胜项籍传》)

　　司马贞：徐广云："楚人善言阴阳者，见《天文志》也。"(《史记索隐·项羽本纪》)

　　编者按：点校本《史记》修订组："天文志"，疑当作"艺文志"。按：《汉书》卷二六《天文志》无关于楚南公之记载，卷三〇《艺文志》有《南公》三十一篇，在阴阳家。

　　王应麟：徐广曰："楚人也，善言阴阳。"真隐，传居国南鄙，因以为号，著书言阴阳事。(《汉书艺文志考证》卷六《南公三十一篇》)

　　沈钦韩：《艺文志》阴阳家《南公》三十一篇。《广韵》注"南公，复姓，六国时有南公子著书，言阴阳五行事"。按即此南公也。(《汉书疏证》卷二十七《陈胜项籍传》)

　　王先谦：苏林曰："但令有三户在，其怨深足以亡秦。"《索隐》：三户，地名。按：《左传·哀四年》"畀楚师于三户"。《纪年》"惠成王二十四年，孙何侵楚，入三户郛"。以为地名，固有实证。然苏氏望文为解，于辞顺也。(《汉书补注·项籍传》)

　　陈　直：齐召南谓南公自是姓南。考《汉印文字征》第六、第十四页，有"南延""南成""南错之"三印，足证南氏在秦汉时为习见之姓，齐氏之说是也。(《汉书新证·陈胜项籍传》)

　　杨家骆："南公"，楚国的预言家，《汉书·艺文志·诸子略》著录其书三十篇，列于阴阳家者流，谓是六国时人。(《史记今释》)

　　编者按：南公，南为姓，公为尊称。认为南公为复姓，疑误。南公为善言阴阳、识废兴之数的阴阳家，楚人。曾言"楚虽三户，亡秦必楚"。后项羽果度漳水上的三户津破章邯军，秦遂速亡。一说"三户"为三户人家，极言其少。

⑫【汇注】

　　应　劭：怀王佞臣上官、子兰，斥远忠臣，屈原作《离骚》之赋，自投汨罗水。因为张仪所欺，客死于秦。到王负刍，遂为秦所灭。百姓哀之，为之语曰："楚虽三户，亡秦必楚。"(《风俗通义》第一《六国》)

　　裴　骃：瓒曰："楚人怨秦，虽三户犹足以亡秦也。"(《史记集解·项羽本记》)

**颜师古**：苏林曰："但令有三户在，其怨深，足以亡秦。"（《汉书注·陈胜项籍传》）

**司马贞**：臣瓒与苏林解同。韦昭以为三户，楚三大姓昭、屈、景也。二说皆非也。按：《左氏》以"畀楚师于三户"，杜预见注云"今丹水县北三户亭"，则是地名不疑。（《史记索隐·项羽本纪》）

**张守节**：按：服虔云"三户，漳水津也"。孟康云"津峡名也，在邺西三十里"。《括地志》云"浊漳水又东经葛公亭北，经三户峡，为三户津，在相州滏阳县界"。然则南公辨阴阳，识废兴之数，知秦亡必于三户，故出此言。后项羽果度三户津破章邯军，降章邯，秦遂亡。是南公之善谶。（《史记正义·项羽本纪》）

**又**：虞喜《志林》云："南公者，道士，识废兴之数，知亡秦者必于楚。"《汉书·艺文志》云《南公》十三篇，六国时人，在阴阳家流。（同上）

**赵翼**：楚南公曰："楚虽三户，亡秦必楚。"苏林曰："但有三户在，其怨深足以亡秦也。"凌以栋乃以项羽使蒲将军引兵渡三户击破秦兵，遂以南公所云三户为地名，殊太泥矣。曰虽三户，以见其人之少，犹将报怨破秦兵也。所渡之三户，颜师古注在邺西三十里，若南公所云三户，即是此地，楚之遗民，安得在邺西哉？又按《左传》，赵孟命士蔑执蛮子以畀楚师于三户，杜注："今丹水县北有三户亭。"此又另一地也。（《陔余丛考》卷五《三户》）

**徐昂发**：《史记》楚南公曰："楚虽三户，亡秦必楚也。"注：南公者，道士，善言阴阳。瓒曰："楚人怨秦，虽三户犹足以亡秦。"与苏林解同。韦昭以为"三户，楚三大姓：昭、屈、景也"。《索隐》曰："《左传》以畀楚师于三户。杜注：今丹水县北三户亭，则是地名不疑。"张守节曰："按服虔云：三户，漳水津也。"孟康云："津，峡名也。在邺西三十里。"《括地志》云："浊漳水又东，经葛公亭北，经三户峡，为三户津。在相州滏阳县界。南公辨阴阳，识兴废，知秦亡必于三户。其后项羽果渡三户津，破降章邯，秦遂亡。"愚按：当以韦昭、臣瓒之说为正。昔人云："豻能杀虎，鼠可害象，一夫足以胜。予三户，可以亡秦。"亦言寡可敌众，弱可敌强也。（见《昭代丛书》壬集卷四十《畏垒笔记》）

【汇评】

**陈 栎**：秦灭六国，楚最无罪，南公之言曰："楚虽三户，亡秦必楚。"既而楚人陈胜、吴广呼于前，刘邦、项羽应于后，亡秦者果楚焉。（《历代通略》卷一《秦》）

**钱 穆**：楚南公曰："楚虽三户，亡秦必楚。"其语解者不一。韦昭以为"三户，楚三大姓昭、屈、景也"，此最得之。春秋列国宗族，其见于《左氏内外传》者，如鲁有三桓，郑有七穆，宋有戴、桓之八族，晋有八姓（见《左昭三年传》），十一族（见《晋语》），及殷民六族，七族，怀姓九宗（见《左定四年传》），祝融八姓（见《郑语》）之类，以数字计宗姓者，不胜缕举。楚之三户，亦其例也。苏林曰："但令有三户在，其怨深，足以亡秦。"臣瓒曰："楚人怨深，虽三户犹足以亡秦也。"皆望文生解，非其义矣。盖南公意谓楚之公族虽只三家，足以亡秦，不泛指民户言也。其后陈、吴发难，乱者四起，皆重立六国后。楚怀以外，如魏豹、赵歇、韩成、田市，皆以故国旧族。其他一时将帅，亦多往时大家名族之裔，虽云将相无种，而平民崛起以亡人国究是当时创局。虽陈婴之母，亦知骤贵不祥，欲倚名族。况南公远在乱前，其不以兴灭继绝，复国报仇之大任，期之谁何三家之小民，亦已明矣。而司马贞《索隐》独谓诸说皆非，按《左氏》以畀楚师于三户之文，因谓三户是地名。孟康遂称后项羽果渡三户津破章邯，是南公之善谶，不悟三户之为地名，本由楚起丹阳，以其三族而名发迹之地。而南公之言，初不当以地名释也。故三户之解，苏林、臣瓒、《索隐》各得其一偏，孟康失之最远，而韦昭为独得也。（《先秦诸子系年考辨》卷三《附楚虽三户亡秦必楚辨》）

⑬【汇注】

　　管　仲：首事既布，然后可以举事。（《管子·立政》）

⑭【汇校】

　　王念孙：楚蜂起之将：《集解》"如淳曰：蜂起，犹言蜂午也。众蜂飞起，交横若午，言其多也。"念孙按："蜂起"本作"蜂午"，《集解》引如淳《汉书》注，本作"蜂午犹言蜂起也"，盖蜂午二字，必须训释，故曰"蜂午犹言蜂起"，又曰："众蜂飞起，交横若午。"皆是释"蜂午"，非释"蜂起"也。若正文本作"蜂起"，则无烦更以"蜂午"释之，且不必如此词费矣。《汉书·项籍传》亦本作"蜂午"，故如淳以"交横若午"释之。而今本《汉书》作"蜂起"，颜师古曰"蜂起如蜂之起"，则师古所见本已误作"蜂起"，是以即据误本为注，而不用"交横若午"之说。《汉纪》作"蜂起"，亦后人据《汉书》改之。今考《索隐》单行本出"蜂午"二字，而释之曰："凡物交横为午。言蜂之起，交横屯聚也。故《刘向传·注》云：蜂午，杂沓也。郑元云：一纵一横为午。"据此，则小司马本正作"蜂午"，故详释"午"字之义，并引《刘向传》之"蜂午"为证。裴本亦作"蜂午"，故引如淳"交横若午"之注。是《汉书》虽误，而《史记》尚未误也。乃后人又据《汉书》改《史记》，且改如注为"蜂起犹言蜂午"以就之，其失甚矣。学者据如注以正《汉书》，并据《集解》《索隐》以正《史记》可也。（《读书杂志》二《史记第一·项羽本纪》）

【汇注】

　　裴　骃：如淳曰："蜂午犹言蜂起也。众蜂飞起，交横若午，言其多也。"（《史记集解·项羽本纪》）

　　颜师古：蠭，古蜂字也。蜂起，如蜂而起，言其众也。一说蜂与锋同，言锋锐而

起者。(《汉书注·陈胜项籍传》)

  **司马贞**：凡物交横午，言蜂之起交横屯聚也。故《刘向传》注云"蜂午，杂沓也"。又郑玄曰"一纵一横为午"。(《史记索隐·项羽本纪》)

  **冯梦龙**：蠭，古蜂字，言众如蜂飞也。(《纲鉴统一》卷五《秦二世》)

  **吴国泰**：王怀祖以"蠭起"为"蠭午"之误，其言是也。然蠭为蠭虿之名，而于"一纵一横"所以称之为午者，则未尝言及之。盖蠭者，"夆"字之借，午者，"牾"字之假。《说文》："夆，牾也。""牾，逆也"。故：一纵一横谓之夆牾，世又作旁午，亦假字也。(《史记解诂·项羽本纪》，载《文史》第43辑)

⑮【汇注】

  **张守节**：为，于伪反。(《史记正义·项羽本纪》)

  **杨树达**：陈涉之起，诈称项燕，谓从民望，然则梁起附从者多，固宜也。(《汉书窥管·项籍传》)

⑯【汇评】

  **戴名世**：史言范增"素家居，好奇计"，教项梁立楚后，梁从之。呜呼！吾未见其计之奇也，而项氏之亡实由于此矣。范增之言曰："陈胜败固当。陈胜首事，不立楚后而自立，其势不长。"然而义帝之立，无救于项梁之死，而秦之所以破者，项籍与诸侯之力，义帝未有毫发尺寸之功也。然则义帝之立不立，无系于天下之利害，而项氏之亡实由于此矣。呜呼！项籍势足以臣诸侯，而义帝势不足以臣项籍。项籍既臣于义帝，则其势不能以臣诸侯，于是而迁之，而弑之，此亦必至之势也，而已授天下诸侯以其辞矣。彼见项王可以背义帝，则已亦可以背项王。向之俯首畏伏者，一旦攘臂而与之抗，而项王固无以令于天下矣。司马迁以"背关怀楚"为项王罪，似也，然吾以为项王之意非怀楚也，特以义帝在楚而心忌之，以故舍关中而都彭城，思所以剪除之焉耳。当其分天下立诸将为侯王，项王欲自帝则有义帝在也，既王诸将而己亦称王则无以自别异，于是立号为西楚霸王，盖其情见势绌，支吾甚矣。然则义帝之立不立无系于天下之利害，而有关于项氏之存亡，岂不然哉？彼范增者，项氏骨鲠之臣也。其劝羽杀沛公，羽不听，则羽之过也。其立义帝，则可谓不明于天下之大势也。(《戴名世集》卷十四《范增论》)

⑰【汇注】

  **翁正春**：楚怀王之孙，名心。怀王入秦而客死，国人哀之，故提起楚怀王也。(引自《百大家评注史记·项羽本纪》)

⑱【汇注】

  **王伯祥**：为人牧羊，插句，形容心的沦落，正与"王孙"对照。(《史记选·项羽本纪》)

⑲【汇校】

**王若虚**：范增劝项梁立楚后，梁"乃求楚怀王孙心民间，为人牧羊，立以为楚怀王"，文不相接，不若云"时怀王孙心，民间为人牧羊，梁求得之"为顺也。（《滹南遗老集》卷十三《史记辨惑》五）

【汇注】

**裴　骃**：徐广曰：此时二世之二年六月。（《史记集解·项羽本纪》）

【汇评】

**魏了翁**：秦二年六月，沛公如薛，与项梁共立楚怀王孙心楚怀王，都盱台。应劭曰：六国为秦所并，楚最无罪，为百姓所思，故求其后，立为楚怀王，以祖谥为后，顺民望也。周赧王十九年，楚怀王卒于秦，吕东莱曰：是后八十六年，楚戍卒陈胜称大楚首难于蕲，范增说项梁立怀王孙心也，其言曰：自怀王入秦不返，楚人至今怜之，故曰楚虽三户，亡秦必楚。怀王庸主耳，使放于楚民，岂以其存亡系心哉？及秦遇之无道，则举国如悲亲戚，积怨深怒，传百年而不衰。又以见天理人心至公而无定在也。然则东莱之说当矣，而其谋实出于范增。当是时，秦将章邯方强，破杀魏王咎、齐王田儋于临济，围田荣于东阿。七月，沛公与项梁救田荣，大破章邯于东阿，田荣归齐，沛公、项梁追北。章邯之战未尝败也，至此始败。非刘、项合势不足以败之。审强弱，识离合，沛公时已得张良，其谋盖有所授欤？立生人为君，用死者之号，得古者出师载祖庙主从军之意，为楚复仇，则又得宋襄公复九世仇之意。后世有二帝蒙尘而忍于讲和者，痛哉！（《古今考》卷四《共立楚怀王孙心》）

**凌稚隆**：按：增劝项氏第一事，惟立楚怀王心。不知项世楚将，怀王立则项当终其身为驱驰，增谓羽能堪之乎？必不能堪将置怀王于何地？卒之羽弑怀王，而汉之灭羽，因始终以怀王为说，是怀王之立反为汉地耳。盖怀王立则羽不能不弑逆，羽弑逆则羽不容不灭。然则项之所以失天下，非增劝立怀王一事误之耶。（《史记评林·项羽本纪》）

**李　途**：太史公《项籍传》最好。立义帝以前，一日气魄一日；杀义帝以后，一日衰飒一日：是一篇大纲领主意。至其开阖驰骤处，真有喑呜叱咤之风。（引自《史记评林》）

**黄淳耀**：增智谋之士耳，非能以仁义事君者也。其劝项氏立楚后，非为怀王也，为项氏耳。天下并起而亡秦，秦有可亡之实，而我无可亡秦之名，故不得不有所挟以令天下。增之说项梁，立怀王，犹张耳、陈馀说陈胜立六国后也。使胜遂行耳、馀之计，则耳、馀将事胜乎？将事六国乎？夫人必有相许之素也，而后可责其相急之诚。增之于怀王，非若张良之于韩，五世相之，而日夜求为之报秦者也。彼其视喑呜叱咤之夫，以为可定大事，而杖策从之，其视怀王直奇货焉。而羽之谋已集而事已济，则又赘旒焉尔。彼岂与怀王同祸福者哉？（《陶庵全集》卷一《范增论》）

吴　非：秦既并天下，六国后系未尝不潜迹民间，帝亦以羊牧隐杂出入于荷蓑荷笠、负橐肱侣中。而人固犹知其所自产为怀王孙焉者，则以秦灭六国，楚最无罪，怀王且死于秦不反，楚人久犹怜之，见孙心犹之见怀王也。项燕故楚将，项梁、项羽不忘楚，兵起吴。时秦二世元年七八月之际，陈涉始起蕲，至陈为王，号张楚。燕、赵、齐、魏皆自立为王，应涉。沛公亦因起，与项氏同应之矣。项梁闻陈涉死，召诸将会计于薛，沛公亦起沛往焉。项梁乃信居巢人范增说，立楚后为名，以协辟情，从民望。求得义帝于牧而立之，即号楚怀王。虽同称楚者，不一也，而惟怀王为真楚，都盱眙。（《楚汉帝月表·楚义帝本纪》）

**【汇评】**

陈允锡：怀王已死，孙心生而曰怀，增、梁不学之故。（《史纬》卷七《项羽》）

姚苎田：谬以其祖之谥，即为其孙之号，非偶然惑众之计而何？（《史记菁华录·项羽本纪》）

高　嶙：叙复立楚后，以见名分得正也。观立义帝以后，羽势日盛一日；杀义帝以后，羽势日衰一日。范增此议，不独正名顺义，实藉以收合人心，为得势第一要着，亦纪中大纲领处。（《史记钞》卷一《项羽本纪》）

牛运震：写出草泽举动。（《空山堂史记评注》卷二《项羽本纪》）

吴汝煜：他建议立楚怀王孙儿熊心为楚怀王，给后来的项羽造成了极大的被动。事实证明，楚怀王心在反秦斗争中并未起过积极作用，相反地，由于猜忌项羽，偏信言过其实的赵括式人物宋义，险些葬送了救赵大军。在灭秦以后，项羽为了处置这个政治傀儡，搞得左右为难。他采用暗杀的办法固然不妥，但教他出此下策的不是别人，正是范增。范增在鸿门宴前说刘邦有天子气，劝项羽"急击勿失"，说明他已经把楚怀王心弃若敝屣了。后来范增在鸿门宴上导演刺杀刘邦的把戏，项羽虽然没有接受，但事后懂得了：对于政敌应该果断地加以除掉。于是指使英布等人截杀楚怀王心。建议立楚怀王心的是范增，启发项羽杀楚怀王心的也是范增；前者使项羽受尽牵制，后者为刘邦在讨伐项羽的檄文中增加了一条罪名。（《史记论稿·论项羽》）

⑳**【汇校】**

钱泰吉：《御览》二百七十九引作"以从民欲也"。（《史记校勘记》）

**【汇注】**

裴　骃：应劭曰："以祖谥为号者，顺民望。"（《史记集解·项羽本纪》）

王伯祥：立心为王，仍称楚怀王，使孙袭祖号，以便号召。从民所望，依楚人的愿望，与上"怜之至今"相应。（《史记选·项羽本纪》）

**【汇评】**

吴见思：从民所望也：以见非项氏本意。（《史记论文·项羽本纪》）

**王鸣盛**：六国亡久矣，起兵诛暴秦，不患无名，何必立楚后，制人者变为制于人。而怀王者公然主约，既约"先入关者王之"，而不使项羽入关，是明明不欲羽成功也。独不思己本牧羊儿，谁所产乎？既不能杀羽，而显与为难，且不但不使羽入关而已，并救赵亦仅使为次将。所使上将，则妄人宋义也。羽即帐中斩其头，如探囊取物，迨至羽屠咸阳，杀子婴后，怀王犹曰"如约"。"如约"者，欲令沛公王关中也。兵在其颈，犹为大言，牧羊儿愚至此。范增谬计，既误项氏，亦误怀王。（《十七史商榷》卷二《项氏谬计四》）

㉑【汇注】

**编者按**：上柱国，战国时楚之官制，位极尊宠。杜佑《通典·职官典·勋官》称："上柱国、柱国，皆楚之宠官。楚怀王使柱国昭阳将兵攻齐，陈轸问'楚国之法，破军杀将者，何以贵之？'昭阳曰'其官为上柱国'是也。历代无闻。……后周建德四年，增置上柱国大将军，隋置上柱国、柱国，以酬勋劳，并为散官，实不理事。大唐改为上柱国及柱国。"陈婴为楚上柱国，当为荣誉虚衔。

㉒【汇注】

**裴　骃**：郑氏曰："盱眙，音煦怡。"（《史记集解·项羽本纪》）

**张守节**：盱，况于反。眙，以之反。盱眙，今楚州，临淮水，怀王都之。（《史记正义·项羽本纪》）

**王伯祥**：盱台音煦怡，即盱眙，本春秋时吴善道邑，秦置县。故治在今安徽省盱眙县东北。（《史记选·项羽本纪》）

**王　恢**：盱台："淮水自徐来，东迳盱眙故城南，下入淮阴。"《清统志》（一三四）："故城今盱眙县东北。"按春秋善道邑。据《淮水注》，故城在淮水北岸；而《寰宇记》县在淮南，即今县东北盱眙山麓。元立招信路，改临淮府，寻罢府复县，泰定四年徙今治。是故治与今治凡三迁。故治在清康熙间已尽沦于洪泽湖。（《史记本纪地理图考·项羽本纪·立君弑君》）

㉓【汇校】

**杨树达**：此叙在秦二世二年，《史记世家》与此同，《史·月表》云在二世元年九月，盖误。前此武臣尝自号武信君，梁盖不及知，故与其名号相袭。（《汉书窥管》卷四《陈胜项籍传》）

【汇注】

**司马贞**："项梁号武信君"：二世元年九月立，至二年九月，章邯杀梁于定陶。（《史记索隐·秦楚之际月表》）

【汇评】

**孙　琮**："自号"二字，已露骄态。（《山晓阁史记选·项羽本纪》）

**朱东润**：项梁立楚怀王孙心，立以为楚怀王。……吾观项梁，亦非终为人下者，自号为武信君，则不受怀王节制可知，徒立空号以从民望耳，其后羽立怀王为义帝，则项梁之故策也。(《史记考索·楚人建置考》)

**编者按**：清末俞樾《湖楼笔谈》卷四云："楚汉之际，受封者虚建名号，而不必实有其地。"如项梁之自号为武信君，楚怀王之初封项羽为鲁公，此即权设宠荣，徒受空爵者也。

居数月，引兵攻亢父①，与齐田荣、司马龙且军救东阿②，大破秦军于东阿。田荣即引兵归，逐其王假③。假亡走楚。假相田角亡走赵。角弟田间故齐将，居赵不敢归。田荣立田儋子市为齐王④。项梁已破东阿下军，遂追秦军。数使使趣齐兵⑤，欲与俱西。田荣曰："楚杀田假，赵杀田角、田间，乃发兵。"项梁曰⑥："田假为与国之王⑦，穷来从我，不忍杀之。"赵亦不杀田角、田间以市于齐⑧。齐遂不肯发兵助楚⑨。项梁使沛公及项羽别攻城阳⑩，屠之。西破秦军濮阳东⑪，秦兵收入濮阳。沛公、项羽乃攻定陶⑫。定陶未下，去，西略地至雍丘⑬，大破秦军，斩李由⑭。还攻外黄⑮，外黄未下⑯。

① 【汇注】

**班　固**：梁自号武信君，引兵攻亢父。初，章邯既杀齐王田儋于临菑，田假复自立为齐王，儋弟荣走保东阿，章邯追围之。梁引兵救东阿，大破秦军东阿。(《汉书·陈胜项籍传》)

**张守节**：亢音刚，又苦浪反。父音甫。《括地志》云："亢父故城在兖州任城县南五十一里。"(《史记正义·项羽本纪》)

**王　恢**：亢父：战国齐地，《齐策》云"径亢父之险"。《济水注》："黄水自山阳钜野来，东南迳亢父县故城西，下入山阳方与。"《清统志》(一八三)："今济宁县南五十里。"(《史记本纪地理图考·项羽本纪·项梁死定陶》)

【汇评】

**李景星**：《籍传》之高于《史记》处，如《史》云"引兵攻亢父"，此则增出"初

章邯"及"章邯追围之"一段，不但救东阿有因，而下文出田荣、田假、田儋、田市等人亦俱有根。(《汉书评议·陈胜项籍传》)

编者按：亢父，战国齐邑，秦置县，属薛郡；西汉属东平国，东汉属任城国。治所在今山东济宁市南四十余里喻屯乡东南八里。

② 【汇注】

张守节：《括地志》云："东阿故城在济州东阿县西南二十五里，汉东阿县城，秦时齐之阿也。"(《史记正义·项羽本纪》)

王　恢：东阿：《汉志》东郡东阿县，《注》引应劭云"卫邑，有西故称东"。《王补》：春秋齐柯邑，鲁齐盟此，见《左》庄十三年。战国为阿，见《田齐世家》，非卫邑，应说误。《河水注》仍之，未审项羽大破秦军东阿，是秦时已加东(西阿属赵，即葛城，《史记》赵与燕会阿，是也。今直隶安州，即河北新安县)。《周勃传》阿下，盖仍旧称。《河水注》，河水自范来，右历柯泽，《左传》孙文子败公徒于阿泽者也。又东北迳东阿县故城西，下入茌平。《清统志》(一六六)，故城今阳谷县东北五十里，世俗谓之阿城镇。(《史记本纪地理图考·项羽本纪·项梁死定陶》)

【汇评】

牛运震：又搀入田荣、龙且，以便下文别叙田荣事，又为后淮阴侯击龙且张本。(《空山堂史记评注》卷二《项羽本纪》)

③ 【汇注】

司马迁：齐人闻王田儋死，乃立故齐王建之弟田假为齐王，田角为相，田间为将，以距诸侯。……而田荣怒齐之立假，乃引兵归，击逐齐王假。(《史记·田儋列传》)

顾应祥：章邯击魏，齐救之。秦兵杀齐王儋，魏王咎自烧死。齐人复立齐王建弟假为齐王，儋弟田荣逐假，立儋子田市为王而相之。(《人代纪要》卷六)

吴汝纶："田荣即引兵归，逐其王假"，归云："初，章邯既杀齐王田儋于临淄，田假复自立为齐王，儋弟田荣走保东阿。章邯追围之，梁引军救东阿，大破秦军东阿。"某按：此录《汉书》文。方侍郎云：楚与秦合兵，由赵而怨结于齐。羽之东归，又二国首难，而其国事亦多端。故因与齐将救东阿，入诸田角立之。峄于救赵，入张耳、陈馀共持赵柄，以为后事张本，然后脉络分明。(《桐城吴先生点勘史记读本·各家史记评语》)

④ 【汇注】

夏伯炎：市：人名。(见王利器主编《史记注译·项羽本纪》)

⑤ 【汇注】

颜师古：趣读曰促。(《汉书注·陈胜项籍传》)

夏伯炎：数：屡次。使使：派遣使者。趣：通"促"，催促。(见王利器主编《史

记注译·项羽本纪》）

⑥【汇注】

赵　翼：《史记·田儋传》：项梁趣齐进兵，共击章邯。儋欲楚杀田假，然后出兵。据《项羽纪》，项梁曰："假与国之王，穷来归我，杀之不义。"而《田荣传》则以此语为楚怀王之言。（《廿二史札记》卷一《史记自相岐互处》）

⑦【汇注】

裴　骃：如淳曰："相与交善为与国，党与也。"（《史记集解·项羽本纪》）

颜师古：张晏曰："与，党与也。"（《汉书注·陈胜项籍传》）

司马贞：按：高诱注《战国策》云"与国，同祸福之国也"。（《史记索隐·项羽本纪》）

⑧【汇注】

颜师古：张晏曰："若市买相贸易以利也。梁救荣难，荣犹不用命。梁念杀假等，荣未必多出兵，不如待以礼，又可以贸易他利，以除己害，遂背德，可辅假以伐齐，故曰市。市，贸易也。"晋灼曰："欲令楚杀田假，以为己利，而楚保全不杀，以买其计。"师古曰："二说皆非也。市者，以角、间市取齐兵也，直言赵不杀角、间以求齐兵耳。"（《汉书注·陈胜项籍传》）

牛运震："赵亦不杀田角、田间以市于齐"。市，求也。赵不杀角、间以市取于齐也。文义本明，张晏、《索隐》二注俱非。（《读史纠谬》卷一《项羽本纪》）

王骏图撰、王骏观续：市犹买也。《战国策》冯驩曰"何市而反"，盖即交易之义。此言楚不忍杀田假，赵亦不肯杀田角、田间，以买齐人发兵也。此市字即市恩、市德之市。句本易解，诸说皆未明畅，晋灼、《索隐》二说，尤为支离。（《史记旧注平义·项羽本纪》）

⑨【汇注】

俞思学：伏后不王田荣案。（《史概》卷一《项羽本纪》）

⑩【汇校】

梁玉绳：附按：成阳县属济阴，非城阳国之城阳也。《史》《汉》成阳之与城阳往往互书，盖古字通借，不定是误，然因此亦颇淆混矣。（《史记志疑·项羽本纪》）

钱大昕："项梁使沛公及项羽别攻城阳"：城阳当作"成阳"，县名，属济阴郡，非齐之城阳国也。（《廿二史考异》卷一《项羽本纪》）

郭嵩焘：按《汉书·地理志》济阴郡成阳，县，《禹贡》雷泽在西北。定陶，县，《禹贡》陶邱在西南。成阳、定陶并与东郡之濮阳接壤。城阳故为莒国，相距尚远，《地理志》为城阳国，文帝二年以封朱虚侯刘章者也。《正义》据为古郕伯国，良是，疑"城阳"但当作"成阳"，误衍土旁耳。（《史记札记》卷一《项羽本纪》）

【汇注】

张守节：《括地志》云："濮州雷泽县，本汉城阳，在州东九十一里。《地理志》云城阳属济阴郡，古郕伯国，姬姓之国。《史记》周武王封季弟载于郕，其后迁于城之阳，故曰城阳。"（《史记正义·项羽本纪》）

⑪【汇注】

张守节：《括地志》云："濮阳县在濮州西八十六里濮县也，古昊之国。"按：攻城阳，屠之，西破秦军濮阳县也。东即此县东。（《史记正义·项羽本纪》）

王　恢：濮阳，《汉志》："东郡濮阳，卫成公自楚丘徙此。故帝丘，颛顼墟。"《济水注》："濮水自濮阳南入钜野。"《瓠子河注》："濮水迳其南，故曰濮阳。章邯守濮阳，环之以水。"《清统志》（三五）："濮阳故城在开州（今濮阳）西南二十里，汉置。本古帝墟也。春秋僖公三十一年（前六二九），卫迁于此。《左》昭十七年（前五二五），梓慎曰：卫，颛顼之墟也，故为帝丘。战国曰濮阳，仍为卫都。《史记》，卫嗣君五年，独有濮阳。元君十四年，秦徙野王，而并濮阳为东郡。《汉书·地理志》，东郡治濮阳。《明统志》又有帝邱城，在滑县东北七十里土山村，即卫成公所迁，盖即濮阳城，境相接也。"（《史记本纪地理图考·项羽本纪·立君弑君》）

⑫【汇注】

张守节：定陶，曹州城也。从濮阳南攻定陶。（《史记正义·项羽本纪》）

⑬【汇注】

张守节：雍丘，今汴州县也。《地理志》云"古杞国，武王封禹后于杞，号东楼公，二十一世简公，为楚所灭"，即此城也。（《史记正义·项羽本纪》）

王伯祥：略，攻取。雝丘即雍丘，本春秋时杞国。汉置雍丘县。五代时，晋改杞县，汉复称雍丘。金时又改杞县。即今河南省杞县治。西略地至雍丘，离定陶而西，沿路攻取城邑，直达雍丘。（《史记选·项羽本纪》）

⑭【汇注】

裴　骃：应劭曰："由，李斯子也。"（《史记集解·项羽本纪》）

⑮【汇注】

张守节：《括地志》云："故周城即外黄之地，在雍丘县东。"张晏曰："魏郡有内黄县，故加'外'也。"臣瓒曰："县有黄沟，故名。"（《史记正义·项羽本纪》）

王　恢：外黄：《汉志》陈留郡外黄县，《注》引张晏曰："魏郡有内黄，故加外。"《燕策》（二）苏代曰："决白马之口，魏无黄、济阳。"（《史记·苏秦传》作外黄）《魏世家》，太子申过外黄。张耳为魏外黄令（本传）。《汳水注》："汳水自雍丘来，东迳外黄县南。"又《泗水注》："黄水自小黄（陈留东北）来，东迳外黄故城南。"《元和志》（七），故城在雍邱（杞）县东（《纪要》作东北）六十里。（《史记

本纪地理图考·项羽本纪·立君弑君》）

⑯【汇评】

归有光：《项羽本纪》"外黄未下"句是顿挫，如人透气一般。（《归震川全集》余集《史评》）

牛运震："与齐田荣、司马龙且军救东阿"云云，至"还攻外黄，外黄未下"：按此数段，叙许多攻战，情事简净明画，略无烦难。（《空山堂史记评注》卷二《项羽本纪》）

项梁起东阿①，西②，北（比）至定陶③，再破秦军④，项羽等又斩李由⑤，益轻秦⑥，有骄色⑦。宋义乃谏项梁曰⑧："战胜而将骄卒惰者败⑨。今卒少惰矣⑩，秦兵日益⑪，臣为君畏之⑫。"项梁弗听。乃使宋义使于齐⑬。道遇齐使者高陵君显⑭，曰："公将见武信君乎？"曰："然。"曰："臣论武信君军必败⑮。公徐行即免死，疾行则及祸⑯。"秦果悉起兵益章邯⑰，击楚军⑱，大破之定陶，项梁死⑲。沛公、项羽去外黄攻陈留⑳，陈留坚守不能下。沛公、项羽相与谋曰㉑："今项梁军破㉒，士卒恐㉓。"乃与吕臣军俱引兵而东㉔。吕臣军彭城东㉕，项羽军彭城西，沛公军砀㉖。

①【汇评】

凌稚隆：按：太史公复揭"项梁起东阿"数句，正见项氏轻秦骄危之故，且为下文败军张本。（《史记评林·项羽本纪》）

②【汇注】

王伯祥：西，应读断。自东阿向西进发。（《史记选·项羽本纪》）

③【汇校】

胡三省：章：十二行本"北"作"比"；孔本同。（《资治通鉴》卷八"二世皇帝二年"注）

俞思学：《汉书》作"比至定陶"。（《史概》卷一《项羽本纪》）

王念孙：项梁起东阿，西北至定陶，再破秦军，念孙按："西北至定陶"，《汉书》

作"比至定陶"是也。考《水经·济水篇》：济水自定陶县东北流，至寿张县西，与汶水会。又北过谷城西。谷城故城即今东阿县治，东阿故城在其西北，而定陶故城在今定陶县西北，是定陶在东阿之西南，不得言西北至定陶也。"比""北"字相近，故"比"误为"北"，后人以上文云"项梁已破东阿下军，数使使趣齐兵，欲与俱西"，因于"北"上加"西"字耳。《文选·王命论》注引《史记》无"西"字。（《读书杂志》二《史记第一·项羽本纪·西北至定陶》）

**王伯祥**：北至定陶，《汉书》作"比至定陶"，该是对的。比，及也。定陶在东阿西南，何得云西北至定陶！（《史记选·项羽本纪》）

**编者按**：点校本《史记》修订组："比至定陶"，"比"原作"北"。王念孙《杂志·史记第一》："'西北至定陶'，《汉书》作'比至定陶'，是也。考《水经·济水篇》济水自定陶县东北流，至寿张县西与汶水会，又北过穀城西。穀城故城，即今东阿县治，东阿故城在其西北，而定陶故城在今定陶县西北，是定陶在东阿之西南，不得言'西北至定陶'也。"

④【汇评】

**高　嶙**：屡叙破秦，为项梁之骄起根，即为项梁之败反跌。（《史记钞》卷一《项羽本纪》）

⑤【汇评】

**牛运震**：此数句复提前事，正为项梁轻秦致败张本。（《空山堂史记评注》卷二《项羽本纪》）

⑥【汇注】

**王伯祥**：轻秦，不重视秦军，即所谓轻敌。（《史记选·项羽本纪》）

⑦【汇注】

**俞思学**：太史公复揭"项梁起东阿"数句，正见项氏轻秦骄危之故，且为下文败军张本。（《史概》卷一《项羽本纪》）

【汇评】

**浦起龙**：总前，点出"骄"字。（《古文眉诠》卷十八《项羽本纪》）

⑧【汇注】

**凌稚隆**：按《汉纪》云，宋义故楚令尹。（《史记评林·项羽本纪》）

⑨【汇评】

**黄淳耀**：拔兴于楚而败者项梁。梁之才非胜、广、武臣及也。为秦将而败者章邯。邯之才非司马欣、董翳及也，为项籍而败者龙且。且之才非薛公、曹咎及也，梁骄章邯，邯破之；章邯骄楚，楚破之；龙且骄韩信，信破之。骄者败之媒哉？（《陶庵全集》卷四《史记评论·项羽本纪》）

姚苎田：宋义语只是寻见常识耳，幸而中，亦不幸而中，卒以此杀其身也。(《史记菁华录·项羽本纪》)

⑩【汇注】

王伯祥：宋义谏项梁，不便直说"将骄"，故云"卒少惰矣"。少作稍稍解。(《史记选·项羽本纪》)

【汇评】

吴见思：今卒少惰矣：本言将骄，讳而言卒，辞令之妙。(《史记论文·项羽本纪》)

⑪【汇注】

吴同宝：益：增加。(《两汉文学史参考资料·项羽本纪》)

⑫【汇评】

牛运震：宋义谏项梁数语，政妙于词令。(《空山堂史记评注》卷二《项羽本纪》)

⑬【汇注】

王伯祥：使于齐，受命出使于齐，当仍为促使发兵之事。此"使"字虽亦动词，但含有传达使命之意，与上面单作单纯派遣解的"使"不同。(《史记选·项羽本纪》)

⑭【汇注】

裴　骃：张晏曰："显，名也。高陵，县名。"(《史记集解·项羽本纪》)

颜师古：张晏曰："名显，封于高陵。"晋灼曰："高陵，琅邪县。"(《汉书注·陈胜项籍传》)

马持盈：高陵：县名，在山东诸城县。(《史记今注·项羽本纪》)

⑮【汇注】

王伯祥：论，推断。论武信君必败，推断项梁之兵必败。(《史记选·项羽本纪》)

⑯【汇注】

王伯祥：徐，缓慢。疾，快速。徐行即免死，慢慢地去便可免死。疾行则及祸，赶快前去则连累遭祸。(《史记选·项羽本纪》)

⑰【汇注】

杨家骆：益：此处是动词，作"增援"解。(《史记今释》)

⑱【汇注】

班　固：夜衔枚击楚，大破之定陶，梁死。(《汉书·陈胜项籍传》)

⑲【汇注】

程馀庆：《项羽纪》掺入项梁，两人事错综而序。前以项梁作主，项羽附序、分序，此后乃主项羽。(《历代名家评注史记集说·项羽本纪》)

王　恢：按：秦二世二年六月初，章邯自陈北击魏，魏王咎退守临济(河南封邱东北与河北交界处），使其相周市求救于齐、楚。齐王田儋与其弟荣来救；楚亦遣项佗随周市救魏。章邯乘齐、楚远道新至，夜袭破之，杀齐王儋于济水之侧，周市死之；魏王自杀，其弟豹亡走楚——后为西魏王。

田荣收齐散卒东保东阿，而齐人闻儋死，乃立故齐王建之弟假为王，田角为相，角弟间为将，以拒诸侯——此为田齐内讧之起因。

七月，项梁方攻亢父，闻东阿围急，挥军北进，大破秦军。章邯西保濮阳。田荣东还临淄，逐王假，立儋弟市，自为相，以其弟横为将。假南走楚，角、间北亡之赵。

当是时，六国复兴，一志亡秦，互相救援，楚继陈涉为之领导。项梁促齐、赵共击章邯，而田荣必楚、赵先杀诸田而后出兵，始启裂痕（荣不从羽入关，羽因不封荣）。乃使沛公与羽击章邯，战于城阳，破之；继西进破之濮阳东，章邯环濮水坚守；刘项乃南攻定陶，不能下，转而西斩三川守李由（李斯子）于雍丘；还攻外黄、陈留。

于是项梁起东阿而西，比至定陶，再破秦军，遂轻秦，有骄色，以故旋即败死。（《史记本纪地理图考·项羽本纪·项梁死定陶》）

【汇评】

**吕祖谦**：此秦再振、诸侯再衰之时也。本根既蹶，虽形有起伏，兵有利钝，亦何关于大势哉？《史记正义》云：定陶，今曹州定陶县。（《大事记解题》卷八）

**魏了翁**：章邯出关，未尝败，惟刘、项与战，大破之东阿，又破之濮阳东，又沛公与羽斩三川守李由。项梁以再破秦军，有骄色。秦益章邯兵。九月，章邯夜衔枚击项梁军定陶，大破之，杀项梁。……项梁骄而无备，章邯夜以步兵衔枚击杀之也。……项梁固失策，而章邯亦岂足为雄哉？……吕东莱曰：此秦再振，诸侯再衰之时也。本根既蹶，虽形有起伏，兵有利钝，亦何关于大势哉？定陶，今曹州定陶县。（《古今考》卷四《章邯夜衔枚击杀项梁》）

【汇评】

**高 嵣**：叙定陶之败，以了项梁事也。以屡胜跌出一败，"益轻秦，有骄色"六字，定项梁之案。（《史记钞》卷一《项羽本纪》）

⑳【汇注】

**王 恢**：陈留：《汉志》陈留郡陈留，《注》引孟康曰："留，郑邑，后为陈留并，故为陈留。"臣瓒曰："宋亦有留，彭城留是也（按：即张良封邑，在沛县东南五十五里）。留属陈，故称陈留也。"《寰宇记》（一），始皇二十六年置县。《纪要》（四七），故城在今县北二十里，《清统志》（一八七），故城即今县治。谓《明统志》云在县北三十里，误。《纪要》盖沿误也。（《史记本纪地理图考·项羽本纪·立君弑君》）

㉑【汇注】

**解惠全、张德萍**：相与：在一起。（《全译史记·项羽本纪》）

㉒【汇校】

凌稚隆：董份云：项羽不宜自称季父之名，沛公于羽前亦必不名其季父，"项梁"字误也。（《史记评林·项羽本纪》）

【汇校】

梁玉绳：按：《评林》董份云"项羽不宜自称季父之名，沛公于羽前亦必不名其季父，'项梁'字误也"。《史诠》云"当作'武信君'"。余谓《高纪》项羽曰"怀王者，吾家项梁所立"，与此同误。（《史记志疑·项羽本纪》）

㉓【汇注】

王伯祥：今项梁军破，士卒恐，乃项羽与刘邦密谋之语。当时主帅新丧，兵心动摇，不能不作善后的准备。（《史记选·项羽本纪》）

㉔【汇注】

班　固：宁陵夷侯吕臣，以舍人从起留，以郎入汉，破曹咎成皋，为都尉击豨，功侯，千户。六年二月辛亥封，二十七年薨。（《汉书》卷十六《功臣表》）

吴见思：乃与吕臣军俱引兵而东：一路向西，"引而东"，暂也，以兵败而退。（《史记论文·项羽本纪》）

高　嵣：乃与吕臣俱引兵而东：东字分明，一路向西，因败暂引而东。（《史记钞》卷一《项羽本纪》）

程馀庆：顺笔又插入吕臣。吕臣，故陈涉将也。（《历代名家评注史记集说·项羽本纪》）

【汇评】

郭嵩焘：按：前云"渡江而西"，引兵而西是进军；此云"引兵而东"，自是退军。彭城为初渡江时并秦嘉军处，沛公、项羽之谋，谋退军以避秦也，史公欲不明言之，方叙项羽初起气胜，故止用热烘烘叙去。（《史记札记》卷一《项羽本纪》）

㉕【汇注】

王伯祥：军彭城东，兵扎彭城以东。与下"军彭城西""军砀"对举，互相呼应，以图再起。（《史记选·项羽本纪》）

㉖【汇注】

裴　骃：应劭曰："砀，属梁国。"苏林曰："砀音唐。"（《史记集解·项羽本纪》）

张守节：《括地志》云："宋州砀山县，本汉砀县也，在宋州东百五十里。"（《史记正义·项羽本纪》）

王　恢：砀：故宋砀邑。《秦策》（四）黄歇说秦昭王曰："秦楚搆而不离，魏氏将出砀、萧、相，故宋必尽。"秦置县。《睢水注》："睢水又东迳芒县故城北，县北与砀县分水，有砀山。芒砀二县之间山泽深固，汉高祖隐于是处。"又《获水注》："获水自下邑来，东迳砀县故城北。秦之砀郡，取山之名也。获水又东合谷水下入杼秋。"《清统志》（一○一）故城今砀山县南保山镇。（《史记本纪地理图考·项羽本纪·立君弑君》）

【汇评】

俞思学：茅坤曰：三军共为掎角之势，而邯何以轻之？遽渡河击赵！（《史概》卷一《项羽本纪》）

程馀庆：项梁既死，特标出项羽、沛公、以定通篇之柱。（《历代名家评注史记集说·项羽本纪》）

　　章邯已破项梁军，则以为楚地兵不足忧，乃渡河击赵①，大破之。当此时，赵歇为王②，陈馀为将，张耳为相，皆走入钜鹿城③。章邯令王离、涉间围钜鹿④，章邯军其南，筑甬道而输之粟⑤。陈馀为将⑥，将卒数万人而军钜鹿之北⑦，此所谓河北之军也⑧。

① 【汇评】

魏了翁：章邯者，亦愚夫也，必南击楚怀，西护荥阳、成皋以西，俾天下不敢窥函谷、武关为第一义，乃以楚地兵不足忧，而北击赵，赵未破而楚军进，楚于是分项羽救赵，令沛公入关，似乎天以一赵委秦疲章邯而成刘、项之势，振楚之业者。（《古今考》卷四《徙怀王都彭城》）

② 【汇注】

王伯祥：赵歇，赵之后裔。陈馀、张耳俱大梁人。陈涉初起，令陈人武臣徇赵地，下赵数十城，至邯郸（今河北省邯郸市），自立为赵王。武臣遣李良略太原，良听信秦军的离间，袭破邯郸，臣遂为当地人所杀。张耳、陈馀时为武臣校尉，以得信早，脱祸，乃求得赵歇，立以为王，陈馀为将，张耳为相。《史记》有《张耳陈馀列传》。（《史记选·项羽本纪》）

【汇评】

归有光：赵歇为王一段，乃是"渡河击赵，大破之"句内开出来的，顿挫如水之涩而遽纵。（《归震川全集》余集《史评》）

③ 【汇注】

颜师古：赵歇、张耳共入钜鹿也。（《汉书注·陈胜项籍传》）

**胡三省**：班《志》，钜鹿县属钜鹿郡。应劭曰：鹿，林之大者。臣瓒曰：山足曰鹿。《括地志》曰：今邢州平乡城本钜鹿。宋白曰：《十三州志》，钜鹿，尧时大麓之地；禹为大陆之野；秦灭赵，置钜鹿郡。钜，亦大称也。（《资治通鉴》卷八"二世皇帝二年"注）

**王　恢**：钜鹿：赵新造，仍旧都邯郸，章邯破之，赵王歇走入钜鹿，秦军围之。钜鹿本赵邑，秦置县，为钜鹿郡治。梁启超《历史研究法》云："钜鹿古城即今钜鹿县治。民国十年夏秋间掘得，在二丈以下，屋宇比栉。"《清统志》（三〇）谓即今平乡县治，非也。（《史记本纪地理图考·项羽本纪·钜鹿之战》）

④【汇注】

**裴　骃**：张晏曰："涉，姓；间，名。秦将也。"（《史记集解·项羽本纪》）

**颜师古**：张晏曰："秦二将也。王离，王翦孙。涉，姓；间，名也。"（《汉书注·陈胜项籍传》）

⑤【汇注】

**裴　骃**：应劭曰："恐敌抄辎重，故筑墙垣如街巷也。"（《史记集解·项羽本纪》）

**颜师古**：章邯为甬道而运粟，以饷王离、涉间之军。（《汉书注·陈胜项籍传》）

⑥【汇校】

**梁玉绳**：按：陈馀是时将兵在钜鹿北，未入钜鹿城，此"陈馀为将"四字因下文有之而重出者，当衍去。（《史记志疑·项羽本纪》）

⑦【汇注】

**王伯祥**：将卒数万人，带兵数万人。陈馀先与赵歇、张耳俱退入钜鹿城，秦兵合围前，馀又带兵出外，故得军钜鹿之北，遥为声援。（《史记选·项羽本纪》）

⑧【汇注】

**王　恢**：河、河北：《本纪》屡言"渡河"，其时黄河徙行漯川，谓渡漳河者误（汉王两渡河，则在成皋间）。陈馀北收常山兵，得数万人，军钜鹿北。齐师、燕师皆来救赵，张敖亦北收代兵，得万余人，来，皆壁陈馀旁，所谓河北之军也；时楚军犹在河南，故有是语。（《史记本纪地理图考·项羽本纪·钜鹿之战》）

【汇评】

**凌稚隆**：著"河北之军"一句，是断文法，又好更端。（《史记评林·项羽本纪》）

**储　欣**："当此时……此所谓河北之军也"：提起定陶一败，梁以此终；钜鹿一战，羽以此始。此段接梁之败局，开羽之胜局。重叙击赵之势，正以夸大救赵之功，此史法也。（《史记选》卷一《项羽本纪》）

**牛运震**：此所谓河北之军也：断笔，以便更端，文法甚妙！（《空山堂史记评注》卷二《项羽本纪》）

**郭嵩焘**：按：史公于此云"陈馀为将，张耳为相，皆走入钜鹿城"。又云："陈馀为将，将卒数万人军钜鹿之北。"又特提云："此所谓河北之军也。"而后叙项羽战功云"遣当阳君、蒲将军渡河"。云"项羽悉引兵渡河"。则皆在河北也，并无有河南之军与陈馀为响应者，疑此等所叙都未分明。及观《陈馀传》言："陈馀乃北收常山兵，得数万人，军钜鹿之北。"又言"张敖亦北收代兵，得万人，与燕、齐兵救赵者皆壁馀旁"。则是秦围赵钜鹿，陈馀度力不能支，乃北收常山兵而军钜鹿之北；于此不言者，已见《陈馀传》，而于此利害非所系也。其云"河北之军"者，陈馀北收常山一军，张敖北收代一军，及燕、齐兵皆在钜鹿北，项羽独军漳南，与秦兵相拒。《陈馀传》云："项羽军数绝章邯甬道，王离军乏食，项羽乃悉引兵渡河，破章邯军。章邯引兵解，诸侯兵乃敢击围钜鹿秦军。"是项羽战功全在漳南。盖章邯军棘原而筑甬道属之河以饷王离军，河南、北甬道必设重兵，《陈馀传》所云"项羽数绝秦通道"者，漳南之甬道也，渡河破章邯军，即此所谓有"九战绝其甬道"，又河北之甬道也。史公极意写钜鹿之功，故于漳南战功无一语及之，而于《陈馀传》著其略。其于陈馀一军特云"此所谓河北之军也"，以明钜鹿之战得力处，全在绝秦甬道，项羽实独任之，与河北之军无涉。史公自具神识，于此分析言之，荆川以为"是断文法"，何以窥见史公一副胸襟眼界？（《史记札记》卷一《项羽本纪》）

楚兵已破于定陶，怀王恐，从盱台之彭城<sup>①</sup>，并项羽、吕臣军自将之。以吕臣为司徒<sup>②</sup>，以其父吕青为令尹<sup>③</sup>。以沛公为砀郡长，封为武安侯，将砀郡兵<sup>④</sup>。

① 【汇校】
**赵　翼**：《史记·项纪》楚军败于定陶，项梁死，楚怀王恐，乃从盱眙徙彭城，并项羽、吕臣军自将之，《汉书》谓羽与沛公等，闻项梁死，乃徙怀王都于彭城。（《廿二史札记》卷一《史汉不同处》）
【汇评】
**魏了翁**：怀王始都盱台，今淮西盱台县也。徙都彭城，今徐州彭城县也。章邯既杀项梁，连雨七月至九月，沛公、项羽方攻陈留，闻梁死，士卒恐，乃与将军吕臣引兵而东，徙怀王自盱台至彭城，此所谓有进无退也。士卒恐则气不勇，军退于陈留，则势稍不振，徙怀王自南进北，几千里而都焉，则鼓懦为壮，而诸将知楚之所向矣。……彭城形势，苏子由《黄楼赋》述之详矣。予登楼故基，望项羽戏马台，观之城四面皆山围之，山去城则九里许，泗水过黄楼之下，西望山若玦者，子由有"伤心极目"

之语，信然也。大抵既有地势又以有民而后可强。(《古今考》卷四《徙怀王都彭城》)

**倪思撰、刘辰翁评**：羽甚杰，牧羊儿乃能夺其军将之，殆倚重沛公故。(《班马异同评》)

**俞思学**：董份曰：楚怀王拥虚器于上，而能并将羽军，易置诸侯，可谓武矣。惜其终制于羽，势重不反，卒亡其躯，悲夫！(《史概》卷一《项羽本纪》)

② 【汇注】

**魏了翁**：怀王用楚国之法，置吕臣为司徒，其父吕青为令尹。令尹，楚相也。《论语》楚子文新令尹、旧令尹是也。或曰司徒之置，用周之侯国之制以尊显吕臣也欤？盖怀王并吕臣、项羽军自将之，而吕臣之父为相矣。西汉之末，儒者未尽见《周礼》，又不见孔壁之《周官》，但见《牧誓》《立政》有司徒、司马、司空之文，遂备此为三公。(《古今考》卷五《吕臣为司徒》)

**夏伯炎**：司徒：官名。西周始设，主管国家的土地和人民。这里指主管后勤的军需官。(见王利器主编《史记注译·项羽本纪》)

③ 【汇注】

**裴　骃**：应劭曰："天子曰师尹，诸侯曰令尹，时去六国尚近，故置令尹。"瓒曰："诸侯之卿，唯楚称令尹。时立楚之后，故置官司皆如楚旧。"(《史记集解·项羽本纪》)

**王伯祥**：令尹，楚执政首相。吕青为令尹，就是用的楚制。(《史记选·项羽本纪》)

④ 【汇注】

**裴　骃**：苏林曰："长如郡守也。"(《史记集解·项羽本纪》)

**穆彰阿**：武安故城：在武安县西南，战国赵邑。《史记》赵悼襄王封李牧为武安君。秦昭王三十六年，秦军武安西，鼓噪勒兵，武安屋瓦皆震。汉置武安县。……《括地志》："武安故城在武安县西南七里。"《旧志》："有东故城，在县西南；又有西故城，在县西。"(《大清一统志》卷一百九十七《彰德府二》)

**编者按**：武安，县名，今属河北省。刘邦被封为武安侯，仅系荣誉头衔。

【汇评】

**魏了翁**：秦置郡守，而楚怀王以沛公为砀郡长，"郡长"之名始此。《灌婴传》破薛郡长。师古曰："长亦如郡守也。"每郡置长，意者其楚之旧制欤？沛，县也，秦置令，父老杀沛令，立高帝为沛公，即楚县令之称为公者也。怀王于此进沛公为郡长，以令而迁守也。封为武安侯，六国与秦制也。砀郡，汉为梁国，本宋都，今之睢阳也。周五侯三王，非天子之命，孰敢建侯？……刘季虽受砀郡长、武安侯之封，然自入关至封汉王，止称沛公。(《古今考》卷四《沛公为砀郡长封武安侯》)

**浦起龙**：以昌臣、沛公形激项羽，为一番挫抑。（《古文眉诠》卷十八《项羽本纪》）

**牛运震**："以沛公为砀郡长，封为武安侯，将砀郡兵"。按：此处应将沛公西入关攻秦略一点明，后文"闻沛公已破咸阳"方有原本，针线更密。（《读史纠谬》卷一《项羽本纪》）

初①，宋义所遇齐使者高陵君显在楚军，见楚王曰："宋义论武信君之军必败②，居数日，军果败。兵未战而先见败征③，此可谓知兵矣④。"王召宋义与计事而大说之⑤，因置以为上将军⑥，项羽为鲁公⑦，为次将⑧，范增为末将⑨，救赵⑩。诸别将皆属宋义，号为卿子冠军⑪。行至安阳⑫，留四十六日不进。项羽曰："吾闻秦军围赵王钜鹿，疾引兵渡河，楚击其外，赵应其内，破秦军必矣⑬。"宋义曰："不然。夫搏牛之虻不可以破虮虱⑭。今秦攻赵，战胜则兵罢⑮，我承其敝⑯；不胜，则我引兵鼓行而西⑰，必举秦矣⑱。故不如先斗秦赵⑲。夫被坚执锐⑳，义不如公；坐而运策㉑，公不如义㉒。"因下令军中曰㉓："猛如虎，很如羊㉔，贪如狼㉕，强不可使者㉖，皆斩之㉗。"乃遣其子宋襄相齐㉘，身送之至无盐㉙，饮酒高会㉚。天寒大雨，士卒冻饥。项羽曰㉛："将戮力而攻秦㉜，久留不行。今岁饥民贫㉝，士卒食芋菽㉞，军无见粮㉟，乃饮酒高会㊱，不引兵渡河因赵食㊲，与赵并力攻秦，乃曰'承其敝'。夫以秦之强，攻新造之赵，其势必举赵㊳。赵举而秦强，何敝之承㊴！且国兵新破，王坐不安席㊵，扫境内而专属于将军㊶，国家安危，在此一举㊷。今不恤士卒而徇其私㊸，非社稷之臣㊹。"项羽晨朝上将军宋义，即其帐中斩宋义头㊺，出令军中曰："宋义与齐谋反楚㊻，楚王阴令羽诛之㊼。"当是时，诸将皆慴服㊽，莫敢枝梧㊾。皆曰："首立楚者，将军家也㊿。今将军诛乱㊶。"乃相与共立羽为假上将军㊷。使人追宋义子，及之齐，杀之㊸。使桓楚报命于怀王㊹。怀王因使项羽为上将军㊺，当阳君、蒲将军皆属项羽㊻。

① 【汇注】
储　欣：初：遥接宋义事，又暗接章邯击赵、度人、救赵之师。(《史记选》卷一《项羽本纪》)
② 【汇评】
李　贽：是。(《藏书》卷二《西楚霸王项羽》)
③ 【汇注】
颜师古：征，证也。(《汉书注·陈胜项籍传》)
杜　佑：秦末，项梁起兵吴中，北至定陶，再破秦军。项羽等又斩秦三川守李由，益轻秦，有骄色。宋义谏曰："战胜而将骄卒惰者必败。今少惰矣，秦兵日益，臣为君畏之。"梁不听。乃使宋义于齐，说高陵君显曰："公将见项梁乎？"曰："然。"义曰："臣论武信君必败。公徐行则免，疾行则及祸。"秦果悉起兵益其将章邯，夜衔枚击梁，大破定陶。梁败而死。(《通典》卷一百五十二《军将骄败》)
④ 【汇注】
王伯祥：知兵，懂得兵事。(《史记选·项羽本纪》)
【汇评】
凌稚隆：将骄必败，亦不待宋义能知。高陵以书生张皇口语，何谓知兵？义帝之不振，高陵为之也。(《史记评林·项羽本纪》)
姚苎田：语甚撇轻，正妙在说得无甚深要。(《史记菁华录·项羽本纪》)
⑤ 【汇评】
姚苎田：怀王殊非娖娖下人者，然此真孟浪之举。(《史记菁华录·项羽本纪》)
⑥ 【汇注】
王伯祥：因，因而。因置以为上将军，因而特用宋义为上将军。上将军，诸将军的首领，意即主帅。后面项羽"为诸侯上将军，诸侯皆属焉"，也就是说项羽做了诸侯的首领。(《史记选·项羽本纪》)
【汇评】
吕祖谦：按荀悦《汉纪》：项梁轻秦，故楚令尹宋义谏梁，不听。然则怀置宋为元帅者，非特喜其知兵，亦以楚之耆旧大臣，故尊任亲信之也(《史记》《汉书》不载义尝为楚令尹，荀氏所据，必《楚汉春秋》诸书也)。(《大事记解题》卷八)

**顾应祥**：怀王以宋义能料武信君必败，遂以为上将军。然义非上将才也，项羽岂能为之下乎？（《人代纪要》卷六）

**程馀庆**："因置以为"四字，写出轻易。止以一语偶中，遂授之重任，古今仓猝中人，往往如此。（《历代名家评注史记集说·项羽本纪》）

**又**：怀王拜义为上将，亦甚轻易，羽此时必有不平之意，故于救赵时斩之，非独以其迟留也。（同上）

⑦【汇注】

**梁玉绳**：按：怀王封羽为长安侯，号为鲁公，上文叙诸将之迁爵独遗子羽，故此言"为鲁公"亦无来历。（《史记志疑·项羽本纪》）

⑧【汇评】

**倪思撰、刘辰翁评**：羽甚杰，牧羊儿乃能夺其军将之，殆倚重沛公故。（《班马异同评》）

**许相卿**：此举不高，宋义误怀王耳。（《史汉方驾》卷二）

**浦起龙**：羽为宋义压捺，又一番挫抑。（《古文眉诠》卷十八《项羽本纪》）

⑨【汇注】

**王伯祥**：末将，位次于次将，也是在军中参与谋划的。与下举诸别将的"别将"不同，与后世偏裨将校自己谦称的"末将"更不同。（《史记选·项羽本纪》）

⑩【汇评】

**魏了翁**：楚怀王以宋义为上将，项羽为次将，范增为末将，北救赵，怀王可谓善用人矣。宋义知兵，项羽善战，范增好奇计，其胜章邯必矣。又西遣沛公入关，尤为知之明者。其徙都彭城，并吕臣、项羽军自将之，亦可谓有才者。而楚亦天之所弃，无再昌之理，故终于无成。……今怀王救赵之将三人，曰宋义、曰项羽、曰范增。入关之将一人，曰沛公。荀悦《汉纪》谓宋义故楚令尹，《史记》《汉书》不言，必有所据。项羽、范增、沛公则皆起于匹夫，古之人才出于素，而后世人才取于仓卒为将，亦不可谓无其人，而兵制不古，糜烂其民，为可痛耳。（《古今考》卷五《上将次将末将》）

⑪【汇校】

**裴　骃**：徐广曰："卿，一作'庆'。"（《史记集解·项羽本纪》）

【汇注】

**裴　骃**：文颖曰："卿子，时人相褒尊之辞，犹言公子也。上将，故言冠军。"张晏曰："若霍去病功冠三军，因封为冠军侯，至今为县名。"（《史记集解·项羽本纪》）

**颜师古**：冠军，言其在诸军之上。（《汉书注·陈胜项籍传》）

**陆唐老**：公之子为公子，王之孙为王孙。卿子，谓卿之子也。演刘伯庄说。冠古

玩切。冠，加于首上，冠军之上也。(《陆状元通鉴》卷二十五《秦纪·二世皇帝》)

**姚苎田**："公""卿"二字，古人相尊之通称。"卿子"犹公子也。"冠"，元也；"军"，戎也：犹元戎之称。而名特新美。(《史记菁华录·项羽本纪》)

⑫【汇注】

**颜师古**：今相州安阳县。(《汉书注·陈胜项籍传》)

**司马贞**：按：《傅宽传》云"从攻安阳、扛里"，则安阳与扛里俱在河南。颜师古以为今相州安阳县。按：此兵犹未渡河，不应即至相州安阳。今检《后魏书·地形志》，云"己氏有安阳城，隋改己氏为楚丘"，今宋州楚丘西北四十里有安阳故城是也。(《史记索隐·项羽本纪》)

**编者按**：郭嵩焘在《史记札记》卷一《项羽本纪》中驳正《索隐》"兵犹未渡河"之说，云："按钜鹿之战所云渡河者，漳水也，与大河相距绝远。由彭城北救钜鹿，岂能不径河而北？《索隐》误矣。"此论甚是。盖所谓"河"者，并非单指黄河也。张守节《正义》亦明白指出此河系漳水。

**张守节**：《括地志》云："安阳县，相州所理县。七国时魏宁新中邑，秦昭王拔魏宁新中，更名安阳。"《张耳传》云章邯军钜鹿南，筑甬道属河，饷王离。项羽数绝邯甬道，王离军乏食。项羽悉引兵渡河，遂破章邯，围钜鹿下。又云渡河湛船，持三日粮。按：从滑州白马津赍三日粮不至邢州，明此渡河，相州漳河也。宋义遣其子襄相齐，送之至无盐，即今郓州之东宿城是也。若依颜监说，在相州安阳，宋义送子不可弃军渡河，南向齐，西南入鲁界，饮酒高会，非入齐之路。义虽知送子曲，由宋州安阳理顺，然向钜鹿甚远，不能数绝章邯甬道及持三日粮至也。均之二理，安阳送子至无盐为长。济河绝甬道，持三日粮，宁有迟留？史家多不委曲说之也。(《史记正义·项羽本纪》)

**王恢**：安阳：《傅宽传》，从攻安阳扛里，《索隐》据《魏书·地形志》，己氏有安阳城。隋改己氏为楚邱（汉山阳郡成武县有楚丘亭），安阳在楚邱西北四十里（《正义》云西十里）。《清统志》（一八一）楚邱在今曹县东南（《纪要》云四十里）。则安阳故城约在曹县东南十里，《索隐》以颜师古作相州安阳为非，是也。其时犹未渡河也。《正义》既以宋义遣子相齐送之无盐，于此为理顺，而又疑向钜鹿甚远，不能数绝邯甬道及持三日粮可至，阴宗颜说，于是以渡河为渡漳河（郭嵩焘《札记》从之）。未审羽遣当阳君、蒲将军将卒二万渡河救钜鹿，战少利。陈馀复请兵，羽乃持三日粮，悉引兵渡河，破釜沉舟，九战绝其甬道乃大破之也。(《史记本纪地理图考·项羽本纪·钜鹿之战》)

**杨家骆**：安阳：地名，在今山东曹县东南五十里（用《史记·正义》及沈钦韩说），《汉书》颜注以为是河南省的安阳县，非是。(《史记今释》)

⑬【汇评】

　　李　贽：大是。(《藏书》卷二《西楚霸王项羽》)

⑭【汇注】

　　裴　骃：如淳曰："用力多而不可破虮虱，犹言欲以大力伐秦而不可以救赵也。"(《史记集解·项羽本纪》)

　　颜师古：张晏曰："搏音博。"苏林曰："虻喻秦，虱喻章邯等，言大小不同势，欲灭秦当宽邯等也。"如淳曰："犹言本欲以大力伐秦，而不可以救赵也。"师古曰："搏，击也，言以手击牛之背，可以杀其上虻，而不能破虱，喻今将兵方欲灭秦，不可尽力与章邯即战，或未能禽，徒费力也。如说近也。"(《汉书注·陈胜项籍传》)

　　司马贞：韦昭云："虻大在外，虱小在内。"故颜师古言"以手击牛之背，可以杀其上虻，而不能破其内虱，喻方欲灭秦，不可与章邯即战也"。邹氏搏音附。今按：言虻之搏牛，本不拟破其上之虮虱，以言志在大不在小也。(《史记索隐·项羽本纪》)

　　顾炎武：《项羽纪》"搏牛之虻，不可以破虮虱"：言虻之大者，能搏牛而不能破虱，喻钜鹿城小而坚，秦不能卒破。(《日知录》卷二十七《史记注》)

　　吴见思：不可以破虮虱：言欲破秦者，不可以救赵挫其锋也。(《史记论文·项羽本纪》)

　　储　欣：夫搏牛之虻不可以破虮虱：言志在大不在小。(《史记选》卷一《项羽本纪》)

　　程馀庆：言虻之大者能搏牛，而不能破虮虱。喻钜鹿城小而坚，秦不能卒破也。(《历代名家评注史记集说·项羽本纪》)

　　【汇评】

　　姚苎田：二语于情事不切，而必引之，活画出宋义头巾气。(《史记菁华录·项羽本纪》)

⑮【汇注】

　　颜师古：罢读曰疲。(《汉书注·陈胜项籍传》)

⑯【汇注】

　　杨家骆：承其敝："承"，犹言"伺"；"敝"，疲惫。此言伺秦兵疲敝之时而攻之。(《史记今释》)

　　【汇评】

　　赵　蕤：荀悦曰：宋义待秦赵之弊，与卞庄刺虎事同而势异，何也？施之战国之时，邻国相攻，无临时之急则可也。战国之立，其来久矣。一战之胜败，未必以亡也，其势非能急于亡敌国也。进则乘利，退则自保，故蓄力待时，承弊然也。今楚赵新起，其力与秦，势不并立，安危之机，呼吸成变。进则定功，退则受祸，此事同而势异者

也。(《长短经》卷七《时宜·注》)

⑰【汇注】

　　颜师古：鼓行，谓击鼓而行，无畏惧也。(《汉书注·陈胜项籍传》)

⑱【汇注】

　　杨家骆：举：攻克，攻下。(《史记今释》)

【汇评】

　　刘子翚：宋义提兵救赵，至安阳不进，曰："秦胜则兵罢，我承其敝，不胜，则我引兵而西，必举秦矣。"此万全之策也，项羽杀义，夺其兵，破秦，义乃没没无闻，诚不幸也。羽虽胜秦，然其计犹出义下。羽知秦兵锐甚，战难必胜，故渡河沉舟，破釜甑，烧庐舍，以必死期一胜，岂不殆哉！羽虽一胜而秦兵尚众，会章邯与赵高有隙，遣人约和，羽乘其狐疑，又破之，竟以粮少与之约和。及坑秦军，犹二十余万人。夫邯军亦精锐，羽之所将，非其敌也。以羽必死之战，乘章邯狐疑之隙，仅能服之，其难也如此，非万全之策也。初，秦兵破周章、田儋等，项梁乘其敝破之，梁轻秦，有骄色，故义知其必败也。义又欲承其敝，故以赵斗秦。范增之谋深矣，不以义为非者，势当然也。秦不救韩魏，周亚夫以梁委吴，盖用卞庄子刺虎之说也。噫，羽既据功名之会，故义乃没没无闻，诚不幸也。(《屏山集》卷三《汉书杂论》上)

⑲【汇评】

　　李　贽：大不是！(《藏书》卷二《西楚霸王项羽》)

　　翁正春：宋义之谋，即亚夫委梁于吴楚之说。然吴楚骤合，兵战梁地，势不可久；而梁地足典持，故亚夫策之而胜。今诸侯乌合，不可以当（梁）（秦），而秦自战其地，久则兵益而势盛，故羽以为不如速攻。兵机得失，同事异形，决于毫发。(引自《百大家评注史记·项羽本纪》)

⑳【汇注】

　　陆唐老：被坚，谓擐甲也。执锐，谓利兵也。(《陆状元通鉴》卷二十五《秦纪·二世皇帝》)

㉑【汇注】

　　杨家骆：运策：运用谋略。(《史记今释·项羽本纪》)

㉒【汇评】

　　叶　适：宋义用战国遗智，策士排比胜负之际，未为迂谬。然不知项羽之剽悍，岂区区策画所能当？不惟义见杀，而义帝之事亦不成矣。(《习学记言》卷十九《项羽本纪》)

　　孙　琮：语骄甚，何以责项梁！(《山晓阁史记选·项羽本纪》)

　　吴见思：只此住，写得骄恣不堪。(《史记论文·项羽本纪》)

姚苎田：前引后收，泡泡如见。此辈甚多，胡可胜道！（《史记菁华录·项羽本纪》）

㉓【汇评】
陆可教：宋义之令，此正指羽也。羽仇其言，至于矫杀而代之，此正狠羊之所为耳。虽引兵渡河，破秦军，使诸侯将膝行而前，莫敢仰视。然战胜而骄，又犯义之策，项梁之必败者也，安得与宽大长者争天下之胜负哉？况又辅以居鄅悍戾之夫，犹之狂奴驭奔马，疾鞭不止，以速其仆，呜呼！垓下之死，为已晚矣。（引自《百大家评注史记·项羽本纪》）

㉔【汇注】
张守节：很，何恳反。（《史记正义·项羽本纪》）
张家英：《说文·彳部》："很，不听从也。一曰行难也。一曰鳌也。""很如羊"之"很"，当用其第一义，即违拗不服从之义。《汉书·项籍传》作"佷如羊"。据《玉篇·人部》，"很、佷"二字音义并同。（《〈史记〉十二本纪疑诂·项羽本纪》）

㉕【汇评】
高　嶝：舌锋射羽，使人不堪。（《史记钞》卷一《项羽本纪》）

㉖【汇注】
解惠全、张德萍：强：倔强。（《全译史记·项羽本纪》）

㉗【汇注】
郭青螺：此数语俱暗伤项羽，所以卒为羽所杀也。（引自《百大家评注史记·项羽本纪》）

【汇评】
凌稚隆：宋义所言，亦习闻战国之余谋耳。而下令军中斥羽，则书生之人言，取祸之尤速者。（《史记评林·项羽本纪》）
姚苎田：暗指项羽，欲以此折其气。（《史记菁华录·项羽本纪》）
浦起龙：舌锋射羽，有古色。（《古文眉诠》卷十八《项羽本纪》）

㉘【汇评】
孙　琮：又误着。（《山晓阁史记选·项羽本纪》）
程馀庆：田荣与项梁有隙，梁死楚弱，宋义欲结援于齐，以子相之，非失策也。然荣与项氏相怨，义又与项羽不平，义子相齐，疑欲图项氏也。故羽先事杀义，而以反楚为名。（《历代名家评注史记集说·项羽本纪》）

㉙【汇注】
颜师古：县名。（《汉书注·陈胜项籍传》）
司马贞：按：《地理志》东平郡之县，在今郓州之东也。（《史记索隐·项羽本

纪》）

**王伯祥**：身送之，亲自送宋襄。身是亲身。无盐，春秋宿国，战国时为齐邑。汉置无盐县。故治在今山东省东平县东二十里。（《史记选·项羽本纪》）

**王　恢**：《汶水注》："汶水自泰山桃乡来，分为四。其右一汶，西流迳无盐故城南，旧宿国也。齐宣后之故邑，所谓无盐丑女也。武帝元朔四年封城阳共王子刘庆为东平侯，即此邑也。汶水又西迳郈乡寿张入济。"《纪要》（三三）故城今东平县东二十里。（《史记本纪地理图考·项羽本纪·钜鹿之战》）

㉚【汇注】

**裴　骃**：韦昭曰："皆召尊爵，故云高。"（《史记集解·项羽本纪》）

**颜师古**：高会，大会也。（《汉书注·陈胜项籍传》）

**司马贞**：韦昭曰："皆召高爵者，故曰高会。"服虔云："大会是也。"（《史记索隐·项羽本纪》）

㉛【汇评】

**吴见思**：项羽不答宋义，而序于高会之下，盖一腔怨愤，昔犹耐住，至此便难耐也。（《史记论文·项羽本纪》）

**牛运震**：按此将叙项羽杀宋义，先顿。项羽一段议论，笔力崛构，如怒马不可羁继，全是一片愤勃之气团结而成。（《空山堂史记评注》卷二《项羽本纪》）

㉜【汇注】

**王伯祥**：戮力犹言勉力或并力，戮本作勠，亦作僇，音禄。戮力而攻秦，与下文"与赵并力攻秦"同意。（《史记选·项羽本纪》）

㉝【汇注】

**王伯祥**：岁饥犹言年荒。（《史记选·项羽本纪》）

㉞【汇校】

**梁玉绳**：附按：徐广云："芋，一作'半'。"《汉书》是"半"也。臣瓒曰："食蔬菜以菽杂半之。"《索隐》引王劭曰："半，量器名，容半升。"亦通。刘孝标《广绝交论》"莫肯费其半菽"，东坡诗"愿君五袴手，招此半菽魂"，则芋字虽若可通而实非已。（《史记志疑·项羽本纪》）

㉟【汇校】

**王伯祥**：士卒之"卒"，《蜀本》作"率"，意即大概，亦通。（《史记选·项羽本纪》）

【汇注】

**裴　骃**：徐广曰："芋，一作'半'，'半'，五升器也。"骃按：瓒曰"士卒食蔬菜，以菽杂半之"。（《史记集解·项羽本纪》）

**颜师古**：孟康曰："半，五升器名也。"臣瓒曰："士卒食蔬菜以菽杂半之。"师古曰："瓒说是也。菽谓豆也。"（《汉书注·陈胜项籍传》）

**又**：无见在之粮。（同上）

**司马贞**：芋，蹲鸱也。菽，豆也。故臣瓒曰"士卒食蔬菜，以菽半杂之"，则芋菽义亦通。《汉书》作"半菽"。徐广曰："芋，一作'半'。'半'，五升也。"王劭曰："半，量器名，容半升也。"（《史记索隐·项羽本纪》）

**罗　愿**：菽者，众豆之总名。……《汉书》曰："今岁饥民贫，率食半菽。"言军中无粮，以菽杂他谷食之，亦贫乏之义也。（《尔雅翼》卷一《菽》）

【汇评】

**吴见思**：前"士卒冻饥"，"天寒大雨"止说得冻字，此又找"饥"字，一字之间何可轻放？不及悉举，幸读者详之。（《史记论文·项羽本纪》）

**程馀庆**："今岁饥民贫，士卒食芋菽，军无见粮"：前言士卒冻饥，天寒大雨句，只说得冻字，此三句又找补饥字。细甚。（《历代名家评注史记集说·项羽本纪》）

㊱【汇评】

**程馀庆**：义因项梁军骄惰，策其必败，智矣。今强秦在前，猛羽在内，而饮酒高会，骄惰甚矣。所云善视者，不能自见其睫也。（《历代名家评注史记集说·项羽本纪》）

㊲【汇注】

**杨树达**：赵食谓赵地之食。若彼时之钜鹿，据《陈涉传》城中方食尽，固无食可因也。（《汉书窥管》卷四《陈胜项籍传》）

㊳【汇注】

**张　位**："举"者，胜也，故齐宣王曰"五旬而举之"。（引自《百大家评注史记·项羽本纪》）

【汇评】

**姚苎田**：于义既不当，于势又无益。（《史记菁华录·项羽本纪》）

㊴【汇评】

**司马光**：及宋义待秦、赵之毙，与昔卞庄刺虎同说者也（胡三省注：卞庄子欲刺虎，管竖子止之曰："两虎方且食牛，食甘必争，争则必斗，斗则大者伤，小者亡；若从伤而刺之，一举必有两获。"庄子然之，果获二虎）。施之战国之时，邻国相攻，无临时之急，则可也。战国之立，其曰久矣，一战胜败，未必以存亡也；其势非能急于亡敌国也，进乘利，退自保，故累力待时，乘敌之毙，其势然也。今楚、赵所起，其与秦势不并立，安危之机，呼吸成变，进则定功，退则受祸。此同事而异势者也。（《资治通鉴》卷十《高帝三年》）

㊵【汇评】

姚苎田：又假大义以责之，羽安能及此？（《史记菁华录·项羽本纪》）

㊶【汇注】

颜师古：属，委也，音之欲反。（《汉书注·陈胜项籍传》）

㊷【汇评】

全天叙：项羽学书无成，今所见若此，虽学士大夫之论，亦不过是。其卒能诛暴秦，伯诸侯，横行天下，岂独以力哉？然由此专事杀戮，其亡也固宜。（引自《百大家评注史记·项羽本纪》）

㊸【汇注】

司马贞：私，谓使其子相齐，是徇其私情。崔浩云："徇，营也。"（《史记索隐·项羽本纪》）

胡三省：徇其私，谓身送其子相齐也。（《资治通鉴》卷八"二世皇帝三年"注）

解惠全、张德萍：徇：谋求。（《全译史记·项羽本纪》）

【汇评】

程馀庆：凡三提"士卒"，是羽杀义之资。（《历代名家评注史记集说·项羽本纪》）

㊹【汇注】

王伯祥：社稷本是古代天子、诸侯所祭的土神和谷神，实为当时国家的象征。非社稷之臣，不是与国家同休共戚的大臣。自前"将戮力而攻秦"至此句，皆项羽默数宋义罪状之辞，未必在斩宋义之前便显露在众人面前的，不当以上冠"项羽曰"三字而遽认为事前公开的说话。（《史记选·项羽本纪》）

【汇评】

王恽：噫！义，奇士也。初，武君举兵渡淮而西，城攻野战，势若破竹，义之力居多。及师次定陶再战而再胜也，见梁志满气骄，识其夺魄，后值崩溃，果不逾素，义可谓深知兵矣。至羽请师救赵，执以不可，观其筹画号令，攻取先后之方，诚上将之略。惜不使差肩三杰，北面以事高祖，反区区委质天久厌之楚，与羽并驱争先，西向以举虎狼之秦，何其不幸者哉？虽然，方秦之失鹿也，群雄猬起，以蛇为龙者不可胜计。布衣皇皇之士，能明目识帝王之真而归之者，盖有之矣，诚未易一二数也。至若淮阴韩信、阳武陈平，一旦起而尽为楚用，初且不知天命集汉，而后卒归于汉，功业如此，幸也。呜呼！俾天假义年，脱身项氏，策杖以归真主，其功名当代，纵不能厕三杰之列，未至与哙等伍耳。呜呼，义何不幸也哉！义何不遇也哉！（《秋涧先生大全文集》卷十四《过楚卿子冠军宋义墓并序》）

程馀庆：辞义侃侃，可使宋义无辞。羽学书不成，而所见如此，虽学士大夫之论，

亦不过如是。(《历代名家评注史记集说·项羽本纪》)

㊺【汇注】

**颜师古**：即，就也。(《汉书注·陈胜项籍传》)

**王士俊**：宋义墓：在内黄县城北楚王镇。义，楚上将军。(《河南通志·彰德府》卷四十九《陵墓》)

【汇评】

**欧阳修**：项梁死，章邯谓楚不足虑，故移兵伐赵，有轻楚心。而良将劲兵尽于钜鹿。籍诚能以必死之士，击其轻敌寡弱之师，入之（编者按："之"指关中）易耳。且亡秦之守关，与沛之守，善否可知也。沛公之攻关，与籍之攻，善否未可知也。以秦之守，而沛公攻入之，沛公之守，而籍攻入之，然则亡秦之守，籍不能入哉？或曰：秦可入矣，如救赵何？曰：虎方捕鹿，罴据其穴，搏其子，虎安得不置鹿而返？返则碎于罴，明矣，《军志》所谓攻其必救也。使籍入关，王离、涉间必释赵自救，籍据关逆击其前，赵与诸侯救者十余壁蹑其后，覆之必矣。是籍一举解赵之围，而收功于秦也。战国时魏代赵，齐救之，田忌引兵疾走大梁，因存赵而破魏。彼宋义号知兵，殊不达此，屯安阳不进，而曰"待秦敝"，吾恐秦未敝，而沛公先据关矣。籍与义俱失焉。(引自《史记观止正集》卷二《项籍论》)

**杨一奇辑、陈简补辑**：宋义迟留不进，为羽者惟当启告于主君，不可擅杀夫上将。(《史谈补》卷二《项羽斩宋义》)

**又**：义以一言幸中项梁之败，而得卿子冠军之名。及提兵救赵，略无智勇之施，向非羽引兵渡河，赵城士卒又有长平之难，是羽斩宋义一人，而活赵数十万生灵也。(同上)

**胡应麟**：宋义之斗秦、赵也，实畏邯，欲观成败耳。邯举赵，义且弃军走，孰承其敝乎？至不恤士卒，置酒高会，大言凌羽，盖以口舌得祸。妄庸竖子，羽杀义，羽刃污矣！(《少室山房笔丛》卷六《史书占毕》二《外篇》)

**徐显卿**：楚王拜义以大将，亦甚轻易。羽于此时必有不平之意，故于救赵时竟斩之也，岂独以其迟留哉！(引自《百大家评注史记·项羽本纪》)

**黄淳耀**：夫卿子冠军之先斗秦、赵也，其名曰"乘敝"，乘敝之师，深沟高垒勿战，使人入敌境，绝其饷道，然后彼坐困而我可得志。汉之于楚是也。李左车以此说武安君，不用而败。周亚夫用之于梁、楚七国而胜，盖其要在于绝敌饷道，而不在于不战，明矣。今章邯甬道之粟，义未尝出偏师缀之，士卒冻饥，军无见粮，是自敝尔，杀一自敝之将，拔数百万人之命于虎口，是羽有微罪于怀王，有大功于诸侯也。(《陶庵集》卷一《范增论》)

**冯景**：秦所以速亡，钜鹿之战也；战钜鹿而胜，羽将之也。羽得引兵渡河，九战而大破之者，杀卿子冠军而代将也。不杀宋义，则羽不得将；羽不将，则钜鹿之战必不胜；战不胜，而秦亦不速亡。……且宋义之不能军也，审矣；久留安阳，不恤士卒而徇其私，此其当诛也。微独羽，虽沛公亦必斩其头于帐中，亡秦之机，实决于此。故君子于杀宋义事，皆为羽功，不为羽罪也。（《解春集·范增论》）

㊻【汇评】

姚苎田：若无送子相齐一着，何以蒙恶声哉？（《史记菁华录·项羽本纪》）

㊼【汇注】

梁玉绳：附按：古人亦自称字，《汉书·匡衡传》注引衡与贡禹书言"匡鼎白"，《后汉书·周黄徐姜申屠传序》述闵贡语云："闵仲叔岂以口腹累安邑耶！"《汉书》"羽"作"籍"。（《史记志疑·项羽本纪》）

【汇评】

尹起莘：不直书曰"楚将"，而必曰"次将"者，正其以下犯上之罪也。不直书曰"杀宋义"，而必曰"矫杀"者，正其专辄无君之罪也。籍始见于《纲目》，而罪已如此，他日虽欲自立天下，尚可得乎？（《资治通鉴纲目发明》）

倪思撰、刘辰翁评：此举亦高陵、宋义误怀王耳。宋义所言，策士之常耳。而下令军中斥羽，则书生之大言，取祸之尤速者。倘无饮酒高会，但四十六日不进，士卒亦且疑之，况以冻饥道羽？其短羽，出梁败后，又陈留不下，亦无可为者，赖此谏义，苏然复立。其言赵举秦强，皆事实，非空言者。（《班马异同评》）

㊽【汇注】

程馀庆：诸将，诸别将，属宋义者。（《历代名家评注史记集说·项羽本纪》）

㊾【汇注】

裴　骃：如淳曰："梧音悟。枝梧犹枝扞也。"瓒曰："小柱为枝，邪柱为梧，今屋梧邪柱是也。"（《史记集解·项羽本纪》）

张守节：枝音之移反。梧音悟。（《史记正义·项羽本纪》）

张家英："枝梧"原指起支撑作用之木柱，此名词动用，义为对峙、抗拒。……古代的"枝梧"，也可以用同"支吾"，"支吾"也有"支撑、抵挡"的含义。（《〈史记〉十二本纪疑诂·项羽本纪》）

【汇评】

浦起龙：用诸将股栗语，抬起项羽。（《古文眉诠》卷十八《项羽本纪》）

高　嵣：折宋义之言极明透，斩宋义之头极爽快，此盖世之气，未战前先声已足夺人矣。（《史记钞》卷一《项羽本纪》）

陈玉树：楚怀王以宋义为上将军，使项羽、范增及诸别将皆属号为卿子冠军，率师救赵。义行至安阳，留四十六日不进，项羽谏之不听。奉命救赵，而欲委赵于秦，赵已屡败，欲待秦之再胜。自饰其怯，又欲箝人之口；身为楚上将，而又使其子相齐。义所谓“猛如虎，狠如羊，贪如狼，强不可使者”，已实兼而有之。此其可戮之罪，无可赦宥者也。然义不顿兵安阳，羽不能破秦钜鹿；义不饮酒高会，羽不能使诸侯膝行。章邯之却，羽却之；实义却之。王离之虏，羽虏之；实义虏之。苏角之杀，羽杀之；实义杀之。何也？凡善用兵者，必示人以怯，以骄敌人之心而弛其备，乘其不备而骤攻之，如飞将军从天而下，骄惰之兵遇之，鲜有不败。……使宋急进，章邯早为之备，虽项羽渡河，其能解钜鹿之围与否，未可知也。然则……解钜鹿之围者，项羽也；而实义也。……使无安阳四十六日之留，亦必不能解钜鹿之围。比类而参观之，而知义之功有可赏也明矣 。然以此遂谓宋义知兵，则大谬不然。……且义顿兵犹可，高会犹可，使士卒冻馁则必不可。自古未有良将而不恤士卒者。乃知义有可赏之功，特无心之偶合，而可戮之罪，实无喙以为之辞也。虽然义为上将，怀王所命也，杀义则目无君父，然而义留不进，有畏秦之心，不杀义，则无以破灭虎狼之秦。然则羽之此举，盖亦有可戮之大罪，与可赏之元功也。然而《春秋》之义，以反经合道为权。……尹起莘以杀义破秦为羽之罪，赵雪航以杀义破秦为羽之功，吾则宁取赵氏之说焉。（见《史事论》乙编卷二《项羽杀卿子冠军论》）

**程金造：**宋义既为卿子冠军，鉴于楚兵是新集之卒，又在一次大败失利之后，势难御秦军章邯久练之师，所以想先使赵军与之战斗一番，然后楚承其敝。又遣其子相齐，意在与齐联合，作统一战线。而兵至无盐止军，饮酒高会，原是和合诸将，为使其听命以战败秦兵，作此准备工作。看来宋义确属知军，有其一套战略战术的。至于下令军中说“猛如虎，狠如羊，贪如狼，强不可使者，皆斩之”，这完全看出项羽性格，指项羽而说的。则宋义亦似不是不知人。但是哪料到项羽野犷性成，全不管宋义这一套，就清晨朝见宋义，斥责宋义之词，虽是义正词严，而其内心却是私心作祟，为一片统帅利欲所指使，因而就大发狂野，杀卿子冠军，使诸将慑伏，无人敢枝梧一声。（《史记管窥·司马迁著项羽人本纪之本意》）

(50)【汇评】

**姚苎田：**妙！妙！提出项氏隐衷，偏不附会楚王。“阴令”之说，而词又未毕，直画亦画不到！（《史记菁华录·项羽本纪》）

(51)【汇评】

**牛运震：**今将军诛乱：只一句，妙绝。想当时诛乱之下，所以立羽者，必更有辞，因匆匆中只听得此一句，下虽有言，不及尽，不及听矣。只说立楚诛乱，并不言楚王明知其不然也。（《史记论文·项羽本纪》）

(52)【汇注】

**颜师古：**未得怀王之命，故且为假也。（《汉书注·陈胜项籍传》）

张守节：未得怀王命也。假，摄也。(《史记正义·项羽本纪》)

王伯祥：假上将军，暂署上将军。因尚未得怀王之命，故暂摄此职以代宋义。(《史记选·项羽本纪》)

【汇评】

茅　坤：军中相与拥立，情事如掌。(《史记钞》卷四《项羽本纪》)

董其昌：见诸将皆畏项羽强暴，只得如此顺从。(引自《百大家评注史记·项羽本纪》)

郭嵩焘：按此数语写得诸将气夺。项羽之为假上将军，亦自为之名耳，诸将于是时仓皇失措，相与推戴之而已。(《史记札记》卷一《项羽本纪》)

㉝【汇注】

浦起龙：并了宋义子。(《古文眉诠》卷十八《项羽本纪》)

【汇评】

俞思学：按楚不杀田假，齐不发兵助楚，两国固有隙者。义何遣子相之，此羽斩义，声其罪曰：与齐谋反楚也。(《史概》卷一《项羽本纪》)

㉞【汇注】

解惠全、张德萍：报命：复命，回朝报告。(《全译史记·项羽本纪》)

㉟【汇注】

裴　骃：徐广曰："二世三年十一月。"(《史记集解·项羽本纪》)

【汇评】

魏了翁：为怀王之计，不当迁兵救赵。命一军向函谷关，命一军向武关，而分一军睥睨章邯，勿进。两关急而赵围解矣。诸将莫利先入关，惟项羽愿奋与沛公西入关。诸老将以项羽残贼，沛公宽大，故遣沛公入关。遣项羽救赵。而又宋义位项羽之上，以智御勇，未为非策。然宋义昔者论武信君之必败，恐亦未免子贡亿中之所为欤？项羽论救赵急欲进兵，当委曲与范增同密议之。先斗秦赵之说，宋义固是，赵举秦强，何敝之承，项羽说亦是。宜更互相筹画，以尽其理可也。何至遽自矜大曰："夫被坚执锐，我不如公，坐运筹策，公不如我。"此项羽所以不堪也。且又下令"猛狠贪强，而不可令者，皆斩"，明指项羽，非义杀羽，则羽杀义，二将不和，非细故也。适又送子相齐，置酒高会，羽所以逞其忿而斩义欤！诸将畏羽之威，共立羽为假上将军，报命于王，此与韩信求为假王何异？怀王因以羽为上将军，此与汉王就立韩信为齐王何异？怀王心恨项羽，恐亦与汉王心恨韩信不异。特项羽日益强大，怀王遂不能制耳。项羽无君之心盖始于此。既而破章邯军，解赵围，诸侯将入辕门，膝行而前，莫敢仰视，羽由是始为诸侯上将军，兵皆属焉。……此亦不出于怀王之命，其自立为西楚霸王，兆已见矣。(《古今考》卷五《项羽自立为上将军》)

**倪思撰、刘辰翁评**：梁死兵败，复夺其权，他属。然杀上将军，得上将军，军中耳目固自不同。以此沉舟誓众，非无本末者。后人效为之，非也。（《班马异同评》）

**牛运震**：按"因使"二字，牵强不顺，中有许多不自由处。（《空山堂史记评注》卷二《项羽本纪》）

**朱东润**：项羽杀宋义，则共立为假上将军，怀王闻之，因使项羽为上将军，则此上将军之称犹受命于怀王，自是而后，羽亦不复秉命矣。破秦钜鹿之后，羽为诸侯上将军，此羽自为也。纪称立章邯为雍王；又言长史欣为上将军，将秦军前行；《秦楚之际月表》则称以秦降都尉翳长史欣为上将，将秦降军；……羽之权可以置王置上将军，益非怀王可得而臣也。怀王拥虚号于彭城，左右虽有诸老将，皆空言无所用。至其所以号诸将者则有封侯之制，沛公封武安侯，项羽封长安侯。《高祖本纪》又言沛公引兵，战不利，还至栗，遇刚武侯军可四千余人并之，应劭曰楚怀王将也。是则刘、项二侯之外，又有刚武侯，然怀王所置之将，项羽可得而杀，沛公可得而夺，其后一则降章邯封雍王，一则过南阳封殷侯，二人擅自废立久矣，楚怀王之不终，岂无故乎？（《史记考索·楚人建置考》）

**又**：项羽尊怀王为义帝，徙之于郴，犹是项梁立怀王都盱台之遗意，尊以空号，置之闲散之地，而不奉其号令，如是而已，非有意杀之也。其后义帝之死，《项羽本纪》《高祖本纪》皆谓羽阴令衡山、临江王击杀之江中；《黥布传》则谓羽阴令九江王布等击之，其八月布使将击义帝，追杀之郴县。《布传》又载随何说布曰："夫楚兵虽强，天下负之以不义之名，以其背盟约而杀义帝也。"大抵义帝之不终，固为实事，至于击杀之主名，则汉人之说，如转轮，如刺螫，其言不可究诘，而归咎于项王者则一。曰阴令，则昌言之者必有其人，羽不宜自言之；临江王始终为楚，亦不宜自言之；衡山王始终为汉，自言之亦不足信；至英布者，果身与其事，随何宜为之讳，不应言之以犯其忌。至《汉书·高帝纪》《项籍传》《英布传》则皆以为羽阴令布击杀义帝，其言又异。汉高方言愿从诸侯王击楚之杀义帝者，旋即与黥布为伍，不亦颠乎！由今言之，此尤顽钝无耻者也！（同上）

㊻【汇注】

**吴仁杰**：蒲将军陈武也。蒲者，其封国。如陈贺费侯，而目之为费将军。盖举其封国耳，非姓也。《楚汉春秋》"孔将军居左，费将军居右，柴将军在皇帝后"，《史记》取之，而《汉书》不取，《西京杂记》遂云"孔、费皆假为名"。舒王《淮阴侯》诗云："但以怯名终得羽，谁为孔费两将军。"用《杂记》语也。其实，孔将军为孔聚，费将军为陈贺，柴将军即武也。故《史记》书棘蒲侯柴武为大将军，而《汉书》作陈武。（《两汉刊误补遗》卷六《蒲将军一》）

**又**："陈武、侯状以将军起薛，别救东阿，至霸上"。仁杰按：武无本传，而蒲将军事颇与此相应。"起薛"云者,谓蒲将军将兵属项梁,起薛也。《史》载羽遣蒲将军救钜鹿,而不言其救东阿。按章邯围东阿在蒲将军以兵属梁之后,岂武实尝别将兵往救东阿,而《史》失载其事欤?不然,即《表》误书钜鹿为东阿耳。《史》又载羽遣蒲将军再破章邯军,羽遂入,至戏西,则《表》所谓至霸上者也。观此,则蒲将军为陈武无疑。(《两汉刊误补遗》卷六《蒲将军二》)

【汇评】

吴见思:楚王遣沛公并羽军,置宋义,亦能有为;自此则项羽日强,怀王失势,以至于亡。(《史记论文·项羽本纪》)

浦起龙:羽始得势。(《古文眉诠》卷十八《项羽本纪》)

项羽已杀卿子冠军,威震楚国,名闻诸侯①。乃遣当阳君、蒲将军将卒二万渡河②,救钜鹿③。战少利④,陈馀复请兵。项羽乃悉引兵渡河⑤,皆沈船⑥,破釜甑⑦,烧庐舍,持三日粮⑧,以示士卒必死⑨,无一还心⑩。于是至则围王离,与秦军遇,九战⑪,绝其甬道⑫,大破之⑬,杀苏角⑭,虏王离⑮。涉间不降楚⑯,自烧杀⑰。当是时⑱,楚兵冠诸侯⑲,诸侯军救钜鹿下者十余壁⑳,莫敢纵兵。及楚击秦,诸将皆从壁上观㉑。楚战士无不一以当十,楚兵呼声动天㉒,诸侯军无不人人惴恐㉓。于是已破秦军㉔,项羽召见诸侯将㉕,入辕门㉖,无不膝行而前㉗,莫敢仰视㉘。项羽由是始为诸侯上将军㉙,诸侯皆属焉㉚。

① 【汇注】

王叔岷:卿、庆古通。(《史记斠证·项羽本纪第七》)

【汇评】

吴汝纶:"项羽已杀卿子冠军"三句,唐应德云:此等处有一唱三叹之味!(《桐城吴先生点勘史记读本·各家史记评语》)

② 【汇注】

张守节:漳水。(《史记正义·项羽本纪》)

③【汇注】

张大可：公元前207年的巨鹿之战是起义军推翻暴秦的一场决战。诸侯之兵四十余万，秦军两支，王离率秦戍守长城的边防军三十万，章邯军二十余万。此役各方参战兵力近百万，决战从十二月至七月（秦历以十月为岁首），历时八个月。（《司马迁评传》第八章《司马迁的思想·战争观》）

【汇评】

程金造：巨鹿一战，是项羽此后主盟分封诸侯，自号西楚霸王，王有九郡，至于极盛之关键。（《史记管窥·司马迁著项羽入本纪之本意》）

韩兆琦：项羽之所以被人歌颂，最主要的因为他是一位反秦的英雄。而项羽的三年反秦活动中，最根本的则是巨鹿之战。作品描写这场战争虽然用的笔墨不多，但却非常有气势。宋代刘辰翁说："叙巨鹿之战，踊跃振动，极羽平生。"（《班马异同评》）明代茅坤说："项羽最得意之战，太史公最得意之文。"（《史记钞》）巨鹿之战的意义，其一是消灭了秦军主力，奠定了起义军在军事上彻底胜利的基础；其二是促进了秦王朝内部的瓦解、分裂，演成了章邯的投降项羽，和赵高的杀二世，与三世的杀赵高；其三是转移了秦王朝的注意力，为刘邦从南路长驱入关创造了条件。凭着这些，项羽的英名就足以列入史册，永垂不朽了。（《史记博议·项羽本纪》）

④【汇注】

胡三省：战少利，言其战略有利也。（《资治通鉴》卷八"二世皇帝三年"注）

杨树达：此少字与今通用稍字义同。《英布传》云：数有利，可证。非谓不利也。（《汉书窥管》卷四《陈胜项籍传》）

⑤【汇校】

王叔岷：案：《汉纪》"项羽"上有"十有二月"四字。（《史记斠证·项羽本纪第七》）

【汇评】

吴汝纶："项羽乃悉引兵渡河"，刘须溪云：踊跃振动，极羽生平。（《桐城吴先生点勘史记读本·各家史记评语》）

⑥【汇注】

颜师古：谓沉没其舡于水中。（《汉书注·陈胜项籍传》）

李　昉：武王伐殷，乘舟济河。兵车出，坏舡于河中。太公曰："太子为父报仇，今死无生。"所过津梁，皆悉烧之。（《太平御览》卷四八二）

【汇评】

吴崇节：按：是役也，秦、楚兴亡之机会也。使宋义不斩，则赵必灭，赵灭则楚随之，而秦不亡。是沉船破釜之举，固入关蹙秦之张本也。擅杀之罪，难掩其破秦之

功,而羽诚有所大不得已者矣。(《古史要评》卷一《沉船破釜》)

⑦【汇评】

**倪思撰、刘辰翁评**:梁死兵败,复夺其权他属。然杀上将军,得上将军,军中耳目固自不同,以此沉舟誓众,非无本末者,后人效为之,非也。(《班马异同评》)

**孙　琮**:笔下疑有龙蛇,风雨腾涌而至。(《山晓阁史记选·项羽本纪》)

⑧【汇评】

**程馀庆**:不留退步,善为必胜者。(《历代名家评注史记集说·项羽本纪》)

⑨【汇注】

**杜　预**:"秦伯伐晋,济河焚舟":示必死也。(《左传》"文公三年"注)

**蒋廷锡**:按:《说苑·权谋篇》武王伐纣,过隧斩岸,过水拆舟,过谷发梁,过山焚莱,示民无返志也。(见《古今图书集成·明伦汇编·皇极典》卷十《周·武王本纪》)

【汇评】

**刘体智**:昔人有言,兵死地也,将死官也。知其必死而无偷生之意则气壮,气壮则战胜而可以得生。冀偶得生而有畏死之心则气馁,气馁则战败而终不免于死。古之军师尝有百万之众溃败,至于不可御者,未必其将之懦,兵之怯也,皆其气之不充也。……人人有必死之心,而后自趋于敌而不畏。人人自趋于敌而不畏,而后得免于死。(《辟园史学四种·十七史说》)

⑩【汇注】

**钱锺书**:"乃悉引兵渡河,皆沉船,破釜甑,持三日粮,以示士卒必死,无一还心"。按:太公《六韬·必出》:"先燔吾辎重,烧吾粮食。"又《太平御览》卷四八二引太公《六韬》:"武王伐殷,乘舟济河,兵车出,坏船于河中。太公曰:'太子为父报仇,今死无生。'所过津梁,皆悉烧之。"《孙子·九地》:"帅与之期,如登高而去其梯,焚舟破釜,若驱群羊而往。"杜牧注:"使无退心,孟明焚舟是也。"(见《左传》文公十二年,杜预注:"示必死")《晋书·蔡谟传》上疏:"夫以白起、韩信、项籍之勇,犹发梁、焚舟、背水而阵。今欲停船水渚,引兵造城,前对坚敌,顾临归路,此兵法之所诫也。"又《苻健载记》:"起浮桥于盟津……既济焚桥。"《宋书·王镇恶传》:率水军自河直至渭桥,弃船登岸,诸舰悉逐急流去,乃抚士卒曰:"去家万里,而舫乘衣粮并已逐流,唯宜死战。"《新五代史·梁臣传》之九燕兵攻馆陶门,葛从周"以五百骑出战,曰:'大敌在前,何可返顾!'使闭门而后战"。用意全同。(《管锥编》第一册)

【汇评】

**杜　佑**:兵者凶器,不得已而用之。战者危事,亦不必常胜。若非激励,无以成

功。(《通典》卷一百五十九《励士决战·注》)

**杨一奇辑、陈简补辑**：退则必死，进则或生，是故舍死以求生，直前以取胜也。(《史谈补》卷二《背水阵》)

**李廷机**：见项羽到此时亦是计必为之，盖为万死不顾一生矣。(引自《百大家评注史记·项羽本纪》)

**牛运震**："皆沉船，破釜甑，烧庐舍，持三日粮，以示士卒必死，无一还心"：按此二十三字为一句，怒气勃发，读之风雨骇人。(《空山堂史记评注》卷二《项羽本纪》)

⑪【汇注】

**夏伯炎**：九战：多次作战。九，指多数。(见王利器主编《史记注译·项羽本纪》)

【汇评】

**储　欣**："围王离，与秦军遇，九战"：只此九字是大战正文，其余皆从四面描写，故生动绝伦。(《史记选》卷一《项羽本纪》)

[日]**泷川资言**：中井积德曰：是谓章邯军也，非王离。(《史记会注考证附校补·项羽本纪第七》)

⑫【汇注】

**胡三省**：恐敌抄其粮运，故夹筑垣墙以通饷道。(《资治通鉴》卷八"章邯筑甬道属河，饷王离"注)

⑬【汇评】

**刘友益**：书大破秦军何？恶秦也。然则籍无贬乎？书"次将"，书"矫杀"，则籍之罪著矣。是故邯郸之救，书大破秦军而无忌，袭夺之罪不可逃。钜鹿之救，书大破秦军，而项籍矫杀之罪不可掩，此功过之权衡也。(《资治通鉴纲目书法》)

**徐孚远**：秦围钜鹿，久无成功，其势已懈，故河北之战，能破其军。方宋义壁安阳之时，正陈馀尝秦军之日也。然则羽之破秦，乃得宋义之力，使义尚在，相秦之机，亦未必不疾击也。(引自《史记集说·项羽本纪》)

⑭【汇注】

**裴　骃**：文颖曰："秦将也。"(《史记集解·项羽本纪》)

⑮【汇注】

**杨复吉**：秦始皇琅邪台碑，武成侯王离名列通武侯王贲前，疑王离系王贲兄子，而所袭侯爵，则王翦之遗也。(见《昭代丛书》癸集卷三十八《梦兰琐记》)

【汇评】

**何　焯**：苏角当是章邯裨将。此役当合《陈馀传》观之。楚人既连胜，并破章邯，于是诸侯亦皆纵兵击秦，乃虏王离也。(《义门读书记》卷三《前汉书》)

⑯【汇注】

　　胡三省：涉，姓也。间，名也。（《资治通鉴》卷八"二世皇帝三年"注）

⑰【汇评】

　　高　嵣：妙在"当是时"三字提起，以下一面写楚军，一面写诸侯，分作数层，顿挫淋漓，神色飞动。（《史记钞》卷一《项羽本纪》）

　　牛运震："于是至则围王离，与秦军遇"云云，至"自烧杀"：按此先将事迹点叙，后以"当是时，楚兵冠诸侯"另提起，写生摹神，极脱卸安顿之妙。（《空山堂史记评注》卷二《项羽本纪》）

⑱【汇评】

　　姚苎田："当是时"三字，重提起，笔力奇恣。"冠诸侯"一锁，下再展开，皆故作奇恣之笔，以出色描写也。（《史记菁华录·项羽本纪》）

⑲【汇注】

　　颜师古：言最为上也。（《汉书注·陈胜项籍传》）

　　[日] 泷川资言：中井积德曰：是时诸侯兵非不战也，"冠"字可以见，《张耳传》可参。（《史记会注考证·项羽本纪》）

⑳【汇注】

　　杨树达：据《陈馀传》，其时救赵者尚有燕、齐及张敖之兵。齐将为田都，燕将为臧荼，见《田儋传》及本传下文。（《汉书窥管》卷四《陈胜项羽传》）

　　[日] 泷川资言：中井积德曰："下"字疑衍，《汉书》无。（《史记会注考证附校补·项羽本纪第七》）

㉑【汇评】

　　孙　琮：写一伙庸人。（《山晓阁史记选·项羽本纪》）

㉒【汇注】

　　颜师古：呼音火故反。（《汉书注·陈胜项籍传》）

㉓【汇校】

　　王若虚：《项羽纪》"诸侯（军）无不人人惴恐"，"无不人人"字意重。（《滹南遗老集》卷十三《史记辨惑》七）

【汇注】

　　裴　骃：《汉书音义》曰："惴音章瑞反。"（《史记集解·项羽本纪》）

【汇评】

　　倪思撰、刘辰翁评：叙钜鹿之战，踊跃振动，极羽平生。（《班马异同评》）

　　孙　琮：写得气焰逼人，读者骇目。（《山晓阁史记选·项羽本纪》）

　　姚苎田：本助诸侯击秦也，反写诸侯惴恐，加倍写法。（《史记菁华录·项羽本

纪》）

　　浦起龙：加一层旁托，气焰百倍。（《古文眉诠》卷十八《项羽本纪》）

㉔【汇评】

　　茅　坤：项羽最得意之战，太史公最得意之文。（《史记钞》卷四《项羽本纪》）

㉕【汇注】

　　冯梦龙：诸侯将，言各国之将。（《纲鉴统一》卷五《秦二世》）

㉖【汇注】

　　裴　骃：张晏曰："军行以车为阵，辕相向为门，故曰辕门。"（《史记集解·项羽本纪》）

　　颜师古：师古曰："《周礼》掌舍，王行则'设车宫辕门'也。"（《汉书注·陈胜项籍传》）

㉗【汇注】

　　王伯祥：膝行而前，跪在地上，用两膝行进。（《史记选·项羽本纪》）

【汇评】

　　钱锺书："诸将皆从壁上观，楚战士无不一以当十，楚兵呼声动天，诸侯军无不人人惴恐。于是已破秦军。项羽召见诸侯将，入辕门，无不膝行而前"。《考证》："陈仁锡曰：叠用三无不字，有精神；《汉书》去其二，遂乏气魄。"按陈氏评是，数语有如火如荼之观。贯华堂本《水浒》第四四回裴阇黎见石秀出来，"连忙放茶"，"连忙问道"，"连忙道：'不敢！不敢！'"，"连忙出门去了"，"连忙走"；殆得法于此而踵事增华者欤。马迁行文，深得累叠之妙，如本篇末写项羽"自度不能脱"，一则曰"此天之亡我，非战之罪也"，再则曰"令诸君知天亡我，非战之罪也"，三则曰"天之亡我，我何渡为！"心已死而意犹未平，认输而不服气，故言之不足，再三言之也。又如《袁盎晁错列传》记错父曰："刘氏安矣！晁氏危矣！吾去公归矣！"叠三"矣"字，纸上如闻太息，断为三句，削去衔接之词（asyndeton），顿挫而兼急迅错落之致。《汉书》却作："刘氏安矣而晁氏危，吾去公归矣！"索然有底情味？王若虚《滹南遗老集》卷一五苛诋《史记》文法最疏、虚字不妥，举"诸侯军无不人人惴恐"为"字语冗复"之一例。王氏谭艺，识力甚锐而见界不广，当时友生已病其"好平淡"而不"尚奇峭"，以"经义科举法绳文"（刘祁《归潜志》卷八）。玩其月旦，偏主疏顺清畅，饰微治细，至若瑰玮奇肆之格、幽深奥远之境，皆所未识；又只责字句之直白达意，于声调章法，度外袭置。是故弹射虽中，甚少伤要害，匹似逼察江河之挟泥沙以俱下，未尝浑观其一派之落九天而泻千里也。即以《史记》此句论之。局于本句，诚如王氏所谶。倘病其冗复而削去"无不"，则三叠减一，声势随杀；苟删"人人"而存"无不"，以保三叠，则它两句皆六字，此句仅余四字，失其平衡，如鼎折足而将悚，别须拆补之词，仍著涂附之迹。宁留小眚，以全大体。经籍不避"重言"，《尚书》之"不遑暇食"，《左传》之"尚犹有臭"，孔颖达《正义》已道之。《汉书·项籍传》作"诸侯军人人惴恐""膝行而前"；盖知删一"无不"，即坏却累叠之势，何若逐删两"无不"，勿复示此形之为愈矣。《后汉书·班彪传》载其论《史记》曰："刊落不尽，尚有盈辞。"修词不净处，不知属"盈辞"抑否耶？《史记》确多"字语冗复"而难为辨解者，如《平准书》"天下大抵毋虑皆铸金钱矣"；《季布栾布列传》"身屦典军搴旗者数矣"；《袁盎晁错列传》"尝有从史尝盗盎侍儿"；《魏其武安侯传》"唯灌将军独不失故"，此类皆可仿刘知幾之"以笔点其烦"上也。《汉书》唯"从史盗盎侍儿"一语，洁适胜《史记》；至"有如万分一假令愚民取长陵一抔土"，"唯灌夫独否"，虽省字而冗复之病依然。《史记·张丞相列传》"老，口中无齿"，《汉书》作"口中无齿"，省去"老"字，无救语疵。《史通·点烦》篇举史传文之须"除字"者十四例，《史记》居其九，《难说》篇上又举两例，余皆略之；又《叙事》篇："《汉书·张苍传》曰：'年老，口中无齿'，去'年'及'口中'可矣。"当是记忆微误。《潭南遗老集》卷一五已举者，余亦不再。《容斋随笔》卷一谓《史记·卫青传》"校尉李朔一节五十八字，《汉书》省去二十三字，然不若《史记》为朴赡可喜"；虞兆隆《天香楼偶得》驳则《随笔》谓"非定论"，又谓《汉书》仅省去二十一字。周君振甫曰："洪、虞两家计字衡文，均摭华而未寻根也。马之腾班，非以其行文之'朴赡'，乃以其记事之翔实。马历举'以千五百户封……''以千三百户封……'等，班则悉删封侯户数，而于'赐爵关内侯，食邑各三百户'，独仍马之旧，削多存少，羌无义例。马记诸将皆全具姓名，班则有所谓'骑将军贺'者、'中郎将绾'者，不知谁氏子矣。"殊足平停洪、虞之争。《史记》："校尉李朔、校尉赵不虞、校尉公孙戎奴，各三从大将军获王，以千三百户封朔为涉轵侯，以千三百户封不虞为随成侯，以千三百户封戎奴为从平侯。"《汉书》作"校尉李朔、赵不虞、公孙戎奴……封朔为涉轵侯，不虞为随成侯、戎奴为从平侯"。《汉书》删去两"校尉"，明净胜于《史记》原文，未可尽非；《史记》下文亦云"将军李沮、李息"，而不云"将军李沮、将军李息"也。《汉书》删去三"以千三百户封"，洵为败阙，当于"为从平侯"下，增"食邑各千三百户"，则点烦而不害事，犹《史记》下文言李沮、李息、豆如意云"赐爵关内侯，食邑各三百户"也。（《管锥编》第一册）

㉘【汇评】

**凌稚隆**：羽杀会稽守，则一府慴伏，莫敢起；羽杀宋义，诸侯皆慴伏，莫敢枝梧；羽救钜鹿，诸侯莫敢从兵，已破秦军，诸侯膝行而前，莫敢仰视。势愈张而人愈惧。下四"莫敢"字，而羽当时勇猛，宛然可想见也。（《史记评林·项羽本纪》）

**吴见思**：以上两"莫敢"，三"无不"，淋漓顿挫，妙甚！（《史记论文·项羽本

纪》)

**浦起龙**：所谓"气盖世"者，正于此见。(《古文眉诠》卷十八《项羽本纪》)

**程馀庆**：以上用两"莫敢"，三"无不"，淋漓顿挫，唤起精神。写项羽，至今如生。(《历代名家评注史记集说·项羽本纪》)

**程金造**：都是慑于项羽的威暴，心中必不悦服。太史公在此突出地著出这种自私自利心盛，器识短狭，粗暴成性的人，将来是不能居人民万姓之上称帝称王的。(《史记管窥·司马迁著项羽入本纪之本意》)

㉙【汇注】

**吕祖谦**："秦二世皇帝三年冬十二月，项籍为诸侯上将军"。《解题》曰："救赵诸侯也。"(《大事记解题》卷八)

㉚【汇校】

**梁玉绳**：按：诸侯下疑缺"将"字，《汉书》作"兵皆属焉"。(《史记志疑·项羽本纪》)

【汇注】

**吴应箕**：司马迁谓项羽欲以力征经营天下，而谬其天亡我，非战之罪之言。……以予观之，项羽居必亡之势，而强梁八年之间，则犹以其战力哉！至钜鹿之战，勿论秦非是不亡，而用兵之善，则当时未有能及者也。……夫以羽之强，犹沉船破釜，视士卒必死，而后能破秦。……章邯不降，沛公即入关，而秦犹不亡。秦之亡，钜鹿之战为之也。天下独苦秦耳，设章邯未破，羽虑沛公之先王关中也，遂释秦而图汉，毋论邯为可忧，羽即先王关中，能制汉之不争天下乎？故羽之亡也，不尽以战；羽即以战亡，而不亡于钜鹿之战也。予故曰：羽之用兵，未有善于此者。(《楼山堂集》卷二《项羽论》)

【汇评】

**姚苎田**：钜鹿之战，羽所以成霸业也，故史公用全力为他写得精神百倍，万世如睹。(《史记菁华录·项羽本纪》)

**高　嵝**：钜鹿之战，为项羽胜势正文。初渡时为项梁用，定陶后为宋义屈。至此劫杀宋义，为上将军，翻转前势，一路扬起。及引兵渡河，大破秦军，诸侯皆属，乃出场后有声有色第一事。怀王遣沛公，并羽军，置宋义，尚能有为。自此项羽日强，怀王失势，后日徙义帝于长沙，杀义帝于江中，已伏于此。老泉论项羽，宜急引军趋秦，以据咸阳，制天下；乃渡河救赵，至使沛公先入关，此为失势。又曰：兆垓下之死者，钜鹿之战也。不知前此权在怀王，军属宋义，项羽救赵，沛公略秦，皆怀王遣之，羽愿与沛公西入关，而怀王不许也。议论虽辟，尚未彻彼时之情事耳。阅《高帝纪》自悉。(《史记钞》卷一《项羽本纪》)

**王昆绳：** 章邯既已破楚，乃留楚为后图，而乘破楚之威，因赵新立，以疾击其无备。赵王败走钜鹿，邯于是日夜攻围，诸侯兵救赵者十余壁，莫敢纵。使邯破赵，定河北，则燕代无齐楚，齐楚无燕代，传檄燕代，不血刃而可定。项羽乃矫杀宋义，悉引兵渡河，沉船，破釜甑，与秦兵九战，大破之。虏其将王离，章邯引却，遂救钜鹿，存赵，夫然后诸侯之势合。不然，秦之势分，而诸侯不可复制。是项王钜鹿之战非特存赵，实所以转败为胜，而合天下之势者也。后楚汉相距于荥阳，韩信乘间定河北，先灭赵，次灭代，燕望风而服，齐不战而溃。于是西楚之势孤，汉之帝业立。故黄歇说秦昭王，服韩魏而注地于齐，则燕、赵、齐、楚，不待痛而自服。苏辙论六国，亦以四国当助韩魏拒秦，则秦不能得志于天下。何哉？韩魏为天下之中，秦得之则六国之势分，诸侯得之则六国之势合。赵于秦楚之际，亦战国之韩魏也。使章邯击赵而无项羽，则天下之平久矣。呜呼，能合诸侯之势以亡秦，不能自合其势以拒秦，英雄之士，所为抚膺长太息者也。语曰：善始者不必善终，其项王之谓乎！（见《增广古今人物论》卷二《项羽》）

**吴汝煜：** 钜鹿之战是展示项羽英雄形象的最重要的一战。首先，他采用分两批渡河进击的办法，表现了用兵的慎重和精明。据《张耳陈馀列传》记载，项羽先派出的两万人"数绝章邯甬道"，使"王离军乏食"。这说明，项羽对先遣部队的作战任务有明确的布置，并取得了预期的效果。其次，他采用"破釜沉舟"的办法，表明他很善于抓住有利的战机，及时地把指挥员的决心化为战士们的决心，去争取胜利。破釜沉舟，初看似乎是鲁莽灭裂的，轻率的，而实际上是经过认真考虑和有胜利把握的。当时秦军屯兵于坚城之下，受到一定的挫折，士气已经开始低落，而抗秦的力量却正在增长。陈馀、张敖将兵数万屯于钜鹿之北，燕、齐两国的救兵也在钜鹿近旁结营。这对秦兵有牵制作用。黥布与蒲将军初战得手，说明章邯是可以击败的。项羽当时考虑的是如何充分发挥每一个战士的最大勇敢精神和战斗力，以便大规模聚歼秦军主力。"破釜沉舟"正是在当时情况下的最好的战斗动员令。他把自己的果敢和决心，通过"破釜沉舟"的悲壮举动，化为一种无形的力量，灌输到每一个战士的心里，坚定每一个战士的杀敌斗志。……渡河以后，项羽充分表现了英雄主义精神和伟大的军事才能。他先包围王离，使之腹背受敌，不能专力破城，然后集中兵力击破秦军甬道，切断运输线，接着连续攻击九次，把敌人打垮。文中没有具体描绘项羽在战斗中的表现。但"楚战士无不一以当十，楚兵呼声动天，诸侯军无不人人惴恐"几句，已经把项羽的作用表现得很清楚了。他不仅指挥正确，部署得法，而且确实发挥了楚战士的高度的勇敢的战斗精神。明代茅坤说钜鹿之战是"项羽最得意之战，太史公最得意之文"，评价十分恰当。（《史记论稿·论项羽》）

章邯军棘原①，项羽军漳南②，相持未战。秦军数却③，二世使人让章邯④。章邯恐，使长史欣请事⑤。至咸阳⑥，留司马门三日⑦，赵高不见⑧，有不信之心⑨。长史欣恐，还走其军⑩，不敢出故道⑪，赵高果使人追之，不及。欣至军，报曰：“赵高用事于中⑫，下无可为者⑬。今战能胜，高必疾妒吾功⑭；战不能胜，不免于死。愿将军孰计之⑮。”陈馀亦遗章邯书曰⑯：“白起为秦将⑰，南征鄢郢⑱，北坑马服⑲，攻城略地⑳，不可胜计㉑，而竟赐死。蒙恬为秦将㉒，北逐戎人㉓，开榆中地数千里㉔，竟斩阳周㉕。何者？功多，秦不能尽封，因以法诛之㉖。今将军为秦将三岁矣，所亡失以十万数，而诸侯并起滋益多㉗。彼赵高素谀日久㉘，今事急，亦恐二世诛之㉙，故欲以法诛将军以塞责㉚，使人更代将军以脱其祸㉛。夫将军居外久㉜，多内郤㉝，有功亦诛，无功亦诛㉞。且天之亡秦，无愚智皆知之㉟。今将军内不能直谏㊱，外为亡国将，孤特独立而欲常存㊲，岂不哀哉㊳！将军何不还兵与诸侯为从㊴，约共攻秦㊵，分王其地㊶，南面称孤㊷；此孰与身伏𫓧质㊸，妻子为僇乎㊹？”章邯狐疑㊺，阴使候始成使项羽㊻，欲约㊼。约未成，项羽使蒲将军日夜引兵度三户㊽，军漳南㊾，与秦战，再破之㊿。项羽悉引兵击秦军汙水上(51)，大破之(52)。

①【汇注】：

**裴　骃**：张晏曰：“在漳南。”晋灼曰：“地名，在钜鹿南。”（《史记集解·项羽本纪》）

**王　恢**：棘原：《张耳陈馀传》：“章邯军钜鹿南棘原。”晋灼曰：“在钜鹿南。”《清统志》（三〇）：“在平乡县南。钜鹿县南又有棘城，一名棘阳寨，俗以为章邯之棘原。”说在平乡南者，由于古钜鹿城误在平乡也。张晏说在漳南，非也。（《史记本纪地理图考·项羽本纪》）

夏伯炎：棘原：在今河北省平乡县南。（见王利器主编《史记注译·项羽本纪》）

② 【汇注】：

张守节：《括地志》云："浊漳水一名漳水，今俗名柳河，在邢州平乡县南。《注水经》云漳水一名大漳水，兼有浕水之目也。"（《史记正义·项羽本纪》）

陆唐老：漳音章。漳水之南。《山海经》曰：漳水出荆山。（《陆状元通鉴》卷二十五《秦纪·二世皇帝·注》）

王　恢：漳南：时漳河行今邱县、广宗、新河、肥乡、曲周、平乡、钜鹿东，东北至沧县，循今运河北流至天津，折而东南入河——即禹河故道。羽军漳南，盖遮秦军归路及应援。相持未战，约未成，乃使蒲将军渡三户，军漳南，侧击其西，故再破之汙水上。（《史记本纪地理图考·项羽本纪·钜鹿之战》）

杨家骆：漳南：地名，在漳河南岸，即今河北省临漳县附近。（《史记今释》）

夏伯炎：漳：漳河。发源于山西省东南部，清漳、浊漳合流后，流经河北、河南两省边境，向东南汇入卫河。（见王利器主编《史记注译·项羽本纪》）

③ 【汇注】：

颜师古：却，退也，音丘略反。（《汉书注·陈胜项籍传》）

【汇评】：

浦起龙：就秦之自败著笔，兵家知己者必先知彼，文正用此法也。（《古文眉诠》卷十八《项羽本纪》）

④ 【汇注】：

颜师古：让谓责也。（《汉书注·陈胜项籍传》）

程馀庆：二世不闻败，则让章邯者，即赵高也。（《历代名家评注史记集说·项羽本纪》）

⑤ 【汇注】：

张家英："请事"实同"奏事"，以今语译之，则略同于"请示"也。（《〈史记〉十二本纪疑诂·项羽本纪》）

⑥ 【汇注】：

夏伯炎：咸阳：在今陕西省咸阳市东北。秦孝公于前350年自栎阳迁都至此。（见王利器主编《史记注译·项羽本纪》）

⑦ 【汇注】：

裴　骃：凡言司马门者，宫垣之内，兵卫所在，四面皆有司马，主武事。总言之，外门为司马门也。（《史记集解·项羽本纪》）

杨　侃："司马门"，师古曰：司马门者，宫之外门也。卫尉有八屯卫侯司马，主卫士徼巡宿卫，每面各二司马，故谓宫之外门为司马门。（《两汉博闻》卷五《司马

门》）

又：师古曰：凡言司马门者，宫垣之内，兵卫所在，四面皆有司马。司马主武事，故总谓宫之外门为司马门。（同上）

又：诸侯王宫门有兵卫，亦为司马门。（同上）

【汇评】：

茅　坤：自古大将在外，危疑生叛，必如此。（《史记钞》卷四《项羽本纪》）

⑧【汇评】：

江　贽：朱氏曰：壅蔽之祸，其可畏也哉！邯郸之役，邯军棘原，羽军漳南，犹以势力相持，胜负未决也。使二世未加诮谴，赵高不怀忌嫉，长史欣请事咸阳，无滞留扞格之苦，则陈馀之书，固未足以撼章邯之心，虽项羽善战，亦未能旬日之间，尽坑秦卒二十余万之众也。今扫一国之众，付之大将之乎，存亡成败，系呼吸瞬息之间，司马门奏事，乃留三日而不得报，其趣亡也宜哉！（《少微通鉴节要》卷三《后秦纪·二世皇帝》）

⑨【汇评】：

牛运震："有不信之心"，此句欠老。（《读史纠谬》卷一《项羽本纪》）

⑩【汇注】：

张守节：走音奏。（《史记正义·项羽本纪》）

【汇评】：

吕祖谦：《解题》曰：赵高用事于中，虽章邯力战于外，终不免为高所杀。此长史欣之所以恐而还走，陈馀因而诱之使降也。（《大事记解题》卷八《章邯请益兵赵高不许》）

⑪【汇注】：

倪思撰、刘辰翁评：二世不闻败，让章邯者，即赵高也。不得见，还走，其意已决。不敢出故道，又高。（《班马异同评》）

⑫【汇评】

吕祖谦：赵高用事于中，虽章邯力战于外，终不免为降虏。《诗》曰："侯谁在矣，张仲孝友。"（《大事记解题》卷八《章邯请益兵赵高不许》）

⑬【汇评】：

凌稚隆："赵高用事于中"二句，足尽权臣擅国之祸。（《史记评林·项羽本纪》）

浦起龙：元振居中，临淮不至。千古败亡，如出一辙！（《古文眉诠》卷十八《项羽本纪》）

⑭【汇注】：

杨家骆："疾"同"嫉"。（《史记今释》）

⑮【汇注】：

　　夏伯炎：孰计：仔细考虑。孰，通"熟"。（见王利器主编《史记注译·项羽本纪》）

⑯【汇注】：

　　凌稚隆：按：馀料秦事，适与欣之见合，故太史公下一"亦"字。（《史记评林·项羽本纪》）

　　杨家骆：遗，读去声，送给。（《史记今释》）

【汇评】：

　　孙　琮："亦"字好引线，用秦事立案。（《山晓阁史记选·项羽本纪》）

　　林云铭：二世以无功让章邯，而章邯数却，犹相持者，冀有功耳。是书把有功无功，一概骂破，引他来路，不得不断他归路，其揣摩赵高之心，又与长史欣还报之语，无不昭合，宜乎邯有洹水之约也。文之简朴明净，绝无衬笔。（《古文析义》卷六《遗章邯书》）

　　浦起龙：附载陈《书》，其《书》切中情事，气味疏古，后世无此书，史家亦不复于对面排此长段矣。是故诸史密而龙门疏，正由诸史忙而龙门闲也。（《古文眉诠》卷十八《项羽本纪》）

　　高　嶙：章邯惧诛，即接陈馀一书，情事适凑。附载《陈馀劝章邯书》，切中情事，气味疏古。（《史记钞》卷一《项羽本纪》）

　　程馀庆：章邯事后，即接陈馀一书，情事适凑。而馀料秦事，又适与欣之见合，故特下一"亦"字作引线。（《历代名家评注史记集说·项羽本纪》）

⑰【汇注】：

　　王伯祥：白起，郿人（郿本周邑，故城在今陕西省眉县东北），善用兵，秦昭王时封武安君，战胜攻取凡七十余城。后与范雎有隙，称病不起，免为士伍（当时的降罚处分，即退归卒伍，犹后世的削职为民），迁于阴密（在今甘肃省灵台县西五十里），赐死。《史记》有《白起王翦列传》。（《史记选·项羽本纪》）

⑱【汇注】：

　　颜师古：鄢郢，皆楚邑也。鄢音偃。郢音弋井反。（《汉书注·陈胜项籍传》）

　　杨家骆：指秦昭王二十八年（西元前279年）白起攻楚拔鄢、邓五城，及二十九年（西元前278年）击楚攻陷郢都之事。见《史记·秦本纪》《楚世家》及《白起王翦列传》。（《史记今释》）

　　夏伯炎：鄢郢：战国时楚国国都，在今湖北省宜城县南。按楚国曾建都郢，后迁鄢郢，郢与鄢郢是两个地方。（见王利器主编《史记注译·项羽本纪》）

⑲【汇注】：

**颜师古**：服虔曰："马服，赵括也。父奢为赵将，有功，赐号马服。马服犹服马也，故世称之。"（《汉书注·陈胜项籍传》）

**司马贞**：韦昭云："赵奢子括也，代号马服。"崔浩云："马服，赵官名，言服武事。"（《史记索隐·项羽本纪》）

**丘述尧**：《韩子·显学》的"赵任马服之辩，而有长平之祸"，分明是为了"长平"这两个音节相称，才用上"马服"两个音节。而于《蔡泽传》和《陈馀书》的"北坑马服"，那是北坑"马服子卒"或"马服子军"的简化；"马服"或"马服子"都不是被"坑"的，因为《赵世家》虽然说"秦人围赵括，赵括以军降"，但下句却说"卒四十余万皆坑之"。可见秦所坑的是"赵卒"，不是"赵括"。特别是《廉颇列传附奢括传》，分明说："赵括出锐卒自搏战，秦军射杀括。"《白起传》也说："其将军赵括出锐卒自搏战，秦军射杀赵括。"所以中井积德于《赵世家》说："据传，括战死也，非降也。此恐讹。"赵括既然在赵军未降时搏战被射杀了，怎么又会后来被"生坑"？所以《韩世家》说："秦拔赵上党，杀马服子卒四十万于长平。"《廉颇列传附奢括传》也说："括军败，数十万之众遂降秦，秦悉坑之。赵前后所亡凡四十五万。"《白起传》更详细地说："括军败，卒四十万人降武安君。……乃挟诈而尽坑杀之。遗其小者二百四十人归赵。前后斩首虏四十五万人。赵人大震。"虽然胡三省对"卒四十万悉坑之"的数字提出疑问说："此言秦兵自挫廉颇至大败赵括所斩首虏之数目。兵非大败，四十万人安能束手而死邪？"但对秦军所坑的是赵括率领过的军卒，是没有分歧意见的。（《史记新探·"北坑马服"解》）

⑳【汇注】：

**王伯祥**：略地，夺取土地。略，强取。（《史记选·项羽本纪》）

㉑【汇注】：

**王伯祥**：不可胜计，言其多得不可计算。（《史记选·项羽本纪》）

㉒【汇注】：

**杨家骆**：蒙恬：秦始皇时大将，尝率兵三十万，北筑长城，威震匈奴。始皇死，赵高、李斯欲立二世胡亥，恐恬不服，乃矫始皇命，令恬自杀。事见《史记·秦始皇本纪》《李斯列传》及《蒙恬列传》。（《史记今释》）

㉓【汇注】：

**王伯祥**：戎人即指当时的匈奴。（《史记选·项羽本纪》）

㉔【汇注】：

**颜师古**：服虔曰："金城县所治也。"苏林曰："在上郡。"师古曰："即今之榆林，古者上郡界，苏说是也。"（《汉书注·陈胜项籍传》）

**司马贞**：服虔云："金城县所治。"苏林曰："在上郡。"崔浩云："蒙恬树榆为塞也。"（《史记索隐·项羽本纪》）

**杨永发、侯桂秀**：关于榆中的位置历史上聚讼纷纭，影响最大的是以晋代徐广、北魏郦道元为代表的金城郡榆中（今甘肃榆中县）说，以三国苏林为代表的上郡榆溪塞（今陕西东北）说，以唐张守节为代表的唐胜州北河北岸榆溪塞（今内蒙古河套东北岸）说，当代还有钱穆先生的上郡榆溪塞说。而周清澍等学者的考古发现进一步证明了唐胜州北河北岸榆溪塞说。苏、张、钱、周等学者所言榆中实际上是"榆中地""榆中关"而非"榆中县"。榆中县的位置可归纳为"兰州东"和"兰州西"两种说法。（《"榆中"名源及城址变迁》，《西北民族大学学报》，2016年第3期）

㉕【汇注】：

**裴　骃**：孟康曰："县属上郡。"（《史记集解·项羽本纪》）

**颜师古**：孟康曰："县名也，属上郡。"晋灼曰："恬赐死，死于此县。"（《汉书注·陈胜项籍传》）

**张守节**：《括地志》云："宁州罗川县在州东南七十里，汉阳周县。"（《史记正义·项羽本纪》）

【汇评】：

**沈钦韩**：《黄石公·上略》曰："将忧则内外不相信，谋疑则敌国奋。"又《军谶》曰："佞臣在上，一军皆讼。"即赵高于章邯之谓也。（《汉书疏证》卷二十七《陈胜项籍传》）

㉖【汇评】：

**柯维骐**：秦将证甚明切，此邯所以易动也。（引自《史记评林·项羽本纪》）

**孙　琮**：二语无理，却是至理。（《山晓阁史记选·项羽本纪》）

**程馀庆**：有功且然，况无功乎？以有功立言，并绝其徼倖成功之望也。（《历代名家评注史记集说·项羽本纪》）

㉗【汇注】：

**吴同宝**：滋益多：愈来愈多。（《两汉文学史参考资料·项羽本纪》）

㉘【汇注】：

**颜师古**：谀，谄也。（《汉书注·陈胜项籍传》）

**林云铭**：高常言山东之盗不足忧，谄谀二世。（《古文析义》卷六《遗章邯书》注）

㉙【汇注】：

**林云铭**：诛其欺蔽。（《古文析义》卷六《遗章邯书》注）

㉚【汇注】：

颜师古：塞，当也。(《汉书注·陈胜项籍传》)

㉛【汇注】：

颜师古：脱，免也。(《汉书注·陈胜项籍传》)

【汇评】：

孙 琮："故欲以法诛将军以塞责，使人更代将军以脱其祸"：二语即是长史欣意，而不明显，以意悬断，更觉峭。(《山晓阁史记选·项羽本纪》)

㉜【汇评】：

林云铭：情与君隔。(《古文析义》卷六《遗章邯书》评)

㉝【汇评】：

林云铭：用事者害其能。(《古文析义》卷六《遗章邯书》)

㉞【汇评】：

林云铭：总承上文，见秦将不可为。(《古文析义》卷六《遗章邯书》评)

程馀庆：英雄所以负戟长叹者此也。……句句是章邯心上语，句句是司马欣口中语，说得章邯心动。(《历代名家评注史记集说·项羽本纪》)

㉟【汇注】：

王伯祥：无愚智皆知之，无论愚蠢或智巧都懂得这道理的。(《史记选·项羽本纪》)

㊱【汇注】：

王伯祥：直谏，直言相劝。此处有揭破奸谋的意义。(《史记选·项羽本纪》)

㊲【汇注】：

王伯祥：孤、特、独都有"单"义。叠用它们，是要显出单弱可危。(《史记选·项羽本纪》)

㊳【汇评】：

林云铭：处必死之地，乃冀不死，可怜极矣。(《古文析义》卷六《遗章邯书》注)

程馀庆：说得轩爽透快，使邯见之泣下。(《历代名家评注史记集说·项羽本纪》)

㊴【汇注】：

颜师古：文颖曰："关东为从，关西为横。"孟康曰："南北为从，东西为横。"师古曰："言欲如六国时共敌秦。二说皆是也。还兵谓回兵内向以攻秦也。从音子容反。"(《汉书注·陈胜项籍传》)

司马贞：此诸侯谓关东诸侯也。何以知然？文颖曰："关东为从，关西为横。"高诱曰："关东地形从长，苏秦相六国，号为合从。关西地形横长，张仪相秦，坏关东

从，使与秦合，号曰连横。"（《史记索隐·项羽本纪》）

　　**林云铭**：还兵，反戈也。（《古文析义》卷六《遗章邯书》注）

㊵【汇评】：

　　**高　嶙**：约从攻秦，是书眼。（《史记钞》卷一《项羽本纪》）

㊶【汇注】：

　　**王伯祥**：王，动词。分王其地，分割秦地，各立为王。（《史记选·项羽本纪》）

㊷【汇注】：

　　**王伯祥**：古代天子，诸侯皆南面听政，故以南面喻君主。称孤，即俗所谓"称孤道寡"。（《史记选·项羽本纪》）

【汇评】

　　**程馀庆**：前后怵之以害，此是歆之以利。（《历代名家评注史记集说·项羽本纪》）

㊸【汇注】：

　　**颜师古**：质谓锧也。古者斩人，加于锧上而斫之也。锧音竹林反。（《汉书注·陈胜项籍传》）

　　**司马贞**：《公羊传》云："加之铁质。"何休云："要斩之罪。"崔浩云："质，斩人椹也。"又郭注《三苍》云："质，椹也。"（《史记索隐·项羽本纪》）

　　**王　筠**："身伏铁质"，按："铁"者，今之铡也；"质"，铡床也。古诗所云稿砧也。然砧似当作椹。《周礼》"射甲草椹"。"质"，郢人运斤而曰："臣之质已亡"者，似亦借此质。砧又作碪，以椹与甚通者非也。（《史记校》卷上《项羽本纪》）

㊹【汇注】：

　　**王伯祥**：铁同斧。质，斩人之砧。身伏铁质，亲受刑诛；妻子为戮，家属连带被杀。孰，何也；谁也。孰与身伏铁质妻子为戮乎，与上文"南面称孤"比较立说，犹言"南面称王与遭受刑戮，哪一样上算呢？"（《史记选·项羽本纪》）

【汇评】：

　　**程馀庆**：此载陈书，情事巧中，气味疏古，史家多不于对面录此长短，缘诸史密而龙门疏，诸史忙而龙门闲也。（《历代名家评注史记集说·项羽本纪》）

㊺【汇注】：

　　**胡三省**：狐性多疑，每渡河，听冰，且听且渡；故以喻人之怀疑不决者。（《资治通鉴》卷八"二世皇帝三年"注）

㊻【汇注】：

　　**裴　骃**：张晏曰："候，军候。"（《史记集解·项羽本纪》）

　　**颜师古**：郑氏曰："候，军候也。始，姓；成，名也。"（《汉书注·陈胜项籍传》）

　　**司马贞**：候，军候，官名。始成，其名。（《史记索隐·项羽本纪》）

㊼【汇注】：

**杨家骆**："约"，谈条件，订降约。（《史记今释》）

【汇评】：

**凌稚隆**：按：长史欣留司马门三日，及高果使人追之，欲以法诛邯，已露其微矣；陈馀塞责脱祸之语，其善揣情事哉！邯方危疑，况长史欣之报又先之，安得不惧而归楚耶？（《史记评林·项羽本纪》）

㊽【汇注】：

**裴　骃**：服虔曰："漳水津也。"张晏曰："三户，地名，在梁淇西南。"孟康曰："津，峡名也，在邺西三十里。"（《史记集解·项羽本纪》）

**司马贞**：《水经注》云"漳水东经三户峡，为三户津"也。淇当作"湛"。按：《晋八王故事》云"王浚伐邺，前至梁湛"，盖梁湛在邺西四十里。孟康云"在邺西三十里"。又阚骃《十三州志》云"邺北五十里，梁期故县也"，字有不同。（《史记索隐·项羽本纪》）

**王士俊**：将城：在临漳县。项羽救赵使蒲将军渡三户，于邺东北十九里，作此城。（《河南通志》卷五十一《古迹上》）

**王　恢**：《浊漳水注》："漳水自交漳口出山，又东迳三户峡为三户津。孟康曰：在邺县西四十里。又东，汙水注之。水出武安县山，东南流迳汙城北，项羽自三户破章邯于是水。"（《史记本纪地理图考·项羽本纪·钜鹿之战》）

【汇评】：

**程馀庆**："三户亡秦"之谶验矣。（《历代名家评注史记集说·项羽本纪》）

㊾【汇校】：

**王伯祥**：前已云"项羽军漳南"，此紧接"日夜度三户"之后又云军漳南，疑"南"为"北"之讹。（《史记选·项羽本纪》）

㊿【汇评】：

**浦起龙**：方约而更急战，妙得兵机！（《古文眉诠》卷十八《项羽本纪》）

(51)【汇注】：

**裴　骃**：徐广曰："在邺西。"（《史记集解·项羽本纪》）

**颜师古**：汙水在邺西南，音于。（《汉书注·陈胜项籍传》）

**司马贞**：汙音于。《郡国志》邺县有汙城。郦道元云"汙水出武安山东南，经汙城北入漳"。（《史记索隐·项羽本纪》）

**张守节**：《括地志》云："汙水源出怀州河内县北大行山。"又云："故邘城在河内县西北二十七里，古邘国地也。"《左传》云："邘、晋、应、韩、武之穆也。"（《史记正义·项羽本纪》）

**胡三省**：《水经注》：汙水出武安山东南，径汙城北入漳。《郡国志》：邺县有汙城。师古曰：汙水在邺西南。《史记正义》曰：汙水源出怀州河内县太行山。又云：故邘城在河内县西北二十七里，古邘国地也。余据此时章邯与项羽相持于邢、相之间，《正义》以为河内汙水，非也。汙，音于。（《资治通鉴》卷八"二世皇帝三年"注）

**沈钦韩**：《彰德府志》：汙水在临漳县西入漳，其源出山，今绝。（《汉书疏证》卷二十七《陈胜项籍传》）

**王伯祥**：汙音于。汙水源出河北省武安县西太行山，东南流，在临漳县西折东入漳水，今已湮。（《史记选·项羽本纪》）

**王　恢**：《郡国志》："魏郡邺县有汙水，有汙城。"《清统志》（一九六）："汙水在临漳西，今绝。"（《史记本纪地理图考·项羽本纪·钜鹿之战》）

㊾【汇注】

**何　焯**：钜鹿之役……则秦将习兵。长围先合，当阳君、蒲将军虽小挫，其锋未有所损也。苦战至九绝其甬道，而后南北不能相救。章邯畏缩，王离偏败，始解钜鹿之围。楚益进，秦益却，复大破之汙水，乃降其二十万众。克敌之难，盖亦古今仅见也。（《义门读书记》卷三《前汉书》）

**浦起龙**：续缀两破之，而邯约成矣。（《古文眉诠》卷十八《项羽本纪》）

**高　嵣**：方约而更急战，妙得兵机。（《史记钞》卷一《项羽本纪》）

**程馀庆**：已约降而再击之，则邯无战心，其兵愈败，则反顾之念自绝，所以趣其降也。（《历代名家评注史记集说·项羽本纪》）

　　章邯使人见项羽，欲约。项羽召军吏谋曰："粮少，欲听其约①。"军吏皆曰："善。"项羽乃与期洹水南殷虚上②。已盟，章邯见项羽而流涕③，为言赵高④。项羽乃立章邯为雍王⑤，置楚军中⑥。使长史欣为上将军，将秦军为前行⑦。

①【汇评】：

**凌稚隆**：按：邯始欲约，约未成而羽使击之；既复欲约，因粮少而后听之。此太史公叙事缜密处，而羽之兵谋亦概见矣。（《史记评林·项羽本纪》）

②【汇校】：

**王　筠**："项羽乃与期洹水南殷墟上"：班改"期"为"盟"，非；"墟"作

"虚",是。"虚"从丘,其训为邱墟。《诗》"升彼虚矣"是也。邑落必依邱原,故曰墟落,而入市曰趁墟也。邑落颓废,必有凹凸之形,故曰"梓泽邱墟"。《左传·定公四年》"少皞之虚"(《鲁世家》同),"殷虚"(《卫世家》作"墟")、"夏虚"则又古人故址也。空虚音吁,邱墟加土,音岖,似皆后人分别。(《史记校》卷上《项羽本纪》)

【汇注】:

**裴　骃**:徐广曰:"二世三年七月也。"骃按:应劭曰"洹水在汤阴界。殷墟,故殷都也"。瓒曰:"洹水在今安阳县北,去朝歌殷都一百五十里。然则此殷虚非朝歌也。《汲冢古文》曰'盘庚迁于此',《汲冢》曰'殷虚南去邺三十里'。是旧殷虚。然则朝歌非盘庚所迁者。"(《史记集解·项羽本纪》)

**颜师古**:应劭曰:"洹水在汤阴界。殷虚,故殷都也。"师古曰:"洹水出林虑县东北,至于长乐入清水。洹音桓,俗音袁,非也。虚读曰墟。"(《汉书注·陈胜项籍传》)

**司马贞**:按:《释例》云"洹水出汲郡林虑县,东北至长乐入清水"是也。《汲冢古文》云"盘庚自奄迁于北蒙,曰殷虚,南去邺州三十里",是殷虚南旧地名号北蒙也。(《史记索隐·项羽本纪》)

**沈钦韩**:《元和志》:洹水西南自林虑县界流入安阳县。故殷城在内黄县东南十里,殷王河亶甲居相,因筑此城。《明志》:安阳县城北有殷墟,亦曰殷中。(《汉书疏证》卷二十七《陈胜项籍传》)

**程馀庆**:洹水在彰德府北四里,殷虚亦在府城北,本盘庚所迁之亳邑,故名。(《历代名家评注史记集说·项羽本纪》)

**王伯祥**:与期,相与约期会晤。洹音桓,洹水即今河南省安阳市北之安阳河,东流入卫河。殷虚即殷墟,本是殷朝的故都,今安阳市西五里之小屯便是。(《史记选·项羽本纪》)

**陈　直**:洹水殷墟,在今安阳县,宋人称为河亶甲城(郭宝钧先生云:宋人所指之河亶甲城,当今安阳之侯家庄)。举世瞩目之甲骨文,出于小屯村,称为殷虚贞卜文,命名即本于《史记》。(《史记新证·项羽本纪》)

**胡厚宣**:甲骨文的发现和研究,引起了1928年以后殷墟发掘的工作。殷墟发掘的目的,最初在找甲骨文,后来重点也放在找寻甲骨文字以外的遗物和遗迹。发掘结果,找出了小屯文化同新石器时代末期龙山文化和仰韶文化的先后层位关系,确定了小屯一带是商朝后半期从盘庚迁殷至纣之灭的都城。在洹河北岸又发现了同一时期统治阶级帝王的墓地。在这个都城和墓地的范围内,发现了殷代居住的穴窖和宫殿建筑的基址,殷王的规模宏大的坟坑和大批用以祭祀、殉葬的奴隶的小墓。发现了丰富的青铜

器、玉器、灰陶、白陶和釉陶，极精致的石、骨、象牙雕刻和美丽无比的猪牙、贝、蚌、松绿石镶嵌的物品。(《殷墟发掘·绪言》)

又："殷墟"是指现在河南省安阳(县)城西北五里小屯村北洹河以南及其附近的地方。这里是殷代后半期从盘庚迁殷到纣亡国，八世十二王二百七十三年间的旧都。(《殷墟发掘》第一章《早期甲骨文的发现和研究》)

王　恢：洹水：即今安阳县北之洹水，又名安阳河，东南流至内黄县北楚旺镇入卫。(《史记本纪地理图考·项羽本纪·钜鹿之战》)

③【汇评】：

茅　坤：余音袅娜。(《史记钞·项羽本纪》)

孙　琮：写尽无限情事，哀思泫然。(《山晓阁史记选·项羽本纪》)

吴见思："流涕"二字，写羞惭在此，驽钝亦在此。(《史记论文·项羽本纪》)

④【汇注】：

吴见思：为言赵高，即司马欣、陈馀所云也。(《史记论文·项羽本纪》)

【汇评】：

凌稚隆：按：邯流涕之言，即欣之报与馀所遗书情事，太史公以"为言赵高"四字括之，可谓约而赅矣。(《史记评林·项羽本纪》)

张　溥：秦将章邯，击杀周文。武臣、陈胜、楚驹，皆被弑。田儋、周市、魏咎、项梁，连败死。战略诚不下蒙恬也。扼于赵高，司马奏事不达。杨熊败走荥阳，诏使斩之。邯惧降楚，沛公遂入咸阳。(《历代史论》卷一《豪杰亡秦》)

牛运震："章邯见项羽而流涕，为言赵高"：按此括无数情事委曲。写章邯羞恶悲怯如见。(《空山堂史记评注》卷二《项羽本纪》)

⑤【汇注】：

司马迁：秦二世元年七月，项羽与章邯期殷虚，章邯等已降，与盟，以邯为雍王。(《史记·秦楚之际月表》)

沈钦韩：按：立十八王在入关后，此时在河北，不得独王章邯。或先许之王雍地耳。《史记·月表》以为实事，恐非。(《汉书疏证》卷二十七《陈胜项籍传》)

【汇评】：

魏了翁：秦三年七月，沛公受南阳守齮降，封为殷侯。是月，章邯举军降，项羽封为雍王。时沛公未入关也。八月，沛公攻武关入秦，乃在章邯已封之后。当是时，项羽之意必以沛公为未便能入关者，故指秦地封章邯，俾为先锋，引已入关。不料沛公乃先已而入关也。沛公之闭关，以拒章邯耳。项羽盖欲于入关之后，移章邯以王地，然亦本有衣锦故乡之骄态，故舍秦而去。要之，刘、项本无嫌隙，羽之封邯，沛公未入关也，则所以封邯者，不为恶沛公也。沛公已入关而防邯之来，亦人情之常，虽因曹无伤一言而怒，奈沛公理直词正！向使其鸿门一剑苟毙沛公，天下亦非项羽有也。移沛公王汉中，以三秦塞东路，焚秦宫室，掠秦府库，杀其降王，坑其子弟，此所以助汉之胜而卒自毙欤！（《古今考》卷五《项羽封章邯为雍王》）

**胡应麟**：章邯，白起之亚也，衄于项，而名弗称。（《少室山房笔丛》卷六《史书佔毕六·杂外篇》）

**马汝邺**：昏庸哉，秦二世也。无乃父之武功勋业，而残暴过之。迫戍卒叫，各方响应，不三月间已兵近咸阳矣。方是时，二世一筹莫展，彼阿谀逢君之臣，亦噤若寒蝉，莫知所对。章邯以一少府吏请赦骊山徒众以击贼，其识见为何如？且能以一介微吏杀周章、戮陈胜、破项梁，灭魏咎。是时楚盗名将多已死亡，邯复北渡河，击赵王歇于钜鹿，其智勇有非常人所能及者。二世苟依重之，稍自修省，则秦虽失人心，亦不致遽亡，乃怙恶不悛，杀戮大臣，邯以稍稍失利，使人让之，遂激而生变。邯之降敌，二世激成之耳。虽然，邯亦失策。当群臣会议时，既已越职请击贼，其胸中早置死生于度外，一经挫折，遽萌异志，致弃前功，何耶？为邯计者，力能却贼则却之，否则战死疆场以竟始终如一之志，乃畏祸降敌，以堕令名，二世纵不足报，独不惜己之名节乎？不然为明哲保身计，弃师而遁，如乐毅然。奈何听司马之报，陈馀之言，将二十万众而为虏，此岂李陵所首肯耶？呜乎，成始易，图终难，此所为章邯辈痛惜者也。（《晦珠馆文稿·章邯论》）

⑥【汇注】：

**钱伯城**：置：安置。章邯名为雍王，实受楚军监视。（《史记纪传选译》上《项羽本纪》）

【汇评】：

**茅　坤**：此羽之狐疑，不足以定天下处。（《史记钞·项羽本纪》）

⑦【汇校】：

**瞿方梅**：此当据《月表》补入"都尉翳"，乃与下文"而独与章邯长史欣都尉翳入秦"之语相应。（《史记三家注补正·项羽本纪第七》）

【汇注】：

**司马迁**：秦二世三年八月，以秦降都尉翳、长史欣为上将，将秦降军。（《史记·秦楚之际月表》）

**颜师古**：行前，谓居前而行。（《汉书注·陈胜项籍传》）

**张守节**：胡郎反。（《史记正义·项羽本纪》）

**程金造**：章邯在巨鹿一战虽败，壁军于棘原。此时长史欣进言，陈馀又以情势遗之书劝降，而章邯始终无叛秦投降项羽之意。此中原因，乃在章邯已知项羽之残暴，自度杀死项梁，必不能贷其性命。所以必待项羽再胜秦军，才在无可如何情势中，乞降于楚，而见项羽之后，又复流涕乞怜。太史公写项羽性格，是从他人事实中来反照，以掩其笔墨。乃不料项羽竟受其降而贷其命，且封之为雍王。使曾有德于项梁者之司马欣为上将，将军以前行。此中用意，端在恐沛公先入关，急速以灭秦。（《史记管窥·司马迁著项羽入本纪之本意》）

**【汇评】：**

高　嵣：章邯降楚，秦军前行，长驱直进，势始破竹矣。（《史记钞》卷一《项羽本纪》）

程馀庆：羽不疑欣，以有旧恩故也。（《历代名家评注史记集说·项羽本纪》）

到新安①。诸侯吏卒异时故繇使屯戍过秦中②，秦中吏卒遇之多无状③，及秦军降诸侯，诸侯吏卒乘胜多奴虏使之④，轻折辱秦吏卒⑤。秦吏卒多窃言曰⑥："章将军等诈吾属降诸侯⑦，今能入关破秦，大善；即不能⑧，诸侯虏吾属而东⑨，秦必尽诛吾父母妻子。"诸将微闻其计⑩，以告项羽。项羽乃召黥布、蒲将军计曰⑪："秦吏卒尚众，其心不服⑫，至关中不听⑬，事必危，不如击杀之，而独与章邯、长史欣、都尉翳入秦⑭。"于是楚军夜击坑秦卒二十余万人新安城南⑮。

① **【汇注】：**

班　固：汉元年，羽将诸侯兵三十余万，行略地至河南，遂西到新安。（《汉书·陈胜项籍传》）

颜师古：今谷州新安城是。（《汉书注·陈胜项籍传》）

张守节：《括地志》云："新安故城在洛州渑池县东一十三里，汉新安县城也。即坑秦卒处。"（《史记正义·项羽本纪》）

王　恢：新安：《括地志》："渑池县东十三里，汉新安城也。即坑秦卒处。"《清统志》（二〇六）：今新安县搭泥镇。（《史记本纪地理图考·项羽本纪·钜鹿之战》）

**【汇评】：**

李景星：《籍传》之高于《史记》处，《史》云"将秦军行前"，此乃增出"汉元年"以下十八字，先用提笔以立主脑，而随后叙事绝不费手。（《汉书评议·陈胜项籍传》）

② 【汇注】：
   颜师古：异时犹言先时也。秦中，关中秦地也。（《汉书注·陈胜项籍传》）
③ 【汇注】：
   颜师古：无善形状也。（《汉书注·陈胜项籍传》）
   倪思撰、刘辰翁评："多"者，不尽然也。（《班马异同评》）
④ 【汇注】：
   解惠全、张德萍："虏"，也是奴隶。（《全译史记·项羽本纪》）
⑤ 【汇评】：
   浦起龙：细琐报复，偏不惜墨！（《古文眉诠》卷十八《项羽本纪》）
   程馀庆：节制之师，自然无此。（《历代名家评注史记集说·项羽本纪》）
⑥ 【汇注】：
   王伯祥：窃言，私下相谈。（《史记选·项羽本纪》）
   【汇评】：
   孙　琮：三个"多"字可玩。多者，不尽然也。（《山晓阁史记选·项羽本纪》）
   牛运震："诸侯吏卒异时故繇使屯戍过秦中"云云，至"秦吏卒多窃言曰"：按此数语，写情事曲尽。三"多"字尤出色。（《空山堂史记评注》卷二《项羽本纪》）
⑦ 【汇注】：
   王伯祥：吾属即吾辈。诈吾属降诸侯，诱骗吾辈投降起兵反秦的人。（《史记选·项羽本纪》）
⑧ 【汇注】：
   王伯祥：即，假使。即不能，假使不能破秦。（《史记选·项羽本纪》）
⑨ 【汇注】：
   吴同宝：虏吾属而东：此言"诸侯如不胜秦，则将把秦兵掳回东方"。（《两汉文学史参考资料·项羽本纪》）
⑩ 【汇注】：
   王先谦：《列子注·说符篇》：微犹密也。闻其计虑如此。（《汉书补注·项籍传》）
⑪ 【汇评】：
   王鸣盛：《黥布传赞》云："项氏所坑杀人以千万数，而布常为首虐。"用此得王，亦不免于身为世大僇。子长著布之罪，而项羽之罪亦见。（《十七史商榷》卷二《项氏谬计四》）
⑫ 【汇评】：
   程馀庆："心"字说得深。（《历代名家评注史记集说·项羽本纪》）

⑬【汇注】：

王伯祥：至关中不听，到了秦地而不听命令。（《史记选·项羽本纪》）

⑭【汇注】：

王伯祥：都尉翳即董翳，时在章邯军中，与邯、欣同降项羽。后封塞王。尉本为辅佐郡守管兵的官，都尉当系军中的参谋官。（《史记选·项羽本纪》）

⑮【汇注】：

司马迁：项籍之引兵西至新安，又使布等夜击坑章邯秦卒二十余万人。（《史记·黥布列传》）

又：秦二世三年十一月，羽诈坑杀秦降卒二十万人于新安。（《史记·秦楚之际月表》）

裴　骃：徐广曰："汉元年十一月。"（《史记集解·项羽本纪》）

【汇评】：

郦道元：谷水又东迳新安故城南，北夹流而西接崤渑，昔项羽西入秦，坑降卒二十万于此，国灭身亡，宜矣！（《水经注》卷十六《谷水》）

江　贽：胡氏《管见》曰：莫强于人心，而不可以仁结，可以诚感，可以德化，可以义动也。莫柔于人心，而不可以威劫，不可以术计，不可以法持，不可以利夺也。二十万人不服，羽得而坑之，诸侯王不服，四面而起，羽独且奈何哉！（《少微通鉴节要》卷四《汉纪·太祖高皇帝上》）

尹起莘：白起杀降，虽后世兵家者流亦恶之；秦亡之亟，起与有力焉。籍方欲入关，诛无道秦，乃挟诈而坑降卒至于二十余万众，如水益深，如火益烈，其斩刈之惨复一秦耳，果何以慰斯民之望哉？《纲目》于止不止书"坑"，而书曰"诈坑"，则籍之罪又浮于起矣。（《资治通鉴纲目发明》）

凌稚隆：王世贞曰：项氏之坑秦也，戮婴也，天其伸六国乎。虽然，不可以训。（《史记评林·项羽本纪》）

陈允锡：坑赵卒于长平，亦坑秦卒于新安，报应可畏！（《史纬》卷七《项羽》）

王鸣盛：项羽之失，不在粗疏无谋，乃在苛细多猜疑不任人。韩信、陈平皆弃以资汉，至于屡坑降卒，嗜杀失人心，更不待言。（《十七史商榷》卷二《项氏谬计四》）

程金造：太史公在此，又明著项羽识略短浅，只是一味杀伐立威。（《史记管窥·司马迁著项羽入本纪之本意》）

周振甫：《史记评林》引王世贞曰："项氏之坑秦也，戮婴也，天其伸六国乎？虽然，不可以训。"这里把项羽在新安击坑杀秦降卒二十余万众与项羽入关杀秦降子婴相提并论，而击坑秦降卒更错误。项羽救赵以后，即可收沛公军，鼓行而西，则取天下之势未失也。救赵以后，不鼓行而西，再与秦将章邯战，可待章邯之降，收二十余万降卒之后，可在新安加以坑杀，然后再西入关。按项羽坑杀秦降卒在乙未岁（公元前206年）十二月，其时沛公已入关，降秦王子婴，废秦苛法，与秦民约法三章，秦民大悦以后，则项羽已失取天下之势。不仅这样，项羽封秦三降将，章邯为雍王，司马欣为塞王，董翳为翟王，分王三秦，以拒塞汉王刘邦，使不得入据关中。项羽坑杀秦降卒二十余万人，则三个秦降将，成为无兵之空王，怎么能抗汉军入主三秦？于是项羽就失去了取天下之势了。使项羽勿坑杀秦降卒，则封章邯，司马欣，董翳为三王，率秦降卒二十余万众镇守三秦，使三降将卒秦兵全师而归，则秦民必喜，三降将有二十余万之秦兵镇守三秦，又得秦民之助，则刘邦欲定三秦必难。鸿门会上，其时刘邦有众十万，范增既知刘邦欲夺项王天下，项羽封刘邦为汉王，都南郑。范增本可劝项羽收刘邦部下思东归之将，与之东归。削弱刘邦兵力，使都南郑。则三王镇守三秦有二十余万军，而刘邦入南郑兵力削弱，则刘邦欲定三秦必难，得天下之势已归项羽了。故不坑杀秦降卒，有利于项羽得天下之势。故项羽的杀秦降卒，最为失策。（《论〈项羽本纪〉》，载《文学遗产》1997年第1期）

**李振宏**：《史记·项羽本纪》所载楚军夜击坑秦卒二十余万人于新安城南之事，是项羽身后二千余年被人诟病的主要问题，但揆诸史籍，关于此事的记载非常可疑，一是资料来源的单一性，使得人们没有更多的材料可供考证；二是极端地不合情理，不符合事物的正常逻辑。

经考证分析，这是一个值得质疑的历史事件。（《项羽"击坑秦卒二十余万人"献疑》，《湖南行政学院学报》2010年第6期）

行略定秦地①。函谷关有兵守关②，不得入③。又闻沛公已破咸阳④，项羽大怒⑤，使当阳君等击关⑥。项羽遂入⑦，至于戏西⑧。沛公军霸上⑨，未得与项羽相见⑩。沛公左司马曹无伤使人言于项羽曰⑪："沛公欲王关中⑫，使子婴为相⑬，珍宝尽有之⑭。"项羽大怒，曰："旦日飨士卒⑮，为击破沛公军⑯！"当是时，项羽兵四十万⑰，在新丰鸿门⑱，沛公兵十万，在霸上⑲。范增说项羽曰⑳："沛公居山东时㉑，贪于财货，好美姬。今入关，财物无所取㉒，妇女无所幸㉓，此其志不在小㉔。吾令人望其气，皆为龙虎㉕，成五采，此天子气也㉖。急击勿失㉗。"

① 【汇注】

　　高　嵣：行略定秦地：章邯已降，乃项羽入秦正文。由北而南，自东而西，至此略定秦地。一路顺流而下，初不料至函谷，有兵守不得入云云也。以此上了击秦之案，并为下文蓄反激之势。（《史记钞》卷一《项羽本纪》）

　　夏伯炎：行：即将。略定：夺取，平定。（见王利器主编《史记注译·项羽本纪》）

【汇评】

　　程馀庆：一句点过，简绝。（《历代名家评注史记集说·项羽本纪》）

② 【汇注】

　　裴　骃：文颖曰："时关在弘农县衡山岭，今移在河南谷城县。"（《史记集解·项羽本纪》）

　　司马贞：文颖曰："在弘农县衡山岭，今移在谷城。"颜师古云："今桃林县南有洪溜涧水，即古之函关。"按：山形如函，故称函关。（《史记索隐·项羽本纪》）

　　张守节：《括地志》云："函谷关在陕州桃林县西南十二里，秦函谷关也。《图记》云西去长安四百余里，路在谷中，故以为名。"（《史记正义·项羽本纪》）

　　王应麟：古函谷关在陕州灵宝县。函谷故城在县南十里。东自崤山，西至潼津，通名函谷，号曰天险。所谓秦得百二也。（《通鉴地理通释》卷五《十道山川考·西距函谷》）

　　王　恢：史称关、关口、关内、关外、关西、关东：都指函谷关。（《史记本纪地理图考·秦始皇本纪·求神仙》）

　　又：函谷关：时关在灵宝县旧治西南。东自崤山，西及潼关，深险如函，号曰天险。汉武元鼎三年（前114）冬，楼船将军杨仆，数有大功，耻为关外民（仆弘农人，居灵宝南四十里），乞徙东关，以家财给其用度。武帝亦好广阔，于是徙关于新安东北，去故关三百里（《汉书·武纪·注》）。而以故关为弘农县，故属京兆尹。元鼎四年，分置弘农郡，治弘农。征和四年（前89），置司隶校尉部，与三辅、三河隶之。（《史记本纪地理图考·项羽本纪·鸿门之宴》）

【汇评】

　　吴见思：前破秦一段，奇妙。今伐秦，必更有一段奇妙文字，乃又插入坑卒一事。而略定秦地，函谷守关只一句点，以成奇观。（《史记论文·项羽本纪》）

③ 【汇注】

　　陆唐老：或说沛公曰："秦富十倍天下，地形强，闻项羽号秦降将章邯为雍王，王关中。今则来，沛公恐不得有此。可急使兵守函谷关，无内诸侯军。稍征关中兵以自益，距之。"沛公然其计，从之。已而项羽至关，关门闭，闻沛公已定关中，大怒，使黥布等攻破函谷关。十二月，项羽进至戏。（《陆状元通鉴》卷二十六《太祖高皇帝

上》）

【汇评】

华庆远：程伊川曰：高祖其势可以不放项王入关。然而有三事未可。一是有二十万秦子弟在外，父兄必内变；二是沛公父母妻子在楚；三是尚有怀王。（《论世八编》卷六《西汉》）

④【汇注】

唐德宜：秦所都，武帝更名渭城。（《古文翼》卷四《项羽本纪》）

钱伯城：沛公已破咸阳：指刘邦于汉高帝元年（前206年）十月，带兵入关，秦王子婴出降，秦亡。（《史记纪传选译》上《项羽本纪》）

【汇评】

程馀庆："函谷关有兵守关，不得入。又闻沛公已破咸阳"：忽然突出二事，具用省笔。整顿精神，写鸿门一段也。（《历代名家评注史记集说·项羽本纪》）

⑤【汇评】

浦起龙：沛公久搁起，斗接"沛公已破咸阳"，文势事势，俱若从天而下，羽此时十分怒，九分丧气矣。然此处固就项一边写，作压刘势。（《古文眉诠》卷十八《项羽本纪》）

⑥【汇注】

朱记荣：《艺文类聚·地部》："沛公遣将军闭函谷关，亚父至关，不得入，怒曰：'沛公欲反耶？'即令军发薪一束，欲烧关门，关门乃开。"（引自《楚汉春秋考证》）

杨树达：当阳君，英布也。据《布传》，布先从间道破关下军。（《汉书窥管》卷四《陈胜项羽传》）

【汇评】

茅　坤：沛公之闭关，岂其始不及与良本谋耶？（引自《史记评林·项羽本纪》）

⑦【汇注】

凌稚隆：按：《楚汉春秋》云："沛公西入武关，居于霸上，遣将军闭函谷关，无内项羽。项羽大将亚父至关，不得入，怒曰：'沛公欲反耶？'即令军发薪一束，欲烧关门，关门乃开。（《史记评林·项羽本纪》）

【汇评】

盛如梓：先贤云：高祖其势可以守关，不放入项王。然须放他入来者有三事：一是有未坑二十万秦子弟在外，恐内有父兄为变；二是汉王父母妻子在楚；三是有怀王。今考之史，项王坑降卒二十万于新安，之后方破关入秦。汉王已王汉中，出定三秦，至彭城之战，父母妻子方在楚，入关时尚在沛。怀王之说，亦恐未然。子婴降，诸将请诛之，沛公曰："始怀王遣我，以能宽容；且杀降不祥。"沛公重德，于怀王何有嫌

疑。项王弑义帝，汉王为发丧，告诸侯伐楚。三说甚失照管。（《庶斋老学丛谈》上）

⑧【汇注】

**冯梦龙**：戏，平声，水名也。在新丰东。（《纲鉴统一》卷六《西汉高帝元年》）

**王　恢**：戏西：《渭水注》："戏水出骊山冯公谷，东北流，又北迳丽戎城东，秦之丽邑矣。又北迳鸿门东，又北迳戏亭。苏林曰：戏，邑名，在新丰东南四十里。孟康曰：乃水名也。今戏亭是也。戏水又北分为二水，并注渭水。"据《元和志·一》戏亭在今临潼县东北三十里。（《史记本纪地理图考·项羽本纪·鸿门之宴》）

**又**：又"诸侯罢戏下"，《索隐》说"自戏下各就国"是。颜说谬。《日知录》云："注引一说云：时从项羽在戏水之上，此说为是。盖羽入咸阳，而诸侯自留戏下尔。他处固有以戏为麾者，但方罢麾下，似不成文。"姚鼐亦云："解戏方为麾，羽麾下耶？诸侯麾下耶？不辞之甚。"（《史记本纪地理图考·项羽本纪·鸿门之宴》）

⑨【汇注】

**郦道元**：霸者，水上地名也，古曰滋水矣。秦穆公霸世，更名滋水为霸水，以显霸功。水出蓝田县蓝田谷，所谓多玉者也。……霸水又左合浐水，历白鹿原东，即霸川之西，故芷阳矣。《史记》秦襄王葬芷阳者是也，谓之霸上，汉文帝葬其上，谓之霸陵。（《水经注》卷十九《渭水下》）

**魏了翁**：元年冬十月，沛公至霸上。应劭曰：霸上，地名，在长安东三十里，古曰滋水，秦穆更名霸。师古曰：霸水上，故曰霸上，即今所谓霸头。……沛公之霸上，已有秦霸城，亦名芷阳。而汉兴以后，文帝于此原始为霸陵，又有霸陵县，始又有霸桥。王莽时，霸桥灾，莽谓天绝灭霸陵之桥。凡霸上、霸西、霸北、霸南、霸东、霸城、霸陵、霸桥、霸亭皆此水。独长安东头第一门曰霸城门，曰青门者，乃汉都城门邵平种瓜处，遥指此水、此路命名。盖汉、唐自长安东出，或之函谷关，或之武关，必于霸桥分别，唐有南、北霸桥。北桥东趋则函谷路，南桥而东南趋则蓝田、武关路，霸上，即秦之霸城，东至新丰县五十里，鸿门在新丰东十九里，戏水在新丰东二十五里，此刘、项入关屯军会合之地也。（《古今考》卷五《沛公至霸上》）

**王应麟**："灞"，出蓝田谷，北入渭。在京兆府万年县东二十一里。……《郡县志》：即秦岭之下流，东南自商州、上洛县界流入，又西北流，合浐水入渭。白鹿原在万年县东二十里，亦谓之霸上。（《通鉴地理通释》卷五《十道山川考·灞》）

**毕　沅**：灞上，《雍大记》在通化门东三十里灞河西岸。汉王元年十月，沛公至灞上，子婴降。文帝六年，宗正刘礼为将军，次灞上（谨按：霸上即芷阳，亦见《水经注》）。（《关中胜迹图志》卷八《古迹·郊邑》）

⑩【汇评】

**牛运震**：按：此句点逗明白，叙次中有脉理眼目。（《空山堂史记评注》卷二《项

羽本纪》)

⑪【汇注】

董其昌：伏后按，见羽之所以怒与沛公之所以危者，祸皆自此起也。（引自《百大家评注史记·项羽本纪》）

王伯祥：司马，掌军政之官。此称左司马，当时沛公的属官应尚有右司马。曹无伤欲媚项求封，故使人进谗言于项羽。（《史记选·项羽本纪》）

⑫【汇注】

王伯祥：沛公西略时，怀王与诸将约"先入定关中者王之"。故言欲王关中。（《史记选·项羽本纪》）

【汇评】

魏了翁：沛公还军霸上，告谕秦民，谓吾当王关中，待诸侯而定约束耳。不曰待怀王之命，而曰待诸侯，其舛逆可见也。沛公初起为陈涉之县令，改事怀王，为怀王之砀郡长。武安侯攻城掠地，有军十万，以至入关，止称沛公，未尽用砀郡、武安之号，下南阳、入武关、破峣关、降子婴、入咸阳、还霸上，未闻遣一介之使以克捷之事告诸怀王而请命焉。或者君臣之间，情不相通，沛公既无使以白事于其君，怀王亦不常遣使以劳其军而赐之封，否则，沛公专制，自为加封拜爵等事，军中以便宜行其意，已不奉怀王之命久矣。此其失策一也。沛公闭关谓备他盗，实欲塞绝章邯之来，不意项羽自将，率四十万人而军戏水，亦宜遣一介之使告之项羽，谓幸先入关，已降子婴，既不敢遽自王，亦不敢掩有秦之重宝，府库一毫发无所取，以待怀王之命也。今将军存赵破秦，威震天下，其亦当有分地以王。秦地当属之谁？子婴其何以处？沛公胸中固已有一定之计，要合以审之项羽，以观其所答，而缺然不讲，此其失策二也。军事贵乎间探，明测度远，项羽之事，一切不复间探测度，其所为曹无伤也。间言既入，范增之大怒相激，项羽己饷士，欲旦日合战，而沛公不知，非项伯尝杀人，张良尝藏匿之，有此旧好，夜驰见良，良具以白，则以沛公不备之师，而当项羽卒然一击之势，存亡未可知也。此其失策三也。良引项伯同见沛公，托以婚姻，卑辞逊谢，俾伯以达之项羽，当以《高纪》与《张良传》参看，则沛公一时之惧可知矣。鸿门之会，羽固无杀沛公意，范增目羽不应，项庄入以剑舞，卒赖樊哙幸免，当以《项籍》《樊哙传》参看，则沛公一时之窘，亦可知矣。幸而沛公得多失少，其最得策者在于不杀子婴，珍宝无所取，妇女无所幸，还军灞上，秦吏民按堵如故，虽牛羊酒食无所受，不惟秦民心服之，虽顽戾如项羽亦心暗服之矣。范增不能劝项羽以行仁，不能谏项羽残虐掳掠之失，亟亟然惟以杀沛公为事，沛公何罪？纵项羽能杀沛公，天下亦非项羽之有？从入关之诸侯其心可顷刻变也。然则使当时沛公无张良以为之谋，遽然入秦宫阙，南面而王，有其珍宝，妻其妇女，如此则不必项羽可疾杀之不出于怀王之命。……沛公之不死，乃人心之所归，即天命之所佑，四百年之天下，在于入关而不自王耳，在于矫揉其贪财好色之素习，一时能自忍耳！（《古今考》卷六《项伯夜驰见沛公》）

⑬【汇注】

夏伯炎：使子婴为相：子婴投降后已被监视，并未为相。这是曹无伤的挑拨之词。（见王利器主编《史记注译·项羽本纪》）

⑭【汇评】

梁玉绳：附按：范增曰：使"沛公入关，财物无所取"。沛公谓项伯曰："吾入关，秋毫不敢有所近，籍吏民，封府库，而待将军。"樊哙谓项羽曰："沛公入咸阳，毫毛不敢有所近，封闭宫室，还军霸上。"又《高纪》谓"沛公封秦重宝财物府库"，是高祖之不取秦宝物，皆张良、樊哙一谏之力，而曹无伤"珍宝尽有之"语，徒以媚羽求封耳。但《萧相国世家》云"沛公至咸阳，诸将皆争走金帛财物之府，分之"，然则曹无伤之言未尽虚妄，谢项羽之玉璧，与亚夫之玉斗，高祖何从得之？可知非毫无所取也。（《史记志疑·项羽本纪》）

⑮【汇评】

姚苎田：特下"旦日"二字，为下二"夜"字，二"旦日"字，一"即日"字作引子。古文伏脉之法都如此。（《史记菁华录·项羽本纪》）

⑯【汇评】

姚苎田：语直捷有势，正与后"许诺"及"默然不应"对锁，作章法。（《史记菁华录·项羽本纪》）

⑰【汇注】

吕祖谦：《解题》曰：诸侯兵从项羽入关，其可见者，楚柱国共敖、赵相张耳、赵将司马卬、齐将田都、故齐王建孙田安、燕将臧荼、瑕邱公申阳、番君吴芮、魏王豹、韩王成。若秦之降卒，则司马欣将之，为向导，不在四十万之数。（《大事记解题》卷八《项籍将诸侯兵四十余万》）

⑱【汇注】

裴　骃：孟康曰："在新丰东十七里，旧大道北下阪口名也。"（《史记集解·项羽本纪》）

胡三省：新丰县本秦骊邑，高祖七年方置，史以后来县名书之。应劭曰：太上皇思东归，于是高祖改筑城市街里以象丰，徙丰民以实之，故号新丰。孟康曰：鸿门在新丰东十七里，旧大道下阪口名也。姚察云：在新丰古城东，末至戏水，道南有断原，南北洞门是也。《水经注》：今新丰古城东有阪，长二里余，堑原通道，南北洞开，有同门状，谓之鸿门。孟康言在新丰东十七里，无之；盖指县治而言，非谓城也。自新

丰古城西至霸城五十里，霸城西十里则霸水，又西二十里则长安城。（《资治通鉴》卷九"高帝元年"注）

**史念海**：《地理志》："新丰，故骊戎国；秦曰骊邑。高祖七年置。"《秦始皇纪》："十六年，魏献地于秦，秦置骊邑。"《高祖纪》："十年，更名郦邑曰新丰。"《地理志》以高帝七年始置此县，其说盖非。《清一统志》二二八："新丰故城在（西安府）临潼县东北。"《项羽纪》："项羽兵四十万在新丰鸿门。"其时无新丰之名，《纪》言误也。（《秦县考》，《禹贡》第七卷第6、7合期）

**王　恢**：新丰，《汉志》："京兆尹新丰，骊山在南，故骊戎国。秦曰骊邑。高祖七年置。（'七'应作'十'）"应劭云："太上皇思归，于是高祖改筑城寺街里以象丰，徙丰民以实之，故号新丰。"即丽邑，故城即今临潼县东北十四里新丰镇。今附近有二村，汉代堡——西堡子约四十户，汉尉堡——后堡子约百二十户，即汉高所建遗址。（《史记本纪地理图考·项羽本纪·鸿门之宴》）

**又**：又按：新丰县凡数徙：后汉灵帝末徙零水侧，遗址即晋魏之阴槃城。北周又徙天宝废县，遗址湮没，隋复徙还今之新丰镇。（同上）

**又**：鸿门，贾谊谓"楚师深入，战于鸿门"，即指"陈涉所遣周章等将西至戏"也。《渭水注》："始皇陵北对鸿门十里。"又云：渭水又东迳鸿门北，旧大道北下坂口名也。右有鸿门亭（原脱"门"字）。《郡国志》新丰县东有鸿门亭者也。郭缘生《述征记》曰：或云霸城南门曰鸿门也。按：《汉书注》鸿门在新丰东十七里，则霸上应百里。按《史记》项伯夜驰告张良，良与俱见高祖，仍使夜返，考其道里，不容得尔。今父老传在霸城南数十里（十字疑衍），于理为得。按缘生此记，虽历览《史》《汉》，述行途经见，可谓学而不思矣。今新丰县故城东三里有坂长二里余，堑原通道，南北洞开，有同门状，谓之鸿门。孟康言在新丰东十七里无之。盖指县治而言，非谓城也（按：此二句语意不明。其时新丰治阴槃城，更在临潼县东三十二里之冷水西戏水东）。自新丰故城（今新丰镇）西至霸城五十里。霸城西十里则霸水，西二十里则长安城。应劭曰："霸上地名，在长安东二十里，即霸城是也。高祖旧停军处。东去新丰既远，何由项伯夜与张良共见高祖乎？推此言之，知缘生此记乖矣。"是鸿门不在新丰东，古人已言之。准之沛公军霸上，在轵道，依霸水连营，与羽军相去为四十里，则鸿门当在新丰西南，霸城东北，临潼县南。沛公赴鸿门，当从大道——约为今陇海路，略成弧形，约为四十里。而脱身驰归，抄小路，直由骊山下出芷阳，不过二十里耳。四十里，十里，四十里，二十里，皆约为相形数字，郭《札记》所谓"以见脱身急难匆遽之情"是也。《纪要》（五三）："《道里记》：自新丰古城西至霸城五十里，又西十里则霸水。《史记》云鸿门去霸上四十里，盖约言之也。"《史记》特详鸿门与霸上相去四十里，从骊山下道芷阳间行，不过二十里，则项伯之一夜来去，沛公之逃席得归，方

合情理。(同上)

又：今临潼县东北十五里新丰镇北门，题曰"古鸿门坂"，北门外丘陵上，康熙壬午（1702）三月立"汉代名区南原鸿门楚霸王宴汉高处"；鸿门堡西门外方约五丈土堆，谓即设宴台。恐世俗附会。(同上)

[日] 泷川资言：中井积德曰：新丰亦从后言之也，当时无新丰。愚按：鸿门阪名，在临潼县东，今曰项王营。(《史记会注考证附校补·项羽本纪第七》)

⑲【汇注】

王　恢：霸上，霸水之上。沛公军霸上，盖在轵道亭，近霸桥。(《史记本纪地理图考·鸿门之宴》)

【汇评】

魏了翁：沛公之起沛中三千人，项羽之起吴中八千人。今入关沛公兵十万，号二十万，项羽兵四十万号百万。为百姓者，苟恋城市村落之居，而不从军，必遭劫掳焚掠之苦，与其老弱无力，衔冤待尽，曾不如强而壮者听吏调发，或父老发其子弟，尽以为军，则可万一临阵不死，大则享封侯割地之利，小则掳掠金帛，抄劫妇女，以苟且存全其性命，丰肥其口体。呜呼！其破坏先王之法制，而求以灭人之国家，其亦不仁甚矣。(《古今考》卷六《羽兵四十万号百万汉兵十万号二十万》)

吴见思：校兵力，是万万不敌者，正写危急。(《史记论文·项羽本纪》)

姚苎田：提清全局，与后对看，他人不解用此笔。(《史记菁华录·项羽本纪》)

牛运震："当是时，项羽兵四十万，在新丰鸿门，沛公兵十万，在霸上"：按此提掇最妙，不惟见项羽、沛公兵力不敌，要在将鸿门、霸上点次明白，正使后文照应演叙也。此史法安顿之妙。此处点项羽、沛公驻兵处，及后文点项王、项伯、亚父、沛公、张良坐次，乃太史公叙鸿门宴扼要得力处。凡弈棋者先布势子，搏拳者先安场地，皆预为安顿部位。后虽错置变化，自学了然不乱也。即此可悟太史公叙鸿门宴先点驻兵处及坐次之妙。(《空山堂史记评注》卷二《项羽本纪》)

⑳【汇注】

孙　琮：好奇计处。(《山晓阁史记选·项羽本纪》)

㉑【汇注】

施之勉：无"时"字。(《史记会注考证订补·项羽本纪第七》)

王伯祥：战国时泛称六国之地为山东，以在崤函之东，故名。此云居山东时，即指未入关前，仍旧沿用当时的惯语。(《史记选·项羽本纪》)

㉒【汇评】

姚苎田：特与曹无伤"珍宝尽有之"言不相仇，所以表出范增。(《史记菁华录·项羽本纪》)

㉓【汇评】
　　**陆唐老**：唐曰："入关，珍物无所取，妇女无所幸。"此乃高祖之创业规模也。（《陆状元通鉴》卷二十六《太祖高皇帝·自注》）

㉔【汇评】
　　**王　迈**：项羽以盖世之气，直欲摧岳岱而倾河海。然观其心度之所安，大抵知有楚而不知有天下，故其贪恋故国之荣，不啻如昼锦之快，是其志已可悲也，宜其天下不得而有也。高祖微时贪财好色之心，本锢其中。及至入秦之日，至玉帛子女，曾不以动其痼疾，是何贪于前而廉于后也。其心今日之所欲，固甚于前日之所爱者也。前日之所爱者溺焉，今而能果敢决裂以求自出焉，此其所挟持者甚大，气量甚高，志趣甚远，秦关百二之险，帝固得而隘之矣。楚众百万之强，帝固得而弱之矣，范增之徒方且刮目于其旁，其敢以平昔在山东者而藐之哉？刘项成败，吾不决于垓下之围，固已决于项羽眷恋归楚之日，高帝入关无所取之时矣。（《臞轩集》卷三《高帝论一》）
　　**姚苎田**：羽之大怒，但为其攻破咸阳，及尽有珍宝；范增之忌，自为"其志不在小"，此其相去固已远矣。叙得极明划。（《史记菁华录·项羽本纪》）
　　**程馀庆**：即此而知沛公之志，真人杰也。（《历代名家评注史记集说·项羽本纪》）

㉕【汇评】
　　**倪思撰、刘辰翁评**：或如龙如虎，或青或黄，独指为龙过失。（《班马异同评》）

㉖【汇注】
　　**胡三省**：《周礼》：眡祲氏掌十煇之法，以观妖祥，辨吉凶。即后世所谓望气者也。《晋天文志》：天子气，内赤外黄，四方所发之处当有王者。若天子欲有游往处，其地亦先发此气，或如城门隐隐在气雾中，或气象青衣人无手，在日西，或如龙马，或杂色郁郁冲天者，皆帝王之气。（《资治通鉴》卷九"高帝元年"注）
　　**马端临**：天子气：内赤外黄，四方所发之处，当有王者。若天子欲有游往处，其地亦先发此气。或如城门隐隐在气雾中，恒带杀气，森森然；或如华盖在气雾中，或气象青衣人，无手，在日西；或如龙马，或杂色，郁郁冲天者，此皆帝王气。（《文献通考》卷二八一《杂气》）

【汇评】
　　**方　回**：先儒尝谓范增愚人，既知其气为天子气，则不可击矣，而又欲击之！（《续古今考》卷六《亚父使人望沛公气皆为龙成五色》）
　　**金维宁**：范增劝项羽杀沛公，与晋末胡藩劝刘裕杀刘毅，同一意也。而一成一败，相去远甚。然羽之败，岂增谋不忠乎？苏子因其败而短增，亦过矣。然王者不死，增既望气而知之，犹欲击杀沛公，此增不免为迂愚之见也。（《垂世芳型》卷二《秦·范增》）

㉗【汇注】

郦道元：《楚汉春秋》曰："项王在鸿门，亚父曰：'吾使人望沛公，其气冲天，五色相缪，或似龙，或似云，非人臣之气，可诛之。'高祖会项羽，范增目羽，羽不应。"（《水经注》卷一九《渭水》）

倪思撰、刘辰翁评：范增语与曹无伤不同。增盖得之此。樊哙、张子房谏后所见闻，增乃知其志不在小。使羽于此有见，何至秦人一旦失望哉？曹无伤，谗语也，不足信；羽知不实，怒，亦怠增此语，故以为沛公游说耳。羽所重，乃窃在此。使人望气之谓好奇，既知其如此，又曰"急击勿失"，徒自可笑。（《班马异同评》）

凌稚隆：增既知为天子气，又云"急击勿失"，亦愚矣。（《史记评林·项羽本纪》）

李　贽：天子可杀乎？增借此以激羽，而羽不信，羽真忠厚人。（《史纲评要》卷五《汉纪》）

郭大有：范增为羽谋臣，既令人望高祖之气，皆为龙成五采，已知为天子矣，夫何劝羽急杀之，则其不智，诚可笑也。呜呼，婴母知废，陵母知兴，尚识天子于尘埃中，增反不若女子之见欤？观其谋，固虽人各为其主之意，然计不行，宜当早去，何乃栖栖眷恋而起其疑哉？徒有谋国之忠，而无见几之明，君子惜之。传曰：识时务者在俊杰。苏子以人杰称增，予恐非人杰也。（《官板评史心见》卷二《范增举玉玦者三》）

于慎行：范增，庸人也。项王入关，坑秦卒二十万，而增不谏；烧秦宫室，至火三月不灭，而增不谏。当此之时，不待角力斗兵，而楚、汉之雌雄，固已决矣，乃徒望天子气而击之，何其明于望气，而暗于察人邪？高帝曰"项王有一范增而不能用"，吾以为虽用范增，无救于亡。增庸人也。（《读史漫录》卷二）

姜宸英：若夫沛公既转战以及关中矣，此樊哙所谓劳苦而功高者。而增也于羽之焚烧咸阳，诛戮子婴，天下成败之关，其孰大于此？乃卒不闻一言以争，而惓惓于击杀沛公为事！一沛公可杀，诸侯之谋士如云，秦民之思汉日甚，增能悉制之无一反耶？亦可谓愚而拙于计矣。（《湛园集》卷四《续范增论》）

程馀庆：增岂知王者不死？既云天子气，又云急击勿失，亦愚矣。（《历代名家评注史记集说·项羽本纪》）

　　楚左尹项伯者①，项羽季父也②，素善留侯张良③。张良是时从沛公，项伯乃夜驰之沛公军④，私见张良，具告以事⑤，欲呼张良与俱去。曰："毋从俱死也⑥。"张良曰："臣为韩王送沛公⑦，沛公今事有急，亡去不义⑧，不可不语⑨。"良乃入,具告沛公。沛公大惊,曰:"为之奈何?"张良曰:"谁为大王为此计者⑩?"曰:"鲰生说我曰'距关⑪,毋内诸侯⑫,秦地可尽王也⑬'。故听之⑭。"良曰:"料大王士卒足以当项王乎⑮?"沛公默然,曰:"固不如也,且为之奈何⑯?"张良曰:"请往谓项伯,言沛公不敢背项王也⑰。"沛公曰:"君安与项伯有故?⑱"张良曰:"秦时与臣游,项伯杀人,臣活之⑲。今事有急,故幸来告良⑳。"沛公曰:"孰与君少长㉑?"良曰:"长于臣。"沛公曰:"君为我呼入,吾得兄事之㉒。"张良出㉓,要项伯㉔。项伯即入见沛公㉕。沛公奉卮酒为寿㉖,约为婚姻㉗,曰:"吾入关,秋豪不敢有所近㉘,籍吏民㉙,封府库㉚,而待将军㉛。所以遣将守关者,备他盗之出入与非常也㉜。日夜望将军至,岂敢反乎㉝!愿伯具言臣之不敢倍德也㉞。"项伯许诺㉟。谓沛公曰:"旦日不可不蚤自来谢项王㊱。"沛公曰:"诺㊲。"于是项伯复夜去。至军中,具以沛公言报项王㊳。因言曰:"沛公不先破关中,公岂敢入乎?今人有大功而击之,不义也㊴,不如因善遇之㊵。"项王许诺㊶。

① 【汇注】:
　　**司马贞**:名缠,字伯,后封射阳侯。(《史记索隐·项羽本纪》)
　　**胡三省**:楚官有左尹、右尹。(《资治通鉴》卷九"高帝元年"注)
② 【汇注】:
　　**陈　直**:项伯在同父兄弟中则为伯,在其祖兄弟则为季,故名季字伯,至今江南各地,风气犹然。(《史记新证·项羽本纪》)
　　【汇评】:
　　**茅　坤**:以下序次如描画,今梨园子弟亦本此为传记,如目睹之。(《史记钞·项羽本纪》)
　　**程馀庆**:上若必不可解矣,此乃徐徐转出项伯,用多少层折,妙!(《历代名家评注史记集说·项羽本纪》)

③【汇注】：

　　班　固：留文成侯张良，以厩将从起下邳，以韩申都下韩，入武关，设策降秦王婴，解上与项羽隙，请汉中地，常为计谋，侯，万户。（六年）正月丙午封，十六年薨。（《汉书》卷十六《功臣表》）

　　解惠全、张德萍：善：亲善。（《全译史记·项羽本纪》）

④【汇注】：

　　王　直：按：此"夜"字与后"夜"字相顾，且应"旦日"字。（见《百大家评注史记·项羽本纪》）

⑤【汇注】：

　　王伯祥：具，齐备。具告以事，即以项羽欲击沛公之事备细告知张良。（《史记选·项羽本纪》）

⑥【汇校】：

　　王念孙：项伯乃夜驰之沛公军，私见张良，具告以事，欲呼张良与俱去，曰"毋从俱死也"。念孙按：从当作徒。项伯以张良不去，则徒与沛公俱死，故曰"毋徒俱死也"。《汉书·高祖纪》作"毋特俱死"，苏林曰："特，但也。"师古曰："但，空也，空死而无成名也。""特""但""徒"一声之转，其义一也。隶书从字作"從"，形与"徒"相似，故"徒"误为"从"。（《读书杂志》二《史记第一·项羽本纪·毋从俱死》）

　　钱泰吉：《杂志》云："从当为徒。"《汉书》作"特"。苏林曰："特，但也。"特、但、徒，一声之转。（《史记校勘记》一《项羽本纪》）

　　吴汝纶：王云"从"当为"徒"。某按"从"字是。《杂志》改"从"为"徒"，谬甚。（《桐城吴先生点勘史记读本·项羽本纪》）

【汇评】：

　　姚苧田：十余字耳，叙得情事俱尽，性情态色俱现，千古奇笔。（《史记菁华录·项羽本纪》）

　　牛运震："欲呼张良与俱去。曰：'毋从俱死也。'"：写匆遽如画。（《空山堂史记评注》卷二《项羽本纪》）

　　程馀庆：天送一项伯与张良用。（《历代名家评注史记集说·项羽本纪》）

⑦【汇注】：

　　张守节：为，于伪反。（《史记正义·项羽本纪》）

⑧【汇注】：

　　姚苧田：张良开口提韩王，所谓"不义"，自指韩也。（《史记菁华录·项羽本纪》）

【汇评】：

高　嵝：亡去不义：此时良尚未为沛公臣耳，不忍负之情何如哉？（《史记钞》卷一《项羽本纪》）

⑨【汇注】：

王伯祥：不可不语，不可不告知一声。（《史记选·项羽本纪》）

【汇评】：

程馀庆：留侯此时未为沛公臣也，尚不忍负之，其于韩何如哉！（《历代名家评注史记集说》）

⑩【汇校】：

梁玉绳：张良曰："谁为大王为此计者？"按：高帝此时尚未为王，且前后俱称沛公，何忽于张良三称大王耶？《留侯世家》作"沛公"是。（《史记志疑·项羽本纪》）

【汇注】：

钱大昕：此时沛公未为汉王，盖臣下尊之之称。项羽亦未自王，故沛公呼为将军，而范增、项庄已称为君王，樊哙、张良亦称为大王，《史》亦屡书项王，皆据当时相尊之词。（《廿二史考异》卷一《史记一·项羽本纪》）

【汇评】：

凌稚隆：张良反问沛公，是其素所长。（《史记评林·项羽本纪》）

茅　坤：沛公之闭关，岂其始不及与良本谋耶？（《史记钞·项羽本纪》）

顾炎武：鸿门之会，沛公但称羽为将军，而樊哙则称大王，其时羽未王也。张良曰："谁为大王画此计者？"其时沛公亦未王也，此皆臣下尊奉之辞，史家因而书之。今百世之下，辞气宛然如见。又如黄歇上秦昭王书"先帝文王武王"，其时秦亦未帝。必以书法裁之，此不达古今者矣。（《日知录》卷二十七《史记注》）

钱谦益：危急之际，突兀谯让，归咎于设谋者。家人絮语，所谓溺人必笑也！（《牧斋初学集》卷八十三《书史记项羽高祖本纪后》）

吴见思：一边惊惶，一边埋怨，写得十分危急，其妙乃尔。（《史记论文·项羽本纪》）

姚苎田：从容得妙！（《史记菁华录·项羽本纪》）

⑪【汇注】：

裴　骃：徐广曰："鲰音士垢反，鱼名。"骃按：服虔曰"鲰音浅。鲰，小人貌也。"瓒曰"《楚汉春秋》鲰，姓也"。（《史记集解·项羽本纪》）

邓名世："鲰"，《风俗通》有人姓鲰名生。……谨按《张良传》：沛公曰"鲰生说我"云云，谓郦食其也。服虔曰：鲰生，小人。瓒曰："《楚汉春秋》，鲰，姓。"师古是服说，今从之。（《古今姓氏书辨证》卷十九《鲰》）

【汇评】：

姚苎田：急中骂语，皆极传神。（《史记菁华录·项羽本纪》）

⑫【汇注】：

王伯祥：距通拒。内，纳之本字。距关毋内诸侯，抵守函谷关勿令项羽等人入关往西来也。（《史记选·项羽本纪》）

⑬【汇注】：

吴同宝：言"可以占领整个的秦地而称王"。（《两汉文学史参考资料·项羽本纪》）

⑭【汇评】：

程馀庆：语中悔恨都有。（《历代名家评注史记集说·项羽本纪》）

⑮【汇校】：

梁玉绳：案：羽时亦未王，故沛公称羽将军，以其为诸侯上将军也。《史》乃预书为王，此下项伯曰"项王"，范增、项庄曰"君王"，张良、樊哙曰"项王""大王"，沛公曰"项王"，凡书王者三十八，似失史体。《留侯世家》《樊哙传》及《汉书》俱不言王，甚是，惟樊哙语未尽改耳。（《史记志疑·项羽本纪》）

【汇注】：

夏伯炎：当：抵挡。（见王利器主编《史记注译·项羽本纪》）

【汇评】：

孙　琮：缓得妙！所谓忙中着闲也。（《山晓阁史记选·项羽本纪》）

姚苎田：偏从容。（《史记菁华录·项羽本纪》）

⑯【汇注】：

吴国泰：为者，"于"也（为，于声同相假）。之者，"此"也。奈者，"挐"之假也。《说文》："挐，持也。"为之奈何者，言于此持何计也。（《史记解诂·项羽本纪》，载《文史》第43辑）

【汇评】：

吴见思：两"为之奈何"，写惶急之甚。（《史记论文·项羽本纪》）

姚苎田：又倔强，又急遽，传神之笔。（《史记菁华录·项羽本纪》）

牛运震："沛公大惊，曰：'为之奈何？'……沛公默然，曰：'固不如也，且为之奈何？'"：此处极得英雄仓皇之神，再叠一"为之奈何"，逼勒更紧。（《空山堂史记评注》卷二《项羽本纪》）

⑰【汇评】

姚苎田：到底从容，音节琅琅可听，只如此，妙！（《史记菁华录·项羽本纪》）

⑱【汇评】：

　　孙　琮：叙事捷甚，又细甚。写尽窘迫中敏妙。（《山晓阁史记选·项羽本纪》）

　　姚苎田：自出机警。（《史记菁华录·项羽本纪》）

　　程馀庆：此句骇、幸都有。（《历代名家评注史记集说·项羽本纪》）

⑲【汇注】：

　　司马迁：居下邳，为任侠。项伯常杀人，从良匿。（《史记·留侯世家》）

⑳【汇注】：

　　张　位：云见己昔日脱项伯之难，故项伯今日亦来脱己之难，以报己之德也。（见《百大家评注史记·项羽本纪》）

【汇评】：

钱谦益：事已亟矣，却穷究其所以告良之故。娓娓相告语，此情语也。（《牧斋初学集》卷八十三《书史记项羽高祖本纪后》）

㉑【汇注】：

　　胡三省：少，诗照翻。长，知两翻。（《资治通鉴》卷九"高帝元年"注）

【汇评】：

　　浦起龙："孰与"句，机敏过人。（《古文眉诠》卷十八《项羽本纪》）

㉒【汇注】：

　　王伯祥：兄事之，当老大哥那样待他。（《史记选·项羽本纪》）

【汇评】：

　　倪思撰、刘辰翁评：此处问答如见，备极情事。（《班马异同评》）

　　凌稚隆：董份曰：备书当时问答累数十言，而沛公窘迫之情益见。（《史记评林·项羽本纪》）

　　姚苎田：机警绝人！（《史记菁华录·项羽本纪》）

　　牛运震：叙沛公与张良问答处，顿挫起伏，有脉有势。沛公语急，张良语急迫中带舒缓之神，神吻生肖，百世下读之，如新脱于口。（《空山堂史记评注》卷二《项羽本纪》）

　　郭嵩焘：张良曰："请往谓项伯，言沛公不敢背项王也。"至"君为我呼入，吾得兄事之"。按：此等乃后世史家所应略者，史公偏于此等处委细言之，正为鸿门之会险绝、奇绝，于此为之助势，亦自喜其摹写物情曲折之工也。（《史记札记》卷一《项羽本纪》）

　　程馀庆：正急时，说闲话，非闲话也。正写其惶急之态。备书当时问答累数十言，而窘迫之情如见。（《历代名家评注史记集说·项羽本纪》）

㉓【汇评】：

　　姚苎田：以一笔夹写两人，一则窘迫绝人，一则从容自如，性情须眉，跃跃纸上，史公独绝之文，《左》《国》中无有此文字。(《史记菁华录·项羽本纪》)

㉔【汇注】：

　　朱　熹：要，音邀。要，求也。(《孟子集注·告子上》)

　　吴国泰：要，《说文》："身中也。"引申凡中遮亦曰要。《孟子·公孙丑下》"使数人要于路"亦谓中遮之也。(《史记解诂·项羽本纪》，载《文史》第43辑)

㉕【汇评】：

　　姚苎田：此等处皆特写项伯，所谓传外有传也。(《史记菁华录·项羽本纪》)

㉖【汇注】：

　　陆唐老：卮，章移反。古字作"觝"，应昭曰："饮酒器，古以角作，受四升。"(《陆状元通鉴》卷二十六《高皇帝上·自注》)

㉗【汇注】：

　　王伯祥：约为婚姻，彼此联姻，攀做儿女亲家。(《史记选·项羽本纪》)

【汇评】：

　　李　贽：好计！(《史纲评要》卷五《汉纪》)

　　钱谦益：沛公奉卮酒为寿，约为婚姻，问其少长，愿得兄事，一时无可奈何諈诿相属之意，可以想见。奉卮酒为寿，何其郑重也！(《牧斋初学集》卷八十三《书史记项羽高祖本纪后》)

　　高　嵣：极意亲附项伯，看沛公机警处。(《史记钞》卷一《项羽本纪》)

　　程馀庆：以此为赂。(《历代名家评注史记集说·项羽本纪》)

㉘【汇注】：

　　王伯祥：秋豪，兽类新秋更生之毛，喻微细。豪是毫之本字，细毛也。秋豪不敢有所近，言些微也不敢沾染。(《史记选·项羽本纪》)

㉙【汇注】：

　　陆唐老："籍"，在昔反。籍记于簿。(《陆状元通鉴》卷二十六《太祖高皇帝上·自注》)

　　程馀庆：籍，谓簿籍。(《历代名家评注史记集说·项羽本纪》)

㉚【汇注】：

　　吴同宝："封府库"，指把财物封存保管起来。(《两汉文学史参考资料·项羽本纪》)

㉛【汇评】：

　　茅　坤：所为谢项羽之言却好。(《史记钞·项羽本纪》)

㉜【汇注】：

夏伯炎：备：防备。非常：意外的事变。（见王利器主编《史记注译·项羽本纪》）

【汇评】：

陈如冈：云"非常"，谓猝然之变也。沛公此处回护亦好。（引自《百大家评注史记·项羽本纪》）

姚苎田：自解语，与曹无伤语对针；若范增之言，本非羽心，且亦无可置辨也。（《史记菁华录·项羽本纪》）

程馀庆：解得妙！情事已尽。如此立言，羽安得不信？（《历代名家评注史记集说·项羽本纪》）

㉝【汇评】：

姚苎田："反"字下得妙。明明以君待羽，以臣自待，其忌不烦解而自释矣。（《史记菁华录·项羽本纪》）

浦起龙：急遽而辩，调复响。（《古文眉诠》卷十八《项羽本纪》）

程馀庆：只一"反"字，自认罪最重，余情俱包在内。（《历代名家评注史记集说·项羽本纪》）

㉞【汇注】：

冯梦龙：具言，犹云备述。倍，背也。（《纲鉴统一》卷六《西汉高帝元年》）

【汇评】：

杨　慎：将飞者翼伏，将奋者足踞，将噬者爪缩，将文者且仆。夫惟鸿门之不争，故垓下莫能与之争。（引自《史记评林》）

孙　琮：称臣、称兄，奇窘如见。（《山晓阁史记选·项羽本纪》）

吴见思：又叮咛一句，足见其急。（《史记论文·项羽本纪》）

姚苎田：语气详慎，卑抑之至，大英雄能屈处，凡此文皆特特与项羽对看。（《史记菁华录·项羽本纪》）

浦起龙：此语危而得力，一段归束在此。（《古文眉诠》卷十八《项羽本纪》）

高　嵣：解说语急遽，而辩调亦响亮。（《史记钞》卷一《项羽本纪》）

牛运震：愿伯具言臣之不敢倍德也：此语柔宛有神，正赖此语收结得住。（《空山堂史记评注》卷二《项羽本纪》）

程馀庆：再叮咛一句，足见其急。……看英雄能屈处。（《历代名家评注史记集说·项羽本纪》）

㉟【汇评】：

蔡　昂：项伯之私约，即丁公之私释也，于汉为有恩，于楚为不忠，于法莫赦。汉王定天下，斩丁公，是矣；而封项伯，何哉！（引自《百大家评注史记·项羽本纪》）

程馀庆：项伯此时，愈难而心愈苦矣。（《历代名家评注史记集说·项羽本纪》）

㊱【汇注】：

夏伯炎：蚤：通"早"。谢：道歉。（见王利器主编《史记注译·项羽本纪》）

【汇评】：

倪思撰、刘辰翁评：项王为人不忍，于此可见。此伯之所以敢诺，增之所以不敢怒也。（《班马异同评》）

姚苎田：娓娓如闻其声。（《史记菁华录·项羽本纪》）

储　欣：旦日不可不早自来谢项王：解着妙甚！项王大怒，怒沛公之不为己下耳。一"自谢"，而项王已无恶于沛公矣。（《史记选》卷一《项羽本纪》）

㊲【汇注】：

刘　因："唯"恭于"诺"，何也？曰：各有所施也。呼之则其音必内，故"唯"以趋赴之，若取物而奉之也。命之则其声必外，故"诺"以承受之，若与物而受之也。（见《文章辩体汇选》卷四二八《唯诺说》）

【汇评】：

程馀庆：好胆！（《历代名家评注史记集说·项羽本纪》）

㊳【汇校】：

牛运震：按：《高祖本纪》，初称高祖为沛公，封汉王则称汉王，即皇帝位乃称高祖，或称皇帝，或称上。后世作史者，遇创业之帝渐次称尊即真者，称谓多依此例。今项王即用本纪体，应于自立为西楚霸王后乃称项王，其叙鸿门事即称项王者，误也。（《读史纠谬》卷一《项羽本纪》）

【汇注】：

顾宪成：云将沛公之言一一详述之也，故曰"具……报"。下"因言"者，则项伯以己意自言之也。（见《百大家评注史记·项羽本纪》）

【汇评】：

孙　琮：要处省，俱妙！（《山晓阁史记选·项羽本纪》）

梁玉绳：按：项伯之招子房，非奉羽之命也，何以言报？且私良会沛，伯负漏师之重罪，尚敢告羽乎？使羽诘曰"公安与沛公语"，则伯将奚对。《史》果可尽信哉！（《史记志疑·项羽本纪》）

㊴【汇评】：

程馀庆：说来亦自词严义正。（《历代名家评注史记集说·项羽本纪》）

㊵【汇注】：

王伯祥：善遇之，犹言客客气气待他。（《史记选·项羽本纪》）

【汇评】：

孙　琮："因"字，妙于为言。（《山晓阁史记选·项羽本纪》）

姚苎田：兄弟之益如此。所以谓沛公之机警，并非子房所及。（《史记菁华录·项羽本纪》）

程馀庆：妙于为言，在一"因"字。（《历代名家评注史记集说·项羽本纪》）

㊶【汇评】：

张　位：项王为人不忍，故闻其言而遂许之也。（引自《百大家评注史记·项羽本纪》）

邵泰衢：夜驰夜去，军事密且严也，私良、会沛，漏师，负重罪也，犹敢以告项王乎？使项王曰"而何得见沛公？"伯敢曰"余私良"乎？《高纪》又云"以文喻项羽，羽乃止"，此又项伯以沛公言告项王，何也？虽古者军有可入之理，华元登子反之床，高祖晨驰入赵壁之类是也，然非所论于项伯也。（《史记疑问》卷上）

姚苎田：直性。（《史记菁华录·项羽本纪》）

浦起龙：叙项氏漏机，刘氏计欸，其事急切，其笔细曲。（《古文眉诠》卷十八《项羽本纪》）

刘　沅：沛公不量力，欲拒项羽，非项伯则为羽虏矣。羽不听范增，其容人有足录者。（《史存》卷六《楚汉纪》）

程金造：先叙羽入函谷，闻沛公先入咸阳，自料刘邦已据秦财货，故大怒。行至戏西，又得曹无伤以沛公尽有秦氏珍宝之说，就怒上加怒，决心明日要击破沛公军。凡此诸事，太史公意在著出项羽所志，只是自私自利之财货富贵，全无一点为天下苍生吊民伐罪之意。所以一听项伯说沛公封府库，财物无所近之言，便把一时要击破沛公之怒潮，就立即化为相见善待之意。太史公此又一露其性行志趣。（《史记管窥·司马迁著项羽入本纪之本意》）

沛公旦日从百余骑来见项王①，至鸿门②，谢曰③："臣与将军戮力而攻秦④，将军战河北，臣战河南⑤，然不自意能先入关破秦⑥，得复见将军于此⑦。今者有小人之言⑧，令将军与臣有郤⑨。"项王曰："此沛公左司马曹无伤言之⑩；不然，籍何以至此⑪。"项王即日因留沛公与饮⑫。项王、项伯东向坐⑬，亚父南向坐⑭。亚父者，范增也⑮。沛公北向坐⑯，张良西向侍⑰。范增数目项王⑱，举所佩玉玦以示之者三⑲，项王默然不应⑳。范增起，出召项庄㉑，谓曰："君王为人不忍㉒，若入前为寿㉓，寿毕，请以剑舞。因击沛公于坐，杀之㉔。不者㉕，若属皆且为所虏㉖。"庄则入为寿㉗。寿毕，曰："君王与沛公饮，军中无以为乐㉘，请以剑舞。"项王曰："诺。"项庄拔剑起舞，项伯亦拔剑起舞㉙，常以身翼蔽沛公㉚，庄不得击㉛。于是张良至军门，见樊哙㉜。樊哙曰："今日之事何如㉝？"良曰："甚急㉞。今者项庄拔剑舞，其意常在沛公也㉟。"哙曰："此迫矣㊱，臣请入，与之同命㊲。"哙即带剑拥盾入军门㊳。交戟之卫士欲止不内㊴，樊哙侧其盾以撞㊵，卫士仆地㊶，哙遂入㊷，披帷西向立㊸，瞋目视项王㊹，头发上指，目眦尽裂㊺。项王按剑而跽曰㊻："客何为者㊼？"张良曰："沛公之参乘樊哙者也㊽。"项王曰："壮士㊾，赐之卮酒㊿。"则与斗卮酒㉛。哙拜谢，起，立而饮之。项王曰："赐之彘肩㉜。"则与一生彘肩㉝。樊哙覆其盾于地㉞，加彘肩上㉟，拔剑切而啖之㊱。项王曰："壮士㊲，能复饮乎？"樊哙曰㊳："臣死且不避，卮酒安足辞㊴！夫秦王有虎狼之心㊵，杀人如不能举㊶，刑人如不恐胜㊷，天下皆叛之㊸。怀王与诸将约曰：'先破秦入咸阳者王之㊹。'今沛公先破秦入咸阳，豪毛不敢有所近㊺，封闭宫室，还军霸上㊻，以待大王来㊼。故遣将守关者，备他盗出入与非常也㊽。劳苦而功高如此㊾，未有封侯之赏㊿，而听细说㉛，欲诛有功之人。此亡秦之续耳㉜，窃为大王不取也㉝。"项王未有以应㉞，曰："坐㉟。"樊哙从良坐㊱。坐须臾，沛公起如厕㊲，因招樊哙出㊳。

① 【汇注】：

**杨家骆**：从百余骑：犹言"带着一百多骑兵"。（《史记今释》）

【汇评】：

孙 琮：屡醒"夜"字、"旦日"字，见沛公不敢后。（《山晓阁史记选·项羽本纪》）

姚苎田：此下一段，千古处危难现成榜样，未可以文字视之。（《史记菁华录·项羽本纪》）

程馀庆：沛公敢于见羽者，以项伯为之先容；且知羽之性直而不诈，虽轻身一往，实筹画素定也。（《历代名家评注史记集说·项羽本纪》）

② 【汇注】：

乐 史：鸿门坂，《续汉书》沛公见项羽处，在县东一十七里旧大道北坂口。按《关中记》，鸿门在始皇陵北十里。（《太平寰宇记》卷二七《关西道三·昭应县》）

【汇评】：

范光宙：帝先入关，羽攻破函谷，军戏下，期旦日击沛公军。而亚父又激羽以龙虎成五采之说，势汹汹欲去之矣。乃帝惶恐，以不赀之身，犯楚人之锋，此无异以珠弹雀也。人谓帝谢羽鸿门，亦郑伯肉袒迎楚庄、勾践身请臣之意。君子曰：否。理以直壮。夹谷之会，齐兵辟易，以直壮也。帝以怀王约，先入关，宜王而不王，籍吏民，封府库而待，直在汉也。羽矫而杀卿子冠军以北，又矫而劫诸侯兵以西，其入秦破函谷，曲在楚也。羽虽暴，岂不辨曲直哉？卒之一见而怒消。即示之玦，蹴之剑，终不及者，非其力能胜羽也，其直而壮者固在也。余故以楚汉之雌雄，不在垓下，而在鸿门。（《史评》卷三《高帝·鸿门》）

又：项强帝弱，所不忿者，帝先入关耳。故鸿门一谢，只在平其忿气。且以张良之智，樊哙之勇，二人胆略，俱从忠孝天性中出。项虽强，岂能刭刃于帝乎？（同上）

唐顺之：高帝，汉之英主也。其始也，以怀王命入关，闭关而守之以拒项羽，羽怒，欲击汉帝，用留侯计，谢羽于鸿门以免。君子曰：此一时之幸，非万全之谋也。当是时，帝自度士卒与籍孰强？军法与籍孰练？喑哑叱咤之威与籍孰胜？籍之死命，吾能制之否耶？能制籍之死命也，守关之计可行也；其不能也，虽金城千里，彼且环而攻之，败可俟也，守之何为者？噫，计亦左矣。不度德，不量力，以犯楚人之锋，而徼倖于鸿门之谢，天也，非人也，不可必也。……吾就其时观之，帝之不可必者三：暴如项羽，能必其不我戮乎？亲如项伯，能必其无怀二心乎？亚父之算无遗策，能必其不见信乎？有一于此，帝其殆矣。……志有之："见可而进，知难而退。"进不失利，退不失时，先王制敌之远猷也。九州之大，城郭沟池之固，苟可以图王图伯者，岂必三秦？枢机在我，天下皆可也。帝之初入关也，其势诚不足以抗羽，曷若且捐关中以与之，僻处一隅，养威蓄锐，先为不可胜以观天下之变；彼喑哑叱咤之徒，必非久在人上者，一举而毙之，大业可定也，胡为乎汲汲于守关以犯项氏之怒，而徼倖于鸿门之谢也。呜呼,此萧何劝王巴蜀之意也。惜也帝既失之于鸿门未谢之前,何乃言之于鸿门既谢之后。辨之不早,是故履危蹈险,颠跌撼顿,出万死一生之计,而幸免于祸。卒之楚侯亡,炎祚兴,兴亡之关大矣。故曰天也,非人也,不可必也。呜呼!此可与智者道也。(引自《古今人物论》卷六《谢羽鸿门》)

  **宋存标**:鸿门之会,项王视沛公如笼鸟釜鱼,杀之,何奇捶死。虎唊困龙,项王不为,其意只欲沛公一谢耳。沛公不脱亭长本色,露出无限惆怅,欲不谢不可,谢又不可。其可与为心腹者,止一椒房之樊哙,孤而无与谋也。然沛公属有天幸,留侯欲报韩者报沛公,项伯欲以报良者报沛公。两人俱非沛公真相知,而俱藉沛公以自行其德怨。盖项王留饮,气已平,恨已释,项庄拔剑,范增举佩,俱是不谙世故人,多此一番稠杂,所以激出樊哙带剑拥盾,做出许多模样。樊将军起家屠沽,斗酒生彘,仍以屠沽畜之。观项王赐酒赐肉,安顿得何等体面。两言消释,两人即沉醉可也。沛公自仓皇无主,起而如厕耳。总之,沛公是无情木偶,线索听人操纵;项王是慈悲英雄,生杀任吾倒置;张子房是识时务俊杰,眉亦能语,肉亦能飞;亚父是极无用腐儒,有气无志,有口无舌,拔剑撞斗,分明是童稚所为,非真有折冲之奇也。或谓项羽之败,全是用范增,诚有见于增之无奇耳。(《秋士史疑》卷四《鸿门会》)

  **徐乾学**:司马迁《项羽本纪》载起兵时及鸿门事,千载以下,历历如见。班固多从裁省,似少脱略矣。(引自《皇朝文颖》卷二二《班马异同辨》)

③【汇注】

  **储 欣**:"谢曰":情软语。(《史记选》卷一《项羽本纪》)

④【汇注】:

  **程馀庆**:戮力,并力也。(《历代名家评注史记集说·项羽本纪》)

【汇评】:

  **姚苎田**:一合说来,异为同,妙!(《史记菁华录·项羽本纪》)

⑤【汇注】:

  **王伯祥**:河北、河南皆泛称。战河北,与前"渡河"及"河北之军"相应。战河南则补出刘邦一边,西行略地入秦之事。(《史记选·项羽本纪》)

  **编者按**:钱伯城在《史记纪传选译》上《项羽本纪》中以为"河北",指黄河以北地方。

⑥【汇注】:

  **王伯祥**:不自意,自己没有料到。(《史记选·项羽本纪》)

【汇评】:

  **倪思撰、刘辰翁评**:"然不自意能",甚善,于此有力。(《班马异同评》)

⑦【汇评】：

茅　坤：破羽所忌。（《史记钞·项羽本纪》）

牛运震："然不自意能先入关破秦，得复见将军于此"：此句妙在拗折而拙钝，含蓄推让，正自无尽。（《空山堂史记评注》卷二《项羽本纪》）

姚苎田：语意蔼然，真辞令妙品。（《史记菁华录·项羽本纪》）

程馀庆：谢羽辞气只合如此，却妙在入关秋毫无所犯等语，先向项伯讲明，传意项王，后又留于樊哙代为说透，此处全然不露。盖谢羽只在平其气耳，不必与论事理也。（《历代名人评注史记集说·项羽本纪》）

⑧【汇评】：

姚苎田：轻带，浑得好！（《史记菁华录·项羽本纪》）

⑨【汇评】：

吴见思：一件惊天动地事，数语说得雪淡，若无意于此者。故项羽死心塌地曰："籍何以至此也！"辞令之妙。（《史记论文·项羽本纪》）

牛运震："今者有小人之言，令将军与臣有郤"：此二句，妙在与上语脉若断若续，绝似慑下辞气；尤妙在斩然而止，言下不更添一字。（《空山堂史记评注》卷二《项羽本纪》）

吕思勉：楚、汉间事，多出传言，颇类平话，诚不可信。然所传情节可笑者，未必其事遂不实。如《史记》述沛公至鸿门见项王之事，其恢诡何以异于《三国演义》？然谓是时，沛公与项王不相猜疑，得乎？（《论学集林·项羽将才》）

⑩【汇评】：

李　贽：大老实！（《史纲评要》卷五《汉纪》）

姚苎田：脱口便尽画出直爽来。（《史记菁华录·项羽本纪》）

高　嵣：足见粗直。（《史记钞》卷一《项羽本纪》）

唐德宜：应前，是直性人。（《古文翼》卷四《项羽本纪》）

⑪【汇校】：

吴汝纶：梅伯言云"当依别本作'生此'"。某按：《汉书》"至"作"生"，《史记》中统刻本亦作"生"。（《桐城吴先生点勘史记读本·项羽本纪》）

【汇注】：

萧良有：言是尔自家手下人说起这一场是非耳，不然，我何以能与尔有隙乎！（引自《百大家评注史记·项羽本纪》）

【汇评】：

浦起龙：好人！（《古文眉诠》卷十八《项羽本纪》）

程馀庆：好直截人！然是"今者有小人之言"一语括出。句中有神气，写出喑哑。

（《历代名家评注史记集说·项羽本纪》）

刘咸炘："籍何以至此"：王氏引梅曾亮说，谓"至"字当从毛本作"生"，"生"字可味也。"生"字无义，史公不作此艰异字，桐城文家好为玄怪之论，不可从。（《太史公书知意·项羽本纪》）

王伯祥：何以至此一语，状项羽之直率。（《史记选·项羽本纪》）

⑫【汇评】：

范光宙：人谓戏下之会，羽终不以范增之玦，项庄之剑，推刃于沛公为失策。余以羽非失策也，为沛公无可杀之道也。沛公之将兵而西也，怀王及诸将，所并推为长者而将也；非若羽专辄自将而往者也。兵至霸上，降子婴，握皇帝玺，宜即王秦而不王，籍吏民，封府库，以待羽，羽至而又卑躬折节，谢羽鸿门，羽虽暴，何得击之坐乎？至于沛公不能释羽垓下，非诚杀所忌也，亦羽有可杀也。亡论羽十罪，即怀王，羽故北面事之者，乃矫命而杀王之将，都彭城而夺王之地，已阳帝之而又阴使使杀之，卒之缟素之师，得藉口以为义兵，是羽蹶于垓下，羽自蹶之也。盖失道也。余故以戏下之会，刘项之是非辨，而其成败亦决云。（《史评》卷二《项羽·释沛公》）

全天叙：项王为人不忍，于此可见。此项伯之所以敢诺，范增之所以不敢怒也。（引自《百大家评注史记·项羽本纪》）

浦起龙：人颇疑"旦日，早自来谢"一语甚危，然羽暴猛而直率，固在刘笼络中，刘正赖此一会耳。（《古文眉诠》卷十八《项羽本纪》）

牛运震："旦日飨士卒，为击破沛公军。……项伯乃夜驰之沛公军。……旦日不可不早自来谢项王。……项伯复夜去。……沛公旦日从百余骑来见项王，……项王即日因留沛公与饮"：按此点次时日，缨带照顾，历历如画。（《空山堂史记评注》卷二《项羽本纪》）

编者按：据郭沫若《郭沫若全集·考古编》第十卷《洛阳汉墓壁画试探》一文中记载：1957年在洛阳市老城西北发掘了一群古墓，凡180余座，其中一座汉墓有"鸿门宴"壁画：席地而坐，相向对饮者为项羽与刘邦，较肥壮者当为项羽，较文雅者当为刘邦。立刘邦之侧者为项伯，即有意掩护刘邦者。拱手而侍，一为张良，一为范增。张良，司马迁称"其相貌如妇人女子"，画中似女子而衣佩剑者是也。有髭而怒目者为范增。貌最狞猛，执剑欲刺则为项庄，是范增叫他在席前以舞剑为名，准备刺杀刘邦的。从此介绍中可知登场人物，是历史的再现，且都形神兼备，各具特色。墓属西汉末年元、成之间，国势凌夷，世风日下。郭沫若评之曰："鸿门宴写的是汉家的祖宗刘邦，有追怀先烈之意，似乎希望刘家的子孙能如刘邦那样豁达大度，不畏艰险，也希望刘家的子孙不要像项羽那样有勇无谋，粗暴误事。"这是欲以古为镜，激励来者。

⑬ 【汇注】：

**黄淳耀**：鸿门之会，项王、项伯东向坐，亚父南向坐，沛公北向坐，张良西向侍。按古人尚右，故宗庙之制皆南向，而庙主则东向。主宾之礼亦然，《仪礼·乡饮酒礼篇》宾复位当西序东面是也。……皆以东为尊。然则鸿门坐次，首项王、项伯，次亚父，次沛公也。（《陶庵全集》卷四《史记评论·项羽本纪》）

**赵　翼**：尚左尚右，诸家之说纷纷。……《史记》鸿门之宴，项王东向坐，韩信得广武君，东向而师尊之，则秦时亦尚右。汉承秦制，亦以右为尊。（《陔余丛考》卷二十一《尚左尚右》）

**编者按**：清初著名学者顾炎武在《日知录》卷二十八专题考证"东向坐"的问题，强调指出："古人之坐，以东向为尊。故宗庙之祭，太祖之位东向；即交际之礼，亦宾东向，而主人西向。"他还列举大量典籍以明之，如"《新序》，楚昭奚恤为东面之坛一，秦使者至，昭奚恤曰'君，客也，请就上位'是也。《史记·赵奢传》言括东向而朝军吏；《田单传》言'引卒东向坐，师事之'；《淮阴侯传》言'得广武君，东向坐，西向对，师事之'；《王陵传》言'项王东向坐陵母'；《周勃传》言'每召诸生说士东向坐，责之趣为我语'；《田蚡传》言'召客饮，坐其兄盖侯南向，自坐东向，以为汉相尊，不可以兄故私挠'；《南越传》言'王太后置酒，汉使者皆东向'；《汉书·盖宽饶传》言'许伯请之乃往，从西阶上，东向特坐'；《楼护传》言'王邑父事护，时请召宾客，邑居樽下，称贱子上寿。坐者百数，皆离席伏，护独东向正坐。字谓邑曰：公子贵如何？'《后汉书·邓禹传》言'显宗即位，以禹先帝元功，拜为太傅。进见东向'。《桓荣传》言'乘舆尝幸太常府，令荣坐东面，天子亲自执业'。此皆东向之见于史者。《曲礼》，'主人就东阶，客就西阶。自西阶而升，故东向；自东阶而升，故西向。而南向特其旁位，如庙中之昭，故田蚡以处盖侯也'"。《日知录》中另有其他例证，独未论及《项羽本纪》中鸿门宴"项王、项伯东向坐"，而置刘邦于南向坐的问题。这种坐次安排，项羽已是自我尊大，将刘邦置于臣属之列了。

【汇评】：

**牛运震**：是时东向为尊，见项王自大。（《史记论文·项羽本纪》）

⑭ 【汇注】：

**裴　骃**：如淳曰："亚，次也。尊敬之次父，犹管仲为仲父。"（《史记集解·项羽本纪》）

⑮ 【汇注】：

**卢文弨**：亚父范增，如淳曰：亚，次也，尊敬之次父，犹管仲为仲父。刘攽曰："管仲自字仲父耳；亚父亦甫音也。言敬之次父，是妄说。"余按：后汉郅恽云："未闻师相仲父而可为吏位也。以仲父配师相，其不以为字可知。"《颜氏家训》云："甫者，男子之美称，古书多假借为父字，北人遂无一人呼为甫者，亦所未喻。唯管仲、范增之号须依字读耳。"此可见亚父非甫音也。古天子称同姓诸侯曰伯父、叔父，诸侯于其臣若郑厉公之称原繁，鲁隐公之称臧僖伯，亦如此。汉天子亦有以父老称其臣民者。《记》曰：敬老为其近于父也，养三老之礼，天子亲执子道，故董钧谓三老不当答子拜，朝廷从之。后世目不见此等行事，耳不闻此等议论，无惑乎并以为妄说也。（《仪礼注疏详校·附录三读史札记·高帝纪》）

【汇评】：

钱谦益：亚父之下，独云"亚父者，范增也"。于此宴一坐中点出眼目，所谓国有人焉者也。（《牧斋初学集》卷八十三《书史记项羽高祖本纪后》）

孙　琮：提出姓名，见其有识，亦是文章点睛处。（《山晓阁史记选·项羽本纪》）

吴见思：从未有亚父字，故注一笔，然亦变法。（《史记论文·项羽本纪》）

姚苎田：无端将坐次描出，次用"亚父"二字，一唤，摇摆出"范增也"三字来，便将当日沛公、张良之刺心刺目神情，一齐托出纸上，史公冥心独造之文也。（《史记菁华录·项羽本纪》）

高　嵣：注一语，出色。（《史记钞》卷一《项羽本纪》）

⑯【汇评】：

阎若璩：《项羽本纪》项王、项伯东向坐，亚父南向坐，沛公北向坐，详叙各坐次，不是闲话，总为下文项庄欲击沛公于坐，项伯以身翼蔽沛公两剑舞地耳。使沛公项王并坐，便有投鼠忌器之事，不得击杀之。（《潜邱札礼》卷一）

⑰【汇注】：

阎若璩："张良西向侍"，非立也，仍是坐。不言坐者，承上文，此有二证：一、"项王未有以应，曰'坐'"。二、《樊哙传》"时独沛公与张良得入坐"，是也。（《潜邱札记》卷一）

【汇评】：

倪思撰、刘辰翁评：叙楚汉会鸿门事，历历如目睹，无毫发渗漉。非十分笔力，摩写不出。（《班马异同评》）

程馀庆：侍，亦坐也。下"哙从良坐"可见。盖项王上坐，沛公客，居右，亚父陪，居左。此时尚有右也。张良侍，朝上。四面楚楚，详悉如画。（《历代名家评注史记集说·项羽本纪》）

⑱【汇注】：

王伯祥：目，动词，视也。数目，屡视。数目项王，即频频向项王丢眼色。（《史记选·项羽本纪》）

【汇评】：

孙　琮：好奇计处。（《山晓阁史记选·项羽本纪》）

⑲【汇注】：

荀　卿：绝人以玦。（《荀子·大略》）

胡三省：玦如环而有缺。增举以示羽，盖欲其决意杀沛公也。（《资治通鉴》卷九"高帝元年"注）

【汇评】：

魏了翁：《荀子》曰：绝人以玦，反绝以环。范宁释《谷梁》亦曰："君赐之环则还，赐之玦则往。"环与玦皆以玉为之，岂古之制特为是玉环玉玦以为还人、绝人之所用欤？……范增鸿门之会，拔剑撞玉斗，即所佩剑耳，其又佩玉玦，必不全有古之玉佩珩璜琚瑀也，以此玦为宝而腰之，故三举以示项羽，欲其决也，欲其杀沛公而嗔其不勇也。（《古今考》卷六《范增玉玦》）

湛若水：沛公会羽于鸿门，范增欲击沛公而杀之，后之儒者以是病增曰：必杀其所忌，安知祸将不出于其所不足忌者，夫当是之时，与项羽争衡于天下者，非沛公乎？楚汉不可以两立，楚不灭汉，汉必灭楚，如两虎相遇，其不可以俱生亦明矣。夫兵，利器也，有相胜之道，有克敌之势，故不克敌者不足以为兵，不相胜者不足以为敌。今不加于所敌，不胜于所忌，而欲求王，得乎？然则增之欲击沛公，当欤？曰：非也。然则后儒之病增者当欤？曰：非也。其病增者是也；其所以病增者非也。沛公会羽于鸿门，羽许与沛公成而盟矣。《春秋》讥要盟，恶劫盟。要盟，不义也；劫盟，亦不义也。是时羽与沛公酣卮酒为好而击之，非劫盟而何？夫不义莫大于劫盟，劫盟而负不义于天下，将何以自立乎？夫霸者犹将假仁义而为之，绝仁与义，吾未见其能霸也。夫其弑义帝，杀卿子，戮子婴，增不能谏，犹将助暴焉，使项王不得有天下也。后之君子，当以此病增。（见《古今人物论》卷六《范增》）

⑳【汇评】：

萧　震：鸿门之役，楚杀沛公如几上肉耳。项王卒不听范增之言，虽帝王不死，自有定数，然英雄气谊，足以流芳千古。君子不以成败论也。（见《昭代丛书》辛集卷五《史略》）

陈玉璂：汉高帝言"项羽有一范增不能用，卒为吾禽"，论者以不用范增为羽罪，自吾观之，羽何尝不用增哉？其不用者，惟于鸿门不听增杀沛公耳。吾不知增之欲杀沛公以何名也？沛公之言诸项伯曰："吾入关秋毫无所犯，籍吏民，封府库，还军霸上而待将军。守关者备他盗耳。"此非妄词耳。项伯谓羽："人有功而击之，不义，不如因善遇之。"此非不忠于羽也。夫沛公何罪？于羽何仇？既无夫差、勾践之衅，又无纤毫疑似之罪，以致诸侯之讨。羽初入关，而即劝其诛首功之人，其诛无名，将何以服

诸侯而为之盟主？羽不听是也。（见《史论正鹄》三集卷五《范增论》）

**邵泰衢**：不应者，有所思也。羽非不欲杀沛公也，杀之无名耳。吾知范增召庄，羽未尝不心许也。（《史记疑问》卷上）

**牛运震**："范增数目项王……项王默然不应"：按此数句，白描得神。（《空山堂史记评注》卷二《项羽本纪》）

㉑【汇注】：

**张守节**：项羽从弟。（《史记正义·项羽本纪》）

㉒【汇评】：

**倪思撰、刘辰翁评**：项王为人不忍，于此可见。此伯之所以敢诺，增之所以不敢怒也。（《班马异同评》卷一《项籍》）

**钱锺书**："范增起，出，召项庄谓曰：'君王为人不忍。'"按：《高祖本纪》王陵曰"陛下慢而侮人，项羽仁而爱人……妒贤疾能，有功者害之，贤者疑之"；《陈相国世家》陈平曰"项王为人恭敬爱人，士之廉节好礼者多归之；至于立功爵邑重之，士亦以此不附"；《淮阴侯列传》韩信曰："请言项王之为人也。项王喑噁叱咤，千人皆废；然不能任属贤将，此特匹夫之勇耳。项王见人恭敬慈爱，言语呕呕，人有疾病，涕泣分食饮；至使人有功，当封爵者，印刓敝，忍不能予，此所谓妇人之仁也。"《项羽本纪》历记羽拔襄城皆坑之；坑秦卒二十余万人，引兵西屠咸阳；《高祖本纪》："怀王诸老将皆曰：'项羽为人僄悍猾贼，诸所过无不残灭。'"《高祖本纪》于刘邦隆准龙颜等形貌外，并言其心性："仁而爱人，喜施，意豁如也，常有大度。"《项羽本纪》仅曰："长八尺余，力能扛鼎，才气过人。"至其性情气质，都未直叙，当从范增等语中得之。"言语呕呕"与"喑噁叱咤"，"恭敬慈爱"与"僄悍猾贼"，"爱人礼士"与"妒贤嫉能"，"妇人之仁"与"屠坑残灭"，"分食推饮"与"刓印不予"，皆若相反相违；而既具在羽一个之身，有似两手分书、一喉异曲，则又莫不同条共贯，科以心学性理，犁然有当。《史记》写人物性格，无复综如此者。谈士每以"虞兮"之歌，谓羽风云之气而兼儿女之情，尚粗浅乎言之也。（《管锥编》第一册）

㉓【汇评】：

**姚苎田**：写定计，明划。（《史记菁华录·项羽本纪》）

㉔【汇评】：

**江　贽**：止斋陈氏曰：昔邓侯不杀楚文王而楚卒灭邓，楚子不杀晋文公而晋卒败楚，项籍不杀高帝而汉卒诛项，志士至今惜之。呜呼，必杀其所忌而以得国，则安知天下之祸将不出于其所不足忌者哉？夫变之来也无常，而英雄豪杰其伏也无尽。变之来也无常，则不可以逆定。英雄豪杰其伏也无尽，则必有出于意料之所不及，是故详于禁者有法外之遗奸，工于谋者有术中之隐祸。……彼范增者滋羽之暴，徒欲毙汉

于一击，吾恐沛公虽死，而天下之为沛公者，可得而尽杀耶？（《少微通鉴节要》卷四《汉纪·太祖高皇帝上》）

**王夫之**：项羽杀宋义，更始杀伯升，皆终于败，其辙一也。然则令项羽杀汉王于鸿门，犯天下之忌，愈不能以久延，而昧者犹称范增为奇计，鄙夫之陋，恶足以知成败之大纲哉？（《读通鉴论》卷二十）

㉕【汇注】：

**夏伯炎**：不者：不然的话。不，同"否"。（见王利器主编《史记注译·项羽本纪》）

㉖【汇注】：

**冯梦祯**：云范增见项王不从己言，故复使项庄借起舞以杀之也。（引自《百大家评注史记·项羽本纪》）

【汇评】：

**姚苧田**：是激庄语，非正意。（《史记菁华录·项羽本纪》）

**程馀庆**：是激庄语，言之动听。（《历代名家评注史记集说·项羽本纪》）

㉗【汇评】：

**吴见思**：庄则入为寿：则字写得快捷。（《史记论文·项羽本纪》）

**姚苧田**："则"字娟峭。（《史记菁华录·项羽本纪》）

㉘【汇注】：

**胡三省**：乐，音洛。（《资治通鉴》卷九"高帝元年"注）

㉙【汇评】：

**姚苧田**：疾甚，沛公何以得此，岂非天乎！（《史记菁华录·项羽本纪》）

**高　嵣**：对舞乃属一边人，天使项伯然耶？（《史记钞》卷一《项羽本纪》）

㉚【汇注】：

**杨家骆**：翼蔽：掩护。（《史记今释》）

【汇评】

**刘子翚**：项王非独失诸侯也，鸿门舞剑，项伯自蔽沛公，此所谓多助之至，天下顺之，寡助之至，亲戚叛之也。（《屏山集》卷三《汉书杂论》上）

**方　回**：或问戏西鸿门，范增劝项羽击杀沛公，项伯止之，当是时，沛公可杀乎？曰：不可也。沛公入关，有大功，府库、珍宝、妇女、牛酒，一无所取，无罪有大功。无罪而又有功，当王关中之约，羽于此时杀之，天下诸侯亦得而屠羽之族矣。范增之计未为得，项伯之见未为失也。（《续古今考》卷九《汉王欲攻羽丞相萧何谏乃止》）

**吴崇节**：按：高帝此会，亦甚危矣，倘非项伯身蔽，其不为几上肉者几希。窃怪项伯，羽季父也，而乃惓惓为高帝者何耶？得非喑哑叱咤之羽，虽亲戚亦将离心，而宽仁大度如汉高，一奉卮酒之欢，婚姻之许，自有系恋而不忍加害者乎？此可以见人心之去暴归仁，而楚、汉兴亡决矣。（《古史要评》卷一《鸿门舞剑》）

**刘鸿翔**：羽之怒，激于曹无伤，而伯止之，急击之谏，进于亚父，而伯沮之。项庄肆舞剑之虐，而伯蔽之。是何德于汉，而背乎羽也？且伯，羽之季父也，亲也；沛公，与羽为敌也，仇也。翌其所亲，违其所仇，人情也。何伯不然也？不得而知也。天也！（《旦日不可不早谢论》，引自《历代史事论海》卷九）

㉛【汇注】：

**杜　佑**：《公莫舞》，即《巾舞》也。相传云，项庄剑舞，项伯以袖隔之，使不得害高帝，且语庄云"公莫"，古人相呼曰"公"，言公莫害汉王也。后之用巾，盖象项伯衣袖之遗式。按《琴操》又有《公莫渡河曲》，然则其声从来已久，俗云项伯，非也。（《通典》卷一四五《乐五·乐舞曲》）

【汇评】：

**姚苎田**：高祖定天下，诛丁公而侯项伯，此中实有不可一例论者。先辈或以此为比例，非也。（《史记菁华录·项羽本纪》）

**程馀庆**：曹无伤私楚，项伯私汉，两相当矣。而曹卒无补于楚，伯则大有裨于汉。天耶？人耶？（《历代名家评注史记集说·项羽本纪》）

㉜【汇注】：

**班　固**：舞阳武侯樊哙，以舍人起沛，从至霸上，为侯。以郎入汉，定三秦，为将军，击项籍，再益封。从破燕，执韩信，侯，五千户。（六年）正月丙午封，十三年薨。（《汉书》卷十六《功臣表》）

**马维铭**：樊哙，沛人也。以屠狗为事，后与高祖俱隐于芒砀山泽间。陈胜初起，萧何、曹参使哙求迎高祖，立为沛公。哙以舍人从攻胡陵、方与，还，守丰，击泗水，监丰下，破之。项羽在戏下，欲攻沛公，公从百余骑，因项伯而见羽谢，无有闭关事。羽既飨军士，中酒，亚父谋欲杀沛公，哙直撞入，立帐下，具道先入咸阳之故，羽壮其言，为之默然。沛公起入厕，麾哙去。既出，沛公留张良说羽，遂无诛沛公之心，是日，微樊哙奔入营，诮让羽，沛公几殆。（《史书纂略》卷三《汉臣传·樊哙传》）

【汇评】：

**高　启**：樊哙，武夫也。……所壮之者，不过以其能脱戏下之急尔。余窃以哙有可贤者焉。初沛公之入咸阳也，见秦宫室帷帐、宝货妇女、欲留居之，因哙之谏，遂迁屯霸上。不然，则逸欲遽生，蹈亡秦之覆辙，何以慰父老之心，起范增之畏而解项籍之怒？恐汉之为汉未可知也。（见《两朝文要》卷一《樊哙论》）

**牛运震**："范增起，出召项庄……于是张良至军门，见樊哙"：按此皆紧要节次，对点有情。（《空山堂史记评注》卷二《项羽本纪》）

程馀庆：不先不后，写良机警。（《历代名家评注史记集说·项羽本纪》）

㉝【汇评】：

牛运震：今日之事何如：哙先问，妙。写得颙望急切。（《史记论文·项羽本纪》）

㉞【汇评】：

茅　坤：当时皇急处，种种如掌。（《史记钞·项羽本纪》）

浦起龙："甚急"二字传神。（《古文眉诠》卷十八《项羽本纪》）

㉟【汇评】：

汤宾尹：倾侧扰攘之间，以几不免虎口，沛公此际亦云危矣。（见《百大家评注史记·项羽本纪》）

姚苎田：急语能缓，愈见其妙。（《史记菁华录·项羽本纪》）

牛运震：其意常在沛公也：此最急事，却用舒缓语宕漾，妙甚。（《空山堂史记评注》卷二《项羽本纪》）

㊱【汇注】：

张大可：此迫矣：眼前危急极了。（《史记全本新注·项羽本纪》）

㊲【汇注】：

朱之蕃：同命，犹云同生死也。（《百大家评注史记·项羽本纪》）

【汇评】：

孙　琮：哙胆智从忠义出，诵"同命"一语，感动幽明。（《山晓阁史记选·项羽本纪》）

浦起龙：哙血性语，传神！（《古文眉诠》卷十八《项羽本纪》）

牛运震："此迫矣，臣请入，与之同命"：遒壮，真烈士语。（《空山堂史记评注》卷二《项羽本纪》）

㊳【汇注】：

张守节：拥，纡拱反。盾，食允反。（《史记正义·项羽本纪》）

胡三省：盾，所以蔽身者也。盾，食尹反。（《资治通鉴》卷九"高帝元年"注）

㊴【汇注】：

王伯祥：戟，音棘，古兵器戈之属。交戟之卫士，持戟交叉着把守军门的警卫。欲止不内，意欲拦止，不让他进去。内同纳。（《史记选·项羽本纪》）

㊵【汇注】：

胡三省：撞，丈江翻；击也。（《资治通鉴》卷九"高帝元年"注）

张大可：侧其盾以撞：横着盾牌撞击卫士。（《史记全本新注·项羽本纪》）

㊶【汇注】：

王伯祥：仆音赴，俯倒。（《史记选·项羽本纪》）

㊷【汇评】：

姚苎田：樊哙谏还军霸上，及定天下后，排闼问疾数语，俱有大臣作用。此段忠诚勇决，亦岂等闲可同论？世者宜分别观之。(《史记菁华录·项羽本纪》)

㊸【汇注】：

胡三省：在旁曰帷。《释名》曰：帷，围也，以自障围也。(《资治通鉴》卷九"高帝元年"注)

吴见思：西向立：向项王，立良后也。(《史记论文·项羽本纪》)

【汇评】：

凌稚隆：上已纪坐次，至此犹不脱"西向立"三字，非特照应有情，描写当日光景，宛然在目，何等针线。(《史记评林·项羽本纪》)

姚苎田：合前坐次看，便如画。(《史记菁华录·项羽本纪》)

㊹【汇注】：

张守节：瞋，昌真反。(《史记正义·项羽本纪》)

胡三省：瞋，怒目也，昌真翻。(《资治通鉴》卷九"高帝元年"注)

㊺【汇注】：

张守节：眦，自赐反。(《史记正义·项羽本纪》)

胡三省：眦，才赐翻，又在计翻，目际也。(《资治通鉴》卷九"高帝元年"注)

冯梦龙：眦，音际，眼眶。裂，破。怒极也。(《纲鉴统一》卷六《西汉高帝元年》)

【汇评】：

茅　坤：以上如面睹之。(《史记钞·项羽本纪》)

凌稚隆：叙哙入卫沛公状如见，一字不可少。(《史记评林·项羽本纪》)

又：写哙勇烈，今犹勃然。(同上)

吴见思：此段写樊哙神色如生。(《史记论文·项羽本纪》)

浦起龙：刻画精采。(《古文眉诠》卷十八《项羽本纪》)

储　欣：钜鹿写羽，鸿门写哙，两人生气，与天地相终始。(《史记选》卷一《项羽本纪》)

牛运震："哙遂入，披帷西向立，瞋目视项王，头发上指，目眦尽裂"：数语写樊哙，淋漓生动，精神勃勃。(《空山堂史记评注》卷二《项羽本纪》)

㊻【汇注】：

司马贞：其纪反，谓长跪。(《史记索隐·项羽本纪》)

张大可：按剑而跽：提剑而起。古人席地而坐，两膝着地，臀部坐于小腿上。如果臀部离开小腿，准备起身就形成长跪姿势，这就是跽。项羽按剑而跽，是准备决斗

的戒备姿势。(《史记全本新注·项羽本纪》)

㊼【汇评】：

　　茅　坤：羽亦怖。(《史记钞·项羽本纪》)

　　吴见思：写项羽心惊。(《史记论文·项羽本纪》)

　　邵泰衢：军中驰者死，况撞仆卫士乎？宁无守卫之将军不搏执之，尚容其入而瞋视，致项王之按剑而跽乎？矧项王一喝，楼烦入壁，岂区区一哙，乃怯似小儿，顿灭其叱咤之威，按剑而跽乎？羽、增之欲杀沛，惧无名也，今也何难？先执哙于辕门，责仆卫士之无状，而沛公后之可也。良、哙不自危乎？(《史记疑问》卷上)

　　牛运震："项王按剑而跽曰：客何为者？"写出项王惊怪神致。(《空山堂史记评注》卷二《项羽本纪》)

㊽【汇评】：

　　姚苎田：一问一答，如布定着数，缺一不可，乱一不得。(《史记菁华录·项羽本纪》)

　　牛运震："张良曰：沛公之参乘樊哙者也"。此处用张良代答，妙。语致亦从容，闲冷得神。叙张良语，每每闲细舒缓，一丝不乱，使人掩其名，闻其声，即知其为良语，此笔法之妙也。(《空山堂史记评注》卷二《项羽本纪》)

㊾【汇评】：

　　吴见思：只二字，妙。写项王心折。(《史记论文·项羽本纪》)

　　韩兆琦：项羽开始一惊，"按剑而跽"，当他听到张良介绍说这是刘邦的参乘时，就不再问什么，而条件反射似地顺口称赞了一个"壮士"。这一方面表现了项羽英雄爱英雄的一种豪迈之气，同时也表现了项羽当时的心理状态。他早已不再打算杀刘邦，因此也就没有再责备人家被迫采取的防卫措施了。清代吴见思说："前两'壮士'字，后一'坐'字，则无他言，写项王心折之极。"(《史记博议·项羽本纪》)

㊿【汇注】：

　　冯梦龙：卮，酒器，容四升；大卮容一斗。(《纲鉴统一》卷六《西汉高帝元年》)

㉛【汇注】：

　　丘述尧："斗卮"犹"斗室"也。以斗饰室言其小，以斗饰卮状其大。卮虽受四升；泛言之，酒器耳，犹言杯。"斗卮酒"即"大杯酒"。这样解释是顺理成章的。李笠先生认为"卮受四升，不得斗卮酒"，未免把卮字的意义和用法看得太固定。这儿的斗字是名词用如形容词。所以王伯祥《史记选》把"斗卮酒"解为"一大杯酒"。这是很恰当的。(《史记新探·再论"斗卮酒"和"生彘肩"》)

　　吴国泰：斗酒则曰斗酒，卮酒则曰卮酒，斗卮连文无义。寻其文义，盖斗犹大也。《说文》："斗，十升也。"卮，酒器。斗卮者，谓卮之大，可容十升，不同于寻常之卮也。今俗名碗之大者为斗碗，犹可以为证也。"斗卮酒""生彘肩"盖缘当时樊哙气势汹汹，项营中人特别刁难之故也。(《史记解诂·项羽本纪》，载《文史》第43辑)

张家英：《说文·斗部》："斗，十升也。象形，有柄。""斗"又为酒器。《诗·大雅·行苇》："酌以大斗，以祈黄耇。"则古之斗似有大小之分。(《〈史记〉十二本纪疑诂·项羽本纪》)

又：《说文·卮部》："卮，圆器也。"其形状与作为酒器之"斗"相似。《玉篇·卮部》："卮，之移切，酒浆器也，受四升。"《说文》与《玉篇》均收有"𠧧、𣂰"二字，并云"小卮"。据此，则卮亦有大小之分。(同上)

又：段玉裁于《说文》"卮"字下，引《项羽本纪》之"斗卮酒"并释之曰："'斗卮'者，卮之大者也。"是斗用为"卮"之修饰语，略与"斗碗、斗胆"之构词法相似。段氏之此释，固可为难解之"斗卮酒"立一说也。较之臆测"斗"为"衍字"，实有以过之。(同上)

㊷【汇注】：

王伯祥：彘音滞，豕也。彘肩，猪蹄带肩胛者，就是一条整腿。下云"生彘肩"，那么竟是一条没有煮熟的生猪腿。(《史记选·项羽本纪》)

㊸【汇校】：

梁玉绳：按："生"字疑误，彘肩不可生食，且此物非进自庖人，即撤自席上，何以生耶？孙侍御云"盖故以此试之也"。(《史记志疑·项羽本纪》)

张家英："生彘肩"之"生"，梁玉绳疑为一"误字"，惜无版本依据。然亦非无此可能者。古籍中"生、至"与"至、全"互讹之例并不罕见。《高祖本纪》中有"籍何以生此"句，而在本篇，"生"则为"至"。《高祖功臣侯者年表》"汝阴"条"全孝惠、鲁元"句中，"全"一本作"至"。梁玉绳《史记志疑》、张文虎《校刊史记集解索隐正义札记》并论及之。如此，则谓"生"为"全"之讹，事虽难必，固亦可以备一说也。又，"拔剑切而啗之"句，《史记·樊哙传》作"拔剑切肉食，尽之"，用"尽"字，似亦可为"生"当作"全"增一佐证。(《〈史记〉十二本纪疑诂·项羽本纪》)

【汇注】：

程馀庆：两"则"字作"但"字解，轻也。(《历代名家评注史记·项羽本纪》)

丘述尧：《汉书·樊哙传》作"赐之卮酒彘肩，樊哙既饮酒，拔剑切肉食尽之"；而《史记·项羽本纪》则作"则予斗卮酒，则与一生彘肩"，樊哙故事在传说中的增饰发展过程，就很清楚了。《史记·樊郦滕灌列传》说："吾适丰沛，问其遗老，观故萧、曹、樊哙、滕公之家。"对于这种传说，当然是很熟悉。这就为他进行写作奠定了基础。……《史记》不过将辗转传诵的故事加以"实录"罢了。(《史记新探·关于

"斗卮酒"和"生彘肩"》)

㊴【汇注】：

张大可：覆其盾于地：将盾版反放地上，即平面向上。(《史记全本新注·项羽本纪》)

㊺【汇评】：

孙　琮：细甚，冷处着色。(《山晓阁史记选·项羽本纪》)

㊻【汇注】：

司马贞：啖，徒览反。凡以食馁人则去声，自食则上声。(《史记索隐·项羽本纪》)

【汇评】：

孙　琮：气吞万夫！(《山晓阁史记选·项羽本纪》)

钱谦益：哙目无项羽，羽亦稍心折于哙，与一生彘，哙覆其盾于地，加彘肩上，拔剑切而啖之，此真为哙开生面矣。(《牧斋初学集》卷八十三《书史记项羽高祖本纪后》)

姚苎田：此等琐细处，愈见哙之气雄万夫；若一直粗豪，则了无生趣矣。(《史记菁华录·项羽本纪》)

浦起龙：体状俱有色。(《古文眉诠》卷十八《项羽本纪》)

程馀庆：冷处著色。写樊哙神色俱动。(《历代名家评注史记集说·项羽本纪》)

㊼【汇评】：

程馀庆：又赞。妙！写项羽心折。(《历代名家评注史记集说·项羽本纪》)

㊽【汇注】：

俞思学：康海曰：哙语即沛公语项羽者，又即项伯语项羽者，皆张良教之也。(《史概》卷一《项羽本纪》)

【汇评】：

李元春：樊哙鸿门诘羽，语殊剀切！(《诸史闲论·史记》)

㊾【汇评】：

姚苎田：借势递入，捷而雄！(《史记菁华录·项羽本纪》)

牛运震："壮士，能复饮乎？"，"臣死且不避，卮酒安足辞！"此处接脉甚紧壮。妙在上文有"赐之卮酒""赐之彘肩"，两次节奏，此处顿转，方有力。(《空山堂史记评注》卷二《项羽本纪》)

郭嵩焘："于是张良至军门见樊哙，至'臣死且不避，卮酒安足辞？'"按：鸿门之宴，写得子房如龙，樊哙如虎，是史公极得意文字。钜鹿之战写得精彩，鸿门之会却处处写得奇绝、陡绝，读之使人心摇目眩。(《史记札记》卷一《项羽本纪》)

**程馀庆**：半晌未语，出口不测。一路设色，至此紧接入，乃知从前许多节次，一字不可减。(《历代名家评注史记集说·项羽本纪》)

(60)【汇评】：

**姚苎田**：借秦王骂项羽，巧甚！(《史记菁华录·项羽本纪》)

(61)【汇注】：

**王伯祥**：杀人如不能举，刑人如恐不胜，就是说杀人多得不能悉数，加刑于人唯恐不及。此借秦来骂项羽。(《史记选·项羽本纪》)

(62)【汇注】：

**杨家骆**："刑人"，惩罚人；"胜"，作"尽"解，引申有"极"之意。此犹言"用刑唯恐不重"。(《史记今释》)

【汇评】：

**牛运震**："杀人如不能举，刑人如不恐胜"：形容秦法刻深入骨，此史家语，非樊哙语。(《空山堂史记评注》卷二《项羽本纪》)

**程馀庆**：借秦骂项羽，妙！(《历代名家评注史记集说·项羽本纪》)

(63)【汇评】：

**程馀庆**：以叛胁之。(《历代名家评注史记集说·项羽本纪》)

(64)【汇注】：

**黄洪宪**：此是怀王初约，故樊哙于是时直提起言之，以责羽之负约也。(引自《百大家评注史记·项羽本纪》)

【汇评】

**姚苎田**：当时羽深讳此约，偏要提出，妙矣！尤妙在下文回护得好。(《史记菁华录·项羽本纪》)

**浦起龙**：举怀王约，词直气壮，于文为复举而加详，于对羽则骇耳而摄气。(《古文眉诠》卷十八《项羽本纪》)

(65)【汇注】：

**张大可**：毫毛：同"秋毫"，喻微小。(《史记全本新注·项羽本纪》)

(66)【汇评】：

**倪思撰、刘辰翁评**：还军霸上，本非初意。然谋臣之谏，是基帝王之业；息奸雄之心，独藉此耳。(《班马异同评》)

**姚苎田**："还军霸上"，本哙之策，故此语前所无，此独宣之。(《史记菁华录·项羽本纪》)

(67)【汇评】：

**程馀庆**：此哙本谋，故独宣之。(《历代名家评注史记集说·项羽本纪》)

⑱【汇评】：

　　焦　竑：前沛公既如此说了一场，今樊哙又如此说了一场，想是套同此等说话者。（引自《百大家评注史记·项羽本纪》）

　　吴见思：此数语对项伯言之，对项王未言也，反从樊哙口中补出，文情之妙。（《史记论文·项羽本纪》）

⑲【汇评】：

　　牛运震：绝好顿挫。（《空山堂史记评注》卷二《项羽本纪》）

⑳【汇评】：

　　孙　琮：此句俨然以盟主推羽，羽自心满而意平。（《山晓阁史记选·项羽本纪》）

　　姚苎田：先入秦应王矣，却又以"封侯之赏"推尊项王，明明以霸王归之，所谓回互法也。（《史记菁华录·项羽本纪》）

㉑【汇注】：

　　张大可：细说：小人的谗言。（《史记全本新注·项羽本纪》）

㉒【汇注】：

　　程馀庆：应"秦"字。此句横担通篇。（《历代名家评注史记集说·项羽本纪》）

㉓【汇评】：

　　于慎行：《史记》鸿门事，以为是日微哙奔入营谯让项羽，沛公几殆，引耳食也！总之，项王本无杀沛公之心，直为范增纵臾。及沛公一见，固已冰释。使羽真有杀沛公之心，虽百樊哙徒膏斧钺，何益于汉？太史公好奇，大都抑扬太过。如四皓羽翼太子，正与此类。使非高帝反复深念，决欲废太子，即百老人何益？（《读史漫录》卷二）

　　姚苎田：汲长孺大将军有揖客之语，直中带婉；舞阳侯鸿门诮项王之言，激中有巧，俱千古辞令绝品。非苟然者。（《史记菁华录·项羽本纪》）

㉔【汇评】：

　　凌稚隆：未有以应：以伯言先入，而哙适投之也。（《史记评林·项羽本纪》）

　　王夫之：汉高之于项羽，非其偏裨也；其于怀王，君臣之分未定也；而封府库以待诸侯，樊哙屠狗者能明此义，乃以平项羽之怒，而解鸿门之厄。项羽不知，终以取怨于天下。（《读通鉴论》卷二十）

　　吴见思：一片至理，真令项王无辞。（《史记论文·项羽本纪》）

㉕【汇注】：

　　顾炎武：古人席地而坐，西汉尚然。……古人之坐，皆以两膝著席。有所敬，引身而起，则为长跪矣。（《日知录》卷二十八《坐》）

【汇评】：

　　钱谦益：《史》状项羽凭凭燥气夺，一语曲尽。（《牧斋初学集》卷八十三《书史记项羽高祖本纪后》）

　　吴见思：前两"壮士"字，此一"坐"字，别无他言，写项王心折之极。（《史记论文·项羽本纪》）

　　邵泰衢：彘肩自庖人来，或自席上来也，安得生者也？且二王相会，末将辄敢肆言，且曰"窃为大王不取！"此时之项王未有以应，此刻之亚父亦无一辞，直俟沛公遁去，而始曰"不足与谋！"王怯、增骜，不应至是。（《史记疑问》卷上）

　　程馀庆：只一"坐"字，别无他言。盖意满心折，半惊半喜，自然语塞。写生妙手！（《历代名家评注史记集说·项羽本纪》）

⑦【汇注】：

　　吴见思：前从良立，此从良坐，西向也。（《史记论文·项羽本纪》）

　　王伯祥：从良坐，即在张良身旁坐下。（《史记选·项羽本纪》）

【汇评】：

　　凌稚隆：前为西向侍，于此，良（哙）亦从哙（良）坐，羽之夺气可见矣。（《史记评林·项羽本纪》）

　　施　丁："项王按剑而跽曰……樊哙从良坐"。《史》此段，写项羽按剑而跽，问明何人，赐以卮酒，又赐以彘肩，樊哙立而饮之，切彘肩而啖之，又批评项羽，项羽则命樊哙坐，这一系列动作，紧接着上文樊哙入军门的情节，都写得神采飞扬，淋漓尽致，这是古代史籍中罕见的笔墨。（《〈史〉〈汉〉写人物细节的比较研究》，载《中国历史文献研究集刊》第二集）

⑦【汇注】：

　　王伯祥：起如厕，托言出恭。如，往也。厕音蕳，大小便的地方。此厕字与作侧字解之"厕"音测者有别。（《史记选·项羽本纪》）

【汇评】

　　高　嵣：疾如兔脱。（《史记钞》卷一《项羽本纪》）

⑦【汇评】：

　　凌稚隆：叙汉楚会鸿门事，历历如目睹，无毫发渗漉。非十分笔力，摹写不出。（《史记评林·项羽本纪》）

　　沛公已出①，项王使都尉陈平召沛公②。沛公曰："今者出，未辞也，为之奈何③？"樊哙曰④："大行不顾细谨⑤，大礼不辞小让⑥。如今人方为刀俎⑦，我为鱼肉⑧，何辞为⑨。"于是遂去⑩。乃令张良留谢。良问曰⑪："大王来何操⑫？"曰："我持白璧一双⑬，欲献项王，玉斗一双⑭，欲与亚父，会其怒⑮，不敢献。公为我献之⑯。"张良曰："谨诺⑰。"当是时⑱，项王军在鸿门下，沛公军在霸上，相去四十里⑲。沛公则置车骑⑳，脱身独骑㉑，与樊哙、夏侯婴、靳强、纪信等四人持剑盾步走㉒，从郦山下㉓，道芷阳间行㉔。沛公谓张良曰㉕："从此道至吾军，不过二十里耳。度我至军中㉖，公乃入㉗。"沛公已去，间至军中㉘，张良入谢㉙，曰："沛公不胜杯杓㉚，不能辞㉛。谨使臣良奉白璧一双，再拜献大王足下㉜；玉斗一双，再拜奉大将军足下㉝。"项王曰："沛公安在㉞？"良曰："闻大王有意督过之㉟，脱身独去㊱，已至军矣㊲。"项王则受璧㊳，置之坐上㊴。亚父受玉斗，置之地，拔剑撞而破之㊵，曰："唉㊶！竖子不足与谋㊷。夺项王天下者，必沛公也㊸，吾属今为之虏矣㊹。"沛公至军，立诛杀曹无伤㊺。

① 【汇评】：
浦起龙：加"沛公已出"四字，有神。（《古文眉诠》卷十八《项羽本纪》）

② 【汇校】：
裴　骃：徐广曰："一本无'都'字。"（《史记集解·项羽本纪》）
梁玉绳：附按：徐广谓一本无"都"字，是也。考《世家》，陈平以击降殷王拜都尉，在汉定三秦之后，而定三秦在汉元年八月，鸿门之会在十二月，则平此时不但未为都尉，并未赐爵为卿，乃为尉也。（《史记志疑·项羽本纪》）
【汇注】：
钱伯城：都尉：武官名。陈平：阳武户牖乡（今河南省兰考县境内）人，这时是项羽部属，第二年归刘邦，建立大功。（《史记纪传选译》上《项羽本纪》）

③ 【汇评】：
凌稚隆：《纪》中三曰"为之奈何"，所以形容汉王之窘迫者至矣。（《史记评林·项羽本纪》）

程馀庆：又叠一"为之奈何"，写仓皇之神犹在。（《历代名家评注史记集说·项羽本纪》）

④【汇评】：

姚苎田：哙实有学问，狗屠中有此人，虽欲不取封侯之贵，得乎！（《史记菁华录·项羽本纪》）

浦起龙：哙粗得好！（《古文眉诠》卷十八《项羽本纪》）

⑤【汇注】：

解惠全、张德萍：大行：指干大事。细谨：小的礼节。"谨"，礼仪，礼节。（《全译史记·项羽本纪》）

⑥【汇注】：

王伯祥：大行不顾细谨，大礼不辞小让，当时成语，言把握大体，不当拘守小节。大行、大礼，喻大关节目；细谨、小让，喻琐屑末事。（《史记选·项羽本纪》）

【汇评】：

姚苎田：樊将军快绝！（《史记菁华录·项羽本纪》）

⑦【汇注】：

王伯祥：刀俎，刀和砧板，宰割的家具。指项羽方面。（《史记选·项羽本纪》）

⑧【汇注】：

王伯祥：鱼肉，被割待烹之物。指沛公方面。（《史记选·项羽本纪》）

⑨【汇评】：

姚苎田：奇绝语，看熟不觉耳。（《史记菁华录·项羽本纪》）

⑩【汇评】：

陆瑞家：鸿门时项肯舍汉，鸿沟时汉却不肯舍项，故项王为夫差，汉王为勾践也。（引自《百大家评注史记·项羽本纪》）

⑪【汇评】：

浦起龙：良细得好！（《古文眉诠》卷十八《项羽本纪》）

⑫【汇注】：

朱之蕃："操"者，持也，言持个什么作谢礼也。（《百大家评注史记·项羽本纪》）

【汇评】：

程馀庆：问得没要紧，妙甚！良细得妙！（《历代名家评注史记集说·项羽本纪》）

⑬【汇注】：

贾公彦：五等诸侯享天子用璧。（《周礼义疏·秋官·小行人》）

⑭【汇注】：

夏伯炎：玉斗：玉制的大酒怀。（见王利器主编《史记注译·项羽本纪》）

⑮【汇评】：

姚苎田："会其怒"一语，倒映出方才席间气色来，遂令斗酒彘肩一着，分外出色。此杜句所谓"返照入江翻石壁"之妙也。（《史记菁华录·项羽本纪》）

⑯【汇评】：

魏了翁：盖贿赂盛行，自春秋战国始加璧、寘璧、返璧、怀璧、以璧假道、以璧易城、以玉献君、君以玉赐臣，皆违于礼而非古先帝王用玉之意。沛公亦匹夫耳，其家本无一物，兵至霸上，所得滋多，会项羽于鸿门，亦以双璧为贿，且贿范增以玉斗，于是乎知风俗之衰，好货宝而通贿赂，以至于今未已，悲夫！（《古今考》卷六《使张良献璧献玉斗》）

陈于陛：将飞者翼伏，将奋者足蹋，将噬者爪缩，将文者且朴。夫推鸿门之不争，故垓下莫能与之争。（引自《百大家评注史记·项羽本纪》）

程馀庆：写一时匆匆情景宛肖。（《历代名家评注史记集说·项羽本纪》）

⑰【汇评】：

程馀庆：妙在从容。（《历代名家评注史记集说·项羽本纪》）

⑱【汇评】：

孙　琮：忙处暇施，有顿挫。（《山晓阁史记选·项羽本纪》）

⑲【汇评】：

姚苎田：重提一笔，以醒大关目，真是千古妙手。（《史记菁华录·项羽本纪》）

浦起龙：复提，以清出间行之捷。（《古文眉诠》卷十八《项羽本纪》）

牛运震："当是时，项王军在鸿门下，沛公军在霸上，相去四十里"：按此复说一过，映上起下，神理之妙，不可言喻。刘、项驻军处凡三点，俱非泛设。（《空山堂史记评注》卷二《项羽本纪》）

郭嵩焘：按前云："项羽兵四十万在新丰鸿门；沛公兵十万在霸上。"提记军数，以见强弱相逼之势；此提记里数，以见脱身急难匆遽之情，后世史家直不敢如此著笔。（《史记札记》卷一《项羽本纪》）

⑳【汇注】：

胡三省：置，留也；留车骑于鸿门，不以自随。（《资治通鉴》卷九"高帝元年"注）

吴见思：应完"从百余骑"。此"则"字作"且"字解，忙也。（《史记论文·项羽本纪》）

王伯祥：置，抛弃；留放。车骑即指前文"从百余骑"。置车骑，让随从的车骑丢

在那里。(《史记选·项羽本纪》)

㉑【汇注】：

顾炎武：《史记·项羽本纪》叙鸿门之会曰："沛公则置车骑，脱身独骑。"上言"车骑"，则车驾之马，来时所乘也。下言"独骑"，则单行之马，去时所跨也。樊哙、夏侯婴、靳强、纪信四人，则皆步走也。《樊哙传》曰：沛公留车骑，独骑马、哙四人步从，是也。(《日知录·骑》)

㉒【汇校】：

司马贞：纪信，《汉书》作"纪通"。通，纪成之子。(《史记索隐·项羽本纪》)

【汇注】：

胡三省：《姓谱》：夏侯出自夏后之后，杞简公为楚所灭，其弟佗奔鲁，鲁悼公以佗出自夏后氏，受爵为侯，谓之夏侯，因而命氏。纪，春秋时纪侯之后，以国为姓。(《资治通鉴》卷九"高帝元年"注)

㉓【汇注】：

王伯祥：郦山在鸿门西南，即骊山。(《史记选·项羽本纪》)

㉔【汇注】：

胡三省：班《志》：京兆霸陵县，故芷阳也；文帝更名。间，空也；投空隙而行。间，古苋翻。(《资治通鉴》卷九"高帝元年"注)

高　嵣：间行，从微道而行。(《史记钞》卷一《项羽本纪》)

程馀庆：芷阳，白鹿原东霸川上之西坂也，在西安府东。(《历代名家评注史记集说·项羽本纪》)

王　恢：芷阳，《汉志》："京兆尹霸陵，故芷阳，文帝更名。"芷阳，县境跨霸水两岸，西岸白鹿原，东岸为骊山，南抵南山，北凭渭水。汉文九年起陵芷阳，以地处霸上，更名霸陵。陵在西岸，城在东岸。庄王陵在霸城东，漕渠南，故渠北，骊山西北麓。汉高去鸿门，间行至霸上，即此道也。(《史记本纪地理图考·秦本纪·其他》)

【汇评】：

姚苎田：先将行色路径，细细点出，方逆接"谓张良"一语，良工心苦，于此可见。若先语张良，下重叙行色，如何再接入鸿门，留谢事乎？(《史记菁华录·项羽本纪》)

㉕【汇评】：

牛运震："沛公则置车骑，脱身独骑"云云，至"沛公谓张良曰"：按此先叙沛公间行，归军后，将嘱张良语补叙。盖写当日匆遽情景，不得不然。且先结沛公归军，以便下文单叙张良留谢也。(《空山堂史记评注》卷二《项羽本纪》)

㉖【汇注】：

张大可：度，估计。(《史记全本新注·项羽本纪》)

㉗【汇校】：

梁玉绳：按：鸿门者，鸿门亭也。霸上者，霸水上也。《汉书·高帝纪》孟康注谓鸿门在新丰东十七里，《水经注》十九卷谓自新丰至霸城五十里，自霸城西至霸水十里。然则霸上与鸿门相隔七十七里矣。沛公罢饮脱归。行七十七里，而项伯之夜来夜去，且驰一百五十四里，何以言"四十里"耶？《水经注》又谓鸿门在新丰城东三里，无十七里，是亦六十三里，不得称"四十里"。而芷阳即霸城，又奚云"二十里"乎？郭缘生《述征记》谓"鸿门在霸城南门数十里"，稍为近之，而郦道元讥其学而不思，则不足信也。又董份曰："当时鸿门之宴必有禁卫之士诃讯出入，沛公恐不能辄自逃酒。且疾走二十里亦已移时，沛公、良、哙三人俱出良久，羽在内何为竟不一问，而在外竟无一人为羽之耳目者？任其出入往来，而莫之谁何？恐无此理。矧范增欲击沛公，惟恐失之，岂容在外良久而不亟召之耶？此皆可疑。"徐氏《测议》曰："汉祖脱身至军，浔阳疑之固当。然观《史记》叙汉人饮，中坐多有更衣或如厕竟去，而主人不知者。意当时之饮与今少异，又间有良骏行四十里而酒杯犹温者，汉祖之能疾行，得此力也。其所云'步走'，或史迁误。"董、徐二君之辨，俱不必疑，余所疑者鸿门、霸上之里数不合耳。里数定，则时之久暂可知矣。当日沛公借如厕得出，与良、哙数语即去，为时原不甚久。而古人饮酒与今殊礼，宁以出外为嫌？车骑犹在，更复何猜？况羽已使陈平召之，何尝竟置不问。若论禁卫诃讯，则彼尚不能御樊哙之入，乌能止沛公之出乎？度至军乃入，亦约略之词，想张良必只度其追不可及而即入焉。壮士步走数十里，固事之常，不得以史公为误也。纪信，《汉书》作"纪成"乃纪通之父，未知孰是。《索隐》谓《汉书》作"纪通"，妄矣。（《史记志疑·项羽本纪》）

【汇评】：

王阳明：云未至军而遂入，恐张良说破，而羽或使人追杀，故命以度已至军而后入。（引自《百大家评注史记·项羽本纪》）

吴见思：前点四十里，为此故耳。安顿之妙。（《史记论文·项羽本纪》）

㉘【汇注】：

张大可：间至军中，此为张良估计，按：间道，即走小路近道已至军中。（《史记全本新注·项羽本纪》）

【汇评】：

钱谦益：昏夜间道，踯躅促迫，狙伺兔脱，可悲可喜。（《牧斋初学集》卷八十三《书史记项羽高祖本纪后》）

吴见思：一骑四步，如风而行，顷刻间耳。（《史记论文·项羽本纪》）

姚苎田："沛公已去，间至军中"八字是子房意中语，非叙事也。（《史记菁华录·项羽本纪》）

㉙【汇注】：

程馀庆：此段以十"入"字、五"出"字作眼目。(《历代名家评注史记集说·项羽本纪》)

㉚【汇注】：

王伯祥：杓音勺，取酒之器。梧杓，酒之代称。不胜梧杓，禁不起酒力，犹言已醉。(《史记选·项羽本纪》)

㉛【汇评】：

姚苎田：以醉为托。(《史记菁华录·项羽本纪》)

程馀庆：辞令妙品！(《历代名家评注史记集说·项羽本纪》)

钱锺书："张良入谢曰：'沛公不胜梧杓，不能辞'"。《考证》："董份曰：必有禁卫之士，诃讯出入，沛公恐不能辄自逃酒。且疾出二十里，亦已移时，沛公、良、哙三人俱出良久，何为竟不一问？……矧范增欲击沛公，惟恐失之，岂容在外良久，而不亟召之耶？此皆可疑者，史固难尽信哉！"按董氏献疑送难，入情合理。《本纪》言"沛公已出，项王使都尉陈平召沛公"，则项羽固未尝"竟不一问"。然平如"赵老送灯台，一去更不来"，一似未复命者，亦漏笔也。《三国志·蜀书·先主传》裴注引《世语》曰"曾请备宴会，蒯越、蔡瑁欲因会取备，备觉之，伪如厕，潜遁出"；孙盛斥为"世俗妄说，非事实"。疑即仿《史记》此节而附会者，"沛公起如厕"，刘备遂师乃祖故智；顾蒯、蔡欲师范增故智，岂不鉴前事之失，而仍疏于防范、懈于追踪耶？钱谦益《牧斋初学集》卷八三《书〈史记·项羽高祖本纪〉后》两首推马之史笔胜班远甚；如写鸿门之事，马备载沛公、张良、项羽、樊哙等对答之"家人絮语""娓娓情语""谲诿相属语""惶骇偶语"之类，班胥略去，遂尔"不逮"。其论文笔之绘声传神，是也；苟衡量史笔之足征可信，则尚未探本。此类语皆如见象骨而想生象，古史记言，太半出于想当然（参观《左传》卷论杜预《序》）。马善设身处地、代作喉舌而已，即刘知幾恐亦不敢遽谓当时有左、右史珥笔备录，供马依据。然则班书删削，或识记言之为增饰，不妨略马所详；谓之谨严，亦无伤耳。马能曲传口角，而记事破绽，为董氏所纠，正如小说戏曲有对话栩栩欲活而情节布局未始盛水不漏。李渔《笠翁偶集》卷一《密针线》条尝评元人院本作曲甚工而关目殊疏，即其类也。(《管锥编》第一册)

㉜【汇注】：

魏了翁：《汉纪》书鸿门事，沛公称项羽为"将军"，时则羽自为诸将上将军也。沛公虽以砀郡长武安侯入关，止称沛公。故张良、项羽皆称为沛公，《史记·项籍纪》皆书为项王、项伯，范增称曰君王，书张良语"沛公不胜梧杓，使臣奉白璧一双，再拜献项王足下，玉斗一双，再拜献大将军足下"，又书张良称公为大王，此时刘、项亦

皆未封王，司马迁追书从口便耳。(《古今考》卷六《鸿门献玉称谓史汉不同》)

张大可：再拜献：谦辞，郑重奉上的意思。(《史记全本新注·项羽本纪》)

㉝【汇注】：

钱伯城：大将军：指范增。(《史记纪传选译》上《项羽本纪》)

【汇评】

姚苎田：数语耳，亦有体有韵。(《史记菁华录·项羽本纪》)

浦起龙：礼以示暇。(《古文眉诠》卷十八《项羽本纪》)

程馀庆：此语公言之，妙。(《历代名家评注史记集说·项羽本纪》)

㉞【汇评】：

程馀庆：猷甚！(《历代名家评注史记·集说·项羽本纪》)

㉟【汇注】：

张大可：有意督过，有责备其之意。(《史记全本新注·项羽本纪》)

【汇评】：

牛运震："沛公不胜桮杓，不能辞"云云，"闻大王有意督过之"云云：按此二段，词令甚温妙。(《空山堂史记评注》卷二《项羽本纪》)

㊱【汇评】：

程金造：古来读者认为鸿门宴不杀沛公，因而项羽失去天下。其实太史公意不在此。太史公以为王政之本在安民，在知人善任。若违背此道，是不能得志于天下的。项羽就是个典型。(《史记管窥·司马迁著项羽入本纪之本意》)

㊲【汇注】：

裴　骃：如淳曰："脱身逃还其军。"(《史记集解·项羽本纪》)

【汇评】：

王维桢：言已至军，止羽追也。(引自《史记评林》)

姚苎田：直说，妙！词又逊婉。非子房不办此。(《史记菁华录·项羽本纪》)

邵泰衢：贵者张宴，尚有司阍之报，项王宴客，乃任沛公之遁。张良入谢，始询沛公。如厕一顷，手招樊哙，形容想象，殊类村庄。(《史记疑问》卷上)

浦起龙：跳脱明净！(《古文眉诠》卷十八《项羽本纪》)

高　嵣：妙不避讳。(《史记钞》卷一《项羽本纪》)

程馀庆：想此时，沛公犹未必至军。言已至军，止羽追也。鸿门谢羽，此何等危事；部署详妥，乃能履危而安。其间机缘所凑，有少一人不得，省一步不得；节次所置，有多一语不得，错一著不得者。此是古今排难解纷一大关目，细看之，益人智意。(《历代名家评注史记集说·项羽本纪》)

㊳【汇注】：

吴见思：此"则"字作"就"字解，直也。多少"则"字，字字不同。用字之妙，偶为拈出。余不及悉。(《史记论文·项羽本纪》)

㊴【汇评】：

牛运震：按"置之坐上"不必记，正为下文"置之地"作衬耳。(《空山堂史记评注》卷二《项羽本纪》)

伏俊琏：鸿门之宴，酬谢碰杯之中含着刀光剑影，谈笑舞蹈之中伏着一场智慧的较量，深沉而紧张，平淡又激烈。……当项羽接受了张良的白璧，"置之坐上"时，一位举世无双的英雄已踏上了他失败的第一步。从此以后，他失败的成份逐渐增多，虽然他曾分封诸侯，号令天下，但一代英雄的确开始向末路行进；田荣以齐反，陈馀以赵反；征九江王而九江王不往，战田横而田横不下；困京、索不能过荥阳，杀薛公而东阿失守；使龙且而龙且击死，委司马长史而司马长史败亡。(《论〈项羽本纪〉的悲剧性》，载《贵州文史丛刊》1988年第4期)

㊵【汇评】：

姚苎田：亚父之愤固不必言，然碎玉斗一事，徒见其粗，何益于事？增以七十之叟，既知将为之虏，犹恋恋于羽，何耶？(《史记菁华录·项羽本纪》)

㊶【汇注】：

裴　骃：徐广曰："唉，乌来反。"(《史记集解·项羽本纪》)

司马贞：音虚其反。皆叹恨发声之辞。(《史记索隐·项羽本纪》)

冯梦龙：唉，音哀，发叹声。(《纲鉴统一》卷六《西汉高帝元年》)

【汇评】：

浦起龙：范增声态又活。(《古文眉诠》卷十八《项羽本纪》)

㊷【汇评】：

陈玉璂：增所叹之"竖子"，非羽乎？而羽绝不闻有怒也。羽闻沐猴而冠之说，即时烹杀之，至于增之声色，独能忍之，羽所以尊事增，可知众称羽仁爱恭敬，良不诬也。观增之所以待羽，即知其所以待羽之左右矣，其左右能堪之乎！(见《史记正鹄》三集卷五《范增论》)

姚苎田：愤极，骂不得项羽，只骂项庄，妙！(《史记菁华录·项羽本纪》)

吴国泰：竖子，此范增骂项庄之言，而世以为愤项王者，非也。盖如此则不独与下文"夺项王天下者"之言不应，且以臣而面斥其君为竖子，增虽挟长，又何至如此哉！(《史记解诂·项羽本纪》，载《文史》第43辑)

吴汝煜：范增精心布置的鸿门宴，是一幕丑剧。一般论者，常为项羽不肯下决心杀掉刘邦而惋惜。这说明，范增的观点是很容易迷惑人的。我们不否认项羽当时有沽名钓誉的思想，但是，从当时的客观形势来看，他不杀刘邦是无可非议的。刘邦在反秦斗争中曾与他约为兄弟。项羽不肯对自己昔日的战友下毒手；说明他的忠厚淳朴。这一点，与刘邦后来大杀功臣形成了鲜明的对比。项羽历来受人同情，这是一个重要因素。（《史记论稿·论项羽》）

㊸【汇评】：

**高　嵣：**一语明透，前后关键。（《史记钞》卷一《项羽本纪》）

**程馀庆：**此句伏后半篇暗眼，与前句“彼可取而代”句遥对。（《历代名家评注史记集说·项羽本纪》）

㊹【汇评】：

**宋子翚：**亚父日说项羽曰：“沛公贪财好色，今入关无所取，此其志不小。吾使人望之，气皆为龙，成五色，此天子气，急击之勿失。”羽竟不杀沛公。亚父曰：“吾属今为虏矣！”亚父之知明矣，而不知天命也。君择臣，臣亦择君。亚父与羽比肩事怀王，无君臣之分也，言既不从，何不引去？知沛公之人事、天时如此，而忿然欲以区区之力胜之，不亦难乎！（《屏山集》卷三《汉书杂论》上）

**王　迈：**方其入关之初，羽以百万之师，叱咤长驱，目中已无关中矣。项伯，羽之季父，以张良之故为帝缓颊于羽，羽至陆梁，且降心忍气，与帝周旋于杯酒间。及亚父之谋一发，项庄之剑已跳踯而不可禁，吁！亦危矣。伯独以身翼蔽于前，未几樊哙得以攘臂而入，一怒之余，羽气已索。帝得脱身于项氏垂涎之口，羽之君臣始彷徨四顾。“吾属为虏”之言，始不知其所从出。人谓鸿门之围，项伯实脱之。吾谓寡助之至，亲戚叛之。天之夺项氏之鉴而丧其魄也久矣。（《臞轩集》卷三《高帝论三刀》）

**牛运震：**此正借亚父口中为鸿门宴作收结也。（《空山堂史记评注》卷二《项羽本纪》）

**浦起龙：**一语透明，亦前后关键。（《古文眉诠》卷十八《项羽本纪》）

**程馀庆：**懊恼之极。应“若属且为所虏”。借亚父口中，为鸿门宴结案。（《历代名家评注史记集说·项羽本纪》）

**吴汝纶：**鸿门之失，就范增口中见之；背关怀楚之失，就说者口中见之；分王不平，就陈馀说齐见之：此史公常法。（《桐城吴先生点勘史记读本·项羽本纪》）

**钱锺书：**范增曰：“唉！竖子不足与谋！夺项王天下者，必沛公也。吾属今为之虏矣！”按：上文增召项庄曰：“因击沛公于坐杀之。不者，若属且为所虏。”始曰“若属”，继曰“吾属”，层次映带，神情语气之分寸缓急，盎现字里行间。不曰“将”，而曰“今”，极言其迫在目前。下文周苛骂曰：“若不趣降汉，汉今虏若，若非汉敌也。”《淮南衡山列传》：“上曰：‘吾特苦之耳，今复之。’”（《汉书》作“令复之”；师古注：“令其自悔，即追还也。”）《汲郑列传》：“上曰：‘君薄淮阳耶？吾今召君矣'。"（《汉书》同，师古注："言后即召也。"）《战国策·赵策》三，或谓建信君曰"君因言王而重责之，菁之轴今折矣"，时建信君尚未"入言于王"也；《三国志·魏书·刘晔传》裴注引《傅子》自记刘陶力称曹爽，已"以其言大感，不复详难也，谓之曰：'天下之质，变无常也，今见卿穷！'"谓将立见其言之失也。"今"者，未来之最逼近而几如现在；西语亦然。（《管锥编》第一册）

㊺【汇评】：

魏了翁：家贼难防，所至有之，曹无伤真沛公之家贼也。欲王关中，尽有珍宝，沛公初意或然，以樊哙、张良谏，还军霸上，则不然矣。曹无伤以此潛沛公，悦项羽，意以求封，是所谓叛臣也。鸿门幸免，沛公还军，立诛曹无伤，殆天理所不容，若项伯，殆可谓项羽之家贼乎？曰：此尚可议也。人臣无外交，曹无伤外交项羽，不可贷。原项伯之心，初不外交，项伯故尝杀人亡命，张良匿而全之，夜见良，欲与俱去耳。良强之见沛公，因遂结好，为之解纷。当项庄舞剑之时，又起翼蔽沛公，亦皆天佑沛公，以致于此，非人力也。使项羽得肆其忿，屠沛公于杯酒之间，诸侯四十万军非皆项羽之腹心，众怒难犯，直刘曲项，亦起而屠项氏之族，其亦顷刻而无噍类矣。不欲遽杀沛公，非项伯之私也，沛公之不当杀，盖一时之公论然耳。其欲杀之者，独范增之偏见也。古未有两君相会，两将见即座杀之者，商鞅虏魏公子卬，秦诱执楚怀王，天下丑之。……故曰项伯尚可议也。沛公为汉王，以金百镒（二千两），珠二斗赐张良，良具以献项伯，伯又受汉王厚遗，为尽请汉中地，此则贪顾财物，其人苟贱污下，大不足道，非吾徒也。项羽既灭，赐姓而曰刘缠，封侯射阳，《功臣表》叙次在张良之下，萧何之上，则可谓顽钝无耻矣。谓其卖项自全，为羽家贼，则不至是。以高帝之憾于项羽，悉诛项氏，无不可者。赖项伯，故其宗族皆释弗诛，智果别族为辅氏，惜项伯不早出此，然处夫势之所难，有不可者。世议讥高祖能诛丁公，不能诛项伯，是又不原项伯之初心，而易于立论，予惧今之人不善读史，评品不当，故详著之。（《古今考》卷六《项伯曹无伤》）

凌稚隆：按楚汉鸿门之会，起于曹无伤之谗，故太史公叙事，首曰"曹无伤言于项羽"，及会则曰"此曹无伤言"以实之，至还军又曰"立诛曹无伤"以结之，此条理精密处。（《史记评林·项羽本纪》）

宋　濂：叙汉楚会鸿门事，历历如目睹，无毫发渗漉，非十分笔力摹写不出。（引自《百大家评注史记·项羽本纪》）

高　嵣：鸿门一会，其中间人数如沛公、张良、项羽、项伯、亚父、樊哙、项庄七八九人，或出或入，或语或默，或惊或怒，或刚或柔，或缓或急，点缀提掇，插合照应，莫不入神，真化工手也，后有作者不能及矣。（《史记钞》卷一《项羽本纪》）

毛际可：尝读史至楚汉之际，高帝能诛曹无伤，而羽不能诛项伯，未尝不叹楚之失刑也。夫伯于羽为同姓,所云休戚与共者也,而其心止为汉谋。人臣不忠于君,不诛将安待乎?(见《史论正鹄》三集卷一《项伯论》)

**高 嵣**:入函关矣,略秦事毕,乃一军鸿门,一军霸上,又为刘、项相抵开局也。鸿门之会,外则项强而刘弱,实则项羽粗直,步步在刘笼络中耳。(《史记钞》卷一《项羽本纪》)

**牛运震**:"沛公至军,立诛杀曹无伤":此又带结耳,凌以栋评失之。(《空山堂史记评注》卷二《项羽本纪》)

居数日,项羽引兵西屠咸阳①,杀秦降王子婴②,烧秦宫室③,火三月不灭④;收其货宝妇女而东⑤。人或说项王曰⑥:"关中阻山河四塞⑦,地肥饶⑧,可都以霸⑨。"项王见秦宫室皆以烧残破⑩,又心怀思欲东归⑪,曰:"富贵不归故乡⑫,如衣绣夜行⑬,谁知之者⑭!"说者曰⑮:"人言楚人沐猴而冠耳⑯,果然⑰。"项王闻之,烹说者⑱。

① 【汇注】:

**司马迁**:孝公"十二年(前350),作为咸阳,筑冀阙,秦徙都之"。(《史记·秦本纪》)

**郭淑珍**:咸阳:秦国都城,又名咸原。《史记·秦始皇本纪》(附秦纪)云:"(孝公)十三年(前349),始都咸阳。"《正义》:本纪云:"十二年作咸阳,筑冀阙,是十三年始都之。"《读史方舆纪要》记载:"咸阳,本秦县,孝公时徙都于此,因其县在九嵕山之南,渭水之北,山水俱阳,故曰咸阳。"咸阳从孝公始都到秦二世灭亡(前350—前207)共144年。经考古调查,在今陕西咸阳市东15公里,渭河北岸的咸阳塬上,探出大型建筑基址十余处,并对其中的一、二、三号宫殿遗址进行过不同程度的清理发掘,在宫殿区附近的聂家沟一带发现有铸铜、冶铁和制陶等手工业作坊遗址,可能是专门为宫廷服务的官府手工业作坊;在宫殿建筑遗址西南,今渭河北岸长兴村、滩毛村、店上村,发现了秦代居民区和制陶作坊遗址,有许多烧制日用陶器的窑址和较厚的文化层堆积;在这片遗址的北部,曾发现各类铜器,有建筑物件、兵器、车马器、货币、日用器具等,还有秦始皇帝二十六年为统一度量衡制颁发的铜诏版;宫殿区西面,今路家坟到烟王村一带,分布着战国至秦代的中小型墓葬数百座,秦陵出土有大量的带有咸阳地名的陶文,如"咸阳午""咸阳衣""咸路"等,是为咸阳市府制

陶作坊送往秦陵工地的器物及建筑材料。(《秦始皇帝陵兵马俑辞典·地理沿革·咸阳》)

【汇评】：

梁玉绳：按：前已屡书"项王"，此后又挽三语曰"项羽引兵西屠咸阳"，曰"项羽方渡河救赵"，曰"引其兵降项羽"，何也？(《史记志疑·项羽本纪》)

吴　枫：项羽丧失人心的暴行，是和他的遭遇与阅历密切相关的。泷川资言说："项羽楚人，既失其祖，又失其季父，怨秦入骨。其入咸阳，犹伍子胥入郢，杀王屠民烧宫殿，以快其心者，亦不足异。谓之无深谋远虑可也，谓之残虐非道者，未解重瞳子心事。又按：此时沛公年已五十，思虑既熟；项羽年二十加六，血气方刚。彼接物周匝缜密，不敢妄动；此当事真挚勇决，任意径行，是二人成败之所以分也。"项羽既在鸿门宴上不忍心除掉自己政治上的对手刘邦而上当受骗，又在入咸阳后实行复仇主义的烧杀政策而丧失人心，说明他是一个天真正直的青年勇将，不是一个老练的政治家。(见《历史人物论集·略评项羽》)

② 【汇注】：

司马迁：秦二世三年十二月，项羽至关中，诛秦王子婴，屠杀咸阳。分天下，立诸侯。(《史记·秦楚之际月表》)

冯梦龙：《通志》云：子婴，扶苏之子。(《纲鉴统一》卷五《秦二世》)

梁玉绳：秦子婴始见《秦纪》《始皇纪》，二世兄子(《始皇纪》)，而《史·李斯传》作始皇弟，误(《索隐》云：弟当为孙)。立四十六日降汉，项籍杀之(《始皇纪》，而《李斯传》云三月，《越绝外传记地》云六月，并误)。亦曰殇帝(《广弘明集》引《陶公年纪》)。(《汉书人表考》卷六《秦子婴》)

【汇评】：

叶　适：空诸侯之国而得天下者，秦也。殴天下之人而亡天下者亦秦也。秦自以灭六国，无与敌；及其败也，虽名诸侯复立，其实黔首化为盗贼，亡之如拾遗。自是以来，未有不以群盗亡者，次则敌国，次则卒伍，皆古所无有也。然则后之有天下者，谨备三者而已。(《习学记言》卷十九《项羽本纪》)

程馀庆："降王"二字，书法。既降而复杀之之，其罪大矣。(《历代名家评注史记集说·项羽本纪》)

③ 【汇评】：

储　欣：数语结羽入关之局，引羽分封及东归之案。(《史记选》卷一《项羽本纪》)

编者按：秦始皇陵原来地面建筑很多，雄伟高大，有便殿、寝殿、祠宫、角楼、门楼等建筑遗址。考古工作者在秦始皇陵园中发现很多红烧土块，证明项羽当年焚毁了秦陵地面建筑。

秦始皇帝陵从秦王政即位开始修建到死亡，共修了近37年，其陵园内的珍宝"徙藏满之"。项羽入关后，便把猎取的矛头指向秦始皇陵。据《史记·高祖本纪》云："怀王约，入秦无暴掠。项羽烧秦宫室，掘始皇帝冢，私收其财物。"《汉书·楚元王传》亦云："项羽燔其宫室营宇，往者咸见发掘。"又见《水经注·渭水》："项羽入关发之，以三十万人三十日运物不能穷。关东盗贼消椁取铜。"从以上记载看出，项羽确实到过秦始皇陵，并进行破坏焚烧，秦始皇陵上的寝殿，便殿，角楼等建筑就是他烧掉的。但对是否进入地宫，论者认识不一，或为盗掘过，或为未盗掘，从始皇陵封土的现状看，似未进行大规模的盗掘。目前在地宫周围已发现两个宋代的盗洞，但均未及地宫。

④【汇评】：

**刘大櫆**：六经之亡，非秦亡之，汉亡之也。后之学者，见秦有焚书之令，则曰《诗》《书》至秦一炬而扫地无余，此与耳食何异？愚以为书之亡，在楚汉之兴，沛公与项羽相继入关之时也。……迨项羽入关，杀秦降王子婴，收其货宝妇女，烧秦宫室，火三月不灭，而后唐虞三代之法制，古先圣人之微言，乃始荡为灰烬，澌灭无余。当项籍之未至于秦，咸阳之未屠，李斯虽烧之而未尽也。吾故曰：书之焚，非李斯之罪，实项籍之罪也。(《焚书辨》，见《涵芬楼古今文钞》卷八)

⑤【汇注】：

**王在晋**：项籍屠咸阳，杀子婴，掘始皇帝冢，大掠而东。(《历代山陵考·杂记》)

**冯梦龙**：居数日，羽引兵西屠咸阳，杀降王子婴，烧秦宫室，火三月不绝；掘始皇冢，收宝货妇女而东。秦民大失望。(《纲鉴统一》卷六《西汉高帝元年》)

**姚允明**：羽入咸阳，杀降王，屠其民，而恣焚掠，是增秦虐，盖为沛公章其仁也。(《史书》卷二《汉·高帝》)

**何　焯**：收其货宝妇女而东：自此东归。(《义门读书记》卷十三《史记》)

【汇评】：

**颜师古**：沛公入关，俭节自处，约法三章，反秦之政。而项羽屠杀焚烧，恣其残酷，故关中之人失所望也。(《汉书注·陈胜项籍传》)

**魏了翁**：秦惠王诱楚怀王，会武关而执之，秦始皇以蒯、蒙武虏楚王负刍而灭之，诸侯兵起，秦章邯又击杀项梁。春秋复九世之仇，项羽以复仇为事乎？则秦亦灭矣。子婴已降楚矣，以子婴归之，令楚怀王待其自毙可也；杀之，亦何益于威武！屠咸阳，则秦之百姓何罪焉。秦之宫室，奢侈已甚，存其可存者，而毁其材以赐贫民可也，焚之则亦暴殄天物而已。至如收宝略妇女而东，则无异盗贼之所为也。意者迁沛公于汉中，封章邯、董翳、司马欣之谋已定，不欲留此以遗他人也。残忍、贪婪、褊隘、缪戾而无远图，不待垓下之围而败证已见矣。孟子所谓"诛其君，吊其民，若时雨降，民大悦"者，固如是乎！此项之所以失而刘之所以得也。（《古史考》卷九《西屠咸阳杀秦降王子婴烧秦宫室》）

**丘　濬**："项籍屠咸阳，杀子婴，掘秦始皇冢，大掠"。秦、汉以后，屠城发冢始此。呜呼，城以蔽生人者也。冢以藏死人者也。生而城守，将以全其身，死而冢藏，将以安其尸，皆人生之所必有者也。项籍入咸阳，屠京师之城，发故君之冢，存没皆罹其殃，何不仁之甚哉！（《世史正纲》卷一《秦世史·二世皇帝》）

**俞　樾**：语曰：得士者强。楚汉之际，豪杰并争，智谋之士，所在多有。而吾窃怪项氏之无人也。项王入关，不务安辑秦民，而收货宝妇女以东，遂使秦人怨入骨髓，而沛公得以还定三秦，此楚之所以败也。然沛公初至关中，见秦宫室帷帐，欲留居之，此其志与项王何异？使非张良、樊哙交谏，则项王所为，沛公先之矣，吾于此叹项氏之无人也。彼范增号为智士，而所见曾不及樊哙，何哉！（《春在堂全集·项羽论》）

**李腾蛟**：使羽入关，不烧秦宫室而都关中，以蜀分王三秦将，而以楚封怀王，令腹心大臣左右之，俾齐、赵、韩、魏诸君各复其国，而举丰、沛数郡以王沛公，与诸国错处，则犬牙之势成，羽虽未能即兼天下，于以制汉有余也。汉为羽所制，则诸国皆羽所树，必德羽而惮之，无有以羽争天下者。乃羽不知务此，舍关中而王彭城，则非其地；以三降将距塞汉王，则非其人；尊立义帝，以张良反间而旋弑之，使罪我者得以藉以为口实；吝尺寸之地不与田荣、陈馀，致诸国卒不得定，而齐、赵、代、梁蜂起为难，而羽亦奔疲角逐而不得安，汉因以收渔人之利矣。不然，羽当纷纷扰攘进退失据之时，犹然败汉于彭城，败汉于荥阳；及其卒也，又败汉于成皋。使羽不自多树敌，而得一意以办汉，吾恐汉王欲求立锥之地而不可得也，又安能还安三秦而部五诸侯以伐楚哉？（见《史论观止正集》卷七《项羽论》）

⑥【汇注】：

**王伯祥**：人或说项王，从人中间有一人向项王游说。不能确指何人进言，故云"或"。（《史记选·项羽本纪》）

⑦【汇注】：

**裴　骃**：徐广曰："东函谷，南武关，西散关，北萧关。"（《史记集解·项羽本纪》）

**王应麟**：韩生云："关中阻山带河，四塞之地。"《三辅旧事》云："西以散关为限，东以函谷为界。二关之中，谓之关中。"《雍录》云："此说未尽。颜氏曰自函谷关以西，总名关中。徐广曰东函谷，南武关，西散关，北萧关。其说是也。"（《通鉴地理通释》卷七《名臣议论考·关中》）

**冯梦龙**：东函谷，南武关，西乌关，北黄河，是谓四塞。（《纲鉴统一》卷六《西

汉高帝元年》）

**宫梦仁**：秦四关（原注：《史正义》：在四关之中，故曰关中）：函谷关、武关、散关、萧关。（《读书纪数略》卷八《城关类》）

⑧【汇注】：

**王伯祥**：饶，富足。（《史记选·项羽本纪》）

⑨【汇注】：

**王伯祥**：可都以霸，承上"四塞""肥饶"而言，谓有此凭借，可建都于此以定霸业。（《史记选·项羽本纪》）

**解惠全、张德萍**：都：建都。以：而。（《全译史记·项羽本纪》）

【汇评】：

**丘　濬**：秦地披山带河，四塞以为固，所谓金城千里，天府之国，得天下之百二者也。周人初起于邠，继都丰镐，天下形胜之地，盖莫有过焉者也。至平王东迁而弃其地与秦，秦地始大。战国之世，山东之国六而秦居其一，六者为纵，而秦独为衡焉，卒能以少制众，并而有之。非独人力，盖亦地势也。（《世史正纲》卷二《汉世史·太祖高皇帝》）

**又**：呜呼，地以人而胜，人以德而隆，山河之险固，乌足恃哉！（同上）

⑩【汇注】：

**郭嵩焘**：按"以烧残破"，"以""已"字通，《孟子》"无以则王乎"，是其证。（《史记札记》卷一《项羽本纪》）

⑪【汇注】：

**王伯祥**：怀思欲东归，因楚之根据地在东方，而又放心不下怀王心也。"富贵不归故乡"等语，显系托辞。观下致命怀王，及徙义帝自都彭城事可知。（《史记选·项羽本纪》）

【汇评】：

**陈世隆**：善谋者，如弈之布子，子定而势从之，势定而翕张从之，翕张定而胜从之。昔汉高都关中，据天下之势，从袁生出广武，以致敌人之从是也。羽已得关中，而更弃之，则韩生以为沐猴而冠，故曰：凡与人斗，不扼其吭而拊其背，而能胜者，未之有也。（《北轩笔记》）

**浦起龙**：稚子心情！（《古文眉诠》卷十八《项羽本纪》）

**程馀庆**：功名才立，便思首丘，岂帝王之度？此羽所以败也！（《历代名家评注史记集说·项羽本纪》）

⑫【汇评】：

**司马光**：世称项王不王秦而归楚，故失天下，观其拥百万之众，西入函谷，擅天下之势，裂山河以王诸侯，自谓可以适其私心，而人莫敢违，安行无礼，忍为不义，欲以一夫之力，服亿兆之心，才高者见疑，功大者被绌，推此道以行之，虽得百秦之地，将能免于败亡乎？（《稽古录》卷十二）

⑬【汇注】：

  颜师古：言无人见之，不荣显矣。（《汉书注·陈胜项籍传》）

  王伯祥：衣，动词，穿着。衣绣夜行，着了锦绣之衣在黑夜中出行，虽漂亮没人看见。故下云"谁知之者"。（《史记选·项羽本纪》）

【汇评】：

  邹　泉：羽曰："富贵不还乡，如锦衣夜行。"何曰："天子以四海为家，其识量相去，何啻径庭！"（《尚论编》卷三《萧何》）

⑭【汇评】：

  陈傅良：天下之大利，非利于小者能图之也。图天下而利于其小，则终不足以有就，何者？所安者陋，焉能及远？见其食而贪焉，是不过饱其欲则已矣。……故项羽捐关中之胜，而荣于归故乡之楚……以羽之浅中，其易盈也如此，岂复有王者之量？设得全关而居之，亦不保其踯躅而东也。……刘季入秦，一无所贪，范增已信其有大志。自古觇人之成败者，其说盖如此。（见《十先生奥论注续集》卷九《项羽吴王濞》）

  周在镐：方秦之季，鉏耰白梃横发于中原，陈、吴、刘、项，始也皆寇盗耳。寇盗自为，故志易盈而气易怠。勇如羽屠咸阳而宰天下，乃曰"富贵不归故乡，如衣绣夜行，谁知之者"。呜呼，是苟求富贵者也，非欲必得天下也。（见《史事论》乙编卷二《项羽立沛公为汉王论》）

  恽　敬：项王之不取关中何也？曰：项王非不取关中也。乃者，汉王先入关，义帝之约固宜王者也，项王听韩生之说而都之，关中之人安乎？不安乎？关外诸侯无异议乎？项王所手定之九郡，将以之分王乎？抑自制乎？度其势必自制之矣。自制之，而一旦有警，其将去关中自将而东乎？关中者，固汉王所手定也。舍己所手定之九郡，而夺他人所手定之关中，又不分己所手定之九郡，一旦自将而东，天下之人安乎？不安乎？是故关中者，项王必取之地也。取之而名不顺，势不便，则缓取之；取之而名不顺，势不便，且召天下之兵，则以弃之者取之。何以知其然也？乃者陈涉首难，诸侯各收其地而王之矣。三王，秦之人也，以秦之地付三王，此秦汉之际诸侯之法也。使三王者据全秦之胜，扼全蜀之冲，包南山之塞，窒栈道之隘，终身为西楚藩卫，则朝贡征发，何求而不可？若其以百战之烬，生降之虏，寄仇雠之号令，驱乡党之俦匹，一有扰动，西楚废其主，刘其民，若燎毛射缟耳。指挥既定，人心自固。诚如是也，汉王不得援前说以争秦，诸侯不得举前事以责楚，名与势皆顺便矣。所谓缓取之也，所谓以弃之者取之也。是故不付之张耳、臧荼者，不以关外之将相制关中也；不付之共敖、黥布者，不以西楚之将相制关中也。阳示天下以大公，而阴利三王之易取。是故三秦者，项王之寄地也。其告韩生曰："富贵不归故乡，如衣锦夜行，人谁见之！"此项王之设辞也，非项王之本计也。……夫争战之事，一日千变，而古人身亲其事，凡所设施，必非偶然，不可以成败轻量也。后世如六朝之割裂，如五季之紊乱，草泽英雄，崛起一时，必有异人之识，兼人之力，为众所不及者。天下大器，置都大事，曾项王而漫付之，吾故推其所以然，以明得失之实。如必以项王为虑不及此，彼亚父者，亦非不审于计者也。（《大云山房文稿》初集卷一《西楚都彭城论》）

**程馀庆：** 所见只此，鄙甚！（《历代名家评注史记集说·项羽本纪》）

⑮【汇注】：

**程金造：** 说者，裴氏《史记集解》引《楚汉春秋》、扬子《法言》云：说者是蔡生。《汉书》云是韩生。按《楚汉春秋》南宋已亡。《法言》见《重黎篇》。（《史记管窥·司马迁著项羽入本纪之本意》）

⑯【汇注】：

**裴　骃：** 张晏曰："沐猴，猕猴也。"（《史记集解·项羽本纪》）

**焦　竑：**《史记》"沐猴而冠"，沐猴，猴名，出罽宾国，见《汉书》。郭义恭《广志》曰："沐猴，即猕猴也。不知者多以沐浴之沐解之。"（《焦氏笔乘》卷二《沐猴》）

**沈钦韩：**《初学记·毛诗草虫经》曰："猱，猕猴也。楚人谓之沐猴。"（《汉书疏证》卷二十七《陈胜项籍传》）

**赵　翼：**《史记》项羽烧秦宫室东归，说者讥其沐猴而冠，《汉书》：说者乃韩生也。（《廿二史札记》卷一《史汉不同处》）

**吴国泰：** 猕猴或称母猴，又称马猴，皆谓大猴似人者也。《尔雅·释虫》"马蜩"，郭注"蜩中最大者为马蜩"，故马蜩即大蝉。《方言·十一》："马蚿，其大者谓之马蚰。"大都物之大者谓之马，亦谓之牛，或谓之王也。猕、沐、母、马，一声之转。当以马字为正，余皆同音借字耳。（《史记解诂·项羽本纪》，载《文史》第43辑）

**吴汝纶：** 背关怀楚之失，即就说者口中论之。（《桐城吴先生点勘史记读本·项羽本纪》）

**编者按：** 项羽在灭秦的过程中虽然立下了汗马功劳，充分展示出他的军事天才，但是他属于悲剧英雄，一生功业以失败而告终。造成这一悲剧的原因，笔者认为与他的关中情节有关，对关中百姓的不仁不义使他失去了立国关中的社会基础，从而为他的最后失败埋下了伏笔。参见徐卫民《项羽与关中》，《长安大学学报》（社会科学版），2012年第2期。

⑰【汇注】：

　　**颜师古**：言虽著人衣冠，其心不类人也。果然，果如人之言也。(《汉书注·陈胜项籍传》)

　　**司马贞**：言猕猴不任久著冠带，以喻楚人性躁暴。果然，言果如人言也。(《史记索隐·项羽本纪》)

⑱【汇校】：

　　**王益之**：《考异》曰："《楚汉春秋》、扬子《法言》以为蔡生，班《史》《通鉴》以为韩生，未知孰是？"《史记》以为说者，今从《史记》。(《西汉年纪》卷一《高祖》)

【汇注】

　　**裴骃**：《楚汉春秋》《扬子法言》云说者是蔡生，《汉书》云是韩生。(《史记集解·项羽本纪》)

　　**王世贞**：楚项王晨朝诸大夫，韩生见曰："大王有意，幸王关中。关中四塞，地肥饶可都，勿失也。"项王默然未答。亚父曰："善哉！韩生言也。秦以虎踞，东面而笞捶天下，固万世业也。"沛公闻之，惊曰："殆矣！夫项王虎狼也，而据关中，是负嵎而伺肉人也。吾且肉矣！"子房曰："无恐也。请得见项伯。"乃夜见项伯曰："舍人言大王肯王关中，灞浐之旁，美田宅，园圃百一之价，君擅用焉。不佞亡臣之余，敢请其羡。"伯曰："唯唯。赖君之庇，庶几有之。"曰："敢问大王之所与将者师几何？"曰："四十万人。""固也，渡江而北，为楚者师几何？"曰："十万有奇。""人之好去乡者，情乎？"曰："非情也。""新城之役，秦师之就坑者几何？"曰："二十万人。""二十万人之为父兄子弟亲戚者几何？"曰："不可几也，亡虑百万。""敢问大王之坑秦师也何故？"曰："为武信君。"乃起叹曰："嗟夫！君之不早计良也，今幸乃遇良。为武信君报也者，则为秦师报也者。其怀刃而欲剚大王与君之腹专矣。大王之卒四十万人，其从诸侯王而国者三十万人，则王卒十万人，不好去乡者十之八，则毋跳而留卫王者十之二矣。夫以二万之卒，而欲压百万之怨民，使之日耽耽焉而计其隙，即灞浐之旁美田宅园圃以亿计，君安得长擅之乎？夫使乌获酣寝，十其仇衷短衣而环侍，即毋乌获明矣。"项伯曰："善！"入言之项王曰："客有称新城之役者宫其室，俘其人，寝食其共惴惴焉。"项王曰："亚父亟请之，吾非忘之也。富贵不归故乡，如衣绣夜行，谁知者！"明日，韩生复流讪，乃烹韩生。(《史记短长说》卷下)

　　**解惠全、张德萍**：烹：放在锅里煮死。是古代一种酷刑。(《全译史记·项羽本纪》)

【汇评】：

　　**司马光**：世皆以项羽不能用韩生之言，弃关中之险，故失天下。窃谓不然。夫秦据函谷，东向以制天下，然孝、惠、昭、襄以之兴，而二世、子婴以之亡，顾所以用之之道何如耳，地形不足议也。项羽放杀其君，不义之名，明于日月；宰制天下，王诸侯，废公义，而任私意，逐其君以置其臣，其受封者争夺不服，疏斥忠良，猜忌有功，使臣下皆无亲附之意，推此道以行之，虽重金袭汤，不能以一日守也，况三秦之险哉？（《司马文正公传家集》卷六十七《项羽诛韩生》）

**倪思撰、刘辰翁评**：《史记》录此，谓最尽怀王情实。秦未亡前须出此，秦亡之后非利也。事之利害，旦暮有不同者。郦生后时犹执此说，真腐儒也。（《班马异同评》）

**于慎行**：韩生说项王曰："关中阻山带河，四塞之地，可都以伯。"此其见与刘敬同。敬以之封，韩以之烹，智愚之相越为此，兴亡胜负，不至垓下而决矣。（《读史漫录》卷二）

**刘 沅**：项羽残暴，即听韩生言，都关中，亦无得天下之理。直书其事，而恶自见。（《史存》卷六《楚汉纪》）

**程馀庆**：一都关中也，娄敬言之而封，韩生言之而烹。进言当择人如此！（《历代名家评注史记集说·项羽本纪》）

**程金造**：这"说者"之言，话虽有些逆耳，道理则全正确。如果在能人之智者听来，必然引以为谏诤之语，要详审所以。但是在刚愎自用之项羽听后，自然认为是辱骂，就烹死说者，具以非刑。太史公著此琐屑小事，而其用意却甚大。（《史记管窥·司马迁著项羽入本纪之本意》）


项王使人致命怀王①。怀王曰："如约②。"乃尊怀王为义帝③。项王欲自王④，先王诸将相⑤。谓曰："天下初发难时⑥，假立诸侯后以伐秦⑦。然身被坚执锐首事⑧，暴露于野三年⑨，灭秦定天下者⑩，皆将相诸君与籍之力也⑪。义帝虽无功⑫，故当分其地而王之⑬。"诸将皆曰："善⑭。"乃分天下⑮，立诸将为侯王⑯。项王、范增疑沛公之有天下，业已讲解⑰，又恶负约⑱，恐诸侯叛之⑲，乃阴谋曰⑳："巴、蜀道险，秦之迁人皆居蜀㉑。"乃曰㉒："巴、蜀亦关中地也㉓。"故立沛公为汉王㉔，王巴、蜀、汉中㉕，都南郑㉖。而三分关中㉗，王秦降将以距塞汉王㉘。项王乃立章邯为雍王，王咸阳以西，都废丘㉙。长史欣者，故为栎阳狱掾，尝有德于项梁；都尉董翳者㉚，本劝章邯降楚㉛。故立司马欣为塞王㉜，王咸阳以东至河，都栎阳㉝；立董翳为翟王㉞，王上郡㉟，都高奴㊱。徙魏王豹为西魏王㊲，王河东㊳，都平阳㊴。瑕丘申阳者㊵，张耳嬖臣也㊶，先下河南（郡）㊷，迎楚河上㊸，故立申阳为河南王，都雒阳㊹。韩王成因故都㊺，都阳翟㊻。赵将司马卬定河内㊼，数有功，故立卬为殷王㊽，王河内，都朝歌㊾。徙赵王歇为代王㊿。赵相张耳素贤，又从入关，故立耳为常山王㉛，王赵地，都襄国㉜。当阳君黥布为楚将，常冠军，故立布为九江王㉝，都六㉞。鄱君吴芮率百越佐诸侯㉟，又从入关㊱，故立芮为衡山王㊲，都邾㊳。义帝柱国共敖将兵击南郡㊴，功多，因立敖为临江王㊵，都江陵㊶。徙燕王韩广为辽东王㊷。燕将臧荼从楚救赵㊸，因从入关，故立荼为燕王㊹，都蓟㊺。徙齐王田市为胶东王㊻。齐将田都从共救赵，因从入关，故立都为齐王㊼，都临菑㊽。故秦所灭齐王建孙田安，项羽方渡河救赵，田安下济北数城㊾，引其兵降项羽，故立安为济北王㊿，都博阳㉛。田荣者，数负项梁，又不肯将兵从楚击秦，以故不封㉜。成安君陈馀弃将印去㉝，不从入关，然素闻其贤，有功于赵，闻其在南皮㉞，故因环封三县㉟。番君将梅鋗功多㊱，故封十万户侯㊲。项王自立为西楚霸王㊳，王九郡㊴，都彭城㊵。

① 【汇注】：

冯梦龙：致命，复命也。（《纲鉴统一》卷六《西汉高帝元年》）

王伯祥：致命犹报命。使人致命怀王，使人将入关破秦经过报告怀王，并且向他请示。有试探意。（《史记选·项羽本纪》）

② 【汇注】：

魏了翁：羽既烧秦宫室，使人还报怀王，怀王曰："如约。"羽怨怀王不肯令与沛公俱西入关，而北救赵，后天下约，乃曰："怀王者，吾家所立耳，何以得专主约？"

春正月，阳尊怀王为义帝。吕东莱曰："义帝初为项梁所立，特从民望耳。梁名为臣，实则君也。"章邯既击杀梁，遂以楚为不足虑，虽楚国之众，亦皆惴恐，不知死所矣。帝乃并吕臣、项羽军以收主权，自盱台进都彭城以张国势，置宋义诸将之上，而不敢不服，拒项羽入关之请，而不敢不从。至于独遣沛公，仗义而西，则所见又有大者焉，可谓天下之英主矣。不幸宋义得志而骄，为羽所乘。羽既得志，存钜鹿，降章邯，拥诸侯四十万之众入咸阳，威震天下，帝块然寄坐，虽庸人亦数日而知亡矣。及羽使人致命，使汉献、唐昭处之，必低首下心，惟羽是循。帝不慑不屈，报之曰"如约"，帝岂不知羽之不从哉？正其义而已矣。此真主天下之约者也。死生祸福，帝如彼何哉？按：楚怀王以二世二年六月立，九月项梁死，项羽吕臣徙怀王都彭城。其在盱台也，以陈婴为上柱国，出于项梁之命；其至彭城也，并吕臣、项羽军，始出于怀王之独断。以羽为长安侯，以沛公为砀郡长、武安侯，以吕臣为司徒，其父吕青为令尹，又以宋义为上将，项羽为次将，范增为末将，北救赵。遣沛公西入关，此皆怀王号令也。羽杀宋义而后大权旁落，因立羽为上将军，此一着亦如汉王因立韩信为齐王，心中实不平。至羽破降章邯，入关至戏，则不可复制矣。沛公入关在汉元年十月，怀王当于此时遣人立沛公为秦王，王关中，召还项羽，论救赵破秦功，亦有以封之可也。然羽擅已封章邯为雍王，不禀君命，则无忌惮甚矣，怀王于是受制强臣。徙国二年正月遇弑。为王一年半，为帝一年。无后。其人品才地，恐亦不为十分英迈如秦王子婴，岂不能诛赵高？亦非大段不才。天之废秦、废楚久矣，虽有高才，亦不足以胜恶运也。（《古今考》卷九《怀王曰如约》）

**方　回**：怀王曰："如约"，谓先入关者王之之约也。（《续古今考》）

**王世贞**：揭怀王入关之约在首，便见后面项羽之负约处。（引自《百大家评注史记·项羽本纪》）

**姚允明**：羽欲分王天下，使报命，而怀王曰："如约。"则沛公当有全秦，而项氏反无处所矣。乃抑怀王，而崇己功，因并退六国王，厚入关之将。春正月，以江南郴、先阳尊义帝，二月，即取梁、楚九郡，自立为西楚霸王。……汉二年，冬十月，义帝戕于江中。姚伯子每叹后世君臣之变，而恶范增之首汨之也。增全谋在辅羽取天下，岂真有意兴楚者哉？权设其名，而终攘为己利，莽、操、懿、温，本其术而甚用焉，以祸天下烈矣。且使羽拂乱其行事，至负恶名以失天下者，皆立怀王之为也。君臣猜戾，激之为乱，何如慎厥初谋哉！姚伯子又尝异怀王不善楚社稷计，其术之疏也。（《史书》卷二《汉·高帝》）

**王鸣盛**：六国久矣，起兵诛暴秦，不患无名，何必立楚后？制人者变为制于人。而怀王公然主约。既约"先入关者王之"，而不使项羽入关，是明明不欲羽成功也。独不思已本牧羊儿，谁所立乎？既不能杀羽，而显与为难，且不但不使项羽入关而已，并救赵亦仅使为次将，所使上将，则妄人宋义也。羽即帐中斩其头，如探囊取物。迨至羽屠咸阳、杀子婴后，怀王犹曰："如约。"如约者，欲令沛公王关中也。兵在其颈，犹为大言，牧羊儿愚至此。范增谬计，既误项氏，亦误怀王。（《十七史商榷》卷二《项王谬计四》）

**牛运震**："如约"二字，简约得体，而怀王之坐拥空名，不能专制神情，俱为摹出。（《空山堂史记评注》卷二《项羽本纪》）

**王伯祥**：如约，照前与诸将所言"先入关中者王之"之约。（《史记选·项羽本纪》）

**解惠全、张德萍**："如"，按照，遵循。（《全译史记·项羽本纪》）

**程馀庆**：二字答得有身分，然祸始于此。（《历代名家评注史记集说·项羽本纪》）

③【汇注】：

**司马迁**：项羽怨怀王不肯令与沛公俱西入关，而北救赵，后天下约。乃曰："怀王者，吾家项梁所立耳，非有功伐，何以得主约！本定天下，诸将及籍也。"乃详尊怀王为义帝，实不用其命。（《史记·高祖本纪》）

**司马贞**："义帝元年，诸侯尊怀王为义帝"。项羽徙之于郴，至十月，项籍使九江王布杀义帝，汉王为举哀也。（《史记索隐·秦楚之际月表》）

**洪　迈**：人物以义为名者，其别最多。……自外入而非正者曰义，义父、义儿、义兄、义服之类是也。（《容斋随笔》卷八《人物以义为名》）

**谢肇淛**：今谓假父曰义父，假子曰义子义女，故项羽尊怀王为义帝，犹假帝也。（《文海披沙》）

**吴　非**：楚义帝者，以诸侯推尊为共主，而奉命由王称帝，故义之。心其名，世系所传，故楚怀王孙也。（《楚汉帝月表·楚义帝本纪》）

**王伯祥**：不称楚帝而称义帝，意味着仅得名义耳。此义字犹义父、义子、义发、义齿的义字。（《史记选·项羽本纪》）

**编者按**：唐虞世南撰《北堂书钞》卷七《帝王部·行义十八》云："君能制命为义。"

【汇评】：

**杨　慎**：项羽立楚王孙心为帝，以从民望，不曰楚帝，而曰义帝，犹义父、义子之称，其放弑之谋，不待"如约"之言而后萌矣。（《丹铅总录》卷十二《义帝》）

**庄元臣**：工人刻木为像，已置像而拜祷之，往往有应者。夫木未成像之先，工制乎像；既成像之后，像制乎工。其理何也？曰：昔楚怀王孙心为人牧羊，时项羽忽建议而立为义帝。既立之后，义帝能主约而制项羽，羽惟不受其制而杀之，卒负贼名，以亡其楚。此与工人侮像而受祸者何异？（《叔苴子·内篇》卷四）

**吴　非**：或曰：非所帝而帝之为义，义则假矣，后世之所为义子义婢皆是类也，不终归于假与？曰：此与尔时之假王者不共语也。假王多自立，上无先世之传，下非群众之戴矣。于孙心始奉之为王，已奉之为帝，溯其先，则怀王真楚也，楚真则王亦真，王真则帝亦真，帝真而义真矣。羽欲自立为西楚，故先之以义帝之尊，而阴谋定汉王之封，然其名则义帝也。共敖以义帝上柱国王临江，名亦义帝也。乃羽之使杀义帝者，共敖与楚绝矣。楚绝而立怀以复楚，楚立而又杀义帝以绝楚，而自假楚，羽不亦愚乎！羽冒义而阴行不义，义帝因人之义以为义，汉王奉义而终不失其为义。义之名正，吾故曰楚真则王真而帝真，帝真而义真，虽非有功伐，兴灭继绝，安见其假也！（《楚汉帝月表·史记不立义帝本纪辩》）

**刘　沅**：天下初畔秦，藉楚怀王之冤以动人，立义帝。然名分已定，诸侯皆听其约束，遣诸侯伐秦，约先入关中为王。沛公独先入，则义帝"如约"之言，非过也。羽不从其言，而犹尊以为帝，亦以众心难遽违也。书尊为义帝，及羽自立后弑义帝之罪乃见。（《史存》卷六《楚汉纪》）

**程馀庆**：羽虽致命怀王，实不用其命，且不曰楚帝，而曰义帝，放弑之谋已肇于此。（《历代名家评注史记集说·项羽本纪》）

④【汇评】：

**高　嵣**：先之以义帝，示虚体也。紧接"欲自王"三字，探本志也。随纪其命众之辞，挈纲领也。（《史记钞》卷一《项羽本纪》）

⑤【汇注】：

**王伯祥**："先王"之"王"与以下许多"王之""王某地"等之"王"，俱动词。先王诸将相，先封诸将相为王。（《史记选·项羽本纪》）

【汇评】：

**吴见思**：点一句项羽心事。（《史记论文·项羽本纪》）

**姚苎田**：提一句，方有架落。（《史记菁华录·项羽本纪》）

**李景星**：《史》云"项王欲自王，先王诸将相"，总提一笔，得体得势。（《汉书评议·陈胜项籍第一》）

**储　欣**：分王一段，极错综，极整齐，栩栩传神。（《史记选》卷一《项羽本纪》）

⑥【汇注】：

**裴　骃**：服虔曰："兵初起时。"（《史记集解·项羽本纪》）

**张守节**：难，乃惮反。（《史记正义·项羽本纪》）

**胡三省**：谓初起兵时。难，乃旦翻。（《资治通鉴》卷九"高帝元年"注）

⑦【汇注】：

**王伯祥**：立诸侯后，指立六国之后。而云"假立"，显然有否认之意，故引出下面

一篇大道理来。(《史记选·项羽本纪》)

【汇评】：

姚苎田：明谓义帝也，心事毕露。(《史记菁华录·项羽本纪》)

程馀庆：二句见怀王之为虚器。(《历代名家评注史记集说·项羽本纪》)

【汇评】：

张家英："假立"者，非正式确立之谓，实乃权宜之计也。项羽之必杀怀王，于此一语泄之。(《〈史记〉十二本纪疑诂·项羽本纪》)

⑧【汇注】：

王伯祥：被坚执锐首事，犹言起兵首举大事。与前"初发难时"相应。(《史记选·项羽本纪》)

⑨【汇注】：

张守节：暴，蒲北反。(《史记正义·项羽本纪》)

王伯祥：暴音仆，显露。暴露于野，犹言军中辛苦，风餐露宿。自二世元年起兵，至此适得三年。(《史记选·项羽本纪》)

⑩【汇评】：

姚苎田：只叙战功，便令诸公皆出己下。(《史记菁华录·项羽本纪》)

⑪【汇评】：

程馀庆：数句见己之有实功。并言诸将相，恐其不服，以此慰其心也。(《历代名家评注史记集说·项羽本纪》)

⑫【汇校】：

宋云彬：《汉书》作"怀王无功"，这儿多一"虽"字，应当删去。(《项羽》)

⑬【汇注】：

王伯祥：故通固，故当分其地而王之，犹言本该分地封他为王的。上云义帝虽无功，已说他无功而白白享受，下云故当，无可奈何之情可见。"虽"字含有轻之之意；"故当"二字不免蕴怒含怨了。(《史记选·项羽本纪》)

【汇评】：

洪　迈：汉高帝项羽，起兵之始，相与北面共事怀王。及入关破秦，子婴出降，诸将或言诛秦王。高帝曰："始怀王遣我，固以能宽容。且人已服降，杀之不祥。"乃以属吏。至羽则不然。既杀子婴，屠咸阳，使人致命于怀王，王使如初约，先入关者王其地，羽乃曰："怀王者，吾家武信君所立耳，非有功伐，何以得颛主约？今定天下，皆将相诸君与籍力也。怀王亡功，固当分其地而王之。"于是阳尊王为义帝，卒至杀之。观此二事：高帝既成功，犹敬佩王之戒；羽背主约，其末至于如此，成败之端，不待智者而后知也。(《容斋随笔》卷二《刘项成败》)

孙　琮："虽"字轻之。"故当"一字恨之，弑机见矣。(《山晓阁史记选·项羽本纪》)

姚苎田：语牵强得妙，弑端兆矣。(《史记菁华录·项羽本纪》)

牛运震："义帝虽无功，故当分其地而王之"："虽"字、"故"字，文理不甚承接，妙！此中大有牵曲情事。(《空山堂史记评注》卷二《项羽本纪》)

⑭【汇评】：

程馀庆：仍是慴服口吻。(《代名家评注史记集说·项羽本纪》)

⑮【汇注】：

吕祖谦：项籍为天下主，命徙义帝江南，都郴。分楚为四：自立为西楚霸王；封楚将英布为九江王、楚共敖为临江王、番君吴芮为衡山王。分秦为四：封沛公刘邦为汉王，迁之汉中；封秦降将章邯为雍王、司马欣为塞王、董翳为翟王，三分关中以拒汉。分齐为三：徙齐王田市为胶东王，封齐将田都为齐王，田安为济北王。分赵为二：徙燕王韩广为辽东王，封燕将臧荼为燕王。分魏为二：徙魏王豹为西魏王，封赵将司马卬为殷王。分韩为二：韩王成如其故，封楚将申阳为河南王。(《大事记解题》卷八《项籍为天下主》)

⑯【汇注】：

章　衡：乙未，元年，正月，项羽阳号怀王为义帝，自立为西楚霸王，乃分天下，立十八王。沛公为汉王，王巴、蜀。章邯为雍王。司马欣为塞王，董翳为翟王，楚将申阳为河南王，赵将司马卬为殷王，英布为九江王。共敖为临江王，敖卒，子尉立。番君吴芮为衡山王。田安为济北王。徙魏王豹为西魏王。徙燕王韩广为辽东王。燕将臧荼为燕王。徙齐王田市为胶东王。齐将田都为齐王。徙赵歇为代王。赵相张耳为常山王。封成安君陈馀以河间三县。八月，羽杀韩王成，立郑昌为韩王以距汉。(《编年统载》卷三《汉·高祖皇帝》)

茅　坤：以下序次诸将功，与其定封如画，而矜恩仇，私爱憎处，亦种种分别。(《史记钞·项羽本纪》)

【汇评】：

黄淳耀：项王立六国后，树秦敌，此入关以前事，非入关以后事也。项羽破秦为西楚霸王矣，复封诸侯王将相，此正与郦生立六国后之策暗合。后著用前著，所以败也。景陵钟氏论羽如此。愚谓不然。羽率诸侯兵西入关，不过以破章邯军为诸侯冠军耳。此时诸侯所推戴之怀王尚在楚，先入关有功之沛公不可杀，从入关之诸侯各有功，不分王之，将置何地乎？盗亦有道，羽既称诸侯长，能一切以无道行之乎？羽失天下，正坐背约，宰割不平，故田荣、陈馀首发兵端，而沛公乘之于外，不可云失在分封也。子房虽发八难，前劝汉王捐关以东予信、越等，后又劝汉王盖封信、越，使人自为战，

其所异于郦生者，立六国后则不复为汉用，立信、越则汉将也。(《陶庵全集》卷四《史记评论·项羽本纪》)

[美] 陆威仪：然而，项羽推崇的是东周时期的景象，恢复分封制。他自立为西楚霸王，把中华帝国其他地区分为18个小的诸侯国，松散地纳入他自己的权威之下。这些诸侯国被分封给他手下的将军，以及他想要安抚的军事对手。后者中就有刘邦，他成为"汉王"，统辖三秦之一的汉中盆地。众所周知，刘邦是汉朝开国帝王，他打败了项羽，建立了汉朝。(《早期中华帝国秦与汉·帝国版图》)

⑰【汇注】：

裴　骃：苏林曰："讲，和也。"(《史记集解·项羽本纪》)

司马贞：服虔云："解，折伏也。"《说文》云："讲，和解也。"《汉书》作"媾解"。苏林云："媾，和也。"是"讲"之与"媾"俱训和也。业，事也。言虽有疑心，然事已和解也。(《史记索隐·项羽本纪》)

⑱【汇注】：

夏伯炎：恶：嫌恶。约，指"先破秦入咸阳者王之"之约。这句是说项羽心想如果把刘邦杀掉或不封他在关中，又忌讳落个负约的罪名，致使诸侯背叛自己。(见王利器主编《史记注译·项羽本纪》)

⑲【汇注】：

王伯祥：以上四句，包四层意义，疑沛公有天下一层，业已讲解二层，又恶负约三层，恐诸侯叛之四层，曲达项王、范增二人的心事。业，既经。讲解即和解，谓鸿门之会杀刘的机会已经消失。恶音污，嫌忌。负约，背先入关者王之约。恶负约，嫌忌背约之名。(《史记选·项羽本纪》)

【汇评】：

牛运震："疑沛公之有天下，业已讲解，又恐负约，恐诸侯叛之"数句，将项王心事，曲折写尽。太史公最善此笔。(《空山堂史记评注》卷二《项羽本纪》)

程馀庆："项王、范增疑沛公之有天下，业已讲解，又恶负约，恐诸侯叛之"：四句四层，写项王心事曲尽。添出范增，其主谋也。(《历代名家评注史记集说·项羽本纪》)

⑳【汇评】：

姚苎田：此段乃刘、项成败大机关，草蛇灰线皆伏于此。(《史记菁华录·项羽本纪》)

㉑【汇注】：

王应麟："巴、蜀"，秦二郡。苴、蜀相攻，秦使张仪、司马错取蜀。谯周曰：苴，今之巴郡也。《正义》曰：蜀王封其弟于汉中，号曰苴侯。因命之邑曰葭萌。苴侯与巴王为好，巴与蜀为仇，故蜀王怒，伐苴，苴奔巴求救于秦，秦遣张仪伐蜀，灭之，因灭巴。（《通鉴地理通释》卷七《名臣议论考·巴蜀》）

㉒【汇评】：

　　孙　琮："阴谋曰"，"乃曰"，写其负心屈理。（《山晓阁史记选·项羽本纪》）

　　吴见思：两"乃曰"写阴谋心口商度之词，妙。（《史记论文·项羽本纪》）

　　姚苎田："乃阴谋之"，"乃曰"：一阴一阳，连缀而下，真绘水绘声手。（《史记菁华录·项羽本纪》）

㉓【汇注】：

　　杨树达：此羽与范增谋所定之计，见《萧何传》。（《汉书窥管》卷四《陈胜项籍传》）

【汇评】：

　　牛运震："乃曰：巴、蜀亦关中地也"：无限负心、无限屈理在"乃曰"二字及一"亦"字，传神。（《空山堂史记评注》卷二《项羽本纪》）

　　程馀庆：无限负心屈理，在"乃曰"二字。传神。一"亦"字，说来亦自觉牵强。两"乃曰"字，写阴谋心口商量之辞，妙！（《历代名家评注史记集说·项羽本纪》）

㉔【汇注】：

　　裴　骃：徐广曰："以正月立。"（《史记集解·项羽本纪》）

【汇评】：

　　范光宙：项王背约，谋以巴蜀王汉王，又以三秦距汉中，名王之实迁之也。乃汉王俯焉之国，良也归韩，信也遁亡，索然宁有东意乎？及淮阴一将，举兵而东，则三秦授首，如栖羽之搏，而困蛰之奋也。夫迅霆之奋必郁，鸷鸟之举先伏。汉中之地，固汉王之所以存身而养奋者也。君子曰：不然。汉王固宽大长者，秦民安之。令是时，非何与良，劝之入汉，其不覆于一击之忿乎？令非将信而出，绛、灌而下，有决策而东者乎？惟何也说养民，良也说烧栈，信也说从故道出，其入其出皆存乎其人也。议者以羽不都关中，而汉因之以兴。嘻！此又以形势论也。夫关中，固天府之国也，秦不二世而亡，三秦亦不数月而败。羽之暴，即关中，能兴乎？羽以死地视蜀，挚以王汉王，而汉卒藉三杰以兴，人也？地乎哉？（《史评》卷三《高帝·王汉》）

　　凌稚隆：按项羽分王天下，一任爱憎，故太史公叙次诸将功与其定封处，连用"故"字"因"字摹写之。（《史记评林·项羽本纪》）

　　浦起龙：增之以疑沛公有天下，阴谋立为汉王，钩心事也，然独郑重其辞者，为汉家得号之始，大书特书也。（《古文眉诠》卷十八《项羽本纪》）

　　储　欣：此段公私轻重，只在虚字过脉处摹写。（《史记选》卷一《项羽本纪》）

**周在镐**：汉高祖与项羽相持而得天下，其机决于羽之大封诸王，而立沛公为汉王。羽之大封诸王，非能以富贵与天下共之也，为自王地也。自王则不得不王诸王，王诸王则不得不王沛公。沛公为汉王，是羽之所以亡，而汉之所以兴也。……以雄勇无敌之高祖，而置之陁逼无能之汉中，高祖之志气能终于此而已乎？且天下纷纷，诸王并立，战国相吞并之势，駸駸乎复在刘项之世矣。向之所敌者一秦，今之所敌者数十百秦而未已也。汉中一隅耳，高祖之智，明知不取三秦，则汉中不可得而有，虽定三秦而不东向以争天下，则三秦亦不可便以为安也。故高祖之决然以取天下为量者，未必志气之本异于羽，亦势使之然也。势之来生于项羽之自私，自私而适以自亡。人事则然，盖若天之道焉。（见《史记正鹄》三集卷八《项羽立沛公为汉王论》）

**程金造**：按：《史记·高祖本纪》说："怀王令沛公西略地入关。与诸将约，先入定关中者王之。"而沛公刘邦先入关，秦王子婴降。是则王沛公者，乃是楚怀王，初非项羽。（《史记管窥·司马迁著项羽入本纪之本意》）

㉕【汇注】：

**司马光**：汉王赐张良金百镒，珠二斗；良具以献项伯。汉王亦因令良厚遗项伯，使尽请汉中地，项王许之。（《资治通鉴》卷九"高帝元年"）

**胡三省**：巴、蜀、汉中，秦所置三郡地也。班《志》，南郑县属汉中，《括地志》：南郑县，今梁州治所。近世有李文才者，蜀人也，著《蜀鉴》曰：南郑自南郑，汉中自汉中。南郑乃古褒国，秦未得蜀之前先取之。汉中乃金、洋、均、房等州六百里是也。秦既得汉中，乃分南郑以隶之而置郡焉，南郑与汉中为一自此始。《春秋》"楚人、巴人灭庸"，即今均、房两州地。班《志》，汉中郡治西城，今金州上庸郡是也。（《资治通鉴》卷九"高帝元年"注）

**王伯祥**：汉中，秦所置郡，地居汉水上游，约当今陕西省秦岭以南一带及湖北省西北部。王巴、蜀、汉中，以三郡封刘邦为汉王。（《史记选·项羽本纪》）

㉖【汇注】：

**张守节**：《括地志》云："南梁州所理县也。"（《史记正义·项羽本纪》）

**编者按**：点校本《史记》修订组："南梁州所理县也"，"南"下疑脱"郑"字。按：本书卷五《秦本纪》"南郑反"《正义》："南郑，今梁州所理县也。"卷四五《韩世家》"请道南郑、蓝田"正义："南郑，梁州县。"

**刘文淇**：《汉书·高祖纪》"王巴蜀汉中四十一县，都南郑"。按：《地理志》，巴郡十一县，蜀郡十五县，汉中十二县，共三十八县。尚少三县。而广汉、犍为二郡系从巴蜀二郡割出者，则所少之三县，必在广汉、犍为之中，然不可考矣。又按：《张良传》，汉元年，沛公为汉王，王巴蜀、赐良金百镒，珠二斗，良具以献项伯，汉王亦因良厚遗项伯，使请汉中地。项王许之。服虔云：本不尽与汉中，故请求之。（《楚汉诸

侯疆域志》卷二《十八王分地》上）

㉗【汇注】：

夏伯炎：三分关中：将关中分割为雍、塞、翟三国。（见王利器主编《史记注译·项羽本纪》）

㉘【汇注】：

班　固：初，诸侯相与约，先入关破秦者王其地。沛公既先定秦，项羽后至，欲攻沛公，沛公谢之得解。羽遂屠烧咸阳，与范增谋曰："巴蜀道险，秦之迁民皆居蜀。"乃曰："蜀汉亦关中地也。"故立沛公为汉王，而三分关中地，王秦降将以距汉王。汉王怒，欲谋攻项羽。周勃、灌婴、樊哙皆劝之，何谏之曰："虽王汉中之恶，不犹愈于死乎？"汉王曰："何为乃死也？"何曰："今众弗如，百战百败，不死何为？《周书》曰'天予不取，反受其咎'。语曰'天汉'，其称甚美。夫能诎于一人之下，而信于万乘之上者，汤、武是也。臣愿大王王汉中，养其民以致贤人，收用巴蜀，还定三秦，天下可图也。"汉王曰："善。"乃遂就国，以何为丞相。（《汉书》卷三十九《萧何曹参传》）

夏伯炎：距塞：抗拒，拦阻。（见王利器主编《史记注译·项羽本纪》）

【汇评】：

吕祖谦：章邯、司马欣、董翳，卖秦子孙二十万以求利，父老方欲俱刃其腹，羽乃使之王关中，以距塞得人心之汉王，何其愚也？（《大事记解题》卷八）

陈傅良：议者多咎羽捐天下之胜形以取败，是不然。方羽分关中授三叛将，以障汉军之东，意谓三秦足以限汉，虽高枕彭城，而巴蜀之师不敢越境而下也。不知债军降将，非汉之敌，楚师之返斾未卷，而汉已劫而夺之矣。羽不能止，徒王郑昌于韩以为西蔽，终以饲汉而已。则关中之不守。非失险也，失人也。（引自《历代名家评注史记集说·项羽本纪》）

李　贽：何不自王而自塞之！（《藏书》卷二《西楚霸王项羽》）

汪　琬：项羽立沛公为汉王，王巴、蜀、汉中，汉王怒，欲攻羽。萧何谏曰："臣愿大王养其民以致贤人，收用巴、蜀，还定三秦，天下可图也。"汉王曰："善。"汪子曰：刘备之入蜀与高祖同，然高祖遂定天下，而备不敢越汉中，以迄于亡，何也？天下之势不在蜀而在秦，曹氏能守关中而羽不能守，此废兴之所系，而谋国者之有善不善也。（《尧峰文钞》卷八《汉高祖》一）

浦起龙：统举三秦，在羽为紧著，志拒汉也。（《古文眉诠》卷十八《项羽本纪》）

程馀庆：劳且拙，真弈家低手。（《历代名家评注史记集说·项羽本纪》）

㉙【汇注】：

司马贞：孟康曰："县名，今槐里是也。"韦昭曰："周时名犬丘，懿王所都，秦欲

废之，故曰废丘。"（《史记索隐·项羽本纪》）

**张守节**：《括地志》云："犬丘故城一名废丘，故城在雍州始平县东南十里。《地理志》云汉高二年，引水灌废丘，章邯自杀，更废丘曰槐里。"（《史记正义·项羽本纪》）

**方　回**：章邯为雍王，王咸阳以西，取雍州之名以号其国，都废丘。周懿王所都之犬丘也。秦欲废之，更名废丘，汉之槐里县。汉元年八月，汉王从故道袭雍，大破章邯于陈仓，今凤翔府宝鸡县，邯走，守废丘，不下，围之二年。及十一月，汉拔雍陇西，六月，引水灌废丘，邯自杀，置中地、北地、陇西郡，王一年半。（《续古今考》卷九《项羽分天下一帝十九王》）

**胡三省**：班《志》：扶风，槐里县，周曰犬丘，懿王所都也；秦曰废丘；高祖三年更名。韦昭曰：犬丘，周懿王所都；秦欲废之，故曰废丘。《括地志》：废丘故城，在雍州始平县东南一十里。（《资治通鉴》卷九"高帝元年"注）

**王士禛**：兴平，古废丘地。项王封章邯，都此。万历四十三年，土人于地中得一金印，龟纽，方寸许，文曰"雍王章邯印"。（《陇蜀余闻》）

**陈　直**：《愙斋集古录》卷二十六，五页，有废丘鼎。《十钟山房印举》，举二、四十五页，有"法丘左尉"印，法丘即废丘之假借字。四周有界格，与废丘鼎皆秦末时物。高祖二年，即改废丘为槐里，即今之兴平县也。（《史记新证·项羽本纪》）

**编者按**：据刘文淇《楚汉诸侯疆域志》卷二《十八王分地》所考证，雍王章邯封地为秦之内史、陇西郡及北地郡。内史，汉为右扶风，县二十一，即咸阳、废丘、鄠、盩厔、斄、郁夷、美阳、郿、雍、漆、栒邑、隃麋、陈仓、杜阳、汧、好畤、虢、安陵、茂陵、平陵、武功；陇西郡，汉县十一，即狄道、上邽、安故、氐道、首阳、予道、大夏、羌道、襄武、临洮、西；北地郡，汉县十九县除后置之灵州，实十八县，即马领、直路、灵武、富平、昫衍、方渠、除道、五街、鹑孤、归德、回获、略畔道、泥阳、郁郅、义渠道、弋居、大要、廉。共有汉五十一县。

㉚【汇注】：

**梁玉绳**：董翳始见《史·始皇纪》，又作医，董狐之裔。立为翟王，自刭汜水上。（《汉书人表考》卷七《董翳》）

㉛【汇评】：

**牛运震**："长史欣者，故为栎阳狱掾，尝有德于项梁；都尉董翳者，本劝章邯降楚"：按此双提二人，以长史欣事为遥应，以董翳事作补点，闲心细笔。（《空山堂史记评注》卷二《项羽本纪》）

㉜【汇注】：

**裴　骃**：韦昭曰："在长安东，名桃林塞。"（《史记集解·项羽本纪》）

**梁玉绳**：司马欣始见《始皇纪》（《黄图》作忻），立为塞王（《项羽纪》《月表》）。到汜水上，枭头栎阳市（《项》《高纪》）。墓在耀州富平县西二十五里（《寰宇记》三十一）。（《汉书人表考》卷七《司马欣》）

㉝【汇注】：

**裴　骃**：苏林曰："栎音药。"（《史记集解·项羽本纪》）

**张守节**：《括地志》云："栎阳故城一名万年城，在雍州栎阳东北二十五里，秦献公之城栎阳，即此也。"（《史记正义·项羽本纪》）

**方　回**：章邯长史司马欣，故栎阳狱吏，为塞王，王咸阳以东至河塞，为国号者，取河、华阸塞之义。都栎阳，秦献公所都，后孝公徙都咸阳，汉左冯翊栎阳郡。高祖初尝都之。汉元年秋八月欣降，汉二年四月从汉王入彭城，汉王败，欣降楚。四年冬十月，汉王破成皋，欣自刭。十一月，枭其头于栎阳市，王仅五月。地为河上渭南郡。（《续古今考》卷九《项羽分天下一帝十九王》）

**胡三省**：韦昭曰：塞在长安，名桃林塞。《史记正义》曰：桃林塞，今华州潼关。师古曰：取河、华之固为阸塞耳，非桃林也。塞，先代翻。栎阳县属冯翊。《括地志》："汉七年，分栎阳城内为万年县，隋改为大兴县，唐复万年。秦献公所城栎阳故城，在今雍州栎阳县东北二十五里。项梁尝有栎阳逮，请蕲狱掾曹咎书以抵欣，而事得已，所谓有德于梁也。"栎音药。（《资治通鉴》卷九"大祖高皇帝上之上"注）

**毕　沅**：栎阳镇，在临潼县北五十里。《县志》即塞王司马欣所都。自高祖移都长安，遂废。后为镇。《太平寰宇记》栎阳县，项羽封司马欣为塞王，都此。（《关中胜迹图志》卷八《古迹》）

**编者按**：据刘文淇《楚汉诸侯疆域志》卷二《十八王分地》所考证，塞王司马欣封地为秦之内史，汉为左冯翊二十四县，即高陵、栎阳、翟道、池阳、夏阳、衙、粟邑、谷口、莲勺、郿、频阳、临晋、重泉、邰阳、祋祤、武城、沈阳、怀德、征、云陵、万年、长陵、弋阳、云陵；还有汉为京兆尹十二县，即长安、新丰、船司空、蓝田、华阴、郑、湖、下邽、南陵、奉明、芷阳、杜。共有三十六县。

【汇评】：

**储　欣**："长史欣者……都栎阳"：私恩私德，详写尽情。（《史记选》卷一《项羽本纪》）

㉞【汇注】：

**吴同宝**：翟王："翟"同"狄"，因其封境本春秋时白狄之地，故取以为号。（《两汉文学史参考资料·项羽本纪》）

㉟【汇注】：

**裴　骃**：文颖曰："上郡，秦所置，项羽以董翳为翟王，更名为翟。"（《史记集

解·项羽本纪》)

　　**夏伯炎**：上郡：郡名。地在今陕西省北部和内蒙古部分地区。郡治肤施，今陕西榆林县东南。（见王利器主编《史记注译·项羽本纪》）

㊱【汇注】：

　　**司马贞**：按：今鄜州有高奴城。（《史记索隐·项羽本纪》）

　　**张守节**：《括地志》云："延州州城即汉高奴县。"（《史记正义·项羽本纪》）

　　**方　回**：秦都尉董翳，劝章邯降项羽，为翟王。翟本秦上郡，都高奴，在今之鄜州界。汉元年八月，翳降汉，二年四月，同司马欣降楚，王仅五月。地为上郡。司马迁《月表》，《汉·表》并不书其所以死。（《续古今考》卷九《项羽分天下一帝十九王》）

　　**胡三省**：以上郡北近戎、翟，因以名国。班《志》，高奴县属上郡。《索隐》曰：今鄜州有高奴城。《括地志》：延州城即汉高奴县。杜佑曰：延州，春秋白翟之地；汉为肤施、高奴、临河县地；后魏置东夏州，后改延州，以界内延水为名。董翳都高奴，今金明县是。（《资治通鉴》卷九"高帝元年"注）

　　**编者按**：据刘文琪《楚汉诸侯疆域志》卷二《十八王分地》所考证，翟王董翳封地为秦之上郡，汉县二十三，即肤施、独乐、阳周、木禾、平都、浅水、京室、洛都、白土、襄洛、原都、漆垣、奢延、雕阴、推邪、桢林、高望、雕阴道、龟兹、定阳、高奴、望松、宜都。

㊲【汇注】：

　　**冯梦龙**：后降于汉，复反，诛。（《纲鉴统一》卷六《西汉高帝元年》）

　　**王伯祥**：陈胜起兵，下魏地，立魏诸公子宁陵君咎为魏王。秦将章邯击败之，咎约降。约定，咎自杀。其弟魏豹奔楚，楚怀王心予以兵，使复徇魏地，下魏二十余城，立为魏王。引兵从项羽入关，欲有梁地。项羽自欲王梁、楚，遂徙魏王豹为西魏王。《史记》有《魏豹彭越列传》。（《史记选·项羽本纪》）

㊳【汇注】：

　　**杨树达**：据《豹传》，羽欲自有梁地，故徙豹王西魏。（《汉书窥管》卷四《陈胜项籍传》）

　　**张大可**：秦郡名，地当晋西南，郡治安邑，在今山西夏县西北。（《史记全本新注·项羽本纪》）

㊳【汇注】：

　　**班　固**：魏豹，魏诸公子也。其兄魏咎，故魏时封为宁陵君。秦灭魏，为庶人。陈胜之王也，咎往从之。胜使魏人周市徇魏地……陈王乃遣立咎为魏王。章邯已破陈王，进兵击魏王于临晋……咎自杀。魏豹亡走楚。楚怀王予豹数千人，复徇魏地。项羽已破秦兵，降章邯，豹下魏二十余城，立为魏王。豹引精兵从项羽入关，羽封诸侯，欲有梁地，乃徙豹于河东，都平阳，为西魏王。（《汉书》卷三十三《魏豹传》）

**方　回**：徙魏王豹为西魏王，都平阳。项羽欲有梁地，故徙豹河东，大原府路有晋州，曰平阳郡，在潞、隰、汾、绛州之中，尧所都平水之阳也。古大原城曰晋阳。汉二年三月，汉王自临晋渡河，豹降汉，将兵从下河内，伐楚，入彭城。汉王败。五月，豹谒归视亲疾，叛汉为楚。九月，韩信虏豹，诣荥阳。三年五月，周苛杀之。（《续古今考》卷九《项羽分天下一帝十九王》）

**编者按**：据清人刘文淇《楚汉诸侯疆域志》卷二《十八王分地》所考证，西魏王魏豹封地为秦之河东郡、太原郡及上党郡。河东郡，汉县二十四，即安邑、大阳、猗氏、解、蒲反、河北、左邑、汾阴、曲沃、濩泽、端氏、临汾、垣、皮氏、长脩、平阳、襄陵、彘、杨、北屈、蒲子、绛、狐讘、骐；太原郡，汉县二十一，即晋阳、葰人、界休、榆次、中都、于离、兹氏、狼孟、邬、盂、平陶、汾阳、京陵、阳曲、大陵、原平、祁、上艾、虑虒、阳邑、广武；上党郡，汉县十四，即长子、屯留、余吾、铜鞮、沾、涅氏、襄垣、壶关、泫氏、高都、潞、猗氏、阳阿、谷远。总计汉县五十九。

**㊵【汇校】**：

**裴　骃**：徐广曰："一云瑕丘公也。"（《史记集解·项羽本纪》）

**沈钦韩**：《纪》无"公"字，孟康云：瑕丘县老人。按下文"张耳嬖臣"，非老人矣。钱大昕以为瑕丘县公，亦非。按《广韵》"公"字注：汉复姓八十五"公"，鲁有公申叔子。《纪》脱一"公"字。（《汉书疏证》卷二十七《陈胜项籍传》）

**【汇注】**：

**裴　骃**：服虔曰："瑕丘县属山阳。申，姓；阳，名。"文颖曰："姓瑕丘，字申阳。"瓒曰："瑕丘公申阳是。瑕丘，县名。"（《史记集解·项羽本纪》）

**钱大昕**：春秋之世，楚县令皆僭称公，楚、汉之际，官名多沿楚制，故汉王起沛，称沛公。楚有萧公、薛公、郯公、留公、柘公，汉有滕公、戚公，皆县令之称。此瑕丘公亦是瑕丘县令。（《廿二史考异》卷八《汉书三·项籍传》）

**王伯祥**：瑕丘本春秋鲁地，即负瑕。汉置瑕丘县。故治在今山东省滋阳县西二十五里。申阳，人姓名。徐广说，一云瑕丘公，是申阳曾为瑕丘令。文颖说，姓瑕丘，字申阳，恐怕不是的。（《史记选·项羽本纪》）

**陈　直**：瑕丘公当作瑕丘令解，孟康注释为老人恐非是。（《汉书新证·陈胜项籍传》）

**编者按**："瑕丘申阳者"，《汉书·项籍传》作"瑕丘公申阳者"。王先谦《汉书补注·项籍传》引钱大昕曰："予谓此公非老人之称。春秋之世，楚县令皆僭称公。楚汉之际，官名多沿楚制，故汉王起沛，称沛公。楚有萧公、薛公、郊公、留公、柘公，汉有滕公、戚公，皆县令之称。此瑕丘公亦是瑕丘县令。"并批评孟康云瑕丘公是老人之称为非。

㊶【汇注】：

　　颜师古：嬖谓爱幸也。（《汉书注·陈胜项籍传》）

【汇评】

　　牛运震："瑕丘申阳者，张耳嬖臣也"：按此出落法变，亦正以丑项王之不公也。（《空山堂史记评注》卷二《项羽本纪》）

㊷【汇校】：

　　梁玉绳：按：《汉书》《籍传》无"郡"字，是，此衍。河南郡高帝二年始置。（《史记志疑·项羽本纪》）

㊸【汇注】：

　　吴同宝：迎楚河上：在郡境的黄河岸上迎接楚军。（《两汉文学史参考资料·项羽本纪》）

㊹【汇注】：

　　张守节：《括地志》云："洛阳故城在洛州洛阳县东北二十六里，周公所筑，即成周城也。《舆地志》云成周之地，秦庄襄王以为洛阳县，三川守理之。后汉都洛阳，改为'雒'。汉以火德，忌水，故去洛旁'水'而加'隹'。魏于行次为土，土，水之忌也，水得土而流，土得水而柔，故除'隹'而加'水'。"（《史记正义·项羽本纪》）

　　方　回：楚将瑕丘申阳为河南王，都雒阳，汉二年冬十月降汉，地为河南郡。王仅七月，史不书所终。（《续古今考》卷九《项羽分天下一帝十九王》）

　　编者按：据清人刘文淇《楚汉诸侯疆域志》卷二《十八王分地》所列，河南王申阳封地为秦之三川郡；汉为河南郡，县二十二，即洛阳、荥阳、偃师、京、平阴、中牟、平、阳武、河南、缑氏、卷、原武、巩、谷成、故市、密、新成、开封、成皋、苑陵、梁、新郑；汉又分为弘农郡，县十一，即弘农、卢氏、陕、宜阳、渑池、丹水、新安、商、析、陆浑、上雒。共计汉县三十三。

㊺【汇注】：

　　张大可：因故都：居韩国之故都，即阳翟，在今河南禹县。（《史记全本新注·项羽本纪》）

㊻【汇校】：

　　班　固：韩王信，故韩襄王孽孙也，长八尺五寸。项梁立楚怀王，燕、齐、赵、魏皆已前王，唯韩无有后，故立韩公子横阳君成为韩王，欲以抚定韩地。项梁死定陶，成奔怀王。……项籍之封诸王，皆就国，韩王成以不从，无功，不遣之国，更封为穰

侯，后又杀之。（《汉书》卷三十三《魏豹田儋韩王信传》）

**张守节**：《括地志》云："阳翟，洛州县也。《左传》云郑伯突入于栎。杜预云栎，郑别都，今河南阳翟县是也。《地理志》云阳翟县是，属颍川郡，夏禹之国。"（《史记正义·项羽本纪》）

**方　回**：韩王成不徙封，都阳翟。按《张良传》，项梁既立成为韩王，良为韩司徒。按《韩王信传》项梁死定陶，成奔怀王。又按《张良传》，汉王之出轘辕，令成留守阳翟，又按《韩王信传》，项籍之封诸王，皆就国，韩王成以不从，无功，不遣之国，更封为穰侯，后又杀之。《汉书·月表》书汉元年六月，项籍诛成，《史记·表》书在七月，以此考之，韩王成不从项羽入关，而为沛公守阳翟。汉三四月就国汉中，五月即从故道出袭三秦。先是项羽尝令成随至彭城，已有废成之意，及闻汉王东伐，故杀成而立郑昌为韩王以距汉也。（《续古今考》卷九《项羽分天下一帝十九王》）

**赵　翼**：《史记》分王诸将，韩王成都阳翟，《汉书》无"都阳翟"三字，以成虽有此封，实未至国也。按：《史记》成无军功，羽不使之国，与俱至彭城，杀之。（《廿二史札记》卷一《史汉不同处》）

**编者按**：据清人刘文淇《楚汉诸侯疆域志》卷二《十八王分地》所考证，韩王成之封地为颍川郡之阳翟、颍阳、定陵、长社、襄城、郏、颍阴、密高、父城、阳城等十县。

㊼【汇注】：

**王伯祥**：司马，姓氏；卬，名。卬乃"昂"之本字。河内本为大河以外的总称。古代帝王都城，多在河东、河北一带，故当时呼河北为河内，河南为河外。汉置河内郡，约有今河北省南端一部，山西省东南部及河南省黄河以北地。（《史记选·项羽本纪》）

**陈　直**：史记自序，卬为司马蒯聩之玄孙。《晋书·宣帝本纪》"自卬八世生征西将军钧字叔平"云云，《元和姓纂》《唐书·宰相世系表》并同。（《史记新证·项羽本纪》）

**张大可**：河内：秦郡名，当今河南省河北之地，郡治怀县，在今河南武陟县西南。（《史记全本新注·项羽本纪》）

㊽【汇注】：

**王伯祥**：殷王，因封于殷商故地，故名。（《史记选·项羽本纪》）

㊾【汇注】：

**方　回**：赵将司马卬为殷王，都朝歌，商帝盘庚国殷中之地，商为殷，在相州安阳县。即比干冢、殷墟南，去朝歌北三十六里，羽号卬为殷王而都朝歌，汉河内郡，今河阳怀州、相州之地，汉二年三月，《汉纪》书虏殷王卬，置河内郡。《史记·月表》书降汉。《司马迁叙传》,卬其族人也,赵司马蒯聩之玄孙,为武信君将,拔朝歌,诸侯之相王,王卬于殷,汉之伐楚,卬归汉,地为河内郡。《汉纪》睢水之败,塞王欣、翟王翳降楚,殷王卬死,为王一年。(《续古今考》卷九《项羽分天下一帝十九王》)

**胡三省**:河内郡朝歌县,故殷都也,因以名国。(《资治通鉴》卷九"高帝元年"注)

**编者按**:据清人刘文淇《楚汉诸侯疆域志》卷二《十八王分地》所考证,殷王司马卬之封地,为秦河东郡东境与三川郡北境,汉则为河内郡,共有县十八,即怀、汲、武德、波、山阳、河阳、州、共、平皋、朝歌、修武、温、野王、获嘉、轵、沁水、隆虑、荡阴。

㊿【汇注】:

**方　回**:徙赵王歇为代王,都代,秦所置代郡也。(《续古今考》卷九《项羽分天下一帝十九王》)

**梁玉绳**:按:代王都代,辽东王都无终,胶东王都即墨,此《纪》于诸国俱言所都,而三国独否,盖缺也。(《史记志疑·项羽本纪》)

**王伯祥**:代本古国,战国时属赵,置代郡。秦仍之。汉初为代国,后亦改为代郡。地跨今山西、河北两省的北部,西北大部在山西,东南小部在河北。项羽分封时,以代本赵地,故徙赵王歇为代王。都代,故治在今河北省旧蔚(音育)县东。(《史记选·项羽本纪》)

**编者按**:《史记·秦楚之际月表》云,赵王歇为代王,都代。清人刘文淇《楚汉诸侯疆域志》卷二《十八王分地》所考证,赵王歇为代王,辖地变小,封地为秦之代郡、云中郡及雁门郡。代郡,汉县十八,即桑乾、道人、当城、高柳、马城、班氏、延陵、狋氏、且如、平邑、阳原、东安阳、参合、平舒、代、灵丘、广昌、卤城;云中郡,汉县十一,即云中、咸阳、陶林、桢陵、犊和、沙陵、原阳、沙南、北舆、武泉、阳寿;雁门郡,汉县十四,即善无、沃阳、繁畤、中陵、阴馆、楼烦、武州、汪陶、剧阳、崞、平城、埒、马邑、强阴。共计汉县四十三。

㊶【汇注】:

**王伯祥**:常山当今河北省中部,兼有山西省东中一部地。汉置恒山郡,文帝改为常山。本为赵故地,故云耳为常山王,而下云"王赵地"。(《史记选·项羽本纪》)

㊷【汇注】:

**班　固**:张耳,大梁人也,少时及魏公子无忌为客。……耳从项羽入关,项羽立诸侯,耳雅游多为人所称,项羽素亦闻耳贤,乃分赵立耳为常山王,治信都。信都更名襄国。(《汉书》卷三十二《张耳传》)

**张守节**：《括地志》云："邢州城本汉襄国县，秦置三十六郡，于此置信都县，属钜鹿郡，项羽改曰襄国，立张耳为常山王，理信都。《地理志》云故邢侯国也。《帝王世纪》云邢侯为纣三公，以忠谏被诛。《史记》云周武王封周公旦之子为邢侯。《左传》云'凡、蒋、邢、茅，周公之胤也'。"（《史记正义·项羽本纪》）

**方　回**：赵相张耳为常山王，都襄国，项羽更名赵为常山，不使都邯郸、钜鹿，使都襄国，今河北邢州城是也。汉二年十月，陈馀籍田荣兵击耳常山，耳败降汉，复迎代王歇为赵王，而歇立馀为代王，号成安君。三年冬十月，韩信、张耳下井陉，击杀赵王歇，襄国斩陈馀，地为常山郡、代郡。四年夏，立耳为赵王（《史记·表》书在四年十月），《汉书·表》亦是四年十一月，而《耳传》不同。《汉·表》书五年十二月乙丑。耳薨而传书五年秋耳薨，《汉》《史》往往龃龉如此。（《续古今考》卷九《项羽分天下一帝十九王》）

**胡三省**：《括地志》：邢州本汉襄国县；秦置三十六郡，于此置信都县，属钜鹿郡；项羽改曰襄国。予据班《志》，襄国县属赵国，信都县属信都国，汉盖又分为二县。宋白曰：赵王歇都襄国，今邢州所理龙冈县城是也。（《资治通鉴》卷九"高帝元年"注）

**编者按**：据清人刘文淇《楚汉诸侯疆域志》卷二《十八王分地》所列，常山王张耳封地为秦之邯郸郡、赵郡、钜鹿郡。邯郸郡，汉为赵国，县四，即邯郸、易阳、柏人、襄国；汉分为广平国，县十六，即广平、张、朝平、南和、列人、斥章、任、曲周、南曲、曲梁、广乡、平利、平乡、阳台、广年、城乡；汉分为魏郡，县十八，张耳得其三，即斥丘、内黄、繁阳；赵郡与钜鹿郡，汉县二十，即钜鹿、南𫍯、广阿、象氏、廮陶、宋子、杨氏、临平、下曲阳、贳、鄡、新市、堂阳、安定、敬武、历乡、乐信、武陶、柏乡、安乡；汉分为恒山郡，县十八，即元氏、石邑、桑中、灵寿、蒲吾、上曲阳、九门、井陉、房子、中丘、封斯、关、平棘、鄗、乐阳、平台、都乡、南行唐；汉分为清河郡，县十四，即清阳、东武城、绎幕、灵、厝、鄃、贝丘、信成、芯题、东阳、信乡、缭、裹强、复阳；汉分为真定国，县四，即东垣、藁城、肥累、緜曼；汉分为中山国，县十四，即卢奴、北平、北新成、唐、深泽、苦陉、安国、曲逆、望都、新市、新处、毋极、陆成、安险；汉分为信都国，县十七，即信都、历、扶柳、辟阳、南宫、下博、武邑、观津、高隄、广川、乐乡、平隄、桃、西梁、昌成、东昌、修；汉分为河间国，县四，即乐成、侯井、武隧、弓高。共计汉县九十一。

【汇评】：

**陆瑞家**：叙中有断，井井然真良史哉！（引自《史记评林》）

㊾【汇注】：

**王伯祥**：九江，秦所置郡，今江苏、安徽两省江以北、淮以南一带，及江西省全

部都是它的境地。封黥布为九江王时，江苏境内之地已划入西楚了。（《史记选·项羽本纪》）

(54)【汇注】：

**班　固：** 黥布，六人也，姓英氏。……章邯之灭陈胜，破吕臣军，布引兵北击秦左右校，破之青波。引兵而东，闻项梁定会稽，西渡淮，布引兵属梁。梁西击景驹、秦嘉等，布常冠军。项梁闻陈涉死，立楚怀王，以布为当阳君。项梁败死，怀王与布及诸侯将皆聚彭城。当是时，秦急围赵，赵数使人请救怀王。怀王使宋义为上将（军），项籍与布皆属之。北救赵。及籍杀宋义河上，自立为上将军，使布先涉河，击秦军，数有利。籍乃悉引兵从之，遂破秦军，降章邯等。楚兵常胜，功冠诸侯。诸侯兵皆服属楚者，以布数以少败众也。项籍之引兵西至新安，又使布等夜击坑章邯秦卒二十余万人。至关，不得入，又使布等先从间道破关下军，遂得入。至咸阳，布为前锋。项王封诸将，立布为九江王，都六。尊怀王为义帝，徙都长沙，乃阴令布击之，布使将追杀之郴。（《汉书》卷三十四《黥布传》）

**司马贞：** 六县，古国，皋陶之后。（《史记索隐·项羽本纪》）

**张守节：**《括地志》云："故六城在寿州安丰县南百三十二里，本六国，偃姓，皋繇之后所封也。黥布亦皋繇之后，居六也。"（《史记正义·项羽本纪》）

**方　回：** 当阳君英布为九江王，都六，今之江州，误称九江，误称寻阳，误作虎渡亭于江滨，皆非也。汉九江郡在今淮西蕲州之北，治寻阳，故晋宋以后江州刺史所统有寻阳郡，尝移治寻阳，皆在江北。又其后迁刺史治于今之湓城，而九江、寻阳皆国误呼。盖英布所王之九江在江北淮西，所都之六在今安丰军南，所谓六安军是也。六安，国名，偃姓，皋陶之后，而英布亦皋陶之后，而家于六，故项羽封之于其家也。其起灭有本传。（《续古今考》卷九《项羽分天下一帝十九王》）

**胡三省：** 班《志》：当阳县属南郡。九江，应劭曰：江自庐江寻阳分为九。《地理志》：九江在寻阳县南，皆东合为大江。《史记正义》曰：九江郡即寿州。楚自陈徙寿春，号曰郢。秦灭楚，于此置九江郡。（《资治通鉴》卷九"高帝元年"注）

**编者按：** 据清刘文淇《楚汉诸侯疆域志》卷三《十八王分地》所考证，九江王黥布封地为秦之九江郡及六。九江郡，汉县十五，即寿春邑、浚道、成德、橐皋、阴陵、历阳、当涂、钟离、合肥、东城、博乡、曲阳、建阳、全椒、阜陵；汉分为六安国，县五，惟六属英布；汉分为江夏郡，县十四，惟西陵、蕲春二县属英布；汉分为庐江郡，县十二，即舒、居巢、龙舒、临湖、雩娄、襄安、枞阳、寻阳、灊、皖、湖陵邑、松兹；汉分为豫章郡，县十八，即南昌、庐陵、彭泽、鄱阳、历陵、余汗、柴桑、艾、赣、新淦、南城、建成、宜春、海昏、雩都、鄡阳、南野、安平。共计汉县四十八。

(55)【汇注】：

**裴　骃：**韦昭曰："鄱音蒲河反。初，吴芮为鄱令，故号曰鄱君。今鄱阳县是也。"（《史记集解·项羽本纪》）

**张守节：**番君，番音婆。（《史记正义·项羽本纪》）

**王伯祥：**吴芮为鄱阳令，故称鄱君。鄱音婆，本为楚之番邑，秦置县于此，名曰鄱阳。亦作番阳。即今江西省鄱阳县。明、清皆为饶州府治。百越，春秋越国的遗族。楚灭越，越族退守于五岭一带山地中，随地立君，号称"百越"。战国末年，犹有浙江南部的瓯越，福建的闽越及广东的扬越，都著称于一时。（《史记选·项羽本纪》）

(56)【汇评】：

**元明善：**饶旧有番君庙，范文正公为守时改作于州治西北。……番君庙者，祀汉长沙吴文王芮也。方秦毒虐天下，秦吏亦乘而毒虐其民。存者嚣然，咸思覆秦杀吏，独番阳令得江湖间民心，号曰番君。及诸侯兵起，遣梅将军鋗助汉入关，得王长沙，功著汉令。然番人奚有王之功高哉？徒知令之德我而已。后虽去而他都，世世不忘庙而祠之，尸而祝之，此民之心也，此文正公之所为改作也。（见《国朝文类》卷二十《汉番君庙碑》）

(57)【汇注】：

**王伯祥：**衡山王王衡山国，包有今湖北省东部，湖南省全部及广东省北境偏西的一部。以境有衡山，故名。（《史记选·项羽本纪》）

(58)【汇注】：

**班　固：**吴芮，秦时番阳令也，甚得江湖间民心，号曰番君。天下之初叛秦也，黥布归芮，芮妻之，因率越人举兵以应诸侯。沛公攻南阳，乃遇芮之将梅鋗，与偕攻析、郦，降之。及项羽相王，以芮率百越佐诸侯，从入关，故立芮为衡山王，都邾。其将梅鋗功多，封十万户，为列侯。（《汉书》卷三十四《吴芮传》）

**裴　骃：**文颖曰："邾音朱，县名，属江夏。"（《史记集解·项羽本纪》）

**张守节：**《说文》云音诛。《括地志》云："故邾城在黄州黄冈县东南二十里，本春秋时邾国。邾子，曹姓。侠居。至鲁隐公徙蕲。"音机。（《史记正义·项羽本纪》）

**方　回：**番君吴芮为衡山王，都邾。项羽分楚为四，《史记·月表》所书也。西楚、衡山、临江、九江是也。然当书曰分楚为五，盖义帝之长沙郴亦楚地也。《汉书·月表》削义帝不书，则亦不书分楚为四，以《汉书》五年二月改封长沙治。考之则知吴芮为项羽夺其地，不得就国，故诸侯尊汉王为皇帝上疏，芮但称故衡山王，想芮数年尝以兵佐汉王者，故与以长沙之封也。《括地志》称邾城在黄州黄冈县东南，春秋时邾国。所谓衡山者，非今之衡州之衡山也。汉以今舒州之灊山为南岳，故以今舒蕲黄为衡山国，而今之庐州、寿州、安丰军、光州、濠州、六安军、镇巢军等处，皆九江国也。后九江又改曰淮南，又改曰庐江王也。芮为黥布妇翁，有本传。改封长沙，都临湘，今之临湘县。传国为异姓王者五世，最绵远。（《续古今考》卷九《项羽分天下一帝十九王》）

**胡三省：**班《志》，邾县属江夏郡。《括地志》：邾故城，在黄冈县东南二十里。番，音婆。（《资治通鉴》卷九“高帝元年”注）

**编者按：**据清人刘文淇《楚汉诸侯疆域志》卷三《十八王分地》所列，衡山王吴芮封地为九江郡，汉分为江夏郡，县十四，英布得二，共敖得十一，吴芮只得一，即邾；汉分为六安国，县五，六属英布，吴芮实得四县，即蓼、安丰、安风、阳泉。共计汉县五。

(59)【汇注】：

**颜师古：**共读曰龚。（《汉书注 · 陈胜项籍传》）

**张守节：**共音恭。（《史记正义 · 项羽本纪》）

**王伯祥：**柱国，战国楚始置之官，位极尊宠。后世便以为勋官（各级官吏的荣衔）。共（音恭），姓氏；敖，名。南郡，秦灭楚置。其地包有今湖北省襄阳以南全境。（《史记选 · 项羽本纪》）

(60)【汇注】：

**裴　骃：**《汉书音义》曰：“本南郡，改为临江国。”（《史记集解 · 项羽本纪》）

**王伯祥：**临江国略当于其时的南郡，惟北有襄阳，东削武、汉以东分给衡山国了。项羽以共敖击南郡功多，便立敖为临江王。（《史记选 · 项羽本纪》）

【汇评】

**孙　琮：**项羽分王，一任爱憎，故史公连用“故”字、“因”字模写之。（《山晓阁史记选 · 项羽本纪》）

(61)【汇注】：

**张守节：**江陵，荆州县。《史记》江陵，故郢都也。（《史记正义 · 项羽本纪》）

**方　回：**怀王柱国共敖为临江王，都江陵。柱国，楚上卿名相国，本秦南郡，项羽改为临江国。江陵今荆湖北路江陵府，其地去江十余里，有沙市，迫江。汉三年秋七月，敖卒，子尉嗣。五年十二月，诛项羽。羽所立临江王共敖，子尉不降，遣卢绾、刘贾击虏尉，地为南郡。十九王除汉高外，惟吴芮、张耳、共敖三人善终。芮称忠于汉者，耳之子为汉婿，而敖之子亦为虏也。余皆败亡，不善终。（《续古今考》卷九《项羽分天下一帝十九王》）

**胡三省：**共，音龚，人姓也。《姓谱》：共，商诸侯之国。晋有左行共华。又云：郑共叔段后。临江，孟康曰：本南郡，汉改为临江国，江陵县属焉。（《资治通鉴》卷九“高帝元年”注）

**王伯祥**：江陵，本春秋楚郢都。汉于此置江陵县。即今湖北省江陵县。明、清时皆为荆州府治。(《史记选·项羽本纪》)

**编者按**：据清人刘文淇《楚汉诸侯疆域志》卷三《十八王分地》所考证，临江王共敖封地为秦之南郡及九江郡。南郡，汉县十八，即江陵、临沮、夷陵、华容、鄢、郢、邔、当阳、中庐、枝江、襄阳、编、秭归、夷道、州陵、若、巫、高成；九江郡，汉分为江夏郡，县十四，二属英布，一属吴芮，共敖实得十一县，即竟陵、西阳、襄、轪、鄂、安陆、沙羡、邾、云杜、下雉、钟武。共计汉县二十九。

【汇评】

**程馀庆**：项羽封三秦王以拒汉也。封九江、衡山、临江三王，皆近楚，以自藩援，又以内制义帝也，故卒使三人弑义帝。(《历代名家评注史记集说·项羽本纪》)

㉖【汇注】：

**裴骃**：徐广曰："都无终。"(《史记集解·项羽本纪》)

**方回**：徙燕王韩广为辽东王，都无终，广不肯徙国。汉元年八月，臧荼杀广，并其地。汉北平郡有无终县。故无终，子国，上谷、渔阳、北平、辽西、辽东郡皆秦灭燕所置，今分为二，而王韩广于辽东，僻远之地，宜其不服也。岂田荣、陈馀独不平哉！(《续古今考》卷九《项羽分天下一帝十九王》)

**胡三省**：班《志》，无终县属北平郡，非辽东郡界。盖羽令韩广都于无终，而令并王辽东之地故也。(《资治通鉴》卷九"高帝元年"注)

**编者按**：《史记·秦楚之际月表》云，燕王韩广都无终。据清人刘文淇《楚汉诸侯疆域志》卷三《十八王分地》所考证，燕王韩广改封为辽东王，其封地为秦之右北平郡、辽西郡及辽东郡。右北平郡，汉县十六，即平刚、无终、石成、廷陵、俊靡、薋、徐无、字、土垠、白狼、夕阳、昌城、骊成、广成、聚阳、平明；辽西郡，汉县十四，即且虑、海阳、新安平、柳城、令支、肥如、宾从、交黎、阳乐、狐苏、徒河、文成、临渝、絫；辽东郡，汉县十八，即襄平、新昌、无虑、望平、房、候城、辽队、辽阳、险渎、居就、高显、安市、武次、平郭、西安平、文、番汗、沓氏。共计四十八县。

㉗【汇注】：

**胡三省**：《姓谱》：臧姓，鲁孝公子臧僖伯之后。(《资治通鉴》卷九"高帝元年"注)

**王伯祥**：臧荼（音屠）从项羽救赵入关，故羽把燕土分为二，徙故燕王东王辽东，而以燕蓟之地封荼为燕王。(《史记选·项羽本纪》)

㉘【汇注】：

**冯梦龙**：荼寻弑广。汉五年，卢绾从击荼，获之，更以绾为燕王。(《纲鉴统一》卷六《两汉高帝元年》)

⑥⑤【汇注】：

班　固：燕王韩广亦不肯徙辽东，秋八月，臧荼杀韩广，并其地。……五年……秋七月，燕王臧荼反，上自将征之。九月，虏荼。（《汉书·高帝纪》）

方　回：燕将臧荼，王燕都蓟。今燕京大兴府东北有蓟县，即渔阳郡也。陶渊明《咏荆轲》曰"提剑出燕京"，即燕之名京久矣。汉五年七月，荼反，九月，虏荼。《汉书·纪》同《史记·月表》，而班之《月表》误书为四年九月。司马迁《表》书冬十月，为岁首；春正月，或书端月，或书正月，或书一月，又间书冬十月为一月，九月为十二月，又有通书其为王之月，如田市云二十四月者，如此，则秦汉历并用，又随事，无定法也。（《续古史考》卷九《项羽分天下一帝十九王》）

胡三省：班《志》，蓟县属广阳国。师古曰：今幽州县。《水经注》：蓟城西北隅有蓟丘，故名蓟，音计。（《资治通鉴》卷九"高帝元年"注）

编者按：据清人刘文淇《楚汉诸侯疆域志》卷三《十八王分地》所考证，燕王臧荼之封地为秦之上谷郡与渔阳郡。上谷郡有汉县十五，即沮阳、泉上、潘、军都、居庸、雊瞀、夷舆、宁、昌平、广宁、涿鹿、且居、茹、女祁、下落；汉又分为涿郡，有县二十九，即涿、逎、谷丘、故安、南深泽、范阳、蠡吾、容城、易、广望、鄚、高阳、州乡、安平、樊舆、成、良乡、利乡、临乡、益昌、阳乡、西乡、饶阳、中水、武垣、阿陵、阿武、高郭、新昌；汉又分为广阳国，县四，即蓟、方城、广阳、阴乡。渔阳郡，汉有县十二，即渔阳、狐奴、路、雍奴、泉州、平谷、安乐、犀奚、犷平、要阳、白檀、滑盐。共有汉县六十。

⑥⑥【汇注】：

班　固：田荣闻羽徙齐王市于胶东，而立田都为齐王，大怒，以齐兵迎击田都，都走，降楚。六月，田荣杀田市，自立为齐王。（《汉书·高帝纪》）

裴　骃：徐广曰："都即墨。"（《史记集解·项羽本纪》）

张守节：《括地志》云："即墨故城在莱州胶水县南六十里。古齐地，本汉旧县。"胶音交。在胶水之东。（《史记正义·项羽本纪》）

方　回：徙齐王田市为胶东王，都即墨。田荣大怒，不肯遣市之胶东，市亡之国，荣追弑之。汉元年六月也。通王二年。胶东，今莱州东莱郡即墨县，在州东南二百四十里，有胶水县。（《续古今考》卷九《项羽分天下一帝十九王》）

编者按：《史记·秦楚之际月表》云：故齐王田市为胶东王，都即墨。据清人刘文淇《楚汉诸侯疆域志》卷三《十八王分地》所考证，胶东王之封地为秦之齐郡。汉分为胶东国、东莱郡与高密国。胶东国有县八，即即墨、昌武、下密、壮武、郁秩、挺、观阳、邹卢；东莱郡有县十七，即掖、腄、平度、黄、临朐、曲成、牟平、东牟、𪚥、育犁、昌阳、不夜、当利、卢乡、阳乐、阳石、徐乡；高密国有县五，即高密、昌安、石泉、夷安、成乡。共有汉县三十。

㊸ 【汇注】：

**杨树达**：田荣不肯发兵助楚，都叛荣，从羽救赵，故羽尤德之，而荣闻都王齐乃大怒也。（《汉书窥管》卷四《陈胜项羽传》）

㊹ 【汇校】：

**司马贞**：按：《高纪》及《田儋传》云"临济"，此言"临菑"，误。（《史记索隐·项羽本纪》）

【汇注】

**张守节**：菑，侧其反。《括地志》云："青州临菑县也。即古临菑地也。一名齐城，古营丘之地，所封齐之都也。少昊时有爽鸠氏，虞、夏时有季萴，殷时有逢伯陵，殷末有薄姑氏，为诸侯，国此地。后太公封，方五百里。"（《史记正义·项羽本纪》）

**方　回**：齐将田都为齐王，都临菑，田荣迎击都，都走降楚，不克就国。临菑今青州临菑县，州西北四十里。青州，金人改为盖都府。（《续古今考》卷九《项羽分天下一帝十九王》）

**编者按**：据清人刘文淇《楚汉诸侯疆域志》卷三《十八王分地》所考证，齐王田都之封地，为秦之齐郡一部分与秦之琅邪郡。属齐王田都之齐郡，汉有县十二，即临淄、昌国、利、西安、钜定、广、广饶、昭南、临朐、北乡、平广、台乡；汉又分为千乘郡，有县十五，即千乘、东邹、照沃、平安、博昌、蓼城、建信、狄、琅槐、乐安、被阳、高昌、繁安、高宛、延乡；汉又分为济南郡，有县十四，其中著县属田安，实十三县，即东平陵、邹平、台、梁邹、土鼓、於陵、阳丘、般阳、菅、朝阳、历城、猇、宜成；汉又分为甾川国，有县三即剧、东安平、楼乡。琅邪郡，汉有县五十一，即东武、不其、海曲、赣榆、朱虚、诸、梧成、灵门、姑幕、虚水、临原、琅邪、祓、柜、䴊、邞、零段、黔陬、云、计斤、稻、皋虞、平昌、长广、横、东莞、魏其、昌、兹乡、箕、椑、高广、高乡、柔、即来、丽、武乡、伊乡、新山、高阳、昆山、参封、折泉、博石、房山、慎乡、驷望、安丘、高陵、临安、石山。共有汉县九十五。

㊺ 【汇注】：

**王伯祥**：济北数城，济水以北的若干城池。济水古为四渎之一。春秋时，济水经曹、卫、鲁、齐之界。在齐界为齐济；在鲁界为鲁济，亦称沇水（即兖水）。其源出于今河南省济源县西之王屋山。其故道本过今黄河而南，东流至山东，与黄河平行入海。今济水下游为黄河所占，惟黄河北发源处尚存。（《史记选·项羽本纪》）

㊻ 【汇注】：

**夏伯炎**：济北：指当时济水以北地区。（见王利器主编《史记注译·项羽本纪》）

⑺【汇注】:

**张守节**:在济北。(《史记正义·项羽本纪》)

**方　回**:故齐王建孙田安为济北王。都博阳。田荣令彭、赵击杀安,遂有三齐之地。先儒或未审济北所在。济水旧自河北跨河而南入于钜野,由郓之东阿城下入棣州、滨州、沧州入海。所谓齐州,改为济南府,则济北皆当在济南之北,济南府西至今博州二百四十里,则博阳其或不出乎此。汉济北王两反,两诛,当别考。(《续古今考》卷九《项羽分天下一帝十九王》)

**胡三省**:《史记正义》曰:博阳在济北。班《志》:太山郡卢县,济北王都。岂博阳即此地邪!余据济北有博关,博阳盖在博关之南也。(《资治通鉴》卷九"高帝元年"注)

**王伯祥**:博阳,从来多以山东省泰安县东南三十里之博县故城当之。按博县故城本为春秋时齐之博邑,汉置博县,属泰山郡。北魏改博平。隋改博城。唐、五代皆曰乾封。宋徙治奉高,城遂废。地在济渎之南,且与临淄相近,恐非楚、汉时济北王所都。疑博阳为齐之博陵邑。汉置博平县,属东郡,故城即今山东省博平县西北三十里之博平镇。按以地位和方向(在河之北)似当以此为济北国都。(《史记选·项羽本纪》)

**编者按**:据清人刘文淇《楚汉诸侯疆域志》卷三《十八王分地》所考证,济北王田安封地,为秦之东郡、砀郡及齐郡之一部分。汉分砀郡及东郡地为泰山郡,有县二十四,即奉高、博、茬、卢、肥成、虵丘、刚、柴、盖、梁父、东平阳、南武阳、莱芜、钜平、嬴、牟、蒙阴、华、宁阳、乘丘、富阳、桃山、桃乡、式。齐郡,汉分为平原郡,有县十九,即平原、鬲、高唐、重丘、平昌、羽、般、乐陵、祝阿、瑗、阿阳、漯阴、朸、富平、安德、合阳、楼虚、龙頟、安;汉又将齐郡分为济南郡,有县十四,其中田都得十三县,田安只得一县,即著;汉还将齐郡分为城阳国,有县四,即莒、阳都、东安、虑。共有汉县四十八。

⑻【汇注】:

**冯梦龙**:田荣以不从楚击章邯,独不令之国。市畏楚,窃亡,荣追杀之;还击杀安,并王三齐。后楚击败荣,荣走死,弟横立荣子广为齐王。(《纲鉴统一》卷六《两汉高帝元年》)

**储　欣**:田荣不封,项氏之祸始此。(《史记选》卷一《项羽本纪》)

【汇评】

**姚允明**:陈馀以不从入关,止侯南皮三县,而田荣不封。其所以予夺人者,皆非情之所安也。泄其所不平,而建立失其正。过得者忘惠,而失地者,怨怒萃之矣。(《史书》卷二《汉·高帝》)

**牛运震**："田荣者，数负项梁"云云，至"以故不封"：按田荣不封，亦叙于此，妙！正为后文田荣叛楚伏案。(《空山堂史记评注》卷二《项羽本纪》)

**程馀庆**：一田荣不封，遂成大患。故知成功易，为宰难也。(《历代名家评注史记集说·项羽本纪》)

⑦ 【汇注】：

**张守节**：《地理志》云，成安县在颍川郡，属豫州。(《史记正义·项羽本纪》)

⑦ 【汇注】：

**张守节**：《括地志》云："故南皮城在沧州南皮县北四里，本汉皮县城，即陈馀所封也。"(《史记正义·项羽本纪》)

**胡三省**：班《志》，南皮县属渤海郡。阚骃曰：章武有北皮亭，故此云南。《括地志》：南皮故城，在沧州南皮县北四里。(《资治通鉴》卷九"高帝元年"注)

**王　恢**：南皮：赵将陈馀不从入关，然有功于赵，乃封环南皮三县。南皮故治，在今县东北八里。陈馀使张同、夏说说齐王田荣曰："项羽为天下宰，不平。今尽王故王于丑地，而王其群臣诸将善地。"真是抉发了项羽失败的病根——也立下了"偏私不公，注定失败"的教训。只可惜自古至今玩弄权势者迷不自省也。(《史记本纪地理图考·项羽本纪·分封诸侯》)

⑦ 【汇注】：

**裴　骃**：《汉书音义》曰："绕南皮三县以封之。"(《史记集解·项羽本纪》)

**司马光**：成安君陈馀弃将印去，不从入关，亦不封。客多说项羽曰："张耳、陈馀，一体有功于赵，今耳为王，馀不可以不封。"羽不得已，闻其在南皮，因环封之三县。(《资治通鉴》卷九《高帝元年》)

**杨树达**：据《馀传》为侯也。(《汉书窥管》卷四《陈胜项籍传》)

【汇评】：

**高　嵋**：田荣不封，陈馀只封三县，内中更漏一彭越，遂为楚三怨，项氏之祸始此。(《史记钞》卷一《项羽本纪》)

⑦ 【汇注】：

**裴　骃**：韦昭曰："鋗，呼玄反。"(《史记集解·项羽本纪》)

**马维铭**：吴芮，秦时番阳令也。甚得江湖间民心，号曰"番君"。天下初叛秦也，黥布归芮，芮妻之。因率越人举兵以应诸侯。沛公攻南阳，乃遇芮之将梅鋗，与偕攻析、郦，降之。项羽立芮为衡山王，都邾。其将梅鋗功多，封十万户，为列侯。项籍死，上以鋗有功，从入武关，故德芮，徙为长沙王，都临湘，一年薨，谥曰文王。子成王臣嗣。(《史书纂略》卷三《汉臣传·吴芮》)

⑦【汇注】：

王伯祥：梅鋗（音捐），故秦番阳令吴芮之将，故云番君将。从吴芮作战，又从刘邦攻降析、郦，故云功多。项羽既封吴芮为衡山王，遂封鋗为列侯，食十万户，故云十万户侯。（《史记选·项羽本纪》）

【汇评】：

闵如霖：历序分王诸将，文势如惊涛怒浪，模仿喑哑叱咤之风。（见《史记评林》）

浦起龙：自魏王豹至梅鋗，或徙或因，或立或不封，逞心易置，自我作古也。（《古文眉诠》卷十八《项羽本纪》）

又：自豹至鋗，凡十有七人，其后废杀叛乱，皆出其中。鞭长不制，寻致倒戈，此举直同儿戏！（同上）

又：前从河北入关时，诸将有定他地者，有从攻者。忙迫中，未暇夹叙。就今得封时，各各明著其由，此又文家补叙法也。其诸将之名，有已见前文者，有未见者，趁此详列而出之，亦补点法也。（《古文眉诠》卷十八《项羽本纪》）

牛运震：数用"乃"字、"亦"字、"故"字、"因"字、"以故"字诸虚字作摹写，笔端隐跃，情状曲尽，妙甚！（《空山堂史记评注》卷二《项羽本纪》）

程馀庆：不封。封三县。封十万户。三节类序，错综。内中竟漏一彭越，遂终为楚患。前从河北入关时，诸将有定他地者，有从攻秦者，忙中未暇夹序，就分封明著其由，补序法也。诸将姓名，有已见者，有未见者，趁此详列，亦补点法也。（《历代名家评注史记集说·项羽本纪》）

⑧【汇注】：

司马迁：西楚主伯，项籍始，为天下主命，立十八王。（《史记·秦楚之际月表》）

张守节：《货殖传》云淮以北，沛、陈、汝南、南郡为西楚也。彭城以东，东海、吴、广陵为东楚也。衡山、九江、江南、豫章、长沙为南楚。孟康云："旧名江陵为南楚，吴为东楚，彭城为西楚。"（《史记正义·项羽本纪》）

杨　侃："项羽自立为西楚霸王"。孟康曰："旧名江陵为南楚，吴为东楚，彭城为西楚。"（《两汉博闻》卷七《三楚》）

罗　泌："东楚"：东楚，海州，南楚，广陵，西楚为陈，其后乃以彭城。自楚惠灭陈至顷襄为秦所伐，自郢徙之，号西楚。怀王都彭城，羽迁之郴而都之，号西楚，至怀王孙都东楚，则属彭城，故厉王胥都广陵，为南楚，元王交都彭城，为东楚，而唐复以楚州为东楚郡。（《路史·国名纪》卷丙《高阳氏后·东楚》）

夏　寅：霸之为言伯也，所以长诸侯也。（《政鉴》卷三）

刘文淇：《史记·秦楚之际月表》西楚伯项王籍始为天下主命，立十八王。分楚为四，项籍自立为西楚霸王，不在十八王之中。余分为衡山、临江、九江。分赵为代，赵更名常山。分齐为三：临菑、济北、胶东。分关中为四国：汉、雍、塞、翟。分燕为二：燕、辽东。分魏为殷国，魏更为西魏。分韩为河南国。此所谓十八王也。（《楚汉诸侯疆域志》卷二《十八王分地》上）

王　恢：西楚，《货殖传》："自淮北沛、陈、汝南、南郡，此西楚也；彭城以东，东海、吴、广陵，此东楚也；衡山、九江、江南豫章、长沙，此南楚也。"并称三楚。（《史记本纪地理图考·项羽本纪·分封诸侯》）

钱伯城：西楚：在今河南省东部、安徽省北部及江苏省西北部地区，即当时彭城一带地方，因处于全楚的西北，故名。长江下游吴地一带为东楚，长江中部江南一带为南楚。（《史记纪传选译》上《项羽本纪》）

【汇评】：

司马迁：项王虽霸天下而臣诸侯，不居关中而都彭城。有背义帝之约，而以亲爱王，诸侯不平。诸侯之见项王迁逐义帝置江南，亦皆归逐其主而自王善地。项王所过无不残灭者，天下多怨，百姓不亲附，特劫于威强耳。名虽为霸，实失天下心，故曰其强易弱。（《史记·淮阴侯列传》）

李　贽：自是千古英雄。（《藏书·总目》）

冯梦祯：玩"西楚霸王"四字，则项羽当日威声亦甚雄矣。（引自《百大家评注史记·项羽本纪》）

孙　琮："项王自立为西楚霸王"：纷纷封赏，是此一句，了前"欲立""先立"一语。（《山晓阁史记选·项羽本纪》）

潘永季：幼读《项羽纪》，分王一段苦其难记，论者但谓错综奇横耳，比读《月表》乃豁然得之。夺项王天下者沛公也，故先叙汉及三秦为一节，出关次三晋二韩二魏二赵为一节，由是而南三楚为一节，由是而东北二燕三齐为一节，或不封，或封三县，或封十万户侯为一节。而田荣不封即从三齐一气带出，且为荣并三齐起。按：而后以自立为西楚霸王结之。不与三楚并叙者，以"自立"句与"欲自王"句对锁，作此段起结也。行文如将百万兵，分部指麾，悉中律度。（《读史记札记》）

㊆【汇注】：

姚　鼐：史言项羽分割天下，自王梁、楚地九郡，而不载九郡之名，余考之，盖为砀、陈、东郡、泗川、薛、东海、东阳、鄣、会稽，是云九郡。砀与东郡，故梁地也；自陈以东，故楚地也；故曰"王梁楚"。大抵西界故韩，东至海，北界上则距河，下则距泰山；南界上则距淮，下则包逾江东，固天下之膏腴平壤矣。昔秦以水灌大梁，大梁毁，意灭梁后，郡不治大梁而南治砀，故曰砀郡。楚襄王始都陈，后为秦得，故陈为郡。《陈涉世家》云"陈守令皆不在"，则秦有陈郡明矣。张子房拟分楚地与信越，正自陈、砀画之。北予越，南予信，其后羽灭，如前约。越得其二，信得其七，复如战国时之梁楚。高祖六年，汉擒韩信，分信国封刘贾，以郯、吴、东阳三郡为荆王，封刘交以沛、薛、郯三郡为楚王，吴即会稽也。郯即东海也，沛即泗川也——沛者，高帝更名；余或羽所改，或汉所改，不可知。然皆羽自封时旧郡耳。今本《汉书·高帝纪》，误文以沛为砀，砀与东郡，是时方属彭越为梁国，且度地势，交必不能逾沛而有砀，故其误可意决也。是时虽分韩信地为交、贾国，而汉西收陈郡，不予诸侯，淮水东流过陈，则广北流，故太史公云：贾王淮东，交王淮西，夫收陈者，以南制黥布，北制彭越也。于是分陈西为汝南郡，故《地志》曰："汝南郡高帝置。"其后汉废彭越，立子恢为梁王，友为淮阳王，淮阳得汝南、陈二郡。是时相国何等，请罢东郡，颇益梁；罢颍川郡，颇益淮阳。盖彭越本有东阳郡二郡，今以王恢为国太大，故罢东郡，半属汉、半属梁也。汝南、陈、本楚故一郡耳，以王友为国小，故罢颍川，半益淮阳，半归汉也。计二国各得楚故一郡又半矣。及景帝徙淮阳王为鲁王，复空为郡。太史公云：淮北、沛、陈、汝南、南郡，此西楚也。陈在楚、夏之交，故知武帝时，尚有陈郡矣。宣帝时，乃复以陈郡为淮阳国，汉自武、昭、宣以后，王国减小，于是梁、淮阳国不满一郡。始者灌婴、夏侯婴、傅宽等传，皆云从追项籍军至陈，破之，故垓下，陈地也。而在洨县。至《汉·地志》，乃载洨县于沛郡，贾谊欲请淮阳北县益梁之东郡，度谊所欲割者，后或入沛，或入陈留，则淮阳与东郡无邻地焉。(《惜抱轩诗文集》卷二《项羽王九郡考》)

**钱大昕**：九郡之名，注家罕能详之。考战国之际，楚地最广，羽既以长沙奉义帝，九江王英布，衡山王吴芮，南郡王共敖，而梁之河内、河东，亦不在羽封域之内，则羽所有者，于秦三十六郡中，实得泗水、砀、薛、会稽四郡，而史称九郡者，据当时分置郡名数之也。高帝六年，以故东阳郡、郯郡、吴郡五十三县立荆王，以砀郡、薛郡、郯郡三十六县立楚王，此二国即项羽故地。然则九郡者，泗水也、东阳也、东海也（即郯郡）、砀也、薛也、郯也、吴也、会稽也、东郡也。《灌婴传》渡江破吴郡长吴下，遂定吴、豫章、会稽郡（豫章当作郯），《吴王濞传》"上患吴、会稽轻悍"，是会稽之外，更有吴郡矣。《水经注》"广陵城，楚、汉之间为东阳郡"，《晋·志》"汉武帝分沛东阳置临淮郡"，是楚、汉之间有东阳郡也（文颖云"东阳今下邳"，盖因后汉改临淮郡属下邳国，故云。非谓即治下邳也）。(《廿二史考异》卷六《汉书一·高帝纪》)

**梁玉绳**：附按：项羽王梁楚九郡，《史》《汉》皆不详，注家亦略。《史诠》谓"泗水、砀、薛、东海、临淮、彭城、广陵、会稽、郯九郡。然临淮郡，汉武帝元狩六年置。彭城郡，宣帝地节元年置。广陵国，非郡，武帝元狩五年更江都国为广陵，中间为郡止三年。郯郡之置，未知何时？秦无郯郡，岂羽置之乎？"《经史问答》言"秦于楚地置十郡，项王以汉中封高祖，九江封英布，南郡封共敖，长沙为义帝都，而自得东海、泗水、薛、会稽、南阳、黔中。秦于梁地置三郡，项王以河东封魏豹，而自得砀、东郡。凡得郡八，据《史记》益以楚郡，适得九郡之目"。然秦无楚郡，恐是误会《楚世家》之文。南阳、黔中，中隔数国，岂能遥属于楚？程、全两说俱难信。惟钱宫詹大昕《汉书考异》谓《史》称九郡者，据当时分置郡名数之，引《高纪》六年封荆、楚二王地作证，以泗水、东阳、东海、砀、薛、郯、吴、会稽、东郡为九，甚确。（《史记志疑·项羽本纪》）

**恽　敬**：项王王梁楚九郡，《史记》《汉书》无明文，全谢山先生以为有南阳、黔中、楚三郡。黔中久入秦，非楚地，且辽绝西楚，不能越九江、衡山而有之。南阳即宛，亦久入秦，非楚地，西楚定封时，王陵在南阳，无所属。又宛，汉王所定，项王未尝过兵，不能并王。始皇二十三年灭楚，号楚郡。二十六年，分楚为泗水、为薛、为郯、为琅邪、为会稽、为九江，共六郡；而《汉志》六安国下注"故楚"，是六郡之外，尚有楚郡如谢山之言，然汉六安都陈，则楚郡即陈郡。秦楚之际，书陈、不书楚，则已为陈郡矣。南阳、黔中、楚三郡，不应列九郡之内。姚姬传先生以为有陈、郯二郡，郯非秦置，刘原父常言之。汉王分西楚地，自陈以东与韩信，是汉收陈为天子郡，故后此会诸侯于陈，陈本秦郡甚明，宜在九郡之内。又《灌婴传》，得吴守，遂平豫章、会稽。吴与豫章、会稽参列，是西楚以吴开国，与会稽分郡矣。今定为泗水、薛、郯、琅邪、陈、会稽、吴、东郡、砀，俟博雅君子评之。（《大云山房文稿》初集卷一《西楚都彭城论·自论》）

**刘文淇**：《史记·项羽本纪》云："项王自立为西楚霸王，王九郡，都彭城。"《高祖本纪》云："项王自立为西楚霸王，王梁楚地九郡，都彭城。"《汉书·高祖纪》及《项羽列传》俱云：项自立为西楚霸王，王梁楚地九郡，都彭城。自来注《史记》《汉书》者，俱不释九郡所在。余按：羽所王之九郡，谓会稽郡、故东阳郡、泗水郡、郯郡、薛郡、砀郡、颍川郡、东郡是也。……夫高祖所分巴、蜀、汉中三郡之地，仅四十一县，而项羽所王之九郡，综计二百四十八县。亦足见项氏之强盛，而卒为高祖所灭。太史公所谓非大圣，孰能当此受命而帝者，其信然已。（《楚汉诸侯疆域志》卷一《项羽九郡》）

**汪之昌**：项羽灭秦，分封诸将，而自王梁、楚之九郡。迁《史》、班《书》皆未有之，未明言九郡为何郡？诸注家亦未详析九郡为何名。《史诠》以九郡为泗水、砀、薛、东海、临淮、彭城、广陵、会稽、郯，然临淮郡汉武帝元狩六年置，彭城郡宣帝地节元年置。武帝元狩五年更江都国为广陵，本国非郡，中间为郡，止三年耳。所举九郡中，三郡置自汉有天下后，与羽时不合。《经史问答》谓秦于楚地置十郡，项羽以汉中封高祖，九江封英布，南郡封共敖，长沙为义帝都，而自得东海、泗水、薛、会稽、南阳、黔中。秦于梁地置三郡，项羽以河东封魏豹，而自得砀、东郡，凡得郡八。

据《史记》盖以楚郡，适得九郡之数。全氏所云楚郡，盖误今《楚世家》之文，楚为秦庄襄王名，断不以之名郡。……窃谓九郡之地，当以《廿二史考异》所数泗水也、东阳也、东海也、砀也、薛也、郯也、吴也、会稽也、东郡也为得。(《青学斋集》卷十三《项羽王梁楚九郡考》)

**吴汝纶**：钱氏《汉书考异》以泗水、东阳、东海、砀、薛、郯、吴、会稽、东郡为九。(《桐城吴先生点勘史记读本·项羽本纪》)

**王　恢**：羽王九郡，《史》《汉》不详。实则羽王九郡，汉兵即东，既无一定之鸿沟，不过短暂之霸业，要其所指，盖以秦郡而言：东郡、砀郡、薛郡、泗水、楚郡、东海、会稽、郯郡、闽中也。后又夺韩王地。而说者各异。(《史记本纪地理图考·项羽本纪》)

**韦　一**：项羽自立为西楚霸王，王九郡。然九郡之地望、名号，诸家史籍均未专述。本文以《史记》《汉书》为据，并佐以其他史籍，指出西楚九郡即会稽郡、泗水郡、薛郡、东海郡、东阳郡、陈郡、东郡、砀郡、琅邪郡。……项羽名王九郡，实王十一郡，另二郡即颍川郡、九江郡。(《西楚九郡考·提要》，载《徐州师范大学学报》，1998年第3期)

【汇评】

**吕祖谦**：所谓梁楚地九郡者，徙义帝于郴、徙魏王于平阳而夺之也。义帝称楚，故项羽称西楚。孟康曰："旧名，江陵为南楚，吴为东楚，彭城为西楚。"或咎羽不从韩生之计，殊不知天时不如地利，地利不如人和；以羽之暴，虽王关中，无益也。(《大事记解题》卷八《项籍为天下主》)

**程金造**：叙项羽之分封自王。此是项羽极盛时代。然而自王九郡，王其群臣诸将于善地，王六国故主之后及所嫉忌之人于丑地。不是大家平心讨论，而是由他专断独行，自私自利如此，这就埋下了战争的祸根。(《史记管窥·司马迁著项羽入本纪之本意》)

⑧【汇校】：

**阮　元**：及检《新扬州府志·沿革建置门》有双注云：《史记·秦楚之际月表》有项羽都彭城，一本又云都江都。考诸书无羽都江都之事，殆传刻误。此盖嘉庆年间修志者见有无"江都"之本而致疑也。余检至此，亦为之疑。因思余家文选楼有旧本《史记》，检之则是元中统二年，连《索隐》之板，明明有都江都一事，为之大快。然则《府志》所云有江都者，古人之遗；无者，为妄人削去也。元中统与宋理宗时相值，则与宋板无异。此书古色古香，恐胜于今单行《索隐》之处尚多，俟再校之。因复思古人如项羽者，灭秦封汉，气盖一世，快意之事，正在为霸王都江都之时。而江都王者以项氏为最先。乃此事黯然不彰，绵绵欲绝，幸赖明眼人于旁行斜上、蝇头细书之

《月表》识别而出，而又得此霉烂蠹蚀五百余年之故纸为之确证，所以古本之可贵如此。（见《扬州丛刊·项羽都江都考跋》）

**刘文淇**：四月，兵罢戏下，诸侯各就国，项羽亦于是月出关，使人徙义帝于长沙郴县，是义帝之徙郴县亦在四月也。《项羽本纪》亦言："项王自立为西楚霸王，王九郡，都彭城。"而《秦楚之际月表》第二格言项羽都彭城，第三格言都江都者，江都乃项羽初都之地也。怀王初都盱台，后从盱台之彭城。项羽于义帝元年正月，犹在关中，分天下，立诸将为侯王，是时虽有都彭城之意，而怀王尚在彭城，故先以江都为名。《项羽本纪》云："汉之元年四月，诸侯罢戏下，各就国。项王出之国，使人徙义帝长沙郴县。"是羽于四月始都彭城。且怀王未徙郴县之先，彭城方为怀王所都，羽岂能与怀王共都一地？此亦事理之显然可见者，故知江都为羽初都之地也。羽虽未至江都，然先议所都之地，实在江都。太史公于《羽本纪》直言都彭城，不言都江都，所以纪其实；《月表》兼载都江都，所以存其名。此《月表》纪项羽事所以独立二格，一载都彭城，一载都江都也。此正史公体例之精。昔所都之地无先后之分，则《月表》不必立二格矣。《汉书·异姓诸侯王表》纪项羽事，第立一格，言都彭城，从其略也。（《青溪旧屋文集》卷四《项羽都江都考》）

【汇注】：

**张守节**：彭城，徐州县。（《史记正义·项羽本纪》）

**魏了翁**：项羽自立为西楚霸王，王梁、楚地九郡，都彭城。彭城，今徐州。孟康曰：旧名江陵为南楚，吴为东楚，彭城为西楚。按秦三十六郡，羽擅有四分之一：泗水郡、砀郡、薛郡、东郡、琅邪郡、会稽郡、鄣郡，此七郡晓然为羽地矣。未知他未郡谓何？出处不一，别有东阳郡郯县，今淮南西路，地属九江王，淮南东路，地当属泗水郡。越之后，亦共灭秦，羽不封之，则恐奄有闽中郡，稍稍犬牙南阳县，是为九也。始越灭吴而楚灭越，故呼吴地为东楚，又灭泗上诸侯而灭鲁，故称彭城为西楚。以大江分言，东西对也。楚之鄢、郢，为秦所侵，故以今江陵为南楚。羽暂借长沙及郴与义帝，而又弑之，则今之荆湖南北路，亦皆为羽所有，吴芮号为番君，不会就国于衡山，则今之淮南自六安以南，江西、江东，羽兼有之也。（《古史考》卷九《项羽分天下一帝十九王》）

**王圻**：戏马台，项羽都彭城时戏马之处也。在今徐州云龙山之麓，英雄既逝，景物亦非，宝马无声，佳人罢舞，荒丘断陇，满目萧骚，惟有禾黍离离，动摇秋风耳。（《三才图会》卷六《地理·戏马台》）

【汇评】：

**陈季雅**：尝怪嬴氏能混并海内，本非有平乱之道，而六国皆折而归秦者，徒以据百二之险而济以权谋矣。项籍入秦，纵一日之斩伐以快私怒，弃其本根而寻斧焉，彼亦知天下之势在是，已乎裂秦以王降将，而处身于梁楚，出天府而入战场，方将与天下驰驱。呜呼，殆哉！及观高帝安堵吏民于入秦之初，而甚郁郁于西土，良、信之徒又从而赞规取之谋，其所见特与项氏绝矣。项氏授关中于邯、翳等，彼皆孱弱孺子，安能久有？汉王追逐如猎狐兔，汉王既得三秦，天下之事盖可睹矣。彭越在梁既已为项氏肘腋之害，而汉王率五诸侯入彭城，曾无以拒遏之者，则籍之不善审天下之势而区区倚力以求胜，宜其终至于剧败也！（《两汉博议》卷四《论关中天下之全势羽不审之区区以力求胜》）

方　　回：甚哉项羽之愚而无识也。烧秦宫室，掠秦府库，虏秦妇女，杀秦降王子婴，怀衣锦故乡之陋见，行讥以沐猴之滥诛，谓徙义帝于上游，迁汉王于巴蜀，四分天下，已取其一，余十七王可以力控。田荣与己有隙而不与之释憾，陈馀与张耳有隙而亦不与之解仇。彭越故剧盗在梁，而无以处其众，涣其群，方且欲弑所尊之帝而夺所封诸侯之地，如是而欲久长，未之有也。（《续古今考》卷九《羽使卒三万人从汉王》）

王应麟："彭城"，徐州之县。故大彭国，春秋时宋封鱼石。吕氏曰：或咎羽不从韩生之计，殊不知天时不如地利，地利不如人和。以羽之暴，虽王关中无益也。（《通鉴地理通释》卷七《名臣议论考·彭城》）

钱大昕：《货殖传》，自淮北、沛、陈、汝南、南郡，此西楚也；彭城以东，东海、吴、广陵，此东楚也；衡山、九江、江南、豫章、长沙，此南楚也。据彼文，似彭城是东楚，非西楚。羽既都彭城，而东有吴、会稽诸郡，乃以西楚为号者，羽兼有梁楚地，梁在楚西，言西楚，则梁地亦兼其中矣。又据彼传，三楚之分，大率以淮为界，淮北为西楚，淮南为南楚，唯东楚跨淮南北，吴、广陵在淮之南，东海在淮之北，彭城亦在淮北，而介乎东西之间，故彭城以西可称西楚，彭城以东可称东楚也。（《三史拾遗》卷一《史记·项羽本纪》）

吴见思：义帝先立而后序，诸侯先序而后立。序法极为整齐，亦极为变化。因立、因封、因其旧也，余自王、自立、故立、乃立、故不封，只平序去，而不平处自见。徙赵而封张耳，徙燕以封臧荼，徙齐以封田都，尤极不堪。故两两相比以形容之，此作者眼目。（《史记论文·项羽本纪》）

浦起龙：叙项氏封赏自由，弃关裂地，轻率废置，徒豪举耳，然章法井井。（《古文眉诠》卷十八《项羽本纪》）

又：先之以义帝，示虚体也；紧接"欲自王"三字，探本志也；随纪其命众之言，絜纲领也。（同上）

高　　嵣：入咸阳矣，霸业已成，然弃关东归，裂地滥封，即为项羽失势根由也。是时政由羽出，私心爱憎，任意废置，已伏滋怨树敌之端，自是着着走入败局中矣。

(《史记钞》卷一《项羽本纪》)

**牛运震**：分封侯王一段，先叙项羽倡议于前，乃点明"分天下，立诸将为侯王"一语，以为总冒。随叙封汉王而连及三秦王，钩勒镕炼，结成一片。次叙封五国后及诸将相，凡十七段。有简有详，或整或错，诸人功次封地与项羽之爱憎公私，井井如画。而总以"项王欲自王，先王诸将相"挈起，"项王自立为西楚霸王"收结，章法结构，洁古老成，真良史笔力也。（《空山堂史记评注》卷二《项羽本纪》）

**恽　敬**：乃者项王自王，盖九郡焉。自淮以北，为泗水、为薛、为郯、为琅琊、为陈，皆楚故地；为砀、为东郡，皆故梁地。是时彭越未国，地属西楚。自淮以南为会稽。会稽之分为吴，《灌婴传》得吴守是也，亦故楚地。九郡者，项王所手定也。军于手定之地，不患其不安；民于手定之地，不患其不习；国于手定之地，则诸侯不得以地大而指为不均。据天下三分之一以争于中原，腹心之间，此三代以来未有之势也。彭城者，居九郡之中，举天下南北之眷，关外之形胜，必争之地也。故曰：都彭城者，项王不得不然之计也。（《大云山房文集·西楚都彭城论》）

**郭嵩焘**：按：项羽分封诸侯，各就其故地为之立国。关中，高祖所手定，而章邯、长史欣、董翳则故秦将吏也，项羽用之以间制高祖，而徙高祖南郑；项梁起兵西楚，故地皆项羽所手定，所以自立为西楚霸王，亦因已所故有之地以立国也。其时群雄并起相争，以高祖手定之地，项羽据而有之，其能一日安乎？关中当楚、汉时尤关天下形胜，建都为最，而以责项羽之不都关中，则又未达当时情事者也。（《史记札记·项羽本纪》）

**程馀庆**：项羽分王天下，一任爱憎。故子长序次诸将功，与其定封处，连用"故"字、"因"字摹写之；"因立""因封""自王""自立""故立""乃立""故不封"，只平平序去，而不平处自见。序中存断，井井然真良史也。（《历代名家评注史记集说·项羽本纪》）

**陈　直**：《秦楚之际月表》（武英殿本，据宋刻）："义帝元年二月，项羽都彭城。同月又都江都。"此条重要史料，细字夹杂在表文内，学者多不注意。仪征刘毓崧先生有《西楚霸王都江都考》，见《青溪旧屋集》。（《史记新证·项羽本纪》）

**编者按**：项羽在进入咸阳灭亡秦朝之后为何不建都关中，而是将彭城（今徐州）作为都城，这是对历史影响比较大的问题。在项羽抗击秦军的过程中，项羽采取了较为野蛮的屠杀政策，对秦人进行残酷的报复，最终使得项羽无法得到关中秦人的信任与拥护。如果当时项羽定都关中，就会产生一个战略上的巨大矛盾：一方面是项羽的军队马上要出关争夺天下，需要一个能源源不断地提供兵员粮草的基地；另一方面却是关中初定，秦人不服，需要重兵镇守，然后再慢慢使秦人向项羽效忠，非数年经营不能见效。与项羽在关中不得民心，无法建立基业相比，项羽在东、南部地区有着较好的基础，这是他在彭城定都的客观原因，体现了"怀楚"的合理性。然而，如果项羽定都关中，可以起到三个战略作用：一是可以阻止刘邦进入关中和中原战场；二是远离诸侯纷争，拥有较为稳固的后方；三是能够赢得稳定的时间，使各国人才各为其主，使敌对力量分散，这样山东乱起，偏师结诸侯之力，尽可定之。参见《项羽定都彭城的原因及利弊》，《湖南行政学院学报》2010 年第 6 期。

　　汉之元年四月①，诸侯罢戏下②，各就国③。项王出之国④，使人徙义帝⑤，曰："古之帝者地方千里⑥，必居上游⑦。"乃使使徙义帝长沙郴县⑧。趣义帝行⑨，其群臣稍稍背叛之⑩，乃阴令衡山、临江王击杀之江中⑪。韩王成无军功，项王不使之国，与俱至彭城⑫，废以为侯，已又杀之⑬。臧荼之国，因逐韩广之辽东，广弗听，荼击杀广无终⑭，并王其地⑮。

① 【汇注】

　　孙　琮：用汉年纪事于羽传中，以正统与汉，史家高识。（《山晓阁史记选·项羽本纪》）

　　冯　景：或谓项羽虽将五诸侯灭秦，而《羽本纪》仍书汉之元年，是天下大统，史迁不与楚而与汉也，是固然。然《春秋》之法，有名与而实不与者。是放其人躬行弑逆而为君，则直书其弑君，而仍不设其为君之号，于是史迁作《项羽本纪》之权衡起矣。羽既灭秦而暴兴也，则登之本纪而不设其为君之文，羽惟放弑义帝而自立也。则以汉纪元，文与而实不与，所以彰其弑君之罪，是固《春秋》之遗法，而史迁用之，义并行而不悖也。不然，秦汉以还篡弑而君天下者多矣，史概绝其统乎！吾知虽董狐复生，亦必直书其弑而不没其为君。曾谓五年为政之项羽，业已宰天下，封王侯，顾欲削其本纪而降为世家，可乎哉？即如司马贞之说，羽既身属国灭，子孙无噍类矣，尚何世家之有？（《解春集文钞》卷七《书项羽本纪后二》）

　　高　嶙：自此以汉纪年，史家特识。（《史记钞》卷一《项羽本纪》）

　　牛运震：汉之元年，汉之二年，汉之三年，汉之四年：按此编汉年以纪楚事，正以见《项纪》之为创旨变格，究未尝不以正统推汉也。此太史公极用意处。后世读史者解此，可无讥于项之为纪矣。（《空山堂史记评注》卷二《项羽本纪》）

　　程馀庆：此下用汉之年月，作纪事章法，关目清楚。于楚《纪》中，暗以正统与

汉，史家高识。(《历代名家评注史记集说·项羽本纪》)

**刘咸炘**：冯景《书后》曰："或谓《羽本纪》仍书汉元，是天下大统史迁不与楚而与汉也。是固然《春秋》之法有名与而实不与，其人行弑逆而为君，直书其弑而仍不没其君之号。羽既灭秦则登之本纪，而不没其为君之文。羽放弑义帝，则以汉纪元，名与而实不与，所以彰其弑君之罪。"按：此亦凿说。当时诸侯各自纪年，此纪汉元取便后世之计算耳，岂以为褒贬乎？登本纪本非与元，号亦不可削，古史亦不以削元为贬。此皆后儒妄凿之论。史家不计是也。(《太史公书知意·本纪·项羽本纪》)

**王　恢**：秦亡于二世三年(前207)九月，适为岁末。沛公即位于前202年，中间有四年不相连接。汉人以汉续秦统，即以前206年冬十月为汉高元年(其实政由霸王，汉王不过诸侯之一耳)。又楚汉历法，仍因秦制，归余于终——应置闰者，总于岁末，为"后九月"，以十月为岁首，故叙冬于前。至太初元年(前104)始用夏正，以正月春为岁首。附

楚　汉　月　表

| 秦 年 月 | 楚 | 汉 |
| --- | --- | --- |
| 二世三年十一月 | 羽杀宋义救赵。 | |
| 十二月 | 破秦军钜鹿。 | 至栗，破秦军 |
| 正月 | 虏秦将王离。 | |
| 二月 | 破章邯军。 | 得彭越，袭陈留。 |
| 三月 | 相持未战。 | 攻开封，破秦军。 |
| 四月 | 章邯恐，赵高让之。 | 攻颍阳，略韩地。 |
| 六月 | 章邯与楚约降，楚破秦军汙水上。 | 攻南阳。 |
| 七月 | 与章盟于殷虚。以邯为雍王。 | 降下南阳。 |
| 八月 | 受秦军降。 | 破武关。 |
| | 赵高杀二世。 | 攻下蓝田。 |
| 九月 | 子婴王。 | |
| 十月 | 羽略地西至河南。 | 汉元年，子婴降，入咸阳，还军霸上。 |
| 十一月 | 坑秦降卒于新安。 | 沛公约法三章。 |
| 十二月 | 入关，分封诸侯。 | 会鸿门。 |
| 正月 | 羽自为西楚伯王。都彭城。 | 立为汉中王，都南郑。 |

| 秦年月 | 楚 | 汉 |
|---|---|---|
| 二月 | 羽徙义帝彬县。 | 汉王始。 |
| 四月 | 诸侯罢戏下各就国。 | 汉王从杜南入南郑。 |

(《史记本纪地理图考·项羽本纪·鸿门之宴》)

**钱伯城**：汉之元年，公元前206年。刘邦在这一年二月称王，《史记》从这一年起以汉纪年。(《史记纪传选译》上《项羽本纪》)

② 【汇注】

**司马贞**：戏音羲，水名也。言"下"者，如许下、洛下然也。按：上文云项羽入至戏西鸿门，沛公还军霸上，是羽初停军于戏水之下。后虽引兵西屠咸阳，烧秦宫室，则亦还戏下。今言"诸侯罢戏下"，是各受封邑号令讫，自戏下各就国。何须假借文字，以为旌麾之下乎？颜师古、刘伯庄之说皆非。(《史记索隐·项羽本纪》)

**胡三省**：师古曰：戏，谓军旌麾也。先是，诸侯从项羽入关者，各帅其兵听命于羽。今既受封爵，各使就国，故总言罢戏下也。一说云：时从羽在戏水之上，故言罢戏下。此说非也。羽见高祖于鸿门，此时已过戏矣；又入烧宫室，不复在戏也。《汉书》通以戏为麾，许宜翻。(《资治通鉴》卷九"高帝元年"注)

**王伯祥**：戏读如麾，戏下即麾下，犹言在主帅的旌麾之下。后世对将帅称麾下（亦作戏下），本此。诸侯罢戏下，诸侯受封已毕，各就旌麾之下罢兵各归（犹言撤回或复员）。故下云"各就国"。一说，"戏下"之"戏"即前"至于戏西"之"戏"，谓戏下与"洛下""许下"同例，即指戏水而言。其实不然。按鸿门会后，明言"项羽引兵西屠咸阳"，并无还军戏西之文，那么项羽分封诸侯不必定在戏下了。且洛下、许下都指城言，犹云洛城之下、许城之下；若指水言，当云戏上，不得云戏下。看前文"汙水上""霸上"和后文"睢水上""汜水上"等自明。(《史记选·项羽本纪》)

**王恢**：戏：《鲁语》幽王灭于戏。《渭水注》："戏水出丽山，东北流迳戎城东，又迳鸿门东，又北迳亭东，幽王举烽火戏诸侯者也。"戏盖以之得名。(《史记本纪地理图考·周本纪·幽王死骊山》)

**编者按**：诸侯罢戏下的"戏下"：一说为戏水之滨，一说即"麾下"。韩兆琦的《史记笺证·项羽本纪》云："张家英集中《史记》中所出现的'戏下'数件对比分析，以为只有《淮阴侯列传》李左车说话中的一条应该解作'麾下'，其余均应解释为水名。按《索隐》与张氏说上。"此说可信从。

③ 【汇注】

**吴见思**：分封事毕，总结一句，天下自此定矣，而孰知其不然也哉？(《史记论文·项羽本纪》)

夏伯炎：就国：赴封国就王位。（见王利器主编《史记注译·项羽本纪》）

④【汇注】

司马光：世称项王不王秦而归楚，故失天下。观其拥百万之众，西入函谷，擅天下之势，裂山河以王诸侯。自谓可以逞其私心，而人莫敢违，安行无礼，忍为不义。欲以一夫之力服亿兆之心，才高者见疑，功大者被绌。推此道以行之，虽得百秦之地，将能免于败亡乎？（《稽古录》卷十二）

⑤【汇注】

王伯祥：徙义帝，逼楚王心迁离彭城。（史记选·项羽本纪）

钱伯城：徙义帝：义帝当时居彭城，项羽以此为西楚国都，所以要义帝迁走。（《史记纪传选译》上《项羽本纪》）

⑥【汇注】

孟　子：天子之地方千里，不千里不足以待诸侯；诸侯之地方百里，不百里不足以守宗庙典籍。（《孟子·告子下》）

吕不韦：古之王者，择天下之中而立国，择国之中而立宫，择宫之中而立庙。天下之地，方千里以为国，所以极治任也；非不能大也，其大不若小，其多不若少。（《吕氏春秋》卷十七《慎势》）

张守节：千里谓王畿。（《史记正义·秦始皇本纪》）

⑦【汇注】

裴　骃：文颖曰："居水之上流也。游，或作'流'。"（《史记集解·项羽本纪》）

张守节：游音流。（《史记正义·高祖本纪》）

杨　侃：文颖曰："居水之上流也。"师古曰："游即流也。"又《匈奴传》："从上游来厌人。"（《两汉博闻》卷五《上游》）

胡三省：游，即流也；言居水之上流。（《资治通鉴》卷九"高帝元年"注）

程馀庆：居水之上流也。长沙以南，水皆北流，从桂岭而下也，故称上游。然实楚南荒裔地，岂帝者所居哉？（《历代名家评注史记集说·项羽本纪》）

编者按：义帝之于项羽，如股上玩物，形同傀儡，由徐州之沃野，贬黜到蛮荒之郴县，虽居水之上游，只能守一隅，无能为也。按清初顾炎武《日知录·漕程》引《山堂考索》载唐漕制，凡陆行之程，马日七十里，步及驴五十里，车三十里。水行之程，舟之重者，沂河日三十里，江四十里，余水四十五里，空舟溯河四十里，江五十里，余水六十里，沿流之舟，则轻重同制，河日一百五十里，江一百里，余水七十里。转运征敛送纳，皆准程节其迟速。由此可见，居于上游，则便于控制局面，然义帝毫无实力，居于上游，徒作口实而已。

⑧【汇校】

赵　翼：项羽分王诸将，《史记》先叙诸将分王毕，方叙徙楚怀王于长沙。《汉书》则先叙徙怀王，然后分王诸将。(《廿二史札记》卷一《史汉不同处》)

⑨【汇注】

裴　骃：如淳曰"郴音綝。"(《史记集解·项羽本纪》)

郑　樵：郴氏，芈姓，楚怀王孙心号义帝，都郴，子孙氏焉。晋《陶侃别传》有江夏郴宝。(《通志·氏族略》)

凌迪知：楚怀王孙心都郴，其后遂为郴氏。(《氏族博考》卷三《汉魏受氏》)

吴见思：义帝封地至此序出。(《史记论文·项羽本纪》)

程馀庆：义帝封地，至此方补出。诸将先序而后立，义帝先立而后序，变法。(《历代名家评注史记集说·项羽本纪》)

陈　直：项羽置义帝长沙郴县，取义在楚地疆域之内。(《史记新证·项羽本纪》)

王　恢：郴县，《汉志》："桂阳郡，郴，项羽所立义帝都此。"即今湖南郴县。《清统志》(三七八)："义帝陵在县西南。《水经注》冢在县南。"《元和志》在县西一里。《州志》：陵在旧儒学后，大而圆，高可二丈余。(《史记本纪地理图考·项羽本纪·立君弑君》)

又：按：楚怀王孙心之立，在秦二世二年(前208)六月。同月，张良亦请项梁立韩成为韩王，两略韩地，游击秦军。九月，怀王徙都彭城。汉之元年(前206)正月，诸侯尊怀王为义帝。项羽自为西楚霸王，徙义帝于郴，十月，羽使衡山、临江王杀之江中。而《黥布传》云：其八月，九江王布杀义帝于郴(《汉书·项羽传》同)。是《本纪》"江中"，当依《高纪》作"江南"。(同上)

⑩【汇注】

王伯祥：楚王心被迫远行，其左右从官必多托故规避的，故云群臣稍稍背叛之。左右既多离去，项羽乃得暗中令人加害他。(《史记选·项羽本纪》)

编者按："稍稍"，随即之意。"稍稍背叛之"，意为过去受项羽统治的群臣，随即起来造反。如被项羽"环封三县"的陈馀，与齐并力击走被项羽所封的常山王陈耳。汉王刘邦亦还定三秦，部五诸侯兵，东伐楚，直捣其总巢彭城等县。

⑪【汇校】

司马迁：项氏立怀王为义帝，徙都长沙，乃阴令九江王布等行击之。其八月，布使将击义帝，追杀之郴县。(《史记·黥布列传》)

班　固：二年冬十月，项羽使九江王布杀义帝于郴。(《汉书·高帝纪上》)

裴　骃：文颖曰："郴县有义帝冢，岁时常祠不绝。"(《史记集解·项羽本纪》)

张守节：郴，丑林反。今郴州有义帝冢及祠。(《史记正义·黥布列传》)

**陆唐老**：师古曰：说者或以为《史记》本纪及《汉》注云：衡山、临江王杀之江中，谓《汉书》言黥布杀之为错。然今据《史记·黥布传》："四月，阴令九江王等行击义帝，其八月，布使将追杀之郴。"又与《汉书·项羽传》《英布传》相合，是则衡山、临江、与布同受羽命，而杀之者布也，非班氏之错。（《陆状元通鉴》卷二十六《前汉纪·太祖高皇帝上》）

**梁玉绳**：按：《黥布传》言"九江王使将追杀义帝于郴"，与《汉书》合，而此与《高纪》谓是衡山、临江杀之。师古《汉书·高纪》注曰"衡山、临江与布同受羽命，而杀之者布也"。"江中"当依《高纪》作"江南"，指郴县言，若江中，则杀于道路矣。又考义帝之杀，此与《高纪》在汉元年四月，而《月表》在二年十月，《黥布传》在元年八月，《汉书》从《月表》，然究未知的在何月。义帝以元年四月自临淮盱台县徙桂阳之郴，使人趣其行，不及一月可到，英布等追而杀之，则甫及郴即被弑矣，疑"四月"为是。（《史记志疑·项羽本纪》）

**赵　翼**：《史记·项纪》《高纪》，皆言项羽徙义帝长沙都郴，使衡山王、临江王击杀义帝。《汉书·高纪》则云羽使九江王布击杀义帝于郴。（《廿二史札记》卷一《史汉不同处》）

**又**：颜师古注谓衡山、临江、九江三王，羽皆使杀义帝，而击杀者乃九江王也。（同上）

**吴　非**：武陵人缟素哭义帝，汉王特义之，曰"义帝"。（《楚汉帝月表·正例》）

**又**：项羽令诸侯各就国，使人徙义帝，曰：古之帝者地方千里，必居上游。乃徙义帝长沙郴县，趣行，群臣稍背叛之。项羽阴令九江王等行击义帝，黥布乃使将追杀之于郴。（《楚汉帝月表·楚义帝本纪》）

**朱东润**：项羽尊怀王为义帝，徙之于郴，犹是项梁立怀王都盱台之遗意，尊以空号，置之闲散之地，而不奉其号令，如是而已，非有意杀之也。其后义帝之死，《项羽本纪》《高祖本纪》皆谓阴令衡山、临江王击杀之江中；《黥布传》则谓羽阴令九江王布等行击之，其八月布使将击义帝，追杀之郴县。《布传》又载随何说布曰："夫楚兵虽强，天下负之以不义之名，以其背盟约而杀义帝也。"大抵义帝之不终，固为实事，至于击杀之主名，则汉人之说，如转轮，如刺蝟，其言不可究诘，而归咎于项王者则一。曰"阴令"，则昌言之者必有其人，羽不宜自言之；临江王始终为楚，亦不宜自言之；衡山王始终为汉，自言之亦不足信；至英布者，果身与其事，随何宜为之讳，不应言之以犯其忌。至《汉书·高帝纪》《项籍传》《英布传》则皆以为羽阴令布击杀义帝，其言又异。汉高方言愿从诸侯王击楚之杀义帝者，旋即与黥布为伍，不亦惧乎！由今言之，此尤顽钝无耻者也！（《史记考索·史赞质疑》）

**程馀庆**：分封后补出一事，是项羽阴令弑义帝。（《历代名家评注史记集说·项羽

本纪》)

**编者按**：《汉书·地理志（下）》"桂阳郡"下"郴县"云："项羽所立义帝都此。"王先谦《汉书补注》曰：耒水注其城，项羽迁义帝所筑。县南有义帝冢，内有石虎，因呼为白虎郡。《续志》刘注引《湘中记》："今有义陵祠。"

【汇评】

苏　轼：义帝，天下之贤主也。独遣沛公入关，而不遣项羽，识卿子冠军于稠人之中，而擢以为上将，不贤能如是乎？羽既矫杀卿子冠军，义帝必不能堪，非羽弑帝，则帝杀羽，不待智者而后知也。（《苏轼文集》卷五《论项羽范增》）

陈　埴：楚怀王之立也，将以兴汉乎；怀王之死也，将以亡楚乎。夫怀王项氏所立，此宜深德于项，今观怀王在楚，曾无丝粟之助于楚，而独属意于沛公。方其议遣入关也，羽有父兄之怨于秦，所遣宜莫如羽而遣沛公，曰："吾以其长者，不杀也。"沛公之帝业盖于是乎兴矣。至其与诸将约也，曰"先入关者王之"，沛公先入关，而羽有不平之心，使人致命于怀王，盖以为怀王为能右己也，而怀王之报命，但"如约"而已。以草莽一时之言，而重于山河丹书之誓，羽虽欲背其约，其如负天下之不直何？是沛公之帝业，又于此乎定矣。夫项氏之兴，本假于亡楚之遗孽，顾迫于亚父之言，起民间牧羊子而王之，盖亦谓其易制无他，而岂料其贤能如是耶？始而为项氏之私人，而今遂为天下之义主，始以为有大造于楚，而今则视羽蔑如也，则羽此心之郁郁悔退，岂能久居人下者？自我立之，自我废之，或生或杀，羽以为此吾家事，而不知天下之英雄，得执此以为辞也。故自三军缟素之义明，沛公之师始堂堂于天下，而羽始奄奄九泉下人矣。怀王之立，曾不足以重楚，而怀王之死，又适足以资汉。然则范增之谋欲为楚也，而只以为汉也。呜呼，此岂沛公智虑所能及哉！其所得为者天也，此岂范增、项羽智虑之所不及哉！其所不得为者亦天也。（引自《人物论》卷六《怀王》）

尹起莘：呜呼！君臣天地之大义也。臣之事君，犹子之事父，亘古今而不可易。是以陈桓之事，孔子已告老矣，且沐浴请讨，岂非天地大变，天理之所不容，故不忍与之并立乎世，此盖万世之通谊也。籍世为楚将，北面事之，义帝，怀王之孙，项梁立以为君，大义已定，籍何得而弑之乎？况籍起自偏裨，矫杀卿子冠军，宰割天下，率徇己私，义帝不能诛籍，而籍反弑帝，其恶可胜道哉？……密击江中，果可以欺天下乎？（《资治通鉴纲目发明》）

范光宙：弑逆，大恶也。羽何敢于犯天下之不韪也？夫王怀王非羽意也，亚父以项氏世楚将，宜王楚之后，以从人望。其起牧羊子而王之也，亦子房王韩成意也。而怀王之王也，不德羽，动辄抑羽。羽奋身欲入关也，故不遣羽，而使徇河北，为卿子冠军之次，羽其能为人下乎？当是时，一起义，而会稽子弟从者八千人；一渡淮，而陈婴、英布之徒，以兵属者七八万人，其势固足以自立为王，即不王，而其矫命专辄，所必然也。是故王怀王者，杀卿子冠军之兆也。至于尊怀王为帝王，亦非羽意也。羽之破关也，屠戮焚掠，有飘忽震荡之势，能禁羽弗王乎？乃其致命于王也，王又曰"如约"而重以拂羽之意。于是夺其地而都彭城之上，自称曰西楚霸王。其自王也，义不得不尊王而帝之也。阳帝王以示尊，而阴使使刺王，以决吾龁，亦所必然也。是故帝怀王者，杀义帝之兆也。呜呼，义帝未弑之前，威震诸侯，而气横四海，天下知有楚，而不知有汉。义帝已弑之后，三军缟素，而诸侯服从，天下又知有汉，而不知有楚。人有言，怀王之王不足以重楚，而怀王之死，适足以资汉，谅哉！（《史评》卷二《项羽·弑义帝》）

**贺　详**：项羽之杀义帝，亦高祖之心也，直未及焉耳，徒以有羽在也。羽灭而天下者汉有矣，高祖能以此臣事之乎？非羽杀义帝，汉必杀也。羽实为高祖杀义帝，若代之乎焉。而且以藉汉口也。斯矣竖子失计之大者矣。或曰：高祖之宽仁也，使项羽不杀义帝，而高祖灭羽，必有以处帝者，岂必杀乎？曰：非也。凡始定天下者，必防微而涂衅焉。谓夫崛起未易以服众，而初附之人，心难遽习也。韩、彭功能高汉犹不容，而况名位足以摇天下乎？纵高祖能善处帝，而数年之间，反者九起，必有挟帝以为名者，当是时，虽帝亦自不能安于汉也。（《留余堂史取》卷三《世评》）

**黄淳耀**：义帝始能夺羽军将之，又能遣沛公入关而不遣羽，故有英气，然非其材足以制羽也。羽方起事，挟帝为奇货，以令天下，事济之后，自当不免。帝盖游其彀中而不知也。悲夫！（《陶庵集》卷七《项羽本纪》）

**邵泰衢**：羽不杀义帝，沛公亦必杀之。羽为沛公代之乎，而且为汉藉口，使天下义之，此羽之失也。盖韩、彭之功犹不容，况义帝名位之足以动天下者乎？纵沛公能善处，帝数年之间，反者九起，亦必有挟义帝以为名者，而帝亦不能自安于汉矣，故曰沛公必杀之也。（《史记疑问》卷上《弑杀帝》）

**孙德谦**：今夫义帝之存亡，汉与羽之成败系焉。羽自杀义帝，诸侯多有叛之者，卒至身死国亡，为天下笑。故《史》本纪赞曰：及羽背关怀楚，放逐义帝而自立，怨王侯叛己，难矣！高祖用三老董公之言，为义帝发丧，并遣使告诸侯曰：天下共立义帝，北面事之。今项羽放杀义帝于江南，大逆无道。又数羽之罪曰：夫为人臣而杀其主，天下所不容。可知义帝为当时共主，羽则蹈弑君之恶，汉之所为，实足以激人心而扶名教。一兴一废，其机如此。（见《楚汉帝月表·跋》）

**查　礼**：入关之命，不遣羽而遣沛公，盖以沛公为长者尔。然是固不可遣羽，而亦不可以遣沛公，自古无因人成事之帝王也。……为义帝计者，唯遣一将救赵，而亲率诸将以击秦，数始皇二世之罪，受子婴之降，除秦之法，与民休息，秦地百二山河，天下莫强焉。楚虽大，僻在东南，其形势非关中比也。因秦之规以定都焉，而封项羽、沛公。各以大国封诸将之有功者，以小国又封五国子孙之贤者，以无绝其先祀：当是时，天下固义帝之天下也，虽项羽之暴，何足忌哉？羽与沛公，固皆我之佐命臣尔，惟前既存以失羽之心，而灭秦之功，又大半成于羽乎，故羽得以擅其赏罚废置之柄焉，而天下之势去矣，乃欲端拱安生，用人劳而享其逸，不亦谬乎！吾故曰：义帝特一迁生腐儒尔，天下未有迁生腐儒之能成事者，其不终也固宜。（见《史论正鹄》二集卷二《楚义帝论》）

**张大可**：据《黥布列传》，义帝到达郴县后才被黥布遣将追杀。大约是衡山王吴芮、临江王共敖不愿截杀义帝，故义帝终达郴县。其后项羽迫使黥布追杀，于是产生裂痕。不久项羽伐齐，征黥布不至，布竟反楚归刘。项羽此举，大为失计。（《史记全本新注·项羽本纪》）

⑫【汇评】

**茅坤**：私恩威如此！（《史记钞·项羽本纪》）

⑬【汇注】

**解惠全、张德萍**：已：不久。（《全译史记·项羽本纪》）

【汇评】

**方　回**：韩王成之立也，张良说项梁立之。韩以良为韩司徒，此周制，天子之三卿（公）也。战国时犹有此制。故梁就用良相韩，除此官。韩王成不能全韩国，与梁略地，得数城，秦复取之，为汉留守阳翟。项羽以良为汉王谋臣，而成又无功，故不遣成就国，与俱至彭城，杀之。良之辞汉归韩也，未知羽之诛韩王也，羽此一举，心量不弘，憾一张良而杀无罪之韩王成，章邯击杀羽之季父项梁，且羽居边，此不共戴天之仇，而忘仇不报，王章邯以雍王，义理不明，私欲是恣，岂帝王之所为乎？寻以故吴令郑昌为韩王距汉，徒以报区区之私恩，不察郑昌之小才，岂足以当得人得天之汉，皆失之矣。（《续古今考》卷十《项羽杀韩王成》）

**高　嶙**：弑义帝，杀韩王，悖而且暴，为失人心第一事。（《史记钞》卷一《项羽本纪》）

**程馀庆**：误著，驱张良归汉矣。（《历代名家评注史记集说·项羽本纪》）

**宋公文**：项羽之所以"不肯遣韩王，乃以为侯，又杀之彭城"，真正的原因是不难揭明的。张良"为韩王送沛公"入关，接着就在鸿门宴上挫败了楚项集团剿灭刘邦的计划，使项羽大丢面子。项羽怎能不因此而迁怒于韩王成呢？此后，汉王受封入国，张良又"送至褒中"，这又进一步加剧了项羽对张良及其主子韩王成的愤懑。据《史记·留侯世家》载："韩王成以良从汉王故，项王不遣成之国，从与俱来。"我们认为，这确能揭示项羽的动机。……仅仅是表示了项羽对不忠于己的韩王成的报复与不信任。（《论楚汉战争时期项羽和刘邦的分封》，载《秦汉史论丛》第一辑）

**张大可**：韩王成无军功……杀之等句：项羽怨韩王成遣张良助刘邦，故托词"无

军功"不使之国，随后又杀之。这也是项羽政治上的失计。(《史记全本新注·项羽本纪》)

⑭【汇注】

王伯祥：击杀广无终：击逐韩广，杀之于辽东的国都。(《史记选·项羽本纪》)

⑮【汇评】

郭嵩焘：按：韩王广徙王辽东，都无终，此云"逐广之辽东，广弗听"，是广犹在蓟也；而云"荼击杀广无终"，则固已之国矣。必荼与广争国，其中战事犹多，史公但以一二语总括之。(《史记札记》卷一《项羽本纪》)

　　田荣闻项羽徙齐王市胶东①，而立齐将田都为齐王，乃大怒②，不肯遣齐王之胶东，因以齐反③，迎击田都④。田都走楚⑤。齐王市畏项王，乃亡之胶东就国⑥。田荣怒，追击杀之即墨⑦。荣因自立为齐王，而西击杀济北王田安⑧，并王三齐⑨。荣与彭越将军印⑩，令反梁地⑪。陈馀阴使张同、夏说说齐王田荣曰⑫："项羽为天下宰⑬，不平⑭。今尽王故王于丑地⑮，而王其群臣诸将善地，逐其故主赵王⑯，乃北居代，馀以为不可⑰。闻大王起兵，且不听不义⑱，愿大王资馀兵⑲，请以击常山，以复赵王⑳，请以国为扞蔽㉑。"齐王许之，因遣兵之赵。陈馀悉发三县兵㉒，与齐并力击常山，大破之。张耳走归汉。陈馀迎故赵王歇于代㉓，反之赵㉔。赵王因立陈馀为代王㉕。

①【汇校】

梁玉绳：按：此后宜称"项王"矣，而忽呼"项羽"者四，曰"田荣闻项羽徙齐王市胶东"，曰"项羽闻汉王皆已并关中"，曰"以齐、梁反书遗项羽"，曰"项羽遂北至城阳"；又呼其名曰"独籍所杀汉军数百人"，俱当改"项王"。(《史记志疑·项羽本纪》)

②【汇评】

茅坤：羽以私予夺三田，而三田卒不相容，因而内乱，自相并，而羽亦因不能定。(《史记钞·项羽本纪》)

③ 【汇注】

孙　琮：连用"因"字，写所以叛立故。(《山晓阁史记选·项羽本纪》)

刘　沅：为天下望，乃能分封服人。项羽不自量，任意裂封诸侯，田荣首叛之，直书其事，可见羽之妄矣。(《史存》卷六《楚汉记》)

④ 【汇注】

潘永圜：临淄王田都，始故齐将，从救赵入关，汉元年正月，项籍更封都为临淄王，都临淄。五月，田横击之，亡走楚，凡立四月，地属齐。(《读史津逮》卷二《秦末诸国》)

⑤ 【汇校】

赵　翼：《汉书》谓荣攻都，都又降楚。(《廿二史札记》卷一《史汉不同处》)

⑥ 【汇评】

程馀庆：庸甚。(《历代名家评注史记集说·项羽本纪》)

⑦ 【汇注】

吕祖谦：荣所事也。(《大事记解题》卷八)

【汇评】

张　溥：且项梁救田荣，荣不能救梁，羽忿而击之。荣既相广，听郦生之说，复罢守备，而遽为信袭，于亡齐诚有罪焉。卒以横尸乡之死，有兄弟得士之名，而世竟未有知市者，余窃悲焉。则及其时而著之，亦《纲目》所谓是非之大者欤！(《历代史论二编》卷一《秦楚之际论》)

⑧ 【汇校】

梁玉绳：按：《纪》《表》《传》皆言田荣杀田安，惟《汉书·高纪》《籍传》云彭越杀之，与《年表》《儋传》异，岂是时越受荣将军印而为之驱除耶？然《越传》何以不书？(《史记志疑·项羽本纪》)

杨树达：何焯曰："《田儋传》，荣还攻杀安，与《异姓诸王表》同。此云越杀，误也。"树达按：《高纪》亦云越杀。盖此时越既属荣，其杀安亦荣使之。此各就事为言，犹田假与国之王，或以为怀王语，或以为项梁语也，不为违误。何说非。(《汉书窥管》卷四《陈胜项籍传》)

【汇注】

潘永圜：济北王田安，故齐王假孙。项籍方救赵，安下济北数城，降籍。汉元年正月，籍分封安为济北王，都博阳。七月，田荣击杀之。凡立六月，地属齐。(《读史津逮》卷二《秦末诸国》)

⑨ 【汇校】

赵　翼：《史记》田荣击杀济北王田安，并王三齐；《汉书》彭越击杀田安，荣遂

王三齐。(《廿二史札记》卷一《史汉不同处》)

**【汇注】**

裴　骃：《汉书音义》曰："齐与济北、胶东。"（《史记集解·项羽本纪》）

张守节：《三齐记》云："右即墨，中临淄，左平陆，谓之三齐。"《史记正义·项羽本纪》）

胡三省：三齐，谓齐及济北、胶东也。（《资治通鉴》卷九"高帝元年"注）

潘永圜：齐王田儋，狄人，故齐王田氏族。儋从弟荣，荣弟横，皆豪杰宗强，得人心。二世元年九月，陈涉使周市略地至狄，儋诈缚奴谒令，遂杀令起兵，自立为王。二年六月，为秦将章邯所杀。凡立十月，齐人闻儋死，立故王建弟假为王。凡一月，儋弟荣引兵逐假，假亡走楚，乃立儋子市为王。汉元年正月，秦既灭，项籍徙封市为胶东王，都即墨。荣以己不得王，留市毋至胶东。市惧楚，走就国，荣怒，追击杀市于即墨，而自立为王。逐田都，攻杀田安，并三齐地。凡八月。楚怒伐之，败走平原。平原民杀荣。二年二月，荣弟横立荣子广为王而相之。三年十一月，为韩信所执。横闻广死，自立为王。凡一年，信尽平齐地。汉王立为帝，横惧诛，与五百人入海岛，高祖召之，与二客乘传诣洛阳，未至三十里，自刭。五百人闻之，皆自杀。共立四年亡。（《读史津逮》卷二《秦末诸国》）

**【汇评】**

黄淳耀：楚汉之际，六国蜂起自立，惟田氏最与楚龃龉，而阴德于汉甚大。初，田儋救魏，为章邯所杀，儋从弟荣收兵走东阿，邯追围之。项梁闻荣急，乃引兵击破章邯，邯走而西。是荣之复振皆项氏力也。微梁，荣且独出矣。及梁既追章邯，邯兵盖盛，梁使趣齐兵共击章邯，荣乃要楚、赵杀田假一门三人。楚、赵不忍杀，则终不出兵，夫假固齐王建弟也，齐人以儋死故立之，既已逐之矣，又必欲杀之，又以楚之义不忍杀也，覆用为仇，坐视项梁之败，不义甚矣。项羽由此怨荣，入关后分王田都、田安，荣距都杀安，尽并三齐之地。羽北伐，而汉遂得劫五诸侯兵乘间东向矣，虽荣之举事非以为汉，而实阴为汉用也。故吾曰：田氏最与楚龃龉，而阴德汉甚大。田横死，高帝为之流涕，帝固心德田氏也夫！（《陶庵全集》卷四《史记评论·项羽本纪》）

王鸣盛：田儋定齐自立，与其从弟荣、荣弟横俱起，为章邯破杀。荣收余兵走东阿，邯追围之，赖项梁救之，击邯，邯走而西，荣乃得免。齐人因儋死，国无主，乃立故齐王建之弟假，未为大谬也。而荣甫脱大厄，旋击逐假，假亡走，楚乃立田儋子市为王，荣相之，亦可已矣。及项梁以东阿之役追章邯，而邯兵益盛，乞兵于荣，荣乃邀之，使杀田假乃出兵。楚以义不忍杀，则遂坐视章邯败杀项梁而不救。其后项羽灭秦，分立诸侯王，乃徙田市王即墨，封田都于临淄，田安于济北；而以田荣负项梁，不肯出兵助楚，不得王。羽之主约，人皆称其不平，而此事则未可非。荣逐田都，杀田安，且击杀田市于即墨，而并有三齐以自王，何其戾也。夫儋与荣、横三人为从昆弟，实齐之疏族；而假为故齐王建之弟，假之当立甚于儋。其立也，又非取之儋手，荣必欲杀之，悖暴已极。乃因此仇项氏，以德报怨，又并儋子市而杀之，何哉？诚丧心害理之尤者！（《十七史商榷》卷五《田荣击杀田市》）

⑩ 【汇注】

王伯祥：彭越字仲，昌邑（秦县，故治在今山东省金乡县西北四十里）人。时在钜野，（即大野泽，在今山东省钜野县北五里）有众万余，无所属。故田荣招诱之，与以将军印。《史记》有《魏豹彭越列传》。（《史记选·项羽本纪》）

⑪ 【汇注】

杨树达：《高纪》云：时越在钜野，众万余人，无所属。（《汉书窥管》卷四《陈胜项籍传》）

【汇评】

刘辰翁：一田荣不封，遂生此故，固知立功易，为宰难也。（引自《史记评林》）

何　焯：田荣首难，且连彭越，横又继之。为高祖驱除功，莫先于齐也。（《义门读书记》卷十七《前汉书》）

程馀庆：羽以私予夺三田，而三田卒不相容；而内乱，自相并，而羽亦因之不能定。（《历代名家评注史记集说·项羽本纪》）

⑫ 【汇校】

梁玉绳：按：《高纪》及《陈馀传》皆无张，恐非二人偕说也。（《史记志疑·项羽本纪》）

【汇评】

牛运震："陈馀阴使张同、夏说说齐王田荣曰"云云：按此借陈馀口中，点出项王宰割不平。（《空山堂史记评注》卷二《项羽本纪》）

⑬ 【汇注】

夏伯炎：宰：主宰。（见王利器主编《史记注译·项羽本纪》）

⑭ 【汇注】

王伯祥：为天下宰，不平，言主持天下的事不公道。（《史记选·项羽本纪》）

【汇评】

周在镐：羽以丑地王他人，而以善地自王。田荣之言曰："项羽为天下宰，不平。"吾读《羽本纪》至此，未尝不为世之竞于一得，而志气之衰者虑也。故愤发其所谓天下雄为汉王可矣。（见《史论正鹄》三集卷八《项羽立沛公为汉王论》）

刘文淇：夫项羽之分立十八王也，当时共谓不平。故陈馀阴使张同、夏说说齐王田荣曰："项王为天下宰，不平。今尽王故王于丑地，而王其群臣诸将善地。"高祖数项王之罪云:"始与项羽俱受命怀王曰'先入定关中者王之',项羽负约,王我于蜀汉,罪一。……项羽皆王诸将善地,而徙逐故主,令臣下争叛逆,罪七。项羽出逐义帝彭城,自都之,夺韩王地,并王梁楚,多自予,罪八。"是项羽之分地不平,史有明文。(《楚汉诸侯疆域志》卷二《十八王分地》上)

**吴汝纶:** 分王不平,就陈馀说齐点出。(《桐城吴先生点勘史记读本·项羽本纪》)

**韩养民:** 项羽在分封诸侯王时,对一些割据势力或拥有兵力的人未封王,引起了他们的不满,怨恨项羽"为天下宰不平"。如田荣虽为齐相,则掌握齐的实权。过去因田假之事,田荣就与楚有矛盾,始终不合作。这次分封,项羽以齐地分王田市、田安、田都等,唯田荣不得封王,他岂肯甘心?彭越在梁地有兵万余人,在反秦斗争中曾立战功,却无寸土之封。陈馀本与张耳共同起事,张耳已封为常山王,占赵地大部分,而仅以南皮等三县之地封陈馀为侯,陈馀由此深怨项羽。田荣、陈馀等都是一伙贪得无厌的野心家,封地小或者没有封地,则必然要求再分配。对于这一形势,项羽认识不清,反而盲目乐观……可是他屁股还未坐稳,田荣驱田都,杀田安、田市,尽据三齐之地,自立为齐王,首先起兵反楚。并联络彭越,令反梁地。同时派兵助陈馀,令反赵地。陈馀立即起兵攻常山王张耳。项羽闻讯大怒,匆忙率兵入山东镇压田荣。齐地之乱尚未平息,刘邦已定三秦。这样就完全打乱了项羽原来的一切部署。从此烽烟四起,他自己也陷入混战之中,东征西杀,难以自拔。(《略论项羽的分封》,载《秦汉史论丛》第一辑)

⑮【汇注】

**张大可:** 丑地:不好的边远之地。此句指项羽徙赵王歇于代,燕王韩广于辽东,齐王田市于胶东事。(《史记全本新注·项羽本纪》)

⑯【汇校】

**梁玉绳:** "逐其故主赵王",按:赵王歇乃陈馀之故主也,"其"字当衍。(《史记志疑·项羽本纪》)

**张大可:** 逐其故主,赵王乃北居代:旧注作一句读,句法不通,梁玉绳认为"其"字衍,非是。"逐其故主"断句,指臧荼逐韩广,田都逐田市,张耳逐赵歇,以至于赵王歇北居代。(《史记全本新注·项羽本纪》)

**编者按:** "其"字不衍,梁氏所以认为"其"字当衍,乃句读之歧解有以致之。

【汇评】

**宋公文:** 被项羽徙封于"恶地"的"故主",一般都是未能跟从他入关作战,同他关系比较淡漠的人;而被封于"故主""善地",占据"故主"原来地盘的人,则都是跟随项羽北上巨鹿、西进关中的"数有功""功多"者,这些人在反秦过程中已经改换门庭,成了项羽的部将。事实很清楚,项羽的分封掌握了一个重要的原则,这就是：把同自己关系比较近密的部将分封到关键、富庶之处，而把同自己过往比较稀疏的"故主"调离战略要地。项羽之所以采取这一原则，因为只有通过这种封法，山东富庶、重要之地才有可能操纵在自己手中，唯其如此，他的霸业才可能获得稳固的基础。(《论楚汉战争时期项羽和刘邦的分封》，载《秦汉史论丛》第一辑）

⑰【汇注】

颜师古：于义不当然。(《汉书注·陈胜项籍传》）

吴汝纶：分王不平，就陈馀说齐点出。(《桐城吴先生点勘史记读本·项羽本纪》）

⑱【汇注】

颜师古：凡不义之事，皆不听顺。(《汉书注·陈胜项籍传》）

⑲【汇注】

王伯祥：资，资助。资馀兵，以兵济助我陈馀。(《史记选·项羽本纪》）

⑳【汇注】

王伯祥：以击常山，以复赵王，乃陈馀的真意，与前"以为不可"呼应。(《史记选·项羽本纪》）

张大可：以复赵王：用以恢复赵王还赵地。陈馀借此打击张耳以报复夺印之怨。(《史记全本新注·项羽本纪》）

㉑【汇注】

颜师古：犹为齐之藩屏。(《汉书注·陈胜项籍传》）

㉒【汇注】

颜师古：悉，尽也。(《汉书注·陈胜项籍传》）

㉓【汇评】

倪思撰、刘辰翁评：羽封诸将有功，独魏、赵、齐、韩因其故耳。然或徙或分，非谓故主必当王也。定功如此，大略可观。陈馀小人，徒以张耳一常山不平，谓尽王故王丑地，且歇居代，歇何为于当世？馀又岂有功于诸将哉？一田荣不封，遂生此故，知立功易，为宰难也。非羽之罪。(《班马异同评》）

㉔【汇注】

解惠全、张德萍：反之赵：使他（赵王歇）返回赵国。"反"，同"返"。(《全译史记·项羽本纪》）

㉕【汇评】

方　回：耳、馀初号为刎颈交，而其交不终，大率可发一笑。两人为陈涉说河北，而劝武臣背陈自王，有道之士所不为也。项羽之自王，法此者也。又馀怨陈涉不以为将军，以为校尉，其嗜权贪贵不已浅乎？武臣之王也，用耳为丞相，馀为大将军。在刘、项未王之先，汉王之王，用萧何为丞相，韩信为大将军，项王则必范增、龙且。

布衣之士，骤得将相，所谓将相和调则士豫服，章邯之围钜鹿，馀不在城，馀拥数万众，不以全军往救，而以五千人当秦军，畏懦无谋，为自全计——馀之罪。幸而围解，斗争不已，馀弃印绶如厕，耳即取之，自此交绝—耳之罪。馀不从入关，项羽封之侯，耳从入关，项羽分赵王歇之地王耳。当此亦何足以深较？如夷齐者，肯如此否？馀何必大怒耳之罪。馀假兵甲袭耳，耳败降汉，怨自此不可解矣。赵王歇得赵，故全壤以代王馀，馀当相歇，不当分王，馀之罪，以善用兵之韩信来伐，佐以绝交积怨之耳，乃不用广武君李左车之计，尝试一战，馀斩首泜水上，非不幸也。耳故得以王善终，幸哉！战国以来，士不知学，遂不知道，纵横驰说，豪侠武断，变诈反覆，苟且富贵，无一人循天理，知天命，退缩逊让以终天年。伤哉！耳、馀之为交也，四皓，两生，岂非天地之间气欤？（《续古今考》卷十《陈馀王》）

**浦起龙**：历叙诸侯废杀叛乱，以见爱憎任意者适以召衅也。是时汉亦出定三秦矣，不混入诸人纷起中，又可悟作家体制。（《古文眉诠》卷十八《项羽本纪》）

**又**：就中齐之田荣，赵之陈馀，怨楚尤深，其发难最烈。而彭越在梁，又楚封所不及者，故叙三怨连兵，其文独繁。（同上）

**又**：齐、赵、梁所据地势，最扼楚之要害，楚不能制，汉遂资之以敝楚矣。（同上）

**高　嶷**：彭越反梁，陈馀反赵。齐、赵、梁所据地势，最扼楚之要害，楚失之以树敌，汉即因之以敝楚矣。（《史记钞》卷一《项羽本纪》）

**程馀庆**：分封后补出五事，皆项羽失天下之由。（《历代名家评注史记集说·项羽本纪》）

**编者按**：五事即：一、弑义帝；二、杀韩王成；三、臧荼并燕；四、田荣反齐；五、陈馀反赵。


是时，汉还定三秦①。项羽闻汉王皆已并关中，且东②，齐、赵叛之③，大怒④。乃以故吴令郑昌为韩王⑤，以距汉⑥。令萧公角等击彭越⑦。彭越败萧公角等⑧。汉使张良徇韩⑨，乃遗项王书曰⑩："汉王失职⑪，欲得关中⑫，如约即止⑬，不敢东。"又以齐、梁反书遗项王曰⑭："齐欲与赵并灭楚⑮。"楚以此故无西意⑯，而北击齐⑰。征兵九江王布⑱。布称疾不往⑲，使将将数千人行⑳。项王由此怨布也㉑。汉之二年冬㉒，项羽遂北至城阳，田荣亦将兵会战㉓。田荣不胜，走至平原㉔，平原民杀之。遂北烧夷齐城郭室屋㉕，皆坑田荣降卒，系虏其老弱妇女㉖。徇齐至北海㉗，多所残灭㉘。齐人相聚而叛之㉙。于是田荣弟田横收齐亡卒得数万人㉚，反城阳㉛。项王因留㉜，连战未能下㉝。

① 【汇注】
　　王伯祥：三秦，雍、塞、翟三国。汉元年八月，汉王用韩信计，自汉中从故道还，袭破雍王章邯。塞王欣、翟王翳鉴于雍王之败，都望风而降。故云还定三秦。（《史记选·项羽本纪》）
　　【汇评】
　　吴见思：分封以后，诸事纷纷，几与本文隔绝，故提一句陡接入；而定三秦一事，反藏在《高祖纪》中。章法之妙。（《史记论文·项羽本纪》）
　　浦起龙：汉定三秦用特笔，不与楚封也。（《古文眉诠》卷十八《项羽本纪》）
　　储　欣：简笔，妙！（《史记选·项羽本纪》）
　　程馀庆：历序诸侯废杀叛乱，从燕、齐、赵始，是应上，用繁；彭越即疲楚之人，是通下，用简。而汉定三秦，不混入诸人中，又可悟作家体制。（《历代名家评注史记集说·项羽本纪》）
　　周振甫：苏洵的《项籍》，称项籍失掉了得天下之势，说："方籍之渡河，沛会始整兵向关，籍于此时，若急引兵趋秦，及其锋而用之，可以据咸阳，制天下。不知出此，而区区与秦将争一旦之命。既全钜鹿，而犹徘徊河南、新立间，至函谷，则沛公入咸阳数月矣。夫秦人既已安沛公而仇籍。则其势不得不强而臣。故籍虽迁沛公汉中而卒都彭城，使沛公得还定三秦，则天下之势，在汉不在楚。楚虽百战百胜，尚何益哉？"这是说他失掉取天下之势，终至于败亡。这是从政治角度来评论项羽。（《论〈项羽本纪〉》，载《文学遗产》1997年第1期）

② 【汇注】
　　颜师古：言方欲出关而击楚也。（《汉书注·陈胜项籍传》）
　　【汇评】
　　郭嵩焘：按：项梁召诸将会薛计事，云此时沛公亦起沛往焉，是叙沛公之初起。项王略定秦地函谷关，闻沛公已破灭咸阳，是叙沛公之定秦地，为汉开国之基。此云"是时汉还定三秦，项羽闻汉王皆已并关中，且东"，是为楚、汉相争之始。并当时大局所系，无一字虚著。（《史记札记》卷一《项羽本纪》）

③ 【汇校】
　　梁玉绳：按：齐叛指田荣击杀田都、田市、田安，并王三齐也。赵叛指陈馀破常

山王迎还赵歇也。然赵叛事在二年，此时尚未，当依《汉书》作"齐、梁叛之"为是。下文张良以齐、梁反书遗项王可证。指彭越反梁地也。（《史记志疑·项羽本纪》）

【汇注】

**王伯祥**：田荣击杀田都、田市、田安，并王三齐，是齐叛。陈馀破常山王，迎还赵王，是赵叛。（《史记选·项羽本纪》）

**钱伯城**：齐、赵叛之：指齐田荣统一三齐，自立为齐王；赵陈馀击败常山王，迎立代王歇再为赵王。（《史记纪传选译》上《项羽本纪》）

【汇评】

**方　苞**：楚与秦合兵由赵，而怨结于齐；羽之东归，又二国首难，而其国事亦多端。故因与齐将田荣救东阿，入诸田角；立之蘖于救赵。入张耳、陈馀共持赵柄，以为后事张本。然后脉络分明。韩、魏及燕，于刘、项兴亡无关轻重，则于羽分王诸将见之。先后详略，各有义法，所以能尽而不芜也。（《方望溪评点史记》卷一《项羽本纪》）

**牛运震**："是时，汉还定三秦。项羽闻汉王皆已并关中，且东，齐、赵叛之"：按此入汉，定三秦，简净。"项王闻汉王皆已并关中，且东，齐、赵叛之"，总收上文，有笔法。（《空山堂史记评注》卷二《项羽本纪》）

④【汇评】

**孙　琮**：凡言"大怒"，皆见其粗。（《山晓阁史记选·项羽本纪》）

⑤【汇注】

**杨树达**：韩王成已为羽所杀，故更以韩封昌。（《汉书窥管》卷四《陈胜项籍传》）

**王伯祥**：韩王成既被杀，韩地没有可以抵挡汉兵的人，乃以故吴令郑昌为韩王，仍是分封三秦距汉的故智。（《史记选·项羽本纪》）

⑥【汇评】

**凌稚隆**：即封三秦距汉故智。（《史记评林·项羽本纪》）

⑦【汇注】

**裴　骃**：苏林曰："官号也。或曰萧令也。时令皆称公。"（《史记集解·项羽本纪》）

**沈钦韩**：萧县公名角，疑即田角。《通鉴》直云"萧角"，似非。（《汉书疏证》卷二十七《陈胜项籍传》）

**王伯祥**：萧公角，萧令名角者。萧本春秋宋萧邑，秦置萧县。故治在今安徽省萧县西北。楚、汉之际，多沿楚制，县令皆称公。此云萧公。明为楚官，与前"故番令""故吴令"之为秦官者不同。（《史记选·项羽本纪》）

**王　恢**：萧：故城今县西北。《获水注》："获水东迳梁国杼秋县故城南，东历萧县南。县南对山，世谓之萧城南山也。城东西及南三面临侧获水。又东至彭城西南回而北流，迳城而东注泗。"（《史记本纪地理图考·项羽本纪·败汉彭城》）

⑧【汇评】

高　嶝：汉定三秦，已固根本，楚牵齐、梁，自见疲敝，得失判然矣。（《史记钞》卷一《项羽本纪》）

⑨【汇注】

程馀庆：暗接杀韩王成。（《历代名家评注史记集说·项羽本纪》）

⑩【汇评】

方　回：张良初劝汉王烧绝栈道，示项羽无东意，此伏匿其形，为汉王还定三秦之计也。良至韩，以韩相司徒徇地，虽忠于汉王，而未尝受汉官爵，其志欲复韩社稷，无忝为三世相韩之子孙耳。项羽以张良从汉之故，杀韩王成，良于是无主，不容不归汉，乃遗项羽书曰"汉王失职，欲得关中，如约即止，不敢复东"，语大同小异，此又伏匿其形，为汉王取天下计也。还定三秦取天下，萧何、韩信之谋，直欲承当以为一事。张良始为韩定三秦之谋，韩亡无所归而归汉，然后为汉王定取天下之谋，萧何见事老成，老吏也，张良素富贵者也，轻视富贵无利心，佳子弟也。故皆卒以全。韩信亦奇士也，起于贫贱，贪富贵，是利心重，故卒以危。要之，汉取天下，三人杰之力居多。汉二年十月张良间行归汉，始受汉爵，封成信侯，从击楚彭城。（《续古今考》卷十《张良遗项羽书汉欲得关中不敢复东》）

倪思撰、刘辰翁评：子房从韩致书，自以意言之，妙在并及反书以闻，使羽留齐，本此。（《班马异同评》）

刘　沅：世皆以良遗项王书，误楚而强汉，然汉已能用韩信矣。虽项羽西来，亦未必捷。（《史存》卷六《楚汉纪》）

程馀庆：再遗楚书，见良为汉首功。而汉得良，由羽杀其主也。（《历代名家评注史记集说·项羽本纪》）

⑪【汇注】

夏伯炎：汉王失职：汉王失去了按规定应得的关中王之位。（见王利器主编《史记注译·项羽本纪》）

⑫【汇注】

王伯祥：欲得关中，即为还定三秦解释。故下面便以"如约即止不敢东"来诓骗项羽。（《史记选·项羽本纪》）

⑬【汇注】

颜师古：如本要约也。（《汉书注·陈胜项籍传》）

⑭【汇注】

冯梦龙：齐、梁，指田荣、彭越。（《纲鉴统一》卷六《西汉高帝元年》）

杨树达：《良传》云：又以齐反书遗羽，曰：齐与赵欲并灭楚。云赵不及梁。然梁之反楚者为彭越，越时属于齐田荣，彼传单言齐，此兼言齐梁，其实一也。（《汉书窥管》卷四《陈胜项籍传》）

【汇评】

刘辰翁：子房妙处，在并反书以闻，使羽留齐，本此。（引自《史记评林》）

浦起龙：汉即用齐、赵及梁以牵楚而疲之，于事于文，皆有因利乘便之妙。（《古文眉诠》卷十八《项羽本纪》）

高　嶑：此书以激怒之。（《史记钞》卷一《项羽本纪》）

⑮【汇注】

张大可："齐欲与赵并灭楚"是张良信中分析局势的内容之一，并非"梁"为"赵"字之误。（《史记全本新注·项羽本纪》）

⑯【汇评】

浦起龙：使楚不西，以齐、赵牵之也。（《古文眉诠》卷十八《项羽本纪》）

高　嶑：汉得力在此。（《史记钞》卷一《项羽本纪》）

⑰【汇评】

陆唐老：林曰：高祖之制项羽，常置之必争之地，而徐制其所不备之处。其得关中也，惧羽之怒，则遗之以齐、梁反书，使之此击齐，高祖因得以建都栎阳。其使萧何说九江也，令发兵背楚，留项王数月，而韩信因得以取齐地。有所欲为于此，必使之牵制于彼，使其用力于彼，因得以有为于此。如是，则楚之力常倥偬而不暇，汉之力常优游而有余。以我之有余，制彼之不暇，则楚之力虽百倍于我。终亦必毙之而已矣！（《陆状元通鉴》卷二十六《太祖高皇帝》）

王志坚：鸿门之役，范增锐欲杀沛公，而羽入项伯之言，弗用也。曰：人有大功而杀之，不祥。似也。未几，而汉王还定三秦，则项王亦可以有辞矣。使羽卷甲而趋关中，乘其未定碎之，易易耳。乃闻张良之言而遂无西意。夫田荣之与沛公孰能？关中之与三齐孰险？此何等事，而缓急倒置乃尔，亚父于此时竟默默耶！（《读史商语》卷一）

何　焯：羽不急争关中者，以汉去彭城远，齐梁逼处也。故击田荣则留久，而汉入彭城；击彭越则再行，而汉破荥阳。东鹜西驰，使汉得乘其敝，不知轻重先后故耳。（《义门读书记》）

牛运震："楚以此故无西意，而北击齐"：此句扼要关键。（《空山堂史记评注》卷二《项羽本纪》）

程馀庆：此句扼要，关键。汉得力在此，此在子房术中。（《历代名家评注史记集说·项羽本纪》）

吕思勉："楚以此故无西意而北击齐"：论者皆以此为楚之失策，为汉所欺，其实非也。汉之降申阳，使韩太尉信降郑昌，在其二年十月。十一月，立信为韩王，汉王还归，都栎阳。至三月，乃复出兵，降魏王豹，虏殷王卬，劫五诸侯兵东伐楚。其间相距凡三阅月，盖闻楚羽不能定齐地而然？然则张良谓汉王欲得关中即止，殆非虚语。《高祖本纪》云：汉王之国，项王使卒三万人从，楚与诸侯之慕从者数万人，从杜南入汉中，去辄烧绝栈道，以备诸侯盗兵袭之，亦示项羽无东意。当是时，项羽安知汉王之欲东？使其知之，相王时何不置诸东方，地近易制御，乃置之巴蜀、汉中，成鞭长莫及之势哉？且汉王果欲东，安有烧绝栈道自绝其路之理？《淮阴侯列传》载其说汉王之辞，谓秦民怨三秦王，痛入骨髓，无不欲得大王王秦，今大王举而东，三秦可传檄而定。此附会之辞，非实录。汉王以其元年四月就国，五月即出袭雍。章邯盖出不意，故败走。然犹据废丘。司马欣、董翳至八月乃降。章邯则明年六月，汉王自彭城败归，引水灌废丘，乃自杀。然则谓三秦可传檄而定者安在也？情势如此，汉王岂能以一身孤居秦民之上？其烧栈道盖所以防楚诸侯人附从者之逃亡？抑或以诈三秦而还袭之也。汉王之入彭城，收其货宝美人，日置酒高会，此岂入咸阳，封府库，还军霸上者之所为？而为之者，所谓思东归之士，所愿固不过如此，既至其地则不可抑止矣。此等兵，可以千里而袭人乎？汉王亦岂不知之？而犹冒险为之，而亦足以害楚，况乎齐、赵之怨深而地近者哉？安得不释汉而先以齐为事也？（《论学集林·楚释汉击齐》）

⑱【汇注】

王伯祥：征兵九江王布，调黥布带兵北击田荣。（《史记选·项羽本纪》）

⑲【汇评】

熊铁基：黥布过去是项羽最得力、最亲信的将领之一，经常被坚执锐打冲锋，而这时项羽要北击田荣，征兵九江，黥布称疾不往。黥布态度的转变，合情合理的解释是：他虽然封为九江王，王善地，可是项羽"徙故王，王丑地"的作法，使他意识到这是由削弱到消除诸王势力的前奏曲，今天得到了"善地"，难保他日不被徙"丑地"甚至失地，故而对项羽离心离德了。（《评项羽的功过是非》，《华中师院学报》（哲学社会科学版），1979年第4期）

⑳【汇注】

王伯祥：上将字，名词，将官；下将字，动词，率领。使将将数千人行，派将校带领数千人前往，以应项王之命。（《史记选·项羽本纪》）

㉑【汇注】

司马迁：汉二年，齐王田荣畔楚，项王往击齐，征兵九江，九江王布称病不往，遣将将数千人行。汉之败楚彭城，布又称病不佐楚。项王由此怨布，数使使者诮让召布，布愈恐，不敢往。项王方北忧齐、赵，西患汉，所与者独九江王，又多布材，欲亲用之，以故未击。(《史记·黥布列传》)

【汇评】

高　嵣：楚之南蔽，莫如九江，不善结之，亦失势之征。(《史记钞》卷一《项羽本纪》)

牛运震：项王由此怨布也：按此作不了语，妙！正为后文汉得九江王布伏案。(《空山堂史记评注》卷二《项羽本纪》)

程馀庆：著著败局。(《历代名家评注史记集说·项羽本纪》)

㉒【汇校】

梁玉绳：按："冬"当作"春"，事在春也。(《史记志疑·项羽本纪》)

瞿方梅：方梅案《高帝本纪》，"冬"当作"春"。盖项羽击田荣，约在汉王击殷之时，乃三月，非十一二月事。是时汉以十月为岁首。(《史记三家注补正·项羽本纪第七》)

【汇注】

茅　坤：是时用秦正朔。(《史记钞·项羽本纪》)

郭嵩焘：按：是时用秦正朔，以十月为岁首，故叙冬于前。(《史记札记》卷一《项羽本纪》)

张大可：汉之二年：公元前205年。(《史记全本新注·项羽本纪》)

㉓【汇评】

茅　坤：览羽之北定三田处，如逐狐兔，无用兵之略。(《史记钞·项羽本纪》)

㉔【汇注】

王伯祥：平原，古邑名。汉置平原县。故治在今山东省平原县南二十五里。(《史记选·项羽本纪》)

王　恢：平原：春秋齐地，战国入赵，封公子胜为平原君。故城在今治南二十余里。今城北齐筑。(《史记本纪地理图考·项羽本纪·败汉彭城》)

㉕【汇注】

颜师古：夷，平也。(《汉书注·陈胜项籍传》)

王伯祥：夷，平毁。遂北烧夷齐城郭室屋，项羽趁平原民杀田荣的当儿，北向进展，焚烧齐境的房屋，平毁齐境的城池。(《史记选·项羽本纪》)

㉖【汇注】

王伯祥：系虏犹言掠取。(《史记选·项羽本纪》)

【汇评】

程馀庆：草贼行径。(《历代名家评注史记集说·项羽本纪》)

㉗【汇注】

王伯祥：北海，今山东省临淄以东、掖县以西一带地，汉置北海郡。(《史记选·项羽本纪》)

王　恢：北海：本通称莱州湾滨渤海地区，在临淄以北，故名。故属齐郡，汉文帝十六年为菑川国，景帝中二年分置北海郡。《汉志》北海郡，统营陵等二十六县，或即治营陵？莽曰北海亭也，在今昌乐县东南五十里。(《史记本纪地理图考·项羽本纪·败汉彭城》)

又：时羽虽闻汉王已东，然既以击齐，遂欲破之，而后击汉，岂意连战而未能下，致汉王以讨弑义帝为号召，得劫五诸侯兵袭彭城。汉虽不堪一击，然已据关中得建瓴之势矣。(同上)

㉘【汇评】

方　回：二年春正月，项羽击齐王田荣，走平原，平原民杀之，齐皆降楚。此项羽之胜势也。楚人焚其城郭，齐人复叛之，《史记》多系累其子女一句，尤切于事，羽所过残贼，所以得之难而失之易也。三月，汉王兴缟素之师，夏四月，田横收得数万人，立荣子广为齐王，羽虽闻汉东，欲遂破齐而后击汉，然则始终为羽之痈疽之害者，齐也。(《续古今考》卷十三《田横立田荣子广为齐王》)

程馀庆：自多其敌，奈何！(《历代名家评注史记集说·项羽本纪》)

㉙【汇评】

方　回："田荣杀胶东王田市，彭越杀济北王田安，臧荼杀辽东王韩广，齐王田都为田荣所击走，降汉"：四月，诸侯各就国，五月，汉王还定三秦，六月，此四王不能有国。田荣自立为齐王，臧荼并辽燕王，彭越附田荣、田都走降汉。三秦为汉，有十八王而两月之间失其七，项羽之势孤矣。韩信谓羽其强易弱，能备言其罪状，人心叛之，则天命去之。汤、武之事以德行仁，汉王之事以力假仁，项羽之事一切不仁，得失可以观矣。(《续古今考》卷十《田荣杀胶东王田市》)

刘　沅：田荣妄为取戮，固无足录者。项羽恃势虐民，详书以刺之。(《史存》卷六《楚汉纪》)

吴汝煜：项羽分封十八王之后，盘据于齐地的田荣首先起兵击杀项羽所封的胶东王田市，又发兵抗拒项羽所封的齐王田都入境。田荣很会用兵。他收买了彭越，令他在梁地举兵反楚，又与陈馀相勾结，击败常山王张耳，迎立赵王歇，形成了一个田、彭、陈、赵的联盟，共同对付项羽。项羽发兵击齐，很快击败田荣。齐国人民帮助项羽杀死田荣，说明在内战的开始阶段，人民是支持项羽的。可是项羽不懂得争取民心的重要，没有珍惜这种可贵的支持。他惩罚田荣，连带把齐国人民也得罪了。"坑田荣降卒"，"系虏其老弱妇女"，"多所残灭"。人民大失所望，被迫"相聚而叛之"。这是项羽在政治上的巨大失败。此后在楚汉相争中，凡是项羽亲自指挥的战争，基本上都是胜利的。他曾经以楚兵三万打垮汉兵五十六万，刘邦仅以数十骑遁去。即使在行将灭亡的前夕，他还在固陵一战，杀得汉军丧魂落魄，"深堑而自守"。但这些胜利都不能挽回他的最后失败。（《史记论稿·论项羽》）

㉚【汇注】

张大可：亡卒：散卒。（《史记全本新注·项羽本纪》）

㉛【汇注】

吕祖谦：城阳：今濮州临濮县。（《大事记解题》卷八）

胡三省：《史记正义》曰：城阳，濮州雷泽是。余考《正义》所谓城阳，乃班《志》济阴郡之城阳县，田荣初与项羽会战之地。荣既败而北走，死于平原，羽遂至北海，烧夷城郭、室屋，则济阴之城阳已隔在羽军之后。田横所起，盖班《志》城阳国之地，春秋莒之故虚也。羽既连战未能克横，而汉入彭城，遂南从鲁出胡陵至萧以击汉。莒、鲁旧为邻国，则此城阳为莒之故虚明矣。（《资治通鉴》卷九"高帝元年"注）

【汇评】

何　焯：田荣首难，且连彭越，横又继之。为高祖驱除，功英先于齐也。（引自《史记集说·项羽本纪》）

㉜【汇评】

程金造：项羽分封之后，以为天下大定，就荣耀乡里，东归彭城。而岂知分封不平，齐、赵、汉等皆叛，诸侯之将，又与其故主相互战争，天下又复纷乱起来。太史公顺笔就著出项羽杀伐成性，不知得民，就杀义帝，杀韩王，与齐田荣战，烧夷齐城廓室屋，坑田荣的降卒，系掠其老弱妇女。"徇齐至北海，多所残灭"，无丝毫爱民之心。所以结果是"齐人相聚而叛之"，"田荣弟田横，收齐亡卒，得数万人，反于城阳"，与项羽殊死拼斗，而竟然牵制项羽使不得西顾。太史公在此著出不知爱民得民的结果是如此。（《史记管窥·司马迁著项羽人本纪之本意》）

㉝【汇评】

茅　坤：羽以私，予夺三田，而三田卒不相容，因而内乱，自相并，而羽亦因不能定。（引自《史记评林》）

又：览羽之北定三田处如逐狐兔，无用兵之略。（同上）

归有光："项羽因留，连战未能下"一句，是顿挫，又承上起下，盘旋如水之漾洄旁支，处处皆然。叙事亦多如此。（见《归方评点史记合笔·例意》）

**浦起龙**：楚狃于北，虚其本矣。（《古文眉诠》卷十八《项羽本纪》）

**王鸣盛**：项氏之败，半为田氏牵缀，不西忧汉而北击齐，以此致亡。（《十七史商榷》卷五《田荣击杀田市》）

**高　嵣**：于烧夷残灭著其暴，于留连不下见其疲。楚有三怨树之敌，兵牵于北矣；汉定三秦之基，势将且东矣。自是楚疲而汉乘之，实有因利乘便之妙。胜败较然，不必俟垓下之战也。杀义帝一事，尤是项王罪状。《高帝本纪》中，载为义帝发丧事，比类以观，楚亡汉兴，不亦宜乎！（《史记钞》卷一《项羽本纪》）

**程馀庆**：以上纷纷举动，皆天以闲力资汉王也。（《历代名家评注史记集说·项羽本纪》）

　　春①，汉王部五诸侯兵②，凡五十六万人③，东伐楚④。项王闻之，即令诸将击齐，而自以精兵三万人南从鲁出胡陵⑤。四月，汉皆已入彭城⑥，收其货宝美人，日置酒高会⑦。项王乃西从萧⑧，晨击汉军而东，至彭城⑨，日中⑩，大破汉军⑪。汉军皆走，相随入榖、泗水⑫，杀汉卒十余万人⑬。汉卒皆南走山⑭，楚又追击至灵壁东睢水上⑮。汉军却，为楚所挤⑯，多杀⑰，汉卒十余万人皆入睢水，睢水为之不流⑱。围汉王三匝⑲。于是大风从西北而起，折木发屋⑳，扬沙石，窈冥昼晦㉑，逢迎楚军㉒。楚军大乱，坏散㉓，而汉王乃得与数十骑遁去㉔。欲过沛，收家室而西㉕；楚亦使人追之沛，取汉王家；家皆亡㉖，不与汉王相见。汉王道逢得孝惠、鲁元㉗，乃载行㉘。楚骑追汉王，汉王急，推堕孝惠、鲁元车下㉙，滕公常下收载之㉚。如是者三㉛。曰："虽急不可以驱，奈何弃之㉜？"于是遂得脱㉝。求太公、吕后不相遇。审食其从太公、吕后间行㉞，求汉王，反遇楚军㉟。楚军遂与归，报项王，项王常置军中㊱。

① 【汇注】

**吴见思**：汉因秦十月为正朔，故春在冬后。（《史记论文·项羽本纪》）

**王伯祥**：春，汉二年之春，是时沿用秦历，以十月为岁首，故上文先书"汉之二年冬"，这里乃以"春"继其后。（《史记选·项羽本纪》）

**宋云彬**：春：汉二年的春季。汉初沿用秦历，以冬十月为岁首。（《项羽》）

**编者按**：秦以十月为岁首，但其春、夏、秋、冬的月数没有变化，仍用夏正。汉初承袭秦历。前文言"汉之二年冬"云云，接下说"春，汉王部五诸侯兵"。此"春"当为汉三年春天，钱伯城之说是。

② 【汇校】

**裴　骃**：徐广曰："一作'劫'。"（《史记集解·项羽本纪》）

**司马贞**：按：《汉书》见作"劫"字。（《史记索隐·项羽本纪》）

**王念孙**：汉王部五诸侯兵：徐广曰"部一作劫"。念孙按：作"劫"者是也。《高祖纪》及《汉书·高祖纪》《项籍传》并作"劫"。《陆贾传》亦曰"汉王鞭笞天下，劫略诸侯"，隶书"劫""部"形相近，故"劫"误为"部"。（《读书杂志》二《史记第一·项羽本纪·部五诸侯兵》）

**王筠**："汉王部五诸侯兵"，班"部"作"劫"，《史记·高祖本纪》亦作"劫"。（《史记校》卷上《项羽本纪》）

**王伯祥**：部，徐广云一作"劫"，按：《史记·高祖纪》及《汉书·高祖纪》《项籍传》俱作劫，该是对的。部是部勒，劫是强制，其为率领则同。其实"劫"乃事实，"部"则体面话。五诸侯亦诸说纷纭，很难确指。惟颜师古说是常山、河南、韩、魏、殷五国，较为可信。盖汉王还定三秦，引兵东出之后，常山王张耳、河南王申阳、韩王郑昌、魏王豹俱降汉，而汉又虏得殷王卬也。（《史记选·项羽本纪》）

**裴　骃**：徐广曰："塞、翟、魏、殷、河南。"骃按：应劭曰"雍、翟、塞、殷、韩也"。韦昭曰"塞、翟、殷、韩、魏，雍时已败也"。（《史记集解·项羽本纪》）

**颜师古**：服虔曰："时有十八诸侯，汉得其五。"师古曰："常山、河南、魏、韩、殷也。解在《高纪》。十八诸侯，汉时又先已得塞、翟矣。服说非也。"（《汉书注·陈胜项籍传》）

**司马贞**：按：徐广、韦昭皆数翟、塞及殷、韩等；颜师古不数三秦，谓常山、河南、韩、魏、殷；顾胤意略同，乃以陈馀兵为五，未知孰是。邹意按：韩王郑昌拒汉，汉使韩信击破之，则是韩兵不下而已破散也，韩不在此数。五诸侯者，塞、翟、河南、魏、殷也。（《史记索隐·项羽本纪》）

**张守节**：师古云："诸家之说皆非。张良遗羽书曰'汉欲得关中，如约即止，不敢复东'，谓出关之东也。今羽闻汉东之时，汉固已得三秦矣。五诸侯者，谓常山、河南、韩、魏、殷也。此年十月，常山王张耳降，河南王申阳降，韩王郑昌降，魏王豹降，虏殷王卬，皆汉东之后，故知谓此为五诸侯。时虽未得常山之地，《功臣年表》云

'张耳弃国，与大臣归汉'，则当亦有士卒尔。时雍王犹在废丘被围，即非五诸侯之数也。寻此《纪》文，昭然可晓。前贤注释，并失指趣。"《高纪》及《汉书》皆言"劫五诸侯兵"。凡兵初降，士卒未有自指麾，故须劫略而行。又云"发关中兵，收三河士"。发谓差点拨发也，收谓劫略收敛也。韦昭云河南、河东、河内。申阳都雒阳，韩王成都阳翟，皆河南也。魏豹都平阳，河东也。司马卬都朝歌，张耳都襄国，河内也。此三河士则五诸侯兵也。更著雍、塞、翟，则成八诸侯矣。重明颜公之说是。故《韩信传》云"汉二年出关，收魏河南，韩、殷王皆降"是。（《史记正义·项羽本纪》）

**吴仁杰**：诸家释五诸侯不同。应劭以为塞、翟、商、韩、雍。徐广以为塞、翟、商、魏、河南。韦昭以为塞、翟、商、韩、魏，颜师古则又以为商、韩、魏、河南、常山。《刊误》曰："常山安得有兵？五诸侯者，陈馀其一也。"仁杰曰：《刊误》去常山而取陈馀之兵，固然。他从颜氏，则犹未之尽也。按：元年，塞、翟降，二年常山王耳、河南王申阳、韩王昌、魏王豹相继皆降。又虏商王卬，诸侯之归汉者凡七，申阳之降，即以其国为河南郡。郑昌之降，即以其国封韩王信，而司马卬被虏，其地自为河内郡，此三人皆已国除，不得与诸侯并张耳与大臣归汉，不言与兵俱。唯塞、翟、魏有国如故，而韩王信常将韩兵从，并赵相陈馀所遣兵，是为五诸侯。（《两汉刊误补遗》卷一《五诸侯一》）

**又**：《魏王豹传》汉王定三秦，豹以国属焉。遂从击楚于彭城。《异姓王表》韩王信以从伐楚功，封。《陈馀传》汉击楚，使使告赵，求类张耳者，持其头遗馀，乃遣兵。而塞、翟两国固各以其赋从。此五诸侯可考见于《史》者，《淮阴侯传》曰：汉之败彭城，塞王、翟王亡，降楚，赵亦与楚和。魏王至国，亦反，至是，五诸侯其不背汉者，独韩王一人。故《纪》言诸侯见汉败，皆叛去是也。且《史》称劫五诸侯兵，则以兵为主，故赵以遣兵助汉，在五诸侯之数，而常山王不与焉，然《叔孙通传》言汉王从五诸侯入彭城，不言兵者，殆史氏之省文也。《通鉴》于此但云率诸侯兵，恐有脱字。至《项羽本纪赞》"将五诸侯兵灭秦"，此举山东六国言之，与"高帝劫五诸侯"兵不同。（《两汉刊误补遗》卷一《王诸侯二》）

**方　回**：夏四月，汉王劫五诸侯兵伐楚，遂入彭城。应劭、韦昭、如淳所注皆非，师古注五诸侯者谓常山、河南、韩、魏、殷也。吕东莱取此说。此年十月，常山王张耳降，河南王申阳降，韩王郑昌降，三月魏王豹降，虏殷王卬。时虽未得常山之地，据《功臣表》云：张耳弃国，与大臣归汉，则亦有士卒也。尔时雍王邯被围，犹在废丘，然则巴、蜀、汉中三郡、三秦国及张耳、三河、郑五国，凡十一项大军皆在行，《史记》《汉书·纪》不书军数，惟《项籍纪传》云五十六万人。（《续古今考》卷十三《劫五诸侯兵入彭城》）

**梁玉绳**：按："春"当作"夏"，下文"四月"二字亦当移此，事在夏四月也。又

《史》不数五诸侯为谁，注者复多异说。应劭曰雍、翟、塞、殷、韩、魏，如淳曰塞、翟、魏、殷、河南。韦昭曰塞、翟、殷、韩、魏，师古曰常山、河南、韩、魏、殷，刘攽《刊误》曰河南、韩、魏、殷、赵，吴仁杰《补遗》曰塞、翟、魏、韩、赵，全氏《经史问答》曰魏、韩、赵、齐、殷。余考雍方被围，自不与其列。塞、翟、殷、河南俱已亡国，常山间关入汉，安得有兵？各家所数，只韩、魏、赵、齐为可信，盖魏、赵从军皆见于其传，韩王之从军见于《月表》，合齐击楚见于《淮阴传》，是得四诸侯兵，而其一必衡山也。衡山王吴芮之将梅鋗，自高祖入武关时即以兵从，故《令甲》称芮至忠，封长沙王，则彭城之役有不属在行间者乎？《汉书考异》引董教增曰"注家牵引诸王以足五数，《项籍传赞》云将五诸侯灭秦，又系何人？当据故七国以地言，不以王言。汉定三秦，即故秦也，项羽王楚，即故楚地，其余三晋、齐、燕为五。"此说恐非。羽所将之五诸侯，是赵、齐、燕、魏、韩五王。（《史记志疑·项羽本纪》）

**钱大昕：** 董教增曰：注家说五诸侯者不一，颜氏牵引诸王以足五数，于义亦非。盖此处五诸侯有河南、韩、魏、殷等。而《项籍传赞》云"遂将五诸侯灭秦"，又系何人？寻其条贯，当据故七国，以其地不以其王言也。汉定三秦，即故秦地，项羽王楚，即故楚地，其余韩、赵、魏、齐、燕为五诸侯，劫五诸侯兵，犹后言引天下兵耳。故汉伐楚，可言五诸侯；楚灭秦，亦可言五诸侯也。（《廿二史考异》卷六《汉书一·高帝纪》）

**王骏观撰、王骏图续：** 五诸侯者，塞、翟、河南、韩、魏也。汉之二年，塞王欣、翟王翳、河南王申阳皆降。韩王昌不听，使韩信击破之，更立韩太尉信为韩王，汉王率之，从临晋渡河，魏王豹将兵从：此乃是时五诸侯之数。各纪、传、年月表文义昭然，潜心细玩，自得之也。诸家之说，虽亦各有所见，然是时雍王被围废邱，殷房在是役后，地又置为郡县；陈馀在代，郑昌破亡；三齐纷乱，皆不属汉。衡山劫杀义帝，高祖方且诵言诛之，燕王远灭辽东臧荼，又且未尝降汉；常山新破于赵，张耳间亡独来，皆不得在五诸侯之数。至董氏以秦、韩、赵、魏、燕、齐故六国当之，尤为臆度无理之谈也。又考是时之韩王，乃韩王信也，《正义》谓是郑昌，韦昭谓是韩王成，更大失之。三河士者，指新置河上、河南、河内三郡之士而言。谓汉王发关内之兵，收三郡之士，并部五诸侯之兵而东下也。韦氏谓三河为河南、河东、河内，并谓此三河士即五诸侯兵也，于理尤大刺谬。史文明分两层，毫无疑义，何得作此支论。盖关内兵、三河士，皆汉王本境之师，五诸侯兵则属国之卒也，诸家特未考其时势耳。（《史记旧注平议·项羽本纪》）

【汇评】

**倪思撰、刘辰翁评：** "劫"字创见，深得事实，故败复叛。（《班马异同评》）

程馀庆："劫"字事实，"部"字体面，两《纪》互见。(《历代名家评注史记集说·项羽本纪》)

③【汇评】

姚苎田：故作整笔，提出数目，下乃离披如见，最是要句。(《史记菁华录·项羽本纪》)

牛运震："汉兵部五诸侯兵，凡五十六万人"：按此点"五十六万人"，亦为后文"杀汉卒十余万人"，"多杀，汉卒十余万人"，"汉王乃得与数十骑遁去"伏笔。(《空山堂史记评注》卷二《项羽本纪》)

④【汇注】

程馀庆：时乘楚虚。(《历代名家评注史记集说·项羽本纪》)

【汇评】

郭嵩焘：按《高祖本纪》："二年，汉王东略地，塞王欣、翟王翳、河南王申阳皆降。韩王昌不听，击破之。更立韩太尉信为韩王。张耳来见，汉王厚遇之。魏王豹将兵从，下河内，虏殷王，置河内郡。"而后云"劫五诸侯兵，遂入彭城"。似所云五诸侯者，塞王欣、翟王翳、河南王申阳、常山王张耳、魏王豹，皆项羽所立也。殷王卬已虏而改置郡，韩王昌已降而改封韩王信，信故从汉王，不得云"劫五诸侯兵入彭城"也。《正义》于此，故为失考。又按《淮阴侯传》："汉二年出关，收魏河南，韩、殷王皆降；合齐、赵共击楚。"是时项王方与齐田横相拒城阳，出关之师与齐无涉，而《信传》云然，当时亦必与齐合从。所云部五诸侯，通天下大势而言之也。《高祖本纪》言劫五诸侯兵，则不宜及齐及已虏之殷王矣。又《淮阴传》云"合齐，赵共击楚"，自是通天下大势而言；此言部五诸侯兵伐楚，是为汉王所部署，从汉王而东者也，其为常山、河南等诸侯无疑，与《淮阴传》所言异。(《史记札记》卷一《项羽本纪》)

⑤【汇注】

张守节：《括地志》云："(徐州)鲁，兖州曲阜县也。《地理志》云胡陵在山阳县属也。"(《史记正义·项羽本纪》)

王　恢：鲁：《本纪》怀王初封羽为鲁公，羽死，楚地皆降汉，独鲁不下，皆指今曲阜。时田横反成阳，羽为定北海，居临淄而南北策应，今急，乃直从鲁驰归，破樊哙于瑕丘（滋阳西二十五里）。(《史记本纪地理图考·项羽本纪·败汉彭城》)

夏伯炎：鲁：县名。即今山东省曲阜县。胡陵：县名。治所在今山东省鱼台县东南。(见王利器主编《史记注译·项羽本纪》)

【汇评】

何　焯：羽不急争关中者，以汉去彭城远，齐、梁逼处也。故击田荣则留久，而

汉入彭城。击彭越则再行，而汉破荥阳。东鹜西驰，使汉得其敝，不知轻重先后故耳。（《义门读书记》卷十七《前汉书》）

⑥【汇注】

司马迁：是时项王北击齐，田荣与战城阳。田荣败，走平原，平原民杀之。齐皆降楚。楚因焚烧其城郭，系虏其子女。齐人叛之。田荣弟横立荣子广为齐王，齐王反楚城阳。项羽虽闻汉东，既已连齐兵，欲遂破之而击汉。汉王以故得劫五诸侯兵，遂入彭城。项羽闻之，乃引兵去齐，从鲁出胡陵，至萧，与汉大战彭城灵壁东睢水上，大破汉军，多杀士卒，睢水为之不流。（《史记·高祖本纪》）

⑦【汇评】

钱　时：汉王与项羽，比肩而事义帝。义帝遭弑，汉王发兵以讨贼，此人心之公愤，万世之大法也。是故义旗一举，而诸侯五十六万之众西（四）面而响应之。既入彭城，乃收其货宝美人，日置酒高会，此何为者哉？且前日之袒而大哭者谁也？今日之置酒高会者又谁也？缟素哀临，曾几何时，货宝美人，辄据其窟穴而乐之，王者之师顾如是乎？使汉王之讨贼也，发于中心，激于大义，则入其境，践其宫，戚然常若义帝之冤乎其上，而哀伤恻怛所在乎见之。项羽虽悍，亦且魂褫魄丧而不能武矣。安有五十六万之众，而摧拉于三万者！惟其信不由中而托名于义帝，是山东贪财好色之习，虽能强遏于入关之始，而终不能自禁于入彭城之时。然则项羽者义帝之贼，而汉王者又项羽之贼也。汉王之得不死已幸矣，诸侯背汉与楚，岂待睢水狼狈而后见乎？《孟子》曰："今之诸侯，五霸之罪人也。"愚是以于汉王而三叹！（《两汉笔记》卷一《高祖》）

方　回：服虔曰：高会，大会也。此一节张良、陈平皆在军中，何故不谏？以愚观之，汉王入彭城，得其国美人宝货，尽以赏军，如韩信者，分五十六万之半迎击项羽于齐鲁界中可也；急遣使迎太公吕氏与厥子可也，不是之思，日置酒高会，而焉有其宝货美人以自纵，岂缟素之师所宜有哉？想是未入彭城之先，即为义帝丧服以张大义，已入彭城之后，即除服而宴乐以肆其私欲，可乎？致堂胡氏曰：汉王置酒高会，宴安不虞，父执妻虏，汉业之覆在顷刻间。使兢兢业业如初入关中见羽鸿门，则亦何至于败哉？狃于小胜，逸欲生焉，是以至此，可为鉴也。（《续古今考》卷十三《汉取羽美人货赂置酒高会》）

唐顺之："按：《史》云，汉王率诸侯兵凡五十六万人，伐楚，至彭城，逸乐会酒。项王以精兵三万人，破汉军于睢水，围汉三匝。窃疑之：汉王缟素兴师，大义也；兵五十六万，大众也；乘机东下，大勇也；且相从者良、平、萧、曹，皆将相之才也，何至任彭城之逸乐而不为之备？又不知三万人何以围五十六万军而能三匝也？"解曰：三代之得天下也以仁，秦汉以来惟恃权谋兵力而已。汉王为义帝发丧，岂真尊王哉？

亦诸臣假大义之权谋也。天下其谁不知之？一入彭城，酣酒嗜色，真情露矣。故五十万人解体。而侯之平、勃辈，亦相与共为逸乐，初不计项羽之来，故一败而几不可支。史氏恶之，故侈陈其兵之多，而乐书其败之速云尔。迨其后楚失之而汉得之何也？汉犹知假仁义，楚惟有杀戮也。此得失之机也。至律以《春秋》之义，则可断之曰：汉刘季谲而不正，楚项羽正而不谲。（《两汉解疑上·彭城围》）

**姚苎田**：如此写汉，不满甚矣，与宋义何异？（《史记菁华录·项羽本纪》）

**储方庆**：汉高初入彭城时，其取天下之计犹未深。强敌在外，而日饮酒高会，收货宝美人，此其失算，与项羽之烧秦宫室、去咸阳东归无二。（见《史论正鹄》三集卷二《高帝灭楚论》）

**刘　沅**：汉王因董公言，为义帝发丧，非实有见于大义者。入彭城即饮酒高会，以致兵败，太公被擒，是时张良安在？何不发一言！小得志而即骄，由其不学，又无大贤之臣匡之。后世人主所当深戒也。（《史存》卷六《楚汉纪》）

**程馀庆**：汉王诚为君讨贼，宜痛心疾首，期罪人斯得而后已。今始入彭城，遽收货宝美人，饮酒高会，名义索然矣。且彭城去沛仅百余里，乃不先迎太公，遂几陷亲于鼎俎也，惜哉！（《历代名家评注史记集说·项羽本纪》）

**王　恢**：汉王讨羽以杀义帝为名，劫五诸侯兵以捣其巢穴，其计善矣。然未晓羽之权力重心在其军而不在彭城，袭取后竟置酒高会，略取美人宝货，逸怠玩忽，遂使优越形势毁于一旦，天下匈匈数岁！（《史记本纪地理图考·项羽本纪·败汉彭城》）

⑧【汇注】

**张守节**：《括地志》云："徐州萧县，古萧叔之国，春秋时为宋附庸。《帝王世纪》云周封子姓之别为附庸也。"（《史记正义·项羽本纪》）

**胡三省**：萧县，秦属泗水郡；唐徐州萧县是也。（《资治通鉴》卷九"高帝二年"注）

**王伯祥**：乃西，从胡陵引兵西出，向彭城作大包抄。与上"出胡陵"和下"从萧""而东"互应。（《史记选·项羽本纪》）

⑨【汇注】

**王伯祥**：项羽引兵西到萧县后，包抄之势已成，一日早晨，遂东向攻击，故云从萧晨击汉军。东至彭城，楚军连战而东，到达彭城。（《史记选·项羽本纪》）

⑩【汇注】

**王伯祥**：日中，当天正午。此与上"晨"字紧接，形容他的兵势竟疾如风雨也。（《史记选·项羽本纪》）

⑪【汇注】

**裴　骃**：张晏曰："一日之中也。或曰旦击之，至日中大破。"（《史记集解·项羽

本纪》)

　　颜师古：张晏曰："一日之中。或曰早击之，至日中大破。"师古曰："或说是也。"（《汉书注·陈胜项籍传》）

【汇评】

　　荀　悦：汉王深入敌国，饮酒高会，士卒逸豫，战心不固。楚以强大之威而丧其国都，项羽自外而入，士卒皆有愤激之气，救败赴亡之急，以决一旦之命，此汉之所以败也。（《前汉纪》卷二《高祖二》）

　　张　栻：使斯时，高帝不入彭城、置酒高会，率诸侯穷弱所至而诛之，天下即定矣！惜其诚意不笃，不能遂收汤武之功。（见《十先生奥论注后集》卷三《汉高帝》）

　　陈懿典：汉破彭城，羽之根本颓矣。身归救巢穴，此法宜败，而卒破汉者，汉骄而项忿故也。（《读史漫笔·项羽》）

　　姚苎田：一路战来，自晨至日中，写得有破竹之势。（《史记菁华录·项羽本纪》）

⑫【汇注】

　　裴　骃：瓒曰："二水皆在沛郡彭城。"（《史记集解·项羽本纪》）

　　王伯祥：穀、泗二水名，皆在彭城东北。楚军自萧来攻彭城，故汉军向东北退却，相随挤入穀、泗水。相随，极写为前后推逐之状。（《史记选·项羽本纪》）

　　王　恢：穀、泗水、睢水：穀水即睢水也。《睢水注》："睢水出陈留县西蒗荡渠，东北流。又东迳雍丘、襄邑故城北，宁陵故城南，亳城北，睢阳故城南，穀熟、栗县、太丘、芒县等故城北，相县故城南，灵璧东，东南流，东通穀泗。《汉书》项羽败汉王于灵璧东，睢水为之不流，即此处也。穀水之名，盖因地变，穀水即睢水也。"睢水故道，今多湮淤，与古异流。（《史记本纪地理图考·项羽本纪·败汉彭城》）

　　又：泗水：出今泗水县东南五十里陪尾山，四源并发，故名。据《水经》，西南过曲阜北，滋阳东，邹县西、南，鱼台东，菏水从西来注之，又东过沛县东，铜山东北，邳县西，下入于淮。今铜山以上至鱼台，已无迹可寻；铜山以下即淤黄河故道。今泗水于邹县西南入运河，仅存古泗水之上流矣。（《史记本纪地理图考·夏本纪·徐州》）

【汇评】

　　姚苎田："相随"字妙：便如土崩，不可收拾。（《史记菁华录·项羽本纪》）

⑬【汇评】

　　李　贽：好汉！（《藏书》卷二《西楚霸王项羽》）

⑭【汇注】

　　颜师古：走，趣也，音奏。（《汉书注·陈胜项籍传》）

　　姚苎田：半入水，半欲据山自固。（《史记菁华录·项羽本纪》）

【汇评】

吴见思：晨击、日中、入水、走山，序得如画。（《史记论文·项羽本纪》）

⑮【汇注】

裴　骃：徐广曰："灵壁在彭城。""睢水于彭城入泗水"。（《史记集解·项羽本纪》）

颜师古：睢音虽。（《汉书注·陈胜项籍传》）

司马贞：孟康曰："灵壁故小县，在彭城南。"（《史记索隐·项羽本纪》）

张守节：睢音虽。《括地志》云："灵壁故城在徐州符离县西北九十里。睢水首受浚仪县蒗荡水，东经取虑，入泗，过郡四，行千二百六十里。"（《史记正义·项羽本纪》）

李吉甫：灵壁故城，在县东北九十里。汉二年，汉王入彭城，项羽以精兵三万人，晨击汉军于灵壁东睢水上，大破之，睢水为之不流。（《元和郡县图志》卷九《河南道五·符离县》）

胡三省：臣瓒曰：榖、泗二水皆在沛郡彭城。《水经注》：睢水出陈留县西蒗荡渠，东过沛郡相县；又迳彭城郡之灵壁东南流，项羽败汉王处也。《汉书》又云：东逼榖、泗。服虔曰：水名也，在沛国相县界，又详睢水迳榖熟而两分，而睢水为蕲水，故二水所在枝分，通为兼称。榖水之名，盖因地变。然则榖水即睢水也。睢水又东南至下相而入于泗，谓之睢口。泗水又东南过彭城县东北，南至下邳入淮。孟康曰：灵壁故小县，在彭城南。《史记正义》曰：灵壁在徐州符离县西北九十里。（《资治通鉴》卷九"高帝二年"注）

吕祖谦：《史记正义》云：睢水首受浚仪县蒗荡水，东经取虑，入泗，过郡四，行千二百六十里。（《大事记解题》卷八《本注》）

沈钦韩：《元和志》：灵壁县北有睢河。（《汉书疏证》卷二十七《陈胜项籍传》）

王　恢：灵璧：今县，唐为零壁镇，宋元祐初置零壁县，政和中复名灵璧。《括地志》，故城在符离（宿）县西北九十里，《元和志》（九）作东北，揆诸彭城之战，《元和志》是。据《睢水注》，故城在今县西北至宿县北边。（《史记本纪地理图考·项羽本纪·败汉彭城》）

【汇评】

姚苎田：逼之舍山，仍赶入水，写得如看戏剧。（《史记菁华录·项羽本纪》）

⑯【汇注】

荀　悦：夏四月，田横立荣子广为齐王，横为相，止城阳。项羽与齐战，汉王率诸侯之师凡五十六万人，东袭楚。至外黄，彭越将三万人归汉，汉拜为相国，令定梁地。王遂入彭城，悉收楚美人宝货，置酒高会。羽闻之，留其将击齐，自以精兵三万

人归，晨击汉军于濉水上，从旦至日中杀汉士卒十余万人，皆入濉水，濉水为之不流。（《前汉纪》卷二《高祖二》）

裴　骃：服虔曰："挤音'济民'之'济'。"瓒曰："排挤也。"（《史记集解·项羽本纪》）

颜师古：臣瓒曰："挤，排也。"师古曰："音子诣反，又音子奚反。"（《汉书注·陈胜项籍传》）

张大可：挤：逼压。推挤。（《史记全本新注·项羽本纪》）

⑰【汇注】

王伯祥：多杀，多遭杀伤。（《史记选·项羽本纪》）

⑱【汇注】

郦道元：睢水又东迳彭城郡之灵壁东，东南流，《汉书》项羽败汉王于灵壁东，即此处也。……又云汉军之败也，睢水为之不流。（《水经注》卷二十四《睢水》）

颜师古：言杀人多，填于水中。（《汉书注·陈胜项籍传》）

张守节：为，于伪反。（《史记正义·项羽本纪》）

杜　佑：符离，秦汉旧县。又有秦相县故城，在今县西北，项羽破汉军于灵壁东，睢水为之不流，即此县界也。（《通典》卷一百八十《州郡十》）

【汇评】

荀　悦：汉王战于濉水之上，士卒皆赴入濉水，而楚兵大胜。何则？……汉王深入敌国，饮酒高会，士卒逸豫，战心不固，楚以强大之威而丧其国都，项羽自外而入，士卒皆有愤激之气，救败赴亡之急，以决一旦之命，此汉之所以败也。（《前汉纪》卷二《高祖二》）

赵　蕤：荀悦曰：伐赵之役，韩信军泜水，而赵不能败，何也？彭城之难，汉王战于睢水之上，士卒赴入睢水，而楚兵大胜，何也？赵兵出国，能见可而进，知难而退，深怀内顾之心，不为必死之计；韩信孤军立于水上，有必死之计，无生虑也，此信之所以胜也。汉王制敌入国，饮酒高会，士众逸豫，战心不同。楚以强大之威，而丧其国都，项羽自外而入，士卒皆有愤激之心，救败赴亡，以决一旦之命，此汉所以败也。且韩信选精兵以守，而赵以内顾之士攻之；项羽选精兵以攻汉，又汉王以懈怠之卒应之，此事同情异者也。故曰：权不可预设，变不可先图，与时迁移，应物变化，计策之机也。（《长短经》卷七《时宜》注）

吴见思：睢水为之不流：极写项王气势。（《史记论文·项羽本纪》）

姚苎田：上又加"多"字，下着水"不流"字，可见十余万不止，已将五六十万人开除殆尽矣。（《史记菁华录·项羽本纪》）

⑲ 【汇注】
　　王伯祥：币音浃，周徧。围三币，环绕三周，即三重包围。(《史记选·项羽本纪》)

⑳ 【汇注】
　　王伯祥：折木，吹折林木。发屋，掀去屋顶。(《史记选·项羽本纪》)

㉑ 【汇校】
　　裴　骃：徐广曰："窈亦作'育'字。"(《史记集解·项羽本纪》)
【汇注】
　　王伯祥：窈音杳，形容深远。冥音茗，形容昏黑不可见。月尽为晦，音悔，引申为黑夜义。窈冥昼晦，就是说茫茫昏昏，虽在白昼，竟如黑夜了。(《史记选·项羽本纪》)

㉒ 【汇注】
　　王伯祥：逢迎，犹言扑面相遇，即迎头打击。(《史记选·项羽本纪》)
【汇评】
　　吴见思："逢迎"二字，写得风雨有意。(《史记论文·项羽本纪》)
　　姚苎田："逢迎"字妙。非设身处地写不出，真乃神笔。(《史记菁华录·项羽本纪》)
　　高　嵣：汉得天助，羽曰"天亡我，非战罪"，此是也，"逢迎"二字，写得风雨有意。(《史记钞》卷一《项羽本纪》)
　　牛运震："逢迎楚军"四字，妙写风雨，有鬼神。(《空山堂史记评注》卷二《项羽本纪》)

㉓ 【汇注】
　　王伯祥：坏散：崩溃。(《史记选·项羽本纪》)
　　又：乃得与数十骑遁去，与前"五十六万人"对照，可见劫取五诸侯之兵已消耗殆尽了。(《史记选·项羽本纪》)

㉔ 【汇注】
　　司马迁：(祁侯缯贺)以执盾汉王三年初起从晋阳，以连敖击项籍，汉王败走，贺方将军击楚，追骑以故不得进。汉王顾谓贺(祁)："子留彭城，军(用)执圭东击羽，急绝其近壁。"侯，千四百户。(《史记·高祖功臣侯者年表》)
　　姚苎田：汉兵五十六万，羽以三万人大破之，此段极写项羽善战，为传末"天亡我"数语伏案。看其笔墨抑扬之妙，而知史公惋惜者深也。五十六万人来，数十骑而去，而中间以天幸描之。汉之幸，项之惜也。(《史记菁华录·项羽本纪》)
　　浦起龙：汉得天助。(《古文眉诠》卷十八《项羽本纪》)

**牛运震**：睢水之战，摹写正有笔势。曰"汉军却，为楚所挤"，又曰"逢迎楚军，楚军大乱，坏散，而汉王乃得与数十骑遁去"，写战情紧要处不过数语，而节次明划，精神生动。人知钜鹿战之笔法雄厉，而不知睢水战之笔法精奇也。(《空山堂史记评注》卷二《项羽本纪》)

**朱东润**：高祖出关以后，若彭城，成皋、荥阳、垓下诸大役，皆纪传所备载，彪炳史册，不待更述。然若棘丘侯襄之以上郡守击定西魏地，祁侯缯贺之留彭城，皆可纪。祁侯功状云："汉王败走，贺方将军击楚追骑，以故不得进；汉王顾谓贺，祁子留彭城军，执圭东击羽，急绝其近壁。"《汉表》字句多异，则云："汉王顾谓贺，祁王战彭城，斩项籍，争恶绝延壁。"今按"祁子"之称绝异，是时诸将无称"子"者，当从《汉书》作"祁王"。师古曰："谓之祁王，盖嘉其功，故宠号之，许以为王也。"得其义。(《史记考索·读〈高祖功臣侯者年表〉书后》)

**王　恢**：兵在精不在多，贵神速未闻巧之拙。以寡击乌合之众，更贵速战速决。拂晓而侧背突击，飞骑若天而降，使敌仓皇失措，若猛虎逐群羊，所向披靡，羽真古今之大将，东方之拿破仑哉！(《史记本纪地理图考·项羽本纪·败汉彭城》)

㉕【汇注】

**王伯祥**：收家室而西，接取家眷向西逃走。与前"东伐楚"相应。(《史记选·项羽本纪》)

㉖【汇注】

**王伯祥**：刘邦家眷，闻乱逃难，都已走散，故云家皆亡。(《史记选·项羽本纪》)

㉗【汇注】

**裴　骃**：服虔曰："元，长也。食邑于鲁。"韦昭曰："元，谥也。"(《史记集解·项羽本纪》)

**胡三省**：鲁元公主，帝女也。服虔曰：元，长也；食邑于鲁。韦昭曰：元，谥也。师古曰：公主，惠帝姊也，以其最长，故号曰元，不得为谥。贡父曰：韦昭是也。(《资治通鉴》卷九"高帝二年"注)

**王伯祥**：道逢得孝惠、鲁元，在途中遇见他的子女。孝惠名盈，后嗣位为帝，死谥孝惠。孝惠事迹，《史记》附入《吕太后本纪》。鲁元，盈之姊，后嫁张耳之子张敖，生子张偃，为鲁王，遂为鲁太后，死谥元，故云鲁元。此皆从后追书之辞，当时不应有此称谓的。(《史记选·项羽本纪》)。

㉘【汇注】

**张大可**：乃载行：便载在车上一同走。(《史记全本新注·项羽本纪》)

㉙【汇注】

**王伯祥**：推堕孝惠、鲁元车下，恐车重，行不快，为追兵所及，故把子女推落于

车下。(《史记选·项羽本纪》)

【汇评】

姚苎田：忍心。可与"项王为人不忍"对看。(《史记菁华录·项羽本纪》)

㉚【汇注】

班　固：汝阴文侯夏侯婴，以令史从降沛，为太仆，常奉车，竟定天下，及全皇太子、鲁元公主，侯，六千九百户。(六年)十二月甲申封，三十年薨。(《汉书》卷十六《功臣表》)

程大昌：《汉旧仪》：宗庙祭功臣四十人食。堂下惟御仆滕公祭于庙门外塾，用一壶酒，四胫骨。滕公尝脱孝惠、鲁元于难，而斥少帝，立文帝，其功为要，故特记之，不知祭于外塾，其制度何出？(《考古编》卷七《汉特祭滕公》)

胡三省：滕公，夏侯婴也。《史记》曰：婴从击秦军洛阳东，赐爵封，转为滕公。《汉书》曰：婴为滕令，奉车，故号滕公。班《表》：太仆，秦官，掌舆马。应劭曰：周穆王所置，盖大御，众仆之长，中大夫也。(《资治通鉴》卷九"高帝二年"注)

王　圻：汉夏侯婴以功封滕公。及死，将葬，未及墓，引车马踏地不前，使人掘之，得一石室，中有铭曰："佳城郁郁，一千年见白日。吁嗟滕公居此室。"遂改卜焉。(《稗史汇编·地理门·陵墓·夏侯婴改葬》)

俞思学：王㮚曰：高祖与项羽战于彭城，为羽大败，势甚急迫。鲁元公主、惠帝弃之，夏侯婴为收，载行，高祖怒，欲斩婴者十余，借谓吾力不能存二子，不得已弃之可也。他人为收，岂不甚幸？何断断然欲斩之？其天性残忍如此！(《史概》卷一《项羽本纪》)

【汇评】

俞思学：唐顺之曰：叙汉王一家流离之状，如目见之。(《史概》卷《项羽本纪》)

㉛【汇评】

周　密：汉高祖与项羽战于彭城，大败，势甚急，蹴鲁元公主、惠帝弃之。夏侯婴为收载行，高祖怒，欲杀婴者十余。借使高祖一时事急，不能存二子而弃之，他人能为收载，岂不幸甚。方当德之，何至怒而欲斩之乎？……若汉祖则杯羹之事，尚忍施之乃翁，何有于儿女哉？(《齐东野语》卷十八《汉唐二祖少恩》)

王　㮚：前辈谓晋史诞妄甚多，最害名教者，如邓攸遭贼，欲全兄子，遂弃己子，其子追及，缚于道傍。如此则攸灭天性甚矣，恶得为贤？仆观高祖与项羽战于彭城，为羽大败，势甚急，蹴鲁元公主、惠帝弃之。夏侯婴为收载行，高祖怒，欲斩婴者十余。借谓吾力不能存二子，不得已弃之可也，他人为收，岂不甚幸？何断断然欲斩之，其天性残忍如此！高祖岂特忍于二子，于父亦然。当项羽置太公于高俎之上，赫焰可畏，无地措身，而分羹之言，优游暇豫，出于其口，恬之不愧，幸而项羽听项伯之言而赦之。万一激其愤怒，果就鼎镬，高祖将何以处？后人见项羽不烹太公，遂以为高祖之神，不知亦幸耳！（《野客丛书》卷一《高帝弃二子》）

㉜【汇评】
　　姚苎田：得滕公语，汉王之忍愈见。（《史记菁华录·项羽本纪》）

㉝【汇注】
　　司马迁：至彭城，项羽大破汉军。汉王败，不利，驰去。见孝惠、鲁元，载之。汉王急，马罢，虏在后，常蹶两儿欲弃之，婴常收，竟载之，徐行面雍树乃驰。汉王怒，行欲斩婴者十余，卒得脱，而致孝惠、鲁元于丰。（《史记·樊郦滕灌列传》）
　　牛运震："汉王道得孝惠、鲁元"云云，至"于是遂得脱"：按太史公往往善写匆急，情事如画。（《空山堂史记评注》卷二《项羽本纪》）

㉞【汇注】
　　裴　骃：瓒曰："其音基。"如淳曰："间出，闲步，微行，皆同义也。"（《史记集解·项羽本纪》）
　　司马贞：食音异。按：郦、审、赵三人同名，其音合并同，以六国时卫有司马食其，并慕其名。（《史记索隐·项羽本纪》）
　　胡三省：审，姓；食其，名。食其，音异基。将间行以避楚军，乃反与楚军相遇也。（《资治通鉴》卷九"高帝二年"注）
　　陈　直：食其即今语之"吃完了呀"，盖当时之习俗语。不必读食为异声。故审食其，郦食其等，皆取以为名。（《史记新证·项羽本纪》）

【汇评】
　　程金造：汉王战败逃命，楚兵追及之际，数推孝惠、鲁元两儿于车下，而滕公就数下车收载两儿，后来楚兵获得太公及吕后，而审食其又冒险作仆从去随侍两人。太史公著此等事，意在明汉王知得人之术，使被用者能尽思尽忠。与项羽之杀伐畏慑，两相比照，截然不同。（《史记管窥·司马迁著项羽入本纪之本意》）

㉟【汇注】
　　吕祖谦：按《年表》，高祖兄仲，兵初起，侍太公守丰。然则高祖起兵，太公、吕后皆留丰，至是间行归汉，为楚所获也。（《大事记解题》卷八）

【汇评】
　　吕祖谦：致堂胡氏曰：汉王置酒高会，宴安，不虞父执妻虏，汉业之覆在顷刻间。使兢兢业业如初入关中，见羽鸿门，则亦何至于败哉？狃于小胜，逸欲生焉，是以至此可为鉴也。（《大事记解题》卷八）

㊱【汇评】
　　程馀庆：此段是汉家事，似不宜载《项纪》；不知写汉王情势十分危急，正为项羽

添精采。此文家背面铺粉法。若入《高纪》，未免衰飒，便是俗手。(《历代名家评注史记集说·项羽本纪》)

> 是时吕后兄周吕侯为汉将兵居下邑①，汉王间往从之②，稍稍收其士卒。至荥阳③，诸败军皆会④，萧何亦发关中老弱未傅悉诣荥阳⑤，复大振⑥。楚起于彭城。常乘胜逐北⑦，与汉战荥阳南京、索间⑧，汉败楚⑨，楚以故不能过荥阳而西⑩。

① 【汇校】
**梁玉绳**：按：《水经注》二十三云"楚、汉彭城之战，吕后弟周军于下邑"，而《史》《汉》俱作"吕后兄"，未知孰是。但道元误以泽名周，安知不又误以兄为弟耶？吕泽是时未封，依史法不当预称周吕侯。(《史记志疑·项羽本纪》)

【汇注】
**裴骃**：徐广曰："(周吕侯)名泽。""(下邑)在梁"。(《史记·项羽本纪·集解》)

**张守节**：苏林云："以姓名侯也。"晋灼云："《外戚表》周吕令武侯泽也。吕，县名。封于吕，以为国。"颜师古云："周吕，封名，令武，其谥也。苏云'以姓名侯'，非也。"《括地志》云："宋州砀山县本下邑县也，在宋州东一百五十里。"按：今下邑在宋州东一百一十里。(《史记正义·项羽本纪》)。

**胡三省**：班《志》，下邑县属梁国。梁国，秦砀郡；汉改焉。宋向曰：今宋州砀山县即古下邑城。(《资治通鉴》卷九"高帝二年"注)

**王恢**：下邑：《获水注》："获水自虞来，东迳下邑县故城北。楚汉彭城之战，吕后兄泽军于下邑，高帝败还，从泽军。子房肇捐地之策，收垓下之师，陆机所谓即谋下邑者也。获水下入砀。"《清统志》(一○一)："旧城在今砀山县东三里。故楚邑。《史记》，楚灭鲁，迁顷公于下邑。秦置下邑县。二世二年，沛公取砀，攻下邑，拔之。汉景帝三年，吴楚攻梁，走条侯军。会下邑，欲战，条侯坚壁不出。"(《史记本纪地理图考·项羽本纪·败汉彭城》)

② 【汇注】
**张大可**：间往从之：从小路赶走会合吕泽。(《史记全本新注·项羽本纪》)

③【汇注】

张大可：荥阳：地处冲要的军事重镇，故城在今河南荥阳东北。（《史记全本新注·项羽本纪》）

④【汇评】

归有光：汉王败彭城，气索矣，至汉王间往从之，诸败军皆会，气复振，事与气称；项王杀王离与败垓下一段，气亦然。（《归震川全集》余集《史评》）

【汇评】

吴汝纶："至荥阳，诸败军皆会"，归云：汉王败彭城，气索矣。至此复振，事与气称。项羽杀王离与败垓下一段亦然。又云：此叙事中气也。散而又兴，事与气称。（《桐城吴先生点勘史记读本·各家史记评语》）

⑤【汇注】

班　固：酇文终侯萧何，以客初从入汉，为丞相，守蜀及关中，给军食，佐定诸侯，为法令宗庙，侯，八千户。（六年）正月丙午封，九年薨。（《汉书》卷十六《功臣表》）

裴　骃：服虔曰："傅音附。"孟康曰："古者二十而傅。三年耕有一年储，故二十三年而后役之。"如淳曰："律年二十三傅之畴官，各从其父畴内学之。高不满六尺二寸以下为罢癃。《汉仪注》'民年二十三为正，一岁为卫士，一岁为材官骑士，习射御骑驰战阵'。又曰'年五十六衰老，乃得免为庶民，就田里'。今老弱未尝傅者皆发之。未二十三为弱，过五十六为老。《食货志》曰'月为更卒，已复为正，一岁屯戍，一岁力役，三十倍于古者'。"（《史记集解·项羽本纪》）

司马贞：按：姚氏云"古者更卒不过一月，践更五月而休"。又颜云"五当为'三'，言一岁之中三月居更，三日戍边，总九十三日。古者役人岁不过三日，此所谓'一岁力役三十倍于古'也"。斯说得之。（《史记索隐·项羽本纪》）

吕祖谦：未二十三为弱，过五十六为老。师古曰：傅，著也，言著名籍给公家徭役也。（《大事记解题》卷八《本注》）

黄国琦：傅，著也。音附。言著于名籍给公家徭役也。（见王钦若等纂《册府元龟》卷五《帝王部·创业》）

杨树达：时韩信亦收兵与汉王会。（《汉书窥管》卷四《陈胜项籍传》）

吴国泰：傅者，"赋"之借字。《论语》："可使治其赋也。《释文》引梁武帝注云"鲁论作傅"可证也。古以田赋出兵，故谓兵为赋。未赋者，言未及服兵役之年者也。"即孟康如淳所谓"年二十三年而后役之也"。（《史记解诂·项羽本纪》，载《文史》第43辑）

## 【汇评】

**方　回**：以天下之民，二十三而傅，五十六而老，今老弱悉诣荥阳军前，非小役也。大者被甲上马，执干戈出战，小者筑城运饷，总名曰徭役。……夫举天下民二十三而就傅，五十六而为民，无数之军，无数之夫，国其有不强者乎？后世募民为兵，涅以手额之，号老不可伏，弱不可用，坐费百万之饷，为国大患，民则游乎者无役，有产税之家，隅官掌烟火盗贼，保正催上三等户税，保长催下二等户税，强者不至破家，而保正常有追胥之苦，杀人公事，有检验守尸之苦，保长有代下户输赋之苦，惟官户吏人幸免，而官不皆真官，鬻爵顶冒，吏无赖受赃为生，动辄遭刑，无长久者，今世事大变，又不同。（《续古今考》卷十三《关中老弱未傅悉诣荥阳》）

**孙　琮**：得力之着。时时以此法总叙，有提领。（《山晓阁史记选·项羽本纪》）

⑥【汇评】

**浦起龙**：自是汉虽屡败，而势已向东矣。（《古文眉诠》卷十八《项羽本纪》）

**吴汝纶**：此因荥阳军振，遂预探后事，为提掣之笔，所谓笔所未到，气已吞也。（《桐城吴先生点勘史记读本·项羽本纪》）

⑦【汇注】

**王伯祥**：北，败走。逐北，追逐败逃的敌人。（《史记选·项羽本纪》）

⑧【汇注】

**裴　骃**：应劭曰："京，县名，属河南，有索亭。"晋灼曰："索音栅。"（《史记集解·项羽本纪》）

**张守节**：《括地志》云："京县城在郑州荥阳县东南二十里。郑之京邑也。《晋太康地志》云郑太叔段所居邑。荥阳县即大索城。杜预云成皋东有大索城，又有小索故城，在荥阳县北四里。京相璠《地名》云京县有大索亭、小索亭，大小氏兄弟居之，故有小大之号。"按：楚与汉战荥阳南京、索间，即此三城耳。（《史记正义·项羽本纪》）

**吕祖谦**：京故城在郑州荥阳县东。《史记正义》曰：京县有大索城，楚、汉战荥阳、京、索间，即此三城耳。（《大事记解题》卷八）

**王应麟**：《元和郡县志》：郑州荥阳县京水出县南平地，索水出县南三十五里小陉山。京县故城，县东南二十里，即郑京城太叔之邑，古大索城今县治；小索城县北四里。《史记正义》京县有大索城、小索城，楚汉战荥阳、京、索间、即此三城。（《通鉴地理通释》卷七《京索》）

**王　恢**：京、索：京即《左》隐元年郑共叔段所居之京城。《清统志》（一八七）："故城今荥阳县东南二十一里。"《括地志》："今荥阳县即大索城。又有小索城在县北。"《济水注》："济水东迳荥阳县北，又东，索水注之。水出京县西南嵩渚山，与东关水同源分流，即古荥然水也。东北流合器难水，北迳小索亭西，又为索水。又北迳大栅城（晋灼曰：索音栅，故郦注又作栅也）。又屈而西流，与梧桐水合。又北屈东迳大索城南。《晋地道记》所谓京有大索、小索亭。《汉书》京、索之间也。索水又东北流，须水右入焉。索水又东迳荥阳故城南，汉王之困荥阳也，纪信诈降，王与数十骑出西门得免。羽烹信。信家在城西北三里。索水又东迳周苛冢北。索水又东流北屈西转，北迳城东而北注济。济水又东迳敖山北，其山上有城，即殷帝仲之所迁也。秦置仓于其中，故亦曰敖仓城也。"（《史记本纪地理图考·项羽本纪·楚汉相持荥阳成皋》）

⑨【汇注】

**程馀庆**：汉兵败之后，稍能自振，非一时事也。（《历代名家评注史记集说·项羽本纪》）

⑩【汇注】

**司马迁**：楚人起彭城，转斗逐北，至于荥阳，乘利席卷，威震天下。然兵困于京、索之间，迫西山而不能进者，三年于此矣。（《史记·淮阴侯列传》）

**荀　悦**：楚进兵而西，萧何悉发关中卒诣军，韩信亦收余兵与王会，击楚于京、索间，大败之。骑将灌婴又败楚骑于荥阳东，故楚师不能复进。（《前汉纪》卷二《高祖二》）

**司马光**：楚骑来众，汉王择军中可为骑将者，皆推故秦骑士重泉人李必、骆甲；汉王欲拜之。必、甲曰："臣故秦民，恐军不信臣；愿得大王左右善骑者傅之。"乃拜灌婴为中大夫令，李必、骆甲为左右校尉，将骑兵击楚骑于荥阳东，大破之，楚以故不能过荥阳而西。（《资治通鉴》卷九《高帝二年》）

**方　回**：二年五月，汉王屯荥阳，荥阳之险始见于此。周室东迁，封郑伯于溱洧之间，而此为制邑，郑之岩邑也。共叔段所食，而郑庄公顺母之欲，养弟恶至于成而后败之，事见《左传》。秦混天下，具地属三川守李由，虽堕天下城，而荥阳之北有敖仓，有成皋之城；有大索城，小索城在其南。荥阳城南又有所谓京城，亦太叔段之城也。汉王彭城之败，至于荥阳，固是得地险。然《汉书·高纪》所书，有云"韩信亦收兵与汉王会，兵复大振，与楚战荥阳南京、索间，大破之"，《史记》下文云"楚以故不能过荥阳而西"，史当互看，意义方足。此虽险地，乃韩信兵力也。呜呼，秦函谷关之险，汉以后无称焉，河北井陉之险，韩信以后无称焉，汉荥阳之险，吕后之变，犹以灌婴屯，七国反时，犹以周亚夫屯，乃后无闻焉。蜀以剑阁为险，有邓艾则无之……险岂可恃哉？汉之已败而再奋，非荥阳之险也，乃韩信之兵力为之。又东莱《大事记》曰：京故城在郑州荥阳县东，《史记·正义》曰：京县有大索城，小索城，楚、汉战荥阳京、索间，即此三城耳。《通鉴》书曰：楚乘胜逐北，与汉战荥阳南京、索间，楚骑乘众，汉王择军中可为骑将者，皆推故秦骑士李必、骆甲，必、甲愿得左右善骑者傅之，拜灌婴为中大夫，必、甲为左右校尉，将骑兵击楚骑荥阳，大破之，楚以故不能过而西，此东西争天下之势在乎成皋、荥阳、京、大、小索五城以阻楚，与南北争天下之势不同，观者未必悟也。又骑将得灌婴、李必、骆甲力。地险将才，汉得之矣。（《续古今考》卷十三《韩信收兵与汉王会兵复大振》）

**王应麟**："荥阳"，汉属河南，今郑州荥阳、荥泽二县（原注：故城在荥泽县西南十七里）。范睢说秦昭王曰："王下兵而攻荥阳，则巩、成皋之道不通。"吕氏曰："荥阳、成皋自春秋以来，常为天下重地。由秦而上，晋楚于此而争霸；由秦而下，楚汉于此而分雌雄。天下既定，七国、淮南、衡山之变，犹睥睨此地，而决成败焉。东都以后，言形势者，及之者鲜矣。人事既改，则地之轻重亦有时而移也（原注：高帝十二年，诏陈平、灌婴将兵十万众，屯荥阳，帝以天下新定，恐易世之际，人心或动摇，故以信臣、重兵填南北之冲）。《地理志》：成皋亦名制。成皋故虢国，则成皋、荥阳皆东虢地。"（《通鉴地理通释》卷七《名臣议论考·荥阳》）

【汇评】

**高　嶙**：汉骤胜楚，楚屡败汉，而以楚故不能过荥阳而西，标出大势。（《史记钞》卷一《项羽本纪》）

**牛运震**："楚起于彭城"云云，至"楚以故不能过荥阳而西"：按：楚汉互战荥阳间，胜败非一。此处总收上文，得括要法，尤遒整，见笔力。（《空山堂史记评注》卷二《项羽本纪》）

　　项王之救彭城，追汉王至荥阳，田横亦得收齐，立田荣子广为齐王①。汉王之败彭城②，诸侯皆复与楚而背汉③。汉军荥阳④，筑甬道属之河⑤，以取敖仓粟⑥。汉之三年⑦，项王数侵夺汉甬道，汉王食乏，恐，请和，割荥阳以西为汉⑧。

① 【汇评】

**刘　沅**：楚项羽以私易置诸侯，致荣于死。田横立其子，复齐地，虽非有益天下之举，而在田氏为公义也。（《史存》卷六《楚汉纪》）

**程馀庆**：别将击齐，几为忘却。乘便插入一笔，结田氏案。（《历代名家评注史记集说·项羽本纪》）

② 【汇评】
　　牛运震："项王之救彭城"，"汉王之败彭城"：按此叙二年事已毕，复将项王、汉王双提，带叙诸侯事，笔法甚妙！（《空山堂史记评注》卷二《项羽本纪》）

③ 【汇注】
　　程馀庆：是时陈馀觉张耳不死，即背汉。塞王欣、翟王翳，亡汉降楚。齐、魏亦反汉与楚和。见《张耳》《韩信传》。（《历代名家评注史记集说·项羽本纪》）
　　【汇评】
　　孙　琮：可见诸侯皆是庸人。（《山晓阁史记选·项羽本纪》）

④ 【汇注】
　　王　恢：荥阳：《括地志》："故城在荥泽县（今郑州古荥镇）西南十七里。"当今荥阳县东北，郑州西北，平汉路西。后魏太和十七年徙京索之间大索城，即今治。《济水注》："索水又东迳虢亭南，故虢公之国也。又东迳荥阳县故城南，汉王困荥阳，纪信诈降，汉王出西门得免。信冢在城西北三里。其城跨倚冈原，居山之阳。索水又东迳周苛冢北，苛守荥阳，项羽烹之。索水又东流北屈西转，北迳荥阳城东而北流注济水。"（《史记本纪地理图考·秦始皇本纪·奋六世之余烈》）

⑤ 【汇注】
　　方　回：应劭注：筑甬道属河，恐敌抄辎重，故筑垣墙如仓也。（《续古今考》卷十三《筑甬道取敖仓》）

⑥ 【汇注】
　　裴　骃：瓒曰："敖，地名，在荥阳西北山，临河有大仓。"（《史记集解·项羽本纪》）
　　张守节：《括地志》云："敖仓在郑州荥阳县西十五里，县门之东北临汴水，南带三皇山，秦时置仓于敖山，名敖仓云。"（《史记正义·项羽本纪》）
　　吕祖谦：秦建敖仓于成皋，敖，地名，在荥阳西北山上，临河有大仓。郦食其曰："敖仓天下转输久矣，闻其下乃有藏粟甚多。荥阳、成皋控南北之冲，故秦积粟于此。"《通典》曰："巨桥盈而殷丧，成皋溢而秦亡。"（《大事记解题》卷八）
　　【汇评】
　　孙　琮：篇中关键。（《山晓阁史记选·项羽本纪》）
　　陈季雅：汉之取天下，第一是以武库之兵，敖仓之粟，此二者，天下之根本。项氏尝拔荥阳，不知坚守敖仓，乃令士卒分守成皋，未几而复为汉有矣。盖善用兵者，因粮于敌。高祖初年，专用巴、蜀之粟给军赋，使老弱未傅者转饷于道。及食其说高祖拔荥阳，取敖仓之粟，自后即就敖仓筑甬道，属之河，而始得复巴、蜀租税以宽民心。高祖用郦食其只此一策，班固所谓廊庙之材，非一木之技，信然。（《两汉博议》

卷五《郦食其劝高帝就食敖仓粟》）

　　**朱　墉**：韩信谋取关中，郦生谋取敖仓，皆天下之大计也。汉王在汉中，不取关中，不得东向争天下；汉王欲拒楚，不取敖仓，天下不知所归。故刘项之争，大势有二：关中、敖仓是也。二者楚皆得而复失之，能不败哉？（见《历代名家评注史记集说·项羽本纪》）

⑦【汇注】
　　**张大可**：汉之三年：公元前204年。（《史记全本新注·项羽本纪》）

⑧【汇注】
　　**王伯祥**：荥阳以西为汉，以荥阳为界，东归楚，西归汉。上冠割字，明示割取楚地益汉，与前文"如约即止不敢东"语对看，更伸张不少了。（《史记选·项羽本纪》）

　　项王欲听之。历阳侯范增曰①："汉易与耳②，今释弗取③，后必悔之④。"项王乃与范增急围荥阳⑤。汉王患之，乃用陈平计间项王⑥，项王使者来，为太牢具⑦，举欲进之⑧。见使者，详惊愕曰⑨："吾以为亚父使者、乃反项王使者⑩。"更持去⑪，以恶食食项王使者⑫。使者归报项王⑬，项王乃疑范增与汉有私⑭，稍夺之权⑮。范增大怒，曰⑯："天下事大定矣，君王自为之。愿赐骸骨归卒伍⑰。"项王许之⑱，行未至彭城，疽发背而死⑲。

①【汇注】
　　**张守节**：《括地志》云："和州历阳县，本汉旧县也。《淮南子》云'历阳之都，一夕而为湖'。汉帝时，历阳沦为历湖。"（《史记正义·项羽本纪》）
　　**王伯祥**：历阳，秦所置县。项羽封范增为侯邑。汉仍为历阳县。其城即今安徽省和县治。（《史记选·项羽本纪》）

【汇评】
　　**牛运震**：按：范增之在《项纪》，附传也。于鸿门宴点出亚父，于此处补出历阳侯，则增之名号封爵备矣。妙在带点错见，令人不觉，即此可悟作附传之法。（《空山堂史记评传》卷二《项羽本纪》）

②【汇注】
　　**王伯祥**：易与耳，犹言容易对付的。与，打交道。（《史记选·项羽本纪》）

③ 【汇注】
　　张大可：释：放弃了这个机会。(《史记全本新注·项羽本纪》)
④ 【汇评】
　　李　贽：大是。(《藏书》卷二《西楚霸王项羽》)
⑤ 【汇评】
　　王应麟：吕氏曰：荥阳、成皋，自春秋以来常为天下重地。由秦而上，晋、楚于此而争霸；由秦而下，楚、汉于此而分雌雄。天下既定，七国、淮南、衡山之变，犹睥睨此地而决成败焉。东都以后，言形势者及之者鲜矣。人事既改，则地之轻重亦有时而移也。(《通鉴地理通释》卷七《荥阳》)
　　孙　琮：好奇计处。(《山晓阁史记选·项羽本纪》)
⑥ 【汇注】
　　司马迁：陈平既多以金纵反间于楚军，宣言诸将钟离眛等为项王将，功多矣，然而终不得裂地而王，欲与汉为一，以灭项氏而分王其地。项羽果意不信钟离眛等。项王既疑之，使使至汉。汉王为太牢具，举进。见楚使，即详（佯）惊曰："吾以为亚父使，乃项王使！"复持去，更以恶草具进楚使。楚使归，具以报项王。项王果大疑亚父。亚父欲攻下荥阳城，项王不信，不肯听，亚父闻项王疑之，乃怒曰："天下事大定矣，君王自为之！愿请骸骨归！"归未至彭城，疽发背而死。(《史记·陈丞相世家》)
　　班　固：曲逆献侯陈平，以故楚都尉，汉王二年初起修武，为都尉，以护军中尉出奇计，定天下，侯，五千户。(六年)十二月甲申封，二十四年薨。(《汉书》卷十六《功臣表》)
　　王锡爵："间"者，设为可疑之情状，使彼君臣自相疑忌也。(引自《百大家评注史记·项羽本纪》)
【汇评】
　　倪思撰、刘辰翁评：当时事势之急，不减垓下。徒以小人竖子之术，间其君臣，非甚奇计难测，必相疑者也。增撞玉斗，有以知之矣。方迫人于险而瓦解，可愤恨。至夜出女子军，黄屋车，始亡且甚，真玩羽掌上，而汉业以成，非平实智，乃羽衰兆也。世有夜战披甲降者哉？不然，受降如受敌，汉王安得间出哉！(《班马异同评》)
　　孙　琮：此等伎俩本浅，中粗人正宜。(《山晓阁史记选·项羽本纪》)
　　陈玉璂：夫劝羽图汉者，增也，岂有私之而反图之？羽必不以此疑增，汉亦必不以此间楚。汉之间楚，必曰"汉之所畏奋增耳，不畏羽也。其所操纵乎汉者，非羽也，增也"。故分别进具于使者，所以显示其重增而轻羽也。增既以图汉为己计，汉又间之，则欲羽不疑增之市权于汉也，得乎？故夺增之权而听其去，卒不解荥阳之围，羽疑增之故盖在此矣。以增之大怒去羽，行未至彭城，即疽发背死；此其生平任气性，

少度量，羽始终能堪之以迨其去，则羽之于增犹有始终哉！（见《史论正鹄》三集卷五）

⑦ 【汇注】

胡三省：古者诸侯遣使交聘，其牢礼各如其命数，以三牲具为一牢。秦灭古法，军兴之时，不能备古之牢礼，故以太牢具为盛礼。孔颖达曰：按《周礼》：膳夫，王日一举，鼎十有二物，谓太牢也。是周公制礼，天子日食太牢，则诸侯日食少牢，大夫日食特牲；士日食特豚。至后世衰乱，《玉藻》云：天子日食少牢，朔月太牢；诸侯日食特牲，朔月少牢。则知大夫日食特豚，朔月特牲；士日食无文，朔月特豚。故《内则》云：见子具朔食。《注》云：天子太牢，诸侯少牢，大夫特豕，士特豚。诸侯祭以太牢，得杀牛；诸侯之大夫祭以少牢，得杀羊；天子大夫祭亦得杀牛，其诸侯及大夫飨食宾得用牛也。故大行人掌客，诸侯待宾，皆用牛也。公食大夫礼，大夫食宾礼，亦用牛也。（《资治通鉴》卷九"高帝三年"注）

⑧ 【汇注】

王伯祥：举，高捧。举欲进之，将太牢具捧着进献于宾客。（《史记选·项羽本纪》）

⑨ 【汇注】

王伯祥：详同伴。（《史记选·项羽本纪》）

⑩ 【汇注】

刘兑阳：言初间以尔为亚父使者，故欲如此敬待耳，今乃项王使者乎！（引自《百大家评注史记·项羽本纪》）

【汇评】

茅元仪：此策亦甚浅，羽太蠢耳。（《二十一史战略考》卷三《西汉》）

吴见思：两"使者"，句调轻捷。（《史记论文·项羽本纪》）

⑪ 【汇注】

张大可：更持去：更换筵席，撤去原来端出的酒筵。（《史记全本新注·项羽本纪》）

⑫ 【汇注】

张守节：（食食）上如字，下音寺。（《史记正义·项羽本纪》）

⑬ 【汇注】

张大可：使者归报项王：楚使回去把这情形报告给项王。《通鉴辑览》云："陈平此计，乃欺三尺童未可保其必信者，史乃以为奇，而世传之，可发一笑。"按，陈平曾为项王都尉，知其为人，故为此计，而项王及使者竟中计，正见项王之憨愚，使者之无能。若项王能用随何、郦生之流，陈平之计，岂可行哉！（《史记全本新注·项羽本

纪》）

【汇评】

**牛运震**："项王使者来"云云，至"使者归报项王"：按此数句中凡用六"使者"，不厌其复，正见句中有眼目。（《空山堂史记评注》卷二《项羽本纪》）

⑭【汇评】

**赵　蕤**：陈平以金纵反间于楚军，间范增，项王疑之。此用反间者也。……非圣智莫能用间，非密微莫能得间之实。此三军之要，唯贤哲之所留意也。（《长短经》卷九《五间》）

**司马光**：自古人臣有功者谁哉？愚以为人臣未尝有功，其有功者，皆君之功也。何以言之？夫地有草木，天不雨露之，则不能以生；月有光华，日不照望之，则不能以明；臣有事业，君不信任之，则不能以成：此自然之道也。……项羽用范增谋强霸诸侯，围汉王荥阳，几拔矣。闻汉之反间而疑之，范增怒去，而项羽卒为汉擒。……噫，人主苟不知其贤则已矣，已审知其贤，授之以政，而复疑之，何哉？（引自《涵芬楼古今文钞》卷二《功名论》）

**李元春**：陈平间项羽计，以恶具更进，项王使情大浅显，项王信之，愚甚矣。（《诸史闲论·史记》）

**浦起龙**：楚固易愚耳。（《古文眉诠》卷十八《项羽本纪》）

**王鸣盛**：项王之失，不在粗疏无谋，乃在苛细多猜疑不任人。韩信、陈平皆弃以资汉。至于屡坑降卒，嗜杀失人心，更不待言。（《十七史商榷》卷二《项氏谬计四》）

**鲁一同**：夫项王与沛公，同北面受命怀王，约为兄弟。一旦有大功，先定关中，乃忌其能。既已讲解，而欲刺之樽俎之间，事会不偶，沛公间道逃去，犹诮让羽曰："竖子不足与谋！"然则增固素与竖子谋者也。新安二十万之众，竖子可与谋者也；增平日教羽如此，羽虽利其能，然其阴险狠戾，盖忌之久矣。故一旦形迹疑似之际，而其间易入也。（见《古今文综》第二册《范增论》）

⑮【汇评】

**孙　琮**：奇计如增，又为奇计所卖。无他，用与不用耳。（《山晓阁史记选·项羽本纪》）

**俞　樾**：夫陈平，楚之亡卒……然平能使帝益厚己而不惑于诸将之多言，安有身为谋主者十余年，而犹为敌人所间者哉？是故范增非智士也。（见《史论正鹄》三集卷五）

⑯【汇注】

**凌稚隆**：亚父谓项王曰："善胜敌者，策敌者也；不善胜敌者，策于敌者也。甚矣，大王之为汉也！臣荐韩信，而大王不用，已令汉用之矣；臣荐陈平，而大王不用，

已令汉用之矣。汉欲大王杀义帝，以为大王罪，大王杀之矣。今者又欲大王弃臣，大王固先厌臣矣。"（《史记评林·项羽本纪》）

⑰ 【汇注】

**钱伯城**：赐骸骨：辞官不做。骸骨，指身体，做官时一身献给君王，辞官就是请君王把身体赏还。归卒伍：做一个平民。古代乡里编制，以五家为伍，三百家为卒。（引自《史记纪传选译》上《项羽本纪》）

**张家英**："卒伍"犹言"士伍"，古者兵民合一，"士伍""卒伍"之身份亦即平民。《史记·平津侯主父列传》中，公孙弘称"陛下过意擢臣弘卒伍之中"，公孙弘所谓"卒伍"，与范增所谓"卒伍"，实皆"平民"一词之代称。（《〈史记〉十二本纪疑诂·项羽本纪》）

【汇评】

**洪　迈**：增始劝项氏立怀王，及羽夺王之地，已而杀之，增不能引君臣大谊争之以死；怀王典诸将约，先入关中者王之，沛公既先定关中，则当如约，增乃劝羽杀之；羽之救赵，杀上将宋义，增为末将，坐而视之；坑秦降卒，杀秦降王，烧秦宫室，增皆亲为之，未尝闻一言也。至于荥阳之役，身遭反间，然后发怒而去，呜呼，疏矣哉！增盖战国从横之余，见利而不知义者也。（引自《史记评林》）

**范　槚**：范增为楚谋臣，图事揆策，史不多见。惟立义帝与杀沛公，于楚似为得计。然义帝之存，罔以重国，而义帝之亡，适以树兵。其视郦生复立六国，相去殆几也。至于鸿门之会，急于制汉王，玦之示不行，拔剑之舞继至，意以沛公既毙，则其余不足图矣。岂知君仁君暴为量不同，而天授天亡，其机已决。智不及此，而欲以好杀一天下，是以暴济暴，吾未见其可也。独其乞骸一节，庶几洁身之义。呜呼，亦晚矣！（《洗心居雅言集》卷上《范增》）

**程馀庆**："好奇计"者，反为奇计所中。（《历代名家评注史记集说·项羽本纪》）

⑱ 【汇评】

**刘　劭**：夫草之精秀者为英，兽之特群者为雄。故人之文武茂异，取名于此。是故聪明秀出谓之英，胆力过人谓之雄，此其大体之别名也。……必聪能谋始，明而见机，胆能决之，然后可以为英，张良是也；气力过人，勇能行之，智足断事，乃可以为雄，韩信是也。体分不同，以多为目，故英雄异名。然皆偏至之材，人臣之任也。故英可以为相，雄可以为将。若一人之身，兼有英雄，则能长世，高祖、项羽是也。然英之分以多于雄，而英不可少也。英分少则智者去之，故项羽气力盖世，明能合变，而不能听采奇异，有一范增不用，是以陈平之徒皆亡归高祖。（《人物志》卷中《英雄》）

**秦　观**：臣闻兵家之所以胜者，非特将良而士卒劲也，必有精深敏悟之士，料敌合变，出奇无穷者为之谋主焉。……将虽良，图籍虽具，法制虽谨，号令虽严，旌旗鼓铎虽修，车骑步兵虽练，不可以无谋主。盖将军之于谋主也，有之者胜，无之者败；已弃之而资敌者败，敌取之而助己者胜；尝用矣而或弃者亦败，弃矣而或用者亦胜。何以知其然耶？昔楚汉之强弱者，不待较而知也。而项氏乘百战之威，身死东城，刘氏以颠沛奔北之余，五载而成帝业，何哉？汉有良、平之属为之谋，楚有一范增而不能用也。（《淮海集》卷十六《谋主》）

**韩兆琦**：韩信、陈平、黥布等原来都是项羽的部下，但后来都一个个离开项羽去投奔刘邦了。而韩信恰恰就是后来在军事上彻底摧毁他，置他于死地的人。始终忠于他而又谋略过人的就是一个范增，而项羽对范增竟然也不听信。正因为他们之间的关系如此，所以才使陈平的反间计得以轻易奏效。项羽这种刚愎自用，不善用人的特点是当时人所共知的，《淮阴侯列传》记载韩信曾说："项王喑噁叱咤，千人皆废，然不能任属贤将，此特匹夫之勇耳。项王见人恭敬慈爱，言语呕呕，人有疾病，涕泣分食饮；至使人有功当封爵者，印刓敝，忍不能予，此所谓妇人之仁也。"《高祖本纪》记载高起、王陵曾说："项羽妒贤嫉能，有功者害之，贤者疑之，战胜而不予人功，得地而不予人利，此所以失天下也。"刘邦更进一步总结说："夫运筹策帷帐之中，决胜于千里之外，吾不如子房；镇国家，抚百姓，给馈饷，不绝粮道，吾不如萧何；连百万之军，战必胜，攻必取，吾不如韩信。此三者，皆人杰也，吾能用之，此吾所以取天下也。项羽有一范增而不能用，此其所以为我擒也。"（《史记博议·项羽本纪》）

⑲【汇注】

**裴骃**：《皇览》曰："亚父冢在庐江居巢县郭东。居巢廷中有亚父井，吏民皆祭亚父于居巢廷上。长吏初视事，皆祭然后从政。后更造祠于郭东，至今祠之。"（《史记集解·项羽本纪》）

**张守节**：疽，七余反。崔浩云："疽，附骨痈也。"《括地志》云："髑髅山在庐州巢县东北五里。昔范增居北山之阳，后佐项羽。"（《史记正义·项羽本纪》）

**杜佑**：楚汉相持，未决胜负，陈平言于汉王曰："彼项王骨鲠之臣，以亚父、钟离眛、龙且、周殷之属，不过数人。大王诚能出捐数万斤金，行反间其君臣，以疑其心，项王为人，意忌信谗，必内相诛，汉因举兵而攻之，破楚必矣。"汉王然之。遂出黄金四万斤与平，恣所为，不问出入。既多以金纵反间于楚军，宣言诸将，钟离眛等为项王将，功已多矣，然终不得裂地而王，欲与汉为一，灭项氏，分王其地。项王果疑之，使使为汉，汉为太牢之具，举进见楚使，即佯惊曰："吾以为亚父使，乃项王使也。"复持去，以恶草具进楚使。使归，具报项王。项王果大疑亚父。亚父欲急击下荥阳城，项王不信，不肯听亚父，亚父闻项王疑之，乃大怒曰："天下事大定矣，君王自为之，愿赐骸骨归。"归，未至彭城，疽发背而死。汉遣纪信诈降，而汉王宵遁，终灭

项羽。(《通典》卷一百五十一《间谍》)

**凌稚隆**：亚父既谢项王而归彭城也，邑邑刺刺，唇燥吻涸，淫火四上，焚于大宅，肉食鲜进，数引浆勺，中夜起坐，徬徨颠错。乃召卜师……卜师乃前跽曰："下走愚，不敢以天请，敢以人请也。君侯之初从武信君也，为策谁立？"亚父曰："立怀王。"曰："武信君之败于雍王也，君侯奈何不先言之？"曰："固言之而武信君愎弗听也。然吾时在襄城。"曰："君王之擅杀卿子冠军也，而胡弗止也？"亚父曰："何哉？夫卿子冠军以口将者也，而又多外心，且师老矣。秦克赵而强，我闻克而馁，必败！夫一呼吸，而存亡系焉，非君王其谁能安楚？"卜师曰："善！君王之坑秦降卒二十万新安也，而胡弗止也？"曰："吾固止之，而君王方有恐也，其秦卒怨且有谋。夫六国之吏民剸项刲腹、断肢屠胃于秦人之手者十世矣，而今幸得复；且以秦人之一，谢赵人之二，犹未足也。盖君王一言之，而众刃蝟发，谁能已也？以诸侯戮秦二十万而不可，以秦戮诸侯十世而百倍之可，吾未之敢信也。"曰："君王之诛子婴而烧秦宫室也，而胡弗止也？"曰："有之。夫子婴者，秦公子也，我楚之先，怀王而以诈死，王负刍而以幽死。君王之大父燕与武信君而皆以斗死。夫诸侯王之先降而全者，谁也？其各修怨焉，夫谁之能止？都城之内外，若朝宫者大而不可训，其离宫则孰非诸侯王之故而忍存之？夫是以弗止也。"曰："君王之倍帝约而弗予汉秦也，而胡弗止也？"曰："君王非倍约也，以程功也。当是时，救河北难，入关易，支秦之劲难，乘秦之隙易。籍令汉王与卿子偕而北也，我君王之入关也，我入关秦且折而楚。汉王与卿子败，败而彭城继之，楚亦折而秦。且汉王不待报而遽有秦，闭关以扞我，是汉先倍约也，非君王也。"曰："然则君王胡以不遂都关中？"曰："以存约也。示与汉两置之。且君王纲纪之仆靡西人焉，而皆楚卒也，谁能无楚思？"卜者前贺曰："卜之天，而君侯左也；卜之人，天且为右焉。虽然，义帝江之役其真盗乎？抑有以受乎？君侯其与闻乎？抑弗闻也？请更卜之心。"亚父不能答。夕疽发于背。七日，而亚父卒。(《史记评林·项羽本纪》)

**【汇注】**

**朱　忻**：范增墓，在城南里许，古名亚父冢。……《水经注》今彭城南项羽凉马台之西南山麓上，即亚父冢也。元季有贾胡盗发其冢，得宝剑，去。明嘉靖中户部主事岳东升表其墓。(见《徐州府志》卷十八《古迹考·范增墓》)

**何治基**：西楚范增墓在巢县（原注：旧按《后汉书·居巢》注引《皇览》，范增冢在巢县郭东。《寰宇记》范增冢在巢县，《古今葬地记》范增冢在巢县郭东，有亭，亭中有井）。(见《重修安徽通志》卷六十《舆地志·陵墓·庐州府》)

**又**：范亚父祠，在巢县治内，祀楚范增。(同上)

**陈　直**：《御览》卷五百六十引戴延之《述征记》云："彭城南有亚父范增冢，冢高四十余丈。"(《汉书新证·陈胜项籍传》)

王　恢：《清统志》（一二三）："亚父冢在县郭东，亚父山在县东十里。"（《纪要》云：东北二十里）《寰宇记》（一二六）云："亚父死于山傍。"《泗水注》："泗水南迳彭城县故城东，又迳亚父冢东。《皇览》曰：亚父冢在庐江（居巢）县郭东。……按《汉书·项羽传》历阳侯（原误）范增，未至彭城而发疽死，不言之居巢。今彭城南有项羽晾马台，台之西南山麓上即其冢也。"（《史记本纪地理图考·项羽本纪》）

【汇评】

洪　迈：世谓范增为人杰，予以为不然。夷考平生，盖出战国纵横之余，见利而不知义者也。始劝项氏立怀王，及羽夺王之地，迁王于郴，已而弑之。增不能引君臣大谊，争之以死；怀王与诸将约"先入关中者王之"，沛公既先定关中，则当如约，增乃劝羽杀之，又徙之蜀汉；羽之伐赵，杀上将宋义，增为末将，坐而视之；坑秦降卒，杀秦降王，烧秦宫室，增皆亲见之，未尝闻一言也。至于荥阳之役，身遭反间，然后发怒而去。呜呼，疏矣哉！东坡公论此事伟甚，犹未尽也。（《容斋随笔》卷九《范增非人杰》）

陈傅良：高祖畏范增，几为所祸者数也。范氏在，岂真足以帝楚者哉？君臣之间，非其相济不足之患，而惟其相正以裁其过之难。项氏之毙惟其暴也，力罢于亟战，勇衰于屡逞，而恩信失于好杀，是皆羽之所以取亡，而增也又佐而决之，犹御奔马且疾鞭，马汗而不知止，以速其远至，焉有不败者哉？是故亚父未去，楚亡兆矣。何者？其锐略尽，则其末固易与也。盖尝论之：羽虽悍戾，犹有可感而入者。欲坑外黄，愧于舍人儿之一言；欲烹太公，而悟于项伯之微谏。则戮子婴、贼义帝、斩韩生、坑秦二十万众，亚夫独不可尝试晓之耶？不惟不晓羽，意者增实教之也。观其始末，劝羽自急攻之外无异策，是所谓以火济火也。始增之计一行，百楚果亡汉，则羽又一秦也，增又一商鞅也，天下岂能久安楚也哉？……高帝之所以胜，亦萧何、留侯全之而已。其迁于南郑，与淮阴自王，帝有所不能忍者，向微二子，几以怒败。而增则欲疾攻恣杀，以就剽悍之项羽，岂所以全羽者乎？色气盛于年少，而志量浅于更事之不多，增以垂老谋楚，而暴不减籍，若其尚壮，殆将尤焉。呜呼，是虽高帝之所畏，吾意萧相国、留侯未尝不笑其疏，而堕于其画也哉！（见《十先生奥论注续集》卷九《范增》）

钱　时：甚矣，反间之可畏也！间行于家则家睽，间行于国则国乱，君臣父子兄弟夫妇，至于相残相贼而不相保，吁，有由矣！武涉说韩信，信曰："汉王深亲信我，我倍之不祥，虽死不易！"答蒯彻则又曰："汉王遇我甚厚，我岂可以乡利而倍义乎！"君信其臣，故臣亦信其君，虽欲间，何自入哉？随何之言一行于九江，而黥布叛，陈平之谋一行于楚，而范增、钟离眜之属危。无他，意忌信谗，反间之路也。益告舜曰："任贤勿贰，去邪勿疑。"孔子曰："浸润之谮，肤受之诉，不行焉，可谓明也已矣。浸润之谮，肤受之诉，石行焉，可谓远也已矣。"此万世之大训也。观陈平为计，倾敧巧

险如此，为人上者可不戒惧矣哉！（《两汉笔记》卷一《高祖》）

**张志淳**：东坡论范增为人杰，盖本汉高以萧何、张良、韩信为人杰。以项羽有一范增不能用，则汉高固以人杰许增矣。此东坡所本也。……夫增之为人，尊以亚父，则留言计不用则去，且又能逆知汉高之志不在小，终能覆楚，非人杰其谁能之；予少尝作《增论》，惜其不能佐梁声秦之罪以伐之，而假立楚后以为汉资，今思之，亦不止此，盖羽有盖世之勇，增负间世之智，羽既尊己，谓以智佐勇，而天下无余事矣。殊不知羽虽勇，一人之勇也，己虽智，一人之智也，顾再不思求天下之勇智以为勇智，此其所以失之信、平辈，而更不闻荐一士也。其志业无成，所蔽在此耳。（《南园漫录》卷一《人杰》）

**胡应麟**：楚之谋臣，亚父而已。然其谋得与失盖相等焉。其谋之失者一，曰立义帝；其谋之得者一，曰图沛公。以陈涉之庸也，大呼泽中，从者百万，智如梁，勇如籍，乃使立楚怀而君之。梁死，籍苦战以定天下，于怀无尺寸假也。虽然，君之矣，而弑之以成汉之名，可乎？其图高祖也，识天下之大势，虽羽弗如也。世之俚儒坚执以为笑端。夫沛公死，至今数千年，无二沛公也，当时可知也，曰"天将启之矣，其可废与！"噫，斯语也，他人则可，亚父则不可。（《少室山房丛书》卷六）

**吴见思**：便中序完范增事，是附传体。（《史记论文·项羽本纪》）

**刘鸿翱**：吾观沛公之得天下，子房、萧何外，陈平、韩信之功居多。平与信皆楚之亡将，项王不识可也，增亦不识之乎？不识平与信之才，是不明也；识平与信之才，而不引之以为谋主，是蔽贤也。荥阳之围，汉用陈平计，间疏楚君臣，而增遂疽发彭城矣。是增之亡，亦增计之拙也。苏子瞻谓"增不去，项王不亡"，增不去与项王同死于垓下而已矣，安能不亡哉！（《绿野斋文集》卷二《范增论》）

汉将纪信说汉王曰①："事已急矣，请为王诳楚为王②，王可以间出③。"于是汉王夜出女子荥阳东门被甲二千人④，楚兵四面击之。纪信乘黄屋车⑤，傅左纛⑥，曰："城中食尽，汉王降。"楚军皆呼万岁⑦。汉王亦与数十骑从城西门出⑧，走成皋⑨。项王见纪信，问："汉王安在？"信曰："汉王已出矣。"项王烧杀纪信⑩。

① 【汇注】
**程馀庆**：今顺庆府西，充县东，高阳里，扶龙村，有纪信宅。（《历代名家评注史

记集说·项羽本纪》)

② 【汇注】

胡三省：诳，居况翻，欺也。(《资治通鉴》卷九"高帝三年"注)

【汇评】

吴见思：请为王诳楚为王：句法奇，然已详尽。(《史记论文·项羽本纪》)

③ 【汇注】

张大可：间出：趁机逃出。(《史记全本新注·项羽本纪》)

④ 【汇注】

司马迁：陈平乃夜出女子二千人荥阳城东门，楚因击之，陈平乃与汉王从城西门夜出去，遂入关，收散兵复东。(《史记·陈丞相世家》)

⑤ 【汇注】

张守节：李斐云："天子车以黄缯为盖里。"(《史记正义·项羽本纪》)

周　祈：蔡邕曰：天子车辇羽盖，以黄缯为里，是为黄屋。李斐曰：纛，羽葆幢也，在乘舆车衡上左方注之，故曰左纛。(《名义考》卷十二《鸾旗属车黄屋左纛》)

惠　栋："戴黄屋"，《前书音义》曰：天子车以黄缯为盖裹，故曰黄屋。(《松崖笔记》卷三《黄屋》)

【汇评】

孙　琮：汉代首功。(《山晓阁史记选·项羽本纪》)

⑥ 【汇注】

裴　骃：李斐曰："纛，毛羽幢也。在乘舆车衡左方上注之。"蔡邕曰："以犛牛尾为之，如斗，或在骖头，或在衡上也。"(《史记集解·项羽本纪》)

吕祖谦：蔡邕曰："以犛牛尾为之，如斗，或在骖头，或在衡上也。"此战国以来王者之制也。太史公高帝赞曰："朝以十月，车服黄屋左纛。"言遂为汉定制也。(《大事记解题》卷八《本注》)

编者按：《续志》："圣人处天子之位，黄屋左纛，所以副其德，章其功也。"时刘邦仅受项羽册封而为汉王，不当有此车饰，且在戎马倥偬之际，更不应以此为炫耀。纪信借此诳楚，车饰亦为骗局而可知矣。

胡三省：李斐曰：天子车以黄缯为盖里。纛，羽幢也，在乘舆车衡左方上柱之。蔡邕曰：以犛牛尾为之，大如斗，或在骖头，或在衡。应劭曰：雉尾为之，在左骖，当镳上。师古曰：应说非。《尔雅翼》：犛，西南夷长髦牛也，似牛，而四节、腹下及肘皆有赤毛长尺余，而尾尤佳，其大如斗。天子之车左纛，以此牛尾为之，系之左骖马轭上。盖马在中曰服，在外曰骖、騑，即骖也；安最外马头上，以乱马目，不令相见也。纛，徒倒翻，又音毒。(《资治通鉴》卷九《高帝三年》注)

**编者按：**"纛"的形状和所处的位置：《项羽本纪》集解注："李斐曰：'纛，毛羽幢也，在乘舆车衡左方上注之。'蔡邕曰：'以犛牛尾为之，如斗，或在骐头，或在衡上也。'"《汉书·高帝纪》颜师古注引应劭曰："纛，雉尾为之，在左骖当镳上。"《后汉书·舆服志》："左纛以犛牛尾为之，在左骐马𫐐上，大如斗。"上引各家之言略有歧异，其形状：一说以犛牛尾为之，形如斗；一说为毛羽幢；一说雉尾为之。其所在的位置：一说在左骐的头上或在衡上；一说在车衡左方上注之；一说在左骖当镳上；一说在左骐马𫐐上。

秦始皇陵园出土的一、二号铜车马的右骖马额顶部各立一根铜杆，杆端有缨络状的穗形装饰，名曰纛。其形状与蔡邕之说相似，与毛羽或雉尾的形状不类。它不是在左骖马的头上，也不是在衡上或𫐐上，而是在右骖马头上，与汉制不同。汉代的纛可能是在左骖马的头上或衡上，说在左骖的𫐐上或左骖当镳上的可能性较小。

纛是天子乘舆马头上或衡上的装饰。《史记·高祖本纪》说："车服黄屋左纛。"上面所引述的《独断》《史记·项羽本纪》《汉书·高帝纪》《后汉书·舆服志》等，所记述者均系帝王车，而未见卿大夫及一般臣民车或战车上有纛的装置者。它显示了车主地位的高贵，是区分车舆等级的标志之一。《后汉书·舆服志》说："故圣人处乎天子之位，服玉藻邃延，日月升龙，山车金根饰，黄屋左纛，所以副其德，章其功也。"设纛之制似始于秦，盛于汉。一、二号铜车是目前仅见的一例纛的实物标本。

⑦【汇注】

**王伯祥：**万岁本古人庆贺之辞，犹万福、万幸之类。其始上下通用。后因朝贺时对君主常用"万岁"作颂祷的口号，于是变为帝王的专称，而民间口语，仍相沿未改。此处楚军皆呼万岁，乃楚军见汉王之降而自相称庆，并不是呼汉王为万岁。（《史记选·项羽本纪》）

**杨家骆：**呼万岁，按：赵翼《陔余丛考》："'万岁'本古人庆贺之词。……《史记》'优旃悯楯郎雨立，有顷，殿上上寿，称万岁'。'田单伪降燕，燕军皆呼万岁'。'纪信诳楚曰，食尽，汉王降；楚军皆呼万岁'。'项羽归太公、吕后于汉，汉军皆呼万岁'。……盖古人饮酒，必上寿称庆曰'万岁'。其始上下通用，为庆贺之词，犹俗所云'万福''万幸'之类耳。因殿陛之间用之，后乃遂为至尊之专称。"据此，则此处所呼，亦楚军见汉王出降而自相称庆之词，并非呼汉王为万岁。（《史记今释》）

【汇评】

**吴崇节：**按此亦甚危矣。使羽不遽信其诳而谛视之，则亦安能脱此虎口哉？一闻降楚之语，而遂有万岁之呼，则知羽之少智寡谋，气盈量隘而终非高帝敌也。（《古史要评》卷一《纪信诳楚》）

⑧【汇评】

　　杜　佑：楚汉相持，项羽围汉王于荥阳，汉王请和，割荥阳以西者为汉。亚父劝项王急攻荥阳。汉王患之。陈平反间，既行，羽果疑亚父。亚父大怒而去，发病死。汉将纪信曰："事急矣，请诳楚可以间出。"于是陈平夜出女子东门二千余人，楚因击之。纪信乃乘王车，黄屋左纛，曰"食尽，汉王降楚"。楚军皆呼万岁，之城东观之，以故汉王得与数十骑出西门遁去。（《通典》卷一百五十《兵三·敌降审察》）

　　朱　翌：纪信乘汉王车以绐楚，卒免汉王于难。春秋时亦有此。定三年，楚子在公宫之北，吴人在其南。子期似王，逃王，而己为王，曰："以我与之，王必免。"随人卜，与之不吉。《公羊》成二年，晋还齐侯。还，绕也。晋郤克投戟逡巡，再拜稽首马前。逢丑父者，齐顷公之车右也，面目与顷公相似，衣服与顷公相似，代顷公当左，使顷公取饮。顷公用是佚而不返。逢丑父曰："吾赖社稷之灵，吾君免矣！"郤克曰："欺三军者，其法奈何？"曰："法斩。"于是斩逢丑父。（《猗觉寮杂记》下）

　　杨　慎：世岂有乘黄屋、左纛降者哉？又况受降如受敌，楚何以使汉王得间出耶？（引自《史记评林》）

⑨【汇注】

　　张守节：《括地志》云："成皋故县在洛州汜水县西南二里。"（《史记正义·项羽本纪》）

　　张大可：走成皋：刘邦从荥阳突围西走成皋，据《汉书·高帝纪》，时在汉三年五月。项羽留兵围荥阳，向西追击，攻下成皋。刘邦得关中兵，南下宛、叶，调项羽南下，而后刘邦北上夺回成皋，杀楚将终公。成皋，即虎牢关，汉置成皋县，为军事要冲，故城在今河南荥阳西北之汜水镇。（《史记全本新注·项羽本纪》）

⑩【汇校】

　　晋　灼：纪信焚死，不见其后。《功臣表》云：通，纪成之子。刘贡父曰：汉祖以善用人得天下，岂忘纪信之功哉？疑成者即信之一名也。（见《昭代丛书》下集补第二卷《读史记札记》）

　　潘永季：《项羽纪》沛公谢羽鸿门，与樊哙、夏侯婴、靳强、纪信持剑盾步走。纪信，《汉书·高帝纪》作纪成。刘贡父云疑成者即信之一名也。按高祖功臣侯者襄平侯纪通，以父成死事封侯，而周苛子成、郦食其子疥封侯，亦以父死事。故苛与信俱死荥阳，则贡父说是矣。（见《昭代丛书》下集补第二卷《读史记札记》）

【汇注】

　　王　圻：纪信乘汉王车以绐楚，卒免汉王于难。（《稗史汇编·人物门·忠良上·纪信子》）

　　王士俊：纪信墓在荥泽县城西孝义保。信为将军，乘汉王车诳楚，被焚而死，葬

此。(《河南通志·郑州》卷四十九《陵墓》)

又：纪将军庙：在荥泽县西二十五里，祀汉纪信。明正统三年奉敕建。《河南通志》卷四十八《祠祀》)。

**梁玉绳**：张晏、刘攽以襄平侯纪通为信子，非也。纪成以战好畤死，通乃成之子，何得并为一人？明徐昌祚《燕山丛录》言定州城东三十里，有固城，父老相传是高祖筑以封纪信后者，然无确据，恐不足凭。《通考》一百三卷，唐高宗赠信骠骑大将军，宋真宗赠太尉，《余冬录序》言镇江、庆元、宁国、太平、华亭、芜湖等郡邑皆以信为城隍神，今之山西省城隍，亦祀信。当时无爵荫，后世歆享焉，胜封侯远矣。(《史记志疑·高祖功臣侯者年表》)

**程馀庆**：墓在荥阳城西三里。(《历代名家说评史记集说·项羽本纪》)

【汇评】

**刘知幾**：班史称纪信为项籍所围，代君而死。此则不言其节操，而忠孝自彰。(《史通》卷六《叙事》)

**佚名撰、钱孟浚刊**：李德裕曰：自周汉迄于巨唐，杀身成仁，代有髦杰，莫不显一身之义烈，未有系一国之存亡。唯纪信乘黄屋以诳楚，赴烈焰而存汉，数千年间一人而已。汉祚四百，由此而兴。余谓汉祖封建纪氏，宜在萧、曹之上，报德未称，良可悲也。(见《历代名贤确论》卷三十一《三良》)

**杨一奇辑、陈简补辑**：荥阳之围，信功大矣，厥后行赏，雍齿且封侯，而信无一爵之赠。汉真少恩哉！或曰：诳不可以为功也。曰：微服过宋，非欤？(《史谈补》卷二《纪信诳楚》)

**唐顺之**："荥阳之急，三杰束手。纪信以身诳楚，汉王以十骑出西门，其功大矣。厥后论功行赏，信未蒙一爵之荣，说者谓汉寡恩，信哉！"解曰：汉之寡恩，不独此也。于彭越则醢之矣，布则诛之，以开国创业之韩信，犹不免走狗之烹，尚何知有一纪信哉！虽然纪信之恩可怀，纪信之术则不可训。人君举事，必取其可法，使必以代死为殊功而厚爵禄以封赏之，则轻生之辈争杀身以邀功名矣。故召公杀子以存宣王，终身不言其事；婴、臼诛儿以保赵孤，事成不受其赏，此见乎其大而非以要功名也。彼荆轲、聂政之徒，岂不欲以一死邀功哉？而卒无成功者，天不欲此辈得志也，故介推割股而绵山焚死，南云断指而睢阳沦没。以此见丈夫筹画济事，不在区区伤残肢体间也。虽然，亡身以拯危，捐躯以存君，如纪信有几人哉？汉之寡恩殊可恨也。(《两汉解疑上·纪信》)

**徐一夔**：予读《太史公书》，至纪信以身代死之事，作而言曰：信之忠诚一至是乎？且信崛起之徒也，当其事汉，项羽围荥阳，汉危甚，王时欲存，有降而已。降则汉事去。信遂自为王，降羽，王因得脱，羽烧杀信。吾意是时汉事未定，如信者不过苟相依乘，以饕富贵，而忠诚若此，何可得哉？汉王既定天下，尝斩丁公以劝忠矣，而于信独无赠典，及太史公记载刺客，如荆轲、聂政，为之列传；说客如苏秦、张仪，为之列传；刑名如韩非、申不害；货殖如卓王孙、陶朱、猗顿，为之列传；至于杀身成仁如纪信者，乃独不为之列传，遂使信之大忠不白于天下后世，而临危顾身者，踵相接也。爰叙而铭之。铭曰：黄金可销，白石可磨，将军之志，之死靡他。一念之精，如霆之发。视刃不铦，视火不烈。荥阳之围，汉累卵危，委八尺躯，全一帝基。死生之故，夫岂易与？兴亡之决，在此一举。捐躯殉国，有若斯人，缅想先烈，莫之与伦。（见《皇明文衡》卷六十五《汉纪信碑有序》）

**黄淳耀：**或曰：纪信有功于高帝甚大，帝不赠一爵，为寡恩。……则予未敢谓然。古者未尝有追赐爵之礼，汉初去古未远，故死事之臣，但封其子为彻侯，而死者不复赐爵。终西汉之世皆然，不独信也。至东汉之来歙为刺客所害，始赠中郎将征羌侯，前此未有也。高帝时周苛守荥阳，骂项籍死，子城封高景侯，郦食其使齐死，子疥封高梁共侯，吕婴死事，子它封俞侯，此三人死事虽同，而功皆逊信。高帝则固已侯其子矣，帝生平于德怨之际甚明，若谓厚于苛等三人而薄于信，岂有此理哉？吾故谓信而无子也则已，信而有子，则必侯。信子而侯，则虽追封不及于信，而不可谓之寡恩矣。（《陶庵集》卷一《纪信不侯辨》）

**毕　沅：**纪信墓碑：长安二年七月立，卢藏用撰，并隶书篆额，在荥阳。《宝刻类编》有此碑。《唐文粹》载此文。《地形志》云：荥阳有纪信冢。刘昫《唐书本纪》云：麟德二年十一月，次于原武。以少牢祭汉将纪信墓，赠骠骑大将军。知唐时甚重纪信。碑未述其事，惟记县令孔祖舜表墓之美，中有云："石乞就亨以徇白。"《说文》无"殉"字，知经、史"殉"字皆当作徇。（《中州金石记》卷二《纪信墓碑》）

**程馀庆：**序事之体，有直书其事迹而人品可见者。史称纪信为项羽所围，代君而死，此不言其节操而忠义自彰矣。（《历代名家评注史记集说·项羽本纪》）


汉王使御史大夫周苛、枞公、魏豹守荥阳①。周苛、枞公谋曰："反国之王②，难与守城。"乃共杀魏豹③。楚下荥阳城④，生得周苛⑤。项王谓周苛曰："为我将，我以公为上将军⑥，封三万户。"周苛骂曰："若不趣降汉⑦，汉今虏若，若非汉敌也。"项王怒，烹周苛⑧，并杀枞公。

① 【汇注】

裴　骃：枞音七容反。（《史记集解·项羽本纪》）

陈　直：沈钦韩曰：《元和姓纂》作从公，汉有将军从成公。考《汉印文字征》第八、十二页，有"从利"印，枞盖从之假借字，沈说是也。（《汉书新注·陈胜项籍传》）

王伯祥：御史大夫，位上卿，掌副丞相，本为秦官。时周苛在汉任此职。枞音纵，姓也。枞公失其名。魏豹时又降汉，故与周苛、枞公同受汉王之命，留守荥阳。（《史记选·项羽本纪》）

② 【汇注】

夏伯炎：反国之王：魏豹原被项羽封为西魏王。刘邦东出讨伐楚时，豹归附汉。刘邦在彭城失败时，豹又反对汉。汉二年八月，韩信破魏，虏豹，刘邦赦免了他。（见王利器主编《史记注译·项羽本纪》）

③ 【汇注】

赵　翼：《史记》，魏豹立为王。薄姬之母纳薄姬于其宫，许负相姬云：当生天子。豹闻之，乃反。后豹被诛，薄姬得侍汉高祖，生文帝，果为皇太后。（《陔余丛考》卷四十一《魏豹李锜李守贞皆以妇人谋反》）

【汇评】

方　回：魏豹之兄魏咎，故魏时宁陵君。秦灭魏为庶人（《史记》云迁咎为家人），陈胜之起，咎往从之，周市下魏地而不肯为王，贤者也。迎咎为王。章邯破之，约降，咎自烧杀，以全其民，亦贤者也。项羽后立豹王魏，寻移豹河东为西魏王，其以国属汉而从汉王击羽彭城，怨之也。自彭城还，请视母，归国，叛汉，韩信遂击虏之，乃反覆之人。考之《薄姬传》，许负相薄当生天子，豹以是叛汉，愚矣哉！（《续古今考》卷十六《虏魏王豹》）

李祖陶：六国初亡，人多思之者。故魏人欲立周市为王，而市必迎立魏咎。咎为章邯所围，为民约降，而卒自杀，亦为不失其正。盖义固不事秦也。若豹既属汉而卒叛汉，则非矣，宜为周苛之所杀哉！然豹之言曰："汉王之嫚侮人，吾不忍复见。"以是知汉之所得，不过富贵功名之徒，而故老遗民负道德而自尊重者，必多高飞远引而不出矣，萧何虽欲致贤人，其亦何从得之哉！（《前汉书细读》卷二《魏豹田儋韩王信列传》）

④ 【汇注】

张大可：楚下荥阳城：汉三年五月，项羽南下宛、叶，而后东击走彭越，于六月西破荥阳。（《史记全本新注·项羽本纪》）

⑤【汇注】

**梁玉绳**：附按：《高纪》及《汉书》此事在羽东击彭越之后，当三年六月，今并书于五月守荥阳下者，盖终言之，于文法为连叙，亦犹上文叙陈馀破张耳迎赵歇一节，是二年事，而因陈馀说田荣遂并叙于元年也。（《史记志疑·项羽本纪》）

⑥【汇评】

**牛运震**："为我将，我以公为上将军"二语，极肖项王粗直声口。（《空山堂史记评注》卷二《项羽本纪》）

⑦【汇注】

**吴同宝**："趣"同"促"，犹言"赶快"。（《两汉文学史参考资料·项羽本纪》）

⑧【汇注】

**司马迁**：周昌者，沛人也，其从兄曰周苛，秦时皆为泗水卒史。及高祖起沛，击破泗水守监，于是周昌、周苛自卒史从沛公，沛公以周昌为职志，周苛为客。从入关，破秦。沛公立为汉王，以周苛为御史大夫，周昌为中尉。汉王四年，楚围汉王荥阳急，汉王遁出去，而使周苛守荥阳城。楚破荥阳城，欲令周苛将。苛骂曰："若趣降汉王！不然，今为虏矣！"项羽怒，烹周苛。……周苛子周成以父死事，封为高景侯。（《史记》卷九十六《张丞相列传》）

**又**：项羽四年三月，汉御史周苛入楚，（死）。（《史记·秦楚之际月表》）

**又**：周苛起兵，以内史从，击破秦，为御史大夫，入汉，围取诸侯，坚守荥阳，功比辟阳，苛以御史大夫死事。子成为后，袭侯。……后五年，坐谋反，系死，国除，绝。（《史记·高祖功臣侯者年表》）

**班　固**：六月，羽已破走彭越，闻汉复军成皋，乃引兵西拔荥阳城，生得周苛。羽谓苛："为我将，以公为上将军，封三万户。"周苛骂曰："若不趋降汉，今为虏矣。若非汉王敌也！"羽烹周苛。（《汉书》卷一《高帝纪》）

**又**：高景侯周成，父苛以内史从击破秦，为御史大夫，入汉，围取诸侯，守荥阳，功比辟阳侯，骂项籍死事，子侯。（六年）四月戊寅封，三十五年，孝文后五年，谋反，下狱死。（《汉书》卷十六《功臣表》）

**李　善**：《汉书》曰：楚围汉王荥阳急，汉王出去，而使苛守荥阳。楚破荥阳，欲令将。苛骂曰：若趣降汉王，不然，今为虏矣。项王怒，烹苛。（《文选·汉高祖功臣颂》注）

**编者按**：周苛，沛人，秦时为泗水卒史。高祖起沛，击破泗水守监，周苛即自卒史从沛公，为帐下宾客。又从入关，破秦。沛公立为汉王，周苛乃为御史大夫。太史公于《张丞相列传》中称："汉王四年（前203年），楚围汉王荥阳急，汉王遁出去，而使周苛守荥阳城。楚破荥阳城，欲周苛将。苛骂曰："若趣降汉王！不然，今为虏矣!"项羽怒,烹周苛。其子周成,以父死事,高祖九年(前198年)封为高景侯。封三十五年,文帝后元五年(前159年)谋反死,国除。又按:《续荥阳县志》卷三"名宦祠"称,"在文庙棂星门内,座东向西,内祀二十六人",第一人即汉之周苛,亦可见其人格对后世影响之深且远也。

**【汇评】**

**陆唐老**:林曰:楚、汉之兵力,其不敌也明矣。而当时之人,每以汉为必胜,楚为必败,如随何之说黥布,郦食其之说田广,其言莫不皆然。以此为游士说客之言可也,至于周苛之荥阳,兵穷势屈,为楚所执,当此之时,楚之势固非汉之所能敌,而苛则曰:"若不趋降汉,今为虏矣!"此岂有所要说而为之言哉?谓苛为忠于所事而其言如此可也,若王陵之母,以其从汉之故,见执于楚,及陵使至,陵母曰:"愿为妾语陵,汉王长者,毋以妾故,持二心。"遂自刎而死。此妇人也,当其身之见执,自常情观之,必将使陵归楚以自免,而亦明知成败之由,宁杀其身而不忍其子之弃汉,则楚汉之成败,是天下之人举知之矣。岂唯此哉?鸿门之会,范增以项羽不击高祖之为恨玉斗而怒曰:"吾属今为沛公虏矣。"若增者,项氏腹心之臣也,犹以为楚之必败,则天下之人可知矣。(《陆状元通鉴》卷二十六《太祖高皇帝上》)

**吴 非**:周苛骂项羽而烹,其词气慷慨激烈不少屈。(《楚汉帝月表·正例》)

**孙 琮**:亦是纪信一流。(《山晓阁史记选·项羽本纪》)

**刘 沅**:是时汉方困于楚,而彭越为汉击楚,周苛不辱,皆大有功于汉也。(《史存》卷六《楚汉纪》)

**李元春**:楚汉之际,殊少贞臣。纪信,周苛,自足千古。(《诸史闲论·史记》)

汉王之出荥阳,南走宛、叶①,得九江王布②,行收兵③。复入保成皋④。汉之四年⑤,项王进兵围成皋⑥。汉王逃⑦,独与滕公出成皋北门⑧,渡河走修武⑨,从张耳、韩信军⑩。诸将稍稍得出成皋,从汉王。楚遂拔成皋⑪,欲西。汉使兵距之巩⑫,令其不得西⑬。

① **【汇注】**

**胡三省**:《史记正义》:宛,邓州县。叶,汝州县。宛,于元翻。叶,式涉翻。(《资治通鉴》卷十"高帝三年"注)

**王伯祥**:宛,古申伯国,秦置县,为南阳郡治。隋改南阳县,即今河南省南阳市。

叶，音摄，本楚叶邑。汉置叶县。故治在今河南省叶县南三十里。（《史记选·项羽本纪》）

　　**王　恢**：叶：《清统志》（二一一）："故城今叶县南三十里。"《高纪》：汉王出荥阳，入关收兵欲东，从袁生说，出武关，向宛叶，引羽南走。盖使成皋之军得喘息，韩信得安辑河北也。（《史记本纪地理图考·项羽本纪·楚汉相持荥阳成皋》）

【汇评】

　　**吕思勉**：羽以汉二年四月，破汉军于彭城，汉王即退屯荥阳。明年四月，羽乃急攻。汉王使纪信诈降而遁去，其间凡历一年，楚固未尝急攻，然汉亦尝败楚于荥阳南京、索间，楚以故不能过荥阳而西，则初亦未尝不思深入，不获，乃改而急攻也。《高祖本纪》云：汉王之出荥阳，入关收兵，欲复东。袁生说汉王出武关，项羽必引兵南走，王深壁，令荥阳、成皋间且得休，使韩信等辑河北赵地，连燕、齐，君王乃复走荥阳，如此，则楚所备者多，力分；汉得休，复与之战，破楚必矣。汉王从其计，出军宛、叶间，与黥布行收兵，项羽闻汉王在宛，果引兵南，汉坚壁不与战。是时彭越渡睢水，与项声、薛公战下邳、彭城，大破楚军，项羽乃引兵东击彭越，汉王亦引兵北军成皋。当汉王之去荥阳，为楚计者，当急破其城，否则亦留兵围之，而疾行入据洛阳，则关中震动，汉即据之，亦无以定齐、燕，汉王南据宛、叶，复何能为？（《论学集林·项羽将才》）

② 【汇评】

　　**浦起龙**：汉收布，照楚怨布，楚失而汉得矣。（《古文眉诠》卷十八《项羽本纪》）

　　**牛运震**："汉王之出荥阳，南走宛、叶，得九江王布"：按此又于三年结尾，复提"汉王出荥阳"带叙一事，正与二年末"汉王之败彭城"云云，同一妙笔。（《空山堂史记评注》卷二《项羽本纪》）

③ 【汇注】

　　**张大可**：得九江王布，行收兵：黥布于汉三年冬十二月降汉，楚得淮南地。汉王令布回淮南收集旧部游击楚，有众数千。同年夏五月，汉王荥阳突围，发关中卒，南走宛、叶，并在行进中收黥布等兵，声势复振，而后北上夺回成皋。（《史记全本新注·项羽本纪》）

④ 【汇注】

　　**王应麟**："成皋"：汉河南之县，故虎牢。《郡县志》：河南府汜水县，古东虢国，郑之制邑，汉之成皋。项羽使曹咎守之，汉王破之。成皋故关在县东南二里。《通典》云，后汉置关，春秋襄公二年遂城虎牢，十年，戍郑虎牢。《胡氏春秋传》曰：虎牢，郑地，古称制邑。至汉为成皋，今为汜水县。岩险闻于天下。……地有所必据，城有所必守而不可以弃焉者也。（《通鉴地理通释》卷七《名臣议论考·成皋》）

【汇评】

王　恢：按：成皋固洛阳之险塞，而荥阳又成皋之门户也。负嵩山余脉之斜坡，而河淮千里之平原，楚汉以此决兴亡。其后陈平、灌婴屯十万之众以扼东西之冲；七国反，窦婴、周亚夫以荥阳为司令台。汉初平，晋永兴，永嘉、太和，梁大通，隋大业，无不争此以壮声势。（《史记本纪地理图考·秦始皇本纪·奋六世之余烈》）

⑤【汇校】

梁玉绳：附案：此以下所叙之事，前后倒置，不但与《汉书》异，并与《高纪》不同，恐系错简，细校如左。汉之四年当在后"击陈留、外黄"句上，观《汉书·高纪》《籍传》自明。（《史记志疑·项羽本纪》）

张大可：汉之四年：前203年。按：刘邦从成皋突围至修武夺韩信军，当从《汉书·高帝纪》，时在汉三年六月，此云"汉之四年"误。（《史记全本新注·项羽本纪》）

⑥【汇校】

王　恢：《史》称"汉之四年，项王进兵围成皋"云云，归有光以为使刘贾将兵佐彭越，至复取成皋一段，前后倒置。郭嵩焘亦以嘱海春侯一段，倒叙失序，《高纪》为得其实。（《史记本纪地理图考·项羽本纪·楚汉相持荥阳成皋》）

又：《志疑》云："自汉之四年以下所叙之事，前后倒置，不但与《汉书》异，并与《高纪》不同，恐系错简。"梁玉绳依文摘叙，以为"当云：'项王进兵围成皋'至'令其不得西（此下删"彭越渡河"二十四字），汉王得淮阴侯兵，欲渡河南，郑忠说汉王，乃止壁河内，使刘贾将兵佐彭越烧楚积聚（此下删"项王"九字）。项王乃谓海春侯大司马曹咎等'至'乃东行'。'汉之四年，击陈留、外黄'至'是以项王信任之'。汉王则引兵渡河，复取成皋，军广武，就敖仓食。当是时，项王在睢阳至'尽走险阻，项王（此下删"已定东海来"五字）西与汉俱临武而军'至'绝楚粮，是时汉兵盛食多，项王兵罢食绝'"。（同上）

⑦【汇校】

司马贞：音徒凋反。《汉书》作"跳"字。（《史记索隐·项羽本纪》）

【汇注】

裴　骃：晋灼曰："独出意。"（《史记集解·项羽本纪》）

陆唐老："逃"，本作"跳"，颜师古音徒凋反。言轻身而忽出也。（《陆状元通鉴》卷二十六《太祖高皇帝上》）

胡三省：《汉书》"逃"作"跳"；如淳音逃；《史记·项羽纪》作"逃"；《索隐》：徒凋翻。晋灼曰：跳，独出意，如淳曰：逃，谓走也。余谓《左氏传例》：民逃其上曰溃，在上曰逃。太史公盖用此例，温公仍之。逃，当如字。（《资治通鉴》卷十

"高帝三年"注）

⑧【汇注】

　　裴　骃：徐广曰："北门名玉门。"（《史记集解·项羽本纪》）

⑨【汇注】

　　王伯祥：修武本古宁邑，汉置修武县于此。即今河南省获嘉县之小修武。（《史记选·项羽本纪》）

　　王　恢：《郡国志》河内郡修武县，有小修武聚。刘《注》："春秋曰宁。《史记》高祖得韩信军小修武。晋灼曰：在大修武（今获嘉）城东。"按：高帝出成皋，渡平阴，见《功臣表》周緤；《河水注》"虎牢玉门"。《河水注》又云："冶坂城旧名汉祖渡。今孟津县北大河北岸。"（《史记本纪地理图考·项羽本纪·楚汉相持荥阳成皋》）

⑩【汇注】

　　王伯祥：张耳时与韩信（事详后《淮阴侯列传》）扎营在小修武，汉王渡河驰宿修武，自称使者，明晨驰入兵营，收夺他们的军权。乃使张耳北收兵赵地，使韩信东击齐。故云从张耳、韩信军。（《史记选·项羽本纪》）

⑪【汇注】

　　张大可：楚遂拔成皋：此为项羽东破彭越后回城第二次攻下成皋，时在汉三年六月。《汉书·高帝纪》及《通鉴》均同。（《史记全本新注·项羽本纪》）

⑫【汇注】

　　王应麟："巩"，河南府之县。《地理志》，东周所居。《元和郡县志》：春秋晋师克巩县，本与成皋中分洛水，西则巩，东则成皋。后魏并焉。《尔雅》，巩，固也，四面有山河之固，因以为名。（《通鉴地理通释》卷七《名臣议论考·巩》）

　　胡三省：班《志》，巩县属河南郡，即东周君所居。《汝洛地图》云：巩，固也。巩县在洛水之间，言四面有山，可以巩固。（《资治通鉴》卷十"高帝三年"注）

⑬【汇评】

　　孙　琮："欲西"，"不得西"，是紧关处。下接云"乃自东"，有情。（《山晓阁史记选·项羽本纪》）

　　牛运震："楚以故不能过荥阳而西"，"汉使兵距之巩，令其不得西"，看他关煞眼目。（《空山堂史记评注》卷二《项羽本纪》）

　　程馀庆：此汉之得著处。（《历代名家评注史记集说·项羽本纪》）

　　　　是时，彭越渡河击楚东阿①，杀楚将军薛公②。项王乃自东击彭越③。汉王得淮阴侯兵④，欲渡河南⑤。郑忠说汉王⑥，乃止壁河内⑦。使刘贾将兵佐彭越⑧，烧楚积聚⑨。项王东击破之，走彭越⑩。汉王则引兵渡河⑪，复取成皋⑫，军广武⑬，就敖仓食⑭。项王已定东海来⑮，西⑯，与汉俱临广武而军⑰，相守数月⑱。

① 【汇校】
**编者按**："彭越渡河击楚东阿"，《汉书·项籍传》作"彭越渡睢与项声、薛公战下邳"。彭越主攻方向有异。

② 【汇评】
**吴见思**：又补出一事，是彭越击楚，遥接上败萧公角事。时事纠纷，一手独运，而逐节写来，一丝不乱。（《史记论文·项羽本纪》）
**姚苎田**：汉王在巩，不足距项王也，全亏彭越牵缀得妙。（《史记菁华录·项羽本纪》）

③ 【汇校】
**梁玉绳**：按：《高纪》及《汉书·纪》《传》，项王击彭越是三年五月，在楚拔荥阳及成皋之前，此书于拔成皋后，一误也。越渡睢水与项声、薛公战下邳，杀薛公，此不书项声，而又谓渡河击东阿，二误也。（《史记志疑·项羽本纪》）

【汇注】
**吴见思**：项王乃自东击彭越：自西而东，暂也，为彭越也。（《史记论文·项羽本纪》）
**张大可**：是时，彭越渡河击楚东阿，杀楚将军薛公。项王乃自东击彭越：项羽东击彭越，时在汉三年五月，这里书于楚再拔成皋之后，即六月，梁玉绳认为行文有误，非是。"是时"二字应作"初"字读，是话分两头之意，即指项羽攻围荥阳，一下成皋之时，也就是汉三年五月。当时，刘邦为了阻止项羽的攻势，在南下宛、叶的同时，令彭越将兵从东阿绕出楚之后方，迂回突击至下邳，迫使项羽东救，刘邦才夺回成皋，重新布署了防线。故"是时"等句为上下文之间的插说，应单独标出为一小段，则文义显然。中华书局点校本及各种选本均属下段连读，遂使文义扞格不可通。按：项羽一拔成皋之后，应不顾刘邦的调虎离山之计，乘胜西进，打破汉王坚守的成皋阵线，则刘邦的南下宛、叶，彭越之绕楚后必将归于失败，无奈此时范增已亡，项羽无谋，被刘邦调其南下宛、叶，东救下邳，疲于奔命，于是刘邦的成皋阵线复固。（《史记全本新注·项羽本纪》）

④ 【汇校】
**梁玉绳**：按："淮阴侯"当依《高纪》作"韩信"，下文五称"淮阴侯"同。

（《史记志疑·项羽本纪》）

【汇注】

王伯祥：淮阴侯即韩信，时尚未有此称，是史家追书之辞。（《史记选·项羽本纪》）

⑤【汇注】

王伯祥：欲渡河南，意欲渡河而南，争取成皋、荥阳。（《史记选·项羽本纪》）

⑥【汇注】

王伯祥：郑忠时为汉郎中，劝汉王高垒深堑，暂勿与楚战。故云说汉王。忠，《蜀本》作"公"。（《史记选·项羽本纪》）

⑦【汇注】

马持盈：壁河内：在河内设营壁以守。（《史记今注·项羽本纪》）

⑧【汇注】

张大可：刘贾：刘邦堂兄，汉封荆王，事详《荆燕世家》。（《史记全本新注·项羽本纪》）

⑨【汇校】

梁玉绳：按：汉王使卢绾、刘贾将兵佐越，击破楚军燕郭西，烧其积聚，攻下睢阳、外黄十七城，此但言贾佐越烧积聚，似太略，当参《高纪》《越传》及《汉书》观之。此下应接"项王乃谓海春侯"一段。（《史记志疑·项羽本纪》）

【汇注】

司马迁：汉王得韩信军，则复振。引兵临河，南飨军小修武南，欲复战。郎中郑忠乃说止汉王，使高垒深堑，勿与战。汉王听其计，使卢绾、刘贾将卒二万人，骑数百，渡白马津，入楚地，与彭越复击破楚军燕郭西，遂复下梁地十余城。（《史记·高祖本纪》）

又：汉王三年，彭越常往来为汉游兵，击楚，绝其后粮于梁地。汉四年冬，项王与汉王相距荥阳，彭越攻下睢阳、外黄十七县。（《史记·魏豹彭越列传》）

【汇注】

陆唐老：汉王得韩信军，复大振，引兵军小修武，欲复与楚战。郎中郑忠说止汉王，使高垒深堑，勿与战。汉王听其计，使将军刘贾、卢绾将卒二万人，骑数百，渡白马津，入楚地，佐彭越烧积聚，以破其业，无以给项王军食而已。楚兵击刘贾，贾辄坚壁不肯与战，而与彭越相保。（《陆状元通鉴》卷二十六《太祖高皇帝上》）

又：积聚，所畜军粮、刍藁之属。（同上·自注）

吴同宝：积聚："积"，通"稷"，音资，禾粟薪刍的总称。此指粮秣辎重。（《两汉文学史参考资料·项羽本纪》）

【汇评】

刘友益：特笔也。事有关于成败之故者，虽小事，《纲目》必书之。汉初，书烧楚积聚，中兴书袭取莽辎重……皆特笔也。（《资治通鉴纲目书法》）

李祖陶：刘贾烧楚积聚之功殊伟。盖楚汉之争，项羽兵最强，战无不克，汉几无以制之，惟有使之食少，则不烦力击而自散，故本纪两书彭越反梁地，绝楚粮，为最有功，而贾更入楚地烧其积聚，以败其业，使无以给军，为尤狠也。（《前汉书细读》卷二《荆燕吴列传》）

⑩【汇校】

梁玉绳：按：此即下文项王令曹咎守成皋而引兵定梁地之事，《彭越传》所谓越北走谷城者也。在此《纪》中于事为重出，于文无所附，当衍之。（《史记志疑·项羽本纪》）

【汇评】

程馀庆：此楚之失著处。（《历代名家评注史记集说·项羽本纪》）

⑪【汇注】

程馀庆：此"则"字作遂字解。（《历代名家评注史记集说·项羽本纪》）

⑫【汇校】

归有光：按《汉·高纪》，使刘贾佐彭越烧楚积聚，羽乃令曹咎守成皋而引兵定梁地，汉破咎兵汜水上，复取成皋是一事。而此《纪》前后倒置，遂作两段。若汉先取成皋，楚无缘得令咎守之也。考《汉书》纪传自明。（引自《史记评林》）

【汇评】

程馀庆：齐晋楚之霸，皆先服郑。范雎、李斯之谋，皆先攻韩。盖虎牢，天下之枢也。在虢曰制，在郑曰虎牢，在韩曰成皋。虢叔恃险而郑取之，郑不能守而韩得之，韩又不能监而秦并之。秦之亡也，汉楚争之。在德不在险。佳兵者好还，信夫！（《历代名家评注史记集说·项羽本纪》）

王恢：《纪要》（四六）："晋楚之争霸也争郑，秦之并六国也始于韩，以虎牢成皋之险也。及楚、汉争衡，成皋犹为重地。"汉得成皋，卒灭强楚。其后黥布反，薛公以为如塞成皋，胜败未可知。吴楚七国反，不从桓将军说据洛阳武库，食敖仓粟，卒以事败。元狩中，淮南王安谋反，常言塞成皋之道，天下不通云。自汉及唐，多以成皋得失为兴亡之兆。（《史记本纪地理图考·秦本纪·庄襄置三川·太原郡》）

⑬【汇注】

赵翼：楚汉之时，地有两广武。汉王、项羽相与临广武之间而语，此广武在荥阳，孟康曰：荥阳筑两城相对，名曰广武，在敖仓西三室山上是也。韩王信惧诛，逃入匈奴，当冒顿谋攻汉，匈奴使左右贤王将万余骑屯广武以南至晋阳。又《娄敬传》，上以警言匈奴不可击，以为妄言阻军，乃械系敬至广武，此广武在晋阳。《汉书·地理志》，太原郡有广武县是也。《后汉书》周党及王霸皆太原广武人。又《杜茂传》，诏茂屯田晋阳广武以备胡寇，此晋阳之广武也。（《陔余丛考》卷五《广武》）

**王伯祥**：广武，山名，在河南省荥阳县东北，东连旧荥泽，西接成皋。（《史记选·项羽本纪》）

**张大可**：复取成皋，军广武：此事在汉四年十月。刘邦用郑忠策，第二次调动项羽东救睢阳，趁机渡河夺回成皋，军广武，就敖仓食。广武，古城名，在荥阳东北之广武山上。（《史记全本新注·项羽本纪》）

⑭【汇校】
**梁玉绳**：附按：此乃败海春侯后事，当在下文"项王信任之"句下。（《史记志疑·项羽本纪》）

**吴汝纶**：归云："《高纪》使刘贾佐彭越，烧楚积聚，羽乃令咎守成皋，而引兵定梁地。汉既破咎汜水上，复取成皋，是一事而前后倒置，遂作两项。若汉先守成皋，楚无缘复令咎守之也。考《汉书》纪传自明。"某按：汉王伤于广武，走入成皋，成皋在广武西。羽令曹咎守成皋，乃持守之"守"，非守其城也。咎渡兵汜水，以与汉战。按：《括地志》，成皋故城在汜水县西南，而汜水在其县东南，则咎未渡汜水时，不得西守成皋城明矣。汉王之取成皋城屡矣。初，纪信诳楚，汉王出荥阳，走成皋，盖不久留，遂入关收兵而南走宛、叶，其走宛、叶，则《羽纪》《高纪》皆言之；其入关收兵，则《高纪》言之，而《羽纪》不具也。其出荥阳而走成皋，则《羽纪》言之，《高纪》不具也。其《羽纪》所言，自宛、叶而复保成皋也，即《高纪》所称项羽东击彭越，汉王亦引军北军成皋也。其《羽纪》所称跳出成皋北门，而楚拔成皋也，即《高纪》所称出成皋玉门，北渡河者也。至刘贾佐彭越烧楚积聚，即《高纪》所云卢绾、刘贾渡白马津与彭越破楚军燕郭西者也。是时，汉王复取成皋，而《高纪》略之。而项羽令曹咎谨守成皋，即系此下。其广武涧挑战，伏弩射伤汉王，汉王行军，病甚，驰入成皋，在曹咎死后。《羽纪》则伏弩受射，走入成皋，叙在曹咎事前。二纪不同，仅此而已。盖同在一时，故叙次可前可后，但视文势所便，非自牴牾，亦非倒乱事实。其余则详略各有所宜，不得据彼讥此也。（《桐城吴先生点勘史记读本·项羽本纪》）

【汇注】
**司马迁**：汉三年秋，项羽击汉，拔荥阳，汉兵遁保巩、洛。楚人闻淮阴侯破赵，彭越数反梁地，则分兵救之。淮阴方东击齐，汉王数困荥阳、成皋，计欲捐成皋以东，屯巩、洛以拒楚。郦生因曰："臣闻知天之天者，王事可成；不知天之天者，王事不可成。王者以民人为天，而民人以食为天。夫敖仓，天下转输久矣，臣闻其下乃有藏粟甚多。楚人拔荥阳，不坚守敖仓，乃引而东，令士卒分守成皋，此乃天所以资汉也。

方今楚易取而汉反却，自夺其便，臣窃以为过矣。且两雄不俱立，楚汉久相持不决，百姓骚动，海内摇荡，农夫释耒，工女下机，天下之心未有所定也。愿足下急复进兵，收取荥阳，握敖仓之粟，塞成皋之险，杜大行之道，距蜚狐之口，守白马之津，以示诸侯效实形制之势，则天下知所归矣。"上曰："善。"乃从其画，复守敖仓。（《史记·郦生陆贾列传》）

**王应麟**：敖仓：秦建敖仓于成皋。敖，地名，在荥阳西北山上，临河有太仓。吕氏曰：荥阳、成皋，控南北之冲，故秦积粟于此。《通典》："巨桥盈而殷丧，成皋溢而秦亡。"（《通鉴地理通释》卷七《名臣议论考·敖仓》）

**又**：《郡县志》：敖山在郑州荥泽县西十五里。宋武《北征记》秦时筑仓于山上，汉高祖因敖仓傍山筑甬道下汴水，河南府河阴县本汉荥阳地，三皇山亦曰岩邬山，上有三城，即刘、项相持处。《括地志》云：敖仓在荥阳县西十五里，石门之东北，临汴水，南带三皇山。（同上）

**赵东阶**：敖仓，秦置，为天下转输之区。（见《汜水县志》卷一《地理·古迹》）

【汇评】

**陈耆卿**：论天下之事易，识天下之势难。陈留、敖仓，地要粟多。盖汉初紧切之处，不先据此，则本散而易溃。郦食其力为帝言之。就二者论，则陈留为小，而敖仓为大。入陈留所以谋秦，据敖仓所以谋楚。秦易破，故陈留之入，不旋踵而至霸上；楚难摇，故敖仓之守，必至于屡岁而不决焉。然当是时，楚兵甚强，汉势尚弱，汉之得以制楚而楚之有所忌于汉者，敖仓之力也。不然，则楚固得以气喝力，恐直捣其虚矣。其后彭城之败，韩信既收兵来会，则亟筑甬道属河以取敖仓粟。成皋之挑战。大司马咎、长史欣皆自刭，则复取成皋，军广武，取敖仓食，是知敖仓汉之命，一日无敖仓，则一日无汉。高帝智不及此，食其实有以发之。（《筼窗集》卷二《郦食其论》）

**姚苎田**：楚之败也以乏食。看其隐隐隆隆，由渐写来，此烧积聚，彼食敖仓，成败之机，已伏于此。（《史记菁华录·项羽本纪》）

**刘　沅**：汉取成皋，就敖仓食，此郦生之谋，楚所以不能得汉也。（《史存》卷六《楚汉纪》）

⑮【汇注】

**张大可**：项王已定东海来：东海，泛指东方。项羽救睢阳，时在汉三年九月，"已定东海来"已在汉四年十月，详后"是时，彭越复反，下梁地"一节。（《史记全本新注·项羽本纪》）

⑯【汇注】

**王伯祥**：西，应读断。言项王从东来，引兵向西去。（《史记选·项羽本纪》）

⑰ 【汇校】

**梁玉绳**：按：此以下至"是时彭越复反，下梁地，绝楚粮"一段当在后"汉军畏楚，尽走险阻"句下，而衍去"已定东海来"五字。盖定东海即下定梁地十余城事，于文为错出也。（《史记志疑·项羽本纪》）

**郭嵩焘**：《札记》："汴水不闻经广武涧，《水经》济水《注》云：济水又东经广武城北，夹城之间有绝涧断山，谓之广武涧。疑'济'本作'泲'，形近讹为'汴'。"（《史记札记》卷一《项羽本纪》）

【汇注】

**裴　骃**：孟康曰："于荥阳筑两城相对为广武，在敖仓西三皇山上。"（《史记集解·项羽本纪》）

**张守节**：《括地志》云："东广武、西广武在郑州荥阳县西二十里。戴延之《西征记》云三皇山上有二城，东曰东广武，西曰西广武，各在一山头，相去百步。汴水从广涧中东南流，今涸无水。城各有三面，在敖仓西。郭缘生《述征记》云一涧横绝上过，名曰广武。相对皆立城垒，遂号东西广武。"（《史记正义·项羽本纪》）

**程馀庆**：广武山上有二城：西城汉所筑，东城项羽所筑。（《历代名家评注史记集说·项羽本纪》）

【汇评】

**归有光**：项王与汉王相临广武时如做戏，一出上，一出下，最妙！（《归方评点史记合笔》）

**牛运震**："项王进兵围成皋"云云，至"与汉俱临广武而军"：按此段括无数兵机战情，井井如画。（《空山堂史记评注》卷二《项羽本纪》）

⑱ 【汇校】

**梁玉绳**：按：《汉书·高纪》《籍传》皆无"数月"二字，是也。此时为汉四年十月，才军广武，不得便言数月，当是"一月"。（《史记志疑·项羽本纪》）

【汇评】

**方　回**：汉王出荥阳至成皋，入关收兵，欲复东，辕生说汉王曰：楚与汉相距荥阳数岁，汉二年五月屯荥阳，三年五月出荥阳，一年间耳。今辕生曰"相距数岁"，太史公之文有疏者，班固因而书之。辕生愿汉王出武关，汉从之出军宛叶间，项王闻汉王在宛，果引兵南，汉王坚壁不战……以此荥阳、成皋间少得休息，然此五月内，汉已遣彭越渡睢，破下邳，杀薛公矣。项羽终不能西过京、索、荥阳、成皋，而彭越乃已出今之睢阳西，至下邳，则项羽又有腹心忧矣。于是使终公守成皋而身自东击彭越。汉王闻项羽之东，引军击破终公，复军成皋，而不议解荥阳之围。盖攻成皋，所以救荥阳也。项羽闻汉王军成皋，既已破彭越，即西拔荥阳，杀周苛、终公，遂围成皋。

汉王跳，出玉门，北渡河，宿小修武，项羽遂拔成皋。拔成皋事，《汉纪》不书，《史记》《高纪》不书，书之于《项羽本纪》，项羽欲西，汉遣兵距之巩，不得西，使刘贾将兵二万人，渡白马津，烧楚积聚，破楚军燕郭西。《索隐》曰："故南燕国也，在东郡，秦以为县。"合《汉书本纪》《史记高帝》《项羽本纪》考之，始见此年丙申五月六日，楚汉互胜互负之势。大抵汉之势似弱而强，楚之势似强而弱。汉王身护河南郡、连河内郡，以郑之荥阳、虎牢为藩蔽，项羽不能过，而韩信北辑燕赵以窥齐，黥布、彭越、刘贾偏师在南，今汴梁、下邳、东平之地，内为之梗，所谓常山蛇势也。项羽备多力分，而汉有左、有右、有中三面相应也。（《续古今考》）

　　当此时，彭越数反梁地①，绝楚粮食②，项王患之③。为高俎④，置太公其上⑤，告汉王曰⑥："今不急下⑦，吾烹太公⑧。"汉王曰："吾与项羽俱北面受命怀王⑨，曰'约为兄弟⑩'，吾翁即若翁⑪，必欲烹而翁⑫，则幸分我一杯羹⑬。"项王怒，欲杀之。项伯曰⑭："天下事未可知，且为天下者不顾家，虽杀之无益，只益祸耳⑮"。项王从之⑯。

① 【汇评】
　　牛运震：彭越游兵梁地，"绝楚粮食"，以苦项羽，于汉有功，而于楚未有罪也，书之曰"反"，似有可议。（《读史纠谬》卷一《项羽本纪》）

② 【汇评】
　　张之象：曰"烧楚积聚"，曰"绝楚粮食"，《高纪》称"彭越反梁地，往来苦楚兵"者，此之谓也。篇中眼目，不可不玩。（引自《史记评林》）
　　浦起龙：绝楚食，是眼目。（《古文眉诠》卷十八《项羽本纪》）
　　牛运震："当此时，彭越数反梁地，绝楚粮食"：按此正汉敝楚要着，提掇最有关键。（《空山堂史记评注》卷二《项羽本纪》）

③ 【汇评】
　　冯梦龙：陈潜室曰：彭越以游兵出入梁楚间，为项氏心腹之疾，所以有功于汉。（《纲鉴统一》卷六《西汉高帝元年》）

④ 【汇注】
　　裴骃：如淳曰："高俎，几之上。"李奇曰："军中巢橹方面，人谓之俎也。"

（《史记集解·项羽本纪》）

**颜师古**：如淳曰："高俎，几之上也。"李奇曰："军中巢橹谓之俎。"师古曰："俎者，所以荐肉。示欲烹之，故置俎上。如说是也。"（《汉书注·陈胜项籍传》）

**司马贞**：俎亦机之类，故夏侯湛《新论》为"机"，机犹俎也。比太公于牲肉，故置之俎上。姚察按：《左氏》"楚子登巢车以望晋军"，杜预谓"车上橹也"，故李氏云"军中巢橹"，又引时人亦谓此为俎也。（《史记索隐·项羽本纪》）

**张守节**：《括地志》云："东广武城有高坛，即是项羽坐太公俎上者，今名项羽堆，亦呼为太公亭。"颜师古云："俎者，所以荐肉，示欲烹之，故置俎上。"（《史记正义·项羽本纪》）

**胡三省**：如淳曰：俎，高几之上也。李奇曰：军中巢橹谓之俎。师古曰：俎者，所以荐肉，示欲烹之，故置俎上；如说是。俎，在吕翻。《方言》：周、晋、秦、陇谓父为翁。若，汝也，而，亦汝也。古者以杯盛羹，今之侧杯有两耳者也。（《资治通鉴》卷十"高帝四年"注）

**周寿昌**：《太平御览》百七十六引《郡国志》曰：荥阳县有大武城，高祖与项氏各在一城。东城有高坛，即项羽置太公于上处。今名之曰项羽堆，亦呼为太公台。（《汉书注校补》卷二十九）

**章诒燕**：高俎谓俎之高者，俎制有四足，高二尺四寸，广尺二寸，项王为欲烹太公，故特作为高俎，异于常制，置太公其上，令汉军得望见之，非用巢橹也。（《读史诤言》）

**王伯祥**：高俎，盛放牲肉的大机。置在俎上，表示即将烹杀。（《史记选·项羽本纪》）

⑤【汇评】

**姚苎田**：项策已竭，乃出此下着。（《史记菁华录·项羽本纪》）

⑥【汇评】

**胡　宏**：项羽谓汉王曰："不急下，吾烹太公。"汉王宜曰："如吾与若，俱北面受怀王命，约为兄弟。吾翁即若翁，必欲烹吾翁，是欲自烹而翁也！羽昔年弑君，而今欲弑父，既无君父，何有于兄弟？吾将以死讨君父之贼，岂忍为汝下乎？"（《五峰集》卷三《论史·太公》）

⑦【汇注】

**张大可**：急下：赶快投降。（《史记全本新注·项羽本纪》）

⑧【汇评】

**浦起龙**：楚穷而劫。（《古文眉诠》卷十八《项羽本纪》）

⑨【汇评】

钱伯城：北面：臣下的意思，这里作动词用。古代君王南面而坐，臣下北面而朝。（引自《史记纪传选译》上《项羽本纪》）

⑩【汇注】

吴见思："约为兄弟"事，补。（《史记论文·项羽本纪》）

【汇评】

孙　琮：宽得妙！太公得不烹，全在此二语，非腐儒可知。（《山晓阁史记选·项羽本纪》）

王鸣盛：汉始终唯利是视，顽钝无耻，其言曰"吾与项羽俱北面受命怀王，约为兄弟"，羽少汉王十五岁（《项羽本纪》"初起时，年二十四"，时高祖年三十九。又徐广《注》，项王以始皇十五年己巳岁生，汉五年之十二月死，时年三十一岁，时高祖四十六）。如其言，则汉王为兄，项王弟矣。鸿门之会，自知力弱，将为羽所灭，即亲赴军门谢罪，其言至卑屈。让项王上坐，己乃居范增之下为末坐，纵反间以去范增，用随何以下黥布，有急则使纪信代死，不顾子女，推堕车下。鸿沟既画，旋即背之，屡败穷蹙，不以为辱。失信废义，不以为愧也。若以沛公居项羽之地，在鸿门必取人于杯酒之间，在垓下必渡乌江而王江东矣。（《十七史商榷·卷二·汉惟利是视》）

⑪【汇注】

颜师古：翁谓父也。（《汉书注·陈胜项籍传》）

范　槻："吾翁即若翁"，高祖斯言，亦有所自。《左传》晋败齐师于巩，晋欲以萧同叔子为质，齐人曰："萧同叔子，寡君之母也。若以匹敌，则亦晋君之母也。"其意正相似。项羽煦煦为仁，卒免太公于鼎俎，良由斯言有以感之耳。（《洗心居雅言集》）卷上《吾翁即若翁》）

【汇评】

罗大经：汉高祖谓项羽曰："吾翁即若翁。"此语理意甚长。《左氏传》，齐败于鞍，晋人欲以萧同叔子为质。齐人曰："萧同叔子者非他，寡君之母也。若以匹敌，则亦晋君之母也。"孟子曰："杀人之父者，人亦杀其父。然则非自杀之，一间耳。"高祖之语，与此暗合。史称不修文学，而性特达，此类是也。项羽乞不杀太公，有感于斯言矣，乃知鸷猛之胸中，未尝无天理，特在于有以发之耳。（《鹤林玉露》卷六）

茅元仪：一言贤于十万师。（《廿一史战略考·卷三·西汉》）

⑫【汇注】

王伯祥：而与若、汝、尔同。而翁就是若翁，犹言你的老子。（《史记选·项羽本纪》）

张大可：而翁：你父亲。而，同"若"，你。（《史记全本新注·项羽本纪》）

⑬【汇注】

陆　贾：项王为高阁，置太公于上，告汉王曰："今不急下，吾烹太公。"汉王曰："吾与项王约为兄弟，吾翁即汝翁，若烹汝翁，幸分我一杯羹。"（《新语校注·楚汉春秋佚文》）

吴见思："则"又作亦字解。（《史记论文·项羽本纪》）

沈钦韩：《韩非·说林上》乐羊为魏将而攻中山，其子在中山，中山之君烹其子而遗之羹。乐羊坐于幕下而啜之，尽一杯。（《汉书疏证》卷二十七《陈胜项籍传》）

程馀庆："则"字作"亦"字解。（《历代名家评注史记集说·项羽本纪》）

陈　直：自战国以来，即盛行羽觞，或名为杯，可以酌酒，可以盛羹，长沙楚墓，乐浪王盱王光墓中所出最多，颜注之说是也。汉代无耳杯之名，颜注解为侧杯，是以今名释古制也。（《汉书新注·陈胜项籍传》）

【汇评】

冯用之：夫权者，适一时之变，非悠久之用，然则适变于一时，利在于悠久者也。……子虽至亲，西伯食其肉，不然则死于羑里也；父虽是至尊，沛公索其羹，不然则臣于项籍也。西伯非不慈，盖子已死，不食则己身亦毙，沛公非不孝，盖其父为虏，奔赴则己身亦降，又何益乎？能舍无益之慈孝，成莫大之基业。大人之权变，不可得而闻也。夫是非未明，向背未定，成败未测，取与未决，当此之时，行权之时也。故权可以明是非，定向背，测成败，决取与。（《权论下》，见《唐文粹》卷三十七）

周　辉：史传褒贬，成是败非，其来有素。人之行，孰先于孝悌？项羽欲烹太公，汉高祖发分羹之言，其于孝也何有？唐太宗以藩王夺长嫡，推刃同气，其于悌也何有？脱使项羽、建成有分羹推刃之恶，史册何以书之？特高祖、太宗功胜于德耳。（《清波杂志》卷四）

钱　时：古之王者，行一不义，杀一不辜，而得天下，不为。安有不顾其父之死而得天下，而可为欤？汉王杯羹之言，闻之使人股栗。吁，忍矣哉！此战国险诈之风，不足多罪也。然以当时事势筹之，使汉王不忍于太公而遂降楚，楚将何以处之乎？其死于羽之手也明矣。汉王死，则太公、吕后亦必与之俱死。羽方要我，而我视之若无有焉。羽知杀太公无益于成败之数，且留之犹万有一于后日，是汉王忍于不顾者，乃所以全太公也。或曰：然则策莫良于此矣，古圣贤处之将安出乎？曰：王者之师万全而动，盖不至有太公入楚之事也。后世行险以徼幸，而后视此为良策，此君子之所差称欤！（《两汉笔记》卷一《高祖》）

方　回：汉王不顾其父，欲分一杯羹，无乃太甚乎？曰：不然。项羽如果杀太公，汉之臣子奋不顾死，一举而灭项羽必矣，何待于东城而后自刎？古有复仇之礼。父之仇不共戴天。郑玄注谓：父者，子之天，杀己之天，与共戴天，非孝子也。行求杀之乃止。……汉王一杯羹之言，心知项羽必不至杀其父，非忍也，乃所以为善待敌也。侯公一说而归，固自有时也哉？（《续古今考》卷十七《项羽置高俎欲杀太公》）

**张应泰**：项羽为俎，将以烹太公。高帝曰：果若烹若翁，幸分我一杯羹。项伯因语羽曰："为天下者，不顾其家，烹亡益也。"遂释之。……以羽之暴，即巽语乞哀，适以趣之烹耳。唯分羹之言出，羽乃知汉必不可以恐喝取，不若姑留以为质，且市恩也。……且太公、刘媪与吕后母子，携置羽军中者几时，曾未闻汉尚一介之使，奉咫尺之书相存问也。即规图天下急，纵不为妻孥计，宁不当少需忍，为二老亲计乎？帝殷殷为义帝愍死，而一不为生我鞠我者乞生，故吾不怪帝于置俎之时，而重怪帝于未置俎之前，向令高帝悲鸣诎体，以求还太公、刘媪，至再至三，以至百数十返，而羽必不从，则屈在羽矣。天下一闻缟素之师，即背楚者什九，况复益之以杀人父母，而不动忠臣义士之戈者乎？惜也，良、平之不为帝一决策也！（《史疑·高光论》）

**茅　坤**：沛公硬心肠，故为硬言。（《史记钞·项羽本纪》）

**俞思学**：郑王曰：使羽既杀太公，分羹高祖，然后布告天下，谓高祖不顾其父，挟人杀之而分其羹，则高祖负杀父之名，此身无所容于天地间，又安能与争天下乎？（《史概》卷一《项羽本纪》）

**浦起龙**：汉忍而谲。（《古文眉诠》卷十八《项羽本纪》）

**牛运震**："吾翁即若翁，必欲烹而翁，则幸分我一杯羹"：诞语，带诙谐，妙！尔时措辞正须如此。（《空山堂史记评注》卷二《项羽本纪》）

**刘　沅**：至分羹一事，汉王之不孝，在入彭城时，置酒高会，而不念父母，致被楚获。至此则已无如何，惟作此不相关属之语，庶侥幸于不杀焉耳。（《史存》卷六《楚汉纪》）

⑭【汇注】

**吴见思**：项伯前为张良，此与汉王约为婚姻也。（《史记论文·项羽本纪》）

【汇评】

**浦起龙**：项伯竟是内间，盖楚之曹无伤也。（《古文眉诠》卷十八《项羽本纪》）

**王树敏**：项伯于羽，义为君臣，亲为同姓，而心乎汉家，直一楚之贰臣耳。羽也不知，安得不败！（见《史论正鹄》三集卷一《项伯论》）

⑮【汇评】

**朱　熹**：广武之会，太公既已为项羽所执，高祖若去求告他，定杀了，只得以兵攻之，他却不敢杀。时高祖亦自知汉兵已强，羽亦知杀得无益，不若留之，庶可结汉之欢心（《人杰录》云：使高祖屈意事楚，则有俱毙而已。惟其急于攻楚，所以致太公之归也）。（《朱子语类》卷一百三十五）

⑯ 【汇评】

杨一奇辑、陈简补辑：羽欲烹太公，汉高不以为急，有三可恃耳。羽慈爱，言语呕呕，妇人之仁，于我之父未必忍杀，一也；楚势食尽，将中分天下，时当结恩于汉，未必敢杀，二也；项伯阴结婚姻，在羽左右，果欲烹，必能力争，未必至杀，三也。（《史谈补》卷二《吾翁即若翁》）

王维祯：始项伯全沛公于鸿门，则以与张良善故；今乃复活太公，则以沛公约为婚姻故。（引自《史记评林》）

方孝孺：当日沛公父子之命，皆赖一项伯以为之保全；无项伯，沛公父子粉虀矣，然要之亦皆天意也。（引自《百大家评注史记·项羽本纪》）

傅　山：羽暴如虎，置翁高俎。邦实不孝，分羹急语。伯也缓辞，羽乃信之。侯公说来，伯实存之。（《霜红龛集》卷一《莫舞—代汉高语》）

吴见思：兵钝粮绝，项王为此乃急著也，已为汉王窥破，必不敢杀太公，故为大言，而羽亦自止，上文明甚。（《史记论文·项羽本纪》）

楚汉久相持未决①，丁壮苦军旅②，老弱罢转漕③。项王谓汉王曰："天下匈匈数岁者④，徒以吾两人耳，愿与汉王挑战决雌雄⑤，毋徒苦天下之民父子为也⑥。"汉王笑谢曰⑦："吾宁斗智⑧，不能斗力⑨。"项王令壮士出挑战。汉有善骑射者楼烦⑩，楚挑战三合，楼烦辄射杀之。项王大怒，乃自被甲持戟挑战⑪。楼烦欲射之，项王瞋目叱之⑫，楼烦目不敢视，手不敢发，遂走还入壁，不敢复出⑬。汉王使人间问之⑭，乃项王也。汉王大惊⑮。于是项王乃即汉王相与临广武间而语⑯。汉王数之⑰，项王怒，欲一战。汉王不听⑱，项王伏弩射中汉王⑲。汉王伤⑳，走入成皋㉑。

① 【汇评】

高　嵣：楚拔成皋而复取之，句句是楚失汉得之征，而以"不得西""久相持"二句，标出大关目。（《史记钞》卷一《项羽本纪》）

程馀庆：数叶来事多文繁，故又总提一句，见前后皆相持未决之事也。（《历代名家评注史记集说·项羽本纪》）

②【汇注】

　　**王伯祥**：丁壮，成年可服兵役之人。苦军旅，苦于作战屯戍之事。(《史记选·项羽本纪》)

③【汇注】

　　**钱伯城**：罢转漕：罢，同疲；转，陆路运输；漕，水路运输。(《史记纪传选译》上《项羽本纪》)

【汇评】

　　**牛运震**："楚汉久相持未决，丁壮苦军旅，老弱罢转漕"：写数句，有停顿，节奏最妙。(《空山堂史记评注》卷二《项羽本纪》)

　　**程馀庆**：插二句，写一时情事已尽。(《历代名家评注史记集说·项羽本纪》)

④【汇注】

　　**颜师古**：匈匈，諠扰之意也。(《汉书注·陈胜项籍传》)

⑤【汇注】

　　**裴　駰**：李奇曰："挑身独战，不复须众也。挑音荼了反。"瓒曰："挑战，擿娆敌求战，古谓之致师。"(《史记集解·项羽本纪》)

【汇评】

　　**方　回**：汉军闻羽至，尽走险阴，羽亦军广武，与汉相守。丁壮苦军旅，老弱罢转输，相与临广武之间而语，欲与汉王独身挑战，古之帝王有亲征矣，岂有独身挑战之事？项羽可谓匹夫之勇耳，汉王数羽十罪，可谓知彼知己，羽大罪杀主，杀降，信乎天下所不容。所谓不战而气已索也。至于伏弩射中汉王，又不过区区盗贼之智。(《续古今考》卷十七《项羽亦军广武》)

⑥【汇评】

　　**程馀庆**：语亦豪快。(《历代名家评注史记集说·项羽本纪》)

⑦【汇注】

　　**司马迁**：项羽欲与汉王独身挑战。汉王数项羽曰："始与项羽俱受命怀王，曰先入定关中者王之，项羽负约，王我于蜀汉，罪一。项羽矫杀卿子冠军而自尊，罪二。项羽已救赵，当还报，而擅劫诸侯兵入关，罪三。怀王约入秦无暴掠，项羽烧秦宫室，掘始皇帝冢，私收其财物，罪四。又强杀秦降王子婴，罪五。诈坑秦子弟新安二十万，王其将，罪六。项羽皆王诸将善地，而徙逐故主，今臣下争叛逆，罪七。项羽出逐义帝彭城，自都之，夺韩王地，并王梁、楚，多自予，罪八。项羽使人阴弑义帝江南，罪九。夫为人臣而弑其主，杀已降，为政不平，主约不信，天下所不容，大逆无道，罪十也。吾以义兵从诸侯诛残贼，使刑余罪人击杀项羽，何苦乃与公挑战！"项羽大怒，伏弩射中汉王。(《史记·高祖本纪》)

**【汇评】**

**程金造**：楚汉两王亲自临阵对话，项羽要汉王亲决雄雌一战，太史公这又把项羽不学无术的粗鄙性格，生动具体的著出。而汉王对答却说，宁斗智不斗力。所以汉军虽时时败走，而时时振起。皆由汉王知得人，人各尽力，无离叛之心。项王使人虽以术以势说淮阴侯，而淮阴侯终不以己之利而背汉王之德惠。知人得人之效，太史公于此又一突出著录。（《史记管窥·司马迁著项羽入本纪之本意》）

⑧ **【汇评】**

**司马迁**：今陛下起丰、沛，收卒三千人，以之径往而卷蜀，汉，定三秦，与项羽战荥阳，争成皋之口，大战七十，小战四十，使天下之民肝脑涂地，父子暴骨中野，不可胜数，哭泣之声未绝，伤痍者未起，而欲比隆于成、康之时，臣窃以为不侔也。（《史记·刘敬列传》）

**张大可**：两军置阵对抗，"多算胜，少算不胜"（《孙子·计篇》），善战者是斗智而不是斗力。拔山盖世之雄的项羽终于败在刘邦手下，可见智胜勇。垓下之战，韩信指挥三十万大军与项羽战，以密集之大军伪作山崩瓦解之败，诱使项羽逐胜，分散楚军兵势，使孔将军、费将军从左右横击楚军，"楚兵不利，淮阴复乘之"（《史记·高祖本纪》），于是把项羽团团围困在垓下，更是智胜勇。（《司马迁评传》第八章《司马迁的思想·战争观》）

⑨ **【汇评】**

**浦起龙**：汉沉深。（《古文眉诠》卷十八《项羽本纪》）

**王鸣盛**：两敌相争，此兴彼败，恒有之事；从无藉彼之力以起事，后又步步资彼，乃反噬之，如刘之于项者。项起吴中，以精兵八千人渡江，并陈婴数千人，黥布、蒲将军亦以兵属，凡六七万人；又并秦嘉军，其势强盛。项梁闻陈王死，召诸别将会薛计事，沛公亦起沛往焉。此时沛公甚弱，未能成军，项梁益沛公卒五千人，五大夫将十人，始得攻丰，拔之。此后凡所攻伐，史每以沛公、项羽并称，两人相倚如左右手。非项藉刘，乃刘依项。项氏之失策，在立楚怀王而听命焉。羽欲西入关，怀王不许，而以命沛公，乃使羽北救赵，约先入关者王也。其后羽乃得负约名，此项之失策也。然当日若非羽破秦兵于钜鹿，虏王离，杀涉间，使章邯震恐乞降，沛公安能入关乎？羽不救赵破秦兵，秦得举赵，则关中声势转壮，沛公入秦，何如此之易乎？沛公始终藉项之力以成事，而反噬项者也。故曰"吾能斗智不斗力"，其自道如此。若使夫子评之，必曰"谲而不正"。（《十七史商榷》卷二《刘藉项噬项》）

**钱锺书**："项王谓汉王曰：'天下匈匈数岁者，徒以吾两人耳。愿与汉王挑战决雌雄，毋徒苦天下之民父子为也。'汉王笑谢曰：'吾宁斗智，不能斗力。'"《集解》："李奇曰：'挑身独战，不复须众也。'"《考证》："李说是。"按杜甫《寄张山人彪》

云:"萧索论兵地,苍茫斗将辰。""挑身独战""斗将",章回小说中之两马相交,厮杀若干"回合"是也。赵翼《陔馀丛考》卷四〇当补《池北偶谈》引《剧谈录》,援征史传中斗将事。余观《谷梁传》僖公元年,"公子友谓莒挐曰:'吾二人不相说,士卒何罪!'屏去左右而相搏"。窃谓记斗将事莫先于此,其言正与项羽同。后世如《隋书·史万岁传》窦荣定谓突厥曰:"士卒何罪过,令杀之?但当遣一壮士决胜负耳。"莫非此意。西方中世纪,两国攻伐,亦每由君或帅"挑战""斗将",以判胜负,常曰"宁亡一人,毋覆全师""免兆民流血丧生",即所谓"士卒何罪""毋徒苦天下之民父子为也"。士卒则私言曰:"吾曹蚩蚩,舍生冒锋镝,真何苦来?在上者欲一尊独霸,则亦当匹马单枪自决输赢。"第一次世界大战时,英国民间语曰:"捉德国之君王将帅及英国之宰执,各置一战壕中,使双方对掷炸弹,则三分钟内两国必议和。"其遗意也。(《管锥编》第一册)

**高 锐**:项羽虽英勇善战,但嫉贤妒能,以致群臣离散。刘邦之所以以一小吏起兵而成大业,关键在于在自己身边聚集了一批时代精英。例如屡出奇谋的张良,善理财政、国政的萧何,征战沙场的大将韩信,他们始终是刘邦的股肱之臣,被称为"三杰"。此外,如勇士樊哙,谋士郦食其等,都能在刘邦的决策集团中得到自己适当的位置。刘邦不仅能够招揽贤士,更重要的是他善于裁决众议。出蜀汉"决策东向"与项羽争王,是刘邦采纳了韩信之议;据敖仓之粟以坚守荥阳、成皋,是听从了郦食其之言;背鸿沟盟约追项羽穷寇,则为择张良、陈平之策。总之,刘邦以智斗勇,战胜项羽,与他善于利用智囊团的作用密不可分。(《中国军事史略》第二章第一节《井陉之战与垓下决战》)

⑩【汇校】
**沈钦韩**:《赵策》东有燕、东胡之境,西有楼烦、秦、韩之边。此楼烦下当有"将"字。《灌婴传》斩楼烦将五人。(《汉书疏证》卷二十七《陈胜项籍传》)

【汇注】
**裴 骃**:应劭曰:"楼烦胡也,今楼烦县。"(《史记集解·项羽本纪》)
**颜师古**:应劭曰:"楼烦,胡人也。"李奇曰:"后为县,属雁门。此县人善骑射,谓士为楼烦。取其称耳,未必楼烦人也。"师古曰:"李说是也。"(《汉书注·陈胜项籍传》)
**顾炎武**:楼烦乃赵西北边之国,其人强悍习骑射。《史记·赵世家》"武灵王行新地,遂出代西,遇楼烦王于西河,而致其兵","致"云者,致其人而用之也。是以楚汉之际,多用楼烦人,别为一军。《高祖功臣年表》"阳都侯丁复,以赵将从起邺,至霸上为楼烦将",而《项羽本纪》"汉有善射者楼烦",则汉有楼烦之兵矣。《灌婴传》击破柘公王武,斩楼烦将五人,攻龙且,生得楼烦将十人,陈下斩楼烦将二人,攻黥布别将于相，斩楼烦将三人；《功臣表》平定侯齐受，以骁骑都尉击项籍，得楼烦将，则项王及布亦各有楼烦之兵矣。（《日知录》卷二十九《楼烦》）

**郭嵩焘**：按《汉书·地理志》雁门郡有楼烦县，应劭曰："楼烦故胡地。"李奇曰："楼烦人善骑射，故以名射士为楼烦。"楼烦，善射者之通名也。（《史记札记》卷一《项羽本纪》）

**程馀庆**：楼烦，胡名，其人善射，故士善射者取为号，非必楼烦人也。（《历代名家评注史记集说·项羽本纪》）

**朱东润**：项羽经营北方，其事始于臧荼、张耳、赵歇、魏豹之封王。及陈馀反楚，张耳归汉，其间又有项它之相魏，以全河东一隅。比魏豹再降，臧荼又持两端，项羽乃不得不自行经营代北。其事又有用其人与据其地之两端。其用人者，则所谓楼烦也。楼烦在燕之北，而延至赵之西，故苏秦说燕文侯曰："北有林胡、楼烦。"（《苏秦列传》）赵武灵王告楼缓曰："赵西有林胡、楼烦、秦、韩之边。"（《赵世家》）《匈奴列传》亦称晋北有林胡、楼烦之戎。楚、汉之时，皆用楼烦人参战，《项羽本纪》称："汉有善骑射者楼烦。"又《高祖功臣侯者年表》："阳都侯丁复，以赵将从起邺，至霸上，为楼烦将。"此汉所用之楼烦将士也。灌婴击破柘公王武军于燕西，所将卒斩楼烦将五人；攻龙且、留公旋于高密，生得楼烦将十人；从击项籍军于陈下，所将卒斩楼烦将二人（《樊郦滕灌列传》），又《惠景间侯者年表》："平定侯齐受以枭骑都尉击项籍，得楼烦将。"此楚所用之楼烦将士，盖视高祖所用为尤多矣。（《史记考索·读〈高祖功臣侯者年表〉书后》）

**王骏图撰、王骏观续**：汉有善骑射者楼烦：此是善骑射者姓名也。又有号为楼烦将者，乃善射之官名，非必真是楼烦胡也。（《史记旧注平义·项羽本纪》）

【汇评】

**陈允锡**：取天下岂一人之力哉？项羽自用，故败。（《史纬》卷七《项羽》）

⑪【汇评】

**孙　琮**：写得英雄，特一战将耳。（《山晓阁史记选·项羽本纪》）

⑫【汇注】

**颜师古**：瞋目，张目也，音充人反。（《汉书注·陈胜项籍传》）

⑬【汇评】

**李　贽**：真好汉。（《藏书》卷二《西楚霸王项羽》）

**凌稚隆**：按，连用三"不敢"字，摹写羽威猛如画。（《史记评林·项羽本纪》）

**孙　琮**：三"不敢"字，极写威猛。（《山晓阁史记选·项羽本纪》）

**吴见思**：连用三"不敢"，写得生动。（《史记论文·项羽本纪》）

**牛运震**："楼烦目不敢视，手不敢发，遂走还入壁，不敢复出"，按：此连用三

"不敢"字形容项王，威猛如见。凡篇中写项王之威，多用"莫敢"字、"不敢"字衬托精神，如"一府皆慴伏，莫敢起"，"诸将皆慴伏，莫敢枝梧"，"诸侯军救钜鹿下者十余壁，莫敢纵兵"，"莫敢仰视"，及此处三用"不敢"字是也。（《空山堂史记评注》卷二《项羽本纪》）

⑭【汇注】

　　颜师古：间，微问之也。（《汉书注·陈胜项籍传》）

　　王伯祥：间问，犹打听。（《史记选·项羽本纪》）

⑮【汇评】

　　牛运震："汉王使人间问之，乃项王也。汉王大惊"：按此顿挫有势。（《空山堂史记评注》卷二《项羽本纪》）

⑯【汇校】

　　梁玉绳：附按：《义门读书记》云"间"，《艺文类聚》引作"涧"，然后孟注"两城相对"观之，则如字也。余考《水经注》七曰："西广武，汉所城也。高祖与项羽临绝涧对语，责羽十罪，羽射汉祖中胸处。东广武，项羽城之。夹城之间有绝涧断山，谓之广武涧，项羽叱娄烦于其上矣。"故《艺文类聚》九引作"涧"，则今本《史》《汉》俱讹伪。义门见《史》《汉》并作"间"字，遂以孟康注实之，而不知孟注乃指广武城言也。又《范雎传》言"秦昭王四十三年城河上广武"，则广武恐不尽是楚、汉所筑。（《史记志疑·项羽本纪》）

　　吴汝纶：梁云"《艺文类聚》引作'广武涧'，《水经注》'高祖与项羽临绝涧对语'"。某按："间"即古"涧"字，《艺文》径改"间"为"涧"，失之。（《桐城吴先生点勘史记读本·项羽本纪》）

【汇注】

　　吕祖谦：孟康曰：于荥阳筑两城而相对，名为广武城。在敖仓西三皇山上。《括地志》：东广武、西广武，在郑州荥阳县西二十里。《西征记》云：东广武、西广武，各在一山头，相去百步，汴水从广涧中东南流。今涸无水。城各有三面。（《大事记解题》卷八）

　　王应麟：《高纪》"四年十月，汉王引兵渡河，复取成皋，军广武"注，孟康曰：于荥阳筑两城而相对，名为广武城，在敖仓西三室山上。《后志》"河南荥阳有鸿沟水，有广武城"注，《西征记》曰：有三皇山，或曰三室山，上有二城：东广武，西广武，相去二百余步。《水经注》广武城在三室山上，汉所城也。《括地志》广武城在荥阳县西二十里。（《玉海》卷一百七十三《汉广武城》）

　　程馀庆：间、涧同。东西广武二城间，相去百余步，有绝涧断山，汴水从中东南流，名曰广武涧。（《历代名家评注史记集说·项羽本纪》）

**王　恢**：广武：《郡国志》："河南尹荥阳，有广武，有敖仓。"《刘注》引《西征记》曰："有三皇山，或谓三室。"（按《荥泽县志》："三皇山、广武山俱在河阴县北十三里，二山相连。"）"山上有二城，东者曰东广武，西者曰西广武，各在山一头，相去二百余步，其间隔深涧，汉祖与项籍语处"。《济水注》："济水又东迳西广武城，城在山上，汉所城也（按《范睢传》昭王城广武，应即此）。高祖与项羽临涧对语，责羽十罪，羽射汉祖中胸处也。山下有水，北流入济，世谓之柳泉。济水又东迳东广武城北，楚项羽城之。汉破曹咎，羽还广武为高坛，置太公其上，今名项羽堆。夹城之间，有绝涧断山，谓之广武涧。项羽叱娄烦于其上。济水又东迳敖山北。"（《史记本纪地理图考·项羽本纪·楚汉相持荥阳成皋》）

**又**：近年《汉王城、楚王城初步调查》二王城在荥阳县东北四十七华里广武山上，距旧广武城十二华里。广武山东西绵亘，北滨为十余里宽的黄河，南为千里平川。此地的荥阳关，虎牢关，黑石关，函谷关以至潼关，是通往关中咽喉要道的前哨据头。

广武山山顶平缓，山的中间有一条南北方向的大深沟，沟宽八百米，自沟底至山顶高二百米，沟身弯转折曲，悬崖陡壁，岩石高低杂错其间，是一处天然险境，这即有名于史的"鸿沟"。

沟的东西二城均为方形。由于年代久远，黄河向南滚移，二城的北部大半被冲塌入河中。

汉王城比楚王城略大，东西长千二百米，今南北方向仅存三百米。城的南墙西端向北斜去约百余米，而与楚王城南墙不是一条直线。墙体塌落处宽三十米左右，残存高六米、七米不等，其间以西端部分较高，在东墙紧临黄河悬崖最高点，约十米多，如按河水面积计算高达二百余米。自鸿沟入城必走此端，磴道尚有痕迹。

楚王城东西长一千米，南北长残留四百米，城墙宽二十六米多，城角部分宽约七十米左右。墙体一般高六米至七米不等，其中西南城角为最高，高达十五米——是二城中最高之一点。城内平坦，自西墙外沿海边有一山峰，西墙紧逼其侧，当年筑城时，是有意利用这个地形的

二城的形象大致相同。从塌落的断面看，城墙均用黄土逐层分段夯实，夯层十分明显，夯窝犹有印痕。二王城比现存一些较完整的汉代故城不同，二城的墙身每隔十数米整段塌掉，出现一些缺口，是因年代久远，水土流失所造成。二城的城门位置无迹象可寻，亦无文献可考。

从地面考察，并未拾到陶片，也不见砖瓦等残片，也未拾到任何文物。据霸王城村民说，常拾到一些三棱尖锐呈青绿色的铜镞。（《史记本纪地理图考·项羽本纪·楚汉相将荥阳成皋》）

**牛运震**：于是项王乃即汉王相与临广武间而语：按此与上文"与汉俱临广武而军"

遥对。(《空山堂史记评注》卷二《项羽本纪》)

  郭嵩焘：“楚汉久相持未决，丁壮苦军旅，老弱罢转漕”至"于是项王乃即汉王相与临广武间而语"：按此段绝是闲笔，非正文，史公偏以余力曲曲叙出，亦是惊怪绝人，直至项王、汉王相与临广武而语，遂成千古英雄第一会合。(《史记札记》卷一《项羽本纪》)

⑰【汇注】
  颜师古：数，责也，音所具反。(《汉书注·陈胜项籍传》)

⑱【汇评】
  程馀庆：曰"笑谢"，曰"不听"，顽钝得妙。对粗暴人，须用顽钝。(《历代名家评注史记集说·项羽本纪》)

⑲【汇注】
  郑权中：伏弩：隐伏的弩箭。弩，弓上装有机关来射箭的武器。(《史记选讲·项羽本纪》)

⑳【汇注】
  杨树达：伤胸也。(《汉书窥管》卷四《陈胜项籍传》)

㉑【汇注】
  郑权中：成皋：在今河南省荥阳县境内。(《史记选讲·项羽本纪》)

【汇评】
  归有光：项王与汉王相临广武时，如做戏，一出上，一出下，最妙。(《归震川全集》余集卷八《先太仆评点史记例意》)

  高　嵣：正叙楚、汉交战事，以"久相持未决"标出眼目，且作停顿之势。然汉虽屡败，势已向东，楚虽负强，而势不得西。且汉得助于黥布，而楚被挠于彭越；汉就敖仓，而楚绝粮食。节节立胜败底案。至项王信间而不用范增一节，尤为失人之征。此截据外面看来，楚强汉弱，而节节恰标出楚失汉得之故。大势较然，固不在一时胜负之迹也。高文妙手！(《史记钞》卷一《项羽本纪》)

  项王闻淮阴侯已举河北①，破齐、赵②，且欲击楚③，乃使龙且往击之④。淮阴侯与战⑤，骑将灌婴击之⑥，大破楚军，杀龙且⑦。韩信因自立为齐王⑧。项王闻龙且军破，则恐⑨，使盱台人武涉往说淮阴侯⑩。淮阴侯弗听⑪。是时，彭越复反⑫，下梁地⑬，绝楚粮⑭。项王乃谓海春侯大司马曹咎等曰⑮："谨守成皋⑯，则汉欲挑战⑰，慎勿与战⑱，毋令得东而已⑲。我十五日必诛彭越，定梁地，复从将军⑳。"乃东，行击陈留、外黄㉑。

① 【汇注】
　　班　固：淮阴侯韩信，初以卒从项梁，梁死，属项羽为郎中，至咸阳，亡从入汉，为连敖票客。萧何言信为大将军，别定魏、赵，为齐王，徙楚，擅发兵，废为侯。六年封，五年，十一年，坐谋反诛。(《汉书》卷十六《功臣表》)

② 【汇校】
　　梁玉绳：按：韩信破赵已逾年矣，非破齐一时事，此与《高纪》皆多一"赵"字，《汉书》无。(《史记志疑·项羽本纪》)
　　张大可：破齐、赵：赵即河北，已见上文，故"赵"字为衍文。韩信破齐在汉四年冬十月。(《史记全本新注·项羽本纪》)

③ 【汇评】
　　程馀庆：牵动得力。(《历代名家评注史记集说·项羽本纪》)

④ 【汇注】
　　裴　骃：韦昭曰："（且）音子闾反。"(《史记集解·项羽本纪》)
　　梁玉绳：按：楚救齐之役，此及《淮阴》《田儋传》止言龙且为将，而《高纪》兼言周兰，《灌婴传》兼言留公，盖《纪》《传》互见也。但《汉书籍传》谓"羽使从兄子项它为大将，龙且为裨将，救齐"，舍主将而书偏裨，何也？(《史记志疑·项羽本纪》)

⑤ 【汇校】
　　陈铁民：校点本《本纪·项羽本纪》："乃使龙且往击之。淮阴侯与（战）骑将灌婴击之，大破楚军，杀龙且。"删去"战"字。王伯祥《史记选》作"淮阴侯与战骑将灌婴击之"，保留"战"字。按，秦汉时的将军名号颇多，有大将军，车骑将军、骠骑将军、骁骑将军、轻车将军、轻骑将军、卫将军、骑将军、前、后、左、右将军等等，而未闻有战骑将军或战骑将。《史记·樊郦滕灌列传》曰："汉王乃择军中可为车骑将者，皆推故秦骑士重泉人李必、骆甲习骑兵，今为校尉，可为骑将。汉王欲拜之，必、甲曰：'臣故秦民，恐军不信臣，臣愿得大王左右善骑者傅之。'灌婴虽少，然数力战，乃拜灌婴为中大夫，令李必、骆甲为左、右校尉，将郎中骑兵。"是则灌婴与李必、骆甲共将郎中骑兵，为郎中骑将，简称曰骑将，《史记选》作"战骑将"者误。然校点本删去"战"字亦误，此数句的正确断句应为："淮阴侯与战，骑将灌婴击之，大破楚军，杀龙且。"《樊郦滕灌列传》又曰："（汉）三年，（灌婴）以列侯食邑杜平

乡，以御史大夫受诏将郎中骑兵，东属相国韩信，击破齐军于历下，所将卒虏车骑将军华毋伤……东从韩信攻龙且、留公旋于高密，卒斩龙且，生得右司马、连尹各一人，楼烦将十人，身生得亚将周兰。"在"卒斩龙且"句下，《解集》曰："文颖曰：所将卒。"《汉书·灌婴传》师古注于此句下亦曰："婴所将之卒也，其不亦同。"据此，则此役韩信为汉方主将，灌婴乃其下属；谋划者为韩信，力战者为灌婴，击杀龙且者为灌婴所将卒，故曰："淮阴侯与战，骑将灌婴击之，大破楚军，杀龙且。"《淮阳侯列传》称韩信"击杀龙且"，乃统而言之。又，《史记·高祖本纪》载此事，亦当读为："韩信与战，骑将灌婴击，大破楚军，杀龙且。"（《〈史记〉校点正误一例》，载《文史》第十一辑）

⑥【汇校】

梁玉绳："淮阴侯与战，骑将灌婴击之"，按：此与《高纪》皆多一"战"字，当衍之。《汉书》无"战骑将"三字。（《史记志疑·项羽本纪》）

⑦【汇校】

赵　翼：韩信袭杀龙且，《史记》在三年，《汉书》在四年。（《廿二史札记》卷一《史汉不同处》）

【汇注】

司马迁：齐王广、龙且并军与信战，未合。人或说龙且曰："汉兵远斗穷战，其锋不可当。齐、楚自居其地战，兵易败散。不如深壁，令齐王使其信臣招所亡城，亡城闻其王在，楚来救，必反汉。汉兵二千里客居，齐城皆反之，其势无所得食，可无战而降也。"龙且曰："吾平生知韩信为人，易与耳。且夫救齐不战而降之，吾何功？今战而胜之，齐之半可得，何为止！"遂战，与信夹潍水阵。韩信乃夜令人为万余囊，满盛沙，壅水上流，引军半渡，击龙且，详不胜，还走。龙且果喜曰："固知信怯也。"遂追信渡水。信使人决壅囊，水大至，龙且军大半不得渡，即急击，杀龙且。龙且水东军，散走，齐王广亡去。信遂追北至城阳，皆虏楚卒。（《史记·淮阳侯列传》）

又：西楚霸王项羽三年十一月，汉将韩信破杀龙且。（《史记·秦楚之际月表》）

陆唐老：韩信已定临淄，遂东追齐王。项王使龙且将兵救齐。龙且曰："吾平生知韩信为人，易与耳。寄食漂母，无资身之策，受辱于胯下，无兼人之勇，不足畏也。"齐楚与汉夹潍水而陈。韩信夜令人为万余囊，满盛沙，壅水上流，引军半渡，击龙且，佯不胜，还走。龙且果喜曰："固知信怯也。"遂追信。信使人决壅囊，水大至。龙且军大半不得渡，即急击杀龙且。且虏齐王，尽定齐地。（《陆状元通鉴》卷二十六《太祖高皇帝上》）

朱东润：《淮阴侯列传》："韩信下齐，项羽使龙且将，号称二十万，救齐，齐王广与龙且并军与信战。龙且曰，吾平生知韩信为人易与耳。"其意气之盛可知。考之功状,汉将以击龙且为功者;中水侯吕马童则曰:"以司马击龙且。"肥水侯蔡寅则曰:"以车骑都尉破龙且。"高陵侯王周则曰:"以都尉破田横、龙且。"阳都侯丁复则曰:"属悼武王,杀龙且彭城,为大司马。"乐成侯丁礼则曰:"属灌婴杀龙且。"复以《灌婴传》校之,则曰:"东从韩信攻龙且,留公于高密,卒斩龙且。"然则杀龙且之役,韩信、灌婴为一军,丁礼属之;吕泽为一军,丁复属之;而吕马童、蔡寅、王周亦身与其间,此则考之功状参以纪传而可知也。(《史记考索·读〈高祖功臣侯者年表〉书后》)

**编者按**:据《史记·高祖功臣侯者年表》丁复以赵将从起邺,至霸上,为楼烦将,入汉,定三秦,别降翟王,属悼武王,杀龙且彭城,为大司马;破羽军叶,拜为将军,侯,七千八百户。封阳都。又丁礼以中涓骑从起砀中,为骑将,入汉,定三秦,侯。以都尉击籍,属灌婴,杀龙且,更为乐成侯,千户。

【汇评】

**赵 蕤**:以水佐攻者强。何以言之?昔韩信定临淄,走齐王田广,楚使龙且来救齐。齐王广、龙且并军与信合战,夹潍水阵。韩信乃夜令人为万余囊,盛沙壅水上流,引军半渡,击龙且。佯不胜,还走,龙且果喜曰:"固知信怯也。"遂追信渡水,信使决壅囊,水大至,龙且军大半不得渡,即击之,杀龙且。龙且水军东散走,此反半渡之势。(《长短经》卷九《水火》)

**胡应麟**:龙且,黥布之徒也。灭于信,而勋勿立。楚之可当一面者,且耳,破九江,救田横,他弗任也。且死潍水,羽始大惧,遣人说信。及越反梁,无可使者,自往击之,卒失成皋,楚以亡。故吾尝谓:增去而楚无大臣,且没而楚无善将,难为碌碌者道也。(《少室山房笔丛》卷六《史书佔毕》二《外篇》)

**吕思勉**:郦食其说齐王,言项羽非项氏莫得用事;陈平亦言:项王不信人,其所任爱,非诸项,即妻之昆弟;此项羽之所以败也。……《汉书·项籍传》则云:羽使从兄子项它为大将,龙且为裨将救齐。《史记·曹相国世家》云:从韩信击龙且军于上假密,大破之,斩龙且,虏其将军周兰。《汉书·曹参传》作亚将周兰。《史记·灌婴列传》亦以周兰为亚将,《汉书》同。师古曰:亚将,次将也。然则龙且乃末将耳。诸文所以多言龙且者,盖以其为名将,当时人争指目之,而不数项它及周兰也。龙且乃破淮南之人,其劲悍可知。陈平又称为骨鲠之臣,使项王专任之,韩信或不易得志于齐邪?(《论学集林·楚将龙且》)

⑧【汇注】

**梁玉绳**:附按:信以四年十月破齐,十一月杀齐王广,因以书乞自立为假王,汉因事而封之,在二月,《高纪》《月表》《田儋》《淮阴传》皆云然。其实信自立为齐王在十一月,与汉王书言假王,隐其情耳。《续古今考》谓"信自立为王在十一月,其使

人以书与汉王言假王者,乃擅自立为王之后始请之"。(《史记志疑·项羽本纪》)

⑨【汇注】

吴见思:则恐:"则"又作"乃"字解。(《史记论文·项羽本纪》)

⑩【汇注】

解惠全、张德萍:武涉说淮阴侯的内容是劝说淮阴侯背汉联楚,三分天下。详见《淮阴侯列传》。(《全译史记·项羽本纪》)

⑪【汇注】

司马迁:楚已亡龙且,项王恐,使盱眙人武涉往说齐王信曰:"天下共苦秦久矣,相与勠力击秦。秦已破,计功割地,分土而王之,以休士卒。今汉王复兴兵而东,侵人之分,夺人之地,已破三秦,引兵出关,收诸侯之兵以东击楚,其意非尽吞天下者不休。其不知厌足如是甚也。且汉王不可必,身居项王掌握中数矣,项王怜而活之,然得脱,辄倍约,复击项王,其不可亲信如此。今足下虽自以与汉王为厚交,为之尽力用兵,终为之所禽矣。足下所以得须臾至今者,以项王尚存也。当今二王之事,权在足下。足下右投则汉王胜,左投则项王胜。项王今日亡,则次取足下。足下与项王有故,何不反汉与楚连和,参分天下王之?今释此时,而自必于汉以击楚,且为智者固若此乎!"韩信谢曰:"臣事项王,官不过郎中,位不过执戟,言不听,画不用,故倍楚而归汉。汉王授我上将军印,予我数万众,解衣衣我,推食食我,言听计用,故吾得以至于此。夫人深亲信我,我倍之不祥,虽死不易。幸为信谢项王!"(《史记·淮阴侯列传》)

⑫【汇评】

吴见思:又遥接彭越,千缕万丝,一毫不乱。凡三提彭越,以见楚项之病根。(《史记论文·项羽本纪》)

⑬【汇校】

张大可:是时,彭越复反,下梁地:指彭越第二次扰乱楚后方。其事在汉三年八月,即前文"项王已定东海来"为一事,故"是时"二字亦作"初"字读,追叙项羽丢失成皋的经过。《汉书·高帝纪》叙楚汉相争,对峙成皋、广武,编年井然有序。《项羽本纪》序事用传体,以便构成汉军怎样由被动转主动,而项羽由主动变被动的强烈对比,故运用了倒叙插入的手法。这一节文字应单独成段标点,则文理不乱。点校本及各选本未明司马迁笔法,分段有误,造成时序紊乱,今特正之。(《史记全本新注·项羽本纪》)

⑭【汇评】

牛运震:"是时,彭越复反,下梁地,绝楚粮":按此复说一遍,起下有情。(《空山堂史记评注》卷二《项羽本纪》)

**浦起龙**：越在梁尤逼，故项王以成皋委司马，而自东击越，然汉遂破围东出矣。（《古文眉诠》卷十八《项羽本纪》）

**程馀庆**：篇中凡三提彭越：曰"烧楚积聚"，曰"绝楚粮食"，曰"绝楚粮"，《高纪》称"彭越反梁地，往来苦楚兵"者，此也。正见项羽病根。为下"食绝""食尽"根本。（《历代名家评注史记集说·项羽本纪》）

⑮【汇注】

**王伯祥**：时曹咎为大司马，封海春侯，与司马欣、董翳守成皋，故云曹咎等。（《史记选·项羽本纪》）

⑯【汇校】

**郭嵩焘**：按前叙项王围成皋，汉王逃，楚遂拔成皋。项王东击彭城，汉王引兵渡河，复取成皋，军广武，项王乃即汉王相与临广武而语。是成皋已属汉矣，此复云"项王乃谓海春侯、大司马曹咎等曰：谨守成皋"，成皋属楚？属汉？疑不能明。《高祖本纪》叙汜水之战于前，项羽闻海春侯破，乃引兵还，俱临广武而军，所以临广武间相语者，为楚、汉皆军广武故也。《项羽本纪》倒叙失次，当以《高祖本纪》为得其实。（《史记札记》卷一《项羽本纪》）

【汇评】

**牛运震**："汉王则引兵渡河，复取成皋"，"汉王伤，走入成皋"。则汉已复得成皋矣，项王何缘嘱大司马咎"谨守成皋"也？（《读史纠缪》卷一《项羽本纪》）

⑰【汇注】

**吴见思**：则汉欲挑战："则"又作"如"字解。（《史记论文·项羽本纪》）

**吴　恂**：臣瓒曰："挑战，摘娆敌求战也，古谓之致师。"恂按：《孙子·地形篇》曰："远形者势均，难以挑战。"曹注："挑战，延敌也。"挑之义，与《司马相如传》"以琴心挑之"之挑同，其本字作挑，《说文》挑字解曰："相呼诱也。"《秦策》："楚人有两妻，人挑其长者，长者詈之；挑其少者，少者许之。"《史记·吴王濞传》"乃使中大夫应高挑胶西王"是也。致师之致，即兵法致人而不致于人之致。《左传》宣十二年曰："楚许伯御乐伯，摄叔为右，以致晋师，晋人逐之。"是其事也。郑氏《周礼·夏官》环人掌致师。注云："致师者，致其必战之志，先使勇之士犯敌焉。"近儒孙仲容从之。（《汉书注商·高帝纪上》）

⑱【汇评】

**方　回**：汉三年九月，项羽令曹咎谨守成皋，勿与汉战，自击彭越、刘贾等，约十五日还，明年四月丁酉冬十月，汉挑战，咎大败，与长史欣皆自刎，汉复取成皋，军广武，彭越有功于汉不少哉！（《续古今考》卷十七《楚大司马曹咎败汜水》）

⑲【汇注】

张大可：毋令得东而已：只要不使汉军东进就是头功。按，曹咎等不听项羽节制，结果丢失了成皋、荥阳，汉军阵线东推至荥阳以东的广武，迫使项羽处于守势，楚汉相争形势大大逆转。(《史记全本新注·项羽本纪》)

⑳【汇注】

王伯祥：复从将军，言回兵复与咎等会合。(《史记选·项羽本纪》)

钱伯城：从：跟随。这里指会合。(《史记纪传选译》上《项羽本纪》)

㉑【汇注】

张守节：《括地志》云："陈留，汴州县也。在州东五十里，本汉陈留郡及陈留县之地。"孟康云："留，郑邑也。后为陈所并，故曰陈留。"臣瓒又按：宋有留，彭城留是也。此留属陈，故曰陈留。(《史记正义·项羽本纪》)

王　圻：梁太祖自河北至内黄，顾问李珽曰："何谓内黄？"珽曰："河南有外黄、下黄，故此名内黄。"太祖曰："外黄、下黄何在？"珽曰："秦有都尉理外黄，其故墉在今雍丘。下黄为高齐所废，在今陈留。"太祖平生不爱儒者，闻珽语，大喜。(《稗史汇编·人物门》卷三十三《文学·内黄外黄》)

浦起龙：外黄是彭越旁县。(《古文眉诠》卷十八《项羽本纪》)


外黄不下。数日，已降，项王怒，悉令男子年十五已上诣城东①，欲坑之②。外黄令舍人儿年十三③，往说项王曰④："彭越强劫外黄⑤，外黄恐，故且降，待大王。大王至，又皆坑之，百姓岂有归心？从此以东，梁地十余城皆恐，莫肯下矣⑥。"项王然其言⑦，乃赦外黄当坑者⑧。东至睢阳⑨，闻之皆争下项王⑩。

①【汇注】

程馀庆："十五"，正为"十三"作波。(《历代名家评注史记集说·项羽本纪》)

②【汇评】

孙　琮：一味好杀，岂能济事？(《山晓阁史记选·项羽本纪》)

③【汇注】

裴　骃：苏林曰："令之舍人儿也。"瓒曰："称儿者，以其幼弱，故系其父，《春秋传》曰'仍叔之子'是也。"(《史记集解·项羽本纪》)

杜　佑：令之舍人，卑也；以其幼弱，故系其父。(《通典》卷一百五十一《示义·注》)

【汇评】

陈光锡：若十五则开口不得矣。(《史纬》卷七《项羽》)

④【汇评】

程金造：外黄令舍人的小儿，来说项羽，若是不爱民而逼杀百姓，则黎民永无归顺之心。此太史公借县令舍人儿口中说出的。(《史记管窥·司马迁著项羽入本纪之本意》)

周振甫：楚汉相持时，彭越助汉下梁地，绝楚粮。项羽率军收复梁地，击外黄，外黄不下。项羽攻外黄，数日攻下外黄。项羽怒，急令男子年十五以上诣城东，欲坑之。外黄令之舍人儿年十三说项羽曰："彭越强劫外黄，外黄恐，故且降，待大王，大王至，又皆坑之，百姓岂有归心？从此以东，梁地十余城皆恐，莫肯下矣。"项羽然其言，乃赦外黄当坑者，东至睢阳闻之，皆争下项羽。《史记评林》论曰：按舍人儿年十三，尚能说（项）羽赦外黄当坑者。亚父（范增）七十（岁）而顾不能谏羽，以致戮（秦王）子婴，杀义帝，斩彭生（按项羽入关后，人或说项羽曰："关中阻山河，四塞，地肥饶，可都以霸。"项羽怀思欲东归，曰："富贵不归故乡，如衣锦夜行，谁知之者？"说者曰："人言楚人沐猴而冠耳，果然。"项羽闻云，烹说者。"斩彭生"当即指此），坑秦二十万众，智愚之相至何远哉？设羽以其任（范）增者而任舍人儿，楚之为楚，未可知也。(《论〈项羽本纪〉舍儿说项羽》，载《文学遗产》1997年第1期)

⑤【汇注】

张守节：强，其两反。(《史记正义·项羽本纪》)

⑥【汇评】

司马迁：项王所过，无不残灭者。天下多怨，百姓不亲附，特慑于威强耳。名虽为霸，实失天下心。(《史记·淮阴侯列传》)

⑦【汇评】

杨维桢：或曰：籍虽好杀，欲坑外黄，而愧于舍人儿之一言。欲烹太公，而悟于项伯之微谏，使得一二贤佐，籍亦可伯。韩信曰："籍之勇，匹夫之勇耳，籍之仁，妇人之仁耳。"此为论籍之确者。辅以伊尹、太公之佐，其能率桀纣为汤、文、武也哉？(《史义拾遗》卷上《项籍论》)

华庆远：故致堂曰：羽欲坑外黄，外黄令舍人儿十三岁，能止之。不闻亚父一语，独所谓"吾属今为沛公虏"一言不谬耳。(《论世编》卷六《西汉》)

刘　沅：战虽尚武，必以文德济之。越下梁十七城，羽旋即取之，书以见徒勇不足恃也。外黄小儿一言，而项羽不坑降卒，足见羽非不可言。范增庸庸误之也。(《史

存》卷六《楚汉纪》)

⑧【汇评】
程馀庆：羽生平所过残灭，独然外黄小儿之言，所谓晓人当如是也。范增七十翁，愧此十三岁儿多矣。(《历代名家评注史记集说·项羽本纪》)

⑨【汇注】
张守节：《地理志》云："宋州外城本汉睢阳县也。《括地志》云睢阳县，故宋国也。"(《史记正义·项羽本纪》)

王伯祥：睢阳，春秋宋地，秦置睢阳县。唐改宋城县，并置睢阳郡。金复旧名。明改商丘。即今河南省商丘县。(《史记选·项羽本纪》)

⑩【汇评】
凌稚隆：按：舍人儿年十三，尚能说羽赦外黄当坑者；亚父七十而顾不能谏羽，以致戮子婴，杀义帝，斩彭生，坑秦二十万众，智愚之相去何远哉！设羽以其任增者而任舍人儿，楚之为楚未可知也。(《史记评林·项羽本纪》)

冯梦龙：胡致堂曰：史称亚父好奇计，然羽虐不谏，其智尚不及外黄儿。所谓"吾属今为沛公虏者"一言不谬耳！(《纲鉴统一》卷六《西汉高帝元年》)

汉果数挑楚军战①，楚军不出。使人辱之②，五六日③，大司马怒，渡兵汜水④。士卒半渡，汉击之，大破楚军⑤，尽得楚国货赂。大司马咎、长史翳、塞王欣皆自刭汜水上⑥。大司马咎者，故蕲狱掾，长史欣亦故栎阳狱吏，两人尝有德于项梁⑦，是以项王信任之⑧。当是时⑨，项王在睢阳，闻海春侯军败，则引兵还⑩。汉军方围钟离眜于荥阳东⑪，项王至，汉军畏楚，尽走险阻⑫。

①【汇注】
张大可：汉果数挑楚军战：果不出项羽所料，他一东走，刘邦立即挥师渡河，一次又一次向曹咎挑战。(《史记全本新注·项羽本纪》)

②【汇评】
孙　琮：处粗人法。(《山晓阁史记选·项羽本纪》)
程馀庆：妙！得粗人法。(《历代名家评注史记集说·项羽本纪》)

③【汇注】

程馀庆：应十五日。(《历代名家评注史记集说·项羽本纪》)

④【汇校】

钱大昕："大司马怒，渡兵汜水"，注：如淳曰"汜音祀。《左传》曰'鄤在郑地汜'"。案：如音，与今土人音正同。其所引《左传》则误也。僖廿四年传"王出，适郑，处于汜"，杜注"郑南汜也，在襄城县南"，此即所谓"鄤在郑地汜"者。《续汉志》襄城有汜城，刘昭注亦以周襄王所处，其字从"巳"，音凡，不当牵为一地。(《三史拾遗》卷一《史记·项羽本纪》)

【汇注】

裴　骃：张晏曰："汜水在济阴界。"如淳曰："汜音祀。"《左传》曰："鄤在郑地汜。"瓒曰："高祖攻曹咎成皋，渡汜水而战，今成皋城东汜水是也。"(《史记集解·项羽本纪》)

司马贞：按：今此水见名汜水，音似。张晏云在济阴，亦未全失。按：古济水当此截河而南，又东流，溢为荥泽。然水南曰阴，此亦在济之阴，非彼济阴郡耳。臣瓒之说是。(《史记索隐·项羽本纪》)

张守节：《括地志》云："汜水源出洛州汜水县东南三十二里方山。《山海经》云：'浮戏之山，汜水出焉。'"(《史记正义·项羽本纪》)

马持盈：汜水，县名，在荥阳县之西。(《史记今注·项羽本纪》)

吴　恂：汜、氾二字，形似易溷，范书《郡国志》：成皋有汜水。《水经·河水注》：汜水又北迳虎牢城东，汉破司马欣、曹咎于是水之上，汜水又北流，注于河。字皆作汜，且如淳音祀，而颜氏亦谓今彼乡人呼之音祀，然则其字作汜不作氾。下五年汉王即皇帝位于汜水之阳。张晏注曰："在济阴界，取其氾爱弘大而润下也。"师古云："据《叔孙通传》曰：为皇帝于定陶。"则此水在济阴是也。以斯言之，则成皋之水不当与之同名审矣。(《汉书注商·高帝纪上》)

⑤【汇注】

杜　佑：楚、汉相持，项羽自击汉将彭越于梁地，令其将大司马曹咎守成皋，汉将挑楚军咎渡汜水战。汉将候半涉击，大破之。(《通典》卷一百六十《敌半涉水击必胜》)

浦起龙：汉破楚围。(《古文眉诠》卷十八《项羽本纪》)

【汇评】

赵　蕤：孙子曰："绝水必远水(自注：引敌使渡也)，客绝水而来，迎之于水内，令敌半渡而击之，利。欲战，无附于水而迎客也。"……卢绾佐彭越攻下梁地十余城，项羽闻之，谓其大司马曹咎曰："谨守成皋。即汉挑战，慎勿与战。"汉果挑楚军，楚军不出。使人辱之，大司马怒，渡汜水。卒半渡，汉击，大破之，此欲战无附于水势也。故知水火之变，可以制胜，其来久矣。（《长短经》卷九《水火》）

**朱东润**：《项羽本纪》：彭越复反梁地，绝楚粮食，项羽乃谓海春侯大司马曹咎等曰："谨守成皋。"付托之重，可以概见。考之功状，汉将以击曹咎为功者：栒侯温疥则曰："破曹咎军。"中邑侯朱通则曰："以中尉破曹咎。"（朱通见《惠景间侯者年表》）龙侯陈署则曰："以谒者击籍，斩曹咎。"宁陵侯吕臣则曰："破曹咎成皋，为上解随马。"且以吕臣功状言之，破曹咎正自不易，高祖尝有追骑之厄，故臣得以解随马为功也。然则，如《项羽本纪》所言："大司马怒，渡兵汜水，士卒半渡，汉击之，大破楚军。"曹咎之败，固若是之易乎？不足信也。（《史记考索·读〈高祖功臣侯者年表〉书后》）

【汇评】

**程馀庆**：前半屡言大破秦军，后半屡言大破楚军，亦篇中著眼处。（《历代名家评注史记集说·项羽本纪》）

⑥【汇校】

**梁玉绳**：附按：《高纪》及《汉书纪》《传》皆无"翳塞王"三字，此后人妄增之。何者？翳降汉后，虽与欣同叛楚，而不复再见。盖欣与项王有旧恩，故得弃瑕而仍任用之，非翳可比矣。惟欣曾封塞王，后文称"故塞王"甚合，乃此及《高纪》并以"长史"称之，《汉书》亦然。或疑此当衍"长史翳"三字。曰：否。后文又有"长史欣"也。卢学士云"翳塞王"三字必非《史记》本文，观下但举咎、欣两人可知。翳旧为都尉，不为长史。又欣既称塞王，则翳亦当称翟王，此数者皆不协，故知非也。（《史记志疑·项羽本纪》）

**赵　翼**：项羽使海春侯曹咎守成皋，为汉王所虏。《史记》在刘、项同军广武之后，《汉书》在同军广武之前。（《廿二史札记》卷一《史记不同处》）

**崔　适**：曹咎自到汜水上，误在楚汉俱临广武而军后。汜水在成皋西，广武在成皋东，汉渡汜水，然后入成皋，复东临广武；若汉王先临广武，曹咎何由西守成皋乎？（《史记探源》卷三《项羽本纪》）

**郭嵩焘**：按项羽东击田荣而彭城失；此击彭越而成皋失。中间彭越数反，项羽数往击之，用此知高祖任韩信为大将，关以东之事尽以委之，而用其全力以当项羽，允为经营天下之大略。又《志疑》云："'翳塞王'三字，《汉书纪》《传》皆无之，卢学士云：'三字非《史记》本文，观下但叙咎、欣可知。翳旧为都尉，不为长史；又欣称塞王，则翳当称翟王，皆不协。'"按："翳"字衍，"长史"二字误倒，当在"塞王"字下，玩下"长史欣亦故栎阳狱吏"自见。前已标明"海春侯、大司马曹咎"而不著长史欣名，故于此处但称大司马咎，而于欣必兼举其姓。长史欣，欣姓，非言名也，

《高祖纪》可证。(《史记札记》卷一《项羽本纪》)

**【汇注】**

裴　骃：郑氏曰："刭音经鼎反。以刀割颈为刭。"(《史记集解·项羽本纪》)

乐　史：司马欣墓在县西二十五里，章邯长史。降项羽，封为塞王。(《太平寰宇记》卷三十一《关西道七·耀州·富平县》)

吕祖谦：颜师古曰：臣瓒以"汜水在成皋东"，此说得之。音祀。高帝即位于汜水之阳，此水在济阴，音敷剑反。(《大事记解题》卷八)

⑦【汇评】

张大可：两人尝有德于项梁：曹咎、司马欣有德于项梁事已叙于篇首，这里特地复述，在于说明项羽疏贤用亲，无独当一面之良将，所以失败。(《史记全本新注·项羽本纪》)

⑧【汇评】

唐顺之：徒以旧恩任，不必贤。(引自《史记评林》)

孙　琮：徒以旧恩用人，未必贤，其败可知。(《山晓阁史记选·项羽本纪》)

吴见思：狱掾凡两应。分封一点见其私也。此处一点，见不用贤而任其私，项羽之所以败也。(《史记论文·项羽本纪》)

浦起龙：闲笔，应前。(《古文眉诠》卷十八《项羽本纪》)

牛运震："大司马咎者，故蕲狱掾"云云，至"是以项王信任之"：按此复述作遥应，冷而妙，叙次中有波澜。(《空山堂史记评注》卷二《项羽本纪》)

郭嵩焘："大司马曹咎者，故蕲狱掾；长史欣亦故栎阳狱吏，两人尝有德于项梁，是以项王信任之"：按两人者，项氏所以始终，其才则一狱吏耳，所以明项羽怙私恩而遗天下之远略也。(《史记札记·项羽本纪》)

程金造：太史公在此所以明项羽之任人，不以才是任，而以亲是选，是不知知人善任之道。(《史记管窥·司马迁著项羽入本纪之本意》)

⑨【汇评】

凌稚隆：篇中用"当是时"凡八处，转折博换，何等精神。非此三字提醒，不能发下，文法最妙。(《史记评林·项羽本纪》)

⑩【汇评】

高　嵣：汉王成皋之围已解，而项王一身，既击梁，又战汉，牵引疲乏，败形已著。(《史记钞》卷一《项羽本纪》)

⑪【汇注】

裴　骃：《汉书音义》曰："眛音末。"(《史记集解·项羽本纪》)

朱东润：海春侯军败，汉军方围钟离眛于荥阳东。眛亦楚将。及羽败，眛亡命投楚王韩信。谓信曰："汉所以不击取楚，以眛在公所，若欲捕我，以自媚于汉，吾今日死，公亦随乎亡矣。"见《淮阴侯列传》。盖贤者居人国，为人轻重如此。观眛之所以自处者，然后知项王、韩信之所以愚眛，皆未能禁其才，为尤可惜也。考之功状，汉将之击眛为功者：汾阴侯靳彊则曰："以中尉破钟离眛。"阳义侯灵常则曰："以荆令尹汉王五年初从，击钟离眛及陈公利几破之。"广平侯薛欧则曰："以将军击项羽钟离眛。"（《汉表》"羽"下有"将"字）宣曲侯丁义则曰："以郎骑破钟离眛军固陵。"《汉表》"郎骑"作"郎骑将"，犹言郎中骑将，吕马童、杨武皆居其官。合而观之，破钟离眛之役，薛欧为将军，靳彊、丁义为部将，至五年灵常始降，尤疾战，此则降将之常，又不足怪也。（《史记考索·读〈高祖功臣侯者年表〉书后》）

⑫【汇注】

**王伯祥**：尽走险阻，悉数逃往山地，凭恃山险以自保。（《史记选·项羽本纪》）

　　是时①，汉兵盛食多②，项王兵罢食绝③。汉遣陆贾说项王，请太公④，项王弗听。汉王复使侯公往说项王⑤，项王乃与汉约，中分天下⑥，割鸿沟以西者为汉⑦，鸿沟而东者为楚⑧。项王许之⑨，即归汉王父母妻子⑩。军皆呼万岁。汉王乃封侯公为平国君⑪。匿弗肯复见⑫。曰："此天下辩士，所居倾国⑬，故号为平国君⑭。"项王已约，乃引兵解而东归⑮。

① 【汇校】

**夏伯炎**：从"汉之四年"起到这里止，《史记志疑》指出：所叙之事，前后倒置，不但与《汉书》有异，并与《高纪》不同，恐系错简。并已分别指出错简、颠倒之处，根据注释，依文摘叙如下：

（上接"复入保成皋"句）项王进兵围成皋。汉王逃，独与滕公出成皋北门，渡河走修武，从张耳、韩信军。诸将稍稍得出成皋，从汉王。楚遂拔成皋，欲西。汉使兵距之巩，令其不得西。

（从这以下删"是时彭越渡河击楚东阿，杀楚将军薛公。项王乃自东击彭越"二十四个字）汉王得淮阴侯兵，欲渡河南。郑忠说汉王，乃止壁河内。使刘贾将兵佐彭越，烧楚积聚（以下删"项王东击破之，走彭越"九个字）。

项王乃谓海春侯大司马曹咎等曰："谨守成皋，则汉欲挑战，慎勿与战。毋令得东而已。我十五日必诛彭越，定梁地，复从将军。"乃东行。

汉之四年，击陈留、外黄。外黄不下。数日，已降，项王怒，悉令男子年十五已上诣城东，欲坑之。外黄令舍人儿年十三，往说项王曰："彭越强劫外黄，外黄恐，故且降，待大王。大王至，又皆坑之，百姓岂有归心？从此以东，梁地十余城皆恐，莫肯下矣。"项王然其言，乃赦外黄当坑者，东至睢阳，闻之皆争下项王。

汉果数挑楚军战，楚军不出。使人辱之，五六日，大司马怒，渡兵汜水。士卒半渡，汉击之，大破楚军，尽得楚国货赂。大司马咎、长史翳、塞王欣皆自刭汜水上。大司马咎者，故蕲狱掾，长史欣亦故栎阳狱吏，两人皆尝有德于项梁，是以项王信任之。

汉王则引兵渡河，复取成皋，军广武，就敖仓食。当是时，项王在睢阳，闻海春侯军败，则引兵还。汉军方围钟离眛于荥阳东，项王至，汉军畏楚，尽走险阻。

项王（这以下删"已来定东海"五个字）西与汉俱临广武而军，相守数月。

当此时，彭越数反梁地，绝楚粮食，项王患之。为高俎，置太公其上，告汉王曰："今不急下，吾烹太公。"汉王曰："吾与项羽俱北面受命怀王，曰'约为兄弟'，吾翁即若翁，必欲烹而翁，则幸分我一杯羹。"项王怒，欲杀之。项伯曰："天下事未可知，且为天下者不顾家，虽杀之无益，只益祸耳。"项王从之。

楚汉久相持未决，丁壮苦军旅，老弱罢转漕。项王谓汉王曰："天下匈匈数岁者，徒以吾两人耳，愿与汉王挑战决雌雄，毋徒苦天下之民父子为也。"汉王笑谢曰："吾宁斗智，不能斗力。"项王令壮士出挑战。汉有善骑射者楼烦，楚挑战三合，楼烦辄射杀之。项王大怒，乃自被甲持戟挑战。楼烦欲射之，项王瞋目叱之，楼烦目不敢视，手不敢发，遂走还入壁，不敢复出。汉王使人间问之，乃项王也。汉王大惊。于是项王乃即汉相与临广武间而语。汉王数之，项王怒，欲一战。汉王不听，项王伏弩射中汉王。汉王伤，走入成皋。

项王闻淮阴侯已举河北，破齐、赵，且欲击楚，乃使龙且往击之。淮阴侯与战，骑将灌婴击之，大破楚军，杀龙且。韩信因自立为齐王。项王闻龙且军破，则恐，使盱台人武涉往说淮阴侯。淮阴侯弗听。是时，彭越复反，下梁地，绝楚粮（这以下接"是时汉兵盛食多，项王兵罢食绝"）。（见王利器主编《史记注译·项羽本纪》）

**【汇注】**

**张大可**：是时：此为广武对峙之时，汉已得天下三分之二，故"兵盛食多"；项羽谋臣死，良将亡，故"兵疲食绝"。（《史记全本新注·项羽本纪》）

② **【汇校】**

**梁玉绳**：附按：此《纪》讹舛之处，已说见上。今依文摘叙，当云："项王进兵围成皋……令其不得西，汉王得淮阴侯兵，欲渡河南。郑忠说汉王，乃止壁河内。使刘贾将兵佐彭越，烧楚积聚。项王乃谓海春侯、大司马曹咎等……乃东行。汉之四年，击陈留、外黄……是以项王信任之。汉王则引兵渡河，复取成皋，军广武，就敖仓食。当是时，项王在睢阳……尽走险阻。项王西，与汉俱临广武而军……绝楚粮。是时汉兵盛食多，项王兵罢食绝。"（《史记志疑·项羽本纪》）

③【汇校】

孙　琮：提此三语，见汉所以胜，楚所以败。（《山晓阁史记选·项羽本纪》）

浦起龙：提起"食多""食绝"，楚、汉大势，银钩铁画。（《古文眉诠》卷十八《项羽本纪》）

高　嵣："汉兵盛食多，项王兵罢食绝"，二句将汉、楚大势提掇分明。（《史记钞》卷一《项羽本纪》）

牛运震："是时，汉兵盛食多，项王兵罢食绝"：按此楚汉成败大关键，妙能点出。（《空山堂史记评注》卷二《项羽本纪》）

程馀庆：又提一笔，表明楚汉胜败之由，铁划银钩。（《历代名家评注史记集说·项羽本纪》）

④【汇评】

程馀庆：请得当机。（《历代名家评注史记集说·项羽本纪》）

⑤【汇评】

吕祖谦：延平陈氏曰：待其少助食尽，然后遣侯生，得其时矣。（《大事记解题》卷八《西楚归太公吕后》）

⑥【汇注】

梁玉绳："楚、汉约分鸿沟，以（周）緤为信"，附按：《汉表》同。古人谓使者为信。盖兵交使在其间也。然《緤传》徐广引《表》云"以緤为信武侯"，则今本脱"武侯"二字。（《史记志疑》卷十一《高祖功臣侯者年表》）

【汇评】

方　回：中分天下，割鸿沟以西为汉，以东为楚，是年七月也。三年夏四月，荥阳围急，汉王尝请和，割荥阳以西为汉，羽弗从，陈平之间行而亚父去，纪信之诳行而汉王遁，亚父之疽死羽不悟，汉王之间出羽不追，有独运而无群谋，天为之乎？（《续古今考》卷二十一《项羽与汉约中分天下》）

⑦【汇注】

司马迁：荥阳下引河水东南为鸿沟，以通宋、郑、陈、蔡、曹、卫，与济、汝、淮、泗会。（《史记·河渠书》）

裴　骃：文颖曰："于荥阳下引河东南为鸿沟，以通宋、郑、陈、蔡、曹、卫，与济、汝、淮、泗会于楚，即今官渡水也。"（《史记集解·项羽本纪》）

**张守节**：应劭云："在荥阳东二十里。"张华云："大梁城在浚仪县北，县西北渠水东经此城南，又北屈分为二渠。其一渠东南流，始皇凿引河水以灌大梁，谓之鸿沟，楚汉会此处也。其一渠东经阳武县南，为官渡水。"按：张华此说是。（《史记正义·项羽本纪》）

**吕祖谦**：《史记正义》曰：应劭云："在荥阳东南二十里。"文颖曰："于荥阳下引河东南，为鸿沟，以通宋、郑、陈、蔡、曹、卫，与济、汝、淮、泗会于楚，即今官渡水也。"张华云："大梁城在浚仪县北。县西北渠水东经此城南又北屈，分为二渠，其一渠东南流。始皇凿引河水以灌大梁，谓之鸿沟。楚、汉会此处也。其一渠东经阳武县南，为官渡水。"按：张华此说是。（《大事记解题》卷八）

**胡三省**：杜佑曰：郑州荥阳县西有鸿沟，楚、汉分境之所。（《资治通鉴》卷十"高帝四年"注）

**阎若璩**：《河渠书》，禹功施于三代。自是之后，荥阳下引河东南，为鸿沟。……文颖曰：即今官渡水也。盖为二流，一南经阳武，为官渡水；一东经大梁城，即鸿沟，今之汴河是也。（《潜邱札记》卷三）

**王　恢**：鸿沟，始见于苏秦说魏："大王之地，南有鸿沟。"《河渠书》："自是（指春秋）之后，荥阳下引河东南为鸿沟，以通宋、郑、陈、蔡、曹、卫，与济、汝、淮、泗会。"文颖以楚汉中分之界，即官渡水。《索隐》谓"为二渠：一南经阳武为官渡水；一东经大梁城即鸿沟，今之汴河"。如《河渠书》，众水皆鸿沟之分流，《锥指》（四二）所谓"皆以下流之目追被上源"也。盖石门渠（当今广武西北）首受河，名鸿沟，又名蒗荡渠、汴渠、通济渠，名称互见，实皆源于出河之济。而楚汉一时之约——八月约，十月汉王即追羽至阳夏，十一月而羽卒，并无明确的相关考证。或曰荥阳东南之水，或曰当今贾鲁河，皆以臆测。其时灌婴已下彭城，彭越又断睢阳转输，羽兵少食尽，进退失据，不得不约中分天下，归太公、吕后。所谓鸿沟者，当时亦未必详确也。（《史记本纪地理图考·项羽本纪·鸿沟之约》）

⑧【汇注】

**司马光**：项羽自知少助，食尽，韩信又进兵击楚，羽患之。汉遣侯公说羽请太公。羽乃与汉约，中分天下，割鸿沟以西为汉，以东为楚。九月，楚归太公、吕后，引兵解而东归。（《资治通鉴》卷十"高帝四年"）

【汇评】

**王应麟**：或曰：鸿沟之约已定，良、平复说汉击羽，约可背欤？曰：此张子房之谋，陈平助之而已。秦灭韩，楚杀横阳，皆子房必报之仇也。君臣天经地义之所在，子房为汉谋，所以为韩也。秦将距峣关，既啖以利，而欲连和矣，子房曰"因其懈怠击之"，非失信于秦也，为韩报秦，不可不击也；羽约分鸿沟，已解兵东归矣，子房曰

"今释弗击,是自遗患",非失信于楚也,为韩报楚,不可不击也。子房义与秦、楚不共戴天,必殄灭之以伸其志,大义为重,小信为轻,矧羽也智勇俱困,兵食俱竭,一旦纵敌,数世之患也。纵之不攻,则子房不能雪横阳之耻,汉王亦不能摅义帝之愤矣。故合信、越之兵于固陵,多助之至,恭行天罚,决胜垓下,获丑东城,汉王缟素出师之举,子房间行归汉之心,凡以为此耳。……鸿沟约而再攻,为君复仇也,奚议焉!(《通鉴答问》卷三《羽与汉约割鸿沟以西为汉以东为楚》)

**郭嵩焘**：按：是时灌婴之军已至淮北,深入其根本之地；项羽腹背受敌,所以兵罢、食绝者,彭城危急,而转输之路穷也。高祖此时之力足以制项羽,项羽即不解兵东归,韩、彭之军毕集,以殄灭项羽有余。高祖始遣陆贾,继遣侯公,必欲与项羽约中分天下者,为欲得太公、吕后耳。又按是时彭城已失,梁、楚之地皆不能为羽有,所谓鸿沟为界者,将以何为界也？当时必约还给西楚地,项羽所以解而东归,亦自度其力足以收取彭城与汉相持也。陆贾之说项王径以太公为请；侯公必多为长短之说以明得失之数,重之以盟誓要约,项羽为所诱惑,急归其父母、妻、子,高祖所以匿不肯见者,诚有所讳也。史公著其事于《项羽本纪》,而《高祖本纪》载鸿沟分界事,竟若出自项羽之意者,盖亦为高祖讳耳。(《史记札记》卷一《项羽本纪》)

⑨【汇注】

**程馀庆**：此"许之",专指归太公。间接侯公往说句。(《历代名家评注史记集说·项羽本纪》)

⑩【汇校】

**梁玉绳**：按：《月表》及《王陵传》称："太公吕后",较之此与《高纪》作"父母妻子"为妥。且是时孝惠未为楚虏,而如淳、晋灼《汉书》注引《汉仪注》言高帝母兵起时死陈留小黄,则此时亦不得有母媪也。《文选》陆士衡《高祖功臣颂》"侯公伏轼,皇媪来归",亦非。(《史记志疑·项羽本纪》)

**程馀庆**：当作"太公、吕后"耳,此"母""子"二字皆误。(《历代名家评注史记集说·项羽本纪》)

**王　恢**：《史》称"即归汉王父母妻子",《汉书》晋灼引《汉仪注》,母于兵起时死陈留小黄北,孝惠未被俘,当依《月表》及《王陵传》称太公、吕后。(《史记本纪地理图考·项羽本纪·鸿沟之约》)

【汇注】

**赵　翼**：《高祖纪》称汉王之二年,定三秦,将五诸侯兵,破彭城,寻为项羽所败,西奔过沛,使人求家室。家室已亡去,道遇孝惠、鲁元公主,载以行。而家属反遇楚军,为羽所得,常置军中为质。据《史记》谓是时羽取汉王父母妻子,置军中。《汉书》则但谓取太公、吕后,而以《史记》所云父母妻子者,不过家属之通称,非真有母与子在项羽军中，故改言太公、吕后也。不知高祖母虽已前死，而楚元王为高祖异母弟，则高祖尚有庶母也（《史记》谓同母少弟，《汉书》则谓同父少弟。颜师古注言同父则知其异母也。按《吴王濞传》晁错曰："高帝大封同姓，庶弟元王王楚四十余城。"则元王乃异母弟无疑。陆机《汉高功臣颂》："侯公伏轼，皇媪来归。"正指侯公说项羽，羽归汉王家属之事。曰"皇媪来归"，明言汉高之母也）。孝惠帝尚有庶兄肥，后封鲁为悼惠王。当高祖道遇孝惠时，与孝惠偕行者，但有鲁元公主，则悼惠未偕行可知也。悼惠既未偕行，又别无投归高祖之事，则必与太公、吕后同为羽所得，故高祖有子在项军也。然则《史记》所谓父母妻子，乃无一字虚设，而《汉书》改云太公、吕后，转疏漏矣。（《廿二史札记》卷一《汉王父母妻子》）

### 【汇评】

**林　骃：** 国势之强弱，使命之重轻系焉；使命之重轻，敌情之敬忽系焉。何以言之？方汉帝之初兴也，与项氏相持，百战间，其事无难于归太公者。辩士如郦生、隋何、陆贾数子，最号善口伐者。帝尝于数子中遣之使楚，楚傲然不听。迨侯生朝往楚，暮归汉庭，又何谈之易也。谓三子不足用耶？则下淮南，下南越，亦非拙于词者。谓侯生词锋说刃，果异于人耶？史传寂寞，绝无可书者。呜呼，此岂可以口舌争哉！盖陆贾之使，正刘、项雌雄未决之时，侯生之往，乃楚弱汉强之日。夫惟楚弱而汉强也，则楚气已索，固将求媚于汉之不暇，是固侯生之所可拱揖恐喝而动也。辟如千金之家，幼奴弱婢，人不敢易其言，至贩夫贩妇之徒，虽得乌获为之用，告人以言，人犹得以侮之，此强弱之势殊，而敬忽之心变也。（《古今源流至论别集》卷九《奉使》）

**方　回：** 九月，归太公、吕后，军皆称万岁。乃封侯公为平国君。初遣陆贾说羽请太公，羽弗听，再遣侯公，约中分天下，而后归太公、吕后。东莱引延平之说，谓待其少助食尽，然后遣侯生，得其时矣。项羽既与汉王约和，则不得不以太公归汉，不如是，何以成中分之约。当时羽与汉王亦不一相盟会，遽解而东归，何也？（《续古今考》卷二十一《项羽归太公吕后》）

**陈懿典：** 吕后、太公入楚，如几上肉，而卒得脱，虽由羽不能断，会逢天幸。想亦辟阳谲诈，吕氏权略，所以自全。（《读史漫笔·项羽》）

**徐孚远：** 项王已急欲东归矣，特反复其说以坚之，非陆生不能而侯生能也。（《史记测议·项羽本纪》）

⑪【汇校】

**梁玉绳：** 附按：《金石录》载《金乡守长侯君碑》云"侯公谥安国君"。赵曰："《高祖纪》侯公封平国君，此碑言安国既不同，而平国君乃生时称号，如娄敬为奉春君之类，碑以为谥，恐非。"余疑"谥"当作"号"解，说在《孟尝君传》。（《史记志疑·项羽本纪》）

【汇注】

张守节：《楚汉春秋》云："上欲封之，乃肯见。曰'此天下之辨士，所居倾国，故号曰平国君'。"按：说归太公、吕后，能和平邦国。（《史记正义·项羽本纪》）

张大可：平国君：为"倾国"之反称，含讥刺意。（《史记全本新注·项羽本纪》）

⑫【汇校】

崔适："匿"字上脱"侯公"二字，致不可解。（《史记探源》卷三《项羽本纪》）

【汇注】

王伯祥：匿音聂，隐藏。匿弗肯复见，安置侯公，不使他再见。（《史记选·项羽本纪》）

【汇评】

程馀庆：匿侯公不令复见人。千古高见。（《历代名家评注史记集说·项羽本纪》）

⑬【汇注】

王伯祥：所居倾国，言所到之处可以倾覆人的家国。与上"匿弗肯复见"呼应。（《史记选·项羽本纪》）

⑭【汇注】

陆贾：上欲封侯公，匿不肯得见。曰：此天下之辨士，所居倾国，故号平国君。（《楚汉春秋》）

【汇评】

吴见思：忙中又入此闲事作波。（《史记论文·项羽本纪》）

牛运震："汉王乃封侯公为平国君"云云，至"故号为平国君"：按此处偏有此等闲笔，是其笔力大处。（《空山堂史记评注》卷二《项羽本纪》）

⑮【汇注】

钱伯城：解：停战的意思。一说通懈，作懈怠解。（《史记纪传选译》上《项羽本纪》）

【汇评】

李贽：项羽毕竟忠厚。（《史评纲要》卷五《汉纪》）

凌稚隆：按项王非特暴虐，人心不归，亦从来无统一天下之志。既其既灭咸阳而都彭城，既复彭城而割荥阳，既割鸿沟而思东归，殊欲按甲休兵，宛然图伯筹画耳。岂知高祖规模宏远，天下不归于一不止哉！（《史记评林·项羽本纪》）

浦起龙：楚东而汉不西，成败之形定于此。（《古文眉诠》卷十八《项羽本纪》）

郭嵩焘：按项羽本无经营天下之心，始灭秦而分封诸侯，自王彭城，欲得保守乡里而已。方与汉争而遽引兵东归，是其气先馁，其心亦自解散，无复进取之志矣。所以速亡者,由是苟偷旦暮之心,本无远略故也。又按是时韩信已破龙且军,灌婴由淮北趋广陵,彭城根本之地,孤危已甚。项羽急欲东归,故因侯公之说遽还汉王父母、妻、子,亦阻于势使然也。(《史记札记》卷一《项羽本纪》)

汉欲西归,张良、陈平说曰:"汉有天下太半①,而诸侯皆附之。楚兵罢食尽,此天亡楚之时也,不如因其机而遂取之②。今释弗击,此所谓'养虎自遗患'也③。"汉王听之④。汉五年⑤,汉王乃追项王至阳夏南⑥,止军⑦,与淮阴侯韩信、建成侯彭越期会而击楚军⑧。至固陵⑨,而信、越之兵不会⑩。楚击汉军,大破之⑪。汉王复入壁,深堑而自守⑫。谓张子房曰:"诸侯不从约⑬,为之奈何?"对曰⑭:"楚兵且破⑮,信、越未有分地⑯,其不至固宜⑰。君王能与共分天下,今可立致也⑱。即不能⑲,事未可知也⑳。君王能自陈以东傅海㉑,尽与韩信;睢阳以北至穀城㉒,以与彭越:使各自为战㉓,则楚易败也㉔。"汉王曰:"善㉕。"于是乃发使者告韩信、彭越曰:"并力击楚。楚破,自陈以东傅海与齐王,睢阳以北至穀城与彭相国㉖。"使者至,韩信、彭越皆报曰㉗:"请今进兵㉘。"韩信乃从齐往㉙,刘贾军从寿春并行㉚,屠城父㉛,至垓下㉜。大司马周殷叛楚㉝,以舒屠六㉞,举九江兵㉟,随刘贾、彭越皆会垓下㊱,诣项王㊲。

① 【汇注】
  裴 骃:韦昭曰:"凡数三分有二为太半,一为少半。"(《史记集解·项羽本纪》)
  吴见思:汉有天下太半:巴、蜀、三秦、燕、赵、韩、魏、齐、梁。(《史记论文·项羽本纪》)
② 【汇评】
  杜 佑:汉王以项籍约中分天下,汉欲西归,张良、陈平说曰:"汉有天下大半,而诸侯皆附之,楚兵疲食尽,此天亡之时也,不因其饥而遂取之,今释之不取,所谓

'养虎自遗患'也。"从之，终灭羽。(《通典》卷一百五十五《因敌饥乘其弊而取之》)

**王　楙**：《随笔》论张良无后，谓有二事，其一劝沛公因懈而击秦军，既解而追项羽，此事甚于杀降，宜其无后。仆谓不然。良既仕汉，则尽忠于汉，奚暇他恤哉？(《野客丛书》卷二十一《张良有后》)

③【汇注】

**张守节**：遗，唯季反。(《史记正义·项羽本纪》)

**胡三省**：《史记正义》：遗，唯季反。余谓音如字亦通；遗，留也。(《资治通鉴》卷十"高帝四年"注)

【汇评】

**朱　熹**：问：养虎自遗患事，张良当时若放过，恐大事去矣，如何？曰：若只计利害，即无事可言者。当时若放过未取，亦不出三年耳。问：机会之来，间不容发。况沛公素无以系豪杰之心，放过即事未可知。曰：若要做此事，先来便莫与项羽讲解。既已约和，即不可为矣。大抵张良多阴谋，如入关之初，赂秦将之为贾人者。此类甚多。(《朱子语类》卷一百三十五)

**郭大有**：秦既灭韩，张良借高祖之力以复其仇。及项羽又杀韩王，使据鸿沟之约而不诛羽，秦仇虽报，犹未报矣。夫鸿沟之约，小信也；君父之仇，大义也。良背小信而全大义，则养虎贻患之言，亦不为过。况两虎俱斗，势不俱生。良之一言，不惟韩仇以报，而汉业亦兴，正所以尽君臣之义也。……孟子曰："大人者，言不必信，行不必果，惟义所在。"其良之谓欤！(《评史心见》卷二《养虎贻患》)

**杨一奇辑、陈简补辑**：是举也，程子以不义非之，余谓程子之意，乃欲以忠信取天下，此处常而定万世之经也。张良之论，欲雪前人之耻。乃处变而行一时之权也。(《史谈补》卷二《养虎自遗患》)

**洪　垣**：历数十罪，项羽之气靡然夺矣，然岂有为天下除残贼而与之中分者？信之未迈于义。良、平说而击之，权之正也。其可谓之不义？但云"养虎遗患"则私矣。(《史说》卷一《汉高祖》)

**王　圻**：张良、陈平，皆汉祖谋臣。良之为人，非平之可比也。平尝曰："我多阴谋，道家之所禁，吾世即废矣。以吾多阴祸也。"平传国至曾孙而遂绝，如其言。然良之爵但能至子，去其死才十年而绝，后世不复绍封，其祸更重于平，何哉？盖尝考之：沛公攻峣关，秦将欲连和，良曰"不如因其懈怠击之"，公引兵大破秦军。项羽与汉王约，中分天下，既解而东归矣，良有"养虎自遗患"之语，劝王回兵追羽，而灭之，此其事固不止杀降也。其无后宜哉！(《稗史汇编》卷八十五《品骘·张良陈平》)

**夏之蓉**：汉王军广武，羽与汉约，中分天下，此时汉强楚弱，政自不必许和，特以归太公、吕后故尔。其追击至固陵，乃汉王本意，岂因良、平"养虎自遗患之言"

而始决哉？宋儒谓此举违信背约，子房有儒者气象，不当以此进说汉王，迂矣！（《读史提要录》卷一《西汉》）

④【汇评】

苏　轼：范蠡、留侯，虽非汤、武之佐，然亦可谓刚毅果敢，卓然不惑，而能有所必为者也。观吴王困于姑苏之上，而求哀请命于勾践，勾践欲赦之，彼范蠡者独以为不可，援桴进兵，卒刎其颈。项籍之解而东，高帝亦欲罢兵归国，留侯谏曰："此天亡也，急击勿失。"此二人者，以为区区之仁义，不足以易吾之大计也。（《苏轼文集》卷四《乐毅论》）

胡　寅：鸿门之会，即越王会稽之请成也。吴惟容越之请而越霸，楚惟容汉之谢而汉兴。鸿沟之约，即吴王姑苏之请也。越惟不听吴请而吴亡，汉惟不听楚约而楚灭。投机之会，盖不可忽乎哉，则良、平与范蠡所见略同矣。（见《历代名家评注史记集说》）

尹起莘：当是时，汉强楚弱，政自不必约和，然太公在楚，未有取之之计也。上书中归天下，继书归太公于汉，则汉之此举，为请太公明矣。然《纲目》书楚与汉约，而不书汉与楚约，则见欲和者出于楚之本心，而汉王不急于救父，其恶意自不言可知。况汉既得太公，乃始背惠食言，进兵攻楚，故此明书解而东归，而下书汉王追项籍至固陵，则汉王违信背约之失又可知矣。（《资治通鉴纲目发明》）

唐顺之："异哉！项伯知有人而不知有己；知有私而不知有公。羽虽暴，族类也；良虽有恩，异类也。羽至戏，欲击沛公，伯恐累良及祸，夜驰具告，已足以报良恩矣。乃深结刘季，项庄舞剑，则以身蔽之；欲烹太公，则以说解之。伯之为汉，可谓至矣，岂卖羽哉？意亦欲恩汉以为平分之计耳。及太公之归，鸿沟为约，伯意以为两无负矣，汉竟背约而袭之，君子以为何如？"解曰：项氏一门近于愚，汉之君臣过于诡。分羹之言，季既不知有父矣，何有于朋友？杀戮功臣，季既不知有功矣，何知有信义？伯以身蔽项庄，是重婚姻之约也。其愚一：劝羽不诛太公，欲留为质。其愚二：归太公而恃鸿沟之约。其愚三：楚之愚，皆以人道待汉也，汉之诡，不以人道自待也。羽即可灭，何不为项伯地乎？使鸿门无项伯，汉王与玉斗俱碎矣；广武无项伯，则太公为高俎之羹矣。使太公终不归，则汉王为无父之人矣。苟少念恩义，鸿沟之约，安在不可遵也？吾每读史至此，未尝不发指乎汉而也。项伯虽受汉封，亦羽之罪人也。（《两汉解疑上·项伯》）

汤宾尹：鸿沟之约，项羽引而东归矣，张良、陈平乃教汉王倍信约，何也？毋亦成大功者不执小信之见乎？（《百大家评注史记·项羽本纪》）

黄洪宪：陈平一生专用智谋阴术，其劝汉王宜也。张良有儒者气象，而亦有此劝，良可惜哉！（引自《百大家评注史记·项羽本纪》）

**冯　班**：程子曰："张良才识高远，有儒者气象。而亦以此说汉王，不义甚矣。"程子，醇儒也，知小义而不知大义。夫张子房以五世相韩，报秦于博浪沙中，义也，以祖父事韩君也。身事韩王成，而楚杀之，若汉王西归，释羽弗击，虽叩头流血以争之，可矣！程子以为不义，且曰"不义甚矣"，此何哉？夫楚汉之事，英雄相竞以智力耳，此固难以儒者之道论，即以儒道论之，程子之说亦非也。请详言之：项羽弑义帝，汉王至洛阳，为义帝发丧，哀临三日，告诸侯曰："寡人愿从诸侯击楚之杀义帝者。"今若与项羽约分天下而去，是失大信于天下也。夫居子为义，当务其大者。(《钝吟杂录》)

**王鸣盛**：鸿沟既画，旋即背之。屡败穷蹙，不以为辱，失信废义，不以为愧也。(《十七史商榷》卷二《汉惟利是视》)

**牛运震**："汉欲西归，张良、陈平说曰"云云，至"汉王听之"：按此叙良、平进计于四年之末，预为五年，追项伏案，此有错综钩带之妙。若纪一年事，截然是一年事，便不成纪叙体矣。(《空山堂史记评注》卷二《项羽本纪》)

**郭嵩焘**：按：是时天下已归汉，高祖所以与项羽约中分天下，为欲得太公、吕后而已，岂能纵项羽东归，待张良、陈平之说而始追击之哉？此史家烘托之辞，非事实也。(《史记札记》卷一《项羽本纪》)

⑤【汇注】

**张大可**：汉五年：公元前202年。(《史记全本新注·项羽本纪》)

⑥【汇注】

**裴　骃**：如淳曰："夏音贾。"(《史记集解·项羽本纪》)

**张守节**：《括地志》云："陈州太康县，本汉阳夏县也。《续汉书·郡国志》云阳夏县属陈国。"按：太康县城夏后太康所筑，隋改阳夏为太康。(《史记正义·项羽本纪》)

**王　恢**：阳夏：即今太康县，隋改今名。《寰宇记》(二)："太康县南二十里有南拒台、北拒台，相去一里，是楚汉相拒处。"(《史记本纪地理图考·项羽本纪·垓下之围》)

⑦【汇注】

**王伯祥**：止军，顿兵暂驻，与下"期会"相应。(《史记选·项羽本纪》)

⑧【汇注】

**吴见思**：与淮阴侯韩信、建成侯彭越期会而击楚军：信、越方为齐王、梁王，侯乃史公追叙。(《史记论文·项羽本纪》)

**王士俊**：南拒台、北拒台：俱在太康县西北五里许，即汉王追项羽至阳夏相拒处。(《河南通志》卷五十一《古迹上》)

高　嵣：与淮阴侯韩信、建成侯彭越期会而击楚军：特提信、越，是时为齐王、梁王，两"侯"字乃史公追叙。（《史记钞》卷一《项羽本纪》）

梁玉绳：附按：越为魏相国，未闻封侯，盖所赐名号。曹参亦有建成侯之称，本传不载。（《史记志疑·项羽本纪》）

程馀庆：信方为齐王，侯乃追书。（《历代名家评注史记集说·项羽本纪》）

⑨【汇注】

裴　骃：徐广曰："在阳夏。"骃按：晋灼曰"即固始也"。（《史记集解·项羽本纪》）

张守节：《括地志》云："固陵，县名也。在陈州宛丘县西北四十二里。"（《史记正义·项羽本纪》）

胡三省：余据班《志》，固始与阳夏为两县，皆属淮阳国。刘昭《志》：陈国阳夏县有固陵聚。（《资治通鉴》卷十一"高帝五年"注）

王伯祥：固陵故城即固陵聚，在今河南省淮阳县西北四十三里。（《史记选·项羽本纪》）

王　恢：固陵：《郡国志》："陈国阳夏，有固陵聚。"《括地志》："在陈州宛丘县西北四十二里。"《清统志》（一九一）："固陵聚在太康西。"按《汉志》淮阳国固始县，汝南郡寖县，皆春秋时寖丘地。汉于固陵聚置固始，又分南部地置寖县。后汉建武二年，又改寖县名固始也。（《史记本纪地理图考·项羽本纪·垓下之围》）

【汇评】

袁　黄：当是时，汉强楚弱，政自不必约和，然太公在楚未有取之之计也。上书中分天下，继书归太公于汉，则汉之此举，为请太公，明矣。然《纲目》书"楚与汉约"，而不书"汉与楚约"，则见欲和者出于楚之本心，而汉王不急于救父，其恶意自不言可知。况汉既得太公，乃即背惠食言，进兵攻楚，故此明书"解而东归"，而下书"汉王追项籍至固陵"，则汉王违信背约之失，又可知矣。（《纲鉴合编》卷五《太祖高皇帝》）

⑩【汇评】

方　回：汉之成，楚之败，系于一韩信之身，读史者不可不详味此语"固陵不会"。韩信之心又不逃乎张良之所见，则一张良之身又汉、楚之成败所系也。（《续古今考》卷二十一《项羽自知少助食尽韩信又进兵击楚》）

程馀庆：二人非纯臣之节矣。（《历代名家评注史记集说·项羽本纪》）

张大可：信越之兵不会：汉三年十月韩信已破齐，项羽已居劣势，而刘项相峙广武经年不决者，因韩信、彭越观望故也。（《史记全本新注·项羽本纪》）

⑪【汇评】

尹起莘：固陵之追，籍已兵疲食尽，犹能大破汉军，则刘非项敌明矣。未几，三将会兵，卒能破羽，则汉之用人与籍之自用，其相去何止什百。详书信、越、英布会兵之实，所以见汉之擒籍，卒赖三人之力。若夫籍负弑逆之罪，而不正其诛者，汉本忘于争天下，而非纯于讨贼，故《纲目》亦不得而纯予之也。（《资治通鉴纲目发明》）

吴见思：渐近垓下，又纵一笔，为项羽生色。（《史记论文·项羽本纪》）

⑫【汇注】

王伯祥：堑音椠，壕沟。深堑而自守，掘深沟堑，坚守自卫。（《史记选·项羽本纪》）

⑬【汇注】

吴同宝：从约：遵从诺言。（《两汉文学史参考资料·项羽本纪》）

⑭【汇评】

王世贞：子房此语亦是祸二人之基。（引自《百大家评注史记·项羽本纪》）

⑮【汇评】

程馀庆：汉方大败，而云楚兵且破，则知汉之灭楚，自有定局，不在胜败间也。（《历代名家评注史记集说·项羽本纪》）

⑯【汇注】

裴　骃：李奇曰："信、越等未有益地之分也。"韦昭曰："信等虽名为王，未有所画经界。"（《史记集解·项羽本纪》）

王伯祥：未有分地，没有明确划定的封地。（《史记选·项羽本纪》）

⑰【汇评】

程馀庆：此语亦祸二人之基。（《历代名家评注史记集说·项羽本纪》）

⑱【汇评】

茅　坤：此一策，遂定楚、汉兴亡之略。（《史记抄·项羽本纪》）

⑲【汇注】

夏伯炎：即：如果。（见王利器主编《史记注译·项羽本纪》）

⑳【汇评】

程馀庆：危语。正使必从其策。（《历代名家评注史记集说·项羽本纪》）

㉑【汇注】

张守节：傅，音附，著也。陈即陈州，古陈国都也。自陈著海，并齐旧地，尽与齐王韩信也。（《史记正义·项羽本纪》）

㉒【汇注】

张守节：《括地志》云："穀城故城，在济州东阿县东二十六里。"睢阳，宋州也。

自宋州以北，至济北穀城，际黄河，尽与相国彭越。（《史记正义·项羽本纪》）

**王伯祥**：穀城，春秋齐之穀邑。秦曰穀城。后汉置穀城县。故治在今山东省东阿县南十二里。睢阳以北至穀城，从今商丘以北达于东阿一带，包有今河南省东部及山东省西部诸地。（《史记选·项羽本纪》）

**王　恢**：穀城，《郡国志》："东郡穀城，春秋时小穀。"故治今东阿县南十二里。穀有二：此言自睢阳以北至穀城，当从今商丘以北达于东阿。其后鲁人礼葬项羽穀城，应为鲁之小穀。而旧说皆说在东阿。（《史记本纪地理图考·项羽本记·垓下之围》）

㉓【汇注】

**张守节**：为，于伪反。（《史记正义·项羽本纪》）

【注评】

**陈傅良**：帝以五诸侯之兵顿于荥阳、成皋间，几不脱者屡矣。帝之力果能遂并齐哉？假如帝之能并，则项氏亦进而夺之矣。三秦之事可见矣，孰若弃之于信，使之自战其地，自兼其众，而又自王其国，时出而佐我，则项氏必不能舍相持之汉而东矣。羽之使龙且救齐也，非不勇于自行也，有汉王者在也。则夫弃齐于信，所以锢项氏于不能进退之域，分其力而弱其权也。汉之帝也，信实犄角之欤？（见《纲鉴合编》卷五《太祖高皇帝》）

**方　回**：功名之士，号曰英雄；市井之徒，实如盗贼。子房谓齐王信之立非君王意，信亦不自坚；彭越本定梁地，亦望王，而君王不早定，此两人罪状也。汉王如子房计，出捐淮阳以北王越，陈以东傅海与信，而后两人者至。高祖之心，能不终憾之乎？（《续古今考》卷二十一《追项羽至固陵》）

**唐德宜**：此真胜算。（《古文翼》卷四《项羽本纪》）

**储　欣**：弄信、越于股掌。（《史记选》卷一《项羽本纪》）

**程馀庆**：透甚，兵法奥旨。（《历代名家评注史记集说·项羽本纪》）

㉔【汇评】

**牛运震**："楚兵且破，信、越未有分地"云云，至"则楚易败也"。此段顿挫摇曳，极有姿态。"使各自为战"，尤切中兵法机要。（《空山堂史记评注》卷二《项羽本纪》）

㉕【汇评】

**孙　琮**：杀信、越基此。（《山晓阁史记选·项羽本纪》）

**程馀庆**：快甚。（《历代名家评注史记集说·项羽本纪》）

㉖【汇校】

**王若虚**：《项羽纪》云：汉王与韩信、彭越期会击楚军，至固陵而信、越之兵不会。张子房曰："君王能自陈以东傅海，尽与韩信；睢阳以北至谷城，以与彭越：使各自为战,则楚易败也。"汉王乃发使者告韩信、彭越曰:"并力击楚,楚破,自陈以东傅海与齐王,睢阳以北至谷城与彭相国。"此当云"发使者告之也"。(《潭南遗老集》卷十五《史记辨惑》七)

【汇注】

刘文淇:睢阳,汉属梁国,秦属砀郡。谷城,即项羽所葬之谷城山,汉属济阴郡,后汉始立为谷城县。(《楚汉诸侯疆域志》卷一《项羽九郡》)

【汇评】

庄元臣:攻人者利敌寡,自守者利敌多。敌寡则兵力专而不分,故以攻则克;敌多则人势散而不合,故以守则安。汉高祖方弱而利用守也,则封齐、赵、韩、魏,以分项之势;及势强而利用攻也,则独存项以专汉之力,此天授之智也。(《叔苴子·外编》卷一)

李大武:高祖之量兼韩信、彭越者八九,故三分关中地与之而不疑。当是时,玩信等如股掌上一丸耳。(见《百大家评注史记·项羽本纪》)

㉗【汇评】

孙　琮:两人手脚亦易露。(《山晓阁史记选·项羽本纪》)

㉘【汇评】

李　贽:信、越之愚至此。(《史纲评要》卷五《汉纪》)

浦起龙:其应如响,不用多言,与不会相耀。(《古文眉诠》卷十八《项羽本纪》)

㉙【汇评】

王鸣盛:信本项氏臣,虽无异遇,非有深嫌,去而事刘,可也,反面而攻故主,亲斩杀之,可乎?(《十七史商榷》卷五《信反面攻故主》)

郭嵩焘:按《灌婴传》:"从韩信攻龙且。齐地已定,韩信自立为齐王,使婴别将攻楚将公杲于鲁北。渡淮,尽降其城邑,至广陵。下下邳,击破楚骑于平阳,遂降彭城。"项羽东归而兵才骤弱者,以彭城失,根本已亡,人心涣散,无可自支之势也。史公于此等紧要关键,竟无一语及之,而分著之列传,以待后人之推求。凡所叙述,奇离变幻,无踪迹可寻,皆其好奇之征也。(《史记札记》卷一《项羽本纪》)

㉚【汇注】

裴　骃:如淳曰:"并行,并击之。"(《史记集解·项羽本纪》)

赵　翼:荆王刘贾,《史记》谓不知何属,《汉书》谓高祖从父兄。(《廿二史札记》卷一《史汉不同处》)

王伯祥:寿春本楚邑,考烈王自陈徙都于此,亦命之曰郢。秦灭楚,置寿春县。即今安徽省寿春县治。从寿春并行,从寿春出发,与韩信之军并行南下。上面"韩信从齐往"为一路,此刘贾与彭越兵为又一路,两路齐下,故云并行。(《史记选·项羽

本纪》）

㉛【汇注】

**张守节**：父音甫。寿州寿春县也。城父，亳州县也。屠谓多刑杀也。刘贾入围寿州，引兵过淮北，屠杀亳州、城父，而东北至垓下。（《史记正义·项羽本纪》）

**王伯祥**：城父（音甫），春秋陈之夷邑，汉置城父县。故治即今安徽省亳县东南的城父村。（《史记选·项羽本纪》）

**王　恢**：城父：本春秋陈之夷邑，见《左》僖二十三年，楚取之，改名城父；《淮水注》："夏肥水东南流迳城父县故城南，县故焦夷之地。"《清统志》（一二八）："夏肥水今西肥河。城父故城在今亳州东南七十里城父村，陈胜死于下城父，在蒙城县西北八十里，以近故城父县，故加下。"（《史记本纪地理图考·项羽本纪·垓下之围》）

㉜【汇注】

**裴　骃**：徐广曰："在沛之洨县。洨，下交切。"骃按：应劭曰"垓音该"。李奇曰"沛洨县，聚邑名也"。（《史记集解·项羽本纪》）

**司马贞**：张揖《三苍注》云："垓，堤名，在沛郡。"（《史记索隐·项羽本纪》）

**张守节**：按：垓下是高冈绝岩，今犹高三四丈，其聚邑及堤在垓之侧，因取名焉。今在亳州真源县东十里，与老君庙相接。（《史记正义·项羽本纪》）

**姚　范**："垓下"，徐广曰"在沛之洨县"。按汉之洨县，在今宿州西北。《寰宇记》云："垓下在虹县西五十里。"宿州有废虹县，即汉之洨县，非今之虹县也。胡三省之《通鉴注》："垓下，在今亳州城真源县东十里。"（《援鹑堂笔记》卷十五《史记一》）

**何治基**：垓下聚在灵璧县东南。《史记》高祖与诸侯共击楚军，与项羽决胜于垓下。（《重修安徽通志》卷五十《舆地志·古迹·凤阳府》）

**王　恢**：垓下，《汉志》："沛郡，洨（今灵璧南五十里），垓下，高祖破项羽。"垓下聚，在今灵璧县南五十里阴陵山之南。县城有虞姬墓，清代尝大修，《寰宇记》（一二八）。定远县东南六十里亦有虞姬墓。（《史记本纪地理图考·项羽本纪·垓下之围》）

㉝【汇评】

**王伯祥**：周殷叛楚，又添一路。（《史记选·项羽本纪》）

㉞【汇注】

**裴　骃**：如淳曰："以舒之众屠破六县。"（《史记集解·项羽本纪》）

**张守节**：《括地志》云："舒，今庐江之故舒城是也。故六城在寿州安丰南百三十二里，偃姓，咎繇之后。"按周殷叛楚，兼举九江郡之兵，随刘贾而至垓下。（《史记正义·项羽本纪》）

吴汝纶："以舒屠六"，姚姬传云：六，今六安及凤台地。（《桐城吴先生点勘史记读本·各家史记评语》）

王　恢：舒，《纪要》（二六）：舒城即今舒城县治。春秋时舒庸、舒鸠诸国地，见《左》僖二年，文十二年，哀二十五年。《诗》云"荆舒是惩"，即此舒矣。秦为舒邑，属九江郡，汉高五年以舒屠六，文帝十六年分淮南为庐江国，封淮南厉王子赐，都舒。《清统志》（一二三）："故城在今庐江县西，并有今桐城、安庆地。"亦即有两汉舒及龙舒两县地，唐置舒城以古名也。（《史记本纪地理图考·项羽本纪·垓下之围》）

又：六，《汉志》："六安国，六，故国，皋繇后，偃姓，为楚所灭。"《括地志》："故城在安丰（今霍郡境）县南百三十里。"《寰宇记》（一二九）："故城在六安县北十三里。"《纪要》（二六）"在舒城东南六十里"，误。（同上）

㉟【汇注】

张守节：九江郡寿州也。楚考烈王二十二年，自陈徙寿春，号云郢。至王负刍为秦将王翦、蒙武所灭，于此置九江郡。应劭云："自庐江寻阳分为九江。"（《史记正义·项羽本纪》）

王伯祥：举九江兵，发动黥布出兵，更添一路。（《史记选·项羽本纪》）

王　恢：九江：秦置九江郡治寿春。羽封英布为九江王，治六。汉四年更名淮南国以封英布，盖虚授，楚以周殷守之，布不能取也。五年殷叛始有之。项氏先分置庐江郡（《英布传》），后又分庐江置豫章（《灌婴传》《英布传》）。淮南王黥布故地四郡，九江、庐江、衡山、豫章也（《淮南王传》）。（《史记本纪地理图考·项羽本纪·垓下之围》）

【汇评】

程馀庆：此英布也……九江入诱，倾项羽根本。前后夹击，而羽无归路矣。（《历代名家评注史记集说·项羽本纪》）

㊱【汇校】

梁玉绳：按：此段颇有缺误，当云"韩信乃从齐往，彭越乃从魏往，刘贾军从寿春迎黥布，并行，屠城父。大司马周殷叛楚，以舒屠六，举九江兵，随刘贾、黥布皆会垓下"。（《史记志疑·项羽本纪》）

赵　翼：诸侯会垓下，《史记》在四年，《汉书》在五年。（《廿二史札记》卷一《史汉不同处》）

【汇注】

司马迁：五年，高祖与诸侯兵共击楚军，与项羽决胜垓下。淮阴侯将三十万自当之，孔将军居左，费将军居右，皇帝在后，绛侯、柴将军在皇帝后。项羽之卒可十万。

淮阴先合，不利，郤。孔将军，费将军纵，楚兵不利，淮阴侯复乘之，大败垓下。（《史记·高祖本纪》）

**李吉甫**：垓下聚，在县西南五十四里。汉高祖围项羽于垓下，大破之，即此地也。按：汉洨县属沛郡，垓下即洨县之聚落名也。《图经》云："项羽墓在县南六里。"按羽死后，高祖以鲁公礼葬羽于谷城，在今郓州东阿县界，言在此，俗说之谬也。（《元和郡县图志》卷九《河南道五·虹县》）

**胡三省**：李奇曰：沛洨县聚邑名。洨，下交翻。张揖《三苍经》注：垓，堤名，在沛郡。《史记正义》曰：按垓下是高冈绝岩，今犹高三四丈；其聚邑及堤在垓之侧，因取名焉；今在亳州真源县东十里。垓，音该。（《资治通鉴》卷十一"高帝五年"注）

㊲【汇注】

**王伯祥**：诣项王，诸路之兵皆集中向项王。上云"皆会垓下"，是四路军马齐到了。（《史记选·项羽本纪》）

【汇评】

**陈仁锡**：固陵之追，籍已兵罢食尽，犹能大破汉军，则刘非项敌明矣。然未几而三将会兵，卒能破楚，则汉之用人，与籍自用，其相去何啻什佰。详书信、越、英布会兵之由，所以见汉之擒籍，卒赖此三人力也。（引自《历代名家评注史记集说》）

**牛运震**："韩信乃从齐往"云云，至"皆会垓下，诣项王"：按此叙会兵气势，极汹涌。（《空山堂史记评注》卷二《项羽本纪》）

项王军壁垓下①，兵少食尽②，汉军及诸侯兵围之数重③。夜闻汉军四面皆楚歌④，项王乃大惊曰⑤："汉皆已得楚乎？是何楚人之多也⑥！"项王则夜起，饮帐中⑦。有美人名虞⑧，常幸从⑨；骏马名骓⑩，常骑之⑪。于是项王乃悲歌忼慨⑫，自为诗曰⑬："力拔山兮气盖世⑭，时不利兮骓不逝⑮。骓不逝兮可奈何，虞兮虞兮奈若何⑯！"歌数阕⑰，美人和之⑱。项王泣数行下⑲，左右皆泣⑳，莫能仰视㉑。

① 【汇注】

**郑权中**：壁：筑营驻扎。（《史记选讲·项羽本纪》）

**梁友尧：** 垓下之战是楚汉战争中的一次决定胜负的战役。……一种意见认为，"垓下"即"陈下"，在今河南淮阳县，垓下乃陈之近郊地区，东接鹿邑县境。其理由是：第一，根据《史记·项羽本纪》记载，刘邦追项羽至固陵，为楚军大败。以后用张良计，联合韩信、彭越，又令英布、刘贾、彭越皆会垓下，诣项王。按城父即今安徽亳县东南的城父集，舒即今安徽舒城县，六是今六安县。刘贾行军路线自寿春经城父而至垓下，周殷自舒城至六安，然后与刘贾会合。这条路线都是西北向而不是东北向，倘若垓下在灵璧县境，则须东北行。韩信大军又与刘贾"并行"，可见汉各路援兵都是西行而会师垓下，如果垓下在灵璧，韩信军当自齐南下，而刘贾也不必西去城父。由此推断，垓下应在城父西北，此正与唐人张守节在《史记正义》中所持垓下在真源县境（今河南鹿邑县）之说相符，而与传统所说垓下在今安徽灵璧县东南、固镇县东境不合。第二，又根据《史记》中《曹相国世家》《樊哙列传》《夏侯婴列传》《靳歙列传》以及《高祖功臣侯年表》等有关记载，都明确指出破项羽于陈或陈下。陈县又恰与张守节所说真源县境垓下地理相近。这就进一步证明垓在河南而不在安徽。（《垓下战场在河南还是在安徽》，载《中国史问题讨论及其观点》一书）

**又：** 另一种意见则坚持传统说法，认为垓下在今安徽灵璧县东南、固镇县东境，而不在河南。其理由是：第一，刘邦确曾在陈县同项羽进行过大战，但并不等于"垓下"即是"陈下"。因为固陵战后又当有陈下之战，然后才有垓下之战。在陈下战役中，刘邦消灭了项羽的有生力量，取得了决定性的胜利；项羽不得不溃奔垓下，实行坚守，又被诸侯兵所围，演了一出"霸王别姬"的悲剧。司马迁在《史记》中之所以有的地方记载垓下而不及陈下，有的地方又只记载陈下而不及垓下，是因为此二次战役紧相连接，故而简略言之。第二，刘邦败项羽之垓下在今灵璧县东南、固镇县东境，史载确凿。在《汉书·地理志》中有"沛郡洨国""垓下，高祖破项羽"的记载。在《后汉书·郡国志》中有"沛国洨县""有垓下聚"的记载，梁刘昭注："高祖破项羽也。"这就证明刘邦败项羽之垓下于两汉时地属洨县（国）无疑。至于洨县与垓下的位置，《水经·淮水注》记载甚明："涣水又东南径白石戌南，又径虹城南，洨水注之。水首受蕲水于蕲县，东南流经谷阳县……洨水又东南流径洨县故城北，县下有垓下聚，汉高祖破项羽所在也……又东南与涣水乱流而入于淮。"按：涣水即今浍河，洨水大致即今沱河。今二水在安徽五河县会流入淮，与《水经·淮水注》记载完全吻合。汉虹县在今五河县西北，蕲县在今安徽宿县南，谷阳在今灵璧县西南、固镇县西北。由此推断，汉洨县当在今灵璧、固镇、五河三县之间，沱河南岸，垓下则在其附近不远。第三，就当时军事形势分析，刘邦败项羽之垓下，也只能在安徽灵璧县东南、固镇县东境，而不可能在今河南淮阳、鹿邑县境。据《项羽本纪》载，项羽自垓下"直夜溃围南出，驰走。平明，汉军乃觉之，令骑将灌婴以五千骑追之。项王渡淮……至阴陵"，再至东城，一路上未遇阻兵。如垓下在今灵璧县东南、固镇县东境，尚距淮河仅数十里，阴陵在今安徽定远县西北六十里，此与记载中行军形势完全吻合。如垓下在今河南淮阳、鹿邑县境，距淮水有四百里，距阴陵至少有五百里，在这四五百里的远距离行军中，未遇阻击，在当时是不可能的。（同上）

**方孝孺**：按：垓下乃刘、项决雌雄之处，故曰"至垓下"，又曰"壁垓下"。（引自《百大家评注史记·项羽本纪》）

【汇评】

**孙　琮**：以下烦弦急管，凄惋可诵。（《山晓阁史记选·项羽本纪》）

**吴汝纶**：此下叙英雄末路，呜咽悲壮，低徊欲绝，千秋绝调也。（《桐城吴先生点勘史记读本·项羽本纪》）

**牛运震**："至垓下""皆会垓下""项王军壁垓下"：凡三点"垓下"，笔法极有停顿节奏。垓下一段，写英雄尽步，极衰飒，极豪壮，淋漓激昂，是项王全副气魄，是太史公异常笔力。（《空山堂史记评注》卷二《项羽本纪》）

**程金造**：项王既击败汉追击之兵，就壁守于垓下。兵虽减少，而尚可支数十万汉军之围攻。粮虽少，短时当可足用。此时楚军若是有张良、陈平之类谋士，在此困境中，出为奇计，必然可以奋勉士卒，作殊死战，击破汉王。前时彭城一役，楚兵以三万之众，就杀败汉军五十六万，使尸塞睢水不流，即是明证。但是项羽不知得人，无人可用。然而汉王在围之数重，攻之不下之际，却又用一计，夜间使军士唱楚地最流行的《鸡鸣歌》。汉围攻士卒这一唱，而楚兵守壁之军，却是楚人，就随声一齐唱起来，内外这一齐唱，项羽因不深习韬略，就惶惑失措，大惊说："汉军皆已得楚乎，是何楚人之多也？"夫妻抱头痛哭之后，终于"直夜溃围南出驰走"。项羽那时并未深识只有殊死搏斗，才有一线生机。如果逃走，必然尽失士卒，自陷困境，所以最终身首分离。这明明是篇首所言，学书不成，又不娴兵法的结果。而太史公在此段却又掩其笔墨，自谓"天亡"之，"非战之罪"，《史记》之所以难读，使读者不易有自信不疑的认识，往往由其用笔如此。（《史记管窥·司马迁著项羽入本纪之本意》）

② 【汇评】

**凌稚隆**：按，太史公叙汉，曰"取敖仓粟"，曰"就敖仓食"，曰"兵盛食多"；叙楚曰"烧楚积聚"，曰"绝楚粮食"，曰"兵罢食绝"，曰"兵罢食尽"，曰"兵少食尽"：皆纪中关键，当玩。（《史记评林·项羽本纪》）

**吴见思**：兵食凡三点，是项王致败处。回护项王"非战之罪"，或其然乎？（《史记论文·项羽本纪》）

**牛运震**：复点"兵少食尽"，项王致败之本，粘住不脱。（《空山堂史记评注》卷二《项羽本纪》）

③【汇注】

方　回：垓下之战，项羽之卒可十万。曰"可十万"者，不能十万也。汉大胜，斩首八万，则项羽余卒无几矣。(《续古今考》卷二十一《垓下斩首八万》)

【汇评】

王应麟：《史记·高祖本纪》高祖与诸侯兵共击楚军，与项羽决胜垓下。淮阴侯将三十万自当之，孔将军居左，费将军居右，皇帝在后，绛侯、柴将军在皇帝后。项羽之卒可十万，淮阴先合，不利，却，孔将军、费将军纵。楚兵不利，淮阴侯复乘之，大败垓下。东莱吕氏曰：此阵即马隆所谓鲁公不识者也。阵者，兵之末，羽以不仁失天下，亦不在一战利钝之间，然羽少学兵法，略知其意即不肯学，负其雄才高气，而无沈深缜密之度，其病卒见于此时。是故骛大而忽小者，君子惧焉。(《汉书艺文志考证》卷八《项王一篇》)

胡应麟：垓下之战，楚事去矣。非信之智能覆羽也，然汉不得信，未可知也。以全智遇全勇，必其势皆全，优劣庶几定也。夫势全者，又必其斗确。(《少室山房笔丛》卷六)

④【汇注】

颜师古：应劭曰："楚歌者，《鸡鸣歌》也。汉已略得其地，故楚歌者，多鸡鸣时歌也。"师古曰：楚歌者，为楚人之歌，犹言吴歈、越吟耳。若以鸡鸣为歌曲之名，于理则可，不得云鸡鸣时也。高祖令戚夫人楚舞，自为作楚歌，岂亦鸡鸣时乎？(《汉书注·高帝纪》)

张守节：颜师古云："楚人之歌也，犹言'吴讴''越吟'。若鸡鸣为歌之名，于理则可，不得云'鸡鸣时'也。高祖戚夫人楚舞，自为楚歌，岂亦鸡鸣时乎？"按：颜说是也。(《史记正义·项羽本纪》)

杜　佑：汉王与诸侯兵共击项羽，决胜垓下，韩信将三十万自当之。孔将军当左，费将军当右，汉王后。绛侯、柴将军在汉王后。项羽之卒可十万，韩信先合，不利，却。孔将军、费将军纵，楚兵退，信复乘之，大败垓下。(《通典》卷一百五十四《佯败引退取之》)

程馀庆：九江兵归汉，故多楚声。(《历代名家评注史记集说·项羽本纪》)

王伯祥：楚歌，楚人之歌，犹吴讴、越吟之类。四面皆楚歌，围项王的汉军都作楚声之歌，是楚人多已降汉了，故引起下文项王的惊疑。(《史记选·项羽本纪》)

张大可：四面楚歌：汉军收缩包围，其歌声达于项羽军营。此时汉军多楚人，刘邦令唱楚地民歌，用以瓦解项羽军心。(《史记全本新注·项羽本纪》)

【汇评】

陆唐老：林曰：楚歌之计，意其必出于韩信。信之破赵，先使人持二千赤帜，戒之曰：候赵人空壁逐我，可疾入赵壁，拔赵帜，立汉帜。及其军背水之上，赵人空壁以攻之，而信军得行其计。赵军归而见赤帜，以为汉已破赵，遂乱，遁而不可禁。信以此遂破赵军。今其围羽于垓下，而楚歌之计与立赤帜之事，其迹相类，故可以为出于信而无疑。(《陆状元通鉴》卷二十六《前汉纪·太祖高皇帝》)

**牛运震**：四面皆楚歌：点缀幽细。(《空山堂史记评注》卷二《项羽本纪》)

**吴汝纶**：此下叙英雄末路，呜咽悲壮，低徊欲绝，千秋绝调也。(《点勘史记读本·项羽本纪》)

⑤【汇评】

**倪思撰、刘辰翁评**：食尽事大，非独误惊也。(《班马异同评》)

⑥【汇评】

**牛运震**："汉皆已得楚乎？是何楚人之多也"：语乱想奇，凄婉悲凉。(《空山堂史记评注》卷二《项羽本纪》)

⑦【汇评】

**储　欣**：项羽帐中，荆卿易水，写情写景，真使千古心酸。(《史记选》卷一《项王本纪》)

**吴汝纶**："项王则夜起，饮帐中"，唐应德云：叙事何等节奏！(《桐城吴先生点勘史记读本·各家史记评语》)

⑧【汇校】

**裴　骃**：徐广曰："一云姓虞氏。"(《史记集解·项羽本纪》)

**梁玉绳**：附按：徐广云"一作'姓虞氏'"，是。《汉书》全袭《史记》，正作"姓虞氏"也。(《史记志疑·项羽本纪》)

**赵　翼**：《史记》项羽美人名虞，《汉书》谓姓虞氏。(《廿二史札记》卷一《史汉不同处》)

【汇注】

**张守节**：《括地志》云："虞姬墓在濠州定远县东六十里。长老传云项羽美人冢也。"(《史记正义·项羽本纪》)

**俞　樾**：国朝陈锡路《黄嬭余话》云：唐傅奕考核《道德经》众本，有项羽妾，本齐武平五年彭城人，开项羽妾冢得之。羽美人之见幸者，人知有虞耳，乃复有耽嗜元虚，整理铅椠，如此一侍儿，亦是大奇。(《茶香室丛钞》卷四《项王妾》)

**程馀庆**：虞姬墓在凤阳府定远县东，灵壁县东亦有墓。相传灵壁葬其身，定远葬其首。(《历代名家评注史记集说·项羽本纪》)

⑨【汇注】

**夏伯炎**：幸从：因宠幸而侍从。(见王利器主编《史记注译·项羽本纪》)

⑩ 【汇注】

颜师古：苍白杂毛曰骓，盖以其色名之。(《汉书注·陈胜项籍传》)

张守节：音佳。顾野王云青白色也。《释畜》云："苍白杂毛，骓也。"(《史记正义·项羽本纪》)

胡三省：骓，朱惟翻。苍白杂毛曰骓。孔颖达曰：杂毛，是体有二种之色相间杂。(《资治通鉴》卷十一"高帝五年"注)

毕　沅：龙驹寨在（商）州东一百里。《一统志》有东、西二寨，据鸡冠山。俗传项羽乌骓产此，故名。其地水趋襄汉，陆入关辅，南北轻辐辏，一巨镇也。(《关中胜迹图志》卷二十五《商州》)

⑪ 【汇评】

吴见思：写得幽秀清倩，非战阵语，妙！(《史记论文·项羽本纪》)

高　嵣：添叙美人骏马，看似闲情，却最是关情处。(《史记钞》卷一《项羽本纪》)

⑫ 【汇评】

李　贽：真好汉！(《藏书》卷二《西楚霸王项羽》)

孙　琮：凄怆极矣。(《山晓阁史记选·项羽本纪》)

⑬ 【汇评】

方　回：《虞兮之歌》气甚馁，《大风之歌》虑甚远。固是成败不同，人品高下，项羽劣于刘季远矣。"力拔山兮气盖世"，非人主之度，不学，则气力适足以亡身。(《续古今考》卷二十一《汉军四面皆楚歌》)

俞思学：朱熹曰：其词慷慨激烈，有千载不平之余愤！(《史概》卷一《项羽本纪》)

孙　琮：《垓下歌》与《大风歌》，帝王兴衰气象自别。(《山晓阁史记选·项羽本纪》)

周亮工：余独谓垓下是何等时，虞姬死而子弟散，匹马逃亡，身迷大泽，亦何暇更作歌诗！即有作，亦谁闻之而谁记之欤？吾谓此数语者，无论事之有无，应是太史公"笔补造化"，代为传神。(《尺牍新钞》三集卷二)

⑭ 【汇注】

胡式钰：气盖，言气象可盖一切也。(《窦存》卷四《语窦》)

【汇评】

程馀庆：自作像赞，千古绝调！(《历代名家评注史记集说·项羽本纪》)

张新科：人的性格终是一个统一体，具有一定的稳定性，有一个定向性格统摄其他性格。项羽性格固然复杂，但其主旋律仍是"力拔山兮气盖世"的英雄魄力。如果

各种性格杂糅一起而显不出定向性格,就会给人以散乱的印象,而不是完整丰满的人物形象。(《史记与中国文学》)

⑮【汇评】

杨维桢:"时不利兮骓不逝",梁曰"方今亡秦时也。为宗国报仇,为民除不道",于其时可矣。第籍所为,不利于时耳,时何有不利籍哉?(《史义拾遗》卷上《项籍论》)

⑯【汇注】

颜师古:若,汝也。(《汉书注·陈胜项籍传》)

王在晋:"虞姬墓",定远县南六十里,俗称嗟虞墩。又灵壁县东五十三里,亦有墓。相传灵壁葬其身,此葬其首。(《历代山陵考》卷上《凤阳府》)

【汇评】

李廷机:项羽一世英雄,而至垓下之困,眷眷于一美人、一骏马,噫,亦可悲矣!(见《百大家评注史记·项羽本纪》)

孙 琮:虞兮虞兮奈若何:重言有情。妾与马俱难舍,便是鸿门不能杀汉王之根。人言其有情,不负心,取天下岂如此?(《山晓阁史记选·项羽本纪》)

吴见思:"可奈何""奈若何",若无意义,乃一腔怨愤,万种低回,地厚天高,托身无所。写英雄失路之悲,至此极矣。歌词清新俊逸,不作粗鲁倔强语,妙。(《史记论文·项羽本纪》)

高 嶐:"可奈何""奈若何"两句,愤极!"虞兮虞兮"四字,痛极!(《史记钞》卷一《项羽本纪》)

牛运震:《垓下歌》,楚声之雄。两"虞兮",两"骓不逝",叠言有情,"可奈何""奈若何",深衷苦调,喑哑中有呜咽之神。(《空山堂史记评注》卷二《项羽本纪》)

程馀庆:以拔山之力,盖世之气,至不能与时争;爱妾良马,顷刻捐弃,无计自保,皆时之不利为之也。可奈何,奈若何,双声叠韵,若无意义;乃一腔怨愤,万种低回,地厚天高,托身无所。写英雄失路之悲,至此极矣。其辞慷慨激烈,有千载不平之余愤。(《历代名家评注史记集说·项羽本纪》)

⑰【汇注】

司马贞:阕,谓曲终也。(《史记·留侯世家·索隐》)

【汇评】

牛运震:项王夜饮悲歌一段,于兵戈抢攘中写出风骚哀怨之致,真神笔!(《空山堂史记评注》卷二《项羽本纪》)

⑱【汇注】

张守节:和,音胡卧反。《楚汉春秋》云:"汉兵已略地,四方楚歌声。大王意气

尽，贱妾何聊生。"（《史记正义·项羽本纪》）

**钱锺书**："项王乃悲歌慷慨。……美人和之"。按周亮工《尺牍新钞》三集卷二释道盛《与某》："作余独谓垓下是何等时，虞姬死而子弟散，匹马逃亡，身迷大泽，亦何暇更作歌诗！即有作，亦谁闻之而谁记之欤？吾谓此数语者，无论事之有无，应是太史公'笔补造化'，代为传神。"语虽过当，而引李贺"笔补造代"句，则颇窥"伟其事""详其跡"（《文心雕龙·史传》）之理，故取之。（《管锥篇》第一册）

⑲【汇注】

**张守节**：数，色庾反。行，户郎反。（《史记正义·项羽本纪》）

【汇评】

**冯梦龙**：凄其欲绝。（《情史·美人虞》）

**吴见恩**：写项王如许风流，不是喑哑叱咤气质。（《史记论文·项羽本纪》）

【汇评】

**程馀庆**：惊而歌，歌而泣，写英雄失志光景如目击然。写项王如许风景，绝不是喑哑叱咤气质。（《历代名家评注史记集说·项羽本纪》）

⑳【汇评】

**高　嵣**："泣下""皆泣"，情景凄绝。（《史记钞》卷一《项羽本纪》）

㉑【汇评】

**沈自邠**：始羽拔山盖世之气，以后日至衰飒，史家模写逼真如画，千古英雄至此，殊令人凄恻。（见《百大家评注史记·项羽本纪》）

**吴见思**：前写壮勇，令人神飞；此写悲凉，令人泪下。昔所云"莫敢仰视""莫敢枝梧"者果何在哉！（《史记论文·项羽本纪》）

**浦起龙**：写项王围逼时情景，淋漓惋怆，可泣可歌。（《古文眉诠》卷十八《项王本纪》）

**高　嵣**：叙垓下之围，淋漓惋怆，可泣可歌。战阵中忽写汉军歌，楚王歌，笔墨改观，掩映生情。帐中夜饮，美人骏马，慷慨歌诗，和之泣下。逐层细写，恓酸不堪卒读。（《史记钞》卷一《项羽本纪》）

**牛运震**："项王泣数行下，左右皆泣，莫能仰视"：写英雄气尽，亦复可怜。（《空山堂史记评注》卷二《项羽本纪》）

**方潋师**："项王夜闻汉军四面皆楚歌……左右皆泣，莫能仰视"。此一段写英雄末路，有声有色，千载而下读之，犹为感慨。龙门之笔，所以高出寻常万万也。司马温公作《资治通鉴》，独删去之，岂以美人、骏马不足纪乎？潋师按：虞美人有答项王楚歌云："汉兵已略地，四面楚歌声。大王意气尽，贱妾何聊生！"辞旨悲惋，实开汉以后五言之先声。"美人名虞"，注："一曰姓虞。"《后汉书·灵帝纪》熹平四年拜冲帝

母虞美人为宪园贵人,是古今两虞美人也。(《蕉轩随录·续录》卷十一《虞美人》)

**韩兆琦**:"项王军壁垓下……莫能仰视":这是多么悲慨淋漓的场面啊!宋代朱熹说:"慷慨激烈,有千载不平之余愤。"清代吴见思说:"'可奈何''奈若何',若无意义,乃一腔怒愤,万种低回,地厚天高,托身无所,写英雄失路之悲,至此极矣。"(《史记论文》)在这样浓烈的气氛中,再让人物自己作一首歌,而歌辞又是那样的悲壮,真是推波助澜,起到了画龙点睛的作用。应该说这是司马迁的杰出创造。清代周亮工说:"垓下是何等时,虞姬死而子弟散,匹马逃亡,身迷大泽,亦何暇更作歌诗?即有作,亦谁闻之,而谁记之欤?吾谓此数语,无论事之有无,应是太史公笔补造化,代为传神。"(《管锥编》引)这段文字对突出项羽形象的慷慨悲壮一面,起着非常重要的作用。(《史记博议·项羽本纪》)

于是项王乃上马骑①,麾下壮士骑从者八百余人②,直夜溃围南出③,驰走。平明,汉军乃觉之,令骑将灌婴以五千骑追之④。项王渡淮⑤,骑能属者百余人耳⑥。项王至阴陵⑦,迷失道⑧,问一田父⑨,田父绐曰"左⑩"。左⑪,乃陷大泽中⑫。以故汉追及之⑬。项王乃复引兵而东,至东城⑭,乃有二十八骑⑮。汉骑追者数千人。项王自度不得脱⑯。谓其骑曰⑰:"吾起兵至今八岁矣⑱,身七十余战⑲,所当者破,所击者服,未尝败北⑳,遂霸有天下㉑。然今卒困于此㉒,此天之亡我㉓,非战之罪也㉔。今日固决死,愿为诸君快战㉕,必三胜之㉖,为诸君溃围,斩将,刈旗㉗,令诸君知天亡我,非战之罪也㉘。"乃分其骑以为四队,四向㉙。汉军围之数重。项王谓其骑曰:"吾为公取彼一将㉚。"令四面骑驰下㉛,期山东为三处㉜。于是项王大呼驰下㉝,汉军皆披靡㉞,遂斩汉一将㉟。是时,赤泉侯为骑将㊱,追项王,项王瞋目而叱之,赤泉侯人马俱惊㊲,辟易数里㊳。与其骑会为三处㊴。汉军不知项王所在,乃分军为三。复围之。项王乃驰,复斩汉一都尉㊵,杀数十百人㊶,复聚其骑,亡其两骑耳㊷。乃谓其骑曰:"何如㊸?"骑皆伏曰:"如大王言㊹。"

① 【汇注】
张守节:骑,其倚反。凡单乘曰骑。(《史记正义·项羽本纪》)

② 【汇注】
张守节:麾,亦作"戏",同,呼危反。(《史记正义·项羽本纪》)
程馀庆:麾,大将之旗。(《历代名家评注史记集说·项羽本纪》)
【汇评】
高　嶙:八百余,忽百余,忽二十八骑,与前之八千人及后之无一人,俱相映照。(《史记钞》卷一《项羽本纪》)

③ 【汇注】
方　回:《汉书·高纪》五年十二月,围羽垓下,羽夜闻汉军四面皆楚歌,知尽得楚地,羽与数百骑走,是以兵大败。《史记·高纪》五年,高祖与诸侯兵共击楚军,与项羽决胜垓下。淮阴侯将三十万自当之,孔将军居左,费将军居右,皇帝在后,绛侯、柴将军在皇帝后。项羽之卒可十万。淮阴先合,不利,却;孔将军,费将军纵,楚兵不利,淮阴侯复乘之,大败垓下,项羽卒闻汉军楚歌,以为汉尽得楚地,项羽乃败而走,是以兵大败。(《续古今考》卷二十一《十二月围羽垓下》)
郭青螺:"溃围"者,突开一角而出走也。(引自《百大家评注史记·项羽本纪》)
【汇评】
吴承志:项王之气远过李将军,能破强秦数十万之众,不能制一累败之汉,由知战不知守也。诸葛武侯行军师法赵壮侯,自汉中一战以后不能得魏尺寸之地,由长于守不长于攻。观两事则李赵之短长可知矣。成败固视所遇之敌,亦视己之才略如何。才略有所限,不能强为也。(《横阳札记》卷八《项王》)
程金造:项羽那时未深识只有殊死搏斗,才有一线生机。如果逃走,必然尽失士卒,自陷困境,所以最终是身首分离。这明明是篇首所言,学书不成,又不娴兵法的结果。(《史记管窥·司马迁著项羽人本纪之本意》)

④ 【汇注】
班　固:颍阴懿侯灌婴,以中涓从起砀,至霸上,为昌文君,入汉,定三秦,食邑。以将军属韩信、定齐、淮南及八邑,杀项籍,侯,五千户。(六年)正月丙午封,二十六年薨。(《汉书》卷十六《功臣表》)
程馀庆:五千骑,映八百余人。(《历代名家评注史记集说·项羽本纪》)
【汇评】
郭嵩焘:按《灌婴传》:"降彭城,降留、薛、沛、鄼、萧、相。攻苦、谯,与汉王会颐乡。从击项籍军于陈下。项籍败垓下，婴收车骑追项籍至东城。"所谓击项籍陈下者，即汉王追项羽至阳夏南事也。据此，则婴之入彭城尚在鸿沟定约以前，宜其遽解而东归也。（《史记札记》卷一《项羽本纪》）

⑤【汇注】

程馀庆：渡淮、渡江、俱应篇首，来去路也。（《历代名家评注史记集说·项羽本纪》）

⑥【汇注】

张守节：属，音烛。（《史记正义·项羽本纪》）

⑦【汇注】

裴　骃：徐广曰："在淮南。"（《史记集解·项羽本纪》）

张守节：《括地志》云："阴陵县故城在濠州定远县西北六十里。《地理志》云阴陵县属九江郡。"（《史记正义·项羽本纪》）

方　回：《史记·项羽》《汉书·项传》皆书阴陵迷失道，《史记》注徐广曰："在淮南"。《汉书》注孟康曰："县名，属九江郡。"是时九江王都六，在淮南，后为九江郡，项羽由垓下走淮南也。（《续古今考》卷二十一《阴陵》）

胡三省：班《志》，阴陵县属九江郡。《括地志》：阴陵故城，在濠州定远县西北六十里。（《资治通鉴》卷十一"高帝五年"注）

王　恢：阴陵：《淮水注》："淮水自曲阳（凤台东北）来，北迳莫邪山西，山南有阴陵县故城，项羽夜驰渡淮，至阴陵，迷失道，陷大泽，灌婴追及之。"《括地志》："在定远县西北六十里。"《纪要》同其说（卷二九，和州阴陵山，不可从）。《清统志》（一二六）："《旧志》，城周二里，故址犹存。"（《史记本纪地理图考·项羽本纪·乌江自刎》）

⑧【汇注】

沈钦韩：《舆地纪胜》：阴陵山在和州乌江县西北四十五里，即项羽迷道处。（《汉书疏证》卷二十七《陈胜项籍传》）

何治基：项羽庙在定远县西六十里，即羽迷失道处。（《重修安徽通志》卷五十五《舆地志·坛庙·凤阳府》）

朱孔阳：《九域》：阴陵城，项羽迷失道于此，盖虞姬死所。宋苏子瞻轼《虞姬墓诗》：帐下佳人拭泪痕，门前壮士气如云。仓皇不负君王意，只有虞姬与郑君。按郑当时其先郑君，事项籍。籍死而属汉。高祖令故项籍臣名籍，郑君独不奉诏，乃诏逐郑君。（《历代陵寝备考》卷九《西楚附》）

【汇评】

李　贽：说天亦是！天与以好汉，不与以智慧，可如何？（《藏书》卷二《西楚霸

王项羽》）

⑨【汇注】
　　王伯祥：田父（音甫），耕田的人。（《史记选·项羽本纪》）

⑩【汇注】
　　裴　骃：文颖曰："绐，欺也。欺令左去。"（《史记集解·项羽本纪》）
　　冯梦龙：绐，诒，同欺也。上"左"，田父语。下"左"字，羽左去。（《纲鉴统一》卷六《西汉高帝五年》）

⑪【汇评】
　　杨一奇辑、陈　简补：田父岂仇于羽哉？杀子婴，弑义帝，屠咸阳，坑降卒，所过残灭，虽田父亦熟闻，亦宿怨矣。既遇坠井，不容不下石也。田父岂仇于羽哉？（《史谈补》卷二《田父绐曰左》）

⑫【汇注】
　　程馀庆：今名迷沟，在滁州全椒县东南三十里。去阴陵五里。（《历代名家评注史记集说·项羽本纪》
　　王　恢：大泽：当在定远县西。《纪要》（二九）："全椒县九斗山西五里有迷沟，相传项羽迷道陷大泽处。"附会不足信。陈涉、汉高皆起大泽，惟羽因大泽结，迷离千古矣。（《史记本纪地理图考·项羽本纪·乌江自刎》）

⑭【汇校】
　　张　庚：东城，在凤阳府定远县东南。按羽自今之虹县垓下，溃围南走，至今之五河县，东渡淮，至今之定远县西北之阴陵，迷失道，转至定远东南之东城，乃率二十八骑与汉决战，斩一都尉。于是又东南走，至今之和州，欲渡乌江也。《集览·质实》因和州有山，亦名阴陵，又有东城，注遂混东城与乌江为一处矣。不知和州之东城，即秦乌江亭，至汉始置东城县尔，时尚未有东城之名。阴陵亦后人附会，不足据。（《通鉴纲目释地纠谬》卷三《东城》）

【汇注】
　　裴　骃：《汉书音义》曰："县名，属临淮。"（《史记集解·项羽本纪》）
　　张守节：《括地志》云："东城县故城在濠州定远县东南五十里。《地理志》云东城县属九江郡。"（《史记正义·项羽本纪》）
　　李吉甫：东城县故城，在县东南五十里。项羽自阴陵至此，尚有二十八骑，南走至乌江亭。灌婴等追羽，杨喜斩羽于东城，即此地也。（《元和郡县图志》卷九《河南道五·定远县》）
　　王　恢：东城：《淮水注》："池水东北流迳东城县故城南。汉以数千骑追羽，羽帅二十八骑引东城，因四聩山，斩将而去。"《括地志》："故城在定远县东南五十里。"

今池河镇。(《史记本纪地理图考·项羽本纪·乌江自刎》)

⑮【汇注】

浦起龙：八百余、百余、二十八骑，与前之八千人，后之无一人，掩映生姿。(《古文眉诠》卷十八《项羽本纪》)

⑯【汇评】

牛运震：汉骑追者数千人：复一句，妙。(《空山堂史记评注》卷二《项羽本纪》)

⑰【汇评】

孙　琮：史公正借项王数语，以总结全篇，岂得轻忽之！(《山晓阁史记选·项羽本纪》)

高　嶝：夹叙自道数语，不独声情慨慷，并使一生梗概通身剔透，即借作总收。(《史记钞》卷一《项羽本纪》)

⑱【汇注】

编者按："起兵至今八岁"，是指前209年，亦即秦二世元年，项羽24岁，随其叔父项梁在吴中举事，一直算到前202年垓下之围，正好八个年头。时项羽31岁。

⑲【汇注】

冯梦龙：汉、楚之战止此，凡大战七十，小战四十。(《纲鉴统一》卷六《西汉高帝五年》)

【汇评】

黄淳耀：楚之击汉也，非身在行间，则不胜。田荣反齐地，则必自击之；彭越反梁地，则又自击之。虽所向摧破，而兵力疲矣。故汉一举而覆之垓下。自古以弱敌强者句践、乐毅、汉高，皆善用合从之法也。(《陶庵全集》卷四《史记评论·项羽本纪》)

牛运震："吾起兵至今八岁矣，身七十余战"云云，此借项王口中，总收生平。(《空山堂史记评注》卷二《项羽本纪》)

⑳【汇评】

华庆远：苏明允曰：项王渡河时，沛公方整兵向关，王宜急引兵趋秦，及其锋而用之，可以据咸阳，制天下。乃区区与秦将争一旦之命，徘徊河南新安间。此时沛公已取小路入关矣。及项王至函谷，沛公已在咸阳数月，秦人方安沛公，噫！八岁七十余战，未尝败北，何益哉！(《论世编》卷六《西汉》)

㉑【汇评】

欧阳修：项籍有百战百胜之才，而死于垓下，无惑也。吾观其战于钜鹿也，见其虑之不长，量之不大，未尝不怪其死于垓下之晚也。方籍之渡河，沛公始整兵向关，籍于此时，若急引军趋秦，及其锋而用之，可以据咸阳，制天下。不知出此，而区区与秦将争一旦之命。既全钜鹿，而犹徘徊河南新安间，至函谷，则沛公入咸阳数月矣。夫秦人既安沛公而仇籍，则其势不得强而臣。故籍虽迁沛公汉中，而卒都彭城，使沛公得还定三秦，则天下之势，在汉不在楚。楚虽百战百胜，尚何益哉？（见《史论观止正集》卷二《项籍论》）

**吴见思**：一篇大文字必有总结，此即就项羽口中结出。（《史记论文·项羽本纪》）

㉒【汇注】

**张守节**：卒，子律反。（《史记正义·项羽本纪》）

㉓【汇评】

**胡应麟**：百战百胜而得天下者，唐太宗也，而项籍以胜而失之。百战百败而得天下者，汉高祖也，而昭烈以败而失之。固人也，亦天也。（《少室山房笔丛》卷六《史书佔毕》二《外篇》）

㉔【汇评】

**苏　辙**：昔者项籍乘百战百胜之威，而执诸侯之柄，咄嗟叱咤，奋其暴怒，西向以逆高祖，其势飘忽震荡如风雨之至，天下之人以为遂无汉矣。然高帝以其不智不勇之身，横塞其冲，徘徊而不进，其顽冒椎鲁，足以为笑于天下，而卒能摧折项氏，而待其死，此其故何也？夫人之勇力，用而不已，则必有所耗竭，而其智虑久而无成，则亦必有所倦怠而不举，彼欲就其所长，以制我于一时，而我闭而拒之，使之失其所求，逡巡求去而不能去，而项籍固已败矣。（《栾城应诏集》卷二《三国论》）

**何去非**：项羽之于力尝强矣，以其不知真力之所在，此所以亡。彼项羽以百战百胜之气，盖于一时，手裂天下，以王豪杰而宰制之，自以天下莫能抗也。观其所赖以为资，盖有类乎力者矣。虽然，彼之所谓力者，内恃其之勇，叱咤震怒，足以威匹夫；外恃其众之劲，搏摔决战，足以吞敌人而已。至于阻河山，据形便，俯首东瞰，临制天下，保王业之固，遗后世之强，所谓真力者，彼固莫或知之也。是以轻指关中天险之势，燔烧屠戮，以逞其暴，卒举而遗之二三降虏，反怀区区之故楚，而甚荣其归。乃曰"富贵不归故乡，如衣绣夜行，谁能知者"，此特浅丈夫之量，安足为志天下者道哉？（见《史论观止正集》卷五《楚汉论》）

**钱　时**：项羽可君乎？曰：残暴忍人也，屠城坑卒，如毙狐鼠，安能为君！可臣乎？曰：从卿子冠军，则斩卿子冠军；事义帝，则杀义帝，安能为臣！然则斯人也奚施而可？曰：是特助汉平荡之具耳。春秋而下，用兵争强，英雄豪杰不闻义理之训，而惟富强之是尚，风声气习，举世讧然，皆战场也。至秦，极杀伐之祸，而仅胜之，又不能教化以善其心，而惟束之以法律，愤郁惨毒之气，久遏而不得逞，一旦溃裂，如虎豹脱圈槛，爪牙竞奋，所在为群，莫不皆有出类之才，绝人之力，自非有大才力者雄于其间，相与收拾而归诸汉，则天下纷纷，岂一沛公所能独办也？是故有沛公而

又不能无项羽，使之百战百胜，而终不使之保有尺寸之地。若羽者，真助汉平荡之具也欤！（《两汉笔记》卷一《高祖》）

方　回：战者，将之事，非人主之事。争天下而欲以战决之，可乎？八岁七十余战矣，而一败遂亡，战何益乎？汤武鸣条、牧野一战而安天下之民，战又岂在多乎？（《续古今考》卷二十一《汉军四面皆楚歌》）

茅　坤：览羽本末，特一枭将。（《史记钞·项羽本纪》）

吴汝煜：在项羽看来，英勇善战就理应拥有一切，英勇善战而失败，那就不可思议。在这里，司马迁用高度个性化的语言让项羽为自己的成败作了总结。这个总结是很错误的，但它却是项羽内心的真情的流露。项羽那种奋其私智、迷信武力、缺乏政治头脑的弱点，在这里和盘托出。司马迁用活生生的艺术形象，为他作了最好的总结。这一形象包含着司马迁的识力，并充分显示了司马迁高超的艺术概括力，所以能够千古不磨，感人至深。（《史记论稿·卓越的史识和高度的艺术概括的结合》）

㉕【汇校】

王伯祥：愿为诸君快战，蜀本、宋黄善夫本、百衲宋本、会注本俱与此本同，作"快战"。明凌稚隆评林本、孙月峰（矿）评本、徐孚远测议本、汲古阁本、清武英殿本俱作"决战"，按："决战"有胜负难分，决一雌雄的想法，犹存幸胜的希望。"快战"，则但求取快一时，痛痛快快打一个出手而已。项王既"自度不得脱"，而且上有"固决死"之言，前后又迭作"天亡我"之叹，其为不求幸胜，昭然明白。自当以"快战"为合适。（《史记选·项羽本纪》）

㉖【汇注】

吴见思：溃围，斩将，刈旗：此三胜也。（《史记论文·项羽本纪》）

㉗【汇注】

王伯祥：溃围，冲破包围，一也。斩将，斩杀敌军之将，二也。刈（音义，割也；砍也）旗，砍倒敌将之旗，三也。与上"必三胜之"相应。（《史记选·项羽本纪》）

㉘【汇评】

王　充：项羽且死，顾谓其徒曰："吾败乃命，非用兵之过。"此言实也。实者项羽用兵过于高祖；高祖之起，有天命焉。（《论衡·命义篇》）

吴见思：呜呼！利落顿挫，豪愤语，以三曲折写之。（《史记论文·项羽本纪》）

牛运震："令诸君知天亡我，非战之罪也"：按此重复缭绕，妙。（《空山堂史记评注》卷二《项羽本纪》）

程馀庆：屑屑自鸣其能战，岂是帝王局量！（《历代名家评注史记集说·项羽本纪》）

㉙【汇注】

吴同宝：四向：向着四面。按，《汉书》此处作"圜阵外向"。"圜阵"即"圆阵"，颜《注》："四周为之也。""外向"，颜《注》："谓兵刃皆在外也。"指四队骑兵，背皆向内，成一圆阵，分头向四面杀去。可与此文互参。(《两汉文学史参考资料·项羽本纪》)

㉚【汇评】

牛运震：吾为公取彼一将：如生。(《空山堂史记评注》卷二《项羽本纪》)

㉛【汇注】

吴同宝：驰下：按，此处当指自山头奔驰而下，观下句"山东"字样可知。《汉书》明言"因四隤山"，亦可为证。(《两汉文学史参考资料·项羽本纪》)

㉜【汇校】

张　庚：山东之山！必是定远东之大横山，《质实》因分注有"四溃山"三字，遂引今江浦县之四馈山附会。按：《羽本纪》只云项王自度不得脱，谓其骑曰云云，于是大呼驰下，并无四溃山三字，不知分注何所据？而《质实》亦不细考，见字即注也。且溃与馈本不同，如何混引。又按：和州北七十里有四溃山，俗传项王依山为阵四面驰下溃围处，亦是后世因之而名，非当时即名四溃也。(《通鉴纲目释地纠谬》卷三《羽分骑期山东为三处》)

张守节：期遇山东，分为三处，汉军不知项羽处。《括地志》云："九头山在滁州全椒县西北九十六里。"《江表传》云项羽败至乌江，汉兵追羽至此，一日九战，因名。(《史记正义·项羽本纪》)

程馀庆：即四溃山，在和州北七十里。(《历代名家评注史记集说·项羽本纪》)

王伯祥：期山东为三处，约定冲过山的东面，分做三处集合。此山相传即今安徽省和县北七十里之四溃山。(《史记选·项羽本纪》)

王　恢：山东，《括地志》："九头山在全椒县西北九十六里。《江表传》云：项羽败至乌江，汉兵追至此，一日九战因名。"《寰宇记》作九斗山。并云"九头山在天长县城南三十五里"。《纪要》(二九)："九斗山在全椒县东南二十五里。"(《史记选·项羽本纪》)

又：《汉书》云："因四隤山而为圜阵外向。"《纪要》(二○)："山在江浦县西南七十里。"《寰宇记》(一二四)："在乌江县西北七十五里。"九斗、四隤应相近，盖一山而因情生名也。(同上)

㉝【汇注】

颜师古：呼，叫也，音火故反。(《汉书注·陈胜项籍传》)

㉞【汇注】
　　张守节：上，披彼反。靡，言精体低垂。（《史记正义·项羽本纪》）
　　王伯祥：披靡本草木随风偃仆之貌，此喻汉军惊溃，像草那样随风而倒。（《史记选·项羽本纪》）

㉟【汇评】
　　浦起龙：就二十八骑显神通，以实其非战之罪。（《古文眉诠》卷十八《项羽本纪》）
　　程餘庆：写项王如生龙活虎。（《历代名家评注史记集说·项羽本纪》）

㊱【汇校】
　　梁玉绳：按：杨喜封赤泉侯在七年，《汉书》改称"杨喜"是也，此两称"赤泉"皆当作"杨喜"。又《索隐》谓"《汉书表》及后汉作'憙'，音火志反"，而今本俱作"喜"，惟《隶释·杨震碑》作"杨憙"，盖古字通用，犹以憙为喜也。（《史记志疑·项羽本纪》）
　　【汇注】
　　程餘庆：杨喜，此时未封。（《历代名家评注史记集说·项羽本纪》）
　　陈　直：汉书赤泉侯作杨喜，太史公改称赤泉侯者，避祖父司马喜讳也。下文叙杨喜封赤泉侯，在文理上则不能避矣，故直书之。（《史记新证·项羽本纪》）

㊲【汇校】
　　赵　翼：《史记》汉骑将追项羽，为羽所叱，人马俱惊者为赤泉侯，而不著姓名；《汉书》则曰杨喜。然《史记》羽死后，分其四体者有杨喜，又不言即赤泉侯。（《廿二史札记》卷一《史汉不同处》）

㊳【汇注】
　　颜师古：辟易，谓开张而易其本处。辟音频亦反。（《汉书注·陈胜项籍传》）
　　张守节：言人马俱惊，开张易旧处，乃至数里。（《史记正义·项羽本纪》）
　　【汇评】
　　李廷机：此与前楼烦挑战事相类，故凌约言曰："羽叱楼烦，楼烦目不能视，手不能发，羽叱杨喜，人马俱惊，辟易数里，羽之威猛可想象于千百世之下。"（引自《百大家评注史记·项羽本纪》）
　　吴见思：前借楼烦，此借赤泉侯，反衬项羽，是一样文法。（《史记论文·项羽本纪》）
　　浦起龙：凡叙一人到了头处，往往意致索然，独此叠浪层澜，真异观也。（《古文眉诠》卷十八《项羽本纪》）
　　牛运震："赤泉侯人马俱惊，辟易数里"二语，写出项王神威，纸上精魄震动。

(《空山堂史记评注》卷二《项羽本纪》)

㊴【汇评】

倪思撰、刘辰翁评：四队、四向，故复会为三处，开合使不可测。（《班马异同评》）

㊵【汇注】

郑权中：都尉：武官，级位比将军低。（《史记选讲·项羽本纪》）

㊶【汇评】

李　贽：真好汉！（《藏书》卷二《西楚霸王项羽》）

王锡爵：曰"八百"、曰"百"、曰"二十八"、曰"四"、曰"二"，是羽骑之渐少，正足上"兵少"句。曰"一将"、曰"一都尉"、曰"数十百人"、曰"军数百"，见羽所杀之犹多，正足上"天之亡我"二句。此是关键处。（引自《百大家评注史记·项羽本纪》）

王又朴：篇中写羽，不但无帝王气度，亦全不是大将身份，不过一骑将耳，既前于宋义口中点出，以后击田荣、击汉、击彭越、击陈留外黄，凡写战胜，无非亲在行间者，至于用郑昌而败，用萧公角而败，用薛公而败，用曹咎、司马欣而败。其与汉相持，必写其自披甲持戟临阵挑战，此骑将之枭雄者也。故后段写二十余骑字以结之。且前杀会稽守，写籍所击杀数十百人，后于结处，亦写独籍所杀汉军数十百人，写尽匹夫之勇矣。（《史记读法》卷一）

㊷【汇评】

牛运震："麾下壮士骑从者八百余人"，"骑能属者百余人耳"，"乃有二十八骑"，"亡其两骑耳"：按比计算军数，妙在用虚字点逗生情。（《空山堂史记评注》卷二《项羽本纪》）

㊸【汇评】

孙　琮：快甚！浅甚！（《山晓阁史记选·项羽本纪》）

吴见思：只两字，反写得意之语，极写项羽豪迈。（《史记论文·项羽本纪》）

浦起龙："何如"二字如生！（《古文眉诠》卷十八《项羽本纪》）

㊹【汇注】

王伯祥：如大王言，与上"何如"对答，声口隐约如见。（《史记选·项羽本纪》）

【汇评】

王维祯：叙垓下之战如画。（引自《史记评林》）

茅　坤：览羽本末，特一枭将。（引自《史记评林》）

张之象：此与前楼烦挑战事相类。（引自《史记评林》）

吴见思：君骄臣谄，一倡一和，极是当时口角，至死未晤。（《史记论文·项羽本

**牛运震**：乃谓其骑曰："何如？"骑皆伏曰："如大王言"：此亦写生之笔，正为"吾为公取彼一将"作应，而为上文一番决战小煞。（《空山堂史记评注》卷二《项羽本纪》）

**高　嶼**：于败局写胜概，叠浪层澜，字字为项王生色。（《史记钞》卷一《项羽本纪》）

**郭嵩焘**：按项王自叙七十余战，史公所记独钜鹿、垓下两战为详。钜鹿之战全用烘托法，不一及战事，而于垓下显出项羽兵法及其斩将搴旗之功。项羽英雄，史公自是心折，亦由其好奇于势穷力尽处自显神通。钜鹿、鸿门、垓下三段，自是史公《项羽纪》中聚精会神，极得意文字。（《史记札记》卷一《项羽本纪》）

**程馀庆**：写羽兵法处，只二十八骑，尚能分为四、会为三。数骑中，汉竟不知羽所在，用少如用众。分合埋伏间，阵势战势如绘，神笔也。（《历代名家评注史记集说·项羽本纪》）


于是项王乃欲东渡乌江①。乌江亭长檥船待②，谓项王曰："江东虽小③，地方千里，众数十万人，亦足王也④。愿大王急渡。今独臣有船，汉军至，无以渡⑤。"项王笑曰："天之亡我⑥，我何渡为⑦！且籍与江东子弟八千人渡江而西⑧，今无一人还⑨，纵江东父兄怜而王我⑩，我何面目见之⑪？纵彼不言，籍独不愧于心乎⑫？"乃谓亭长曰："吾知公长者。吾骑此马五岁，所当无敌，尝一日行千里⑬，不忍杀之⑭，以赐公⑮。"乃令骑皆下马步行，持短兵接战⑯。独籍所杀汉军数百人⑰。项王身亦被十余创⑱。顾见汉骑司马吕马童⑲，曰："若非吾故人乎⑳？"马童面之㉑，指王翳曰㉒："此项王也㉓。"项王乃曰："吾闻汉购我头千金㉔，邑万户㉕，吾为若德㉖。"乃自刎而死㉗。王翳取其头，余骑相蹂践争项王㉘，相杀者数十人。最其后㉙，郎中骑杨喜㉚，骑司马吕马童，郎中吕胜、杨武各得其一体㉛。五人共会其体，皆是㉜。故分其地为五㉝：封吕马童为中水侯㉞，封王翳为杜衍侯㉟，封杨喜为赤泉侯㊱，封杨武为吴防侯㊲，封吕胜为涅阳侯㊳。

① 【汇注】
　　裴　骃：瓒曰："在牛渚。"（《史记集解·项羽本纪》）
　　司马贞：按：晋初属临淮。（《史记索隐·项羽本纪》）
　　张守节：《括地志》云："乌江亭即和州乌江县是也。晋初为县。《注水经》云江水又北，左得黄律口，《汉书》所谓乌江亭长舣船以待项羽，即此也。"（《史记正义·项羽本纪》）
　　胡三省：余据乌江浦在今和州乌江县东五十里，即亭长舣船待羽处。（《资治通鉴》卷十一"高帝五年"注）
　　王伯祥：乌江即今安徽省和县东北四十里江岸的乌江浦。（《史记选·项羽本纪》）
　　王　恢：乌江，《纪要》（二九）："乌江废县在和州东北四十里，秦乌江亭也。汉为东城县地，晋置县。今为乌江镇。"又云："乌江浦在故乌江县东四里余，即亭长舣船待项羽处。"《江水注》："江水又北，得黄律口，即乌江渡也。"（《史记本纪地理图考·项羽本纪·乌江自刎》）
　　冯其庸：千百年来人们都认为项羽自刎于乌江，笔者认为项羽不死于乌江，而是死于东城。本文从《史记》涉及项羽之死的所有叙述，以及项羽败退的路线来论证项羽是死于东城而不死于乌江。死于乌江这个误解是从《史记正义》开始的，但还只是说项羽败退到乌江，并没有说他自刎。到元代金仁杰把项羽之死戏剧化了，于是才有了项羽乌江自刎之说，一直以讹传讹到现在。本文从调查入手，又分析了古籍的讹误，作出了新的结论。（《项羽不死于乌江考》，《中华文史论丛》，2007年第2辑）
　　张柏青、余恕诚：关于项羽自刎的地点，近年有学者力挺"项羽死于定远说"，著文称"项羽是死于东城而不死于乌江"，并强调说："自刎乌江，这是千古流传，尽人皆知的一个历史人物项羽的结局。但这个传说是否可信却一直没有引起人们的思考，甚至连史学界都没有予以注意，一直是沿袭旧说。"（冯其庸：《项羽不死于乌江考》，《中华文史论丛》2007年第2辑，第245页。冯文说："1985年2月13日，《光明日报》发表了安徽定远一个中学老师写的文章……项羽是在东城（今安徽定远）自刎的。"）有人认为该文"作者曾亲临实地调查，悉心考证"，便称赞"新论"者"治学之严谨，令人钦佩"云云。（朽木：《"不忘启迪"的示范意义》，《光明日报》"光明论坛"，2007年9月11日）研读记载项羽史事的古文献可知：《史记》《汉书》中的"东城"（秦汉县名）系"大名"，在不同语境所指称的"小名"不一，或指乌江，或指四隤山，并非皆指东城县邑（今安徽定远县大桥乡三官集）；东城与乌江（秦汉亭名）见于《项羽本纪》前、后,系"大名"与"小名"互见,《史记》《汉书》中有众多同类的例子旁证;史料中有秦汉时乌江属于东城县的证据。……项羽自刎乌江的史实,在金元以前就已成为文学作品的题材而传之于世。尤其是李德裕、龚相,赋中均明确交待亲至霸王祠考察。宋代王安石更是注意调查研究,他曾于至和元年与其弟王安国等游褒禅山,考察其地形,写下著名的《游褒禅山记》。此山在今安徽含山县之东,离乌江仅六十余里,他作《题乌江项王庙》诗,必亲至乌江考察,始题于庙壁。可见"新论"者所言"至唐代似乎还未有文字可稽"的"传说",纯属不实之词。(《项羽死于乌江辨》,《历史研究》,2010年第2期)

【汇评】

**田汝成**:始羽拔山盖世之气,以后日至衰飒,史家摹写,逼真如画,千古英雄至此,殊令人凄恻。(引自《史记评林》)

② 【汇校】

**钱大昕**:"檥",当从邹氏本作"样",样与漾同。(《廿二史考异》卷一《史记一·项羽本纪》)

【汇注】

**裴骃**:徐广曰:"檥音仪。一音俄。"骃按:应邵曰"檥,正也"。孟康曰"檥音蚁,附也,附船著岸也"。如淳曰"南方人谓整船向岸曰檥"。

**颜师古**:服虔曰:"檥音蚁。"如淳曰:"南方人谓整船向岸曰檥。"(《汉书注·陈胜项籍传》)

**司马贞**:檥字,服、应、孟、晋各以意解尔。邹诞生作"漾船",以尚反,刘氏亦有此音。(《史记索隐·项羽本纪》)

**李吉甫**:乌江县东四里,即亭长舣船处。(《元和郡县志》)

**陆唐老**:檥音蚁,整船向岸曰檥。(《陆状元通鉴》卷二十六《前汉纪·太祖高皇帝·注》)

**王骏观撰、王骏图续**:考《说文》:以木表物曰檥。又云:檥,干也。干所以正船体。合而参之,谓以木槁拢船附岸也。《玉篇》中木部檥下,引《史记》作"檥舟待羽",《汉书·项籍传》亦作艤,《文选》左太冲《蜀都赋》"檥轻舟",刘渊林注:"南方谓正船迴济处为艤。"《项羽传》曰"艤船待羽"。释檥字与应、如义近。其引檥作艤,虽从木、从舟小异,然即此亦足征其作"檥",不作"样"矣。《说文》"样,栩实也"。漾水出陇西豲道。遍考经传,无训"样""漾"为治舟者。邹诞生本,恐不可从。(《史记旧注评义·项羽本纪》)

**吴国泰**:《说文》:"檥,干也。"凡停舟者必植干于船首,故停舟为檥船。此古义也。后人因又造为"舣"字。《广韵》:"舣,整舟向岸也。"盖后出之俗字矣。(《史记

解诂·项羽本纪》，载《文史》第43辑)

【汇评】

**王　恢**：日暮途穷，安得适有"长者"之"亭长"（若沛公者）舣船以待？羽正欲渡而忽又不渡乎？史公盖特沉重其慷慨取义，英风万丈，为千古两大英雄作最后之神会，告后世想做大英雄者，成败善处之道也！览近代史，于此深有感焉，特赘二十八字："垓下一夕尽楚歌，虞兮不逝奈若何。有才韩范偏不用，无限江山泪转多！"（《史记本纪地理图考·项羽本纪·乌江自刎》）

**编者按**：亭长，秦汉时地方一亭之长，下属的隶员有"求盗"若干名。其主要职责是"逐捕盗贼"，维持地方治安，并负责处理一亭内的民事纠纷等。关于亭的性质和统属问题，长期以来模糊不清。《汉书·百官公卿表序》及《史记·高祖本纪》刘邦为"泗水亭长"条的《正义》注，均认为是"十里一亭""十亭一乡"。也就是说，亭是介于乡与里之间的一级地方行政组织。此说影响深远。今人王毓铨在《汉代"亭"与"乡""里"不同性质不同系统说》一文中指出"亭"不是地方行政系统中的一级，它不受"乡"的统辖，而是自成一个系统。（《历史研究》1954年第2期）此说渐次为学术界认可。根据云梦睡虎地秦简的有关律文来看，亭级机构，直接受命于县，主要职责是管理治安。它与秦汉时期"市亭"的性质也不同，"市亭"是郡县城内设置的专管市场的市府下辖的机构。

③【汇注】

**王鸣盛**：臣瓒云：乌江在牛渚。以上所言江东，指今之江宁、镇江、常州、苏州、松江、嘉兴、湖州等府……要皆以大势约略言之，非有劈分定界。（《十七史商榷》卷二《江西江东》）

④【汇评】

**江　贽**：林之奇曰：高祖与项羽争天下，其势力才气相去远甚，然项羽所以终失天下而为高祖之所毙者，羽能勇而不能怯故也。高祖之封于汉中也，周勃、灌婴、樊哙乃欲劝之以攻羽，曾不知势力弗敌而与之抗，则是麋之亡耳。故萧何以为能诎于一人之下而信于万众之上者，汤武是也。高祖隐忍从之，卒以巴蜀之众，还取三秦，以成汉家四百年之社稷。此则能勇而能怯之效也。项羽之败于乌江也，亭长舣船待之，以为江东虽小，亦足王也。愿大王急渡。此即萧何之谋耳，使羽能从其言，则天下之事未可知矣。不能区区之忿，乃曰："籍与江东子弟八千渡江而西，今无一人还，纵江东父兄怜而王我，我何面目见之？"此所谓能勇而不能怯者也。是故高祖百战而百败，惟其不胜也，一胜则必至于王；项羽百战而百胜，惟其必胜也，一不胜则必至于亡。（《少微通鉴节要》卷四《汉纪·太祖高皇帝上》）

**范光宙**：羽之突围而南也，亭长舣船请渡，羽不从，卒以自刎。噫！拔山盖世之雄，而遽靡耷也。沛公与羽，并驰中原，当是时，绌之鸿门，困之睢上，迁之南郑，濒于死屡矣，而卒不挫。江东之地，千里可王，亦即沛公之汉中也。沛公能含忿绝栈而西，羽不能忍耻借艇而东，其器度已霄壤矣。议者谓羽如亭长指，引舟渡江，卷土重来，亦未可知。嘻！鸿沟定约，羽气亦索矣，冲风之衰，不能起羽，当其迷道时，田父绐之左，则陷之左。乌江之亭长何知非阴陵之田父乎？其舣以待，又以江东之足王绐羽，羽心亦疑矣。与其中伏为俘，宁拔剑而自尽，其卒不渡，亦或一见也。(《史评》卷二《项羽·却舣舟》)

⑤ 【汇评】
程馀庆：其言太甘，其情可疑。(《历代名家评注史记集说·项羽本纪》)

⑥ 【汇评】
范　浚：汉高祖与项籍俱起叛亡，逐秦鹿，蚌鹬相持者八年，高祖之命悬籍手数矣，而籍卒以败灭，何哉？籍专为暴，高祖专为德也。高祖之入咸阳也，秋毫不犯，籍至，乃火而屠之，予以为楚汉兴亡，此已分矣。籍特挟用匹夫小勇，劫人以假息，故后死耳。夫以高祖权略智数揽英豪而驱御之，盖真王霸才，虽羽百辈不敌也。……得范增不能用，得陈平不能用，得韩信不能用，皆使之怨愤弃去，徒以匹夫小勇欲决雄雌于挑战间，至力蹙势穷，犹将驰杀一二汉将以见技能，此楚所以失天下也。然则籍之亡也，又胡望乎天哉！(《香溪集》卷八《楚汉论》)

李　贽：说天亦是。天与以好汉，不与以智慧，可如何？(《藏书》卷二《西楚霸王项羽》)

孙　琮：又拈天亡，羽虽委咎，亦是至言。(《山晓阁史记选·项羽本纪》)

⑦ 【汇评】
刘子翚：项羽引兵欲渡乌江，亭长舣舟待，请羽急渡。羽不渡，乃战死。盖是时汉购羽千金，邑万户，亭长之言甚甘，羽疑其欺己也。羽意谓丈夫途穷，宁战死，不忍为亭长所执，故托以江东父老之言为解尔。使羽果无东渡意，岂引兵至此哉！羽至东城，才二十八骑，与汉兵战，斩二将，杀数百人，汉军披靡，使羽尽用其众，决死垓下，岂易当哉？所以去垓下者，犹冀得脱也。乃为田父所绐，陷于大泽，羽知人心不与己，安知亭长不出田父之计哉？此羽之所以战死也。(《屏山集》卷四《汉书杂论》下)

宋　濂：按：项羽不听亭长言，所谓小不忍者。后人有诗云："江东子弟多豪杰，卷土重来未可知！"可概见矣。(引自《百大家评注史记·项羽本纪》)

戴大宾：且观羽何人斯？以为柔懦不足以举事欤？则力拔山兮气盖世，此羽晚节之歌，羽之壮怀犹故也；以为昏愚不足以举事欤？则崎岖岁月，熟于机械变诈，其中盖可考也。又独不思其言乎？方羽东城战败之余曰："此天亡我，非战之罪！"羽亦援天咎矣。及抵乌江，观其与亭长应酬数语，羽亦自知天意不在吾，果更东无为也，欲付之无可奈何，而甘为乌江之鬼，与衰荷败叶，相为沦没于苍梧野水滨。使天意未斩，而羽也未必满意于死；幸有欲济者号于江头，固宜贷舟一济，借一艇而东矣，奚待彼之喃喃哉？是则昔日使羽渡江而西，乃天假数年，以为炎汉之驱除也。……如以乌江之险可恃而济，则事之在天者皆可以人力智巧而为之矣，是岂理哉？噫！万里风云，感会芒砀之山，一江流水，注白英雄之骨，天意已定，人谋何为？（见《古今人物考》卷六《项羽》）

范　椁：羽不渡乌江，人皆咎其能勇而不能怯，故以此失天下。予谓天下之得失，卜诸民心，斯民固王者之所天也。有勇而无谋，刚而无亲，忌而信谗，暴而残民，迹其所为，罔非失人之事。是以人得而蹈其资，兵得而害其身，固自亡亦天亡也。使羽勇而能谋，关中可据矣；刚而能亲，诸将不携矣；明以察谗，奇计得施矣；恕而爱人，百姓乐推矣。若然，则举天下若转丸，何汉能计哉？羽不能然，故谋于汉如陈平，昔其臣也，而羽实弃之；兵于汉如信、越，昔其将也，而羽屏之。故楚曲既成，而子弟之兵散，阴陵失道，而田父之绐行。虽亭长舣舟之待，然言甘而情函，未必不出徂诈，羽于斯时亦自知人心之不与矣，故"天亡之言"忽出于羽之自道，盖自是而羽心之天亦定矣。然则羽之亡果系于天，而其生也，亦系于天下。盖天生羽以靖难，生汉以牧人。靖难者授勇，牧人者授仁，其亦天之素定乎？彼为卷土重来之说，其亦不知天矣！（《洗心居雅言集》卷上《项羽自谓天亡》）

程馀庆：羽不渡江，盖恐亭长诈之也。一"笑"字，有无限神情。（《历代名家评注史记集说·项羽本纪》）

⑧【汇评】

吴见思：且籍与江东子弟八千人渡江而西：直掉至篇首呼应，是通篇章法。（《史记论文·项羽列传》）

牛运震：项氏本起江东，此处"江东虽小""江东子弟""江东父（老）兄"正与篇首"起兵江东"，有回绕收缩之妙。"籍与江东子弟八千人渡江而西"，亦与"乃以八千人渡江而西"遥应有情。（《空山堂史记评注》卷二《项羽本纪》）

⑨【汇评】

黄鹏扬：八千人渡江而西，为项王而死者，虞姬一人而已。然虞姬妇人，当不在八千人之列，则是八千人实无一人为项王死也，项王身经七十余战，八千人中有从项王阵亡者，有从项王败禽者，有从项王逃散者，皆可谓之为项王死，而终不可谓之为项王死，必若虞姬之义烈伏剑，方可谓之为项王死也。田横既没，海岛五百人闻之，皆自杀以从，何虞姬之多也。夫八千人中为虞姬者绝少，海岛中五百人，人尽虞姬。而八千人中不能一人如虞姬。为八千人者不亦羞乎！而又有反亲事仇，不能死，如项

伯者则尤八千人之羞。使其闻虞姬伏剑，想当愧死无地矣。(《读史吟评·虞姬》)

⑩【汇注】

　　王伯祥：纵，即使。江东父兄与上"江东子弟"相照。怜而王我，可怜我的困顿而奉我为王。(《史记选·项羽本纪》)

⑪【汇评】

　　储　欣：收拾篇中"东""西"二字……通篇以"东""西"二字作眼目，冗忙中略一拨醒，使读者于楚汉大势，如指诸掌。(《史记选》卷一《项羽本纪》)

　　程馀庆：语最长厚，又复负气。(《历代名家评注史记集说·项羽本纪》)

⑫【汇评】

　　李　贽：大是英雄语！(《藏书》卷二《西楚霸王项羽》)

　　凌稚隆：按：项羽不听亭长言，所谓小不忍者。后人有诗云："江东子弟多豪俊，卷土重来未可知。"可概见矣。(《史记评林·项羽本纪》)

　　孙　琮：抵死不作愧心人，端的英雄。(《山晓阁史记选·项羽本纪》)

　　吴见思：作一顿，踌躇四顾，曲尽情景。(《史记论文·项羽本纪》)

　　浦起龙：大收应，令人不堪回首。(《古文眉诠》卷十八《项羽本纪》)

　　王鸣盛：汉始终惟利是视，顽钝无耻……若以沛公居项羽之地，在鸿门必取人于杯酒之间，在垓下必渡乌江而王江东矣。(《十七史商榷》卷二《汉惟利是视》)

　　程馀庆：此乃勉作谢语，非项王本意也。(《历代名家评注史记集说·项羽本纪》)

⑬【汇注】

　　张守节：(骑)音奇。(《史记正义·项羽本纪》)

⑭【汇评】

　　吴见思：又就马上模写一番。不知其人，视其物，正衬写项羽也。(《史记论文·项羽本纪》)

　　浦起龙：真堪托死生，英雄性情如是。(《古文眉诠》卷十八《项羽本纪》)

⑮【汇注】

　　程馀庆：此时追兵未至，故得与亭长共语。自此以后，又复接战矣。(《历代名家评注史记集说·项羽本纪》)

⑯【汇注】

　　王伯祥：短兵，短小轻便的武器，匕首、刀、剑之属。(《史记选·项羽本纪》)

⑰【汇评】

　　倪思撰、刘辰翁评：《汉书·籍传》必不称项王，而称羽。羽，字也。《史记》《世家》，首尾项王，至是独籍，皆语势宜然。(《班马异同评》)

　　凌稚隆：按曰"八百"，曰"百"，曰"二十八"，曰"四"，曰"二"，是羽骑之渐少，正足上"兵少"句。曰"一将"，曰"一都尉"，曰"数十百人"，曰"军数百"，见羽所杀之犹多，正是上"天之亡我"二句，此是关键处。按以下连用二十二"骑"字，不甚觉重复。(《史记评林·项羽本纪》)

  **程馀庆**：览羽本末，特一骁将。(《历代名家评注史记集说·项羽本纪》)

⑱ 【汇校】

  **梁玉绳**：按：此二语上称"籍"，下称"项王"，竟似两人矣，未免语病。(《史记志疑·项羽本纪》)

【汇评】

  **程馀庆**：何不早死，受此大辱！(《历代名家评注史记集说·项羽本纪》)

⑲ 【汇注】

  **王伯祥**：顾见，回头看见。骑司马，骑将衔名。吕马童当系项王旧部反楚投汉者，故下以"故人"呼之。(《史记选·项羽本纪》)

⑳ 【汇评】

  **孙　琮**：从容得妙！(《山晓阁史记选·项羽本纪》)

㉑ 【汇注】

  **裴　骃**：张晏曰："以故人故，难视斫之，故背之。"如淳曰："面，不正视也。"(《史记集解·项羽本纪》)

  **颜师古**：张晏曰："以故人难亲斫之，故背之也。"如淳曰："面谓不正视也。"师古曰："如说非也。面谓背之，不面向也。面缚亦谓反背而缚之。杜元凯以为但见其面，非也。"(《汉书注·陈胜项籍传》)

  **倪思撰、刘辰翁评**：古人谓"面"为背，殊不可晓。殆面复背也。如说亦是。吕马童不切于独收功乎？如淳曰："面，不正视也。"楼烦勇如杨喜，独承顾盼如此，妇人之仁。(《班马异同评》)

  **胡三省**：张晏曰："以故人难亲斫之，故背之也。"如淳曰："面，谓不正视也。"师古曰："如说非。面，谓背之，不正向也，面缚，亦反背而缚之；杜元凯以为但见其面，非也。"贡父曰："面之，直向之耳。"(《资治通鉴》卷十一"高帝五年"注)

  **方　苞**："马童面之"句，以面向项王也。旧注误。蒋西谷曰："面与偭同。"《夏侯婴传》"面雍树驰"，《汉书·张欧传》"为涕泣面而封之"，皆作"背"字解。(《方望溪评点史记·项羽本纪》)

  **惠　栋**：《汉书·项羽传》"马童面之"，张晏曰："背之也。"师古曰："面之谓背之，不面向也。面缚亦谓反背而缚之。杜元凯以为但见其面，非也。"(《九曜斋笔记》卷下《面缚》)

  **沈钦韩**：刘贡父曰"面之，直向之耳"。按：刘说是。《少仪》云"遇于道，见则

面"。郑注"可以隐则隐，则谓'面'为向也"。（《汉书疏证》卷二十七《陈胜项籍传》）

　　**何若瑶**：马童面之，如淳曰"面谓不正视也"。颜师古曰"面谓背之，不面向也。面缚亦谓反背而缚之，杜元凯以为但见其面，非也"。按：《张欧传》"不得已为涕泣面而封之"，晋灼曰："面对囚读而封之，使其闻见，死而无恨也。"面之，是面对之，颜、如说俱非是。（《前后汉书考证·前汉书考证·项籍传》）

　　**王先谦**：刘攽曰"面之，直面向之耳"，沈钦韩曰："刘说是。《少仪》云：'遇于道，见则面。'郑注'可以隐则隐'，则谓面为向也。亦作'偭'，《说文》：'偭，乡也。'《少仪》尊壶者偭其鼻。"（《汉书补注·项籍传》）

　　**程馀庆**：面向之也。（《历代名家评注史记集说·项羽本纪》）

　　**张家英**："面"有"向"义，《广雅·释诂》："面，向也"；亦有"背"义，《古今韵会举要·霰韵》："面，相背曰面。"对于"面之"，从两个对立的解说中选取其一，还是释为"面向"要好一些。（《〈史记〉十二本纪疑诂·项羽本纪》）

【汇评】

　　**吴见思**：解胄露面也。字新。（《史记论文·项羽本纪》）

　　**邵泰衢**：吕马童"面之"者，背之也。羽既以马童为故人，马童乃背面指示，而假手于翳，故人固如是乎？虽然，今之吕马童必诱项王生禽，以首功裂地而王矣。背面之以指示他人，其亦存古道也哉！（《史记疑问》卷上）

㉒【汇注】

　　**裴　骃**：如淳曰："指示王翳。"（《史记集解·项羽本纪》）

㉓【汇评】

　　**吴见思**：又傍写一笔。想当时指目项王，神色俱动。（《史记论文·项羽本纪》）

　　**牛运震**："顾见汉骑司马吕马童，曰：'若非吾故人乎？'马童面之，指王翳曰：'此项王也。'"此数句中曲折低徊，有无限情态。项王问吕马童，马童却不正答，反指告王翳曰"此项王也"，此中神情可想。（《空山堂史记评注》卷二《项羽本纪》）

　　**程馀庆**："故人乎"句，本连下"吾闻"句，忽于中间插入"马童面之"三句，神飞色动，想见当时指目项王，震慑光景。（《历代名家评注史记集说·项羽本纪》）

㉔【汇注】

　　**颜师古**：购，以财设赏，音工豆反。（《汉书注·陈胜项籍传》）

　　**张守节**：汉以一斤金为一金，当一万钱也。（《史记正义·项羽本纪》）

　　**王骏图撰，王骏观续**：千金固非一斤金；即一斤金，亦不止一万钱也。考《汉志》以黄金一斤为一金。汉制，黄金一斤直钱千贯，则千金当有二千兆钱也。又考秦制，以黄金一镒为一金。镒，二十四两也。高祖此时应仍秦制，则一金多四两，为数更钜

矣。《正义》说盖数万倍之差。(《史记旧注平义·项羽本纪》)

张大可：购：悬赏征求。(《史记全本新注·项羽本纪》)

【汇评】

程馀庆：购，以财设赏也。妙在不怕！(《历代名家评注史记集说·项羽本纪》)

㉕【汇注】

胡三省：《史记正义》曰：汉以一斤金为一千金，当一万钱也。余谓一斤金与万户邑，多少不称，《正义》之说，未可为据也。(《资治通鉴》卷十一"高帝五年"注)

㉖【汇校】

裴　骃：徐广曰："亦可是'功德'之'德'。"(《史记集解·项羽本纪》)

编者按："吾为若德"，《汉书·陈胜项籍传》作"吾为公得"，邓展释之曰："令公得我为功也。"晋灼与徐广皆云，"得"字或作"德"。二者同音可通。

【汇注】

张守节：为，于伪反。言吕马童与项羽先是故人，旧有恩德于羽。一云德行也。(《史记正义·项羽本纪》)

胡三省：班《书》："德"作"得"；邓展曰：令公得我以为功也。《史记》作"德"；徐广曰：亦可是功德之德。《史记正义》曰：为，于伪翻。言吕马童与己是故人，旧有恩德于己。余谓羽盖谓我为汝自刎以德汝。(《资治通鉴》卷十一"高帝五年"注)

凌稚隆：按邓展云："'吾为汝德'，令公德我以为功也。"(《史记评林·项羽本纪》)

方　苞：言我自刎，使汝献功受赏，是为汝德也。(《史记注补正·项羽纪》)

【汇评】

方孝孺：观其所以谓吕马童者至是，亦可悲矣。叙事得确情，且动人。(引自《百大家评注史记·项羽本纪》)

程馀庆：令汝受赏而德我也。哀音嫋嫋。(《历代名家评注史记集说·项羽本纪》)

㉗【汇注】

司马贞："诛籍"，汉诛项籍，在(项羽)四年十二月。(《史记·秦楚之际月表》)

梁玉绳：按：《史》言羽初起时年二十四，亡于汉五年，则仅二十八岁也。(《汉书人表考》卷六《项羽》)

俞　樾：明张岱《琅嬛文集》有《募造无主祠堂疏》云："越郡祀典，清明、中元，十月朔，有孤魂之祭。余曾阅其祭版，则西楚霸王为国殇之首。"按项氏初起事以会稽守，故越郡祀之。然秦时会稽郡非今越郡也。(《茶香室三钞》卷二十《项羽为越郡国殇》)

## 【汇评】

**赵　蕤**：项羽有拔山之力，空泣虞姬。田横有负海之强，终然刎颈。故曰战胜之威，人百其倍；败兵之卒，没世不复。故水之弱至于漂石，此势略之要也。（《长短经》卷九《势略》）

**方大琮**：问：自孙吴著书而后之言兵者宗焉。奇正分合之情，开阖翕张之变，尽备于书。观之者惟恐其不能用，用之者未必皆有合，合之者未必其皆有验……曰"穷寇勿追也"。然垓下之围，追骑深入，非迫其穷而败之乎？（《铁庵集》卷二十六《兵书》）

**朱　熹**：或问《太史公书》项籍垓下之败，实被韩信布得阵好，是以一败而竟毙。曰：不特此耳。自韩信左取燕、齐、赵、魏，右取九江英布，收大司马周殷，而羽渐困于中，而手足日翦，则不待垓下之败，而其大势盖已不胜汉矣。（《朱子语类》卷一百三十五）

**杨维祯**：孟子曰："为天下殴民者，桀与纣也。"籍亦为汉殴者尔，焉能与汉争天下哉？秦以死殴民，民相与仇秦，而思其生民者主之，此势之所必至，而岂料籍之图天下，又一秦也哉！籍长八尺余，力能扛鼎，八尺之躯徒为力所役耳，而其剽悍猾贼之性，嗜杀如嗜食，如起会稽，即诱杀守者。其后矫杀宋义，屠咸阳，残灭襄城，杀秦降王子婴，斩韩生、广陵母，甚至于杀义帝，此真天下之桀项也。欲举大事，伯西楚，以光项氏之世，夫其可得乎？（《史义拾遗》卷上《项籍论》）

## 【汇评】

**范　槚**：鸿沟之约，羽以太公、吕后来归，为德甚渥，汉卒叛盟，迫而毙诸垓下，议者以此咎汉之不直。予意不然。顾汉未纯于义耳。追羽未可以厚非也。夫君臣、父子、夫妇，并为三纲，不可偏废也。沛公与羽，比肩而事义帝，君臣之分素定矣。羽从而弑之，此汉不共戴天之仇也。不幸而太公、吕后落其掌握，苟急于讨贼，则鸷悍如羽，未必不取太公、吕后甘心焉。夫亟战以杀父，非孝也。德其归父与妻，而忘君之仇，非忠也。故始而屈己与和者，为太公、吕后计也，一时应变之权也，既而必杀无赦者，为义帝讨罪人也，万世纲常之正也。恩义曲全，忠孝两得，此正巧于行义也。然此岂汉高所能知哉？观其分羹之语，既忍于忘亲，而鲁公之葬，又甘于纵贼，则帝之心可得而识矣。予故取其行义之巧，而尤惜其为义之心未纯也。（《洗心居雅言集》卷上《鸿沟之约》）

**凌稚隆**：羽败矣，诉诸将而决战，德马童而授首，终不脱叱咤欷歔气习；所谓匹夫之勇，妇人之仁，岂其性之哉！（《史记评林·项羽本纪》）

**胡应麟**：项王喑呜叱咤，千人皆废。然东城之役，灌婴以五千追之，虽杀伤过当，卒自刭，势也。垓下之战，汉兵亦六十万，非淮阴在军，鲜不为灵璧矣。（《少室山房

笔丛》卷六《史书占毕》二《外篇》)

**归有光**：读书如读项羽垓下之败，必潸然出涕，乃为得之。为文须要养气。(《归方评点史记合笔·例意》)

**张　溥**：当秦、楚之际，而欲以忠信得天下，斯已难矣。然天下虽乱，大义不绝，君子不以乱易治，而以治易乱，故李良于武臣，庄贾于陈胜，臧荼于燕广，田荣于田市，项籍于楚心，《纲目》皆书曰"弑"，予之以罪，而后世无所动，则以是为居正也。虽然，《纲目》以义帝之弑，遂贼楚而王汉，使羽不杀心，心其遂有天下乎？汉王定三秦，举燕赵之后，能事心乎？吾知汉王亦必杀之也。楚先杀之，而授汉以名，汉王亦不以为异也。自董公建说，始有素服之师。汉之得以乘楚后者，非为义也，所以自予也。或曰：汉王入关无所取，羽则大掠而东，兴亡在是矣。嗟乎，咸阳之入，秦之宫室帏帐、宝货妇女，沛公未尝不欲留居也。沛公能受良、哙之言，而羽不闻有增、眛诸臣之谏，楚之臣固已非矣，何独罪羽也？且陈涉首事，王六月而亡，项羽身尝七十余战，未尝一败，将有天下，而反为汉有，凡此者皆天意也。六国之时，天意厌乱，而急欲秦之有之，故即墨大夫之谋犹可有为，而齐卒不行。秦楚之时，天意厌乱，而急欲汉之有之，是以江东千里之地，数十万之众，犹可以王，而羽以一时之忿无所及，此是不可谓纯任人也。虽然，治乱之际，君子严助乱之文，尤不可不明奖正之义。(《历代史论》卷一《秦楚之际论》)

**高　嶙**：叙乌江结局。"我何渡为"，"我为若德"，仍不失英雄本色。(《史记钞》卷一《项羽本纪》)

**夏之蓉**：荥阳之围何异垓下之困？然汉卒转弱为强者，虽由天命，人谋亦多矣。按羽都彭城，王高祖于巴蜀、汉中，而以三秦封章邯等，所以制高祖使不得出也。其余诸侯皆项氏所封，则皆党项氏者也。未几田荣弑胶东王市，与彭越起兵。羽怒，欲先破齐而后击汉，以故汉王得还定三秦，率五诸侯兵伐楚，直入彭城，捣其巢穴。羽闻之还，击破汉军，获其太公、吕后以归。此时高祖不归关中而居守荥阳，与羽相持；又得韩信为将，击魏、击赵、击齐，皆下之。又使辩士说九江王背楚归汉，是孤项氏之党，而关以东诸侯悉为汉有也。时楚所守者彭城所环之地，四面皆非其有，是以垓下之围，一蹶而不可复振。(《读史提要录》卷一《西汉》)

**郭嵩焘**：按《项羽本纪》"与汉约中分天下：割鸿沟以西为汉，鸿沟东为楚"，解而东归，亦未有败亡之征也。垓下一败而遂燔焉，使人莫测所由，盖韩信定齐地，灌婴遂渡淮与项声等相持淮北。既破项声，下下邳，彭城势孤，遂降汉。项羽方解而东归，而彭城先失，军无斗心，是一败而不可复支。灌婴之掠淮北，降彭城，所以速项羽之亡也。韩信与项羽会战垓下，灌婴又东自彭城夹击，以婴本骑将，故使以所部五千骑追项羽，《项羽本纪》所谓王翳、吕马童、杨喜、杨武、吕胜，皆灌婴所部骑将也。《项羽本纪》特叙战事，其详皆著于《灌婴传》中，以项羽之亡实系之灌婴一军也。此史公叙事最著明处。（《史记札记》卷五上《樊郦滕灌列传》）

程餘庆：年三十一。始羽以拔山盖世之气，以后日至衰飒。史家摹写，逼真如画。千古英雄至此，殊令人恓恻。（《历代名家评注史记集说·项羽本纪》）

㉘ 【汇注】

王伯祥：相蹂践争项王，为争夺项王的尸体，互相纵马践踏。（《史记选·项羽本纪》）

㉙ 【汇注】

凌稚隆：按"最"，凡也，总言其数又功为最也。（《史记评林·项羽本纪》）

程餘庆：最，凡也，总言其数也。（《历代名家评注史记集说·项羽本纪》）

㉚ 【汇注】

陈　直：《隶释》卷十二《杨震碑》云："圣汉龙兴，杨憙佐命，克项于垓。"又按：《后汉书》卷七十五，蔡邕《太尉杨秉碑》云："汉兴烈祖杨憙，佐命征伐，封赤泉侯。"杨喜并作杨憙。又按：《金石索·金索》第五十二页有"赤泉侯印"。（《汉书新证·陈胜项籍传》）

㉛ 【汇评】

邵泰衢：余骑争项王矣，则项尸已为余骑所分。最后之杨喜四人，其又杀余骑而夺之乎？抑余骑争杀自尽，尚留项尸，为杨喜四人所得乎？噫！头与四体共封五侯，倘有得其五脏六腑者，又可得十一侯矣，奚必争蹂践乎？为之一哂。（《史记疑问》卷上）

吴见思：五人先写王翳，后序四人，小中亦具章法。（《史记论文·项羽本纪》）

㉜ 【汇注】

张大可：共会其体，皆是：验核五人所得尸体，能合并在一起，确是项王。（《史记全本新注·项羽本纪》）

㉝ 【汇校】

梁玉绳：附按：《评林》谓宋本"分"字上有"故"字。《史诠》以为今本缺。然宋倪思《班马异同》无"故"字，倪所见必宋本也。分其地，《通鉴》作"分其尸"，非。分地为五，当属下文，谓分地以封吕马童等五人为侯耳，其地不必定泥作楚地。（《史记志疑·项羽本纪》）

【汇注】

吴见思：故分其地为五：悬购万户之地也。（《史记论文·项羽本纪》）

㉞ 【汇注】

班　固：中水严侯吕马童，以郎骑将汉元年从好畤，以司马击龙且，复共斩项籍，

侯，千五百户。正月己酉封，三十年薨。(《汉书·高惠高后文功臣表》)

**司马贞**：按《晋书·地道记》，其中水县属河间。(《史记索隐·项羽本纪》)

**张守节**：《地理志》云中水县属涿郡。应劭云："在易、滱二水之中，故曰中水。"(《史记正义·项羽本纪》)

**陈　直**：汉城遗址曾出"童马厩将"印，有方格界，为秦末汉初之物。马童即童马，为初壮之马，盖当时之习俗语，故取以为名（又平州侯昭涉掉尾之子，亦名马童）。(《史记新证·项羽本纪》)

㉟【汇注】

**司马迁**：(王翳)以郎中骑汉王三年从起下邳，属淮阴，从灌婴共斩项羽，侯，千七百户。(《史记·高祖功臣侯者年表·杜衍》)

**班　固**：杜衍严侯王翥，以中郎骑汉王二年从起下邳，属淮阴侯，从灌婴共斩项羽，侯，千七百户。(六年)正月己酉封，十八年薨。(《汉书》卷十六《功臣表》)

**司马贞**：按《地理志》，县在南阳。按：表作"王翥"也。(《史记索隐·项羽本纪》)

**张守节**：《括地志》云："杜衍侯故县在邓州南阳县西八里。"(《史记正义·项羽本纪》)

㊱【汇注】

**司马迁**："赤泉"，以郎中骑汉王二年从起杜，属淮阴，后从灌婴共斩项羽，侯，千九百户。(《史记·高祖功臣侯者年表》)

**又**：(高祖)七年正月己酉，庄侯杨喜元年。(同上)

**又**：(高后)元年，夺，绝。二年，复封。(同上)

**司马贞**：南阳有丹水县，疑赤泉后改。按：《汉书》表及《后汉》作"意"，音火志反。(《史记索隐·项羽本纪》)

㊲【汇注】

**司马迁**：以郎中骑将汉王元年从起下邳，击阳夏，以都尉斩项羽，有功，侯，七百户。(《史记·高祖功臣侯者年表·吴防》)

**司马贞**：《地理志》县名，属汝南，故房子国。(《史记索隐·项羽本纪》)

**张守节**：吴防，豫州县。《括地志》云："吴房县本汉旧县。孟康云，吴王阖庐弟夫概奔楚，楚封于此，为堂谿氏，本房子国，以封吴，故曰吴房。"(《史记正义·项羽本纪》)

㊳【汇注】

**司马迁**："涅阳"，以骑士汉王二年从出关，以郎将击斩项羽，侯，千五百户，比杜衍侯。(《史记·高祖功臣侯者年表》)

又：（高祖）七年中，庄侯吕胜元年。（同上）

又：（孝文）五年，庄侯子成实非子，不当为侯，国除。（同上）

**班　固**：涅阳严侯吕胜，以骑士汉三年从出关，以郎中共击斩项羽，侯，千五百户，比杜衍侯。七年封，二十五年，孝文五年薨。（《汉书·高帝高后文功臣表》）

**编者按**：据《史记·高祖功臣侯者年表》，涅阳侯吕胜，以骑士汉王二年从出关，以郎将击斩项羽，侯，千五百户，比杜衍侯。

**裴　骃**：徐广曰："五人后卒，皆谥壮侯。"（《史记集解·项羽本纪》）

**司马贞**：《地理志》南阳县名。（《史记索隐·项羽本纪》）

**张守节**：涅，年结反。《括地志》云："涅阳故城在邓州穰县东北六十里，本汉旧县也。应劭云在涅水之阳。"（《史记正义·项羽本纪》）

【汇评】

**吴见思**：详序作分王一段，余波可为三叹！（《史记论文·项羽本纪》）

　　项王已死①，楚地皆降汉，独鲁不下②。汉乃引天下兵欲屠之③，为其守礼义④，为主死节，乃持项王头视鲁⑤，鲁父兄乃降⑥。始⑦，楚怀王初封项籍为鲁公⑧，及其死，鲁最后下⑨，故以鲁公礼葬项王穀城⑩。汉王为发哀，泣之而去⑪。

① 【汇注】

**裴　骃**：徐广曰："汉五年之十二月也。项王以始皇十五年己巳岁生，死时年三十一。"（《史记集解·项羽本纪》）

【汇评】

**牛运震**："项王已死"以下数段，迴旋缭绕，此太史公痛惜项王也，中有无限欷歔之神。（《空山堂史记评注》卷二《项羽本纪》）

**程馀庆**：天下事大定矣。（《历代名家评注史记集说·项羽本纪》）

② 【汇注】

**胡三省**：秦，鲁县属薛郡，项羽初封于此；汉为鲁国。（《资治通鉴》卷十一"高帝五年"注）

【汇评】

**方　回**：此谓鲁一变至于道也。项羽虽以少助亡，彭城，其国都也，此外，犹有数十百城也。一死乌江，国都与数十百城俱下，而鲁独不下，守节礼义之国如此，高祖以项王头示其父兄，乃降。主而犹存，固守可也。国而已亡，迭权可也。不失乎义，亦不失乎时。当时守者为谁？高祖不尝显其姓名，而史无可考，惜哉！（《续古今考》卷二十一《楚地悉定独鲁不下》）

**浦起龙**：从"鲁"字出文情，应"鲁公"，并兜楚怀一层。（《古文眉诠》卷十八《项羽本纪》）

③【汇评】

**吴见思**：写得气势，然正以衬鲁之不下也。（《史记论文·项羽本纪》）

**牛运震**：汉王乃引天下兵欲屠之：按汉王何至于此？此自为鲁后降壮气势耳。"鲁父兄乃降"，此处用"父兄"字妙。（《空山堂史记评注》卷二《项羽本纪》）

④【汇注】

**班　固**：及高皇帝诛项籍，引兵围鲁，鲁中诸儒尚讲诵习礼，弦歌之音不绝，岂非圣人遗化好学之国哉？（《汉书·儒林传》）

【汇评】

**司马迁**：及高皇帝诛项籍，举兵围鲁，鲁中诸儒尚讲诵习礼乐，弦歌之音不绝，岂非圣人之道化，好礼乐之国哉？（《史记·儒林列传》）

⑤【汇注】

**王伯祥**："视"同"示"，视鲁，即把项王的头号令给鲁人看。汲古本"视"正作"示"。（《史记选·项羽本纪》）

⑥【汇注】

**胡一桂**：项羽既灭，鲁独坚守不下，帝欲屠之。至城下，犹闻弦诵之声。谓守礼义之国，为主死节，持羽头示之，乃降，天下始定于一，而帝业成矣。（《史纂通要》卷七《西汉》）

【汇评】

**钱　时**：汉王之兵薄鲁城下，而弦诵之声不废，是岂可以勉强为哉？且自孔氏殁，历战国兵争之祸矣，而此弦诵之声未尝兵争也；历嬴秦焚书坑儒之祸矣，而此弦诵之声未尝坑焚也；鹿走秦原，群雄竞逐寸天尺地，焦然如在汤鼎中，而此弦诵之声，家常日用自如也。兵屠吾城，在顷刻间，调度从容，无异畴昔，此岂一旦仓卒所可办者？践履纯固，不间险夷，知有弦诵，而不知有生死，知有孔氏之家法，而不知有汉兵也。汉王方引天下之兵欲屠之，悚然知其为守礼义之国，而遂不敢，呜呼亦贤也已！先圣之教，于是且行于汉王矣。或曰：若项羽则何如？曰：王陵之母不爱一死，而教子以毋贰心，此节义之妇也。羽也礼而葬之，封其墓而旌表之，则非特王陵为之感动，四海闻风亦莫不为之感动矣；乃不胜其怒，取而烹焉，是一妇人之见不若也。豺狼虎豹，

逢人即噬，安知礼义之可贵也哉？（《两汉笔记》卷一《高祖》）

吴见思："父兄"字好，是守礼之国。（《史记论文·项羽本纪》）

⑦【汇注】

张大可：始：当初。（《史记全本新注·项羽本纪》）

⑧【汇注】

朱东润：外官则县令称公，郡守称郡长，项羽为鲁公，沛公为砀郡长是也。（《史记考索·楚人建置考》）

【汇评】

孙　琮：又将"鲁"字作波澜，应前"为鲁公"句。（《山晓阁史记选·项羽本纪》）

⑨【汇评】

吴见思：以鲁事作余波，乃借鲁直掉至怀王初封，收尽通篇，神妙乃尔。（《史记论文·项羽本纪》）

牛运震："始，楚怀王初封项籍为鲁公，及其死，鲁最后下"：以鲁事作余波，乃直掉至怀王初封，收尽通篇，极有笔力。（《空山堂史记评注》卷二《项羽本纪》）

唐德宜：又将鲁字作波澜，应前"为鲁公"句。（《古文翼》卷四《项羽本纪》）

⑩【汇校】

施蛰存：项羽墓宜在穀城，而非谷阳，史文可证。此碣必汉以后邑人所立，聊为标识而已。今东阿犹有项王墓，石碣则久已非故物矣。（《水经注碑录》卷二《项王墓碣按语》）

【汇注】

郦道元：（穀）城西北三里，有项王羽之冢，半许毁坏，石碣尚存，题云项王之墓。《皇览》云冢去县十五里，谬也。今彭城穀阳县西南，又有项羽冢，非也。余按：史迁《记》，鲁为楚守，汉王示羽首，鲁乃降，遂以鲁公礼葬羽于穀城，宁得言彼也？（《水经注》卷八《济水二》）

裴　骃：《皇览》曰："项羽冢在东郡穀城，东去县十五里。"（《史记集解·项羽本纪》）

张守节：《括地志》云："项羽墓在济州东阿县东二十七里，穀城西三里。《述征记》项羽墓在穀城西北三里半许，毁坏，有碣石'项王之墓'。"（《史记正义·项羽本纪》）

乐　史：项羽墓在县东二十七里。初封鲁公。羽死，鲁犹为楚守，汉王示以羽首，鲁方降，乃以公礼葬羽于此。（《太平寰宇记》卷十三《东阿县》）

胡三省：宋白曰："宋州穀熟县，古穀城也，汉于此置薄县，又改为穀阳县。"

(《资治通鉴》卷十一"高帝五年"注)

**梁玉绳**：附按：《水经注》八云："穀城县，故春秋之小穀城，有项羽冢。今彭城穀阳城西南又有羽冢，非也。"《日知录》三十一云："注引《皇览》以为东郡之穀城，与留侯所葆黄石同其地，不然矣。宋孙复《春秋尊王发微》曰曲阜西北有小穀城，而宋李石《续博物志》疑穀阳、穀城二冢是身首异处，亦非无见。"（《史记志疑·项羽本纪》）

**朱孔阳**：冯智舒《质实》：穀城，山名，在兖州府东阿县东北五里，又县东南一十二里有项羽墓在焉。（《历代陵寝备考》卷九《西楚附》）

**王　恢**：穀有二：鲁人礼葬项羽穀城，应为鲁之小穀。而旧说皆说在东阿。《水经》："济水又北，过穀城县西。"郦《注》："故春秋之穀地，齐桓公以鲁庄公二十三年城之，邑管仲焉。"《魏土地记》曰：县有穀城山，阳穀之地，春秋齐侯宋公会于此。县有黄山台，黄石公与张子房期处。城西北三里，有项羽冢，半许毁坏，石碣尚存，题云"项王之墓"。《皇览》云：冢去县十五里，谬也。今彭城、穀阳城西南又有项羽冢，非也。余按：史迁《记》，鲁为楚守，汉王示羽首，鲁乃降，遂以鲁公礼葬羽于穀城，宁得言彼也。彭城固非，以鲁公葬齐地，亦违情理。《日知录》（四）《城小穀》："城小穀，为管仲也。据《经》文小穀不系于齐，疑左氏之误（孙氏云：今经传及注，及后人注二传妄加）。范宁解《穀梁传》曰：小穀，鲁邑。《春秋发微》曰：曲阜西北有故小穀城。按《史记》汉高帝以鲁公礼葬项王穀城，当即此地。"（《史记本纪地理图考·项羽本纪·垓下之围》）

**程餘庆**：以鲁事作余波，乃借鲁直掉至怀王初封，作大照应，收尽通篇，何神妙乃尔！（《历代名家评注史记集说·项羽本纪》）

⑪【汇注】

**班　固**：灌婴追斩羽东城，楚地悉定。独鲁不下。汉王引天下兵欲屠之；为其守节礼仪之国，乃持羽头示其父兄，鲁乃降。初，怀王封羽为鲁公，及死，鲁又为之坚守，故以鲁公葬羽于穀城。汉王为发丧，哭临而去。（《汉书·高帝纪下》）

【汇评】

**倪思撰、刘辰翁评**：其以鲁公礼葬，本未可伤，至"泣之"而去，二字情辞俱塞，结传少得如此！（《班马异同评》）

**夏　寅**：按汉王初与羽俱起布衣，受命怀王，约为兄弟，及羽背关怀楚，放弑义帝，汉既假仁仗义讨之，穷锋苦斗，盖本争天下也。天下既定，项羽已诛，王于是追念当时杖剑并起，结好图秦，以至鸿门讲解，归太公、吕后之意，项氏果何仇乎？于是礼葬哀感，全其支属，此固王落落大度之真情也，岂曹操伪哭袁绍，以倾河北之人之望者哉？（《政鉴》卷五》）

李　贽：长使英雄泪满襟，忠厚人亦泪满襟。（《史纲评要》卷五《汉纪》）

孙　琮：情理自宜如此。（《山晓阁史记选·项羽本纪》）

吴见思："约为兄弟"故邪？然盛衰之感，何得无之！（《史记论文·项羽本纪》）

浦起龙：直得汉祖下泪者，此一人耳。（《古文眉诠》卷十八《项羽本纪》）

王鸣盛：为义帝发丧，袒而大哭，此犹自可。杀项羽以鲁公礼葬，为发哀，泣之而去。天下岂有我杀之即我哭之者？不知何处办此一副急泪，千载下读之笑来（《郑当时传》：诏项籍故臣皆名籍，怨毒如许，哭之何为）。（《十七史商榷》卷二《为羽发哀》）

程馀庆：约为兄弟故耶？然盛衰之感，何能无之；盖值得汉王下泪者，此一人耳。（《历代名家评注史记集说·项羽本纪》）

　　诸项氏枝属①，汉王皆不诛②。乃封项伯为射阳侯③。桃侯、平皋侯、玄武侯皆项氏④，赐姓刘⑤。

① 【汇注】

钱伯城：枝属：宗族。枝，同支。（《史记纪传选译》上《项羽本纪》）

② 【汇评】

方　回：《汉纪》封项伯等四人为列侯，赐姓刘氏。师古曰：皆羽之族，先有功于汉者。《史记·项羽纪》尤详。项氏枝属，汉王皆不诛，此一句，尤见高祖之仁。（《续古今考》卷二十一《封项伯等四人为列侯，赐姓刘氏》）

夏　寅：项氏支属，既皆无恙，厥后王莽篡位，曹丕改物，汉氏子孙，颠而复起，此皆帝之遗泽也。南北六朝、五代之际，既夺其国，又戕灭其子孙，惟恐其为吾害，然而覆辙相踵，不爽毫厘。天道好还，岂不信夫！（《政鉴》卷五）

夏之蓉：项羽之所恃，在能战也，而卒由战败。鸿门一跌，种种丧气，至愿为诸侯决战，为诸侯溃围。匹夫之勇，与敌一人之伎俩，相去几何？然当其先，高祖微，项羽亦不能得天下，葬以鲁公礼，项氏枝属皆不诛，有由然也。（《读史提要录》卷一《西汉》）

程馀庆：对照诛子婴。（《历代名家评注史记集说·项羽本纪》）

③ 【汇注】

裴　骃：徐广曰："项伯名缠，字伯。"（《史记集解·项羽本纪》）

张守节：射，音食夜反。《括地志》云："楚州山阳，本汉射阳县。《吴地志》云在射水之阳，故曰射阳。"（《史记正义·项羽本纪》）

**吴见思**：完项伯事。(《史记论文·项羽本纪》)

**王伯祥**：射阳侯亦县侯，封地在今江苏省淮安县东南。(《史记选·项羽本纪》)

**编者按**：《水经注·沔水篇》云："堵水又东，迳七女冢。冢夹水罗布，如七星，高十余丈，周回数亩。元嘉六年，大水破坟。坟崩，出铜不可称计。得一砖，刻云：'项氏伯无子，七女造塸。'世人疑是项伯冢。"近人施蛰存评之曰："项氏多矣，伯者，长子也。见项伯字便以为楚之项伯，亦妄矣。塸字常见于晋墓砖，此亦必晋墓所出。七女为父造冢，故相传称七女冢，冢一而已。今云'夹水罗布如七星'，乃有七冢矣，郦氏不辨世俗之妄，又从而书之，何其失于考究也。"评论有理。且项伯封射阳侯，其封射阳，故地在今江苏淮安东南，与沔水相去甚远，无缘为其墓地。

【汇评】

**林　駉**：封项伯以启亡节之臣。(《古今源流至论后集》卷六《气节》)

**史　浩**：项伯有功扶帝业。(《鄮峰真隐漫录》卷四十六《竹竿子念》)

**唐顺之**：异哉！项伯知有人而不知有己，知有私而不知有公。羽虽暴，族类也；良虽有恩，异类也。羽至戏，欲击沛公，伯恐累良及祸，夜驰具告，已足以报良恩矣。乃深结刘季，项庄舞剑则以身蔽之，欲烹太公则以说解之，伯之为汉可谓至矣。岂卖羽哉？亦欲恩汉以为平分之计耳。及太公之归，鸿沟为约，伯意以为两无负矣，汉竟背约而袭之，君子以为何如？解曰：项氏一门近乎愚，汉之君臣过于诡。分羹之言，季既不知有父矣，何有于朋友？杀戮功臣，季既不知有功矣，何知有信义？伯以身蔽项庄，是重婚姻之约也，其愚一；劝羽不诛太公，欲留为质，其愚二；归太公而恃鸿沟之约，其愚三。楚之愚，皆以人道待汉也；汉之诡，不以人道自待也。羽即可灭，何不为项伯地乎？使鸿门无项伯，汉王与玉斗俱碎矣；广武无项伯，则太公为高俎之羹矣；使太公终不归，则汉王为无父之人矣。苟少念恩义，鸿沟之约安在不可遵也？吾每读《史》至此，未尝不发指乎汉高也！项伯虽受汉封，亦羽之罪人也。(《两汉解疑》上《项伯》)

**姚允明**：项伯以楚灭，得封射阳侯，君子以是为伯齰末，咸曰：其于吴王，犹非宗臣也。(《史书》卷二《汉·高帝》)

**姜宸英**：《功臣侯年表》，射阳侯刘缠即项伯也。卖重瞳而得侯，甘心改姓而不愧，此名教之贼也。高祖杀丁公而封项伯，其刑赏之不平如此。余故谓汉主非恶丁公之不忠于项氏，直恶其窘己耳，不然，则恐臣下之叛己而预为之防耶？然何足以欺天下后世哉！(《湛园札记》卷一)

**毛际可**：有丁公者，为楚将追汉，释高帝于厄。高帝卒诛之，以为人臣不忠之戒。夫丁公释高帝，不一时纵敌之罪，初未尝始终有意负楚，如伯之甚者也。而或诛之，而或封之，何以服丁公？亦何以为人臣不忠之戒也乎？故高帝能诛曹无伤，而羽不能

诛项伯，吾固叹楚之失刑；乃高帝能诛丁公，而不能诛项伯，吾又未尝不叹汉之失刑也。（见《史论正鹄》三集卷一《项羽论》）

④【汇注】

裴　骃：徐广曰："（桃侯）名襄。其子舍为丞相。"

又：徐广曰："（平皋侯）名佗。"

又：徐广曰：（玄武侯）《诸侯表》中不见。（《史记集解·项羽本纪》）

张守节：《括地志》云："（桃侯）故城在滑州胙城县东四十里。《汉书》云高祖十二年封刘襄为桃侯也。"

又：《括地志》云："平皋故城在怀州武德县东二十里，汉平皋县。"按：佗音徒何反。（《史记正义·项羽本纪》）

吕祖谦：按《年表》，射阳侯刘缠，项伯也。以破项羽，尝有功，封。平皋侯刘它，项它也。功比戴侯彭祖。彭祖以为太公仆封。然则项它亦岂在楚尝保护太公乎？桃侯刘襄，项襄也。以客从汉封。其一人不见。《史记》云：封项氏四人，为射阳侯、平皋侯、桃侯、元武侯也。（《大事记解题》卷九《封项伯等四人为列侯赐姓刘氏》注）

编者按：据《史记·高祖功臣侯者年表》，平皋侯项它，汉六年以砀郡长初从，赐姓刘氏；功比戴侯彭祖，五百八十户。

梁玉绳：明陈子龙《史记测议》曰："侯表中不见（玄武侯），岂始封而即废欤？"（《史记志疑·项羽本纪》）

王骏图撰、王骏观续：桃侯：《功臣表》云"桃县属信都"，非滑州也。又《水经注·浊漳水篇》云：衡漳又东北，迳林县故城北，汉高祖封刘襄为侯国，此信都之桃也。可见《正义》之说非是。（《史记旧注平义·项羽本纪》）

程馀庆：玄武侯，诸侯表不载，岂封而旋废欤？又引三侯，以陪项伯。（《历代名家评注史记集说·项羽本纪》）

朱东润：项襄，《功臣表》云："以客从汉王，二年从起定陶，以大谒者击布，封桃侯。襄以二年从汉王，与项伯、项它之降汉者不同。"（《史记考索·读〈高祖功臣侯者年表〉书后》）

又：项它，《魏豹传》："魏王乃使周市出请救于齐、楚，齐、楚遣项它、田巴将兵随市救魏。是后项它留魏为魏相。"《灌婴传》云："击项羽将龙且，魏相项它军定陶南，疾击破之。"《曹相国世家》云："东击龙且、项它定陶，破之。"盖为一役。《汉书·高帝纪》云："汉王问步卒将谁也？"曰："项它。"曰："是不能当曹参。"盖是时诸将有称丞相者，故它以步卒将而称"魏相"也。魏豹降，它复归楚为楚柱国，见《灌婴传》；又为砀郡长，见《功臣表》；其后降汉，封平皋侯。（同上）

**又**：玄武侯不知其名。项氏诸臣，若范增、龙且、曹咎之功，皆赫赫在人耳目。（同上）

**编者按**：《史记》卷九十六《张丞相列传》云，景帝时，桃侯刘舍为丞相。裴骃《集解》引徐广曰："刘舍，本项氏亲也，赐姓刘氏。父襄佐高祖有功。舍谥哀侯。"元胡三省在《资治通鉴·景帝前七年》"以太仆刘舍为御大夫"下注曰："刘舍，高祖功臣桃安侯刘襄之子。襄本项氏，亲赐姓。"故此桃侯则为项襄，因功亦被赐刘。子孙亦从而改姓焉。

**章 懋**：以礼葬羽，侯其枝属，较之杀秦降王子婴者迥别矣。帝王气象，概见于此。（引自《百大家评注史记·项羽本纪》）

**唐文献**：项王之死也，汉高发哀而泣，且封其子姓，亦恋恋不忘旧之思者。（引自《百大家评注史记·项羽本纪》）

⑤【汇注】

**朱 熹**：义刚说赐姓刘氏云："古人族系不乱，只缘姓氏分明。自高祖赐姓，而谱系遂无稽考，姓氏遂紊乱。但是族系紊乱也，未害于治体；但一有同姓、异姓之私，则非以天下为公之意。今观所谓'刘氏冠'，'非刘氏不王'，往往皆此一私意，使天下后世有亲疏之间，而相戕相党，皆由此起。"先生曰：古人是未有姓，故赐他姓，教他各自分别。后来既有姓了，又何用赐？但一时欲以恩结之，使之亲附于己，故赐之。如高祖犹少，如唐夷狄来附者皆赐姓，道理也是不是？但不要似公样恁地起风作浪说。（《朱子语类》卷一百三十五）

**吕祖谦**：解题曰：四人皆有力于刘氏者也。赐姓始于此。成都范氏（祖禹）曰：古者天子建国，赐姓命氏，姓氏所以别其族类之所出也。自三代之衰，称姓者，或以国，或以族，或以地，或以官，子孙各本于其祖，不可改也。后世非其亲者，附之属籍，或加于盗贼夷狄，以逆族异类为同宗。然则古之赐姓者别之，后赐姓者乱之也。夫惟天亲不可以人为，而强欲同之，岂循理者乎？上渎其姓，下忘其祖，非先王之制，不可为后世法也。（《大事记解题》卷九《封项伯等四人为列侯赐姓刘氏》）

**王 恽**：姓非天子不可赐，而氏非诸侯不可以命。姓所以系百姓之正统，氏所以别子孙之旁出，族则氏之所聚而已。（《秋涧先生大全文集》卷九十八）

**丘 濬**：姓者，受之先祖，己不得以与人，亦不得受之于人。汉既以赐项氏，又以赐娄敬，其后世遂至以赐匈奴，抑孰知数百年后，刘渊辈不徒冒其姓，且并其人民社稷而冒之。（《世史正纲》卷二《汉世史·太祖高皇帝》）

**钱 福**：以礼葬羽，侯其枝属，较之杀秦降王子婴者迥别矣。帝王气象，概见于此。（引自《史记评林》）

**陈仁锡**：《纪》首曰"项氏世世为楚将，封于项，故姓项氏"。末云"皆项氏，赐

姓刘氏",罪项王也,罪项王之堕其宗也。(引自《历代名家评注史记集说·项羽本纪》)

**钱大昭**:封项伯等四人为列侯,赐姓刘氏:四人谓射阳侯刘缠(徐广曰:项伯,名缠,字伯),平皋侯刘它,桃安侯刘襄也。其一人,《汉·表》未闻,《史记》作元武侯。(《汉书辨疑》卷一)

**王先谦**:《功臣表》有刘缠、刘襄、刘它三人,其一《羽纪》云玄武侯,《表》不载。(《汉书补注·项籍传》)

**高　嵣**:身后余波,以汉纪楚,仍以刘结项,篇法完密。钜鹿之战,于胜事中写得生色,垓下之围,于败局中写得生色。廿一史纪传中,第一篇文字。(《史记钞》卷一《项羽本纪》)

**牛运震**:"诸项氏枝属"云云,至"皆项氏,赐姓刘氏":此又及项氏族属而著其姓氏,如《夏》《殷纪》末,带及后代诸氏,此所以为本纪体也。(《空山堂史记评注》卷二《项羽本纪》)

**程金造**:太史公最后揭出,帝王之资,要在知人善任,则以尽其忠,事收其效。也在于民得其安,固其基础。若是行反其道,必然要失败。项羽就是典型,最终连宗族氏姓都不能保了。(《史记管窥·司马迁著项羽入本纪之本意》)

　　太史公曰①:吾闻之周生曰②"舜目盖重瞳子③",又闻项羽亦重瞳子④。羽岂其苗裔邪⑤?何兴之暴也⑥!夫秦失其政,陈涉首难,豪杰蜂起,相与并争,不可胜数⑦。然羽非有尺寸⑧,乘势起陇亩之中⑨,三年,遂将五诸侯灭秦⑩,分裂天下,而封王侯,政由羽出,号为"霸王⑪",位虽不终,近古以来未尝有也⑫。及羽背关怀楚⑬,放逐义帝而自立⑭,怨王侯叛己,难矣⑮。自矜功伐⑯,奋其私智而不师古⑰,谓霸王之业,欲以力征经营天下⑱,五年卒亡其国⑲,身死东城⑳,尚不觉寤而不自责㉑,过矣㉒。乃引"天亡我㉓,非用兵之罪也",岂不谬哉㉔!

① 【汇评】
**王若虚**:《项羽传赞》云:"吾闻之周生曰'舜目盖重瞳子',又闻项羽亦重瞳子。

羽岂其苗裔邪？何兴之暴也！"陋哉此论！人之形貌容有偶相同者。羽出舜后千有余年，而独以此事，遂疑其为其苗裔，不亦迂乎！商均，舜之亲子，遗体在焉，然不闻其亦重瞳也。而千余年之远裔，乃必重瞳邪？周生何人？所据何书？而上知古帝王之形貌，正复有据，亦非学者之所宜讲也。夫舜以元德升闻，四岳荐之，帝尧试之，上当天心，下允众望，然后践天子之位，其得之固有道矣。岂专以异相之故而暴兴者哉？使舜果由此而兴，则羽之成功，亦应略等，奚其不旋踵而剿灭也？迁轻信爱奇，初不知道，故其谬妄每如此。后世状人君之相者，类以舜瞳为美谈，皆史迁之所启。而后梁朱友敬，自恃重瞳，当为天子！因作乱而伏诛，亦本此之误也。悲夫！（《㵆南遗老集》卷十一《史记辨惑》）

陈仁子：观此赞，成败之分，智力之不如，名义决矣。（《文选补遗》卷三十八《项羽传赞》）

金圣叹：此断项羽不师古，其亡固宜；只是起于暴兴，却是何故？凡作一扬，三抑。注意正在豪杰"不可胜数"句。言除却重瞳，更不可解。（《金圣叹批才子古文·西汉文·项羽本纪赞》）

钱伯城：一般认为，本篇篇末"太史公曰"一段话，是司马迁对项羽的严正批评，但是另外还有一段正面批评项羽的话，是写在《淮阴侯列传》里，由韩信之口说的，指出项羽不过是"匹夫之勇"，"妇人之仁"，"天下多怨，百姓不亲附"，"名号为霸，实失天下心"。这段批评显然更为严厉。相形之下，《项羽本纪》的"太史公曰"，还是对项羽悲剧命运多少带有惋惜之情的。（《史记纪传选译》上《项羽本纪》）

② 【汇注】

裴　骃：文颖曰："周时贤者。"（《史记集解·项羽本纪》）

颜师古：郑氏曰："周时贤（大夫）（人也）。"师古曰："《史记》称太史公曰'余闻之周生'，则知非周时人，盖姓周耳。"（《汉书注·陈胜项籍传》）

张守节：孔文祥云："周生，汉时儒者，姓周也。"按：太史公云"吾闻之周生"，则是汉人，与太史公耳目相接明矣。（《史记正义·项羽本纪》）

【汇评】

吴汝纶："吾闻之周生"，刘知幾曰：别着他书以补书中所阙，所谓事无重出也。刘须溪云：一传霸力已极，独从重瞳着异闻。赞自跌宕。（《桐城吴先生点勘史记读本·各家史记评语》）

③ 【汇注】

裴　骃：《尸子》曰："舜两眸子，是谓重瞳。"（《史记集解·项羽本纪》）

沈钦韩：董子《三代改制篇》"舜有二瞳子"，《荀子·非相篇》"尧舜参牟子"，杨倞注："《尸子》曰：舜两眸子，是谓重明。"《淮南·修务训》亦本《尸子》语。

(《汉书疏证》卷二十七《陈胜项籍传》)

【汇评】

郭青螺：此是将无作有法。(引自《百大家评注史记·项羽本纪》)

刘咸炘："太史公曰：'吾闻之周生曰'"云云：此乃诧其兴之暴，求其说而不得耳。(《太史公书知意·项羽本纪》)

④【汇注】

唐德宜：补书中所阙。(《古文翼》卷四《项羽本纪》)

程馀庆：补《纪》中所缺，所谓事无重出也。(《历代名家评注史记集说·项羽本纪》)

【汇评】

刘　勰：舜目重瞳，是至明之相，而项羽、王莽，亦目重瞳子。(项羽)、王莽之重瞳，譬驽马有骥之一毛，而不可谓之骥也。(《刘子集校》卷五《命相》)

范　缜：敢问曰阳货类仲尼，项籍似大舜。舜、项、孔、阳，智革形同，其故何邪？答曰："珉似玉而非玉，鸡类凤而非凤，物诚有之，人故宜尔。项、阳貌似，而非实似，心器不均，虽貌无益。"(《神灭论》，载《全梁文》卷四十五)

费　衮：诗人咏史最难，须要在作史者不到处别生眼目，正如断案不为胥吏所欺，一两语中须能说出本情，使后人看之，便是一篇史赞，此非具眼者不能。……青社许表民《读项羽传》，作诗云："眼中谩说重瞳子，不见山河绕雍州。"其识见亦甚高远。(《梁溪漫志》卷七《诗人咏史》)

何孟春：舜重瞳子，羽亦重瞳子，而重瞳子不必皆仁。勾践长颈鸟喙，禹亦长颈鸟喙，而长颈鸟喙不必皆不仁也。彼皮相者，其足与论士乎？(引自《史记评林》)

庄元臣：舜以重瞳起侧陋，项羽以重瞳死垓下，未可恃也。(《叔苴子·内篇》卷六)

牛运震：《本纪》摹写项王勇力气概已极，赞语却就重瞳生情，妙。《纪》中"籍长八尺余"数句，略写羽状貌才气，赞中有补出重瞳子。(《空山堂史记评注》卷二《项羽本纪》)

刘咸炘：史公于古今之变最致意，不然，楚本不出舜，重瞳岂必一家！(《太史公书知意·项羽本纪》)

⑤【汇注】

汪　基：草之始生曰苗，裾末曰裔。苗发于根，裔属于衣，故以喻人后嗣。(《古文喈凤新编》卷五《项羽本纪赞》)

梁玉绳：按：《示儿编》谓"舜重瞳子，因《舜典》'明四目'而误"。或当然也，古来重瞳甚多，不尽作天子。刘昼《新论·命相》曰"颜回重瞳"，它若《汉书》王莽,《晋书》凉州吕光,《梁书》沈约,《隋书》鱼俱罗,《五代史记》后梁宋友孜及南唐李煜俱是重瞳。舜践帝位,岂仅因异相,而项氏又岂舜后耶?项乃以国为氏者,《春秋》鲁僖公灭项,其后楚取以封其臣,遂称项氏。其初姓不著,岂楚之支属欤,于舜何预焉?《论衡·骨相》《奇怪》两篇言项羽自谓虞舜之后,皆附会此说以诬羽耳。(《史记志疑·项羽本纪》)

**王伯祥**:苗是草木之芽。裔音曳,衣裾,引申有"末""后"义。苗裔即后代子孙。邪通"耶",用于反诘、疑讶或嗟叹口气的语助词,与"乎""哉"等字相当。(《史记选·项羽本纪》)

### 【汇评】

**刘知幾**:史之有论也,盖欲事无重出,文省可知。如太史公曰:观张良貌如美妇人;项羽重瞳,岂舜苗裔。此则别加他语,以补书中,所谓事无重出者也。(《史通》卷四《论赞》)

**陆龟蒙**:舜重瞳子,项羽亦重瞳子,形之类也。择其道如何耳!(《笠泽丛书》卷一《杂说》)

**高　嵣**:从闲处点缀,从缺处补写,是史公论赞所长。(《史记钞》卷一《项羽本纪》)

**刘咸炘**:史公何作此痴语邪?王若虚又从而辨驳,则所谓痴人不可以与说梦矣。(《太史公书知意·项羽本纪》)

**程金造**:此意似说明,只是形状相似,而性行相反,其事业成就是不一样的。若想为天子,须如舜之才能。(《史记管窥·司马迁著项羽入本纪之本意》)

### ⑥【汇注】

**林云铭**:开口唱出"暴"字,是项羽一生定评。其引舜重瞳,非闲话,乃借一至仁之主与至暴者相形耳。《秦楚月表》云"虐戾灭秦自项氏",即"暴"字注脚。言羽若是舜裔,则其兴时不应暴戾乃尔。黥布赞亦有"皋陶之后,何拔兴之暴"语,且言项氏坑杀,而布尝为首虐,与此赞意同。然羽之暴,尤(在)背关怀楚,放弑义帝二事,故特地提出,为项氏灭亡关头。既以暴兴,旋以暴亡,逆取顺守之间,大为失策。龙门以一字为断,千古铁笔。(引自《历代名家评注史记集说·项羽本纪》)

**金圣叹**:《项羽本纪》通篇何等声势!至作赞,却陡然只说其目重瞳。犹言除非重瞳上,若论才略,乃一无足取。(《金圣叹批才子古文·西汉文·项羽本纪赞》)

**刘豫庵**:周生是周时贤者,眸子有重形曰重瞳。苗裔,远代子孙也。太史公谓予既纪项羽之事,而思有以赞之,无可赞也。意者其有异貌乎?吾闻之周生有言曰:虞舜之目盖重瞳子,有此异形,故天兴之也。又闻项羽亦重瞳子,羽岂舜之后代耶?若是舜裔,其当兴时则不应暴骤乃尔也。看他只赞其目重瞳上,犹言除非目重瞳上,若论

才略，乃一无足取。（《古文评注》）

**牛运震**："羽岂其苗裔也？何兴之暴也"：诞语，诙谐的妙，正见羽之功德无足取也。（《空山堂史记评注》卷二《项羽本纪》）

**程馀庆**：暴，暴戾也。"暴"字一篇之纲。

**又**：点出"兴"字，一《纪》霸力已极。独从重瞳上著异闻，自淡宕。（《历代名家评注史记集说·项羽本纪》）

**钱锺书**："吾闻之周生曰'舜目盖重瞳子，又闻羽又重瞳子'。羽岂其苗裔耶？何兴之暴耶！"按舜之重瞳，何待"闻之周生"？故周生语少不能减于两句也。《滹南遗老集》卷一二指斥《史记》议论之谬，有曰："陋哉此论！人之容貌，偶有相似。商均，舜之亲子，不闻其亦重瞳，而千余年之远，乃必重瞳耶？舜玄德升闻，岂专以异相之故而暴兴？后世状人君之相者，类以舜重瞳为美谈，皆迁启之也。后梁朱友孜自恃重瞳当为天子，作乱伏诛，亦本此之误也。悲夫！"王若虚论文每苦拘墟，而说理多明允可取，此其一例。泷川《引用书目》列王氏集，如《田敬仲完世家》《商君列传》等篇《考证》偶一征引，采撷无几，当是卫护马迁，恶王氏之上门骂人而又取闹有理尔。西方古说则谓重瞳者目有凶光，注视能使人物死亡，略同《抱朴子·金丹》所谓"染彩者恶恶目者见之，皆失美色"，而更危言骇听也。（《管锥编》第一册）

**王伯祥**：暴，猝然。有忽然兴起之意。何兴之暴也，正叹美项羽崛起于陇亩。此与暴发、暴富、暴死之"暴"同意，非一般所指斥的暴虐或残暴。（《史记选·项羽本纪》）

⑦【汇注】

**张　铮**：言逐鹿者多，难于崛起定伯。（《古文赏心集·项羽本纪赞》）

【汇评】

**刘豫庵**：蜂音峰。蜂起如蜂之多也。胜平声。数上声。当秦失政之时，陈涉首起与秦为难，豪杰固之蜂起，相与并争天下者，不可胜数，岂知有项羽耶？（《古文评注》）

⑧【汇注】

**张大可**：尺寸：喻微薄的凭藉，或尺寸之地，或尺寸之权势。（《史记全本新注·项羽本纪》）

⑨【汇评】

**王伯祥**：乘势，趁秦末大乱之势。起陇亩之中，崛起于草野之间，犹言起自民间。（《史记选·项羽本纪》）

⑩【汇注】

**裴　骃**：此时山东六国，而齐、赵、韩、魏、燕五国并起，从伐秦，故云五诸侯。

（《史记集解·项羽本纪》）

  **刘豫庵**：羽于此时非有尺寸之地，不过乘诸侯之势而起陇亩之中，宜其难于奋兴矣。乃起兵仅三年，遂将齐、赵、燕、韩、魏五国诸侯，大战于钜鹿而灭秦。（《古文评注》）

  **张　铮**：指钜鹿之战。（《古文赏心集新编》）

  **又**：五诸侯，齐、楚、韩、魏、燕也。羽将五国诸侯，大战于钜鹿而灭秦。（同上）

⑪【汇注】

  **刘豫庵**：灭秦之后，遂分裂天下而遍封王侯，孰楚孰汉，其政皆由羽出，自号为霸王。（《古文评注》）

【汇评】

  **叶　适**：太史公论"羽非有尺寸，乘势起陇亩之中，三年，将五诸侯灭秦，分裂天下，而封王侯，政由羽出，号为霸王"，近古所无。不知古人之治，未尝崇长不义之人，《左氏》载傁瞒三人皆为诸侯所诛，盖是时先王之余政犹存，负力桀悍者终不得自肆。如项羽，气力不过长狄，而不幸遭世大坏，遂横行至此，迁以畏异之意，加嗟惜之辞，史法散矣！（《习学记言》卷十九《项羽本纪》）

  **牛运震**："分裂天下，而封王侯，政由羽出，号为'霸王'"云云，按此正太史公纪项本意，以见其初非无所据也。（《空山堂史记评注》卷二《项羽本纪》）

⑫【汇注】

  **颜师古**：近古犹末代。（《汉书注·陈胜项籍传》）

  **张大可**：近古：近代，指战国及秦楚之际。（《史记全本新注·项羽本纪》）

【汇评】

  **刘豫庵**：虽未践天子位，其威名赫奕，实近古以来未得多见。以上承写其兴之暴，明其所以列入本纪之意，是扬。（《古文评注》）

  **程馀庆**：以上述其兴，明所以列《本纪》之意。（《历代名家评注史记集说·项羽本纪》）

  **浦起龙**：就其成霸，撮举本纪前半篇大意作扬。（《古文眉诠》卷十八《项羽本纪》）

⑬【汇注】

  **颜师古**：背关，谓背约不王高祖于关中。怀楚，谓思东归而都彭城。（《汉书注·陈胜项籍传》）

  **胡三省**：师古曰："背关，谓背约不王沛公于关中；怀楚，谓思东归彭城也。"余谓背关怀楚，文意一贯，言羽弃背关中之形胜而怀乡归楚也，不必分为两节。（《资治

通鉴》卷十一"高帝五年"注）

**顾炎武**：背关怀楚：谓舍关中形胜之地而都彭城。如师古之解，乃背约，非背关也。（《日知录》卷二十七《史记注》）

**刘豫庵**：谓背去关中而怀归楚国，其屠咸阳、烧秦宫室，收其货宝、妇女俱在内，俗解作背先入关为王之约，谬矣。（《古文评注》）

**牛运震**："背关怀楚"，言羽之东归，背关中而向楚国也。颜师古注"背关"谓"背约不王高祖于关中"，牵曲审如此！何不言"背约"耶？（《空山堂史记评注》卷二《项羽本纪》）

**张　铮**：言背去关中形胜之地，而怀归楚国，因都彭城，失地利也。（《古文赏心集新编》）

**郭嵩焘**：按：背关怀楚是一事，言舍关中形胜之地，而据楚地以自王也，师古《注》误。（《史记札记》卷一《项羽本纪》）

【汇评】

**吕思勉**：世皆以背关怀楚，为项羽之所以亡，此乃为汉人成说所误，在今日，知其非者渐多矣。秦果何所恃能兼并六国哉？则自东周以来，六国地日广，人日多，益富且强，而其荒淫亦益甚，而秦居瘠土，其政事较饬，《荀子·强国篇》所言，可以复按，夫固人事，而非地与民之资独异于其余诸国也。天下大势，实在东方，此秦始皇灭六国后，所以频岁东游，即二世初立时亦然。楚怀王以空名称义帝，而项羽为霸王，正犹周天子以空名称王，政由五霸，夫安得不居彭城？汉王所以背戏下约与项王争者，亦曰不能郁郁久居巴蜀、汉中耳，而安得如史家所言，关中本最善之地，为诸将所共歆羡，故在出兵之初，怀王已指是立约；而楚之不居关中，亦徒以秦宫室残破，其本意未尝不歆羡之，至以此怨怀王不肯令与沛公俱西入关而北救赵，后天下约哉？汉所以都关中者？其在东方，本无根柢，非如项氏之世为楚将，项氏尚为齐、赵之叛所苦，而况汉王？于楚尚尔，楚之外，更何地可以即安？独关中则据之已数年，治理之方粗具，故遂因而用之，所谓非择而取之，不得已也。西都之策，发自刘敬，而成于张良，良之言曰：关中之地，诸侯安定，河渭漕挽天下，西给京师。诸侯有变，顺流而下，足以委输。使其本居东方富庶之地，何待漕挽以自给？如其东方皆叛，徒恃河渭之顺流，亦何益哉？汉王既灭项氏，仍岁劳于东方，有叛者必讨之，亦犹秦皇之志也。高祖之灭项氏无足称，两雄相争，固必有一胜一负，独其灭项氏之后，频岁驰驱东方，并起诸雄，皆为所翦灭，使封建复归于郡县，虽世运为之，而其乘机亦可谓敏矣。此无他，知天下之大势在东方，驰驱于东方，犹战于敌境，安居关中，则待人之来攻矣。东方所以为大势所系，以其富庶也。东方定，高祖亦无虑矣，使其更在位数年，亦安知其不为东迁之计哉？（《论学集林·汉都关中》）

**程金造：**"背关怀楚"，实情是入秦京，屠杀百姓，烧秦宫室，无吊民伐罪之心，违背秦民的希望。"怀楚"是收其财货妇女而东，自王九郡，显耀乡里。就是不爱民而自私，所以天下叛之。（《史记管窥·司马迁著项羽入本纪之本意》）

**王　恢：**按项王背关怀楚，最为失策。忸于故习而封王侯，为宰不平，田齐畔而亲击之，致为汉王所乘。彭城之役，虽溃汉王，乃不即时穷追穷打，而听其休养整补，坚守荥阳成皋，争取主动，诱降英布牵制后方，刘贾、彭越复绝粮道，韩信定齐后，更遣灌婴游骑淮泗，遂陷于四面受敌，进退失据，向使能乘时造势，分军缀汉于成皋，以偏师出南阳，入武关，主客易位，汉之为汉，未可知也。（《史记本纪地理图考·项羽本纪·乌江自刎》）

**编者按：**项羽在进入咸阳灭亡秦朝之后为何不建都关中？而是将彭城（今徐州）作为都城，这是一个需要认真探讨的问题，也是对历史影响比较大的问题。在项羽抗击秦军的过程中，项羽采取了较为野蛮的屠杀政策，对秦人进行残酷的报复，最终使得项羽无法得到关中秦人的信任与拥护。如果当时项羽定都关中，就会产生一个战略上的巨大矛盾：一方面是项羽的军队马上要出关争夺天下，需要一个能源源不断地提供兵员粮草的基地；另一方面却是关中初定，秦人不服，需要重兵镇守，然后再慢慢使秦人向项羽效忠，非数年经营不能见效。与项羽在关中不得民心，无法建立基业相比，项羽在东、南部地区有着较好的基础，这是他在彭城定都的客观原因，体现了"怀楚"的合理性。然而，如果项羽定都关中，可以起到三个战略作用，一是可以阻止刘邦进入关中和中原战场；二是远离诸侯纷争，拥有较为稳固的后方；三是能够赢得稳定的时间，使各国人才各为其主，使敌对力量分散，这样山东乱起，偏师结诸侯之力，尽可定之。（徐卫民：《项羽定都彭城的原因及利弊》，《湖南行政学院学报》，2010年第6期）

⑭【汇注】

**刘豫庵：**谓项羽使使逐徙义帝于长沙，阴令临江王击而杀之江中，遂自立。此二句见羽之暴戾。（《古文评注》）

【汇评】

**何孟春：**六国之灭，所以楚最无罪而民特怜之，此其亡秦必楚欤？陈胜不立楚后以败，此居巢人立楚后之言，所以拳拳为楚世将劝欤？怀王孙心复为怀王，从民所望，义固当矣。秦亡楚帝，则天下自此有归。项籍知尊名乎义，而心出于诈，命焉不用。江南之逐，旋弑于郴。羽其时虽犹冒楚之称，已知不可和虔，籍斯不可继统，而已奸之，无复仁义。天下负羽以不义之名，于此乎始归于汉。呜呼，以楚而势乃不长，既帝之，又弑之，狐埋狐搰，长如何也？羽弑义帝，是羽自堕其义；自以其不义，而自灭其楚矣。（见《古今人物论》）卷六《义帝》

⑮ 【汇注】

丘琼山：项羽使人阴弑义帝于江中，故汉王为义帝发丧，而合诸侯兵击楚。（引自《百大家评注史记·项羽本纪》）

【汇评】

刘豫庵：又怨王侯之叛己，如斯举动，而欲崛然兴起，亦难矣，是抑。（《古文评注》）

白寿彝：《项羽本纪》记项羽在失败之后曾说："此天之亡我，非战之罪也。"司马迁对项羽是有感情的，认为他是一个英雄，但却不赞成他这话。他批评项羽"难矣""过矣""岂不谬哉"。所谓"难矣"用了三件事加以说明：一是"背约"，他同刘邦曾约定，谁先进入关中，谁就可以称王。后来，刘邦先进入关中，项羽却背弃了关中之约。二是"怀楚"。项羽乡土观念太重，老想回江东。当时，刘邦斗志昂扬，他却想回家乡，无意西征。三是杀义帝自立。义帝是反秦的旗帜，项羽却把义帝杀了，自立为王。评论项羽要抱怨诸侯和自己不一心便"难矣"。（《〈史记〉新论》）

⑯ 【汇注】

王伯祥：矜，诩夸。伐，功勋。自矜功伐，以功勋自诩，指前"身七十余战，所当者破，所击者服，未尝败北"诸语。（《史记选·项羽本纪》）

【汇评】

张　铮："自矜功伐"数语，是项羽一生受病处。（《古文赏心集新编》）

⑰ 【汇注】

刘豫庵：伐，夸功也。谓自矜其功，自夸其能，专一以己之私智是用，而不肯师法于古以行仁政。（《古文评注》）

程馀庆：不行仁政。（《历代名家评注史记集说·项羽本纪》）

⑱ 【汇注】

杨　侃：师古曰：力政者，弃背礼义专任威力也。（《两汉博闻》卷六《力政》）

又：师古曰：政亦征也，言专以武力相征讨。（同上）

沈钦韩：《吴语》"力征一二兄弟之国"。《商子·开塞篇》："汤武致强而征，诸侯服其力也。力征诸侯者退德。"（《汉书疏证》卷二十七《陈胜项籍传》）

吴国泰：《说文》："经，织纵丝也。"引申训"直"。"营"者，"萦"之借字。萦，《说文》："收卷也。"引申有萦绕义。《魏都赋》"延阁胤宇以经营"注："直行为经，周行为营。"凡欲有所为者，必直行圜视详加审谛，故引申之为兴作创造之义。（《史记解诂·项羽本纪》，载《文史》第43辑）

【汇评】

江　贽：龟山杨氏曰：高祖谓项羽有一范增而不能用，故为我禽，初以为信然。

及观增之所以佐羽者，然后知羽虽用增，无益于败亡也。项籍以间阎匹夫之资，首天下诸侯，西向而并争。视秦车之覆，曾不知戒，犹蹈其故辙，欲以力制天下，屠咸阳，杀子婴，烧秦宫室，所过无不残灭，是以秦攻秦也。范增曾无一言及此，乃汲汲于杀沛公，假令沛公死，天下其无沛公乎？况增已知沛公有天子气，又可杀乎？（《少微通鉴节要》卷五《汉纪·太祖高皇帝下》）

叶　适：古无力征天下之术，以德而天下自至则有之。（《习学记言》卷十八《战国策·秦》）

王世贞：项羽徒恃其力之强，而不知力有时而屈也。（引自《百大家评注史记·项羽本纪》）

⑲【汇注】

张守节：卒音子律反。五年，谓高帝元年至五年，杀项羽东城。（《史记正义·项羽本纪》）

【汇评】

凌稚隆：按"兴""亡"二字，相应"三年""五年"，正见其易，俱关键。（《史记评林·项羽本纪》）

⑳【汇注】

刘豫庵：揣其意谓匡王定伯之业，必以力征，图谋天下仅五年，卒至于亡国而身死东城。五年，谓高帝元年至五年，杀项羽于东城。（《古文评注》）

张　铮：东城，在乌江之侧。身死，言身首异处，盖羽自刎乌江也。（《古文赏心集新编》）

㉑【汇评】

陈　栎：秦失其鹿，豪杰并起而逐之。宽仁无如汉高帝，勇悍无如项羽。羽本受命救赵，擅兵入秦，愤高帝先入关，锐欲攻之，会于鸿门，逊谢仅免。观高帝入关，秦民安堵，除秦苛法，约法三章，庶几汤武吊民伐罪之师。羽也杀子婴，焚咸阳，屠戮而东，秦民大失望。已知刘之必兴，项之必亡矣。羽方且违义帝之约，主高帝于汉中，自号西楚霸王，放弑义帝，真谓天下莫己敌也。……盖羽凶暴则不仁，弑逆则不义，高帝宽厚之资，缟素之举，于仁义俱有合焉。诛秦蹙项，理固宜矣。（《历代通略》卷一《前汉》）

刘洪仁：司马迁在《白起王翦传赞》中引当时俗语说："尺有所短，寸有所长。"因此他在评价历史人物时，总是既能见其短，也能见其长，抑中有扬，扬中有抑，分寸掌握得极为恰当。他这种有抑有扬的人物论赞，不仅使他对历史人物的评价显得客观公允，而且也避免了行文的平铺直叙，使文势跌宕起伏，波澜有致，增强了议论文的婉曲美。如在《项羽本纪赞》中，作者先对项羽在"秦失其政""豪杰蜂起"的逐鹿之中"三年，遂将五诸侯灭秦，分裂天下而封王侯"的历史功绩予以充分肯定，赞扬他"位虽不终，近古以来未尝有也"。但也毫不留情地指出他最终不能成就帝业、"卒亡其国"的三个致命错误："背关怀楚，放逐义帝而自立"；"自矜功伐，奋其私智而不师古"；"身死东城，尚不觉寤而不自责"。一赞之中，二扬三抑，五层转折，真可谓"抑扬尽致""唱叹不穷"。(《论司马迁的史评杂文》，《求索》，1994年第2期)

㉒【汇评】

夏之蓉：得天下以得民心为本，得民心以宽大为本。高祖初入关，怀王以为长者，郦生以为长者，王陵之母以为长者，皆宽大之谓也。即其不斩子婴，自谓怀王遣我，以能宽容，故约法三章，除秦苛法，父老争持牛酒劳师，得天下之本，实在于是。若项羽在新安城南坑降卒二十万，至咸阳，焚烧宫室，火三月不灭，虐焰如此，安得不失天下之望？此乃刘、项兴亡大关键也。(《读史提要录》卷一《西汉》)

白寿彝：至于"过矣"，主要是指项羽自高自大，自认为了不起，不吸取过去的经验教训，想靠武力征服全中国，结果弄得称王五年以后身败名裂。但他至死还不觉悟，不仅不责备自己，却反说什么"此天亡我，非战之罪也"。(《史记新论》)

钱锺书："身死东城，尚不觉悟，而不自责，过矣！乃引'天亡我非用兵之罪也'，岂不谬哉？"按泷川以"'而不自责过矣'六字连作一句"，大误，助词不中律令矣。《法言·重黎》篇："天不人不因，人不天不成。或问：楚败垓下，方死曰：'天也！'谅乎？曰：楚憞群策而自屈其力；屈人者克，自屈者负，天曷故焉？"即阐发《史记》此节。《论衡·命义》篇："项羽且死，顾谓其徒曰：'吾败乃命，非用兵之过。'此言实也。实者，项羽用兵过于高祖，高祖之起，有天命焉。"偏宕之论也。(《管锥编》第一册)

㉓【汇评】

刘知幾：夫论成败者，固当以人事为主，必推命而言，则其理悖矣。(《史通》卷十六《杂说上》)

李观：然虽兵众于汉，战捷于汉，其后则有灵壁之败，太公虏；荥阳之围，纪信焚；广武之守伤其胸，阴陵之役挠其师，与汉祖龙虎相逐，干戈合离，五年之后，而胜败乃知。是知兵之不可穷，物之不可终，天地否而开，云雷屯而通。故有三将溃围，孤军曷归？良马在御，美人在帷，楚歌夜闻，哀泣垂绥，遂饮帐中，申令麾下，镜分美人，飙举良马，晓漫漫，云茫茫，失道于阴陵，问津于乌江。其犹鱼遭网而游，鸟婴罗而翔，终不免矣。尚能合从亡之人，御追逃之兵，旗鼓指掌，鹅鹳邱陵，足罔不蹶，首胡不横！然始解马于舟子，结缨于死地，痛矣夫！何自慷慨斯焉之甚邪？而曰"天实亡我，非战之罪！"何执而不寤哉！(见《涵芬楼古今文钞》卷六十四《项籍碑铭》)

㉔ 【汇评】

**司马光**：世称项王不王秦而归楚，故失天下。观其拥百万之众，西入函谷，擅天下之势，裂山河以王诸侯，自谓可以逞其私心，而人莫敢违。安行无礼，忍为不义，欲以一夫之力，服亿兆之心，才高者见疑，功大者被绌，推此道以行之，虽得百秦之地，将能免于败亡乎？（《稽古录》卷十二《汉高祖元年》）

**江　贽**：黄公度曰：智可以来天下，不可以留天下。力可以得天下，不可以有天下。有天下者，忘天下者也。嬴秦取天下于六国分裂之余，百战百胜，仅能得之，得之艰难，惟恐去之或速，凡可以制民之死命者，无不过为而强举之，虽翦灭屠戮有所不恤，天下不胜嬴秦之猜疑，相率而跳于刑法之外，项氏见民之易叛，恐今日之于吾，犹昔日之于秦也，举一城则坑之，攻一邑则屠之。嗟乎，羽亦人耳，好生恶杀，谁无是心哉？所以斩伐无一寸爱惜者亦疑之深矣。疑民之叛而求以杀戮止之，乃所以速其叛也。帝之入关，约法三章，羽之入关，烽火三月，帝之所过，秋毫无犯，羽之所过，噍类不遗。嗟呼，民之归于君者，求以生我耶？杀我耶？相率而归之，从而杀之，何苦归之以求杀哉？帝不取天下于秦项之手，而取于吾民之心，信其自来，听其自至，非宽仁大度者，有所不能也。（《少微通鉴节要》卷五《汉纪·太祖高皇帝下》）

**倪思撰、刘辰翁评**："过矣""谬哉"，文相唤应。（《班马异同评》）

**又**："过矣""谬哉"，自太史公始，不可改除。（同上）

**方　回**：太史公作《秦始皇本纪》，书贾谊《过秦论》三篇于后，中一篇"仁义不施，而攻守之势异也"。后世儒者论秦之亡，不能加于是矣。《项羽本纪·赞》断其罪曰："背关怀楚，放逐义帝而自立，自矜功伐，奋其私智而不师古，身死东城，尚不觉悟，不自责过失，乃引'天亡我，非用兵之罪'，岂不谬哉！"后之论项羽之亡者，亦无以加于是矣。（《续古今考》卷二十一《考论史汉项羽纪传赞》）

**朱之蕃**：按"吾闻周生"至"近古未尝有"，俱扬词；"及羽背关怀楚"至"岂不谬哉"，俱抑词。（引自《百大家评注史记·项羽本纪》）

**刘豫庵**：当其亡国之时，倘能觉悟而自责，尚不至于身死，乃羽不觉悟而不自责，过矣。及韩信追至乌江无渡，仰天叹曰"此天亡我"，非不善用兵之罪，则是归怨于天，终不知己之以暴戾失之也。岂不大谬哉！又抑。（《古文评注·项羽本纪赞》）

**王又朴**：吾读《史记》三十年，至今而始知之也夫！然后项氏之得失，乃可得而言矣。夫得天下有道，得其民斯得天下矣。得其民有道，得其心斯得其民矣。故不独圣帝明王所以建千百年之业者，必由于此。即奸雄之窃据，权幸之篡夺，亦未有不假此以收拾一时之人心者也。今观项氏世世为楚将，其系人心者一。……而其得道之最大者，则尤在听范增言而立楚后，此项氏所以兴也。及梁以骄，失士致败，羽不知鉴，首杀宋义以背楚。巨鹿之战，实死劫其军以取胜。羽固非能拊循士大夫也。乃所至残

灭，全无一毫收拾人心之计。所为如此，而欲济事，固已难矣。(《史记七篇读法·项羽本纪读法》)

**高　嵣**：前扬后抑，无限惋惜，无限感慨，极顿挫跌宕之致。(《史记钞》卷一《项羽本纪》)

**王鸣盛**：项氏谬计凡四：方项梁起江东，渡河而西，并诸军，连战胜，及陈涉死，召诸别将会薛计事，此时天下之望，已系于项梁，若不立楚怀王孙心，即其后破死于章邯之手，而项羽收其余烬，大可以制天下。范增首唱议立怀王，其后步步为其掣肘，使沛公入关，羽得负约名，杀之江中，得弑主名，增计最拙，大误项氏。谬一。章邯破灭项梁，羽之仇也，乃许之盟，与之和好，立之为王，此事秦民已不服，又诈坑降卒二十万，失秦民心。谬二。弃关中不都而东归，乃三分关中，王章邯及其长史司马欣、都尉董翳以距汉，岂知诈秦民降诸侯被坑，民怨之刺骨，安肯为守坐使汉还定三秦如反掌，谬三。汉之败彭城，诸侯皆与楚背汉，范增劝急围汉王荥阳。范增诸所为项王计画，惟此为得，乃又听汉反间逐增，使军心懈散，失汉王。谬四。(《十七史商榷》卷二《项氏谬计四》)

**牛运震**："难矣……过矣……岂不谬哉"三截，顿挫有神。赞语豪迈跌宕，极与《本纪》相称。然其用笔，能以缩顿为遒古，究不失之纵放，固知视唐、宋诸家以议论为文字者大异也。(《空山堂史记评注》卷二《项羽本纪》)

**李祖陶**：项羽则与汉祖争天下者也，已几乎成而卒覆灭，其故何哉？盖以理而论，取天下以得人心为本，故孟子谓不嗜杀人者能一之，羽所过残灭，入关而屠咸阳，杀子婴，烧宫室，掠妇女，是以暴易暴，灭一秦复生一秦也，固已辜天下之望矣。以势而论，天下可自取，而不可推以奉人，以奉人则不可复夺，夺则人得借为口实而加以篡弑之名。范增好奇计，而建立楚后，以为非此不足以为名乎？抑以义帝既立，项氏竟能为之下乎？夫陈涉、汉高，皆非楚后，涉起而天下响应，汉起而天下率服，况以项氏世将，而何籍于楚之怀王，且项氏起事，斩会稽守通如反掌，后杀卿子冠军，如戢狐兔，何有于一牧羊儿，而肯为之下？重以分封不平，齐梁背叛；汉高复南出宛叶间以疲之，此如一夫跳梁于原野之间，东突西撞，不得休息，旁观者第稍稍为之牵制，而固已力尽筋疲矣。乃自以为"天亡"，非战之罪，岂不谬哉！(《前汉书细读》卷二《陈胜项籍列传》)

**程馀庆**：唱叹不穷，而一《纪》之神情已尽。边幅极短，机轴仿佛《过秦论》，奇！(《历代名家评注史记集说·项羽本纪》)

**程金造**：太史公此总论项羽之失败，一是奋私智、不师古，一是欲力征服而不爱民。奋私智与不师古是一事，即是以为武力足恃，不师汤之用伊尹，周文王之用姜尚，齐桓之用管仲等等。欲以力征，是自恃勇武，认为人人畏而慑伏听命。这种认识错误，

却终不悔悟，竟怪于天，他是个至死不觉的蠢才。（《史记管窥·司马迁著项羽入本纪之本意》）

**伏俊琏**：司马迁投放在《史记》中的情感和评价，并非处处一致。他既有历史学家冷静的理智分析，又有文学家的感情溢露，而且二者往往有矛盾之处。《史记》的论赞往往直接评述，理智分析较多，而人物传记则在行文叙述中寓于情感和评价，例如在《项羽本纪赞》中，他批评项羽将自己的失败归于天命的荒谬，但在本传中，曾重复记叙项羽"天亡我也"的自我开脱，以见出他承认自己死亡必然性的精神力量和英雄气魄。（《论〈项羽本纪〉的悲剧性》，《贵州文史丛刊》，1988年第4期）

**易国杰**：宿命论的思想，是项羽性格的又一个方面。在垓下突围的过程中，项羽两次以"天亡我，非战之罪"为自己开脱。在垓下，骑从者从八百余人一下子减到了二十八骑，而汉骑追者达数千人。项王自度不得脱，谓其骑曰："吾起兵至今八岁矣，身七十余战，所当者破，所击者服，未尝败北，遂霸有天下。然今卒困于此，此天之亡我，非战之罪也。"又说："今日固决死，愿为诸君快战，必三胜之，为诸君溃围、斩将、刈旗，今诸君知天亡我，非战之罪也。"尽管项羽在汉军围困万千重之中仍然表现了勇往直前的精神，但终究是寡不敌众，败退到了乌江边上。乌江亭长希望项羽返回江东，等待时机，东山再起。项羽无意东渡，笑曰："天之亡我，我何渡为！"项羽一而再、再而三地重复"天亡我，非战之罪"，十足地表现了他把失败全归结为时运的不济。司马迁通过三种不同场合，就人物的同一思想作表述，意在突出项羽的自我解嘲，同时也强调了司马迁对项羽的批判。（《试论〈项羽本纪〉的语言艺术》，《南通师专学报》，1989年第2期）

**张志坤**：较双方之失，刘邦之失大，一失失去关中这一战略地区，将其拱手让与他人；二失在于今后要听从项羽摆布，前途难料。结果在大封诸侯之时被项羽远封于巴蜀，远离中国的政治、经济中心。战略上极其不利。就鸿门宴来说，项羽无所失，有人说项羽失掉了消灭刘邦的机会，其实不然，鸿门宴后项羽照样可以发兵进攻刘邦，项羽想什么时候进攻刘邦，主动权都操在他手里，只不过是客观条件具不具备而已，而刘邦则没有这个主动权。如果说项羽有所失的话，倒是发生在鸿门宴之后，所失在于，第一，放弃关中要地，而把自己置于彭城一带，此为四战之地，战略上不利。第二，封王刘邦于巴蜀，以巴蜀绝远，乃秦时谪犯人之所，故掉以轻心，仅以章邯等三人分王关中以备之。章邯等三人从关中带出几十万人，而仅只此三人返回，关中子弟反在河南新安即被坑杀二十万人，关中父老对章邯等人恨不得食肉寝皮，以此三人分王关中如何防得了刘邦。所以刘邦一旦大旗东向，则席卷而定三秦，并以此为坚实雄厚的基地，同项羽逐鹿于中原，天下从此汹汹数岁，最后以项羽失败而告终。（《鸿门宴楚汉得失之我见》，《信阳师范学院学报》，1993年第6期）

## 【篇评】

**司马光**：世皆以项羽不能用韩生之言，弃关中之险，故失天下。窃谓不然。夫秦据函谷，东向以制天下。然孝、惠、昭襄以之兴，而二世、子婴以之亡，顾所以用之之道如何耳，地形不足议也。项羽放杀其君，不义之名明于日月。宰制天下，王诸侯，废公义而任私意，逐其君以置其臣，其受封者争夺不服，疏斥忠良，猜忌有功，使臣下皆无亲附之意。推此道以行之，虽重金袭汤，不能以一日守也。况三秦之险哉！（见《全宋文》卷一二二一《项羽诛韩生》）

**胡宏**：秦以酷急失人心，项羽又所过残灭，所谓以火救火。沛公素宽大长者，一时便有首出庶物气象，辟如弈棋，此第一著胜羽也。沛公若不能还军灞上，则必与羽斗于关中，是以桀攻桀，兵强者胜；一还灞上，不为利欲所昏，清明在躬，便志气如神，应对皆当，此第二著胜羽也。至于第三著，以羽弑共主，举军缟素，告诸侯而伐之，此著正是。既入彭城，则取货宝美人，置酒会，无意讨贼，龙头蛇尾，著而不杀，遂使羽一向猖獗，几不能定，然羽拙甚，故终能取胜。夫战之胜负，不足以决成败，故羽七十余战未尝败北，终归灭亡。（《五峰集》卷三《刘项》）

**范浚**：汉高祖与项籍，俱起叛亡，逐秦鹿，蚌鹬相持者八年。高祖之命悬籍手数矣，而籍卒以败灭，何哉？籍专为暴，高祖专为德也；高祖之入咸阳也，秋毫不犯，籍至，乃火而屠之：予以为楚汉兴亡，此已分矣。籍特挟用匹夫小勇，劫人以假息，故后死耳。至力蹙势穷，犹将驰杀一二汉将，以见技能，此楚所以失天下也。然则籍之亡也，又胡望乎天哉！（《香溪集》卷八《楚汉论》）

**王应麟**：汉、楚自彭城之后，割鸿沟之先，汉惟京、索一胜，其他二战，每战辄败，不特楚之兵威如飘风暴雨，非汉所能遏，而汉之视楚，如羔豚之畏貙虎，自南郑以来，虽决策东乡之计定于韩信，明其为贼之义发于董公，捐金以间其君臣之谋颛于陈平，说布使叛楚，捐关东地以与信、越之议筹之随何、张良，而其所以疲楚之力而分其势者，犹未之讲也。独辕生进说，使楚力分，而汉休息，迄用之以平天下。若生之策，所谓多方以误之，亟肆以疲之者欤！高帝自得是说，始出屯宛，羽于是舍荥阳而南；彭越破薛公下邳，羽于是弃成皋而东；高帝破终公成皋，羽于是复引兵而西。羽拔荥阳犹未设版也，而汉之诸将已入其心腹，烧其积聚矣。羽不得已，又揭揭而东。羽方顿兵大梁，分师援齐，而汉之大兵已破其枭将，拔取成皋矣。羽不得已，又踯躅而西。岁月未久，奔走不宁，智勇无几，前后受敌。以一国之兵而分应数十，以一人之力而奔命四方，此其所以坐困欤！（《通鉴地理通释》卷七《武关》）

**杨翮**：盖羽之不得天下，则以其有可乘之势，不能因其势而乘之耳。当其力方强，气方盛，秦军既坑，函谷既入，子婴既降，而咸阳之未屠也，于是乎建大号，登大宝，号令诸侯，自立为天子，天下其谁敢拒之？天下虽间有未定，吾得以天子之名临之矣,惜乎有可乘之势,不能因而乘之也。羽之心盖以为拔山之力,盖世之气,可以常恃而久存;海内之乱未艾,则天下终吾之有,迟迟而取固无害,而不知气穷则竭,力穷则衰,而乱极则思定,于乱极思定之际为之,吾之气与力不足用矣。惟羽一失其机,而沛公遂得以因其势而奄有焉,使天下后世皆得成败立论,不亦惜乎!(《佩玉斋类稿》卷九《项羽论》)

**凌稚隆:** 孟子云:"为天下殴民者,桀与纣也。"籍亦为汉殴者尔,其能与汉争天下哉!迹其慓悍猾贼之性,嗜杀如嗜食,如起会稽即诱杀守者;其后矫杀宋义、屠咸阳、残灭襄城、杀秦降王子婴、斩韩生广、王陵母、甚至杀义帝,此真天下之桀纣也。欲举大事,伯西楚,其可得乎!或曰:籍虽好杀,欲坑外黄,而愧于舍人儿之一言,欲烹太公,而悟于项伯之微谏,使得一二贤佐,籍亦可伯。余则曰:籍之勇,匹夫之勇耳;籍之仁,妇人之仁耳;纵辅以伊尹、太公之佐,其能率桀纣为汤武也哉?(《史记评林·项羽本纪》)

**又:** 按太史公字法变换不一,若此《纪》,则专用"已"字、"乃"字、"亦"字、"则"字。(同上)

**王世贞:** 至楚、汉之为讼,则羽之负汉者一,而汉之负楚者三:羽之负汉,不王关中而王巴蜀而已。当羽入关,与沛公兄弟也,又皆楚臣,何必拒而不纳?其负一也;鸿门之会,不杀而封之巴蜀,甫就国而兵东向,其负二也;然犹有可言者。至太公甫脱烹俎,盟血未干,而反戈尾其后,其负三也。羽自得罪义帝耳,不得罪高祖,高祖死何以见羽地下哉!余故友宗臣每酒间大呼:"吾宁不成而为羽,不能而为高祖!"且谓:"高祖易与耳!"余笑曰:若言高祖易与,则过。高祖遇羽而拙,故思以拙胜之;若固见其拙,以为易与耳,不然,彼章邯、黥布,岂碌碌者,何以取之若寄哉!(《读书后》卷一《书项羽传后》)

**于慎行:** 项羽立沛公为汉王,王巴蜀,而三分关中之地,咸阳东西,立章邯、司马欣、董翳三王以拒之,其计未为失也。秦兵与诸侯吏卒,转战日久,乘其降而挫辱之,疑贰反侧,势且中变,羽虑其变而坑之,亦不得已也。沛公先入关,秦人乐之久矣,羽既坑杀秦卒,能一日安居关中乎?其弃关中而都彭城者,势也。彭城居天下之冲,为羽故乡狎熟,居中以集臂指之势,使齐、赵不反,三王固守,沛公能逾南郑争天下哉?乃张耳为常山王矣,而陈馀获三县之封,田市为胶东王,田安为济北王,田都为齐王矣,而田荣无寸土之赏,故戏下甫罢,陈馀反于赵,田荣反于齐,比羽击齐,沛公得以还定三秦。三秦破,羽之臂断矣。故羽北击齐,而汉兵入彭城,羽东击彭越,而汉兵入成皋,首尾狼狈,卒致疲敝而亡。故羽所以失天下者,不在不都关中,在乎三王不能;亦不在都彭城,在乎裂土不均,挑强齐之衅而动天下之兵也。(《读史漫录》卷三)

**徐与乔、杨贡同辑，潘椿重订：**写羽神勇，写羽粗横，写羽妇人之仁，尽态极致。至写羽兵法，东城二十八骑时尚分为二，分为四，阵势战势如绘，神笔也。（《史汉初学辨体·项羽本纪》）

**孙　琮：**写羽气势十倍高帝，不十年而乌江矣。至于泣下悲歌，尚恃其拔山之力，亦陈胜、田荣等耳，能与汉祖争成败乎？文字极豪宕，而精细处，曲曲摹肖传神。其间惊者惊，怒者怒，惧者惧，愤者愤，如傀儡登场，线索在手。（《山晓阁史记选·项羽本纪》）

**钱谦益：**《史》于汉元年，诸侯罢戏下就国之后，历举楚之所以失天下，汉之所以得者，使后世了然见其全局。楚之杀义帝，不义之大者也，故首举之，并次年江中贼杀之事，而终言之，不复系之某年也。废韩王成为侯，已又杀之，而诸侯心离矣。臧荼因此击杀韩广，而诸侯不用命矣。田荣以怒楚，故杀三田，并王三齐，而齐叛矣。荣与彭越印，令反梁地，而梁叛矣。陈馀说田荣击常山以复赵，而赵叛矣。是时汉还定三秦，起而乘其敝，复以征兵怨英布，而九江亦将叛矣。所至残灭。齐人相聚而叛，而田横亦反城阳矣。撮项王举事失人心，局势之大者，总序于汉元、二之间，提纲挈领，较如指掌，此太史公作史之大法也。（《牧斋全集》卷八十三《书史记项羽高祖本纪后》）

**王懋竑：**羽之救钜鹿也，出于万死一生之计，幸而战胜，诸侯服从。自是以后，羽之失计多矣。汉以仁，羽以暴；汉以宽大，羽以残虐；不都关中，而都彭城。以私意分王，诸将不平，名为霸天下，而天下之心则已去矣。……秦以六世之强，兼并六国，而陈胜、吴广卒伍庸材，倏起而亡之。汉王以百战之余，亲禽项羽以有天下，而数年之间反者九起，死于介胄之间，而莫能止也。楚以区区之力，欲使天下诸侯东面而朝于楚，而遂以享国传祚也，岂可得哉！（《白田杂著》卷三《书范增论后》）

**孙　琮：**篇中许多支节，如一线穿成。而当时人物，无不须眉毕现。其气焰处令人色壮，其衰凉处令人气尽，真传神传技。（《山晓阁史记选·项羽本纪》）

**顾炎武：**秦、楚之际，兵所出入之途，曲折变化，唯太史公序之如指掌。以山川郡国不易明，故曰东曰西，曰南曰北，一言之下，而形势了然。以关塞江河，为一方界限，故于项羽则曰"梁乃以八千人渡江而西"，曰"羽乃悉引兵渡河"，曰"羽将诸侯兵三十余万，行略地至河南"，曰"羽渡淮"，曰"羽遂引东，欲渡乌江"。于高帝则曰"出成皋玉门，北渡河"，曰"引兵渡河，复取成皋"。盖自古史书兵事地形之详，未有过此者。太史公胸中，固有一天下大势，非后代书生之所能几也。（《日知录》卷二十六《史记通鉴兵事》）

**王夫之：**韩信数项羽之失曰："有功当封爵者，印刓敝，忍不能予。"由斯言之，信之所以徒任为将而不与闻天下之略，且以不保其终者，胥在是矣。封爵者，因乎天之所予而隆之，非人主所以市天下也。且爵赏亦岂必其足荣哉？荣以其难得而已。人主轻之，天下猎之；人主重之，天下荣之。宋艺祖许曹彬下江南受使相。彬早知不得而安焉，故封爵不侈而彬服。非然，则更始之侯林立，而不救其亡，期于必得之不足歆。羽不惜屈己以下人，而靳天爵，何遽非道而必亡乎？汉高天下既定之后，侈于封矣，反者数起，武帝夺之而六宇始安。承六王之敝，人思为君，而亟予之土地人民以恣其所欲为，管、蔡之亲不相保，而况他人乎！……若夫项羽之所以失者，非吝封爵之故。信之说，不如陈平之言之允也。陈平曰："项王所任爱，非诸项、即妻之昆弟，虽有奇士不能用。"故羽非尽不知人，有蔽之者也。琐琐姻亚，踽踽仕，持大权，而士恶得不蔽？虽然，亦有由尔。羽，以诈兴者也；事怀王而弑之，属宋义而戕之，汉高入关而抑之，田荣之众来附而斩艾掠夺之。积忮害者，以己度人而疑人之忮己。轻残杀者，大怨在侧而怨不可狎。左顾右盼，亦唯是兄弟姻党之足恃为援。则使轻予人以权，己且为怀王，己且为宋义。惴惴慄慄，戈戟交于楚寐，抑恶能不厚疑天下哉？然而其疑无救也。为汉王之腹心者，项伯也，其兄弟也；追而迫之刭者，吕马童也，其故人也。从之于大败之余者，三十余骑，而兄弟姻亚不与焉。怀愿求援，而终以孤立。非刓印不与者慁己而贼之，其亲戚之叛已久矣。（《读通鉴论》卷二《汉高帝》）

**吴见思：**项羽力拔山，气盖世，何等英雄，何等力量，太史公亦以全神付之，成此英雄力量之文。如破秦军处、斩宋义处、谢鸿门处、分王诸侯处、会垓下处，精神笔力，直透纸背。静而听之，殷殷阗阗，如有百万之军藏于喻糜汗青之中，令人神动。当时四海鼎沸，时事纷纭，乃操三寸之管，以一手独运，岂非难事？他于分封以前，如召平、如陈婴、如秦嘉、如范增、如田荣、如章邯诸事，逐段另起一头，合到项氏，百川之归海也；分封以后，如田荣反齐、如陈馀反赵、如周吕侯居下邑、如周苛杀魏豹、如彭越下梁、如淮阳侯举河北，逐段追序前事，合到本文千山之起伏也。而中间总处、提处、间接处，多用"于是""当是时"等字，神理一片。项羽起兵伐秦，是自东而西；伐齐则自西而东；与项王战，又自东而西；解而归至乌江，则又自西而东。"东""西"字是一篇眼目。八千人渡江而西，忽化而为二万，六七万、数十万，忽化而为八百余人、百余人、二十八骑，至无一人还。其兴也如江涌，其亡也如雪消，令人三叹！中间带序义帝处，亦颇英武，不是避贤割席一流，故堪为沛公缟素。（《史记论文·项羽本纪》）

**浦起龙：**如此长篇，只分两局：前半击秦也，后半拒汉也。击者我往，及锋也，故进而锐；拒者彼来，多备也，虽胜亦疲。（《古文眉诠》卷十八《项羽本纪》）

**王又朴：**吾读《史记》三十年，至今而始知之也夫！然后项氏之得失，乃可得而言矣。夫得天下有道，得其民斯得天下矣。得其民有道，得其心斯得其民矣。故不独圣帝明王所以建千百年之业者，必由于此。即奸雄之窃据，权幸之篡夺，亦未有不假此以收拾一时之人心者也。今观楚氏世世为楚将，其系人心者一。而其得道以最大者，则尤在听范增而立楚后，此项氏所以兴也。及梁以骄，失士致败，羽不知鉴，首杀宋义以背楚。巨鹿之战，实死劫其军以取胜。羽固非能拊循士大夫也。乃所至残灭，全无一毫收拾人心之计，所为如此，所欲济事，固已难矣。（《史记七篇读法·项羽本纪读法》）

**吴敏树**：此纪世之喜文字者，无不读而赞之。究其所喜者，起事一段，救赵一段，鸿门一段，垓下一段，其他所知者盖仅矣。此由以粗心读古人书，正如逢场观剧，取其搬演热眼者而已。其实一部大曲，经营巧拙，非深于其事者不知也。史家原只依事实录，非可任意措置，然至事大绪繁，得失是非之变，纷起其间，非洞观要最，扫除一切旁枝余蔓，未得恣意详写，使其人其事，始终本末，真实发露，读者惊动悲慨，千载下如昨日事也。如此纪，项氏起吴中，部署徇县诸事，绝无指数，直入渡江击秦，建立楚后，项梁败死不久，其人事迹并略，专向项羽铺陈。至入关擅事以后，怀王彭城举动，不涉一语，独沛公鸿门摹绘累纸，惟恐不尽，其后所置诸侯王，与项氏岂免交涉，竟无所及，独及田齐、英布，益以彭越，皆关楚汉成败紧处，即又不肯琐屑多道。吾意史公作此纪时，打量项王一生事业，立楚是起手大著，救赵破秦是擅天下原由，其后则专与汉祖虎争龙战而已。如下笔万言，滔滔滚滚，如长江大河，激石滩高，回山潭曲，鱼龙出没，舟楫横飞，要是顺流东下，瞬息千里，终无有滞碍处耳。从来良史记事，第一论识。而柳子之评史公曰洁，真是高眼看透。学者但能从有会无，即详知略，则于序事之文，立占胜步矣。（《史记别钞》下卷《项羽本纪》）

**牛运震**：《项羽本纪》纵横驰骤，亦有喑呜叱咤拔山盖世之概。古来善于叙战者莫如左氏，其摹写春秋数大战兵机阵法，可谓工且备矣。《史记·项羽本纪》钜鹿、垓下诸战写勇将冲锋陷阵，雄入九军之概，更为显明生动，较左氏又另一种笔墨。阅之如见劲装铁马，令人神竦。《史记》叙事，善用虚字，极顿挫开阖之妙。《项纪》每于事情极难着笔处，略用一二虚字点逗精神，眼目俱出。《项纪》是太史公本色出力文字，叙次摹写极工，即此一篇，可悟史家笔法变化之妙。（《空山堂史记评注》卷二《项羽本纪》）

**李祖陶**：汉初，异姓诸侯王十八人，皆楚所立，雍、塞、翟三王，皆以塞汉王之冲，其余诸王，则爱者得善地，不爱者得恶地，皆以自拥卫也。乃汉王出定三秦，司马欣，董翳皆降，章邯围死废丘，衡山王吴芮为汉，九江王英布、赵王张耳皆降汉。代王赵歇不终，齐王田都、济北王田安、胶东王田市，皆为田荣所杀。魏王豹为韩信所虏，韩王成为项籍所诛，殷王司马卬、河南王申阳，亦皆降汉，辽东王韩广为臧荼所杀。臧荼亦不闻为楚。至垓下之围，所立诸王竟无一人同患难者，是秦以孤立灭，而楚以众建尤速亡矣。其故何哉？夫桓文所以得志于天下者，以其尊周室也。项羽尊立义帝而卒杀之，而固已孤天下之望矣；而又以汉祖宽仁之资与残暴者作对，率诸侯以声讨弑君之罪，楚虽强，其能久乎？盖众建诸侯而不挟天子以令之，则适以自树之敌已矣。（《前汉书细读·异姓诸侯王表》）

**王　源**：嗟乎：首难者虽陈涉，灭秦者项王也；入关者虽沛公，灭秦者项王也。（《居业堂文集》卷十《项羽论》）

**刘　沅**：甚哉，势力之说足以祸天下也！自五霸递兴，以强役弱，至于战国，则并假仁义而亦无其人。强秦以威以诈，陵轹诸侯，残虐百姓，卒以遄亡。项籍具兼人之勇，值昏暴之时，使当时有大贤之才，导以仁义，收拾民心，声罪致讨，所至怀柔，智谋皆为之屈矣。无如恣睢自用，嗜杀妄为，又不得良臣匡救之，遂至得罪天下，沛公得乘其隙。夫治乱者数也，不敝者理也。人皆有不忍人之心，扩而充之，可以保四海。项王不忍杀沛公父子，而忍于屠戮已降，所谓不能善推其类。沛公之变诈甚于项王，而卒成帝业，以其除秦苛法，得仁术之一二端耳。孔孟之言，仿佛其似，犹足有为，惜当局不知，后人亦往往弗察。岂知有过人之材，亦必明仁义之道。末世无圣人之师，即君上无名世之才。楚承秦弊，倍于桀纣之时，而不修仁义，自速败亡，君子不能不太息于学术之衰也。（《史存》卷六《楚汉纪·总论》）

**吴汝纶**：某按《羽纪》以将才为主，其于战事极意铺张，正见其短，所谓一将之任则有余也。曾文正云：如此长篇，只记一事，古今所罕。（《桐城吴先生点勘史记读本·项羽本纪》）

**又**：归云：春秋战国时事，不过一二国争斗，其事小，项羽、沛公动辄以半天下相争斗，故太史公有大文字。（《桐城吴先生点勘史记读本·名家史记评语》）

**李晚芳**：羽之神勇，千古无二；太史公以神勇之笔，写神勇之人，亦千古无二。迄今正襟读之，犹觉喑呜叱咤之雄，纵横驰骋于数页之间，驱数百万甲兵，如大风卷箨，奇观也。当是时，秦纲懈而维弛，天下叛之，英雄杂沓并起，千头万绪，棼如乱丝，太史以一笔写之，或插序，或陪序，或带序，或附传，无不丝丝入扣，节节归根，步骤井然不乱，后之作史者，谁有此笔力？此篇中纪羽由微而盛，由盛而亡，中以义帝为关照。羽未弑帝以前，由神将，而次将，而上将，而诸侯上将军，至分封则为西楚霸王。始以八千而西，俄而二万，俄而六七万，至新丰鸿门则四十万，其兴也勃焉。及弑帝则日衰矣。以私意王诸侯，诸侯不服。由是田荣齐反，陈馀以赵反，征九江王而九江王不住，战田横而田横不下，困京索不能过荥阳，杀薛公而东阿失守，使龙且而龙且击死，委司马长史而司马长史败亡。至垓下，所谓四十万者，忽为八百余，二百余，二十八骑，至无一人还，其亡也忽焉。一牧羊儿耳，所系如此，可见名义在人心，不可没也。（《读史管见》卷一《项羽本纪》）

**刘咸炘**：顾炎武《日知录》曰：秦楚之际，兵所出入之途，曲折变化，惟太史公叙之如指掌。以山川郡国不易明，故曰东、曰西、曰南、曰北，又以关塞江河为一方界限，一言之下，了然形势，故曰渡江而西，曰引兵渡河，曰略地至河南，曰渡淮，自古史书兵势地形之详，未有过于此者。按此篇叙事之处，大要则善用"已"字、"之"字，能并说一时东西南北事，错综不乱。其用"已"字者，如已并秦嘉军，已破东阿，章邯已破，楚兵已破，已杀卿子冠军，于是已破秦军，项羽已定东海诸段，是。其用"之"字者，如项王之救彭城，汉王之败彭城，汉王之出荥阳诸段，是皆脱卸之法。其尤转折有力者，则如又闻沛公已破咸阳，是时汉还定三秦，汉王部五诸侯军伐楚，闻淮阴已举河北诸句是也。又善用"当是时"句。至其叙事之妙，则气举而语简，如项梁起东阿，比至定陶，再破秦军，项羽晨朝上将军宋义，即其帐中斩宋义头，九战，绝其甬道，晨击汉军，而东楚起于彭城，常乘胜逐北，与汉战荥阳南、京索间云云，皆剥去肤语、支语，故无滞态。归、方知之而语未详，但寓之圈点中，又往往但知气盛而未知词精，今指出之，以与归、方评点合观。凡彼所谓神妙者，皆不必深求而自得矣。（《太史公书知意·项羽本纪》）

**李景星**：《项羽本纪》是太史公出色出力文字，叙次摹写无不工妙。大旨以分封侯王为前后关键。分封以前，如召平，如陈婴、如秦嘉，如章邯诸事，逐段另起一头，合到项氏，有百川归海形势。分封以后，如田荣反齐，陈馀反赵，周吕侯居下邑，周苛杀魏豹，彭越下梁，淮阴侯举河北，逐段追叙前事，合到本文，有千山起伏形势。而中间总处，提处，间接处，遥接处，多用"于是""当是时"等字为之联络，遂觉神情一片。又一篇之中往往以"东西"字为眼目，如伐秦则由东而西，伐齐则由西而东；与汉王战又由东而西，解而归又由西而东。故曰"引军而西"，曰"无西意，北击齐"，曰"拔成皋欲西"，曰"解而东归"。层层点顿，最有情致，有章法。至于纪中附《项梁传》《项伯传》《范增传》，或连叙，或分叙，前后都有照顾。总是皆项羽作用，如众星之显孤月而已。实事实力纪中已具，故赞语只从闲处著笔，又如风雨骤过，几点余霞遥横天际也。（《史记评议·项羽本纪》）

**吕思勉**：世皆以项羽之善战，为旷古所希，其实非也。羽固善战，亦不过历代善战者之一耳，谓其有以大过于人，固不然也。羽之战功，为世所艳称者有三：一巨鹿之战，一彭城陷后，释齐还攻汉军，一垓下之溃围南出也。垓下溃围，乃一战将之事，优为之者甚多，事极易见。巨鹿之战固剽锐，然此战在二世二年十二月，章邯至三年七月乃降，其间相距尚半年，羽初未能一战即使邯溃不成军也。……以彭城之役，汉高丧败之烈，而聚兵荥阳、成皋之间，项羽竟为所塞而不能越，可谓之善战乎？（《论学集林·项羽将才》）

**季镇淮**：司马迁的识力和史例所以卓绝千古，高出于后来那些"正统"史家，道理原很简单，只是贯彻了史家应该具有的实录精神。从写作实践来看，即以《项羽本纪》言之,他固然给项羽以最高的历史地位,并以许多具体生动的历史事实塑造了这个勇往直前、摧毁暴力统治的英雄形象,但他对于项羽那种到处坑杀、以粗豪自满等等严重弱点,也都据事直录,并没有勉强地掩饰。(《司马迁》附录《司马迁是怎样写历史人物的传记的》)

**朱东润**:《陈丞相世家》记陈平曰:"项王不能信人,其所任爱,非诸项,即妻之昆弟,虽有奇士不能用。"此平初归汉,不得进用,故为此谰言以诬故主耳。诸项诚多进用者,如项伯、项庄、项声、项它、项悍之徒,比之有周,则周公、召公、康叔、冉季之流,不足为项羽病。至于妻之昆弟,汉王乃有周吕、建成耳,项王无是也。其后平又曰:"项王骨鲠之臣,亚父、钟离眛、龙且、周殷之属不过数人耳。"此言得之。亚父既以疽发背死,其次乃有大司马曹咎,此皆与项王共天下者也。及刘贾诱大司马周殷,周殷反楚,佐刘贾举九江,迎黥布兵,共会垓下,而项王之大势去矣。今总《功臣表》功状言之,凡以击项羽侯者亦多有其人,汉初之重视三人,于此可见,独惜史公不为三人立传,使其功烈湮没不彰耳。羽既与始皇同列本纪矣,若范增、龙且、曹咎、钟离眛者,亦庶几李斯、蒙恬之辈,自当有传,未可以史法解也。(《史记考索·读〈高祖功臣侯者年表〉书后》)

**程金造**:统观全篇,在形式上是写项羽之勇,是写战争,而其实是借项羽之活形象,著出太史公所认为的王政之大本,一是知人,一是安民。知人则能善任,事得其利。安民先要爱民,能得民心。而项羽识见庸鄙,行反其道,所以虽势到垂成,而终于失败。(《史记管窥·司马迁著项羽入本纪之本意》)

**何兹全**:《史记·项羽本纪》是一篇好文章。它把项羽写成一个叱咤风云,气概豪迈的英雄。司马迁的文章写得极带感情。他对所喜欢的人,虽然也写出这人的缺点,但仍然使你跟着他喜欢这个人;对所憎恨的人,他能用表面上好像是称颂而实际上是挖苦、讽刺的文字,叫你也跟着鄙视这个人。就以秦末的两个农民反秦军领袖项羽和刘邦来说,项羽被写成为一位失败的英雄,刘邦却活现出一幅市侩相。(《读史集·司马迁和项羽》)

**韩兆琦**:项羽是一个顶天立地的英雄,同时又是一个鼠目寸光的庸人;他有时真有龙飞凤翥的雄姿,有时又愚蠢昏聩得像一头驴子;他有时天真淳朴、宽厚慈和得令人喜爱,有时又暴戾凶残得令人发指。凡此种种,都在司马迁的笔下得到了生动真切的表现。正如钱钟书所说:"'言语呕呕'与'喑噁叱咤';'恭敬慈爱'与'剽悍滑贼';'爱人礼士'与'妒贤忌能';'妇人之仁'与'屠坑残灭';'分食推饮'与'刓印不予'皆若相反相违,而既具在羽一人之身。有似两手分书,一喉异曲,则又莫不同条共贯。科以心学性理,犁然有当。《史记》写人物性格,无复综如此者。"(《史记博议·项羽本纪》)

**张新科**：《项羽本纪》写项羽，从大的历史背景上看，陈胜、吴广农民起义的火焰被扑灭，楚军的主力被击破，主将项梁战死，秦军声势复振。时代需要巨人，"如果没有这样的人物，它就要创造出这样的人物来"。正是在这种紧要关头，项羽勇敢地站了出来，表现出惊人的魄力。从具体环境看，鸿门宴上剑拔弩张，垓下之围四面楚歌，都是极有气势，极有色彩的画面。……战争，是矛盾双方力量的拼搏，环境更为重要。司马迁以如椽之笔，给我们描绘了古代战争的壮丽画卷，许多场面惊天动地，夺人心魄。项羽的巨鹿之战，垓下之战，韩信的背水一战，等等，场面之宏大，声势之浩荡，在战争描写篇章中出类拔萃，有力地展示出人物的风貌。(《史记与中国文学》)

# 研究综述

## 一、精彩的篇章

司马迁为项羽立纪，曾遭部分史学家批评，认为本纪是载王朝天子的事迹，项羽"未践天子之位"，"不可称本纪"。项羽虽未践帝位，但灭秦后，分封十八王，政由羽出，号为霸王，位同天子。司马迁据实立名，载项羽于本纪，上接秦，下连汉，显现了他实事求是的高尚史德和史识。批评者是以正统的史观看待项羽，与司马迁通古今之变的宏旨相悖。

《项羽本纪》所记载的史实，上篇记述灭秦，下篇为楚汉相争。时间虽仅有短暂的八年（前209年—前202年），但这是个错综复杂、千变万化的重大历史时期。当是时，秦的暴虐无道、繁法严刑，激起以陈胜、吴广为首的农民大起义；天下诸侯、豪杰纷纷并起，千头万绪，棼如乱丝。"太史以一笔写之，或插序、或陪序、或带序、或附序，无不丝丝入扣，节节归根，步骤井然不乱，后之作史者，谁有此笔力"。（李晚芳《读史管见·项羽本纪》）太史公写项羽于巨鹿破秦军、鸿门宴会刘邦，以及救彭城、会垓下等处，"精神笔力直透纸背。静而听之，殷殷阗阗，如有百万之军藏于腼糜汗青之中"。（吴见思《史记论文·项羽本纪》）场面宏阔，气势磅礴。以神奇之笔，写神勇之人，令人神动，迄今读之，犹感喑呜叱咤的雄风。

司马迁记事状物的文字豪宕而又曲婉传神。叙事极其生动，事件与情感交融，使人如身临其境，牵魂动魄。对人物的描述，语言精彩，绘声绘色，生动逼真，如见其人，如闻其声。对人物的评价，不虚美，不隐恶，公允正直，力求还历史的真实。对项羽、刘邦等的一些主要人物，除记述其重要事迹外，更揭示其性格、情感和道德风貌，人物形象跃然纸上。虽时隔两千多年，今日读之，仍历历在目。

《项羽本纪》，是司马迁倾注了情感，运用传神之笔写下的最精彩、感人的不朽之作，闪耀着崇高的智慧光辉。

## 二、项羽的功过是非

两千多年来，人们对项羽的评价褒贬不一，众说纷纭。评价历史人物，要看其言行对当时社会的发展，是起推动作用还是阻碍作用。再者，看问题要全面，不能以偏盖全。客观地讲，项羽在灭秦过程中是有丰功伟绩的。太史公在《项羽本纪》论赞中说："夫秦失其政，陈涉首难，豪杰蜂起，相与并争，不可胜数，然羽非有尺寸乘势，起陇亩之中，遂将五诸侯灭秦，分裂天下，而封王侯，政由羽出，号为霸王，位虽不终，近古以来未尝有也。"这段话，肯定了项羽是起于陇亩之中的农民起义军的领袖，是灭秦的主力，是灭秦后天下的霸王，是霸位不终的带有悲剧色彩的英雄。这是符合客观事实的公允之言。项羽随其叔父项梁响应陈涉之义举，起兵吴中，屡败秦军。当陈涉败亡，楚军的主将项梁战死，秦军声势复振，秦将章邯围赵，在事关反秦军队生死存亡的危机时刻，项羽以破釜沉舟的英雄气概，一举击溃秦军主力于巨鹿，杀秦将苏角，虏王离，迫使涉间自杀。接着又数败章邯军，最后促使章邯率军投降。从而奠定了推翻暴秦的胜利基础，为刘邦率军入关破咸阳创造了条件。反观各诸侯军，巨鹿之战时，莫敢纵兵，皆作壁上观。破秦军后，"项羽由是始为诸侯上将军，诸侯皆属焉"。入关后"政由羽出"，是势之必然。

项羽是时势创造的英雄，在肯定其历史功绩的同时，也应指出其所犯的严重错误。如屠咸阳、杀秦降王子婴、烧秦宫室、取其宝货妇女而东，以及坑杀秦降卒二十余万人等。这是失民心、违民意的暴行。项羽的残暴，充满着狭隘的复仇报复的心态，对人民和社会造成巨大的伤害，是不可饶恕的罪过。

对项羽的评价，不能执之一端。有人把项羽斥之为"桀与纣"，有失公允。有人认为其暴行"喷放着国仇家怨的愤怒火花"，闪烁着一种"正义之光"，此言亦失之偏颇。狭隘的复仇行为，给人民造成了生命财产损害，不是义勇行为。项羽不是完美的英雄。

另有一种意见，认为项羽出身于楚国贵族，其反秦的目的就是报家仇雪国耻与取而代之；其政治主张完全符合旧贵族的利益，企图实现楚国贵族复辟的梦想。评价历史人物不能采用阶级出身决定论。项羽是出身于世世为楚将之家，但他是以"非有尺寸乘势"的布衣之身起于陇亩之中。由吴中子弟八千人，发展到四十万人。这支军队的主要成份是农民，把这支农民起义军的领袖视为旧贵族复辟势力的代表，并不公允。至于灭秦后的分封诸侯王，是时势之使然。当时的客观现实是诸侯并争，割地称王的局面已形成。为维护各支反秦势力暂时的统一，防止他们立即陷于分崩瓦解，互相厮斗，分封是权宜之举，并非项羽梦想复辟春秋战国时期的割据局面。如果统一的局面能维持一段时间，待其霸主的地位巩固后，分封的诸侯王也可能被一一翦除。刘邦在楚汉战争期间及取得政权初期，也是大封诸侯王，后来这些诸侯王也被渐次消灭。

从社会发展规律来说，农民起义军在灭秦后，似应废诸侯、置郡县、建立统一的中央集权制国家。但当时的历史现实是：连续多年纷繁、惨烈的战争，已形成诸侯并立的局面，郡县制的基础已遭破坏，中央至地方中央集权制政体的恢复建设需要时日，各路诸侯又各有浓重的权欲心。在此特定的历史条件下，立即废诸侯、置郡县、建立中央集权国家，是不可能实现的。即使采用了安抚的权宜之计——分封，一些人犹觉分封不公，纷起叛乱。诸侯纷争及楚汉相争，是权力之争，不是主张郡县制的所谓进步势力与项羽所代表的分裂割据势力之争。评价历史人物，不能超越历史背景，也不能以成败论英雄。

### 三、项羽失败的原因

楚汉相争，二强相斗必有胜负。但为什么项羽由强势而转为惨败身亡，刘邦由弱势转为胜利者？原因是多方面的。战争是军事、政治、经济、外交等各种因素的综合较量，每一方面都会影响战争的胜负。项羽是具有指挥才能的军事首领，不是有战略智谋的政治家。他"欲以力征经营天下"，忽视其他战争胜负的因素，造成自身惨败的结局。其失败的主要原因，根据各家的评论，概括起来有如下几个方面：

（一）不注意争取民心。在反秦和灭秦后，人民所期盼的是除秦之苛法，与民休息。项羽在战争中多有残杀，入咸阳后又烧杀掳掠，失去民心。刘邦则与之相反，处处注意争取民心。入咸阳后"封秦重宝财物府库"，与民约法三章，除去秦之苛法，并派人到县乡邑宣喻："吾所以来，为父兄除害，非有所侵暴，毋恐。"秦民大喜。民心之向背，是决定战争胜负的重要因素。

（二）自矜功伐，不施仁政。项羽虽身经七十余战，所向披靡，但实行的是力征，忽视基层政治及民生等基础设施的建设，根基不牢。而刘邦则与之不同，注意基层政治的建设。如汉二年，"二月癸未，令民除秦社稷，立汉社稷。施恩德，赐民爵。蜀汉民给军事劳苦，复勿租税二岁。关中卒从军者，复家一岁。举民年五十以上，有修行，能帅众为善，置以为三老，乡一人。择乡三老一人为县三老，与县令丞尉以事相教，复勿徭戍。以十月赐酒肉"。(《汉书·高帝纪》)

（三）项羽不善用人，没有形成一个强有力的决策核心。有一个范增而不能用，项伯是个两面派，陈平、韩信等不被重用，转投刘邦。以私智用事，许多举措频频失误。而刘邦知人善任，拥有张良、韩信、萧何、陈平等一批人杰，为之出谋划策。

（四）军事战略方面的屡屡失策：1. 巨鹿之战后，未能急引军乘势西进，以据咸阳，制天下，而致刘邦先入咸阳，陷自己于被动的局面。2. 项羽入据彭城后，田荣反楚于齐，刘邦入据关中占领三秦。项羽陷于两面受敌的被动境地。这时他没有认识到其主要的威胁是刘邦，而采用先齐后汉的战略，使刘邦乘机发展壮大。3. 彭城反击战胜利后，未能乘胜追击全歼刘邦军，致使刘邦逃至荥阳，收拾残部，得以休整，复以大振。4. 项羽轻信鸿沟之约，引兵解而东归。刘邦背约，追击项羽，最后导致被围垓下，事败身亡。

（五）外交方面的频频失策：1. 鸿门之宴时，轻信刘邦的欺诈之言，放跑了刘邦。2. 误中刘邦的离间计，而疑范增与汉有私，迫使范增归卒伍，随即背发疽而死。3. 误信刘邦的诈降，使刘邦从荥阳西门逃跑。4. 未能收买或离间分化反楚势力，使自己陷于孤立。

（六）"背关怀楚"：关中被山带河，四塞为固，地肥饶；又是周、秦时的政治、经济、文化中心，以此为都，可以控御天下。而项羽把关中战略要地，拱手让与他人，把自己置于无险可守的彭城一带，战略不利。项羽目光短浅，入咸阳后烧秦宫室，心怀东归，曰："富贵不归故乡，如衣绣夜行。"其失天下并非偶然。

（七）立怀王之失策：项氏立怀王是拙劣的政策，处处受怀王掣肘，二者的矛盾不断激化，灭秦后谁为天下主是他们二人的主要矛盾。苏轼曾说："非羽弑帝，则帝杀羽。"（《苏轼文集》）如灭秦后天下归义帝，刘邦也不会以臣事之，亦必杀之，项羽放逐义帝，继而杀之。结果为刘邦等诸侯王所利用，成为讨伐项羽的借口，项羽在舆论上将自己陷于被动。

（八）项羽性格慓悍，能勇不能怯。如听乌江亭长的话，退守江东，重整旗鼓，犹有东山再起之机。

项羽的失败是个悲剧，其喑呜叱咤的英雄气概和宁肯自杀而不投降的气节，令人敬佩。其失败的种种历史教训，对后世有警示作用。然项羽至死仍不明白其失败的主要原因，曰："此天之亡我，非战之罪也。"愚钝之态，亦甚为可悲。

### 四、项羽的性格

人的性格，既有人性的因素，又有社会学的一面，受社会环境的影响和制约。对人性格的分析，要多角度地观察，避免以偏盖全。项羽身高八尺，力能扛鼎，才气过人，具有"力拔山兮气盖世"的英雄魄力与气概，这是项羽主要的、统贯一生的性情气质，即性格的主旋律。但其言行、处事及喜怒哀乐，又显示了他性格的复杂性和多样性。项羽的有些行为呈现出相反相违的二重性，或曰两面性。

项羽少年时，"学书不成，去；学剑又不成"。喜学万人敌的兵法，仅"略知其意，又不肯竟学"。观秦始皇渡浙江时，出言"彼可取而代之"。说明项羽少时不爱学习，而又胸怀大志的血气方刚的性格特征。这为他之后有勇无谋的性格特点埋下了伏笔。

项羽在战场上"喑呜叱咤，千人皆废"，所过无不残灭。在私下待人接物，则"见人恭敬慈爱，言语呕呕，人有疾病，涕泣分食饮"。（《史记·淮阴侯列传》）"项王为人恭敬爱人，士之廉节好礼者多归之"。（《史记·陈丞相世家》）残暴与慈爱集于一身，显现了性格的二重性。前者具有政治的属性，后者不是虚伪的做作，是自然性情的流露。

刚强率直，不玩权术，不搞阴谋诡计，是项羽性格的另一重要特征。如在鸿门宴上，范增再三暗示杀刘邦。"项王默然不应"，不忍杀之，让刘邦逃脱。楚汉两军相持于广武，项王谓汉王曰："天下匈匈数岁者，徒以吾两人耳，愿与汉王挑战，决雌雄，毋徒苦天下之民父子为也。"其率直憨厚的肺腑之言，被刘邦嗤之以鼻，笑谢曰："吾宁斗智,不能斗力。"于是数项羽十大罪状。楚汉的鸿沟之约,项羽信以为真,率兵解而东归,结果上当受骗,刘邦引兵追击,项羽被围于垓下,自杀身亡。坦诚正直是项羽的美德,但他不谙政治斗争之诡诈,因而结局可悲。

项羽一生率情任性,叱咤风云,但也有儿女情长及悲泣流泪之时。被围垓下时,夜起饮酒帐中,有美人虞姬陪同。悲歌慷慨,自为诗曰:"力拔山兮气盖世,时不利兮骓不逝。骓不逝兮可奈何,虞兮虞兮奈若何!"歌数阕,美人和之。项王泣数行下,左右皆泣,莫能仰视。铁铮铮的英雄气质与柔情交融辉映,是项羽真实性格的反映。

项羽有耻辱之心,乌江亭长劝其渡江、重整旗鼓。他说:"籍与江东子弟八千人渡江而西,今无一人还,纵江东父兄怜而王我,我何面目见之?纵彼不言,籍独不愧于心乎?"羞愧于心,而不愿渡江据地为王。这是有浓重权欲之心的政治家做不到的。

项羽临自杀前,把有功于己的宝马不忍杀之,赐给亭长;见其有故交的友人吕马童,曰:"吾闻汉购我头千金,邑万户,吾为若德,乃自刎而死。"慈爱之心及于爱马,死犹惠及故人。

综上言之,项羽的性格是具有二重性的,既有骁勇、残暴的一面,又兼有仁慈敬爱、和悦待人以及刚直不屈、有羞愧之心和儿女情长等常人的情怀。性格是人的态度、行为所表现的心理特征,发自内心真切感人。项羽是个缺乏政治斗争经验的率直青年,是悲剧性的英雄。

袁仲一

2018 年 12 月

# 附　录

## 项羽年表

宋云彬

秦王政十五年（前232）项羽一岁。

十六年（前231）项羽二岁。

十七年（前230）项羽三岁。秦灭韩。

十八年（前229）项羽四岁。

十九年（前228）项羽五岁。秦灭赵。

二十年（前227）项羽六岁。荆轲刺秦王，未中，荆轲被杀。

二十一年（前226）项羽七岁。

二十二年（前225）项羽八岁。秦灭魏。

二十三年（前224）项羽九岁。秦将王翦大败楚军，楚将项燕自杀。

二十四年（前223）项羽十岁。秦灭楚。

二十五年（前222）项羽十一岁。秦灭燕。

秦始皇二十六年（前221）项羽十二岁。秦灭齐。秦统一天下，秦王政称始皇帝。废除分封诸侯制度，分天下为三十六郡，规定以十月作为一年的第一个月。

二十七年（前220）项羽十三岁。

二十八年（前219）项羽十四岁。

二十九年（前218）项羽十五岁。张良派大力士用铁椎在博浪沙（今河南原阳县南）袭击始皇帝，误中副车。

三十年（前217）项羽十六岁。

三十一年（前216）项羽十七岁。

三十二年（前215）项羽十八岁。

三十三年（前214）项羽十九岁。蒙恬北逐匈奴，收复河南地（今内蒙古鄂尔多斯一带），增筑长城。

三十四年（前213）项羽二十岁。始皇帝采用丞相李斯的建议，下令烧民间藏书。

三十五年（前212）项羽二十一岁。始皇帝杀埋儒生四百六十多人于首都咸阳。

三十六年（前211）项羽二十二岁。

三十七年（前210）项羽二十三岁。始皇帝东巡，渡钱塘江，项羽跟他的叔父项梁一道在江边观看，项羽说："彼可取而代也。"始皇帝在沙丘（今河北平乡县东北）病死，赵高等阴谋杀害太子扶苏而立胡亥为二世皇帝。

二世皇帝元年（前209）项羽二十四岁。秋七月，陈涉在大泽乡起兵，自立为楚王。八月，陈涉的部将武臣自立为赵王。九月，刘邦在沛县起兵。项羽在他的叔父项梁领导下，在吴中起兵。田儋在狄起兵，自立为齐王。韩广自立为燕王。陈涉的部将周市立魏咎为魏王。

二年（前208）项羽二十五岁。冬十一月，赵王武臣被杀。十二月，陈涉被他的驾车人庄贾所杀。春正月，张耳、陈馀立赵歇为赵王。秦嘉立景驹为楚王。秦将章邯围魏王魏咎于临济（今河南陈留西北）。二月，项梁渡江，陈婴、黥布都领兵依附项梁。刘邦攻下砀（今江苏砀山县南），收得兵六千，连同原有的三千，一共九千。

夏四月，项梁进兵攻秦嘉，秦嘉战死，景驹自杀。刘邦到薛县（今山东滕县东南）见项梁，项梁又给了他五千兵。六月，项梁采取范增的建议，立以前楚怀王之孙名心者为楚王，仍旧称楚怀王，都盱台。项梁采取张良的建议，立韩成为韩王。齐王田儋领兵援临济，被秦将章邯打败，田儋和周市都被杀，田儋的堂弟田荣逃往东阿（今山东阳谷县东北）。魏王魏咎自杀。

秋七月，齐人立田假为齐王，秦军围攻东阿。秦二世皇帝杀了他的丞相李斯。八月，项梁领兵援东阿，打败秦军，追击到了定陶（今山东定陶县西北）。田荣赶走了田假，立田儋的儿子田市为齐王。九月，秦将章邯打败了项梁军，项梁战死。楚怀王迁都彭城。项羽和刘邦攻外黄（今河南杞县东北）没有攻下，得到项梁战死的消息，就领兵回来。闰九月，秦军围攻赵王于钜鹿（今河北钜鹿县南），楚怀王命宋义为上将军，项羽为次将，领兵援赵。楚怀王命刘邦领兵攻取关中，约定谁先打进关中，封谁做关中王。

三年（前207）项羽二十六岁。冬十一月，项羽在安阳（今山东曹县东南）杀了上将军宋义，楚怀王命项羽为上将军。十二月，项羽领兵渡河，在钜鹿击溃秦军的主力，项羽成为诸侯上将军，秋七月，秦将章邯投降项羽，八月，秦赵高杀二世皇帝，立子婴为秦王。九月，秦王子婴刺杀赵高。刘邦攻下峣关（今陕西蓝田县东南），在蓝田（今陕西蓝田县西）南大破秦军。

汉元年（前206）项羽二十七岁。冬十月，刘邦领十万大军至霸上（今陕西长安县东），秦王子婴投降。十一月，刘邦跟秦民约法三章。项羽在新安（今河南渑池县东）城南杀埋秦降卒二十多万人。十二月，项羽领四十万大军西进，到函谷关，有兵守关，项羽大怒，派黥布等攻破函谷关，驻军新丰鸿门（今陕西临潼县东），准备进攻刘邦。刘邦特地从霸上来见项羽，向项羽谢派兵守关之罪。项羽领兵进入咸阳，杀秦降王子婴，放火烧秦宫室。春正月，项羽尊称怀王为义帝，逼他迁都长沙郴县（今湖南郴县)。二月,项羽发号施令,封诸将为王。项羽封刘邦为汉王。项羽自封为西楚霸王,有地九郡,都彭城。夏四月,诸侯受封已毕,解散军队,各自到他的封国去。六月,田荣杀死田市,自立为齐王。项羽不让韩王成回到自己的封国去,带他到彭城,不久就把他杀了。刘邦拜韩信为大将。秋八月,刘邦回军打败雍王章邯等,到了咸阳。

二年(前205)项羽二十八岁。冬十月,项羽秘密叫黥布等拦杀义帝于江中。春正月,项王自领兵讨伐田荣,田荣战败,逃到平原(今山东平原县南),被平原人民杀死。三月,陈平从项羽那里出来,投奔刘邦。田荣的弟弟田横收集田荣的几万散兵,立田荣的儿子田广为齐王,抗拒楚军。夏四月,刘邦带了五十六万大军攻进彭城。项羽领三万精兵回来,打败刘邦军,刘邦只带了几十个骑兵逃走。刘邦的父亲刘太公和他的妻子吕雉被楚军俘掳。五月,刘邦到荥阳(今河南荥阳县),败军都来会合。

三年(前204)项羽二十九岁。冬十月,韩信大破赵军。十二月黥布叛楚归汉。夏四月,范增死。五月,项羽围攻荥阳很紧,刘邦的将军纪信用计骗楚军,刘邦乘机从荥阳西门逃出,到了成皋(今并入河南荥阳县)。六月,项羽攻下荥阳,进围成皋,刘邦逃出成皋,渡河到小修武,项羽就攻下了成皋。九月,项羽命曹咎等守成皋,自己领兵东攻彭越。

四年(前203)项羽三十岁。冬十月,刘邦打败曹咎等,又取得成皋,驻军广武山。项羽得到曹咎等失败的消息,领兵回来,也驻扎在广武山上,跟汉军相持。十一月,韩信打败齐军,项羽派龙且领兵援齐,龙且军败战死,齐王田广被俘。秋八月,项羽跟刘邦约定,中分天下,划鸿沟(在今河南中牟县,即今贾鲁河)以西为汉,以东为楚。九月,项羽把太公、吕雉送还刘邦。项羽领兵东归。

五年(前202)项羽三十一岁。冬十月,刘邦追击项羽到了固陵(在今河南淮阳县西北)。十一月,韩信、彭越等都领兵来跟刘邦会合。十二月,项羽到了垓下(在今安徽灵壁县东南),汉军和诸侯军把他围得密密麻麻,他乘夜晚带了八百个骑兵突围逃出,渡淮河到了东城(今安徽定远县西北),只剩下了二十个骑兵,就在乌江(今安徽和县东北江岸的乌江浦)边自刎而死。春二月,刘邦即皇帝位。

# 引用文献及资料
（按姓氏笔画及朝代先后排序）

## 书　籍

### 三画

［宋］马端临. 文献通考［M］. 北京：中华书局，1986.

［明］于慎行著，［清］黄恩彤参订，李念孔等点校. 读史漫录［M］. 济南：齐鲁书社，1996.

［明］马维铭. 史书纂略［M］. 1868 年学识斋复刻本.

马汝邺. 晦珠馆文稿［M］. 1928 年上海排印本.

马持盈. 史记今注［M］. 台北：商务印书馆，1983.

### 四画

［汉］王充著，张宗祥校注，郑绍昌标点. 论衡校注［M］. 上海：上海古籍出版社，2010.

［宋］王钦若等编纂，周勋初等校订. 册府元龟［M］. 南京：凤凰出版集团，2006.

［宋］王益之. 西汉年纪［M］. 郑州：中州古籍出版社，1993.

［宋］王楙. 野客丛书［M］. 上海：上海古籍出版社，1991.

［宋］王迈. 臞轩集［M］. 文渊阁四库全书本.

［宋］王应麟. 汉书艺文志考证［M］. 北京：北京图书馆出版社，2006.

［宋］王应麟. 通鉴答问［M］. 北京：北京图书馆出版社，2006.

［宋］王应麟撰，傅林祥点校. 通鉴地理通释［M］. 北京：中华书局，2013.

［宋］邓名世. 古今姓氏书辨证［M］. 文渊阁四库全书本.

［金］王若虚. 滹南遗老集［M］. 北京：人民文学出版社，1983.

［元］方回. 续古今考［M］. 上海：上海古籍出版社，1992.

［元］王恽. 秋涧先生大全文集［M］. 上海：上海书店出版社，1989.

［明］仇俊卿. 通史它石［M］. 北京：中华书局，1985.

［明］王圻. 稗史汇编［M］. 北京：北京出版社，1993.

［明］王在晋. 历代山陵考［M］. 北京：中华书局，1991.

［清］王夫之. 读通鉴论［M］. 北京：中华书局，1975.

［清］王懋竑. 白田杂著［M］. 台北：商务印书馆，1983.

［清］方苞. 史记注补正［M］. 北京：中华书局，1991.

［清］王又朴. 史记七篇读法［M］. 北京：商务印书馆，2013.

［清］王士俊. 河南通志［M］. 文渊阁四库全书本.

［清］牛运震. 空山堂史记评注［M］. 北京：中华书局，2012.

［清］牛运震. 读史纠谬［M］. 济南：齐鲁书社，1989.

［清］王引之. 经义述闻［M］. 南京：江苏古籍出版社，1985.

［清］王鸣盛. 十七史商榷［M］. 上海：上海古籍出版社，2013.

［清］王念孙. 读书杂志［M］. 南京：江苏古籍出版社，1985.

［清］王筠. 史记校［M］. 台北：商务印书馆，1983.

［清］方濬师. 蕉轩随录［M］. 北京：中华书局，1995.

［清］王先谦. 汉书补注［M］. 北京：中华书局，1983.

［清］王先谦. 荀子集解［M］. 北京：中华书局，2013.

［清］王树敏等评点. 史论正鹄［M］. 清光绪二十七年上海久敬斋石印本.

王骏图撰、王骏观续. 史记旧注平义［M］. 台北：正中书局，1936.

王恢. 史记本纪地理图考［M］. 台北：国立编译馆，1990.

王锦贵. 中国纪传体文献研究［M］. 北京：北京大学出版社，1996.

王志坚. 读史商语［M］. 上海：上海古籍出版社，1996.

王利器. 新语校注［M］. 北京：中华书局，2012.

王伯祥. 史记选［M］. 北京：人民文学出版社，1982.

王叔岷. 史记斠证［M］. 北京：中华书局，2007.

## 五画

［汉］司马迁撰，［南朝宋］裴骃集解，［唐］司马贞索隐，［唐］张守节正义. 史记［M］. 北京：中华书局，1959.

［汉］司马迁撰，［南朝宋］裴骃集解，［唐］司马贞索隐，［唐］张守节正义. 史记（点校本二十四史修订本）［M］. 北京：中华书局，2014.

［宋］乐史. 太平寰宇记［M］. 北京：中华书局，1985.

［宋］司马光. 司马文正公家集［M］. 上海：商务印书馆，1936.

［宋］司马光编著，［元］胡三省音注. 资治通鉴［M］. 北京：中华书局，2013.

［宋］叶适. 习学记言［M］. 北京：中华书局，1977.

［明］丘濬著，朱逸辉编. 世史正纲［M］. 海口：海南出版社，2005.

［明］归有光. 归震川全集［M］. 北京：国学整理社，1936.

［明］冯梦龙. 纲鉴统一［M］. 上海：上海古籍出版社，1993.

［清］冯班. 钝吟杂录［M］. 北京：中华书局，2013.

［清］冯景. 解春集诗钞［M］. 北京：中华书局，1985.

［清］卢文弨撰，杨晓春点校. 读史札记［M］. 北京：中华书局，2010.

丘述尧. 史记新探［M］. 台北：成文出版社，1992.

白寿彝. 史记新论［M］. 北京：求实出版社，1981.

## 六画

［汉］扬雄. 法言［M］. 北京：中华书局，1985.

［汉］刘向. 列女传［M］. 哈尔滨：哈尔滨出版社，2009.

［曹魏］刘劭著，杨新平等注译. 人物志［M］. 郑州：中州古籍出版社，2007.

［唐］刘知幾. 史通［M］. 上海：上海古籍出版社，2009.

［宋］江贽. 少微通鉴节要［M］. 济南：齐鲁书社，1996.

［宋］朱熹. 朱子语类［M］. 北京：中华书局，1986.

［宋］吕祖谦. 大事记解题［M］. 台北：商务印书馆，1983.

［宋］吕祖谦等撰. 十先生奥论注后（续）集［M］. 文渊阁四库全书本.

［宋］孙奕. 履斋示儿编［M］. 北京：中华书局，2014.

［明］庄元臣. 叔苴子内篇［M］. 武汉：崇文书局，1875.

［明］庄元臣. 叔苴子外篇［M］. 武汉：崇文书局，1875.

［明］朱之蕃等编. 百大家评注史记［M］. 西安：陕西师范大学出版社，2016.

［清］华庆远. 论世八编［M］. 济南：齐鲁书社，1996.

［清］汤谐. 史记半解［M］. 北京：商务印书馆，2013.

［清］齐召南. 历代帝王年表［M］. 北京：中华书局，1989.

［清］纪昀. 四库全书总目［M］. 北京：中华书局，1997.

［清］毕沅. 中州金石记［M］. 北京：商务印书馆，1985.

［清］毕沅撰，张沛校点. 关中胜迹图志［M］. 西安：三秦出版社，2004.

［清］刘沅. 史存［M］. 成都：巴蜀书社，2006.

［清］刘文淇. 楚汉诸侯疆域志［M］. 台北：广文书局，1978.

［清］朱孔阳. 历代陵寝备考［M］. 扬州：广陵书籍刻印社，1990.

［清］孙德谦. 古书读法略例［M］. 上海：上海书店出版社，1983.

［清］过商侯选编，周郁年标点，朱太忙校阅. 古文评注读本［M］. 北京：广益书局，1936.

［清］刘体智. 辟园史学四种［M］. 台北：中新书局，1977.

［清］刘咸炘. 太史公书知意［M］. 上海：上海科学技术文献出版社，2008.

吕思勉. 论学集林［M］. 上海：上海古籍出版社，1987.

朱东润. 史记考索［M］. 武汉：武汉大学出版社，2009.

朱绍侯主编. 中国古代史研究入门［M］. 郑州，河南人民出版社，1989.

伊沛霞. 当代西方汉学研究集萃［M］. 上海：上海古籍出版社，2016.

## 七画

［汉］陆贾撰，［清］茆泮林辑. 楚汉春秋［M］. 北京：中华书局，1991.

［汉］应劭. 风俗通［M］. 北京：中华书局，1981.

［晋］陈寿撰，［南朝宋］裴松之注. 三国志［M］. 北京：中华书局，1982.

［唐］杜佑撰，王文锦等点校. 通典［M］. 北京：中华书局，1992.

［唐］李吉甫. 元和郡县图志［M］. 北京：中华书局，1983.

［宋］李昉等编. 太平御览［M］. 北京：中华书局，1960.

［宋］杨侃撰，车承瑞点校. 两汉博闻［M］. 哈尔滨：黑龙江教育出版社，1990.

［宋］苏轼. 苏轼文集［M］. 北京：中国文史出版社，1999.

［宋］吴仁杰. 两汉刊误补遗［M］. 北京：中华书局，1991.

［宋］苏辙撰，［明］聂绍昌辑. 栾城应诏集［M］. 明聂绍昌刻清梦轩印本.

［宋］陈耆卿. 筼窗集［M］. 香港：迪志文化出版有限公司，2003.

［宋］陆唐老. 陆状元通鉴［M］. 济南：齐鲁书社，1996.

［宋］佚名. 历代名贤确论［M］. 文渊阁四库全书本.

［元］杨维桢. 史义拾遗［M］. 济南：齐鲁书社，1996.

［元］陈栎. 历代通略［M］. 台北：商务印书馆，1983.

［元］杨翮. 佩玉斋类稿［M］. 文渊阁四库全书本.

［元］陈世隆. 北轩笔记［M］. 北京：中华书局，1985.

［明］李贽. 藏书［M］. 北京：中华书局，1984.

［明］李贽. 史评纲要［M］. 北京：中华书局，1974.

［明］杨一奇辑，［明］陈简补辑. 史谈补［M］. 济南：齐鲁书社，1996.

［明］杨慎. 丹铅摘录［M］. 台北：商务印书馆，1983.

［明］吴崇节. 古史要评［M］. 济南：齐鲁书社，1996.

［明］何景明. 大复集［M］. 长春：吉林出版社，2005.

［明］张志淳撰，云南省文史研究馆编. 南园漫录校注［M］. 昆明：云南民族出版社，1999.

［明］陈懿典. 读史漫笔［M］. 北京：中华书局，1991.

［明］宋存标. 秋士史疑［M］. 济南：齐鲁书社，1996.

［明］张应泰. 史疑［M］. 北京：中华书局，1991.

［明］吴应箕. 楼山堂集［M］. 北京：中华书局，1985.

［清］汪琬. 尧峰文钞［M］. 上海：上海书店出版社，1989.

［清］吴见思. 史记论文［M］. 长春：东北师范大学出版社，1986.

［清］陈允锡. 史纬［M］. 济南：齐鲁书社，1996.

［清］李光地. 榕村集［M］. 文渊阁四库全书本.

［清］陈遇夫. 史见［M］. 北京：中华书局，1985.

［清］何焯. 义门读书记［M］. 北京：中华书局，1987.

［清］李晚芳. 读史管见［M］. 北京：商务印书馆，2016.

［清］何琇. 樵香小记［M］. 台北：商务印书馆，1983.

［清］邹方锷. 大雅堂初稿［M］. 北京：北京出版社，2000.

［清］汪之昌. 青学斋集［M］. 北京：中国书店出版社，1981.

［清］严可均编. 全上古三代秦汉三国六朝文［M］. 北京：中华书局，1958.

［清］沈钦韩. 汉书疏证［M］. 上海：上海古籍出版社，2006.

［清］张庚. 通鉴纲目释地纠谬［M］. 清强恕斋乾隆十五年刻本.

［清］何若瑶. 前后汉书注考证［M］. 北京：中华书局，1991.

［清］何治基等编纂. 安徽通志［M］. 台北：华文书局，1968.

［清］吴汝纶. 桐城吴先生点勘史记读本［M］. 北京：都门书局，1919.

［清］吴非. 楚汉帝月表［M］. 北京：中华书局，1986.

［清］邵泰衢. 史记疑问［M］. 台北：商务印书馆，1983.

［清］李景星. 四史评议［M］. 长沙：岳麓书社，1986.

［清］李景星. 史记评议［M］. 上海：上海古籍出版社，2008.

［清］陈其荣辑. 楚汉春秋考证［M］. 台北：新文丰出版公司，1989.

［清］吴世雄等纂. 同治徐州府志［M］. 南京：江苏古籍出版社，1991.

吴曾祺辑. 涵芬楼古今文钞［M］. 上海：商务印书馆，1910.

吴国泰. 史记解诂［M］. 成都：巴蜀书社，2006.

张相选录. 古今文综［M］. 上海：中华书局，1916.

严一萍. 史记会注考证斠订［M］. 台北：艺文印书馆，1976.

陈直. 史记新证［M］. 北京：中华书局，2006.

陈直. 汉书新证［M］. 北京：中华书局. 2008.

杨树达. 汉书窥管［M］. 上海：上海古籍出版社，1984.

杨家骆. 史记今释［M］. 台北：正中书局，1977.

杨伯峻. 春秋左传注［M］. 北京：中华书局，1981.

何兹全. 读史集［M］. 上海：上海人民出版社，1982.

吴恂. 汉书注商［M］. 上海：上海古籍出版社，1983.

李光璧、钱君晔辑. 中国历史人物论集［M］. 北京：生活·读书·新知三联书店，1957.

张大可. 史记全本新注［M］. 西安：三秦出版社，1990.

张大可. 司马迁评传［M］. 南京：南京大学出版社，1994.

张传玺. 秦汉问题研究［M］. 北京：北京大学出版社，1985.

张家英.《史记》十二本纪疑诂［M］. 哈尔滨：黑龙江教育出版社，1997.

张新科. 史记与中国文学［M］. 北京：商务印书馆，2010.

张其昀. 中国军事史略［M］. 上海：上海书店出版社，1989.

吴汝煜. 史记论稿［M］. 南京：江苏教育出版社，1986.

吴敏树. 史记别钞［M］. 长沙：岳麓书社，2012.

吴同宝. 两汉文学史参考资料［M］. 北京：中华书局，1990.

李英主编. 中国战争通鉴［M］. 北京：国际文化出版公司，1995.

［美］陆威仪著，王兴亮译. 早期中华帝国：秦与汉［M］. 北京：中信出版社，2016.

辛德勇. 史记新本校勘［M］. 桂林：广西师范大学出版社，2017.

### 八画

［宋］范浚. 香溪集［M］. 北京：中华书局，1985.

［宋］周辉. 清波杂志［M］. 北京：北京图书馆出版社，2003.

［宋］罗愿. 尔雅翼［M］. 台北：商务印书馆，1983.

［宋］罗泌. 路史［M］. 北京：北京图书馆出版社，2003.

［宋］罗大经. 鹤林玉露［M］. 上海：上海古籍出版社，2012.

［宋］金履祥. 资治通鉴纲目前编［M］. 台北：商务印书馆，1983.

［宋］周密著，高心露、高虎子点校. 齐东野语［M］. 济南：齐鲁书社，2007.

［明］茅坤辑. 史记钞［M］. 文渊阁四库全书本.

［明］范槚. 洗心居雅言集［M］. 济南：齐鲁书社，1996.

［清］金圣叹. 金圣叹批才子古文［M］. 武汉：湖北人民出版社，1986.

［清］周亮工辑，米田点校. 尺牍新钞［M］. 长沙：岳麓书社，2016.

［清］林云铭. 古文析义［M］. 上海：上海锦章图书局，1922.

［清］金维宁. 垂世芳型［M］. 济南：齐鲁书社，1997.

［清］金锡龄. 劬书室遗集［M］. 上海：上海古籍出版社，2010.

郑权中. 史记选讲［M］. 北京：中国青年出版社，1980.

［日］泷川资言. 史记会注考证［M］. 上海：上海古籍出版社，2015.

［日］泷川资言考证，［日］水泽利忠校补. 史记会注考证附校补［M］. 上海：上海古籍出版社，1985.

［美］帕克著，向达译. 匈奴史［M］. 太原：山西人民出版社，2015.

## 九画

［汉］荀悦. 前汉纪［M］. 台北：商务印书馆、1983.

［唐］赵蕤. 长短经［M］. 长沙：湖南文艺出版社，2012.

［宋］胡宏. 五峰集［M］. 文渊阁四库全书本.

［宋］洪迈. 容斋随笔［M］. 上海：上海古籍出版社，2015.

［明］姚允明辑. 史书［M］. 文渊阁四库全书本.

［明］胡应麟. 少室山房笔丛［M］. 上海：上海书店出版社，2009.

［明］贺详. 留余堂史取［M］. 文渊阁四库全书本.

［清］姚鼐. 惜抱轩诗文集［M］. 上海：上海古籍出版社，1992.

［清］姜宸英. 湛园札记［M］. 扬州：广陵古籍刻印社，1983.

［清］赵翼. 陔余丛考［M］. 上海：上海古籍出版社，2011.

［清］赵翼. 廿二史札记［M］. 北京：商务印书馆，1987.

［清］段玉裁. 说文解字注［M］. 上海：上海古籍出版社，1988.

［清］俞樾. 春在堂全书［M］. 北京：中华书局，1995.

［清］俞樾. 茶香室续钞［M］. 北京：中华书局，1995.

［清］恽敬. 大云山房文稿［M］. 北京：商务印书馆，1936.

［清］洪颐煊. 读书丛录［M］. 上海：上海古籍出版社，1996.

［清］姚苎田选评. 史记菁华录［M］. 北京：中华书局，2010.

施蛰存. 水经注碑录［M］. 天津：天津出版社，1987.

施之勉. 史记会注考证校补［M］. 台北：华冈出版有限公司，1976.

## 十画

［汉］班固. 汉书［M］. 北京：中华书局，1985.

［宋］钱时. 两汉笔记［M］. 台北：台湾商务印书馆，1983.

［明］袁黄、王世贞. 纲鉴合编［M］. 北京：中国书店出版社，1985.

［明］唐顺之. 两汉解疑［M］. 北京：中华书局，1991.

［明］唐汝询. 顾氏诗史［M］. 济南：齐鲁书社，1996.

［明］凌迪知. 万姓统谱［M］. 上海：上海古籍出版社，1994.

［明］凌稚隆辑校，［明］李光缙增补，于亦时整理. 史记评林［M］. 天津：天津古籍出版社，1993.

［清］夏之蓉. 读史提要录［M］. 北京：北京出版社，2000.

［清］顾炎武著，［清］黄汝成集释，栾保群、吕宗力校点. 日知录集释［M］. 上海：上海古籍出版社，2006.

［清］钱谦益著，［清］钱曾笺注，钱仲联校. 牧斋初学集［M］. 上海：上海古籍出版社，1985.

［清］钱大昕. 十驾斋养新录［M］. 南京：江苏古籍出版社，2000.

［清］钱大昕. 三史拾遗［M］. 上海：上海古籍出版社，1996.

［清］钱大昕著，方诗铭、周殿杰校点. 廿二史考异［M］. 上海：上海古籍出版社，2004.

［清］唐德宜. 古文翼［M］. 清光绪二十七年石印本.

［清］浦起龙编. 古文眉诠［M］. 清乾隆九年刻本重印本.

［清］浦起龙撰，王熙华整理. 史通通释［M］. 上海：上海古籍出版社，2009.

［清］郭嵩焘. 史记札记［M］. 北京：商务印书馆，1957.

钱穆. 先秦诸子系年考辨［M］. 上海：上海书店出版社，1992.

钱穆. 史记地名考［M］. 北京：九州出版社，2011.

［瑞典］高本汉著，陆侃如译. 左传真伪及其他［M］. 太原：山西人民出版社，2015.

钱锺书. 管锥编［M］. 北京：中华书局，1979.

秦始皇兵马俑博物馆编. 秦始皇帝陵兵马俑辞典［M］. 上海：文汇出版社，1994.

## 十一画

［梁］萧统选，海荣、秦克标校. 文选［M］. 上海：上海古籍出版社，1998.

［宋］章衡. 编年通载［M］. 上海：上海古籍出版社，1996.

［宋］黄震. 黄氏日钞［M］北京：中华书局，1985.

［元］盛如梓. 庶斋老学丛谈［M］. 北京：中华书局，1985.

［清］黄鹏扬. 读史吟评［M］. 济南：齐鲁书社，1996.

［清］阎若璩. 潜邱札记［M］. 台北：商务印书馆，1983.

［清］梁玉绳. 汉书人表考［M］. 北京：商务印书馆，1936.

［清］梁玉绳撰，贺次君点校. 史记志疑［M］. 北京：中华书局，1981.

章诒燕. 读史诤言［M］. 上海：商务印书馆，1935.

梁友尧等编著. 中国史问题讨论及其观点［M］. 太原：山西人民出版社，1984.

［英］崔瑞德、［英］鲁惟一编，杨品泉等译. 剑桥中国秦汉史［M］. 北京：中国社会科学出版社，1992.

### 十二画

［晋］葛洪. 西京杂记［M］. 北京：中华书局，1985.

［明］程敏政编. 皇明文衡［M］. 上海：商务印书馆，1936.

［明］焦竑. 焦氏笔乘［M］. 济南：山东友谊出版社，1991.

［清］傅山. 霜红龛集［M］. 太原：山西古籍出版社，2004.

［清］惠栋. 松崖笔记［M］. 扬州：广陵古籍刻印社，1982.

程金造. 史记管窥［M］. 西安：陕西人民出版社，1985.

程馀庆. 历代名家评注史记集说［M］. 西安：三秦出版社，2011.

韩兆琦. 史记选注汇评［M］. 郑州：中州古籍出版社，1990.

韩兆琦. 史记博议［M］. 北京：文津出版社，1995.

韩兆琦. 史记题评［M］. 西安：陕西人民出版社，2000.

### 十三画

解惠全、张德萍. 全译史记［M］. 西安：三秦出版社，2007.

### 十四画

［清］谭宗浚编. 历代史论［M］. 上海：上海图书集成局，清光绪二十四年本.

### 十五画

［清］潘永圜. 读史津逮［M］. 济南：齐鲁书社，1996.

［清］潘永秀. 读史记札记［M］. 昭代丛书丁集补本.

黎翔凤. 管子校注［M］. 北京：中华书局，2015.

潘椿. 史汉初学辨体［M］. 台北：文海出版社，1974.

## 十七画

［齐］魏收. 魏书［M］. 北京：中华书局，1974.

［宋］魏了翁. 古今考［M］. 台北：学生书局，1971.

## 十八画

瞿方梅. 史记三家注补正［M］. 台北：广文书局，1973.

# 期　刊

韦一. 西楚九郡考［J］. 徐州师范大学学报，1998（3）.

史念海. 秦县考［J］. 禹贡，第7卷第6、7合期.

冯其庸. 项羽不死于乌江考［J］. 中华文史论丛，2007（2）.

伏俊琏. 论项羽本纪的悲剧性［J］. 贵州文史丛刊，1988（4）.

李掘宝. 项羽"击坑秦卒二十余万人"献疑［J］. 湖南行政学院学报，2010（6）.

宋公文. 论楚汉战争时期项羽和刘邦的分封［J］. 秦汉史论丛，第一辑.

张志坤. 鸿门宴楚汉得失之我见［J］. 信阳师范学院学报，1993（6）.

张柏青、余恕诚. 项羽死于乌江辨［J］. 历史研究，2010（2）.

杨永发、侯桂修. "榆中"名源及城址变迁［J］. 西北民族大学学报，2013（3）.

陈铁民. 《史记》校点正误一例［J］. 文史，第11辑.

易国杰. 试论项羽本纪的语言艺术［J］. 南通师范学院学报，1989（2）.

周振甫. 论项羽本纪［J］. 文学遗产，1997（1）.

周晓陆. 西安出土秦封泥补读［J］. 考古与文物. 1998（2）.

施丁. 史汉写人物细节的比较研究［J］. 中国历史文献研究室集刊，第二集.

徐卫民. 项羽定都彭城原因及利弊［J］. 湖南行政学院学报，2010（6）.

韩养民. 略论项羽的分封［J］. 秦汉史论丛，第一辑.

熊铁基. 评项羽的功过是非［J］. 华中师范大学学报，1979（4）.